新时代法学教育丛书

NEW ERA LEGAL EDUCATION SERIES

新时代法学教育丛书

莫纪宏 总主编

刑事诉讼法学教程

董 坤 主编

当代中国出版社
Contemporary China Publishing House

图书在版编目(CIP)数据

刑事诉讼法学教程 / 董坤主编 . -- 北京 : 当代中国出版社 , 2024.6

（新时代法学教育丛书 / 莫纪宏总主编）

ISBN 978-7-5154-1384-6

Ⅰ . ①刑… Ⅱ . ①董… Ⅲ . ①刑事诉讼法—法的理论—中国—教材 Ⅳ . ① D925.201

中国国家版本馆 CIP 数据核字（2024）第 102462 号

出 版 人　王　茵
责任编辑　邓颖君　彭世帆
责任校对　贾云华　康　莹
印刷监制　刘艳平
封面设计　乔智炜　李默涵
出版发行　当代中国出版社
地　　址　北京市地安门西大街旌勇里 8 号
网　　址　http://www.ddzg.net
邮政编码　100009
编 辑 部　（010）66572156
市 场 部　（010）66572281　66572157
印　　刷　中国电影出版社印刷厂
开　　本　787 毫米 × 1092 毫米　1/16
印　　张　30.25 印张　1 插页　675 千字
版　　次　2024 年 6 月第 1 版
印　　次　2024 年 6 月第 1 次印刷
定　　价　78.00 元

新时代法学教育丛书
编 委 会

总 序

2023年2月底，中共中央办公厅、国务院办公厅联合印发了《关于加强新时代法学教育和法学理论研究的意见》（以下简称《意见》）。《意见》明确指出，要完善法学教材体系。坚持以习近平法治思想为统领，通过抓好核心教材、编好主干教材、开发新形态教材等，构建中国特色法学教材体系。为了有效贯彻落实《意见》对构建中国特色法学教材体系提出的明确要求，中国社会科学院大学法学院组织学院全部师资力量和科研力量，出版了本套能够充分体现中国社会科学院大学“科教融合”成果、面向高等法律院校本科、硕士和博士的通用法学教材。本套教材严格按照《意见》提出的完善法学学科专业体系，构建自主设置与引导设置相结合的学科专业建设要求，立足目前高等法律院校教学体系现状，依托中国社会科学院法学研究所和国际法研究所强大的科研能力，用两年左右的时间编写而成，是一套适应新时代高等法律院校教学特点的“新时代法学教育丛书”。丛书主要面向高等法律院校的法学硕士、法律硕士，同时可以作为提升本科生阅读和理解能力的教学辅导资料，并可以成为夯实法学博士生法学知识基础的参考文献。

此套丛书分两批完成。第一批主要根据中国社会科学院大学法学院2023年6月的教学管理体制改革方案，建立以17个教研室为基础的教学管理单位，负责各门法学核心课程的设计、教材的编写以及法学本科、硕士和博士的培养计划等教学管理工作，围绕《意见》强调的法学主干学科编写各门法学核心课程的教程，包括《法理学教程》《中国法律史学教程》《宪法学教程》《行政法学教程》《刑法学教程（上、下册）》《民法学教程（上、下册）》《商法学教程（上、下册）》《刑事诉讼法学教程》《民事诉讼法学教程》《行政诉讼法学教程》《经济法学教程》《社会法学教程》《环境与资源法学教程》《知识产权法学教程》《国际公法学教程》《国际私法学教程》《国际经济法学教程》《军事法学教程》，同时按照中国社会科学院大学法学院目前各学科教研室设置的布局，与上述核心课程教程一起推出《网络与信息法学教程》《监察法学教程》。每册教程50万字左右，按照教育部规定的高等法律院校专业课程教学的基本要求编写，既有正文讲解，又有引导性、提纲性的内容提示，还有思考题和参考文献。鉴于有些学科知识量较大，将《刑法学教程》《民法学教程》《商法学教程》分为上、下两册编写，给主体为法学硕士、法律硕士的学习群体全面和系统地掌握法学基础知识提供高质量的教学辅导读物。第一批出版20本教程（23册），2024年底出齐。第二批教程预计16本左右，主要为落实《意见》加强新兴学科建设的要求，拟编写的教程包括《立法学教程》《文化法学教程》《教育法学教程》《国家安全法学教程》《区际法学教程》《社会治理法学教程》《科技法学教程》《气候法学教程》《海洋法学教程》《涉外法学教程》《党内法规学教程》《法学论文写作指导教程》《法学方法论教程》《法学文献阅读辅导教程》《法律职业伦理教程》《法学学术规范与学术道德教程》等。第二批教程拟于2025年底出齐。为了加深学习者对教程内容的理解，在第二批教程出版的同时，从每一本教程中抽象出50余个常用的学科名词术语，汇编成《新时代法学教育大辞典》，作为辅导学生学习和理解教材的必备参考。“新时代法学教育丛书”共计30余本，构成了《意见》要求设置的法学教学体系的整体框架和全部内容，可以为全面和系统地培育高等法律院校的本科生、硕士生和博士生提供最富有实效的教学参考资料，形成系统化的法学知识体系，以因应新时代对法学人才之需。本套丛书是全国600多所高等法律院校或法学院率先贯彻落实《意见》对法学教材体系建设要求形成的重要教学科研成果，丛书的出版可以为全国高等法律院校编写同类教材或者直接采用作为教材提供帮助。

为保证按时按质地组织“新时代法学教育丛书”的编写和出版工作，中国社会科学院大学、中国社会科学院法学研究所和国际法研究所举全力支持中国社会科学院大学法学院组织的“新时代法学教育丛书”的编写和出版，这将是2020年9月20日中国社会科学院大学法学院成立后由法学院独立组织出版的充分反映法学院教学能力和科研实力的系列法学教材，是法学院为争创“双一流”建设学科而进行的带有前瞻性、创新性、战略性的重大教学改革和创新举措。

“新时代法学教育丛书”由中国社会科学院大学法学院组织，法学院院长莫纪宏教授任总主编，执行院长吴用教授、党委书记张初霞副教授任副总主编，法学院院务会组成人员、17位教研室主任以及法学研究所、国际法研究所若干研究室主任作为丛书编委会成员，同时聘请中国社会科学院李林、陈甦、孙宪忠学部委员，中国社会科学院大学党委书记崔唯航教授、校长张政文教授、常务副校长王新清教授以及中国社会科学院大学法学院特聘教授李明德、田禾等教授作为丛书总顾问，集中中国社会科学院大学法学院全部在编教学人员编写。

总共两批30余本教程的编写采取两种模式的主编责任制。一是以法学院现有17个教研室为单位，主干和核心课程以教研室主任作为学科教程的主编，教研室全体在编教学人员参加编写；二是由法学院根据具体情况指定特定人员负责教程编写工作。

“新时代法学教育丛书”是面向高等法律院校在读学生的教学参考书，知识点全面覆盖，以问题为导向，带有思考性特点，主要群体是法学硕士和法律硕士，难度中等，适合本科生提升和博士生夯基使用。丛书使用2008年出版的社科法硕教材和中国社会科学院研究生教材编写体例，每本教材的名称统一为《××法学教程》。

中国社会科学院大学法学院是中国社会科学院实行“科教融合”的改革举措，吸收中国社会科学院法学研究所、国际法研究所、研究生院以及原中国青年政治学院法学院四个方面的科研和教学力量汇集起来的科研型教学单位，从2020年9月20日成立至今尚不足4年，是全国600多所高等院校法学院中较年轻的法学院。尽管起步较晚，但法学院可以追溯的历史却源远流长。

我们的法学研究生教育最早可以追溯到1961年。1978年成立了中国社会科学院研究生院法学系，正式开启了中国社会科学院系统的规范化法学教育历程，1981年我们成为新中国首批设立法学一级学科博士点的3家单位之一。我们的法学本科教育也于2009年入选教育部第四批高等学校特色专业建设点，2012年入选教育部、中央政法委首批卓越法律人才教育培养基地（应用型、复合型法律职业人才教育培养基地），当然也都是北京市的特色专业和法律人才教育培养基地。因为有了这样良好的法学教育基础，2019年，中国社会科学院大学法学院入选了国家级一流本科专业建设点。

数十年来，法学院人才培养成效卓著，大量优秀毕业生在法学科研、教育领域以及党政机构、司法和监察部门、律师事务所、大型企业等实务部门就职，为法治中国建设作出了杰出贡献。

“科教融合”以后的法学院现有本科专业学位点、法学一级学科硕士学位点、法律硕士专业学位点、法学一级学科博士学位点，还有博士后流动站，目前在读学生1100余人。

我们希望通过我们自己的努力，将“科教融合”的成果和中国社会科学院大学法学院的办学特色体现到“新时代法学教育丛书”中去，积极探索中共中央办公厅、国务院办公厅联合印发的《关于加强新时代法学教育和法学理论研究的意见》中明确提出的“抓好核心教材、编好主干教材、开发新形态教材等，构建中国特色法学教材体系”各项要求的新路子，力争在不久的将来跻身中国高等法律院校的“名院”行列，为国家培养更多合格的法治人才。

中国社会科学院大学法学院院长

中国社会科学院法学研究所所长

2024年4月于北京沙滩北街15号

目 录 CONTENTS

绪 论

【内容提示】

本章重点阐释与刑事诉讼有关的一些基本概念和理论。学习本章有助于对刑事诉讼法这一学科形成结构性印象，为刑事诉讼法的学习打下坚实的基础。刑事诉讼是国家专门机关主导的、当事人和其他诉讼参与人参加的、依法定程序主要解决被追诉人定罪量刑相关问题的法律活动。刑事诉讼构造是由一定的诉讼目的所决定的，并由主要刑事诉讼程序和证据规则的诉讼基本方式所体现的控诉、辩护、裁判三方的法律地位和相互关系。在历史上，刑事诉讼曾存在弹劾式诉讼和纠问式诉讼两种构造。现代刑事诉讼构造则是当事人主义、职权主义与混合式三种并存。刑事诉讼法是用以规范刑事诉讼活动的法律，有广义和狭义之分，狭义的刑事诉讼法即为《刑事诉讼法》这部法律。刑事诉讼法有《宪法》,《刑事诉讼法》，其他法律、法规和规章，相关司法解释文件和国际条约等多种法律渊源。刑事诉讼法学属于法学的分支，是在习近平新时代中国特色社会主义思想指引下，对刑事诉讼法的立法、司法实践和相关法学理论等进行统筹研究，从而贯彻落实习近平法治思想、推进全面依法治国的一门法学学科。我们要密切关注刑事诉讼法治的“中国式现代化”道路、构建中国自主的刑事诉讼法学体系、全面深化刑事诉讼制度改革、刑事诉讼参与社会治理路径等重大时代课题。研究刑事诉讼法学，要以马克思主义法学为基础，充分运用法解释学、比较法学、跨学科等多种研究方法。刑事诉讼法的制定目的主要规定在《刑事诉讼法》第1条，即保证刑法的正确实施，惩罚犯罪，保护人民，保障国家安全和社会公共安全，维护社会主义社会秩序。刑事诉讼法的任务主要规定在《刑事诉讼法》第2条，即保证准确、及时地查明犯罪事实，正确应用法律，惩罚犯罪分子，保障无罪的人不受刑事追究，教育公民自觉遵守法律，积极同犯罪行为作斗争，维护社会主义法制，尊重和保障人权，保护公民的人身权利、财产权利、民主权利和其他权利，保障社会主义建设事业的顺利进行。了解我国刑事诉讼法的历史，对刑事诉讼法研究有重大意义。本章第三节主要介绍了我国古代刑事诉讼法、近代刑事诉讼法的变迁以及《刑事诉讼法》的历次修改。

第一节 刑事诉讼、刑事诉讼法与刑事诉讼法学

一、刑事诉讼的概念与构造

（一）刑事诉讼的概念

从“诉讼”一词表达的内容来看，“诉”有控告之意，“讼”则意为争辩是非。“诉讼”即为在案件中，原告提出告诉，随后裁判机关评判是非曲直，解决原告和被告双方之间的争议。我国古代向来有以讼为害、劝民息讼的思想，并不鼓励甚至否定诉讼行为。《周易》中有“‘终凶’，讼不可成也”和“以讼受服，亦不足敬也”等语。孔子也在《论语·颜渊》中表达了类似的观点：“听讼，吾犹人也，必也使无讼乎。”但随着社会发展，一味依靠和解等非讼方式已经不能化解矛盾、解决纠纷，人们需要诉讼，尤其是诉讼背后的国家强制力作保障来定分止争。

根据案件的性质与其所要解决问题的不同，可以将诉讼分为民事诉讼、行政诉讼和刑事诉讼。三类诉讼的诉讼主体、原则、具体程序与诉讼目的等都有差别。民事诉讼用于解决平等主体之间的民事争议纠纷问题。行政诉讼要解决的是行政机关的行政行为是否侵犯了公民、法人以及其他组织的合法权益的问题。刑事诉讼则用于追诉犯罪以及解决犯罪嫌疑人、被告人刑事责任的有无及其大小问题。

现代意义的刑事诉讼在诉讼本身的词义之外还多了一层“程序”内涵。程序是事物发展的次序、脉络与方法，在现代刑事诉讼中表现为，参与刑事诉讼的各类主体都要遵守一定的程序规范，在不同的刑事诉讼阶段，按照各自的角色分工推动刑事诉讼活动。因此《刑事诉讼法》也经常被称为刑事程序法，在比较法中则被译为“*Criminal Procedure Law*”。

阶段是事物发展过程中，根据一定标准划分出的段落。以刑事诉讼活动的历时性进展以及不同阶段的诉讼任务为标注，一般可以将刑事诉讼分为立案、侦查、起诉、审判、执行五大诉讼阶段。“刑事案件从其开端的时候起直到判决的执行为止是向前运动的，是逐渐发展的。诉讼的各个部分通常叫作诉讼阶段。这种诉讼阶段并不是审判机关和检察机关个别的行为或若干行为的结合。每一个诉讼阶段都是完整的、有其本身的任务和形式的一个整体。只有完成了前一阶段的任务，才能将案件移送至下一阶段，如对这种任务执行不当的时候，就会将案件发还原阶段重行处理。”〔1〕因此可以说，诉讼任务是划分诉讼阶段的最主要因素。至于不同阶段中参与诉讼的主体、诉讼的总结性文件与程序规范等其他因素虽也各有差别，但只是不同诉讼阶段表现出的特点，而非其决定性的划分因素。

具体到我国的刑事诉讼，可以将其定义为：国家专门机关主导的、当事人和其他诉讼参与人参加的、依法定程序主要解决被追诉人定罪量刑相关问题的法律活动。

1. 刑事诉讼由国家专门机关主导

刑事诉讼为国家司法行为。只有法律规定的国家专门机关才能行使与刑事诉讼相关的

---

〔1〕［苏联］M.A. 切里佐夫：《苏维埃刑事诉讼》，中国人民大学刑法教研室译，法律出版社1955年版，第56页。

特定职权。根据我国《刑事诉讼法》第3条第1款的规定，对刑事案件的侦查、拘留、执行逮捕、预审，由公安机关负责。检察、批准逮捕、检察机关直接受理的案件的侦查、提起公诉，由人民检察院负责。审判由人民法院负责。除法律特别规定的以外，其他任何机关、团体和个人都无权行使这些权力。这就是对国家专门机关主导刑事诉讼，在不同诉讼阶段行使各自职权的具体规定。

2. 刑事诉讼由当事人和其他诉讼参与人参加

刑事诉讼由国家专门机关和当事人以及其他诉讼参与人共同推进完成，而非国家专门机关单方面行使职权的结果。以刑事审判阶段为例，只有在当事人和其他诉讼参与人的参与下，法官才能根据控辩双方提出的主张和证据形成对案件事实及有关法律适用问题的认识。否则，法官将难以作出裁判。《刑事诉讼法》一方面划定了诉讼参与人的范围，即当事人、法定代理人、诉讼代理人、辩护人、证人、鉴定人和翻译人员；另一方面规定了诉讼参与人的权利和义务。例如，犯罪嫌疑人、被告人有申请回避、使用本民族语言文字进行诉讼、获得法律帮助等权利；有对侦查人员的提问应当如实回答等义务。对诉讼参与人的权利保障是否全面、充分、及时，不仅在很大程度上决定了刑事诉讼活动是否公平、公正，也是现代刑事诉讼有别于古代刑事诉讼的一个重要标志。

3. 刑事诉讼需要依照法定程序进行

由于刑事诉讼直接关系到公民的人身权利和财产权利，因此其过程必须严格依法定程序进行。具体表现为，在不同的诉讼阶段，参与刑事诉讼的各主体在实施一定行为时，需遵守相应的诉讼程序规范。例如，《刑事诉讼法》规定了在公诉案件的第一审阶段，对与定罪、量刑有关的事实、证据都应当进行调查、辩论。《刑事诉讼法》还规定了程序未被遵守时会导致的后果，例如，第二审人民法院发现第一审人民法院的审理存在审判组织组成不合法等违反法定诉讼程序的情形，应当裁定撤销原判，发回原审人民法院重新审判。若无法定程序加以规制，国家专门机关就可能为了发现犯罪事实滥用公权力，不择手段、不计代价、不问是非，乃至损害公民权利，形成冤假错案，这不仅会给司法的权威和公信力带来消极影响，还可能动摇社会公众对社会主义法治的信仰。

4. 刑事诉讼解决被追诉人定罪量刑相关问题

刑事诉讼旨在通过不同的诉讼阶段及其对应的具体诉讼程序，解决犯罪事实是否存在、犯罪人为谁、犯罪人的具体罪名以及如何正确适用法律对其追责量刑等一系列问题。通过这一过程，刑事诉讼能够有效保障国家专门机关的权力得到正确实施、公民权利得以维护，确保无罪的人不受刑事追究，有罪的人受到应有惩罚。

（二）刑事诉讼的构造

刑事诉讼构造，或称刑事诉讼模式、刑事诉讼结构，是“由一定的诉讼目的所决定的，并由主要诉讼程序和证据规则的诉讼基本方式所体现的控诉、辩护、裁判三方的法律地位和相互关系”。[1]它能够反映出刑事诉讼活动运行的基本态势与内在规律。所谓诉讼目的，是指刑事诉讼欲实现的理想的诉讼结果，它体现了刑事诉讼中各主体的利益选

〔1〕李心鉴：《刑事诉讼构造论》，中国政法大学出版社1992年版，第7页。

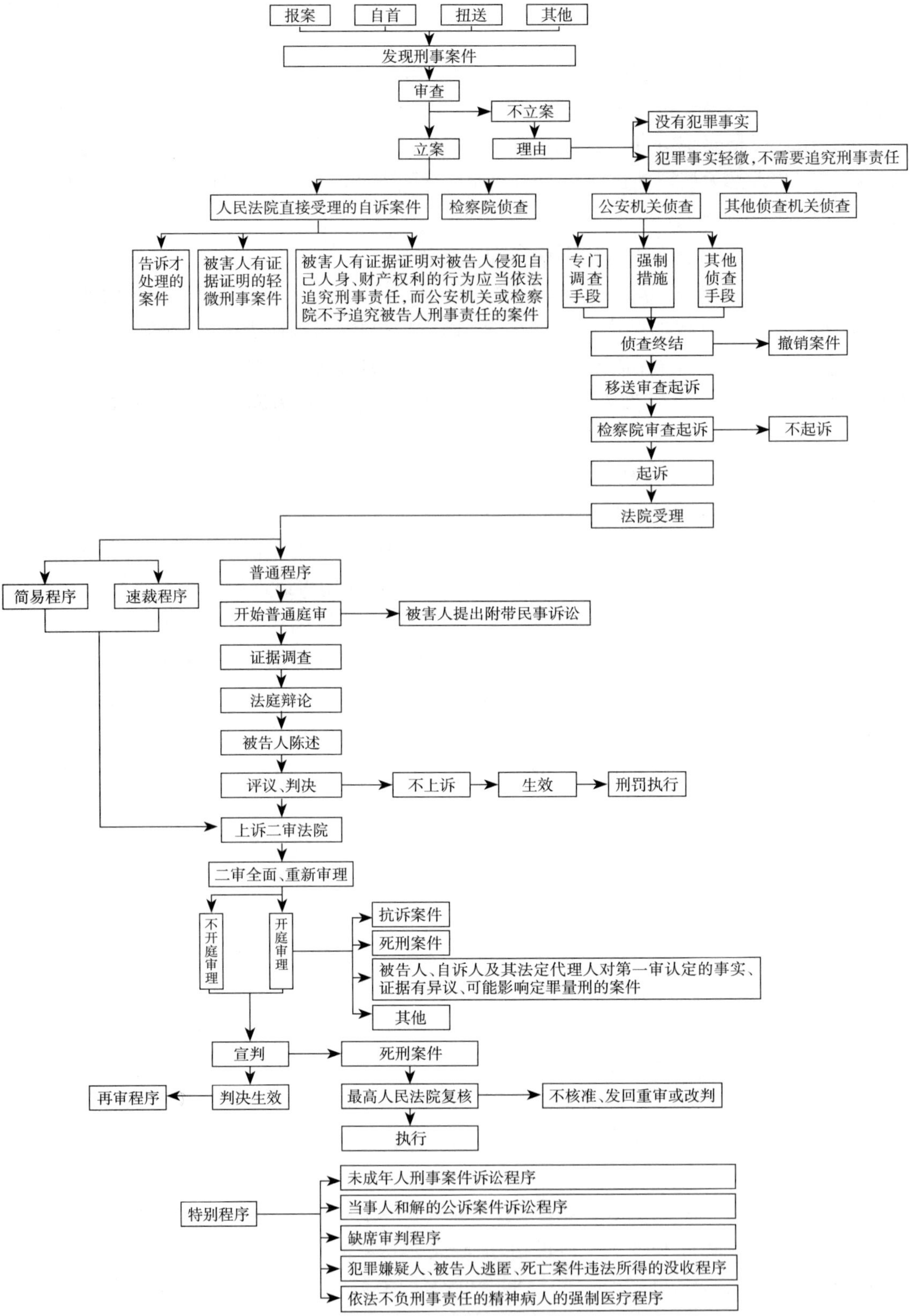

图绪论 –1　刑事诉讼流程

（资料来源：《刑事诉讼法学》编写组编：《刑事诉讼法》（第四版），高等教育出版社 2020 年版，第 4—5 页。）

择和权衡。“刑事诉讼的目的，可以说是刑事诉讼法的根本，自始至终支配侦查、起诉、审判及至执行等诉讼流程。无论刑事诉讼哪个阶段的设计理念，几乎都与刑事诉讼的目的息息相关，并且，许多刑事诉讼的争议问题，往往必须回溯其根本目的及相互冲突时的解决途径。”[1] 对于我国的刑事诉讼目的，将于后文详述。

在诉讼目的的主要作用下，在诉讼主体、程序、规则等因素的集中作用下，形成了不同的刑事诉讼构造，以及描述这些刑事诉讼构造的理论。常见的有，以刑事诉讼目的为划分基准，将刑事诉讼构造分为犯罪控制模式与正当程序模式两类，前者以高效打击犯罪为目标，整个刑事诉讼程序如同流水线作业；后者认为，精准地打击犯罪十分困难，故而强调应限制国家权力运用，保护个人权利，整个刑事诉讼程序如同障碍赛跑。[2] 以刑事诉讼各主体之间的关系为划分基准，将刑事诉讼构造分为三角结构和线形结构，前者强调控、辩双方居于平等地位，法官作为审判者居于其上；后者中的警、检、法三机关之间形成了一种流水线式的工序关系，个人相较于国家机关处于弱势地位。[3] 以权力组织类型和司法程序目的为划分基准，将刑事诉讼构造分为科层型权力组织的政策实施型、科层型权力组织的纠纷解决型、协作式官僚组织的纠纷解决型和协作式官僚组织的政策实施型四类，其中科层型权力组织的程序活动呈渐进形、协作式官僚组织的程序活动呈集中形，政策实施型的司法中官员处于主导地位，纠纷解决型的司法中官员视野较小，其信息来源主要依靠当事人。[4]

目前学界普遍认同的是，在历史上曾经存在，或仍存在以下几种刑事诉讼构造：

1. 弹劾式诉讼与纠问式诉讼

在刑事诉讼的发展历史中，曾有弹劾式诉讼和纠问式诉讼两种较为原始的刑事诉讼构造。

弹劾式诉讼产生于部分奴隶制国家以及封建初期的国家。此时，国家专门机关尚未完全介入私人纠纷中，所以由私人而非国家提起控诉，而且国家对民事诉讼和刑事诉讼也不加以区别。法官遵循“不告不理”原则，对未经起诉的事情不予受理，唯有接受私人控诉后方可开启审判流程，不会自行主动进行审判。在审判阶段，控告人和被告人是法律上的平等主体，双方享有同等诉讼权利；法官是居于二者之上的、被动的审判者，不会依职权主动收集证据，而是仅根据双方提供的证据材料以及庭上的言词辩论作出裁决。若案件存疑，法官会借助“神示证据制度”解决难题，即通过水审、火审、面包奶酪审、决斗等原始方法来获得所谓神明的旨意，亦即以“神明裁判制度”来判断诉讼中的是非曲直。例如，《汉谟拉比法典》(*The Code of Hammurabi*) 第 2 条规定：“如自由民控告自由民犯巫蛊罪而不能证实，则被控犯巫蛊之罪者应行至于河，而投入之。如其

---

〔1〕 林钰雄：《刑事诉讼法》(上册)，台北，新学林出版股份有限公司 2019 年版，第 7 页。

〔2〕 Herbert L. Packer, “Two Models of the Criminal Process”, 113 *University of Pennsylvania Law Review* 1 (1964).

〔3〕 参见龙宗智：《刑事诉讼的两重结构辨析》，载《现代法学》1991 年第 3 期。

〔4〕［美］米尔伊安·R. 达玛什卡：《司法和国家权力的多种面孔——比较视野中的法律程序》(修订版)，郑戈译，中国政法大学出版社 2015 年版，第 235—312 页。

为河所占有，则控告者可以占领其房屋；如为之洗白而仍无恙，则控彼巫蛊者应处死；投河者取得控告者之房屋。”神示证据制度通过与案件毫无关系的自然现象来认定事实，是一种十分原始的、愚昧的诉讼制度。

在奴隶制逐渐式微之后，弹劾式诉讼随之没落。代替弹劾式诉讼的是纠问式诉讼，后者集中表现了中世纪后期欧洲封建制国家君主的统治需求。此时，国家机关权力明显增强，刑事诉讼尽管仍然承认私人控告，但法院也开始有控诉权。而且，法院集控诉职能和审判职能于一身，不再遵循“不告不理”原则。由于法院在提起控诉后已经自行收集证据，从而对案件事实形成了一定认识，甚至对如何裁判案件也已有决断，因此在审判阶段，法院唯走形式而已，自然也不存在两造对抗、法院居中裁判的刑事诉讼结构。被告人的法律地位低于法院，可以被合法地拷打、刑讯。不仅如此，法院还经常采取书面审判、秘密审判的方式，忽视对被告人的权利保护。仅从这一点来看，纠问式诉讼相较于弹劾式诉讼有一些方面的倒退。在纠问式诉讼中，证据制度由神示证据制度发展到了法定证据制度，大体来讲，这标志着证据制度的进步。法定证据制度下，法律预先规定各种证据的证明力，即规定证据对案件事实的证明作用与效力的强弱大小，法官不得对其自由判断。但这种预先规定未必是合理的，例如男子证言证明力强于女子证言，僧侣证言证明力强于世俗人证言等。此外，由于犯罪人心里最清楚发生了什么，所以法定证据制度中口供具有极强的证明力。该规定虽然符合人类认知的一般规律，但也使得刑讯逼供情况加剧。

2. 职权主义诉讼、当事人主义诉讼与混合式诉讼

近现代的刑事诉讼构造，主要有职权主义诉讼和当事人主义诉讼两种，以及从这两种中发展出的混合式诉讼。职权主义诉讼主要存在于德国、法国等大陆法系国家，我国刑事诉讼应属职权主义诉讼。当事人主义诉讼主要存在于英国、美国等英美法系国家。混合式诉讼以日本刑事诉讼为代表。

在职权主义诉讼中，首先，在侦查阶段，职权主义倾向于赋予侦查人员较广泛的权力，对窃听等特殊侦查手段的适用条件往往没有过高要求。侦查人员依职权追究犯罪，处于强势地位，犯罪嫌疑人的诉讼权利受到较多限制。其次，采起诉法定主义，即案件若具备起诉的法定条件，公诉机关必须起诉，将案件送交法院审判，公诉机关没有自行处理的空间。再次，在审判阶段，法官全程发挥主导作用，指挥和控制整个诉讼进程。例如，法官可以决定证据调查顺序、范围和方式，还可以在必要时依职权主动收集证据。最后，从诉讼目的来看，职权主义诉讼相对注重实体真实。

在当事人主义诉讼中，首先，在侦查阶段，犯罪嫌疑人的辩护律师可以独立收集证据，自行侦查或调查，或者委托私人侦探代为侦查。[1]其次，采起诉便宜主义，公诉机关对于符合起诉法定条件的案件，也可以出于对公共利益等其他因素的考量，选择不将案件送至法院审判。再次，在审判阶段，法官处于被动地位，是消极的裁判者，控、辩双方通过自行举证和交叉询问主导诉讼进程。最后，从诉讼目的来看，当事人主义诉讼

---

〔1〕 参见李心鉴:《刑事诉讼构造论》，中国政法大学出版社 1992 年版，第 88 页。

相对强调程序价值。

采混合式诉讼的国家（如日本），以当事人主义诉讼为主而又保留了职权主义诉讼的某些特点。当事人主义诉讼的因素，如犯罪嫌疑人、被告人有沉默权。职权主义诉讼的因素，如日本追求"精密司法"，即在缜密侦查基础上的超高定罪率。

无论是哪种诉讼构造，基本都不再采取法定证据制度，而是确立了自由心证证据制度，即证据的证明力由法官自由判断，而非由法律预先规定，法官应根据法庭审理情况自主形成内心确信。自然，法官也不能因此就恣意裁判，而是受到经验法则和逻辑法则的内部制约，以及直接言词制度、公开审判制度、回避制度、合议制度、再审制度等法律制度的外部制约，从而形成"合理"的自由心证。此外，随着现代法学的发展，已经很少有纯粹的职权主义诉讼或纯粹的当事人主义诉讼，双方都在吸收彼此优点，不断完善自身形态。

二、刑事诉讼法的概念与法律渊源

（一）刑事诉讼法的概念

刑事诉讼法是用以规范刑事诉讼活动的法律，是主要关于国家专门机关如何主导刑事诉讼、当事人和其他诉讼参与人如何参加刑事诉讼以及规范刑事诉讼的具体程序的法律。根据内容进行分类，可以将我国刑事诉讼法分为广义的刑事诉讼法和狭义的刑事诉讼法。广义的刑事诉讼法指所有和刑事诉讼活动有关的法律规范。狭义的刑事诉讼法指《刑事诉讼法》这部法律。

根据法律划分方法的不同，刑事诉讼法具有以下性质：

1. 社会主义法

按照法的经济基础与阶级本质来划分，刑事诉讼法属于社会主义法，有别于奴隶制法、封建制法和资本主义法。我国刑事诉讼法处于法的历史发展的最高阶段，是中国特色社会主义法律体系的重要组成部分，是社会主义法治国家建设和推进全面依法治国的重要支撑，能够体现最广大人民群众的意志，维护最广大人民群众的根本利益。

2. 程序法

按照法的内容来划分，刑事诉讼法属于程序法，有别于刑法等实体法。实体法规定权利和义务、权力和责任的具体内容；程序法则规定这些权利和义务、权力和责任在实现过程中的应有程序与方法。以往，我国有"重实体，轻程序"的法律现象，表现为，在立法中，仅将程序法作为实现实体法的工具；在司法中，一味关注案件的实质正义，却轻视甚至违背了各主体本应遵循的相关程序规范。随着程序法研究的兴起，程序法的独立价值已然昭彰。例如，刑事诉讼法严禁侵犯公民权利的刑讯逼供，即使该行为的目的是实现实体真实。目前人们普遍认为，程序法和实体法处于同等重要的地位。

3. 基本法

按照法律的内容和效力来划分，刑事诉讼法属于基本法，有别于根本法和一般法。根本法一般指宪法。基本法在位阶上低于根本法，是由全国人民代表大会制定和修改的法律。一般法律位阶低于基本法，由全国人民代表大会常务委员会制定和修改。在适用刑事诉讼法时，要注意其与其他法律之间的先后次序和位阶关系。

4. 公法

按照法律的调整对象来划分，刑事诉讼法属于公法，有别于私法。该分类最早认为，公法是关于国家的法律，私法是关于个人利益的法律。目前的普遍观点则认为，公法和私法的区别在于，前者调整国家机关之间的权力关系以及国家与公民之间的权利义务关系；后者调整社会团体之间，社会团体和公民之间以及公民之间的权利义务关系。由于刑事诉讼法主要调整国家专门机关和当事人与其他诉讼参与人之间的关系，因此其性质为公法。

（二）刑事诉讼法的法律渊源

1.《宪法》

根据《刑事诉讼法》第 1 条的规定，宪法是刑事诉讼法的法律渊源与立法依据。宪法是国家各种制度和法律法规的总依据，是党和人民意志的集中体现，具有最高的法律地位、法律权威和法律效力。根据宪法优位原则，刑事诉讼法的性质、任务、基本原则和各项诉讼制度必须根据宪法规定的基本原则和精神来制定，不得与宪法相抵触、相违背。这也意味着，刑事诉讼法应当随着宪法的修改及时做出相应的调整和修订。从理论上讲，宪法是所有法律的立法依据，但宪法与刑事诉讼法之间的联系尤其密切，后者素有"小宪法""应用的宪法""宪法的施行法"之称。其原因主要是宪法的规定较为抽象，而刑事诉讼法可以将宪法的规定具象化，具体表现为以下三个方面：

（1）宪法里关于国家机构的条文中特别规定了审判、检察制度，为刑事诉讼法中关于法院、检察院和公安机关的权力配置与其之间的相互关系奠定了基础。例如，《宪法》第 128 条规定："中华人民共和国人民法院是国家的审判机关。"第 134 条规定："中华人民共和国人民检察院是国家的法律监督机关。"但宪法的规定较为抽象，而刑事诉讼法起到了将其具象化的作用。以检察制度为例，刑事诉讼法通过规范法律监督权在不同诉讼阶段的手段和方式，如立案阶段的立案监督、审理阶段的提出纠正意见等，使检察院的法律监督职能落实落地。

（2）宪法规定了法院、检察院和公安机关之间的职权行使体制机制，《宪法》第 140 条规定："人民法院、人民检察院和公安机关办理刑事案件，应当分工负责，互相配合，互相制约，以保证准确有效地执行法律。"而该体制机制如何运作则交由刑事诉讼法来落实。例如，在三者应当如何相互配合这一方面，根据刑事诉讼法规定，检察院对公安机关提请逮捕、移送审查起诉的案件都应认真审查并作出决定。法院对于检察院提起公诉的案件要经过审理作出判决，公安机关对于法院的判决裁定都应执行。在三者应当如何相互制约这一方面，检察院是法律监督机关，在审查批准逮捕工作中，如果发现公安机关的侦查活动有违法情况，应当通知公安机关予以纠正，公安机关应当将纠正情况通知检察院。公安机关对检察院不批准逮捕的决定，认为有错误的时候，可以复议、复核。检察院发现法院审理案件违反法律规定的诉讼程序，有权向法院提出纠正意见。而法院也有权要求检察院补充侦查。

（3）宪法规定了公民基本权利受法律保护，而刑事诉讼法对公民基本权的干预在所有法律中显得尤为严厉。宪法较为抽象地规定了公民的合法私有财产不受侵犯，人权，公民在法律面前一律平等，公民的人身自由、人格尊严、住宅不受侵犯等基本权利。因此，一方面，刑事诉讼法要将宪法中的公民基本权利具体化，以免后者沦为宣誓性权利或被滥用；另一方面，刑事诉讼法必须在宪法规范下运转，不能违反宪法关于公民基本权利的一般规定。可以说，公民基本权利干预及其保障架起了宪法与刑事诉讼法之间沟通的桥梁。例如，《宪法》第 130 条规定了“被告人有权获得辩护”，这是宪法对公民基本权利中的辩护权的规定。但是辩护权具体包括哪些权利，如是否包括会见权、通信权、调查取证权、提出意见权以及侦查讯问时律师在场权等，都需要刑事诉讼法加以明确和细化。另外，辩护权的行使方式、主体与应用情形也需要由刑事诉讼法加以规范。

2.《刑事诉讼法》

我国现行的《刑事诉讼法》是刑事诉讼法的最主要法律渊源。它于 1979 年 7 月 1 日由第五届全国人民代表大会第二次会议通过，1980 年 1 月 1 日施行。此后，《刑事诉讼法》共经历了三次修正。第一次根据 1996 年 3 月 17 日第八届全国人民代表大会第四次会议《关于修改〈中华人民共和国刑事诉讼法〉的决定》修正，并于 1997 年 1 月 1 日施行。第二次根据 2012 年 3 月 14 日第十一届全国人民代表大会第五次会议《关于修改〈中华人民共和国刑事诉讼法〉的决定》修正，并于 2013 年 1 月 1 日施行。第三次根据 2018 年 10 月 26 日第十三届全国人民代表大会常务委员会第六次会议《关于修改〈中华人民共和国刑事诉讼法〉的决定》修正，并于 2018 年 10 月 26 日施行。目前，《刑事诉讼法》包括第一编　总则，第二编　立案、侦查和提起公诉，第三编　审判，第四编　执行，第五编　特别程序以及附则，条文总数为 308 条。

3. 其他相关的法律、法规与规章

在中国特色社会主义法治体系中，不同法律法规之间相辅相成、相得益彰，形成了一个融洽的整体。《刑事诉讼法》也是其中的一部分，基于法的系统性、整体性、协同性和时效性，它需要其他法律、法规和规章的密切配合方能得以实施。与《刑事诉讼法》有关联的法律、法规和规章包括但不限于《刑法》《人民法院组织法》《人民检察院组织法》《监察法》《法官法》《人民警察法》《检察官法》《监狱法》《律师法》《法律援助法》《国家安全法》《未成年人保护法》等法律，《看守所条例》《拘留所条例》等行政法规，以及《公安机关办理刑事案件程序规定》《拘留所条例实施办法》等部门规章。

4. 相关司法解释

司法解释隶属于法律解释，其功能是弥补法律空白，提高法律在司法实践中的可操作性。在我国，有权作出司法解释的国家最高司法机关是最高人民法院和最高人民检察院，简称“两高”。与《刑事诉讼法》相关的司法解释中，较为重要的有《最高人民法院关于适用〈中华人民共和国刑事诉讼法〉的解释》《人民检察院刑事诉讼规则》等。这些司法解释的特点是，条文数量多、规定细致、涉及范围广，且不同主体可能有各自的侧重点，有时会对同一个法律条文作出不同的、带有部门色彩的解读，给司法实践带来一定的困惑。因此，未来的修法趋势是，《刑事诉讼法》将这些司法解释予以吸收、整合，形成一部统一的刑事诉讼法典。

5. 相关国际条约

国际条约虽非国内法，但也是我国承认的法律渊源。若我国已经批准签署或参加的国际条约规定了与刑事诉讼相关的内容，我国原则上应当遵守。其中涉及刑事诉讼的主要有《维也纳外交关系公约》、《维也纳领事关系公约》、《东京公约》、《海牙公约》（1970年）、《蒙特利尔公约》、《公民权利及政治权利国际公约》、《核材料实物保护公约》、《反对劫持人质国际公约》、《防止及惩治灭绝种族罪公约》、《禁止并惩治种族隔离罪行国际公约》、《消除一切形式种族歧视国际公约》、《禁止酷刑和其他残忍、不人道或有辱人格的待遇或处罚公约》、《关于防止和惩处侵害应受国际保护人员包括外交代表的罪行的公约》等。此外，中国还与多国签订了双边刑事司法条约、协定与引渡条约等。我国批准签署或参加这些国际条约，体现了我国坚持以人民为中心的司法取向，尊重并保障人权，并决心继承和弘扬联合国宪章的宗旨和原则，构建以合作共赢为核心的新型国际关系，与世界各国一道共同构建人类命运共同体。

三、刑事诉讼法学的概念、时代课题与研究方法

（一）刑事诉讼法学的概念

刑事诉讼法学属于法学的分支，是在习近平新时代中国特色社会主义思想指引下对刑事诉讼法的立法、司法实践和相关法学理论等进行统筹研究，从而贯彻落实习近平法治思想、推进全面依法治国的一门法学学科。刑事诉讼法的立法研究是刑事诉讼法学的最主要研究对象与研究基础，广义的刑事诉讼法均涵括在内。对刑事诉讼法司法实践的研究是刑事诉讼法学的研究重心与灵魂。只有将刑事诉讼法放在现实中去应用，才能发现其中可能存在的问题、提出有针对性的解决方案，为公安司法机关和办案人员指导工作方向，提供切实有效的建议。对刑事诉讼法的法理论研究是刑事诉讼法学的重要研究支撑。理论往往能够先行引导刑事诉讼法向前发展，为刑事诉讼法提供源源不竭的动力、活力。总而言之，刑事诉讼法学兼具理论性与实践性，对法学研究的长足进步与全面依法治国工作的谋篇布局有关键意义。

（二）刑事诉讼法学的时代课题

一个学科的价值很大程度上在于回答时代课题，推动时代进步。根据党的二十大精神，立足刑事诉讼法治长远发展战略，刑事诉讼法学界普遍认为，当前和今后一段时期，要重点围绕五个时代课题开展研究，促进刑事诉讼法学研究全面深入发展，推动体现中国式现代化诉讼法治的体系化构建。[1]

1. 刑事诉讼法学要研究刑事诉讼法治的“中国式现代化”道路

“中国式现代化”是习近平总书记在庆祝中国共产党成立100周年大会上提出的重要论断。其本质要求是，坚持中国共产党领导，坚持中国特色社会主义，实现高质量发

〔1〕 参见敬大力、郭烁、龚炜博：《回顾历史成就 展望未来发展 推进新时代刑事诉讼法治现代化》，载《检察日报》2023年1月5日，第3版。

展，发展全过程人民民主，丰富人民精神世界，实现全体人民共同富裕，促进人与自然和谐共生，推动构建人类命运共同体，创造人类文明新形态。刑事诉讼法属于中国特色社会主义法治体系的一部分，其现代化建设意义重大。为此，刑事诉讼法学要将现代化的深刻内涵和原理融入刑事诉讼法研究中，要妥善处理现代与传统之间的关系，既要全面推进中国式现代化发展战略研究、刑事诉讼法学体系构建研究、中国刑事诉讼本土化模式研究、刑事诉讼发展趋势研究、刑事诉讼数字化信息化研究等新兴领域研究；也要传承明德慎刑、礼法结合等中华优秀传统法律文化。

2. 刑事诉讼法学要研究公平正义刑事诉讼核心理念

习近平总书记指出："不断完善相关国际规则，确保国际秩序公平合理、人类社会公平正义。"〔1〕"公正是法治的生命线。公平正义是我们党追求的一个非常崇高的价值，全心全意为人民服务的宗旨决定了我们必须追求公平正义，保护人民权益、伸张正义。全面依法治国，必须紧紧围绕保障和促进社会公平正义来进行。"〔2〕"努力让人民群众在每一个司法案件中都能感受到公平正义。"〔3〕公平正义是刑事诉讼的永恒追求与核心理念，要研究公平正义的理论基础、保障制度、现有问题与针对性的完善对策等。

3. 刑事诉讼法学要研究建构中国自主的刑事诉讼法学体系

中国自主的刑事诉讼法学体系主要包括学科体系、学术体系和话语体系。习近平总书记曾指出："我们不能做西方理论的'搬运工'，而要做中国学术的创造者、世界学术的贡献者。"〔4〕我国刑事诉讼法学在发展早期大量借鉴苏联与西方法学理论成果，后者在客观上也为我国法学作出了一定贡献。然而，目前我国刑事诉讼法体系已经初步形成，其角色也由学习者向创造者转变。相关研究应将重点放在如何创建我国自主的刑事诉讼法学体系上来，并努力反哺世界法学研究。

4. 刑事诉讼法学要研究全面深化刑事诉讼制度改革

党的十八大以来，刑事诉讼制度改革取得了重大突破。例如，党中央部署并持续推进以审判为中心的诉讼制度改革，庭审实质化实现重大突破；建立健全"捕诉一体"办案机制，司法资源配置得到优化；推动建设认罪认罚从宽制度，保障了当事人与其他诉讼参与人的权利。刑事诉讼法学要维护好已有的改革成果，持续研究改革方向、深化改革理念、落实改革任务。

5. 刑事诉讼法学要研究建设刑事诉讼参与社会治理路径

刑事诉讼法的立法和司法实践是我国治理体系和治理能力现代化的重要组成部分。刑事诉讼法学应持续推动刑事诉讼从一维的"治罪"走向多维的"治理"。要着重把握社会治理理念、领域、方式、制度等重大问题，创新推动矛盾纠纷源头预防和前端化解机

---

〔1〕 习近平：《论坚持全面依法治国》，中央文献出版社 2020 年版，第 183 页。

〔2〕 习近平：《在省部级主要领导干部学习贯彻党的十八届四中全会精神全面推进依法治国专题研讨班上的讲话》，载中共中央文献研究室编：《习近平关于协调推进"四个全面"战略布局论述摘编》，中央文献出版社 2015 年版，第 117—118 页。

〔3〕 习近平：《论坚持全面依法治国》，中央文献出版社 2020 年版，第 17 页。

〔4〕 习近平：《论坚持全面依法治国》，中央文献出版社 2020 年版，第 176 页。

制研究，拓展诉讼法治的社会治理功能，助力市域社会治理现代化，巩固基层社会治理良好局面。[1]

（三）刑事诉讼法学的研究方法

刑事诉讼法学的研究方法选择决定了我国刑事诉讼法学的研究能否全面、深入。在选择研究方法时，可以以一种研究方法为主，注重刑事诉讼法学的精进性；也可以多种研究方法并进，注重刑事诉讼法学的广博性。

1. 马克思主义的研究方法

马克思主义揭示了客观事物发展规律，是刑事诉讼法学的指导理论，其方法在刑事诉讼法学研究方法中处于基础地位。

（1）马克思主义强调用“矛盾”分析事物规律，并强调事物的辩证关系，即不同事物之间、同一事物内部的不同要素之间的对立统一关系。因此，刑事诉讼法学既要研究刑事诉讼法与其他法律，尤其是刑法之间的关系，又要研究刑事诉讼法内部不同原则、制度、规则、主体等要素之间的关系。常见的对立统一要素有：惩罚犯罪与保障人权、实体与程序、公诉与辩护、公正与效率等。这也意味着，刑事诉讼法学研究要带着问题意识，抓住事物的主要矛盾、矛盾的主要方面，也要兼顾事物的次要矛盾、矛盾的次要方面。马克思主义认为，现实中的事物不是只有单个的矛盾，而是具有复杂性和多面性。一个事物往往有许多对矛盾，其中起主导作用并影响其他矛盾的就是主要矛盾，而其他的矛盾居于次要和服从的地位。主要矛盾解决得好，次要矛盾方可得到恰当处理。这就需要我们树立问题意识。问题意识是学术研究的核心要义，是创新性思维的基础。要始终带着强烈的问题意识，寻找刑事诉讼法学中的突出矛盾、关键领域、重点任务，牵住“牛鼻子”。

（2）马克思主义是实践的理论，实践属性是马克思主义的基本属性，是马克思主义真理性的体现。习近平总书记指出：“理论在一个国家实现的程度取决于理论满足现实需要的程度，理论作用发挥的效度取决于理论见诸实践的深度。”[2]这一点体现出，刑事诉讼法学研究的根本目的在于运用，应当抓住“全部社会生活在本质上是实践的”这一点，注重实践，并在研究时随着实践的变化而变化，适时更新观点，从而用刑事诉讼法学思想更好地改造客观世界。一方面，要认真研读司法案例，从案例中发现问题，并提出有针对性的见解。另一方面，要了解实践、深入实践，多作实证调研，不断丰富理论。

2. 法解释学的研究方法

德国法学大师萨维尼曾有一句法学谚语：“解释法律，系法律学之开端，并为其基础，系一项科学性的工作，但又为一种艺术。”刑事诉讼法解释学将广义上的刑事诉讼法的条文作为主要研究对象，具体研究条文的语词、逻辑、结构和适用方法等，包括文

〔1〕 参见敬大力、郭烁、龚炜博：《回顾历史成就 展望未来发展 推进新时代刑事诉讼法治现代化》，载《检察日报》2023年1月5日，第3版。

〔2〕 习近平：《在二十届中央政治局第四次集体学习时的讲话》，载《求知》2023年第6期。

义解释、体系解释、历史解释、目的解释等多元解释方法，遵循必要性原则、忠实法律文本原则、合目的性原则和公平正义原则等解释原则。长期以来，我国刑事诉讼法学研究关注较为抽象的价值判断和立法论，相较于其他法学科解释学的繁荣景象，刑事诉讼法解释学正方兴未艾。然而，若一味关注他国理论或原理，不以本国法律文本为研究基础，不仅会使得理论对策缺少针对性，还无益于司法实践。刑事诉讼法解释学能够打通规范与司法实践之间的桥梁，使得刑事诉讼法学更多地关注本土问题，研究抽象条文如何在司法实践中得到具体运用，从而为刑事诉讼理论研究提供新范式，为司法实务提供指导。此外，刑事诉讼法解释学能够通过设定解释规则和方法约束公安司法人员在个案中的曲意释法，从而限制刑事诉讼中公权力的滥用。最后，如前所述，司法解释等规范性文件在实践中的运用范围甚至超过了刑事诉讼法。然而，司法解释的依据毕竟是法律条文，其制定也必然要符合刑事诉讼法的立法目的、原则和精神。刑事诉讼法解释学可以检验和评判某条（些）司法解释条文是否违背了刑事诉讼法的法意。

3. 比较法学的研究方法

比较法学的研究方法有时间和空间两个维度。时间维度即对不同历史时期的法律进行比较研究，空间维度即对不同国家的法律以及同一国家的不同法律展开比较研究。在21世纪全球化和多元现代化语境下，比较法学的方法能够为刑事诉讼法学研究同时提供中华优秀传统法律文化供给与国际法学先进理论经验，古为今用、东学西渐；同时，也要将中国的刑事诉讼法学推向世界。《关于加强新时代法学教育和法学理论研究的意见》指出，在创新发展法学理论研究体系、提升中国特色社会主义法学理论体系和话语体系的国际传播能力的同时，应加强与共建“一带一路”国家法治学术交流合作，完善外国法查明机制，推进世界主要国家法律法规数据库建设，注重组织收集筛选、翻译国外法律信息资料，加强世界法学名著的汉译工作和中国法学优秀成果的外译工作。

4. 跨学科的研究方法

随着现代社会发展，单一的法学视角有时难以触及问题本质，需要其他学科提供理论作为辅助。常见的与法学有交流的学科有社会学、心理学、政治学、哲学、经济学、历史学等。其中，从与法学关联较为密切的学科中还发展出了分支学科，如法律社会学。可以运用这些学科的研究方法，以外部视角观察刑事诉讼、刑事诉讼法与刑事诉讼法学。例如，心理学可以协助司法人员判断犯罪人的社会危险性，哲学可以帮助学界更好地认识到刑事案件事实认定的一般规律。这些研究方法可以为刑事诉讼法学研究提供更为全面、客观、多元的问题解决思路，促进刑事诉讼法学的理论创新与实践发展。

除此之外，还有归纳总结、价值分析等研究方法。这些研究方法并不是一成不变的，也未必有适用次序或固定逻辑，应当根据所要解决的刑事诉讼具体问题的性质和特点，采取恰当的研究方法，以达到最佳的研究效果。

第二节 刑事诉讼法的目的与任务

刑事诉讼法的“目的”和“任务”都可视为一种主观对客观的意图或要求。从词义角度来分析，二者的区别在于，任务通常较为具体，常被认为是通过努力可以完成的一种计划，而目的则更偏重于理想化的价值追求，是主体意欲达到的一种终极目标或预期结果。所以，“目的是从宏观角度着眼，构建了刑事诉讼法的使命，任务则从微观角度构建了具体完成的任务”[1]。从立法和司法的角度来分析，立法宗旨或曰立法目的是立法机关在制定刑事诉讼法时的一种期许与愿景，而法律任务则是立法为了达到这一期许与愿景、施加于公安司法机关等各诉讼主体的工作要求及行为指令。从这个层面来看，目的偏重于立法机关的主观意识和观念，是较为抽象、概括和原则的；而任务则更倾向于在司法层面如何去完成各项具体的工作和指令，其内容是较为刚性的，是可测评、可度量的，具有较强的客观约束力。

一、刑事诉讼法的目的

一般认为，立法目的条款直接述明制定一部法律事先设定的所要得到的结果，是总则的重要组成部分，是整个法律文本价值目标的体现。《刑事诉讼法》第 1 条明文规定：“为了保证刑法的正确实施，惩罚犯罪，保护人民，保障国家安全和社会公共安全，维护社会主义社会秩序，根据宪法，制定本法。”在 1996 年《刑事诉讼法》修改时，有意见提出，原来的规定没有反映出作为程序法的刑事诉讼法与作为实体法的刑法之间的关系，没有反映出程序法保证实体法正确实施的宗旨。该意见体现了马克思主义辩证观，因此，1996 年《刑事诉讼法》增加了“为了保证刑法的正确实施”的语句。

（一）保证刑法的正确实施

1. 对刑法实施的保障

刑法是实体法，主要规定哪些行为是犯罪，以及对这些犯罪应当处以何种刑罚。然而，徒法不足以自行，刑法虽然规范国家刑罚权产生的要件，却不能在没有刑事诉讼法的情况下自我实现。如果只规定什么行为是犯罪以及对各种犯罪给予怎样的刑事处罚，而没有规定追究犯罪的主体、方式等程序问题，有关犯罪和刑罚的法律就会沦为一纸空文。换言之，对具体的犯罪进行追究，需要通过立案、侦查、起诉、审判、执行等一系列的诉讼程序才能实现。这些程序则需由刑事诉讼法这一程序法加以规范，并在法律轨道上运行。

2. 对实体真实的保障

刑事诉讼法不仅要保障刑法的实施，还要保障刑法的“正确”实施。“正确”就是指“实体公正”，即准确认定犯罪嫌疑人、被告人是否有罪、此罪与彼罪、一罪与数罪，

---

〔1〕 吴啟铮：《刑事诉讼法任务刍议——对我国〈刑事诉讼法〉第 2 条的反思与重构》，载《甘肃政法成人教育学院学报》2005 年第 3 期。

并依法合理地判定犯罪嫌疑人、被告人应受之刑罚。要做到这些，主要有以下三点：

（1）刑事诉讼法通过设定诉讼阶段和程序，令公安司法机关逐步形成对案件事实的认识。如前所述，刑事诉讼法通过建立一套完整的诉讼程序保障办案机关能够准确、及时地发现案件事实。相较于静态的刑法，刑事诉讼法具有动态性和渐进性。刑事诉讼活动通过相对独立完整的不同阶段，实现后一个阶段对前一个阶段的审查、过滤和纠正作用，办案机关对案件事实的认识随着诉讼阶段的前进而逐渐全面、深入。后一个诉讼阶段相对于前一个阶段就如同一层过滤网或一个漏斗，将不能定罪处罚的人和案件从诉讼中及时筛除出去，不再进入下一个诉讼阶段，从而确保无罪的人不受刑事追究，有罪的人受到应有惩罚。

（2）刑事诉讼法通过设定刑事案件定案证明标准，即“事实清楚，证据确实、充分”，以保障实体真实。依据《刑事诉讼法》第55条第2款的规定，“证据确实、充分”必须同时符合三个条件：一是定罪量刑的事实都有证据证明；二是据以定案的证据均经法定程序查证属实；三是综合全案证据，对所认定事实已排除合理怀疑。这三个条件保证了最终定案的每个证据在“量”（定罪量刑的事实“都有”相对应的证据支撑）和“质”（定案的每一项证据都查证属实）上都必须达到严格标准，同时综合全案证据所认定的事实还要具有唯一性，即案情的其他合理可能性均已被排除，从而保证定案的准确和实体上的公正。与此同时，刑事诉讼法也不会为了追求实体真实而不计代价，严禁刑讯逼供和以威胁、引诱、欺骗以及其他非法方法收集证据，并规定不得强迫任何人证实自己有罪。

（3）刑事诉讼法还规定了相应的配套制度机制，确保办案机关在处理刑事案件时，若可能发生或已经发生错误，会有相应的纠错和救济程序。最典型的就是公安机关、检察院、法院分工负责、互相配合、互相制约原则。其中的互相制约原则就要求某一机关对其他机关办案中出现的偏差错误及时提出意见或启动程序加以纠正。此外，我国的刑事审判奉行两审终审制，也就是一个案件经过两级法院审判即告终结的制度。两审终审制度能够给予经过一审被认定有罪的被告人以救济渠道，通过上诉启动二审，纠正一审中可能出现的裁判错误。对于死刑案件，刑事诉讼法还特别规定了死刑复核程序，充分保障被告人的权利。另外，即使案件经过终审，裁判已生效，刑事诉讼法也规定了审判监督这一非常救济程序，确保案件裁判最终的公正性。

总而言之，制定刑事诉讼法的直接目的就是保证刑法的正确实施，发现实体真实。诚如林钰雄教授所言：“既然发动刑事诉讼程序，用意在于‘获致一个依照实体刑法的正确裁判’，那么‘发现实体真实’便是其必要的前提，也就是查明到底实际上发生的事件是什么，因为只当清楚实际上发生的事件是什么时，才能‘依照实体刑法’来判断该事件究竟合不合乎法定的构成要件该当性、违法性及有责性等犯罪要件，也才能进而获致一个‘正确裁判’。”[1]

---

〔1〕 林钰雄：《刑事诉讼法》（上册），台北，新学林出版股份有限公司2019年版，第7页。

3. 刑事诉讼目的具有统一性

根据《刑事诉讼法》第 1 条的表述，不少研究者都将我国刑事诉讼法的目的拆分为三个方面：一是保证刑法的正确实施；二是惩罚犯罪，保护人民；三是保障国家安全和社会公共安全，维护社会主义社会秩序。〔1〕其实，结合《刑法》的相关规定，刑事诉讼法的目的，一言以蔽之，就是“保证刑法的正确实施”。至于“惩罚犯罪，保护人民，保障国家安全和社会公共安全，维护社会主义社会秩序”都可以被包含在“保证刑法的正确实施”的目的之内。从体系解释的角度出发，观察《刑法》可以发现，其第 1 条规定，制定刑法的目的是“惩罚犯罪，保护人民”，其第 2 条规定的刑法任务中也有“保卫国家安全”“维护社会秩序、经济秩序”之语。另外，《刑法》总则虽然没有“保障社会公共安全”的表述，但分则第二章专门规定了“危害公共安全罪”。而且，从广义上讲，危害公共安全罪以外的犯罪也都直接或间接地、或多或少地危害了社会主义国家公共安全与其相关法益。所以，如果制定的刑事诉讼法能够确保刑法的正确实施，自然可以有效地惩罚犯罪和遏制犯罪，从而保障国家安全和社会公共安全，保护人民的各项合法权益不受侵犯，维护社会主义社会秩序，保持社会稳定，并为国家的经济建设提供良好的外部环境。总而言之，“保障刑法的正确实施”“惩罚犯罪，保护人民”“保障国家安全和社会公共安全，维护社会主义社会秩序”，“这三项内容是同一目的的递进表述而不是三项不同目的”〔2〕。

（二）确保程序公正

需要说明的是，“为了保证刑法的正确实施”并不意味着刑事诉讼法只有保障刑法的工具价值。刑事诉讼法与刑法之间是作用和反作用的关系。刑事诉讼法还有自己的独立价值，即“确保程序公正”。

（1）刑法需要有刑事诉讼法的保障才能实施，刑法的任务需要通过刑事诉讼法规范的诉讼程序才能实现。“有罪是一回事；被追诉和被惩罚则是另一回事。一个人是否会被认定对一项特定的罪行承担责任，取决于程序性规则。这些规则决定着国家如何通过证明犯罪的发生、认定行为人有罪和惩罚那些应当对这个犯罪负责的人，来执行刑法。”〔3〕

（2）刑事诉讼法可以阻却一些违法行为的成立。例如，逮捕本来是公权力干涉公民人身自由的行为，但因刑事诉讼法的授权，刑法不能将其评价为非法。刑事诉讼法中还有不少影响甚至“阻碍”刑法实施的规定，典型的如《刑事诉讼法》规定的非法证据排除规则、上诉不加刑原则，等等。只是《刑事诉讼法》尚未在条文中点明其独立价值。比较法中，日本《刑事诉讼法》第 1 条就规定：“本法对于刑事案件，以维护公共福祉和贯彻保障个人的基本人权，查明案件事实真相，正确而迅速地适用刑罚法令为目的”。

---

〔1〕 参见陈光中主编：《刑事诉讼法》(第七版)，北京大学出版社、高等教育出版社 2021 年版，第 18—19 页。

〔2〕 张建伟：《刑事诉讼法通义》(第二版)，北京大学出版社 2016 年版，第 40 页。

〔3〕［美］乔治·P. 弗莱彻：《刑法的基本概念》，蔡爱惠、陈巧燕、江溯译，王世洲主译与校对，中国政法大学出版社 2004 年版，第 6 页。

“该条文的结构分为三个部分：①维护公共福祉和贯彻人权保障；②查明事实真相；③适用刑罚法令。其中，‘维护公共福祉和贯彻保障人权’应当理解为‘考虑一定的人权保障’，因此，‘人权保障’和‘查明事实真相’才是刑事诉讼法的目的。‘既保障人权又发现真实’这一课题，不仅在日本的现行法律中，而且在日本的旧法、大陆法和英美法中都是普遍存在的问题。”〔1〕德国学者罗科信认为：“刑事诉讼的目的有三：一为实体事实之正确性，二为诉讼程序之合法性，三为为维护法和平而对被告为有罪之判决。”〔2〕为了强调刑事诉讼的独立价值，未来可以考虑将我国《刑事诉讼法》第1条中增加“确保程序公正”这一立法目的。

另外，程序公正与前文提及的实体公正在刑事诉讼法中是一组相对应的基本理念，二者对立统一，都有各自的独立价值与法律地位。在二者之间发生矛盾冲突的时候，要根据情况妥当处理。例如，在国家专门机关采取殴打、违法使用戒具等暴力方法或者变相肉刑的恶劣手段，使犯罪嫌疑人、被告人遭受难以忍受的痛苦而违背意愿作出供述时，为了实现程序公正，即使通过以上手段得到的供述有利于实体真实的实现，也应当予以排除。又如，有新的证据证明原判决、裁定认定的事实确有错误，可能影响定罪量刑的，法院应放弃程序安定性，重新启动刑事诉讼程序裁判案件，从而发现实体真实。

二、刑事诉讼法的任务

《刑事诉讼法》第2条规定：“中华人民共和国刑事诉讼法的任务，是保证准确、及时地查明犯罪事实，正确应用法律，惩罚犯罪分子，保障无罪的人不受刑事追究，教育公民自觉遵守法律，积极同犯罪行为作斗争，维护社会主义法制，尊重和保障人权，保护公民的人身权利、财产权利、民主权利和其他权利，保障社会主义建设事业的顺利进行。”鉴于法律适用的普遍性，本条规定的任务应是对所有刑事案件进行诉讼必须完成的事项，而非个案要完成的具体事项。刑事诉讼法的任务可以分为直接任务、重要任务和根本任务。

（一）直接任务

刑事诉讼法的直接任务也称首要任务，一般是指“保证准确、及时地查明犯罪事实，正确应用法律，惩罚犯罪分子，保障无罪的人不受刑事追究”。

1. 准确、及时地查明犯罪事实

办案机关要“准确、及时地查明犯罪事实”，方可奠定坚实的犯罪事实基础，对犯罪分子罚当其罪。这一点可谓是刑事诉讼的中心。

查明犯罪事实一定要“准确”，即办案人员查明的事实要尽可能地接近客观事实。唯有还原真相、查明真凶，才能对案件作出正确处理。“准确”地查明犯罪事实，表现为：一是要坚持证据裁判原则。即在查明刑事诉讼中的事实时，必须以证据为根据，并辅以伦理法则和经验法则的科学运用；没有证据，不得认定事实。不能道听途说、捕风

〔1〕［日］田口守一：《刑事诉讼的目的》，张凌、于秀峰译，中国政法大学出版社2011年版，第45页。

〔2〕［德］克劳思·罗科信：《刑事诉讼法》，吴丽琪译，法律出版社2003年版，第5页。

捉影，凭感觉办案，甚至制造伪证、办假案。也不能为了得到证据不顾一切，违背程序规范。二是需要办案人员客观、全面地收集证据，科学公正地审查判断证据和评判案情，避免偏听偏信，主观臆断，片面查案和断案。办案人员不仅要收集证明有罪的证据，也要收集证明罪轻、无罪的证据。因此，或许将查明“犯罪事实”改为查明“案件事实”更为准确，以免办案人员将一些与罪轻、无罪相关的证据排除在收集范围之外。

查明犯罪事实不仅要准确，还要“及时”，尽量在较短的时间里查明案件真相。我国刑事诉讼法从以下方面实现“及时”查明犯罪事实的任务要求：其一，在第一审程序中设简易程序和速裁程序，遵循“简案快审、繁案精审”的原则，根据案件的类型、犯罪情节等进行程序分流。其二，通过设立诉讼期限防止案件久拖不决。其三，建立认罪认罚从宽制度，提高刑事程序化解纠纷、促进社会和谐的能力，避免矛盾扩大化。这些都体现了追求“诉讼效率”的理念。

总而言之，“准确”查明犯罪事实体现了刑事诉讼对公正价值的追求，“及时”查明犯罪事实则体现了刑事诉讼对效率价值的追求。查明犯罪事实，“准确”是第一位的，“及时”是第二位的，由此可以推导出刑事诉讼中一组对立统一的基本理念：“公正优先，兼顾效率”。

2. 正确应用法律

“查明犯罪事实”属于事实认定层面，而“正确应用法律”则属于法律适用层面。“正确应用法律”的前提或基础是“准确、及时地查明犯罪事实”。只有事实清楚，证据确实、充分，办案机关才能正确认定被告人是否有罪、是此罪还是彼罪、是一罪还是数罪以及判处相应的刑罚。所以，正确应用的“法律”首先是刑法。此外，如果犯罪造成了物质损失，被害人还可以提起附带民事诉讼，所以正确应用的“法律”还包括规定了与附带民事诉讼有关的民法典、民事诉讼法等。需要说明的是，一些教科书认为正确应用的“法律”还包括刑事程序法〔1〕，如果照此理解，就会出现逻辑上的悖论。因为，刑事诉讼法的任务不可能是正确应用刑事诉讼法。故而，对这里的“法律”应当作限缩解释，不包括刑事程序法。

3. 惩罚犯罪分子，保障无罪的人不受刑事追究

理想状态下，“惩罚犯罪分子”与“保障无罪的人不受刑事追究”是刑事诉讼法任务的一体两面，将真凶绳之以法往往意味着还无辜之人以清白。但实际情况也并不尽然。除了有罪不究、放纵犯罪外，实践中可能还存在打击面过大的情形，这就会将无辜之人也一并定罪处罚。所以，要真正做到刑事司法不枉不纵、不错不漏，就必须单独强调“保障无罪的人不受刑事追究”，以确保惩罚犯罪的精准化。在制定 1979 年《刑事诉讼法》时，“彭真提出，过去我们对刑事诉讼法的指导思想和任务有认识上的偏差，片面强调打击敌人、惩罚犯罪，而忽视保护人民的一面。刑事诉讼既要惩罚犯罪，也要保障无辜的人不受刑事追究；在惩办罪分子的同时，要力求不冤枉一个好人。一九六三

〔1〕 参见陈光中主编：《刑事诉讼法》（第七版），北京大学出版社、高等教育出版社 2021 年版，第 21 页；张建伟：《刑事诉讼法通义》（第二版），北京大学出版社 2016 年版，第 45 页。

年的刑事诉讼法草案（初稿）只规定了刑事诉讼法的任务是‘揭露犯罪、证实犯罪和惩罚犯罪’。根据彭真的意见，这次刑事诉讼法（草案）……第二条关于刑事诉讼法的任务又明确规定，刑事诉讼法既要‘惩罚犯罪分子’，又要‘保障无罪的人不受刑事追究’”[1]。

（二）重要任务

“教育公民自觉遵守法律，积极同犯罪行为作斗争”是刑事诉讼法的重要任务。刑事诉讼法一方面通过保障刑法的正确实施，将什么是犯罪、犯罪的危害性以及犯罪人应负的法律责任等刑法规定晓谕民众，使其知法、敬法、守法，从而达到明刑弼教的作用；另一方面则是通过诉讼程序的展开，以一种仪式化的场景将立案、侦查、起诉、审判和执行的具体程序公示于众，让民众了解和感知整个司法过程，将刑法等法律所要保护的民众集体情感与普遍共识内化于社会每个人的意识中，增强民众法治观念，进而依靠民众积极与犯罪行为作斗争，实现社会的普遍守法。

1. 教育公民自觉遵守法律

刑事诉讼法中的一些具体规定体现了“教育公民自觉遵守法律”这一重要任务。例如，《刑事诉讼法》管辖一章在确定一审案件的地域管辖时，首要考虑由“犯罪地法院”管辖。原因之一就是“案件既然在犯罪地发生，当地群众自然关心案件的处理，由犯罪地人民法院审判，更能有效地发挥审判的法制教育作用”[2]。又如，办案人员在讯问过程中可以采用批评教育的方式引导犯罪嫌疑人如实供述。还如，法院的公开审判有法治宣传教育的作用。公开审判原则是诉讼法的基本原则之一，也是教育和改造犯罪分子的一种有效方法。“在公开的法庭上，揭露犯罪分子的犯罪事实，更会使犯罪分子感到难于诡辩，这对于他端正认罪态度和今后的改造是有利的。审判公开，也是开展法制教育的一种良好形式。旁听群众可以从具体案例中受到直观的活生生的教育，这对于提高公民守法的自觉性，提高同违法犯罪行为作斗争的主动性都是有利的。”[3]即使是不公开审理的未成年人刑事案件也存在法庭教育环节。《刑事诉讼法》第 285 条规定：“审判的时候被告人不满十八周岁的案件，不公开审理。但是，经未成年被告人及其法定代理人同意，未成年被告人所在学校和未成年人保护组织可以派代表到场。”本条规定未成年被告人所在学校和未成年人保护组织派代表到场，主要是为了便于他们了解案件有关情况，在审判结束后对未成年罪犯进行法治教育。近年来，一些地方探索了在法庭判决后对未成年人进行教育的环节，这一规定有利于这种教育的开展。

2. 积极同犯罪行为作斗争

刑事诉讼法中的一些规定也体现了教育、鼓励公民“积极同犯罪行为作斗争”的精神。例如，《刑事诉讼法》第 84 条通过规定扭送，赋予公民同犯罪行为作斗争的手段方式。又如，第 81 条规定了审查被逮捕的人的人身危险性时，须考虑“可能对被害人、

〔1〕《彭真传》编写组：《彭真传》（第四卷），中央文献出版社 2012 年版，第 1353—1354 页。

〔2〕 陈光中主编：《刑事诉讼法》（第七版），北京大学出版社、高等教育出版社 2021 年版，第 129 页。

〔3〕 袁红兵、张丽岐编著：《刑事诉讼法学》，时事出版社 1987 年版，第 59 页。

举报人、控告人实施打击报复的”因素。第111条第3款规定：“公安机关、人民检察院或者人民法院应当保障报案人、控告人、举报人及其近亲属的安全。报案人、控告人、举报人如果不愿公开自己的姓名和报案、控告、举报的行为，应当为他保守秘密。”报案、控告和举报是我国刑事诉讼中立案材料的重要来源，是发现犯罪的重要渠道。报案人、举报人、控告人包括被害人也都是刑事诉讼中的重要证人。保护这些人不受打击报复，一方面有利于及时发现案件真相；另一方面则是保护他们，教育、引导他们敢于同犯罪行为作斗争。

（三）根本任务

“维护社会主义法制，尊重和保障人权，保护公民的人身权利、财产权利、民主权利和其他权利，保障社会主义建设事业的顺利进行”一般被视为刑事诉讼法的根本任务。

关于“尊重和保障人权”，一般认为，尊重是指尊敬、重视，属于一种心理状态、一种认识，而尊重人权则是宣示性口号，难以通过直接的行为活动实现，只能依靠保障人权来间接体现。为了实质发挥尊重人权的积极作用，可以运用宪法学的基本法理，将尊重人权视为国家的消极义务，将保障人权视为国家的积极义务。宪法学一般将基本权利分为“消极权利”和“积极权利”。消极权利是指要求国家不作为，即不得干预的权利，对应国家的消极义务，如自由权与尊重义务；而积极权利则要求国家积极作为，对应国家的积极义务，如社会权与给付义务。[1]作为国家基本权之一的人权是一项内涵丰富的复合性权利，兼具“消极权利”和“积极权利”的属性。作为与权利方相对的义务方——国家，也兼有对人权的消极义务和积极义务，其恰恰分别对应国家尊重人权和保障人权。

1. 尊重人权

尊重人权是一种消极义务，是指国家不得非法侵害、干涉或限制人权。刑事诉讼活动中的人权既包括公民的人身权利、财产权利和民主权利等实体权利，还包括辩护、代理、上诉等诉讼权利，国家不得非法侵害这些权利。这种消极义务在《刑事诉讼法》的不少条文中都有体现。例如，第52条规定，“严禁刑讯逼供和以威胁、引诱、欺骗以及其他非法方法收集证据，不得强迫任何人证实自己有罪”；第141条第1款规定，“与案件无关的财物、文件，不得查封、扣押”；第153条第1款规定，“为了查明案情，在必要的时候，经公安机关负责人决定，可以由有关人员隐匿其身份实施侦查。但是，不得诱使他人犯罪，不得采用可能危害公共安全或者发生重大人身危险的方法”。尊重人权虽然不需要国家以积极的行动实现，但恰恰需要国家的另一种配合，即履行不作为的消极义务，不得侵犯、干涉或妨碍人权的行使。同时，当公民行使防御能力或请求权能，要求国家停止侵害的，国家也应当立即停止，作出补救。这些都是在完成尊重人权的任务。

2. 保障人权

保障人权是一种积极义务，可进一步细分为对人权的实现义务和保护义务。实现义

---

〔1〕 参见郑旭文：《基本权利的国家保护义务》，载《福州大学学报（哲学社会科学版）》2012年第6期。

务要求国家为刑事诉讼参与人某些权利的实现创造条件，提供便利，如提供物质支持、程序机制或者人力服务等外部资源或条件。实现义务本质上是国家为人权主体履行一种给付义务，目的是促进人权的实现。例如，《刑事诉讼法》第 9 条第 1 款规定，“各民族公民都有用本民族语言文字进行诉讼的权利”。为了确保这项权利的实现，公、检、法三机关对于不通晓当地通用的语言文字的诉讼参与人，就有义务为他们提供翻译。这在理论上被称为国家的诉讼关照义务，即法院、刑事追诉机关有义务帮助不熟悉刑事程序的被告人伸张自己的权利。“法律规定法院、刑事追诉机关对被告人和其他参加刑事程序人员负有作告诉、提示、帮助的义务，是体现关照义务原则的范例。”〔1〕这本质上是国家保障人权中实现义务的体现。再如，第 36 条第 2 款规定：“人民法院、人民检察院、看守所应当告知犯罪嫌疑人、被告人有权约见值班律师，并为犯罪嫌疑人、被告人约见值班律师提供便利。”本条中的提供便利，就包括为约见值班律师提供值班律师手册、约见的场所和配套设施，其目的是实现犯罪嫌疑人、被告人获得法律帮助的权利，从而使他们能够更好地参与诉讼，维护各项诉讼权利。

保护义务强调国家负有积极义务，国家应当通过采取措施和提供救济，防止或阻止私人对人权的侵害。依照国家保护义务理论，基本权利意在实现公民的权利与自由，那么当公民基本权利遭到私法主体的侵害时，国家有义务采取积极有效的保护措施。〔2〕所以，国家保护义务的本质是国家为人权主体提供事前预防的措施或事后救济的渠道，使其能够足以对抗他人对自身人权的侵害。刑事诉讼法主要涉及国家与个人之间的权力与权利的互动，对于公民个人之间的关系调整虽不多见，但也有涉及。例如，《刑事诉讼法》第 64 条规定：“对于危害国家安全犯罪、恐怖活动犯罪、黑社会性质的组织犯罪、毒品犯罪等案件，证人、鉴定人、被害人因在诉讼中作证，本人或者其近亲属的人身安全面临危险的，人民法院、人民检察院和公安机关应当采取以下一项或者多项保护措施……”这其实就是国家为了保障作证的证人、鉴定人、被害人及其近亲属的基本人权所采取的保护措施，目的是防止他人的非法侵害。另外，对于他人已经造成的侵害，刑事诉讼法也提供了一系列的救济渠道。最明显的就是，当某人的人身权利、财产权利、民主权利等因遭到他人的犯罪侵害，从而提出报案或控告的，国家应启动追诉程序，为其提供司法救济，恢复被损害的社会关系和秩序。需要注意的是，确立对人权的保护义务和尊重义务，目的具有趋同性，都在于确保人权免受不法侵害。只不过保护义务针对的是他人的不法侵害，尊重义务则针对的是国家的侵害或干涉。两者本质上仍有差异。

总而言之，从人权的实践角度看，尊重和保障人权要求国家在刑事诉讼中行使权力要从消极和积极、不作为和作为两个面向展开。一方面，国家行权要保持理性和克制，减少自身侵害人权的可能性，这是尊重人权所要完成的任务；另一方面，国家还要积极创造条件、提供便利，促使权利的完整实现，做好各项措施，保护权利不受私人的不当

---

〔1〕 参见［德］约阿希姆·赫尔曼：《〈德国刑事诉讼法典〉中译本引言》，载《德国刑事诉讼法典》，李昌珂译，中国政法大学出版社 1995 年版，序言第 13 页。

〔2〕 对基本权利的侵害除了来自公权力和第三人的侵害之外，地震、海啸等自然不可抗力也会给人民的基本权利如生命权、健康权的行使形成不利影响。但在刑事诉讼中，涉及这类对人权的侵害几乎没有，故在此不予阐述。

侵害，这是保障人权所要完成的任务。

3. 保护公民的人身权利、财产权利、民主权利和其他权利

对于“保护公民的人身权利、财产权利、民主权利和其他权利”，需要探讨的问题是，其与2012年《刑事诉讼法》修正时增加的“尊重和保障人权”之间是否有概念上的重复？有研究者提出：“尊重和保障人权是一项新的任务，还是对原有任务的重复规定？因为在原有的第2条规定中写有‘保护公民的人身权利、财产权利、民主权利和其他权利’，既然1996年《刑事诉讼法》中就有保护公民权利的表述，重复表述人权保障问题显然是多余的。”[1]本书并不认同这一观点。本书认为，这两项任务是彼此独立的，原因在于：“保护公民的人身权利、财产权利、民主权利和其他权利”倾向于实体层面的法益保障。[2]这四项权利在实体法中有明确的体现和对应。例如，“人身权利是指公民的生命、健康、人身自由等方面的权利；民主权利是指公民依照法律参加国家管理和政治生活的各项权利；其他权利是指劳动、婚姻自由及老人、儿童不受虐待、遗弃等权利”[3]。但与此同时，刑事诉讼法还需规范国家权力、约束政府人员和司法官员的行为，使之在司法办案中不至于滥用权力和恣意妄为，从而保障诉讼参与人，尤其是犯罪嫌疑人、被告人的权利。从这个层面上来理解，“尊重和保障人权”是一项全新的任务，它也代表着刑事诉讼法相较于刑法具有独立性，而非刑法的附属法。当然，“人权”从概念上来讲也可以统摄公民因犯罪遭受侵害的人身、财产、政治以及其他权利。

4. 保障社会主义建设事业的顺利进行

刑事诉讼法对各种具体任务的实现，归根结底是为了构建社会主义和谐社会，保障社会主义建设事业的顺利进行。换言之，刑事诉讼法的任务在保障社会主义建设事业的顺利进行方面体现在多个层面。它不仅通过确保刑事诉讼活动的准确和及时进行来维护社会秩序，消除社会不稳定因素，为社会主义建设事业创造一个和谐、安定的社会环境；还通过保障人权、提升法治意识等方式，形成全社会共同遵守法律、维护法治的良好氛围，为社会主义建设事业提供坚实的法治保障。因此，应充分认识刑事诉讼法的根本任务是保障社会主义建设事业的顺利进行，不断加强和完善相关法律制度，以更好地服务于社会主义现代化建设。

第三节 中国刑事诉讼法的历史发展

习近平总书记曾说：“初心易得，始终难守。以史为鉴，可以知兴替。”了解我国刑事诉讼法的历史，对刑事诉讼法研究有重大意义。

---

〔1〕陈卫东主编：《2012刑事诉讼法修改条文理解与适用》，中国法制出版社2012年版，第11页。

〔2〕参见张建伟：《刑事诉讼法通义》（第二版），北京大学出版社2016年版，第49页。

〔3〕王爱立主编：《中华人民共和国刑法——条文说明、立法理由及相关规定》，北京大学出版社2021年版，第7页。

一、中国古代刑事诉讼法变迁

中国古代刑事诉讼法隶属于中华法系，即中华文明史上形成的、以调整社会关系、维护国家统治为根本目的的中国古代法律体系。习近平总书记指出："与大陆法系、英美法系、伊斯兰法系等不同，中华法系是在我国特定历史条件下形成的，显示了中华民族的伟大创造力和中华法制文明的深厚底蕴。中华法系凝聚了中华民族的精神和智慧，有很多优秀的思想和理念值得我们传承。"〔1〕

中国古代法律诸法合一，民刑不分，实体法与程序法也不分，因此不存在独立的刑事诉讼法，只有和刑事诉讼有关系的法律和制度。

夏商周时期的法律以天命神权为基本审判原则。夏朝法律遵从"天命""天罚"，借助占卜方式审理刑事案件。《左传·昭公六年》中提到夏朝有乱政，而作《禹刑》；商有乱政，而作《汤刑》。其具体内容已不可考。商朝也笃信鬼神，求神问卜，并设有炮烙、醢、脯、罚丝等刑罚。西周吸取夏商灭亡的教训，在天命神权的基础上提出"以德配天""敬天保民"的思想，天命的归属者是能够使得人民归顺的统治者。将这些思想具象化到刑事诉讼法中，就是"明德慎罚"，即注重教化、慎用刑罚。西周时期还发展出"五听"的审讯方法，对古人断案有深刻影响。"五听"包括：辞听，即观察当事人的言语表达；色听，即观察当事人的面部表情；气听，即观察当事人的呼吸缓急；耳听，即观察当事人的听觉反应；目听，即观察当事人的眼神动态。

春秋战国时期，郑国和晋国"铸刑鼎"，将法律条文铸于鼎上，公之于众，成文法开始发展。此后，李悝制定《法经》，将其分为分《盗》《贼》《囚》《捕》《杂》《具》六篇，其中《囚》规定如何审判断案，《捕》规定如何追捕罪犯，二者与刑事诉讼有关联，但具体内容已不可考。商鞅以李悝的《法经》为蓝本，并根据秦国的实际需要加以补充，形成《秦律》。商鞅主张"明法重刑"，对轻微犯罪行为也要处以严刑，从而减少犯罪发生。在司法组织方面，各诸侯国根据国情各设有司法审判机构，如秦国的廷尉、楚国的廷理等。秦始皇统一六国后，秦朝延续秦国司法制度，设廷尉审理地方移送的重大案件，并于地方设郡守、县令或县长兼任地方行政长官和司法审判长官。地方长官兼行政与司法职能于一身的做法，在我国古代封建王朝长期存在。在诉讼方式上，控告既可以由私人提出，也可由官员提出。

汉朝的主要法律形式也是律，共有《汉律》六十篇，其中和刑事诉讼有关系的是萧何制定的《九章律》。《九章律》在《秦律》基础上增加《户律》《兴律》《厩律》三篇，但与刑事诉讼有关联的依旧是《囚》《捕》两篇。除律以外，还有其他法律形式。例如，令，为皇帝诏令，数量繁多、内容广泛，其中《廷尉挈令》与审判程序有关。再如，比，即判例，司法官可以比照以前的案例作出裁判。在司法组织方面，汉承秦制，亦设有廷尉审理刑狱，地方郡守和县令兼审判官职能。汉朝还有"覆案"制度，朝廷特派使者可

〔1〕习近平：《坚定不移走中国特色社会主义法治道路 为全面建设社会主义现代化国家提供有力法治保障》，载《奋斗》2021年第5期。

以复审案件，平反冤狱。在审判方式方面，董仲舒提出“春秋决狱”原则，即运用儒家典籍《春秋》中的精神来审判案件。《春秋繁露·精华》中提到：“春秋之听狱也，必本其事而原其志，恶邪者不待成，首恶者罪特重，本直者其论轻。”

在三国两晋南北朝时期，曹魏制定《新律》，晋制定《晋律》，其中有断狱、告劾等与刑事诉讼有关的内容。北齐制定《北齐律》，“部分科条，校正古今，增损十有七八”。《北齐律》还将儒家思想进一步融合在法律之内。在司法组织方面，仍设廷尉为中央审判机关，北齐时改称为大理寺。在司法制度方面，北魏正式建立死刑奏报制度，将死刑决定权收归中央。

在隋唐时期，隋朝制定《开皇律》和《大业律》，其体例为总则在前、分则在后，实体在前，捕亡、断狱等程序在后。唐朝制定《永徽律疏》，包括律文和对律文作出解释的律疏。唐朝设大理寺为中央最高审判机关，刑部为中央最高司法行政机关，御史台为中央最高监察机关。在唐朝还初步形成了回避制度。

在辽宋金元时期，宋朝制定《宋刑统》，增设审刑院，上奏案件由大理寺复核后交审刑院议，最后由皇帝裁决。南宋颁布《检验格目》，对勘验、取证等刑事诉讼活动作出相关规定。元朝《大元通制》中，设有“诉讼”一篇，规定了刑事诉讼各项程序。

在明清时期，明朝编纂《大明会典》，是明朝法规的集大成者。中央设刑部为中央最高审判机关与司法行政机关，大理寺为中央最高复核机关，都察院为中央最高监察机关。明朝还发展出“九卿会审”“会官审录”等会审制度。会审制度体现了我国古代的“慎刑”思想。清朝仿照明朝编纂会典，有《乾隆会典》《嘉庆会典》等，统称为《大清会典》。清袭明制，亦设刑部、大理寺和都察院。但刑部职权尤重，负责审理审核案件、参与立法、考核司法官员等工作。清朝主要有秋审、朝审和热审三种会审制度。

二、中国近代刑事诉讼法变迁

步入近代，清政府在鸦片战争失败后，签订了一系列丧权辱国的不平等条约。为了改变中国积贫积弱的现状，清政府以维护封建统治为前提，学习西方，施行法律改革。在立法方面，清政府尝试区分诉讼法与实体法。清政府于 1906 年拟制《大清刑事民事诉讼法草案》，于 1910 年以日本刑事诉讼法为蓝本拟制《大清刑事诉讼律草案》。在司法组织方面，清朝改刑部为法部，法部不承担审判职能，只掌管司法行政事务，将行政和司法相分离；改大理寺为大理院，大理院负责审判案件。地方上，设各级审判厅为审判机构，设检察厅为公诉机构。然而，清政府依旧坚持在法律中贯彻儒学思想，坚持封建制度。因此，这些改革虽然有资本主义法律制度的外表，却没有其内核。最终清朝于 1912 年灭亡，改革尚未在中国全面铺开就以失败告终。

1912 年 1—3 月，孙中山领导成立中华民国南京临时政府。在立法上，南京临时政府制定《中华民国临时约法》，该法律在形式上确立了立法、行政和司法的分立原则，规定了国家司法机关的性质和组成，提出法官应公开审判、独立审判，不受上级干涉。此外，南京临时政府公布《大总统令内务、司法两部通饬所属禁止刑讯文》《司法部咨各省都督停止刑讯文》，提倡人道思想，禁止刑讯，反对不当偏重口供。南京临时政府还颁布了《法官考试令》《律师法草案》等诉讼法规，体现了其对人才选拔之重视。

1912—1928 年，中华民国北京政府（北洋政府）主要沿用清末刑事诉讼法，后于 1922 年颁行《刑事诉讼条例》，其亮点是规定了律师有辩护权。在司法组织方面，有作为普通法院的大理院、高等审判厅、地方审判厅和初等审判厅，作为检察机构的总检察厅、高等检察厅、地方检察厅和初等检察厅，与作为特别法院的军事审判机关和地方特别审判机关。其中，大理院是最高审判机关，其判例和解释例具有法律效力。

1927—1949 年，中华民国南京国民政府于 1928 年颁布《中华民国刑事诉讼法》，1935 年该法经过修改后重新颁行。该法具有职权主义诉讼的特点，其体例较为完整。在司法组织上，南京国民政府颁布《法院组织法》，设最高法院、高等法院和地方法院，并确立三级三审制度。各级检察机构设于法院内办公，实质上仍是审判权与检察权分离。

新民主主义时期，工农民主政权以地区司法经验为基础，制定裁判条例与训令。例如，中华苏维埃共和国临时中央政府中央执行委员会通过的第六号训令主要规定了处理反革命案件和建立司法机关的暂行程序。在司法组织上，中央设临时最高法庭，下设刑事法庭、民事法庭和军事法庭，地方设各级裁判部，设检察机关于同级司法机关内。工农民主政权采四级二审制，确立公开审判原则，废除肉刑，重视群众在审判中的作用，并通过革命和劳动教育感化犯罪人。1937 年后，抗日民主政权继承苏区法律制度，抗日根据地纷纷制定了《保障人权条例》，体现了中国共产党对人民权益的重视与保障。在陕甘宁边区的司法活动中，出现了深入群众、方便群众的马锡五审判方式，马锡五审判方式的特点主要有：（1）深入群众、调查研究，不轻信呈状、草率判决；（2）在坚持原则、执行政府的政策法令的前提下，照顾群众生活习惯，维护群众基本利益；（3）诉讼手续简便，审判方式是座谈式的，而不是坐堂式的，审理案件不敷衍，不拖延。解放战争时期，解放区人民民主政权延续了刑事诉讼的群众路线。1949 年 2 月，中共中央发布《关于废除国民党的六法全书与确定解放区的司法原则的指示》，南京国民政府的刑事诉讼法自然失去效力。

三、中华人民共和国刑事诉讼法变迁

1949 年 10 月 1 日，中华人民共和国成立，开启了中国历史新纪元，我国刑事诉讼法迈入新的发展阶段。

（一）新中国成立至 1979 年的刑事诉讼法

1949—1979 年，我国没有独立的《刑事诉讼法》。刑事诉讼法主要由其他法律中与刑事诉讼有关的规定组成。1954 年《宪法》中“人民法院和人民检察院”一节规定了法院和检察院的职权，并确立了公开审理、法院独立审判原则，且被告人有权获得辩护。1954 年《人民法院组织法》规定了人民陪审员制度、两审终审制等制度，以及人民法院的组织和职权、审判人员和其他人员等。1954 年《人民检察院组织法》规定了检察院独立行使职权等原则，以及检察院行使职权的程序、人员的任免等。1954 年《逮捕拘留条例》对逮捕和拘留的主体、对象、条件与程序等作出初步规定。另外还有司法解释性质文件，如《最高人民法院关于印发“各级人民法院刑、民事案件审判程序总结”的通知》总结了各级法院在审判刑事案件时应如何接受案件、审理案件、裁判案件等。1963 年 4 月,《中华人民共和国刑事诉讼法（草案）》成稿，但因多方面因素，刑事诉讼法的法典化工作长期停滞。

（二）《刑事诉讼法》（1979 年）

1979 年《刑事诉讼法》由 1979 年 7 月 1 日第五届全国人民代表大会第二次会议通过，并于 1980 年 1 月 1 日起施行。1979 年《刑事诉讼法》是新中国成立后第一部刑事诉讼法典，为我国刑事诉讼活动提供了更为充足全面的法律依据，具有划时代的意义。1979 年《刑事诉讼法》共有总则，立案、侦查和提起公诉，审判，执行四编，共 164 条。由于客观条件限制，1979 年《刑事诉讼法》对一些诉讼程序的规定较为原则、概括，不够具体，需要进一步完善。

除了该部法典之外，还有一些与刑事诉讼有关的法律文件，对《刑事诉讼法》的内容有所调整。例如，1981 年 6 月 10 日第五届全国人民代表大会常务委员会第十九次会议通过《全国人民代表大会常务委员会关于死刑案件核准问题的决定》。根据该决定的规定，为了及时打击现行的杀人、抢劫、强奸、爆炸、放火等严重破坏社会治安的犯罪分子，在 1981—1983 年，对犯有杀人、抢劫、强奸、爆炸、放火、投毒、决水和破坏交通、电力等设备的罪行，由省、自治区、直辖市高级人民法院终审判决死刑的，或者中级人民法院一审判决死刑，被告人不上诉，经高级人民法院核准的，以及高级人民法院一审判决死刑，被告人不上诉的，都不必报最高人民法院核准。1983 年 9 月 2 日，第六届全国人民代表大会常务委员会第二次会议通过《关于迅速审判严重危害社会治安的犯罪分子的程序的决定》。根据该决定的规定，为了迅速严惩严重危害社会治安的犯罪分子，保护国家和人民的利益，对杀人、强奸、抢劫、爆炸和其他严重危害公共安全应当判处死刑的犯罪分子，主要犯罪事实清楚，证据确凿，民愤极大的，应当迅速及时审判，可以不受 1979 年《刑事诉讼法》第 110 条规定的关于起诉书副本送达被告人期限以及各项传票、通知书送达期限的限制。以上犯罪分子的上诉期限和人民检察院的抗诉期限，由 1979 年《刑事诉讼法》第 131 条规定的 10 日改为 3 日。1983 年《人民法院组织法》规定，杀人、强奸、抢劫、爆炸以及其他严重危害公共安全和社会治安判处死刑的案件的核准权，最高人民法院在必要的时候，得授权省、自治区、直辖市的高级人民法院行使。1984 年 7 月 7 日起施行的《全国人民代表大会常务委员会关于刑事案件办案期限的补充规定》规定了一些刑事案件的办案期间可以延长等办案期限规则。这些调整集中体现了在改革开放初期的复杂社会背景下我国严厉打击严重刑事犯罪活动的需求，以及重实体、轻程序的法律思想。

（三）《刑事诉讼法》（1996 年）

随着社会主义现代化事业不断发展，1979 年《刑事诉讼法》已经不能完全满足社会需要，有必要开展修法工作。1996 年《刑事诉讼法》根据 1996 年 3 月 17 日第八届全国人民代表大会第四次会议《关于修改〈中华人民共和国刑事诉讼法〉的决定》修正，自 1997 年 1 月 1 日起施行。《关于修改〈中华人民共和国刑事诉讼法〉的决定》共 110

条，修改后的《刑事诉讼法》共 225 条。这次修正的内容包括但不限于：（1）增加“未经人民法院依法判决，对任何人都不得确定有罪”的规定，为无罪推定原则留下了可能空间。（2）完善与强制措施的有关规定，例如，将逮捕条件中的“对主要犯罪事实已经查清”修改为“对有证据证明有犯罪事实”。（3）不再使用“人犯”的说法，而改称其为“犯罪嫌疑人、被告人”，体现了疑罪从无的精神。（4）将律师参与刑事诉讼的时间点提前，规定犯罪嫌疑人在被侦查机关第一次讯问后或者采取强制措施之日起，可以聘请律师为其提供法律咨询、代理申诉、控告。（5）增加简易程序一节。（6）扩大不起诉案件范围，取消免予起诉。（7）调整检察机关自侦案件范围等。

为了帮助司法实务人员更好地理解并适用 1996 年《刑事诉讼法》，不同机关单位制定了一系列相关规则，如最高人民法院、最高人民检察院、公安部、国家安全部、司法部和全国人大常委会法制工作委员会制定的《关于刑事诉讼法实施中若干问题的规定》；最高人民检察院制定的《关于刑事诉讼法律监督工作贯彻刑诉法若干问题的意见》《人民检察院实施〈中华人民共和国刑事诉讼法〉规则（试行）》；最高人民法院制定的《最高人民法院关于执行〈中华人民共和国刑事诉讼法〉若干问题的解释》；等等。

2004 年底，中共中央转发了《中央司法体制改革领导小组关于司法体制和工作机制改革的初步意见》，提出要改革和完善诉讼制度、检察监督体制、将死刑核准权统一收归最高人民法院行使等。2006 年，《人民法院组织法》规定“死刑除依法由最高人民法院判决的以外，应当报请最高人民法院核准”，将死刑复核权收归最高人民法院。这是我国刑事司法的一大进步。此后，针对死刑案件，最高人民法院和最高人民检察院颁布《关于死刑第二审案件开庭审理程序若干问题的规定（试行）》，最高人民法院、最高人民检察院、公安部、国家安全部和司法部颁布《关于办理死刑案件审查判断证据若干问题的规定》，同时针对刑事案件颁布《关于办理刑事案件排除非法证据若干问题的规定》。

此外，公安司法机关也纷纷投身司法机制体制改革。例如，2005 年，《最高人民检察院关于进一步深化检察改革的三年实施意见》指出，通过不断深化改革，重点解决当前制约检察工作发展的体制性、机制性问题，努力做到检察体制更加合理，检察工作机制更加完善，检察工作保障更加有力，检察人员素质进一步提高，全面增强检察机关法律监督能力，发展完善中国特色社会主义检察制度。又如，2009 年，《人民法院第三个五年改革纲要（2009—2013）》提出，进一步优化人民法院职权配置，落实宽严相济刑事政策，加强队伍建设，改革经费保障体制，健全司法为民工作机制，着力解决人民群众日益增长的司法需求与人民法院司法能力相对不足的矛盾，推进中国特色社会主义审判制度的自我完善和发展，建设公正高效权威的社会主义司法制度。

（四）《刑事诉讼法》（2012 年）

随着改革开放的进一步深入，以及犯罪形势的变化，有必要修正 1996 年《刑事诉讼法》以更好地适应法治需求。2012 年《刑事诉讼法》根据 2012 年 3 月 14 日第十一届全国人民代表大会第五次会议《关于修改〈中华人民共和国刑事诉讼法〉的决定》第二次修正，自 2013 年 1 月 1 日起施行。《关于修改〈中华人民共和国刑事诉讼法〉的决定》共有 110 条，修改后的 2012 年《刑事诉讼法》共 290 条。这次修正的内容包括但不限于：（1）将“尊重和保障人权”加入刑事诉讼法的任务中，更好地贯彻了宪法规定。（2）进一步规范证据制度，例如完善非法证据排除制度，增加“不得强迫任何人证实自己有罪”的规定；在证据种类中增加电子数据；对证人出庭作证作出相关规定；加强危害国家安全犯罪、恐怖活动犯罪、黑社会性质的组织犯罪、毒品犯罪等案件中对证人的保护力度。（3）完善强制措施规范，例如细化逮捕条件；重新定位监视居住性质，完善指定居所监视居住相关规范；进一步规范拘留后不通知家属的例外情形。（4）扩大法律监督范围，例如增加对死刑复核程序、特别程序和捕后羁押必要性的法律监督。（5）完善侦查规则，例如增加口头传唤，要求讯问录音录像，规范技术侦查。（6）完善审判制度，例如调整简易程序适用范围；明确第二审应当开庭审理的案件范围，限制发回重审；完善附带民事诉讼程序；规范死刑复核程序。（7）进一步规范执行程序，例如细化暂予监外执行相关规定，要求对管制、缓刑、假释或暂予监外执行的罪犯进行社区矫正。（8）增加了有关特别程序的规定，例如规定未成年人刑事案件诉讼程序，特定范围公诉案件的和解程序，犯罪嫌疑人、被告人逃匿、死亡案件违法所得的没收程序和依法不负刑事责任的精神病人的强制医疗程序。

第十二届全国人民代表大会常务委员会第八次会议于 2014 年 4 月 24 日通过 3 个司法解释，根据司法实践遇到的情况对 2012 年《刑事诉讼法》第 79 条第 3 款、第 271 条第 2 款、第 254 条第 5 款和第 257 条第 2 款作出解释。此外，为了帮助司法实务人员更好地理解和适用 2012 年《刑事诉讼法》，最高人民法院、最高人民检察院、公安部、国家安全部、司法部和全国人大常委会法制工作委员会联合制定《关于实施刑事诉讼法若干问题的规定》，最高人民法院制定《关于适用〈中华人民共和国刑事诉讼法〉的解释》，最高人民检察院制定《人民检察院刑事诉讼规则（试行）》，公安部制定《公安机关办理刑事案件程序规定》（以下简称公安部《规定》）。

与此同时，司法机制体制改革也进一步深化。2013 年 11 月 12 日，中国共产党第十八届中央委员会第三次全体会议通过《中共中央关于全面深化改革若干重大问题的决定》，提出要推进法治中国建设，例如，确保依法独立公正行使审判权、检察权。改革司法管理体制，推动省以下地方法院、检察院人财物统一管理，探索建立与行政区划适当分离的司法管辖制度，保证国家法律统一正确实施。健全司法权力运行机制。优化司法职权配置，健全司法权力分工负责、互相配合、互相制约机制，加强和规范对司法活动的法律监督和社会监督。完善人权司法保障制度。国家尊重和保障人权。进一步规范查封、扣押、冻结、处理涉案财物的司法程序。健全错案防止、纠正、责任追究机制，严禁刑讯逼供、体罚虐待，严格实行非法证据排除规则。逐步减少适用死刑罪名。

2015 年 2 月 4 日，《最高人民法院关于全面深化人民法院改革的意见——人民法院第四个五年改革纲要（2014—2018）》指出，紧紧围绕让人民群众在每一个司法案件中感受到公平正义的目标，始终坚持司法为民、公正司法工作主线，着力解决影响司法公正、制约司法能力的深层次问题，确保人民法院依法独立公正行使审判权，不断提高司法公信力，促进国家治理体系和治理能力现代化，到 2018 年初步建成具有中国特色的社会主义审判权力运行体系，使之成为中国特色社会主义法治体系的重要组成部分，为实现“两个一百年”奋斗目标、实现中华民族伟大复兴的中国梦提供强有力的司法保障。同年 9 月 25 日，最高人民检察院公布《关于完善人民检察院司法责任制的若干意见》，该意见指出，健全司法办案组织，科学界定内部司法办案权限，完善司法办案责任体系，构建公正高效的检察权运行机制和公平合理的司法责任认定、追究机制，做到谁办案谁负责、谁决定谁负责。

（五）《刑事诉讼法》（2018 年）

2018 年 3 月 20 日，第十三届全国人民代表大会第一次会议通过了《监察法》。《监察法》规定，构建集中统一、权威高效的中国特色国家监察体制，设立监察委员会负责监察公职人员，调查职务违法和职务犯罪。由于监察机关的行动与刑事诉讼有密切联系，因此《刑事诉讼法》也需要进行修正，以保持法律系统内部的协同性。

2018 年 10 月 26 日，根据第十三届全国人民代表大会常务委员会第六次会议《关于修改〈中华人民共和国刑事诉讼法〉的决定》，《刑事诉讼法》第三次修正，形成了现行《刑事诉讼法》。《关于修改〈中华人民共和国刑事诉讼法〉的决定》共 26 条，《刑事诉讼法》经修改后条文共 308 条。本次修正包括但不限于以下内容：（1）增加认罪认罚从宽制度；（2）完善刑事诉讼与监察活动之间的衔接机制，调整检察院自侦案件范围；（3）建立健全缺席审判制度；（4）加强对当事人诉讼权利的保障，如完善法律援助制度，建立值班律师制度，将认罪认罚作为采取强制措施时判断社会危险性的考虑因素；（5）增加速裁程序。

为了配合《刑事诉讼法》，最高人民检察院修改《人民检察院刑事诉讼规则》，公安部修改公安部《规定》，最高人民法院修改《关于适用〈中华人民共和国刑事诉讼法〉的解释》。

司法体制机制改革也在进一步深化。例如，2018 年 12 月 27 日，最高人民检察院公布《2018—2022 年检察改革工作规划》，提出坚持党对检察工作的领导，全面、充分履行宪法和法律赋予检察机关的法律监督职责，坚持党对检察改革的绝对领导，完善检察机关法律监督职能，深化司法体制综合配套改革，加强检察官队伍正规化、专业化、职业化建设，推动检察机关内设机构改革，加强法律监督能力建设等总体目标。2019 年 2 月 27 日，最高人民法院公布《关于深化人民法院司法体制综合配套改革的意见——人民法院第五个五年改革纲要（2019—2023）》，提出把党的政治建设摆在首位，坚持围绕中心、服务大局，把满足人民群众不断增长的司法需求作为人民法院工作基本导向，进一步深化司法公开，全面落实司法责任制，优化四级法院职能定位和审级设置，推动民事、行政诉讼制度改革，深化以审判为中心的刑事诉讼制度改革，全面推进执行信息化、规范化建设，全面推进人民法院队伍革命化、正规化、专业化、职业化建设，全面推进智慧法院建设等总体目标。

纵观我国刑事诉讼法的发展历史，可见其变迁尽管不一定与社会变革同步进行，但从来没有与社会变革相分离，因此我国刑事诉讼法有着丰富而鲜明的时代特色。而且，刑事诉讼法越来越注重保障人权和程序公正，为“努力让人民群众在每一个司法案件中感受到公平正义”奠定了坚实基础。目前，我国正面临世界百年未有之大变局，刑事诉讼法也是中国式现代化的一部分，要持续在党的领导下关注人民群众需求，积极推进司法实践进展与法学理论更新，从而更好地适用刑事诉讼法，实现司法公正的目标。

重要名词术语

刑事诉讼、刑事诉讼法、刑事诉讼法学、法解释学、打击犯罪、保障人权、程序正当

思考题

1. 试论《刑事诉讼法》的法律渊源。
2. 试论刑事诉讼法的制定目的、指定任务以及二者之间的关系。
3. 试论《刑事诉讼法》历次修改的主要内容。

典型案例分析

李某在某公司上夜班时，负责快递包裹的分拣工作。在一次分拣快递包裹的过程中，李某将自己经手分拣的内装一部手机的快递包裹秘密窃走。李某被抓获后，公安人员从李某身上搜出被盗的手机，从其住处查获被盗手机的充电器和发票。由于在案证据确实、充分，一审法官未经开庭便作出判决，法官做法是否合理?

答：法官做法违反了以审判为中心，审判以庭审为中心的原则，不符合刑事诉讼法的规定。

第一章　刑事诉讼法律关系的主体和客体

【内容提示】

刑事诉讼法律关系主体和客体是刑事诉讼法学理论体系中的一个基本范畴。研究这个问题，需要对主体问题的产生背景、客体问题的研究缘由以及为何需要这些概念的原因有所认识，否则易陷入抽象观点的分歧而茫然失措。

刑事诉讼法律关系的主体与客体的理论所要解决的，是哪些人在刑事诉讼中具有主体地位，他们具有怎样的职能和权利、相互之间应有怎样的关系，以及这些主体围绕着什么开展刑事诉讼行为等基本问题。学习本章，需要对哲学认识论上有关主体与客体的理论有所了解，也应当对于近现代以来主体和客体的相关概念争论有所涉猎，需要对法哲学中的法律关系和刑事诉讼法律关系做深入理解。

要重点了解自然法思想的复兴以及人权理念的兴起对被告人在刑事诉讼中主体地位确立的影响。除此之外，还需要厘清刑事诉讼主体和刑事诉讼法律关系主体这两个概念的联系与区别。刑事诉讼法律关系客体理论比较复杂，不易把握，不但国内对其认识不统一，国外的大陆法系国家和英美法系国家之间对这一问题也存在不同意见。刑事诉讼法律关系客体理论涉及的实务问题，主要是客体变更问题和禁止重复追诉问题。客体变更涉及的实务问题可依照主体分为检察机关的公诉变更和审判机关的审判变更起诉罪名问题。禁止重复追诉涉及的实务问题包括检察机关撤诉后重新起诉、二审案件发回重审以及刑事再审等问题。

本章分三节阐释刑事诉讼法律关系主体和刑事诉讼法律关系客体，探究的是刑事诉讼法学的基础性问题，对于学习其他各章来说，有奠定基础的意义。第一节，旨在从刑事诉讼法律关系主客体基本概念界定入手，以刑事诉讼现行法的规定为基础，简单介绍刑事诉讼法律关系主客体；第二节，通过对关于刑事诉讼法律关系主客体理论研究的梳理，拓宽并加深对刑事诉讼法律关系主客体的认识；第三节，通过关于刑事诉讼法律关系主客体实务问题的探究，从理论研究回归司法实践。

第一节　刑事诉讼法律关系的主体和客体概述

一、刑事诉讼法律关系概述

刑事诉讼是以保障刑法正确实施为目的的过程，这一过程的顺利进行，有赖于各种诉讼主体基于各自的活动目标而实施各种法律行为，并发生各种复杂的权利义务关系。这种由诉讼主体通过实施具体的诉讼行为所产生的法律关系，即为刑事诉讼法律关系。为确定刑事实体法律关系而进行的刑事诉讼程序一旦正式启动，这种诉讼法律关系即可发生和开始。随着刑事诉讼过程的不断进行，刑事诉讼法律关系也随之发展变化。当刑事实体法律关系最终得到确定、诉讼进程得以终结之时，刑事诉讼法律关系也就随之消亡。〔1〕

20 世纪初，我国学者夏勤、陈谨昆将刑事诉讼法律关系作为一个基本概念进行研究，并将刑事诉讼法律关系基本上界定为控、辩、裁三方的权利义务关系。20 世纪 80 年代，我国学者借鉴苏联的理论，将所有参与刑事诉讼活动的机关和个人都视为刑事诉讼的主体，因此，刑事诉讼法律关系相应地体现为国家专门机关和诉讼参与人相互之间的权利义务关系，它既包括国家专门机关相互之间的权利义务关系，也包括国家专门机关与当事人之间的权利义务关系，还包括国家专门机关、当事人与其他诉讼参与人之间的权利义务关系。这就是所谓“刑事诉讼法律关系”广义说。

与其他法律关系一样，刑事诉讼法律关系也同时包括主体、客体、行为三个主要环节，并以权利义务关系作为其实质内容。

二、刑事诉讼法律关系主体概述

法律关系主体，又称权利义务主体，即法律关系的参加者，是法律关系中权利的享有者和义务的承担者。将法律关系主体的一般概念引入刑事诉讼法律关系中，可以将刑事诉讼法律关系主体界定为所有参加刑事诉讼，并依法享有诉讼权利并承担诉讼义务的职权机关与公民个人，包括公安机关、国家安全机关、军队保卫部门、监狱、中国海警局、海关走私犯罪侦查部门、人民检察院、人民法院、被害人、自诉人、犯罪嫌疑人、被告人、附带民事诉讼的原告人和被告人、法定代理人、诉讼代理人、辩护人、证人、鉴定人和翻译人员等。

刑事诉讼法律关系是一种复杂结构的法律关系，它是人们根据刑事诉讼法律规范，在刑事诉讼活动中所形成的法律关系，其体系是由一系列简单结构的法律关系有机结合而成的。基于此，刑事诉讼法律关系主体也是种类多样、关系复杂，故而，我们有必要梳理《刑事诉讼法》中对于诉讼主体的规定，这将有利于我们对此形成正确的认识。

（一）刑事诉讼中的专门机关

刑事诉讼中的专门机关是指在刑事诉讼活动中承担一定诉讼职能的国家机关。根据

〔1〕 章海：《刑事诉讼法律关系若干问题探讨》，载《法商研究（中南政法学院学报）》1995 年第 5 期。

《刑事诉讼法》的规定，刑事诉讼中的专门机关主要是指人民法院、人民检察院和公安机关，同时，还包括国家安全机关、军队内部的保卫部门、监狱、中国海警局以及走私犯罪侦查部门。

1. 人民法院

根据《宪法》第128条和《人民法院组织法》第2条规定，人民法院是国家的审判机关，代表国家行使审判权。《刑事诉讼法》第3条规定："审判由人民法院负责。"第12条规定："未经人民法院依法判决，对任何人都不得确定有罪。"可见，在刑事诉讼中，人民法院是唯一有权审理和判决有罪的专门机关。

2. 人民检察院

《宪法》第134条和《人民检察院组织法》第2条规定，人民检察院是国家的法律监督机关。它是代表国家行使检察权或者说法律监督权的专门机关。《刑事诉讼法》第3条规定："检察、批准逮捕、检察机关直接受理的案件的侦查、提起公诉，由人民检察院负责。"该法第8条规定："人民检察院依法对刑事诉讼实行法律监督。"另外，《刑事诉讼法》又在分则中对于人民检察院的职权做了具体规定。

3. 公安机关

公安机关是我国的侦查机关，在刑事诉讼中，它负责侦查、拘留和预审。《刑事诉讼法》第3条规定："对刑事案件的侦查、拘留、执行逮捕、预审，由公安机关负责。"《刑事诉讼法》在其他条文中对侦查、收集证据、拘留、执行逮捕、预审做了专门的规定。如第19条第1款规定："刑事案件的侦查由公安机关进行，法律另有规定的除外。"第54条第1款规定："人民法院、人民检察院和公安机关有权向有关单位和个人收集、调取证据。有关单位和个人应当如实提供证据。"第82条规定，公安机关对于现行犯或者重大嫌疑分子，符合法定情形的，可以先行拘留。我国刑事诉讼绝大多数案件，在立案和侦查阶段主要由公安机关执行控诉职能。在此阶段的诉讼活动，公安机关享有主要的诉讼权力，行使立案、侦查职权，并承担相应的义务。因此，它发挥了刑事诉讼主体应有的作用。

4. 刑事诉讼中的其他专门机关

国家安全机关、军队保卫部门、监狱、中国海警局和走私犯罪侦查机关在我国刑事诉讼中也同样发挥着主体的作用。1996年修订后的《刑事诉讼法》第4条规定："国家安全机关依照法律规定，办理危害国家安全的刑事案件，行使与公安机关相同的职权。"1996年《刑事诉讼法》第225条，2012年《刑事诉讼法》第290条及2018年《刑事诉讼法》第308条相继规定了，军队保卫部门对军队内部发生的刑事案件行使侦查权。中国海警局履行海上维权执法职责，对海上发生的刑事案件行使侦查权。对罪犯在监狱内犯罪的案件由监狱进行侦查。军队保卫部门、中国海警局、监狱办理刑事案件，适用本法的有关规定。同时，为加大对走私犯罪的打击力度，最高人民法院、最高人民检察院、公安部、司法部、海关总署于1998年12月3日联合颁布并施行的《关于走私犯罪侦查机关办理走私犯罪案件适用刑事诉讼程序若干问题的通知》规定了专门的走私犯罪侦查机关。

国家安全机关、军队保卫部门、监狱、中国海警局和走私犯罪侦查机关在各自参与的刑事诉讼活动中，同人民检察院和人民法院之间实行分工负责、互相配合、互相制约的原则，担负着重要的刑事诉讼职能。

（二）刑事诉讼中的诉讼参与人

刑事诉讼中的诉讼参与人是指由法律明确规定的除侦查人员、检察人员、审判人员以外的，参加刑事诉讼并在诉讼中享有一定权利、承担一定义务的人的统称。诉讼参与人通过行使诉讼权利，承担诉讼义务对刑事诉讼的进程和结局起着不同程度的影响和作用，保证刑事诉讼活动得以顺利进行。根据《刑事诉讼法》第 108 条第 4 项规定："'诉讼参与人'是指当事人、法定代理人、诉讼代理人、辩护人、证人、鉴定人和翻译人员"。

1. 当事人

当事人是指与案件事实和诉讼结局有直接利害关系，为保护自身利益而参加诉讼的人。1996 年《刑事诉讼法》第 82 条，2012 年《刑事诉讼法》第 106 条及 2018 年《刑事诉讼法》第 108 条明确规定，"当事人"是指被害人、自诉人、犯罪嫌疑人、被告人、附带民事诉讼的原告人和被告人。其中，1996 年《刑事诉讼法》将公诉案件的被害人纳入当事人的范围，并赋予其与其他当事人同等的诉讼地位，这是较之于 1979 年《刑事诉讼法》而言，在加强刑事诉讼人权保障，更全面地维护被害人合法权益方面取得的较大进步之一。

2. 其他诉讼参与人

其他诉讼参与人是指除当事人以外的诉讼参与人，包括法定代理人、诉讼代理人、辩护人、证人、鉴定人和翻译人员。其他诉讼参与人在诉讼中不是独立承担诉讼职能的诉讼主体，但他们同样依法享有参加诉讼活动所必需的诉讼权利，承担相应的诉讼义务。

三、刑事诉讼法律关系客体概述

刑事诉讼法律关系客体就是指刑事诉讼主体实施诉讼行为、进行刑事诉讼活动所指向的对象。[1] 为了实现诉讼目的，刑事诉讼法律关系主体的诉讼活动总是围绕着特定对象进行的，诉讼主体的诉讼活动所共同指向的对象，即为诉讼客体。诉讼客体的存在，是刑事诉讼法律关系得以产生和发展的直接依据。离开了这一客体，诉讼活动就失去了应有的意义，刑事诉讼法律关系也就难以产生和发展。

刑事诉讼的核心任务是正确地适用刑罚权，而正确适用刑罚权的前提则是查清案件事实，明确被告人的刑事责任，而案件事实和刑事责任，特别是案件事实，是刑事诉讼法律关系客体涉及的大致范围。刑事诉讼法律关系客体所指之案件事实包含着实体法事实与程序法事实。刑事诉讼中的案件事实是认识主体对案件有关现象的感知和判断，而案件事实本身带有的复杂性决定了认识主体判断对象的多重性，而基于案件事实在刑事

〔1〕 参见陈光中、徐静村主编：《刑事诉讼法学》（修订版），中国政法大学出版社 2000 年版，第 57 页。

实体法学、刑事诉讼法学中的一些特殊规定，其必然涵盖着与定罪量刑有关的案件事实、关乎刑事诉讼进程的案件事实。

实体法事实，是与被告人定罪量刑有关的事实。《刑事诉讼法》第16条规定："有下列情形之一的，不追究刑事责任，已经追究的，应当撤销案件，或者不起诉，或者终止审理，或者宣告无罪：（一）情节显著轻微、危害不大，不认为是犯罪的；（二）犯罪已过追诉时效期限的；（三）经特赦令免除刑罚的；（四）依照刑法告诉才处理的犯罪，没有告诉或者撤回告诉的；（五）犯罪嫌疑人、被告人死亡的；（六）其他法律规定免予追究刑事责任的。"同时在《最高人民法院关于适用〈中华人民共和国刑事诉讼法〉的解释》（以下简称最高人民法院《解释》）第72条中对要查明的案件事实做了详细规定，包括："（一）被告人、被害人的身份；（二）被指控的犯罪是否存在；（三）被指控的犯罪是否为被告人所实施；（四）被告人有无刑事责任能力，有无罪过，实施犯罪的动机、目的；（五）实施犯罪的时间、地点、手段、后果以及案件起因等；（六）是否系共同犯罪或者犯罪事实存在关联，以及被告人在犯罪中的地位、作用；（七）被告人有无从重、从轻、减轻、免除处罚情节……（十一）与定罪量刑有关的其他事实。"其中，有关犯罪构成要件的事实最重要，包括是否构成犯罪和构成何罪，其次是排除刑事责任的事实，最后是与量刑有关的事实。

程序法事实是诉讼法规定的有关程序进展状况的事实。其关系到诉讼程序的发生、发展、中止和终结，直接影响诉讼主体的诉讼行为。程序法事实可分为程序法争议事实和程序法请求事实，程序法争议事实也可称为程序法争议事项，程序法请求事实也可称为程序法请求事项。[1]关于程序法事实的相关法律规定最有代表性的当属非法证据排除问题。《刑事诉讼法》第56条规定："采用刑讯逼供等非法方法收集的犯罪嫌疑人、被告人供述和采用暴力、威胁等非法方法收集的证人证言、被害人陈述，应当予以排除。收集物证、书证不符合法定程序，可能严重影响司法公正的，应当予以补正或者作出合理解释；不能补正或者作出合理解释的，对该证据应当予以排除……"第58条规定："法庭审理过程中，审判人员认为可能存在本法第五十六条规定的以非法方法收集证据情形的，应当对证据收集的合法性进行法庭调查。当事人及其辩护人、诉讼代理人有权申请人民法院对以非法方法收集的证据依法予以排除。申请排除以非法方法收集的证据的，应当提供相关线索或者材料。"第59条第1款规定："在对证据收集的合法性进行法庭调查的过程中，人民检察院应当对证据收集的合法性加以证明。"

---

〔1〕"程序法争议事实"和"程序法请求事实"，这一组概念是对应"实体法事实"这个既有概念提出的。有些时候，将它们称为程序法争议事项和程序法请求事项，可能更便于理解和论述。程序法争议事实和程序法请求事实的称谓是基于刑事证明对象角度的表述，对应于"实体法事实"，可以更好地体现程序法事项作为审判对象和证明对象的新角色。参见马可:《程序法事实证明的概念、适用、实质与意义》，载《中国刑事法杂志》2013年第10期。

第二节 关于刑事诉讼法律关系主体和客体的研究

关注学界以往对刑事诉讼法律关系主、客体问题的研究，便于厘清对此问题的研究所经历的过程，不仅有利于拓宽视野，而且有助于加深对此类问题的研究。

一、关于刑事诉讼法律关系主体的研究

刑事诉讼法律关系主体，作为刑事诉讼法律关系中的一个重要的元素，其理论研究对主体权利范围的扩大和诉讼地位的巩固具有重要的意义。

（一）刑事诉讼法律关系主体理论的缘起和发展

鉴于刑事诉讼主体理论发展早于刑事诉讼法律关系主体理论，而两者又在一定程度上处于交集、相互纠缠的状态，故而，将二者放到一起共同研究和分析。

1. 德国的理论缘起：刑事诉讼主体理论发起于德国。受启蒙思想的影响，针对封建专制的纠问式诉讼模式中，被告人处于基本没有任何诉讼权利的诉讼客体地位的情况，主张被告人的程序地位的刑事诉讼主体理论应运而生。这一理论使得被告人在刑事诉讼中的地位发生了根本性变化，其诉讼主体地位得以确认。故而，应当说，在改善被告人诉讼地位方面，刑事诉讼主体理论发挥了十分积极的作用。〔1〕

2. 日本的狭义界定：日本基本上传承的是狭义刑事诉讼主体说，即三主体说的观点，只将起诉人、被告人和法院作为刑事诉讼主体。

3. 苏联的广义发展：苏联的刑事诉讼主体理论与前述的德国、日本有很大的不同，其对刑事诉讼主体的范围作了一种广义泛化的理解，扩大了研究的范围，认为刑事诉讼主体也就是刑事诉讼法律关系的主体，是指所有参与刑事诉讼活动的国家机关和诉讼参与人。〔2〕

4. 新中国成立后我国的发展状况：由于种种原因，我国对于刑事诉讼主体的研究一度中断，从 20 世纪 80 年代中期开始，对刑事诉讼主体的研究才引起人们的关注，并发表了一系列论文，主要争论的分歧点在于如何界定刑事诉讼主体的概念及其范围，并探讨刑事诉讼主体与刑事诉讼法律关系主体以及刑事诉讼客体的关系等，〔3〕但总体上看当时并没有取得较大的突破。〔4〕近年来，我国学界开始对刑事诉讼主体理论进行拓展性研究，并提出了一些富有见地的观点。例如，有学者提出了刑事诉讼主体理论的价值。〔5〕有学者在阐述现代社会刑事诉讼主体制度建构的基本原理的基础上，从立法与司法两个

---

〔1〕 宋英辉主编：《刑事诉讼原理》（第二版），法律出版社 2007 年版，第 173—174 页。

〔2〕 陈瑞华：《刑事诉讼的前沿问题》（第二版），中国人民大学出版社 2005 年版，第 108 页。

〔3〕 樊崇义主编：《刑事诉讼法学研究综述与评价》，中国政法大学出版社 1991 年版，第 22—24 页。

〔4〕 参见锁正杰：《刑事诉讼主体理论的历史及其问题》，载樊崇义主编：《刑事诉讼法专论》，中国方正出版社 1998 年版，第 81 页。

〔5〕 参见锁正杰：《刑事诉讼主体理论的历史及其问题》，载樊崇义主编：《刑事诉讼法专论》，中国方正出版社 1998 年版，第 92—96 页。

层面针对我国刑事诉讼主体问题提出了制度改革和程序完善的建设性方案。

（二）刑事诉讼法律关系主体与刑事诉讼主体的异同

通过以上对德国、日本、苏联以及中国等国家与地区有关刑事诉讼主体理论的考察，梳理刑事诉讼法律关系主体理论的缘起与发展，可以看出，刑事诉讼主体理论发展早于刑事诉讼法律关系主体理论，两者在一定程度上存在交集，围绕刑事诉讼法律关系主体与刑事诉讼主体的关系，目前学界存在区别说、同一说之争。

1. 区别说

区别说认为应当对刑事诉讼主体与刑事诉讼法律关系主体作一严格区分，前者的范围实际上要比后者小，后者包含了前者，即刑事诉讼主体同刑事诉讼法律关系主体中的部分主体是重合的。囿于区分刑事诉讼主体的标准不同，比如以刑事诉讼参与者在刑事诉讼中的地位和所起的作用为标准（地位作用说），〔1〕以诉讼职能的不同为标准（诉讼职能说），〔2〕等等，导致有段时期学界对于刑事诉讼主体的概念和范围众说纷纭，莫衷一是。〔3〕后来随着认识的加深与理论的推进，持刑事诉讼法律关系主体与刑事诉讼主体区别说的观点一般认为，刑事诉讼主体包括公安机关、检察机关、审判机关这三机关和诉讼当事人，不包括其他诉讼参与人。〔4〕三大职权机关和诉讼当事人依法承担控、辩、裁三大基本诉讼职能，彼此依存，互相制约，共同推动着刑事诉讼程序的正常、有效进行。

2. 同一说

同一说主张刑事诉讼主体是指在刑事诉讼过程中通过实施有目的的诉讼行为而享有一定诉讼权利、承担一定诉讼义务的人，刑事诉讼主体包括国家职权机关（当然的刑事诉讼主体）、当事人、其他诉讼参与人三类。这三类刑事诉讼主体一旦发生诉讼法律关系，即在很大程度上失去原有的社会角色，而平等地担当暂时的诉讼角色，他们只有诉讼地位上的不同，而没有身份上的高低贵贱之分。承认诉讼参与人与专门机关的代表处于同等诉讼主体的地位，是现代刑事诉讼的基本要求。〔5〕该说认为对刑事诉讼主体的研究必须与刑事诉讼法律关系结合起来进行，指出刑事诉讼法律关系是刑事诉讼中享有权利并承担义务的职权机关和诉讼参与人相互之间的法律关系，上述参与刑事诉讼的职权机关和诉讼参与人是刑事诉讼法律关系主体，也都是刑事诉讼主体，即刑事诉讼主体就是刑事诉讼法律关系主体。

我们认为，刑事诉讼主体与刑事诉讼法律关系主体虽然有很大的关联，但仍然不能忽视二者间的区别。将刑事诉讼主体等同于刑事诉讼法律关系主体，忽视了诉讼主体与

---

〔1〕胡锡庆：《略论我国刑事诉讼主体》，载《法学研究》1986年第1期；陈卫东：《刑事诉讼主体探微》，载《现代法学》1990年第2期。

〔2〕吴杰、宋英辉、洪道德：《刑事诉讼主体论》，载《中外法学》1991年第4期。

〔3〕樊崇义主编：《刑事诉讼法专论》，中国方正出版社1998年版，第87—88页。

〔4〕宋英辉主编：《刑事诉讼原理》（第二版），法律出版社2007年版，第178页；陈卫东主编：《刑事诉讼法学原理与案例教程》，中国人民大学出版社2008年版，第32页。

〔5〕樊崇义主编：《刑事诉讼法学》，中国政法大学出版社2002年版，第32页。

诉讼基本职能的联系。诉讼主体应当是诉讼基本职能的承担者，离开基本诉讼职能谈诉讼主体，实际意义不大。因为从理论上探讨诉讼主体，目的在于完善诉讼结构，深化诉讼职能。[1]“区别说”指出了刑事诉讼法律关系主体有别于刑事诉讼主体，具有较大的可取性。就该说中区分刑事诉讼主体的标准而言，无论是侧重于主体在诉讼中的地位作用，还是突出主体所承担的诉讼职能，这些标准无不是在于表明刑事诉讼主体较之于其他诉讼参与人的重要性、特殊性、主导性，强调职权机关与当事人所构成的控、辩、裁三方主体作为刑事诉讼基本构成要素的关键地位。

“同一说”认为对刑事诉讼主体的研究必须与刑事诉讼法律关系结合起来进行的观点，揭示了两者之间的紧密联系与共同属性，有其合理之处。但该说对刑事诉讼主体作泛化理解，使刑事诉讼主体与刑事诉讼法律关系主体在范围上并无实质差异实不可取，在很大程度上，该说中所理解的刑事诉讼主体其实是刑事诉讼法律关系主体，而非真正意义上的刑事诉讼主体。

（三）刑事诉讼法律关系主体与刑事诉讼主体的辨析

根据上述理解，刑事诉讼法律关系主体与刑事诉讼主体在一定程度上处于交集，但刑事诉讼主体的范围要窄于刑事诉讼法律关系主体。刑事诉讼主体是刑事诉讼基本职能的承担者，而刑事诉讼法律关系主体则具有更广阔的外延，[2]专门机关和诉讼参与人是刑事诉讼行为的实施者，都是刑事诉讼法律关系的主体。[3]

关于刑事诉讼法律关系主体与刑事诉讼主体二者异同的理论解释有时令人迷惑，穿越迷雾接近真相的关键点是外延，通过对不同理论中刑事诉讼主体外延和刑事诉讼法律关系主体外延的比较，可以迅速地厘清二者的关系。

刑事诉讼法律关系主体的外延包括所有参加刑事诉讼，并依法享有诉讼权利并承担诉讼义务的职权机关与公民个人，包括公安机关、国家安全机关、军队保卫部门、监狱、中国海警局、海关走私犯罪侦查部门、人民检察院、人民法院、被害人、自诉人、犯罪嫌疑人、被告人、附带民事诉讼的原告人和被告人、法定代理人、诉讼代理人、辩护人、证人、鉴定人和翻译人员等。

德国、日本对刑事诉讼主体外延的界定，是三主体说的观点[4]，只将起诉人、被告人和法院作为刑事诉讼主体，可以视为狭义的刑事诉讼主体，也就是仅包括公诉人（检察机关）、被告人和法院，最多包括自诉案件自诉人和附带民事诉讼的原告人和被告人。也就是说，狭义的刑事诉讼主体的外延仅包括审判阶段的主体，而不包括侦查阶段和审查起诉阶段的主体，也不包括除诉讼参加人之外的其他诉讼参与人，其外延比刑事诉讼法律关系主体要小得多。狭义的刑事诉讼主体是前述“区别说”的基础，外延的不同，使刑事诉讼主体和刑事诉讼法律关系主体各居其位、各自发挥独特的作用。

苏联的刑事诉讼主体理论与前述的德国、日本有很大的不同，其对刑事诉讼主体的

---

〔1〕王敏远主编：《刑事诉讼法》，社会科学文献出版社 2005 年版，第 36 页。

〔2〕樊崇义主编：《刑事诉讼法学研究综述与评价》，中国政法大学出版社 1991 年版，第 22 页。

〔3〕王敏远主编：《中国刑事诉讼法教程》（第二版），中国政法大学出版社 2009 年版，第 50 页。

〔4〕宋英辉主编：《刑事诉讼原理》（第二版），法律出版社 2007 年版，第 173—174 页。

范围作了一种广义泛化的理解，扩大了研究的范围，认为刑事诉讼主体也就是刑事诉讼法律关系的主体，是指所有参与刑事诉讼活动的国家机关和诉讼参与人。[1]这种对刑事诉讼主体的广义界定，和前述刑事诉讼法律关系主体的外延界定基本相同，是前述“同一说”的基础。

简而言之，德国、日本狭义的刑事诉讼主体外延小于刑事诉讼法律关系主体的外延，而苏联广义的刑事诉讼主体外延基本等同于刑事诉讼法律关系主体的外延。刑事诉讼法律关系主体的外延不但包含了审判阶段的主体，而且包含了侦查阶段和审查起诉阶段的主体，不仅包含了诉讼参加人，还包含了其他诉讼参与人。这样的外延适用于刑事诉讼中侦查、审查起诉和审判等全部阶段的全部主体，对系统化研究刑事诉讼的整体规律，保护各个阶段犯罪嫌疑人或被告人的正当权利都大有裨益，同时还可以与刑事诉讼法律关系客体理论和行为理论相互呼应，无论从理论上还是从实践上都意义重大。

二、关于刑事诉讼法律关系客体的研究

为了实现诉讼目的，刑事诉讼法律关系主体的诉讼活动总是围绕着特定对象进行的，无论是司法机关、诉讼参加人，还是其他诉讼参与人的诉讼活动都概括性地共同指向这一对象，即刑事诉讼法律关系客体。刑事诉讼法律关系客体的存在，是刑事诉讼法律关系得以产生和发展的直接依据。

刑事诉讼的核心任务就是要正确的适用刑罚权，而正确适用刑罚权的前提则是查清案件事实，明确被告人的刑事责任，而案件事实和刑事责任，特别是案件事实，是诉讼对象所包含的内容，即刑事诉讼法律关系客体的外在形式。因此，刑事诉讼法律关系客体是整个诉讼活动中主体诉讼行为所共同指向的对象，而不是刑事诉讼某个阶段中具体诉讼活动的内容，也不是被告人本身。离开客体，诉讼活动就失去了目标和对象，刑事诉讼法律关系也就难以产生和发展。

（一）关于客体概念的不同学说

目前，我国关于刑事诉讼法律关系客体的概念争议非常大，而专门研究刑事诉讼法律关系客体的文章却少之又少。究其原因，刑事诉讼法律关系的客体比较复杂，不易把握，不但国内对其认识不统一，国外的大陆法系国家和英美法系国家对这一问题也存在不同意见，这就使得对刑事诉讼法律关系客体的讨论缺乏统一的基础。同时，刑事诉讼法律关系客体作为刑事诉讼法律关系主体权利义务所指向的对象，自然与刑事诉讼法律关系的主体与内容密切联系，而我国的刑事诉讼法律关系主体和内容的研究也处于起步发展阶段，这也阻碍了对刑事诉讼法律关系客体的研究。

目前，已知的刑事诉讼法律关系客体的概念主要有九种。一些学者基于大陆法系的诉讼客体理论，将刑事诉讼法律关系客体直接表述为刑事诉讼客体。鉴于二者确实具有相似性，为了便于比较，故将关于刑事诉讼客体概念的学说和刑事诉讼法律关系客体概

---

〔1〕 陈瑞华：《刑事诉讼的前沿问题》（第二版），中国人民大学出版社2005年版，第108页。

念的学说集中到一起，共同介绍[1]。

1. 刑罚权说

陈谨昆先生在新中国成立前曾发表见解，他认为："刑事诉讼，乃以确定刑罚权之存否及范围目的，故其诉讼标的，自为刑罚权。"[2]蔡枢衡认为刑事诉讼法律关系客体是国家对于特定被告的刑罚权，也就是"国家对于特定被告有无刑事处分权及其范围"，由于不同的案件都有自己所特定的事实，"此特定之事实中所包含之实体上法律关系，即审判之客体"。

2. 刑事责任说

持刑事责任说的学者们认为一切刑事诉讼活动都是为了确定被告人的刑事责任问题，所以刑事诉讼法律关系的客体是被告人的刑事责任。[3]这种说法认为刑事诉讼法律关系客体"就是通过审判程序解决刑事被告人的刑事责任问题"。

3. 犯罪事实说

有学者认为，"刑事诉讼客体就是国家专门机关所要查明的犯罪事实"。[4]该观点认为，刑事诉讼的核心是查明犯罪事实，有无犯罪事实以及具体情况如何是刑事诉讼活动的最终所指，因此犯罪事实才是真正的刑事诉讼法律关系客体。至于刑事责任，仅仅是犯罪事实的反映，离开犯罪事实而谈刑事责任是不实际的。该学说是在否定刑事责任说的基础上发展起来的。

4. 案件事实说

持案件事实说的学者们认为刑事诉讼法律关系客体是案件事实，"所谓诉讼客体或案件，其实即系可能构成国家刑罚权之主体及其行为事实"。而事实上，在诉讼终结前有无犯罪事实及其刑事责任的大小均处于不确定状态。因此，刑事诉讼法律关系客体恐怕不可能是尚处于未明状态的"犯罪事实"与"刑事责任"，而只能仅仅是处于"中性"的"案件事实"。如有学者论述："刑事诉讼客体，是指刑事诉讼主体通过实施诉讼行为确立的诉讼权利与义务所共同指向的对象，主要包括实体性案件事实和程序性案件事实。"[5]

5. 二元说

二元说即案件事实、刑事责任（法律责任）二元说或两合说。持二元说的学者们认为刑事诉讼法律关系客体是案件事实和被告人的刑事责任（法律责任）。在他们看来，刑事诉讼始终围绕查明案件事实而进行，案件事实作为诉讼主体认识活动所指向的对象，是刑事诉讼客体，这一点是毫无疑问的。"之所以要将犯罪嫌疑人、被告人的刑事责任问题作为刑事诉讼客体，是因为刑事诉讼主体进行刑事诉讼活动所指向的目标不仅仅包括案件事实本身，还必然涉及对案件事实的法律评价，其中主要的是根据案件事实

---

〔1〕本书关于刑事诉讼法律关系客体的论述，借鉴了张小玲老师关于九种学说的阐述，并补充了其他学说。

〔2〕陈谨昆：《刑事诉讼法通义》，法律出版社 2007 年版，第 111 页。

〔3〕参见汪建成、张向军：《刑事诉讼法律关系若干问题之研究》，载《烟台大学学报（哲学社会科学版）》1993 年第 1 期。

〔4〕樊崇义主编：《刑事诉讼法学》，中国政法大学出版社 1999 年版，第 44 页。

〔5〕樊崇义、吕萍主编：《刑事诉讼法学》，中国人民公安大学出版社 2002 年版，第 59 页。

确定被告人刑事责任的有无及其大小。”[1]

6. 追究活动说

追究活动说是在对上述学说批评的基础上形成的，持这一观点的学者认为：“刑事诉讼法律关系的客体是指构成刑事诉讼法律关系的客观基础，也就是引起刑事诉讼法律关系产生的客观基础。法律关系不可能凭空产生，任何法律关系的产生都有一定的客观基础，这种引起法律关系产生并成为法律关系构成要素的客观基础就是该法律关系的客体。”这些学者认为：“所谓刑事诉讼法律关系的客体就是指由刑事案件派生出来的、对被告人刑事责任的追究。‘追究’不同于‘问题’，它是人的行为、人的活动，也是客观事实，因而能构成客体。在刑事诉讼中，对被告人刑事责任的追究，自始至终贯穿诉讼全局，它是刑事诉讼的中心，刑事诉讼中的一切活动都是围绕这一中心展开的。正是这一追究活动构成了刑事诉讼法律关系的客观基础，也正是这一追究活动直接或间接引起了刑事诉讼中各种法律关系的产生。”[2]

7. 程序启动者提出的事实说

这种观点改变了上述几种观点重实体轻程序的表述，并且注意区分诉讼目标和诉讼客体，认为刑事诉讼法律关系客体只能是程序启动者提出的实体法事实和程序法事实。

8. 公诉事实说

该说认为：“多数大陆法系国家和地区将公诉事实作为刑事诉讼客体，如德国。公诉事实并非按照特定犯罪的构成要件加以记载之事实，而专指以社会现象、历史事实的形式所叙述之指控事实，其间并不包含对该事实的法律评价。”“借鉴大陆法系诉讼客体理论的意旨，结合我国特定的诉讼理念和诉讼模式分析，我国刑事诉讼客体应为公诉事实”[3]，而不包含对指控事实的法律评价。

9. 诉讼行为说

诉讼行为说认为，“刑事诉讼法律关系的客体是刑事诉讼法律关系主体的权利义务所指向的对象，也就是刑事诉讼法律关系主体的权利、义务的载体和标的”。“在刑事诉讼中，这个指向对象不是被告人的刑事责任问题，而是刑事诉讼法律关系主体的诉讼权利和义务的外化形式——诉讼行为。”[4]“而刑事诉讼中，刑事诉讼法律关系主体的权利、义务的载体和标的则只能是他们的诉讼行为。”[5]诉讼行为说认为刑事诉讼法律关系客体应区别于刑事（实体）法律关系客体，只能是诉讼行为。

（二）客体概念分析

1. 客体概念评价的标准

同法律关系客体相类似，关于刑事诉讼法律关系客体的内涵，学界的表述也趋于一

〔1〕卜建林主编：《刑事诉讼法学》，法律出版社 1997 年版，第 45 页。

〔2〕参见裴苍龄、易萍：《论刑事诉讼法律关系》，载《法律科学（西北政法学院学报）》1996 年第 2 期。

〔3〕张小玲：《我国刑事诉讼客体再探究》，载《政法论坛》2010 年第 1 期。

〔4〕石泰峰主编：《中华人民共和国诉讼法律实务全书》（上），改革出版社 1999 年版，第 11 页。

〔5〕汪建成、张向军：《刑事诉讼法律关系若干问题之研究》，载《烟台大学学报（哲学社会科学版）》1993 年第 1 期。

致，一般认为刑事诉讼法律关系客体是刑事诉讼法律关系主体的权利义务所指向的对象。但关于刑事诉讼法律关系客体的外延，学界存在较大争议。不但国内对其认识不统一，域外的大陆法系国家和英美法系国家在这一问题上也存在不同认识。由于刑事诉讼模式的不同，两大法系的客体外延也有所不同，不同学者基于大陆法或英美法的不同观点和认识对这一问题加以表述，就往往会出现自说自话的现象，很难在同一个平台上进行交流。

上文中介绍的九种学说各有千秋，但是，这几种学说中概念的内涵基本上都和学界普遍认可之客体内涵大致相仿，不同之处主要在于它们的外延。那么，如何判断这些客体概念的外延孰优孰劣孰是孰非呢？[1]本书认为可以以如下标准对这些客体概念或概念的外延加以评价：是否能够体现大陆法系职权主义诉讼模式的特点，准确地描述大陆法系国家的刑事诉讼法律关系客体的外延，或者是否能够体现英美法系当事人主义诉讼模式的特点，准确地描述英美法系国家的刑事诉讼法律关系客体的外延。

如果与具体的理论和司法实践相结合，则还可以以下列的标准加以判断：是否有利于规范国家追诉机关和审判机关的任意性，是否有利于保障被追诉人的人权，是否可以使控审分离原则和禁止重复追诉原则落到实处，是否能够解决司法实践中的公诉变更、法院变更起诉罪名和重复追诉等问题。

2. 第一类学说评价

刑罚权说、刑事责任说、追究活动说和诉讼行为说，这四个学说具有内在的联系，可以把它们放在一起分析。前文已述，在早期的理论研究中普遍将刑事诉讼界定为辅助实体法得以实现的工具。国家本位思想浓重，忽视了对人权的保护。这种学说残留着实体法律关系的痕迹，已经不太适应当代刑事诉讼理论和实践的发展。刑罚权的实现要以被告人负有刑事责任为前提，因此，在刑罚权说不合时宜之后，刑事责任说自然得以发展，但其身后仍然有刑罚权说和实体法律关系的影子。追究活动说认为："所谓刑事诉讼法律关系的客体就是指由刑事案件派生出来的、对被告人刑事责任的追究。"从这一点可以看出，追究活动说与刑事责任说具有密切的关系。不过，追究活动说进一步认为："'追究'，是人的行为、人的活动，也是客观事实，因而能构成客体。"追究活动说仍然以被告人的刑事责任为目标，但并不认为被告人的刑事责任是客体，而是将对被告人刑事责任的追究活动（追究行为）作为客体。诉讼行为说认为，在刑事诉讼中，"这个（刑事诉讼法律关系主体的权利义务）指向对象不是被告人的刑事责任问题，而是刑事诉讼法律关系主体的诉讼权利和义务的外化形式——诉讼行为"。追究活动说认为"追究"是人的行为、人的活动，而诉讼行为正是对人的行为、人的活动的抽象。所以追究活动说和诉讼行为说也存在着某种微妙的联系。

上述四种观点发端于不同历史时期，有些观点已淡出学界主流，有些观点则存在争议。最重要的是，这些观点恐怕很难体现大陆法系职权主义诉讼模式或者英美法系当事

〔1〕王敏远研究员认为，对同一事物不同概念的评价应持开放性的态度，不必非黑即白，可以从功能主义角度出发，以概念所能发挥的功能作用为评价标准，尽量找出每一种概念的有用之处。

人主义诉讼模式的特点，也不能准确描述大陆法系或者英美法系刑事诉讼法律关系客体的外延。因此，不符合前文所设定的条件，不应该成为讨论的重点。

3. 第二类学说评价

“犯罪事实说”“案件事实说”“公诉事实说”“程序启动者提出的事实说”这四种学说的本质都是“事实”。“犯罪事实说”“案件事实说”和“公诉事实说”是与被追诉人犯罪相关的实体法事实，而“程序启动者提出的事实说”中的“事实”，不仅是和被追诉人犯罪相关的实体法事实，也包括程序法事实。

犯罪事实说是在否定刑事责任说的基础上发展起来的。犯罪事实是客观存在的有关犯罪的各种情况的总和，一般由刑事法律规范确定。犯罪事实在刑法上有广义与狭义之分。广义的犯罪事实包括犯罪的基本事实、犯罪性质、情节和对社会的危害程度。狭义的犯罪事实则指作为犯罪构成要件的基本事实，它是影响定罪量刑的最重要的客观真实情况。这一事实又分为主观与客观两方面。主观上，指行为的罪过形态，即实施犯罪的故意或过失的心理状态。客观上则指犯罪行为发生的时间、地点、手段、后果及行为与结果之间的因果关系等。以犯罪事实作为刑事诉讼法律关系客体的外延，似乎存在一定的问题。这是因为，在诉讼终结前有无犯罪事实及被追诉人有罪与否均处于不确定状态。所以，刑事诉讼法律关系客体似乎不可能是尚处于未明状态的“犯罪事实”。

“案件事实说”是对“犯罪事实说”的一种发展。正如前文所述，在诉讼终结前有无犯罪事实及被追诉人有罪与否均处于不确定状态。因此，刑事诉讼法律关系客体不可能是尚处于未明状态的“犯罪事实”，而只能是处于“中性”的“案件事实”。犯罪事实和案件事实相类似，区别在于犯罪事实具有客观真实的特点，而案件事实则具有法律真实的特点。目前，我国刑事诉讼法学界的主流观点往往认为法律真实而非客观真实是刑事诉讼所追求的目标，“犯罪事实说”似乎与这一主流观点背道而驰，而“案件事实说”则与这一观点相向而行。

“公诉事实说”与“案件事实说”关系密切。公诉事实并非按照特定犯罪的构成要件加以记载之事实，而专指以社会现象、历史事实的形式所叙述之指控事实，其间并不包含对该事实的法律评价。公诉事实与案件事实是一对同胞兄弟，公诉事实的范围小于案件事实，可以说公诉事实包含于案件事实，是记载于起诉书上的案件事实。在大陆法系国家，其审判对象为公诉事实或案件事实，公诉事实是起诉书提示的显在的审判对象，案件事实则是法官有权调查的潜在的审判对象。公诉事实说可以较好地描述审判阶段的客体外延。其不足之处在于，无法涵盖审前阶段的客体外延，特别是在中国这样传统的以侦查为中心的国家，侦查和审查起诉阶段存在很多问题，亟须客体理论发挥作用，对理论和实务问题加以指导。而公诉事实理论，由于“公诉”这一定语的限定，难以直接在审前阶段发挥作用。

“程序启动者提出的事实说”改变了上述几种观点重实体轻程序的表述，认为刑事诉讼法律关系客体只能是程序启动者提出的实体法事实和程序法事实。虽然“案件事实说”也同样认为“案件事实主要包括实体性案件事实和程序性案件事实”，不过，其主要关注的还是实体性案件事实或曰实体法事实。“程序启动者提出的事实说”可以看作对“案件事实说”的一种发展。

综上，本书认为在大陆法系国家的刑事审判中，显性的客体外延对应于公诉事实，而潜在的客体外延对应于案件事实，在审判中客体的外延有可能从公诉事实扩展到案件事实。犯罪事实和案件事实相类似，不过刑事诉讼法律关系客体不可能是尚处于未明状态的“犯罪事实”，而只能是处于“中性”的“案件事实”或者公诉事实。除实体法事实之外，重要的程序法事实也应当包含在客体的外延中。[1]

上述四种学说能够体现大陆法系职权主义诉讼模式的特点，能够从总体上或某一个方面描述大陆法系国家的刑事诉讼法律关系客体的外延，因此，符合前文所设定的条件，应当成为本书讨论的基础。

4. 第三类学说评价

持“二元说”的学者们认为刑事诉讼法律关系客体是案件事实和被告人的刑事责任（法律责任）。案件事实作为诉讼主体认识活动所指向的对象，显然是刑事诉讼客体。之所以要将犯罪嫌疑人、被告人的刑事责任问题作为刑事诉讼客体，是因为刑事诉讼主体进行刑事诉讼活动所指向的目标不仅包括案件事实本身，还必然涉及对案件事实的法律评价，其中主要的是根据案件事实确定被告人刑事责任的有无及其大小。在英美法系国家的刑事诉讼中，刑事诉讼法律关系客体的表现形式是诉因，而诉因由公诉事实和法律评价两部分组成，因此，英美法系国家的刑事诉讼法律关系客体外延同时包含着公诉事实和法律评价。法律评价的实质和目的是确定被告人的法律责任或者说刑事责任。因此，“二元说”所主张的被告人的刑事责任（法律责任）也就大致相当于英美法中的法律评价。而“二元说”所主张的客体外延——案件事实和被告人的刑事责任（法律责任），也就大致相当于英美法中诉因所包含的内容，与英美法系国家的客体外延大致相当。

因此，“二元说”明显与英美法观点相关，能够体现英美法系当事人主义诉讼模式的特点，也能够描述英美法系国家的客体外延，因此，符合前文所设定的条件，同样应当成为本书讨论的基础。

5. 小结

通过上文的分析，我们可以发现以上的各种客体概念，大部分都是基于大陆法的观点和英美法的观点而提出，往往对应于两大法系各自的诉讼模式，对大陆法系的客体和英美法系的客体分别加以描述。

那么，大陆法系国家的客体外延和英美法系国家的客体外延有什么不同呢？根据上文的介绍可知，刑事诉讼法律关系客体的外延在英美法系和大陆法系的表现形式有所不同，在大陆法系，客体对应着公诉事实，而在英美法系客体则对应着刑事诉因。大陆法系的客体外延仅包含公诉事实，而英美法系的客体外延既包括公诉事实又包括法律评价。

无论是大陆法系的客体还是英美法系的客体，其内涵基本是相同的，即刑事诉讼法

---

〔1〕 参见王梦飞：《刑事诉讼客体新探》，载《北京科技大学学报（社会科学版）》2004 年第 3 期。

律关系主体的权利义务所指向的对象，也就是刑事诉讼法律关系主体实施诉讼行为、进行刑事诉讼活动所指向的对象。外延却不相同，一个相当于公诉事实，一个相当于诉因。内涵的相同使两个客体在各自的诉讼模式中发挥着客体应当发挥的相似或相同的作用。而外延的不同恰恰可以理解为不同客体适应不同诉讼模式的结果。不同的诉讼模式必然会对各自的客体产生影响，甚至可以决定各自客体的外延，但不能改变客体的内涵和功能，否则客体也就不是客体了。

也就是说，不论是具有公诉事实这一外延的大陆法系客体，还是具有公诉事实加法律评价这一外延的英美法系客体，都符合各自法律体系下诉讼模式的内在要求，都在各自的司法实践中发挥着实际作用，很好地确定了起诉效力，规定了审判范围，保障了被告人辩护权的行使，使控审分离原则和禁止重复追诉原则得以贯彻实行。

两大法系的客体外延在客观上不可能统一，在主观上也没有必要统一。由于两大法系的诉讼模式存在客观的差异，其客体外延必然存在差异。因此，只要适合自身所属法系的刑事诉讼模式，能够发挥客体应当具有的作用，似乎没有必要过分执着于两大法系客体外延的差异，而应当更多地关注二者的共性问题。

既然不可能也没有必要将两大法系的客体外延人为地统一，那么也就没有必要将基于两大法系不同客体形成的不同客体概念人为地统一。但是，鉴于本书对客体共性问题的研究以及论述的需要，提出一个概括性的刑事诉讼法律关系客体的概念是必要的。结合以上九种客体概念，特别是"案件事实说""公诉事实说""程序启动者提出的事实说""二元说"，并综合刑事诉讼法律关系以及法律关系客体的概念，本书做以下概括：刑事诉讼法律关系客体就是刑事诉讼法律关系主体的权利义务所指向的对象，也就是刑事诉讼法律关系主体实施诉讼行为、进行刑事诉讼活动所指向的对象。其外延概括性地包括公诉事实 / 案件事实（实体法事实和程序法事实）和法律评价（罪名和刑事责任）。大陆法系的客体外延仅包含公诉事实，在审判中客体的外延有可能从公诉事实扩展到案件事实。而英美法系的客体外延既包括公诉事实又包括法律评价，在审判中客体的外延一般不能从公诉事实扩展到案件事实。除实体法事实之外，重要的程序法事实也可以成为客体的组成内容。不同的客体外延符合各自的诉讼模式要求，在各自的刑事诉讼中发挥着相似甚至相同的作用，分别符合两大法系国家各自的立法和司法实际。

第三节 刑事诉讼法律关系主体和客体的实务问题

中国法中的刑事诉讼法律关系主客体问题，与中国的刑事诉讼模式以及中国的司法实践密切相关。

一、刑事诉讼法律关系主体实务问题

对刑事诉讼法律关系主体的研究，最终还要落实到主体的确定上面，其中，最引人

注目的莫过于对被追诉人刑事诉讼法律关系主体地位的研究。

（一）作为侦查、起诉、审判机关的刑事诉讼法律关系主体之确定

在一个刑事案件发生之后，应当由哪些机关负责侦查、起诉、审判活动，是通过管辖权解决的。一般来说，审判机关一旦确定，相应的起诉机关、侦查机关都随之确定。因此，为方便起见，各国一般都以审判管辖为基准来确定管辖权的划分。从概念上来看，刑事审判权以某种标准，分配于各法院，这些被分配下来的审判权，就被称为管辖权。[1]管辖权的确定，可以考虑案件的性质、轻重、繁简、影响，形成所谓级别管辖，又可以考虑审判上的方便、诉讼参与人方便的因素，形成所谓地域管辖。但是无论管辖权的确定具体考虑哪些因素，都必须依据法律的规定，普遍地和事前地对一个案件确定出拥有管辖权的法院。在刑事案件发生之后，则根据已有的管辖权规范确定相应的侦查机关、检察机关或者审判机关，确定相应的诉讼主体，避免发生有目的地任命法官审理特定案件的情况，影响司法的公正性。

（二）单位的刑事诉讼法律关系主体地位

现代各国的诉讼中几乎都存在限制与案件没有直接关系的个人进入诉讼的机制。经过这样的过滤机制，能够进入诉讼程序，充当当事人的人只能是那些对案件判决结果存在利益关系，或者说诉讼结果涉及个人权利，并且须承担判决义务或者责任的人。之所以如此，有多方面的原因。对于刑事诉讼法律关系主体的研究要面临的一个重要问题就是当事人是否适格。

我国修订后的《刑法》确立了单位（包括法人、非法人单位）的犯罪主体地位，导致了传统犯罪主体理论的重大突破。据此，单位成为犯罪嫌疑人、被告人已是势所必然，但是单位能否成为刑事被害人和自诉人，仍是一个悬而未决的问题。当事人能力是一种法律资格，是对诉讼主体人格的认可，具有与主体人身不可分离的属性。对于单位当事人而言，情况要复杂得多。单位作为法律拟制的人格主体，其权利能力的范围不仅受到自身属性的制约，还要接受法律施加的限制。[2]

（三）被追诉人的刑事诉讼法律关系主体地位

被追诉人的刑事诉讼法律关系主体地位得以确认，是以一系列权利保障为基础的。被追诉人权利扩大并获得有效保障，经历了一个不断发展的过程。特别是第二次世界大战以后，人权保障成为刑事诉讼的重要目标并获得推崇，世界范围内的人权保障运动提升到了一个新的高度，被追诉人的权利保障取得了突破性的进展。就现阶段而言，被追诉人有以下权利支撑其刑事诉讼法律关系主体地位：沉默权、辩护权、调查取证及证据保全申请权、人身自由权。在我国，被追诉人在立法中的地位是当事人，但对于侦查人员的讯问仍负有如实回答的义务。同时，刑讯逼供、超期羁押现象仍然存在，律师在侦查阶段的介入又非常有限。以上情况使得其刑事诉讼法律关系主体地位未能真正实

〔1〕 参见黄东熊、吴景芳：《刑事诉讼法论》（上），台北，三民书局 2010 年版，第 75 页。

〔2〕 参见陈卫东主编：《刑事诉讼法学原理与案例教程》，中国人民大学出版社 2008 年版，第 33—34 页。

现。[1]为了避免被追诉人的客体化，真正实现其刑事诉讼法律关系主体地位，应当建构侦辩平衡的侦查结构，对侦查机关涉及人身自由的强制措施和秘密侦查手段实施司法审查与控制，同时赋予被追诉人合理的、充分的权利并予以保障。[2]

二、刑事诉讼法律关系客体实务问题

刑事诉讼法律关系客体实务问题，主要是客体变更问题和禁止重复追诉问题。客体变更涉及的实务问题可依照主体分为检察机关的公诉变更和审判机关的变更起诉罪名问题。禁止重复追诉涉及的实务问题包括检察机关撤诉后重新起诉、二审案件发回重审以及刑事再审等问题。由于客体理论研究的滞后，中国现行法对这些实务问题的规定存在着或多或少的问题。

（一）刑事公诉变更问题

在我国的刑事诉讼制度中，检察机关在刑事诉讼中可以以撤回起诉、变更起诉和追加起诉的方式对公诉加以变更[3]。但是我国的刑事诉讼法中并没有对是否允许对公诉进行变更、变更的法定事由以及变更的时机、方式、所应履行的程序等问题作出明确规定。实际上，在我国刑事诉讼实践中，长期以来检察机关依据相关司法解释一直在行使公诉变更权。为了满足司法实践的需要，解决公诉变更问题，最高人民法院和最高人民检察院从不同角度以司法解释的形式对上述问题进行了规定［2021年最高人民法院《解释》第289条，2019年《人民检察院刑事诉讼规则》（以下简称最高人民检察院《规则》）第423、425、426条］。但是仍有不少问题未能妥善解决，总结如下。

1. 撤回起诉和变更起诉

法院对检察机关撤诉设定司法审查，缺乏正式的法律规范作为依据。最高人民法院的司法解释规定法院对检察院的撤诉有权进行审查，作出批准与不批准的决定。如果不批准撤诉，即与检察院的撤诉要求相冲突，而在此冲突中，法院也许有法理的根据，却缺乏法律根据，其形式正当性可能受到质疑。

2. 追加起诉

如果追加被告人时追加的是主要被告人，应当直接追加起诉，还是应撤诉后重新起诉，司法解释无明确规定。[4]对于追加起诉，最高人民检察院的司法解释所规定的适用范围过于狭窄，对于与本案相牵连的犯罪，如数人共犯数罪，以及犯与本罪有关系的窝藏、包庇、窝赃、销赃罪的，似乎可以允许检察机关追加起诉。

3. 时限问题

公诉变更时限规定不合理。根据最高人民检察院的司法解释，公诉变更权行使的时间限制在第一审判决宣告之间。“作出判决”与“宣告判决”是两个不同的时间段，法庭经过评议作出判决后，尽管可能并没立即宣告，但该案的审理时间已经结束。实践

---

〔1〕参见熊秋红：《刑事诉讼法再修改应当尊重司法规律》，载《人民法院报》2011年10月26日，第6版。

〔2〕参见陈卫东、刘计划：《论犯罪嫌疑人的诉讼主体地位》，载《法商研究》2003年第3期。

〔3〕参见杨虹：《比较法视野中的公诉变更制度之完善》，载《国家检察官学院学报》2003年第5期。

〔4〕参见龙宗智：《论公诉变更》，载《现代法学》2004年第6期。

中，检察机关往往通过这个时间差在不利判决作出后宣判前撤回起诉或变更起诉。如果在法院作出判决后仍然允许撤回、变更或追加起诉，无疑将使此前进行的程序归于无效，这既是对连续审判原则的违反，也是对被告人权利的侵犯，更是对辩护工作的蔑视和戏弄。同时，一经变更，法庭可能被迫重新开庭审理，造成程序的重复运作，导致诉讼资源的浪费。[1]

（二）法院变更起诉罪名问题

我国《刑事诉讼法》一直未正式从立法层面对法院变更起诉罪名这一问题作出规定，2012 年最高人民法院《解释》第 241 条第 1 款第 2 项规定："起诉指控的事实清楚，证据确实、充分，指控的罪名与审理认定的罪名不一致的，应当按照审理认定的罪名作出有罪判决"。学术界对此司法解释规定的合理性一直存有争议，特别是在"綦江虹桥案"中，检察机关以"玩忽职守罪"提出指控，法院却以"工程重大安全事故罪"进行判决，使得原来就存在争议的罪名变更问题更加成为学者们关注的焦点，并出现了诸多不同的观点。

另外，从法律规定及司法实践来看，我国客体采用的是与大陆法系相似的公诉事实观，审判对象不包括检察机关提示的法律评价，因此法官似乎有权变更起诉罪名。司法实践中，法院变更起诉罪名往往是不通知辩护方，甚至在不告知检察机关的情况下，以单方面、秘密、主动的方式进行的。

此外，在我国，不仅一审法院有权变更指控罪名，而且二审法院也可以变更罪名。但是，二审变更罪名时应该履行什么样的程序呢?《刑事诉讼法》和司法解释均未作出规定。而且这种罪名的变更可能是对两审终审制的破坏，因此也存在一定问题。

（三）禁止重复追诉的实务问题

禁止重复追诉原则的基本含义是指对被追究者的同一行为，一旦作出具有法律效力的确定判决，不论是有罪还是无罪的判决，不得再次启动新的刑事诉讼程序，即对同一行为不得再次进行审理和处罚。这一原则，在大陆法系国家的诉讼制度中称作"一事不再理"，强调维护决定判决的"既判力"；在英美法系国家称作"避免双重受罚"，强调任何人不得因同一行为而承担两次不利后果。确定这一原则的直接原因是国家对犯罪的刑罚权已经使用殆尽，不得重复适用。但其深层次的原因在于保护被追究者的合法权益，防止国家权力的滥用。禁止重复追诉原则是一个与刑事诉讼法律关系客体密切相关的问题，简言之，就是对一个刑事诉讼法律关系客体进行追诉后，不能再次对同一个客体进行追诉。

我国的审判监督程序其实质就相当于其他国家的刑事再审程序。我国《刑事诉讼法》规定了由当事人及其法定代理人、近亲属申诉，法院主动提起以及检察院抗诉三种启动审判监督程序的途径。由于我国刑事诉讼法并未确立禁止重复追诉原则，因此，我国审判监督的程序与禁止重复追溯原则并不协调，从刑事诉讼法律关系客体角度来看，二者的矛盾甚至非常明显，主要体现在以下几个方面。

---

〔1〕 参见谢佑平、万毅：《刑事公诉变更制度论纲》，载《国家检察官学院学报》2002 年第 1 期。

第一，我国的刑事诉讼几乎不存在终审的问题。根据审判监督程序的条件，终审裁判只要发生了错误，那就没有终局，可以再次进行审判。而根据禁止重复追诉原则，终审的判决一旦作出，诉讼就终结了；只是发现生效裁判有错误，并不能成为启动再审程序的充分条件。

第二，我国的审判监督程序强调的是有错必纠，不论这种错误是什么原因造成的，不论这种错误的性质是什么。而禁止重复追诉原则要求的却与此并不相同，该原则强调，纠正错误只能在特定情况下可以允许；而且一般纠正的只能是结果有利于被告人的错误，或者在严格限制的条件下，对某些基于刑事诉讼中的故意犯罪而导致的错误，才可予以纠正。

第三，审判监督程序的指导思想和该原则不一致。我国再审程序的指导思想是有错必纠，我们所注重、强调的通过职权机关对以往的错误一个个予以纠正的方式来减少错误。然而，禁止重复追诉原则所强调的是权利保障和规范职权行为，禁止职权机关在纠正错误时的任意性。但我国在审判监督程序的设计上恐怕并没有这样的指导思想。[1]

第四，对于提起审判监督程序的法定事由，立法规定含糊，在司法实践中不具有较强的操作性。

第五，审判监督程序适用范围过于广泛。该程序适用于所有刑事案件，不仅适用于严重犯罪的案件，而且适用于轻微犯罪的案件；不仅适用于原已作出有罪判决的案件，而且适用于原已作出无罪判决的案件；不仅适用于有利于被告人的案件，而且适用于不利于被告人的案件。另外，审判监督程序还没有提起期限和次数等方面的限制。

上述问题都与禁止重复追诉原则相悖。

重要名词术语

刑事诉讼法律关系主体、刑事诉讼中的专门机关、当事人、诉讼参与人、刑事诉讼法律关系客体

思考题

1. 刑事诉讼中当事人的范围是什么？
2. 我国刑事诉讼中的专门机关有哪些？
3. 谈谈你对公诉事实和诉因的理解，你认为哪一个更适合我国刑事诉讼？
4. 刑事诉讼法律关系客体理论与禁止重复追诉原则有什么关系？
5. 审判监督程序有必要根据禁止重复追诉原则进行改革吗？

---

〔1〕 王敏远：《刑事诉讼法若干原则的修改》，载陈泽宪主编：《刑事法前沿》（第三卷），中国人民公安大学出版社2006年版，第29—31页。

典型案例分析

法院变更起诉是指在公诉案件中，法院按照法定的审判程序对起诉的案件进行审理后，案件事实清楚，证据充分，但对检察机关提起的罪名根据法律条文和法律原则进行评价之后发现不符合案件的事实和证据，于是在最终的判决书中确定与检察机关提起罪名不同的罪名。1999 年 4 月 3 日，某市第一中级人民法院对綦某桥垮塌一案作出了一审判决。作为被告人之一的赵某被判决犯有工程重大安全事故罪。但是此前某市人民检察院第一分院提出的起诉书，则指控他犯有玩忽职守罪。法院经审理认定，“检察机关指控赵某的犯罪事实清楚，证据确实、充分，但指控其犯有玩忽职守罪不当”，因此将起诉罪名自行做出了变更。由于中央电视台对这一案件的审理过程进行了现场直播，众多新闻媒体对案件的审判作出了报道，法院变更起诉问题从重庆“綦某事件”开始就引起了广泛的讨论。

第二章 刑事诉讼基本原则

【内容提示】

刑事诉讼的基本原则是整个刑事诉讼理论中最重要的、具有根本性的问题之一，它不仅是指导刑事诉讼主体所必需遵守的基本准则，而且直接体现刑事诉讼的基本思想，是整个刑事诉讼的根基。

刑事诉讼基本原则是刑事诉讼的灵魂，贯穿于刑事诉讼法始终，体现刑事诉讼的基本价值。近些年来，随着司法改革的推进，无罪推定、直接言词等原则日益成为学术界和实务界关注的热点。本章分三节阐述刑事诉讼基本原则。第一节概述刑事诉讼基本原则，首先阐释基础理论，其次介绍外国刑事诉讼基本原则，最后阐述我国现行法对刑事诉讼基本原则的规定；第二节介绍无罪推定、控审分离、直接言词、禁止重复追诉等重要原则，对热点理论问题加以讨论；第三节介绍与刑事诉讼基本原则相关的实务问题。

第一节 刑事诉讼基本原则概述

本章所述的刑事诉讼基本原则指的是，刑事诉讼法明确规定的，贯穿于刑事诉讼的全过程或者主要诉讼阶段，对刑事诉讼的进行具有指导作用，在刑事诉讼立法和司法中应当被遵循的基本准则。刑事诉讼的基本原则是整个刑事诉讼理论中最重要的、具有根本性的问题之一，它不仅是指导刑事诉讼主体所必需遵守的基本准则，而且直接体现刑事诉讼的思想，是整个刑事诉讼的根基。

刑事诉讼基本原则贯穿于刑事诉讼法始终并引领其行进、发展，对于刑事诉讼的重要性不言而喻。

本节主要阐释刑事诉讼基本原则的一些基本理论，列举说明外国刑事诉讼的基本原则，梳理《宪法》《刑事诉讼法》及其他相关法律关于刑事诉讼基本原则的法律规定及其意义。

一、刑事诉讼基本原则之基础理论

根据《布莱克法律词典》的解释，法律原则是指“法律的基本原理或者规则；作为其他原理或者规则的基础和源泉的综合性的原理或者规则；关于行为、程序或者法律决定的已经固定的原理。原则是被清楚地规定的，除非存在一个更加清楚的原则规定，否则不能被加以证明或者推翻。原则是一门学科的核心部分”〔1〕。

刑事诉讼基本原则，是指法律所规定的贯穿于整个刑事诉讼过程或主要诉讼阶段，对刑事诉讼的进行有普遍指导意义，为国家专门机关和诉讼参与人进行或参与刑事诉讼必须遵循的基本行为准则。〔2〕

一般认为，作为刑事诉讼基本原则，应当具备如下特征。

第一，法律性。即刑事诉讼基本原则由法律明确加以规定。从法律原则的产生来看，其一般都经历了从政治思想原则向法律原则的转化过程。刑事诉讼基本原则一般由宪法和刑事诉讼法加以规定。

第二，指导性。即刑事诉讼基本原则对刑事诉讼的进行具有普遍的指导意义。这种普遍性主要表现为两个方面：其一，基本原则为国家专门机关和诉讼参与人普遍遵循；其二，它贯穿于刑事诉讼全过程或主要诉讼阶段。大部分原则贯穿于刑事诉讼全过程，个别原则只在某些重要的诉讼阶段才发挥指导作用，如公开审判原则在审判阶段发挥重要作用。

第三，可操作性。即刑事诉讼基本原则具有规范性和可操作性。法律原则能够作为国家专门机关和诉讼参与人进行诉讼活动的准绳。特别是法律规则未作明确规定时，基本原则可以作为进行刑事诉讼活动的直接或间接的依据。

刑事诉讼基本原则是连接刑事诉讼指导思想、目的、任务与具体刑事诉讼制度、程序的桥梁。刑事诉讼原则是刑事诉讼指导思想的体现，是为实现刑事诉讼目的和任务而确立的准则，同时又是设计具体刑事诉讼制度和程序的依据。

刑事诉讼基本原则的功能主要体现在以下几个方面：

第一，刑事诉讼基本原则对于刑事诉讼立法及其解释具有指导、规范作用。刑事诉讼立法及对法律条文的解释，需要以刑事诉讼原理为指导，体现刑事诉讼法的指导思想和立法精神，为实现刑事诉讼的目的、任务服务。而刑事诉讼基本原则正是刑事诉讼原理和刑事诉讼法的指导思想的具体化，也是制定和派生各种刑事诉讼法律规范的理论支点。如果法律规定或者对法律条文的解释违背刑事诉讼基本原则，将导致法律条文的修改和有关解释的无效。

第二，刑事诉讼基本原则对司法实践具有指导作用。刑事诉讼基本原则可以指导和保障司法人员准确理解法律规定，对法律规范做出合目的性的解释，在此基础上正确适用法律处理具体案件；可以指导司法人员在各种利益关系中权衡利弊，做出合理的选择，正确行使自由裁量权。〔3〕

---

〔1〕 *Black's Law Dictionary*, West Publishing Co. , 1990, p.1193.

〔2〕 李明：《我国刑事诉讼基本原则的反思与重构》，载《求索》2009 年第 7 期。

〔3〕 参见张乃翼、崔红主编：《刑事诉讼法学》，吉林人民出版社 2006 年版，第 139—140 页。

二、外国刑事诉讼基本原则

关于刑事诉讼的基本原则，大多数国家虽然在刑事诉讼法中未明确规定，却在有关刑事诉讼程序规定中体现，有一部分则在基本法、人权法及其他相关法规中加以体现。

近百年来，大陆法系国家通过一系列的刑事司法改革，逐步建立起了一套较为完善的刑事诉讼基本原则体系。德国学者赫尔曼将刑事诉讼基本原则分为三个部分：第一部分是指导整个刑事程序的原则，包括法制国家程序原则、法定法官原则、手段同等原则、诉讼关照义务原则、听取陈述原则、相应性原则、无罪推定原则、快速原则、任何人不必自我归罪一事不再理原则；第二部分是涉及检察院、警察地位的基本原则，包括公诉原则、职权原则、裁量原则、客观性原则；第三部分是涉及开庭审判的原则，包括调查原则、口证原则、直接原则、证据申请原则、集中原则、审判公开原则、自由心证原则、疑义有利于被告人原则。赫尔曼认为："这些刑事诉讼法原则所体现的法律政治价值决定，与对基本权利的保障一起，构成了程序的标准性结构元素和指导原则。"〔1〕上述原则反映了大陆法系国家刑事诉讼程序的基本特点。

英美法系则一般不用"基本原则"这种概念来概括和分析其规范性法律原理。在英美法系国家，调整和规范刑事诉讼活动的最高理念是"正当程序"和"自然正义"两项价值准则。这两项体现程序正义观念的价值准则体现为刑事诉讼法中的一系列程序规范。在美国，正当程序包含了被告人在刑事诉讼中所享有的一系列诉讼权利，如迅速审判、公开审判、公正陪审团的审判、提出本方证人并与对方证人对质、获得有关控诉内容和理由的通知、以强制程序取得有利于己的证据、获得律师协助、不受双重危险等。加拿大刑事法律改革委员会从刑事诉讼的价值定位出发，认为程序正义在刑事诉讼价值中居于首要地位，而程序正义具有以下基本品质，即公平性、效率性、简明性、适度性、责任性、参与性和保护性。若将程序正义表述为刑事诉讼的原则，即为公正原则、效率原则、简明原则、适度原则、责任原则、参与原则、保护原则。〔2〕

两大法系刑事诉讼基本原则存在一些差异。如在大陆法系国家，直接言词原则的主要作用是确保法官直接接触证据、听取各方以言词方式进行的举证和辩证，从而更加合理地揭示案件事实真相，使刑事实体正义得以实现；而与此相关的"与对方证人对质"权在英美法系国家则是为了保障控辩双方行使交叉询问权并进而主导刑事审判程序。大陆法中的"一事不再理"的主要目的在于保障判决的稳定性和法的安定性；而英美法中"避免双重危险"旨在防止被告人受到两次以上任意的追诉或定罪，确保被告人的生活安定性和人格尊严不因国家维护社会秩序的需要而受到损害。但两大法系刑事诉讼基本原则在内容方面也有着许多相似之处，如法官独立、无罪推定、公开审判等。随着刑事司法国际标准的确立，两大法系在基本原则方面的趋同性将更加明显。

---

〔1〕［德］约阿希姆·赫尔曼：《〈德国刑事诉讼法典〉中译本引言》，载《德国刑事诉讼法典》，李昌珂译，中国政法大学出版社 1995 年版，第 11 页。

〔2〕参见陈光中、徐静村主编：《刑事诉讼法学》（修订版），中国政法大学出版社 2000 年版，第 91 页。

三、我国刑事诉讼基本原则

我国《刑事诉讼法》第3—18条列明的刑事诉讼基本原则，一部分属于宪法性原则，可以适用于包括刑事诉讼法在内的相关部门法；另一部分宪法性原则以外的其他原则作为刑事诉讼特有的基本原则，具体引导刑事诉讼的进行。

（一）侦查权、检察权、审判权由专门机关行使

《刑事诉讼法》第3条第1款规定："对刑事案件的侦查、拘留、执行逮捕、预审，由公安机关负责。检察、批准逮捕、检察机关直接受理的案件的侦查、提起公诉，由人民检察院负责。审判由人民法院负责。除法律特别规定的以外，其他任何机关、团体和个人都无权行使这些权力。"这一规定确立了"侦查权、检察权、审判权由专门机关行使"的原则。该条规定分别强调三机关在刑事诉讼过程中应当根据法定的分工，由各专门机关行使各自的权力，同时刑事诉讼职权的行使必须依法进行。

（二）严格遵守法律程序

《刑事诉讼法》第3条第2款规定："人民法院、人民检察院和公安机关进行刑事诉讼，必须严格遵守本法和其他法律的有关规定。"这一规定确立了严格遵守法律程序的原则。所谓"其他法律的有关规定"，应当理解为其他法律中关于刑事诉讼制度的规定，而不宜作扩大解释。

（三）人民法院、人民检察院依法独立行使职权

《宪法》第131条规定："人民法院依照法律规定独立行使审判权，不受行政机关、社会团体和个人的干涉。"第136条规定："人民检察院依照法律规定独立行使检察权，不受行政机关、社会团体和个人的干涉。"为了贯彻、落实上述宪法规定，《刑事诉讼法》第5条规定："人民法院依照法律规定独立行使审判权，人民检察院依照法律规定独立行使检察权，不受行政机关、社会团体和个人的干涉。"并且《人民法院组织法》《人民检察院组织法》均对此作出相同的规定。这些规定确立了"人民法院、人民检察院依法独立行使职权"原则。该原则指国家审判权和检察权分别由人民法院和人民检察院依法独立行使。人民法院行使审判权和人民检察院行使检察权，只根据法律的规定，由自己的独立意志决定诉讼行为的程序和方式，并独立地作出结论，不受行政机关、社会团体和个人的干涉。

（四）依靠群众

《刑事诉讼法》第6条规定："人民法院、人民检察院和公安机关进行刑事诉讼，必须依靠群众，必须以事实为根据，以法律为准绳。"这一规定确立了我国刑事诉讼"依靠群众"的原则。

（五）以事实为根据、以法律为准绳

《刑事诉讼法》第6条规定："人民法院、人民检察院和公安机关进行刑事诉讼，必须依靠群众，必须以事实为根据，以法律为准绳。"这一规定确立了我国刑事诉讼"以事实为依据，以法律为准绳"的原则。

（六）对一切公民在适用法律上一律平等

《刑事诉讼法》第 6 条规定："对于一切公民，在适用法律上一律平等，在法律面前，不允许有任何特权。"这一规定确立了"对于一切公民在适用法律上一律平等"的原则，是我国《宪法》规定的"中华人民共和国公民在法律面前一律平等"原则在刑事诉讼中的具体体现。

（七）分工负责，互相配合，互相制约

《刑事诉讼法》第 7 条规定："人民法院、人民检察院和公安机关进行刑事诉讼，应当分工负责，互相配合，互相制约，以保证准确有效地执行法律。"这是指导和处理公、检、法三机关在刑事诉讼中的相互关系的一项重要原则。同时我国《宪法》第 140 条也规定："人民法院、人民检察院和公安机关办理刑事案件，应当分工负责，互相配合，互相制约，以保证准确有效地执行法律。"

（八）人民检察院依法对刑事诉讼实行法律监督

《刑事诉讼法》第 8 条规定："人民检察院依法对刑事诉讼实行法律监督。"这是 1996 年修正后的《刑事诉讼法》新增加的一项基本原则。此外，我国《宪法》第 134 条规定："中华人民共和国人民检察院是国家的法律监督机关。"

（九）使用本民族语言文字进行诉讼

《刑事诉讼法》第 9 条规定："各民族公民都有用本民族语言文字进行诉讼的权利。人民法院、人民检察院和公安机关对于不通晓当地通用的语言文字的诉讼参与人，应当为他们翻译。在少数民族聚居或者多民族杂居的地区，应当用当地通用的语言进行审讯，用当地通用的文字发布判决书、布告和其他文件。"这一规定确立了"使用民族语言文字进行诉讼"的原则，是我国《宪法》规定"各民族一律平等""各民族都有使用和发展自己的语言文字的自由"的原则在刑事诉讼中的具体体现。

（十）审判公开

《刑事诉讼法》第 11 条规定："人民法院审判案件，除本法另有规定的以外，一律公开进行。被告人有权获得辩护，人民法院有义务保证被告人获得辩护。"这一规定确立了"审判公开"的原则。同时我国《宪法》第 130 条规定："人民法院审理案件，除法律规定的特别情况外，一律公开进行。"审判公开原则是指除法律另有规定的以外，人民法院审理案件和宣告判决都应当向社会公开，包括人民法院在开庭审判前，应先期公布案由、被告人姓名、开庭的时间和地点，以便群众参加旁听和新闻记者采访、报道案件审判的有关情况等。

（十一）犯罪嫌疑人、被告人有权获得辩护

《刑事诉讼法》第 11 条规定："人民法院审判案件，除本法另有规定的以外，一律公开进行。被告人有权获得辩护，人民法院有义务保证被告人获得辩护。"同时我国《宪法》第 130 条规定："被告人有权获得辩护。"但是，由于我国《刑事诉讼法》已将被立案追究刑事责任的人，在侦查、起诉阶段称为"犯罪嫌疑人"，在审判阶段称为"被告人"，而且规定犯罪嫌疑人从侦查阶段开始就可以委托辩护人为自己辩护。因此，该条原则更准确的说法应该是"犯罪嫌疑人、被告人有权获得辩护，公安机关、人民检察院、人民法院有义务保证犯罪嫌疑人、被告人有权获得辩护”。这一原则是我国《宪法》规定的“被告人有权获得辩护”原则在刑事诉讼中的具体体现。[1]

（十二）保障诉讼参与人的诉讼权利

《刑事诉讼法》第 14 条规定：“人民法院、人民检察院和公安机关应当保障犯罪嫌疑人、被告人和其他诉讼参与人依法享有的辩护权和其他诉讼权利。诉讼参与人对于审判人员、检察人员和侦查人员侵犯公民诉讼权利和人身侮辱的行为，有权提出控告。”这一规定确立了“保障诉讼参与人的诉讼权利”原则。

（十三）具有法定情形不予追究刑事责任

《刑事诉讼法》第 16 条规定，“有下列情形之一的，不追究刑事责任，已经追究的，应当撤销案件，或者不起诉，或者终止审理，或者宣告无罪：（一）情节显著轻微、危害不大，不认为是犯罪的；（二）犯罪已过追诉时效期限的；（三）经特赦令免除刑罚的；（四）依照刑法告诉才处理的犯罪，没有告诉或者撤回告诉的；（五）犯罪嫌疑人、被告人死亡的；（六）其他法律规定免予追究刑事责任的。”该条确立了“具有法定情形不予追究刑事责任”的原则。

（十四）追究外国人刑事责任适用我国刑事诉讼法

《刑事诉讼法》第 17 条规定：“对于外国人犯罪应当追究刑事责任的，适用本法的规定。对于享有外交特权和豁免权的外国人犯罪应当追究刑事责任的，通过外交途径解决。”这一规定确立了“追究外国人刑事责任适用我国刑事诉讼法”的原则，是《宪法》规定的国家主权原则在刑事诉讼中的具体体现。

（十五）未经人民法院依法判决不得确定有罪

我国 1979 年《刑事诉讼法》并没有明确规定无罪推定原则。虽然如此，鉴于我国并没有对已参加或缔结的国际人权保障公约（如《儿童权利公约》《联合国少年司法最低限度标准规则》等）中规定的无罪推定条款声明保留。因此，无罪推定在法律的层面并未完全被否认。我国立法机关首次以法律形式确认无罪推定原则见于 1990 年全国人大通过的《香港特别行政区基本法》，其第 87 条第 2 款规定：“任何人在被合法拘捕后，享有尽早接受司法机关公正审判的权利，未经司法机关判罪之前均假定无罪。”其后，1993 年通过的《澳门特别行政区基本法》也对无罪推定原则作出了明文规定，该法第 29 条第 2 款规定“澳门居民在被指控犯罪时，享有尽早接受法院审判的权利，在法院判罪之前均假定无罪。”我国 1996 年《刑事诉讼法》第 12 条明确规定：“未经人民法院依法判决，对任何人都不得确定有罪。”有人认为，此次《刑事诉讼法》确立了无罪推定原则；也有人认为，修改后的《刑事诉讼法》仍然没有规定无罪推定原则。按照立法者的解释，我国《刑事诉讼法》吸收了无罪推定原则的精神，但这不能完全等同于规定了无罪推定原则。[2]

---

〔1〕 熊秋红：《论刑事辩护制度之理论基础（上）》，载《政法论坛》1997 年第 1 期。

〔2〕 参见王敏远主编：《中国刑事诉讼法教程》，中国政法大学出版社 2009 年版，第 43—44 页。

第二节　重要的刑事诉讼基本原则

随着法学研究的日益深入，越来越多的刑事诉讼基本原则成为讨论的热点。本节主要挑选目前学界比较关注的几项基本原则进行相关的理论阐述，并具体分析相关热点原则的理论基础。

一、无罪推定原则

无罪推定原则，是指在刑事诉讼中任何被怀疑犯罪或者受到刑事指控的人在未经司法程序最终确认有罪之前，在法律上应推定或假定其无罪，或者说不得被认定为有罪的人。[1]

无罪推定是针对封建专制刑事诉讼的有罪推定提出来的。作为一种政治法律思想，它由意大利法学家贝卡里亚首先提出。[2]贝卡里亚在《论犯罪与刑罚》一书中指出："在法官判决之前，一个人是不能被称为罪犯的。只要还不能断定他已经违反了给予他公共保护的契约，社会就不能取消对他的公共保护。""如果犯罪是不肯定的，就不应折磨一个无辜者，因为，在法律看来，他的罪行并没有得到证实。"此后各国法律相继在宪法和刑事诉讼法中对无罪推定原则作出规定。

从大陆法系国家的情况看，一般在宪法性法律文件中对无罪推定原则作出明确规定。[3]如法国 1789 年《人权宣言》第 9 条规定："任何人在未经判罪前均应假定其无罪，如非拘禁不可，法律应规定对他采取的严厉措施不得超过为防止他逃脱而必须采取的措施。"意大利 1947 年《宪法》第 27 条规定："被告人在最终定罪之前，不得被认为有罪。"葡萄牙《宪法》第 32 条第 2 款也对无罪推定原则作了规定。宪法为一国的根本法，是立国之本，它规定社会制度和国家制度的基本原则，规定一个国家最重要、最根本的问题。将无罪推定原则纳入宪法，足见其重要程度。

从英美法系国家的情况看，在英美法系国家证据法中有一条规则："受刑事追诉者推定其为无罪，但能提出明确无疑之罪证时，始得为有罪之宣告。"无罪推定属于不需要依靠基础事实的推定。无罪推定要被推翻，必须有超出合理怀疑的证据证明。无罪推定可被视为证明责任的简单表示，它要求控诉方承担被告人有罪的责任，被告人没有责任证明自己无罪。

无罪推定原则还是一项被重要的国际或地区性人权公约所确认的重要法律原则。1966 年《公民权利和政治权利公约》第 14 条第 2 款规定："凡受刑事控告者，在未经依法证实有罪之前，应有权被视为无罪。"1950 年《欧洲人权公约》第 6 条第 2 款、1969 年《美洲人权宣言》第 8 条第 2 款也对无罪推定原则予以确认。1985 年《联合国少年司

---

〔1〕 参见陈光中、徐静村主编：《刑事诉讼法学》（修订版），中国政法大学出版社 2000 年版，第 86 页。

〔2〕 杨曙光、金瑞锋：《无罪推定原则的再思考》，载《河北法学》1999 年第 6 期。

〔3〕 吕哲、陈瑞英：《无罪推定原则研究》，载《河北法学》2004 年第 3 期。

法最低限度标准规则》、1994 年 9 月 10 日在巴西召开的世界刑法学协会第十五届代表大会通过的《关于刑事诉讼中的人权问题的决议》第 2 条也对无罪推定原则作出了规定。

二、控审分离原则

控审分离原则，又称不告不理原则，指在刑事诉讼中法院只有根据公诉人、自诉人合法有效的起诉才可以进行审理。未经起诉，法院不能进行审判。不告不理早在古代弹劾式诉讼中就已出现，封建专制时期实行纠问式诉讼，司法官员集控诉与审判职能于一身。资产阶级在反对封建专制纠问式诉讼的过程中，继承了古代弹劾式诉讼的不告不理原则并加以发展，建立检察机关，专门代表国家追诉犯罪，实现起诉权与审判权的分离。控审分离原则的意义在于对法院的权力实施有效的限制，防止它以各种方式集追诉与裁判职能于一身。〔1〕

控审分离原则主要包含以下内容：

一是起诉权与审判权相分离，起诉机关与审判机关机构独立，互不隶属。为此法院不得再实施侦查、起诉等追诉活动，而由在法院之外设立的检察机构作为专门控诉机构，对符合法定条件的案件向法院提起公诉。检察机构由此专门承担刑事追诉职能，担当刑法维护者和社会秩序守护者的角色。而法院则专门承担审理和裁判的职责，担负起维护法律和正义的角色。

二是审判必须以起诉为前提，只有经过合法有效的起诉，法院才能对案件进行审判。例如，德国《刑事诉讼法》第 151 条规定："法院开始调查，以提起公诉为条件。"在启动审判程序方面，法院是完全被动的。没有正式的控诉请求，法院不得主动地对任何刑事案件进行审判。也就是说，无控诉则无审判。即使是在法庭上发生的犯罪行为，如伤害、杀人、伪证、诬告等，虽为法官所目睹，但也必须经由检察官提起公诉，法院才能进行审理并做出裁判。

三是审判受控诉请求范围限制，只能及于起诉书指控的人和事。如日本《刑事诉讼法》第 249 条规定："公诉对检察官指控的被告人以外的人不发生效力。"德国《刑事诉讼法》第 155 条也规定："法院不得就未经起诉的犯罪和未经起诉的被告人进行审判。"检察官的起诉书作为法院开始审判的根据，它所记载的被告人及其罪状是法院审判的对象。法院通过审判来判定检察官指控的被告人的罪行能否成立，而不得超过起诉书范围，主动对未被检察官指控的人进行审判，也不得对起诉书未载明的案件事实进行调查。在审判过程中，法庭即使发现了检察官未曾起诉的新的犯罪事实或新的犯罪嫌疑人，也不应自行决定扩大审判范围，除非检察官以追加起诉等合法方式扩大控诉的对象和范围。〔2〕

四是案件事实一旦被载入起诉书中，即应接受独立的审判机关的评价与审查。控诉机关的意见和结论对法院的裁判不具有预先的约束力。法院的裁判结论必须建立在其独

---

〔1〕 参见陈林林：《论上诉不加刑》，载《法学研究》1998 年第 4 期。

〔2〕 参见陈瑞华：《刑事审判原理论》，北京大学出版社 1997 年版，第 235 页。

立进行的法庭审判的基础之上；对被告人的有罪裁判，也只有在控诉方与审判方依法定程序得出一致的结论时，才能最终得以成立和确定。

控审分离原则能否得以实现，关系着法院能否作为独立的司法审判机关，在国家利益和公民个人利益之间保持适当的平衡；关系着法庭审判能否达到最低限度的公正标准，从而得到被告人及其他社会公众的满意和尊重。〔1〕

三、直接言词原则

直接言词原则，是指法官必须在法庭上亲自听取被告人、证人及其他诉讼参与人的陈述，案件事实和证据必须以口头方式向法庭提出，法庭调查必须以控辩双方口头辩论、质证的方式进行。〔2〕

直接言词原则是直接原则和言词原则的合称，两者在刑事审判中有着密不可分的关系，虽然角度不同，但其本质是相通的。

直接原则，是指在控辩双方、证人和其他诉讼参与人共同参加下，法官必须亲自在法庭上对案件进行审理后，才能做出裁判。法官面对控辩双方和其他相关人员，直接接触证据，能够对案件事实有直观和全面的认识，是公正裁判的保证。言词原则，是指证据必须以口头方式在法庭陈述，书面证词和笔录等不得作为证据。言词原则是直接原则的必然后果，与案件相关的人员除非法律规定有特殊情形，必须到庭作证。

（一）直接言词原则的含义

这一原则的含义可以从以下几个方面理解：第一，法官不得在控辩双方不在场的情况下对案件进行审理和裁判；第二，法官不得委托其他法官调查认定证据，或以书面资料代替对当事人或证人的调查；第三，法官不得以未经控辩双方当庭口头辩论、质证的内容作为判决的根据。当然，刑事审判的实践是非常复杂的，对于一些特殊情形，法律规定法官可以接受未直接调查的或书面的证据材料。

（二）直接言词原则的意义

直接言词原则是公正审判的保证。法官面对控辩双方和其他相关人员，直接接触证据，能够对案件事实有直观和全面的认识；有助于防止控方的卷宗材料所带来的先入为主的有罪印象，使对案件事实的认识具有客观性；证据在法庭陈述并辩论、质证，可以有效消除诉讼能力对比的差别，有利于维护控辩双方的平等诉讼地位。

四、禁止重复追诉原则

禁止重复追诉原则源于古罗马法律精神。其基本含义是指对被追究者的同一行为，一旦作出具有法律效力的确定判决，不论是有罪还是无罪的判决，不得再次启动新的刑事诉讼程序，即对同一行为不得再次进行审理和处罚。

这一原则，在大陆法系国家的诉讼制度中称作“一事不再理”，强调维护决定判决

---

〔1〕 何伟:《刑事诉讼控审分离原则研究》，载《郑州航空工业管理学院学报（社会科学版）》2009 年第 10 期。

〔2〕 参见陈光中、徐静村主编:《刑事诉讼法学》（修订版），中国政法大学出版社 2000 年版，第 336 页。

的“既判力”；在英美法系国家称作“避免双重受罚”，强调任何人不得因同一行为而承担两次不利后果。[1]

确定这一原则的直接原因是国家对犯罪的刑罚权已经使用殆尽，不得重复适用。但其深层次的原因在于保护被追究者的合法权益，防止国家权力的滥用。“一事不再理”与“禁止双重危险”在基本精神上有相似之处，它们均要求严格限制控诉方申请重新审判的权利，而对被定罪者获得非常救济的权利则给予特殊的保护。与此同时，它们也存在着一些差异：从理论基础上看，“一事不再理”强调法院所作的生效判决对后来的诉讼具有法律约束力。某一判决一旦具有既判力，就意味着同一被告人的同一行为不得再受到审判，从而产生所谓的“一事不再理”的消极效果。这一效果的实现，一方面有助于维护国家司法权的威信，通过防止法院就同一事实做出前后矛盾的判决，以维护法的安定性；另一方面也避免就同一事实进行多次重复的起诉和审判活动，有利于实现诉讼经济的原则。“避免双重危险”则强调被告人不应受到多次重复的追诉，更多地站在保障被告人权利的立场上，发挥着限制政法追诉权的功能。从适用范围来看，“一事不再理”仅适用于已经生效的判决；而根据“避免双重危险”的原则，即使对于一个已经进入第一审程序的案件，也不能随意地重新起诉。[2]

禁止重复追诉原则明确规定在许多国家的宪法和法律之中。例如，日本《宪法》第39条规定，对于同一犯罪不得重复追究刑事责任。加拿大《宪法》第11条也规定，被指控者如果已经终局性地被宣告无罪，不得因该行为再次受审理；如果已经终局性地被认定为有罪并且因该犯罪受到刑事处罚，不得因该罪再次受审理或处罚。[3]

第三节 刑事诉讼基本原则涉及的实务问题

关于刑事诉讼的基本原则，目前学界对其相关理论研究较多，但是实践中仍存在刑事诉讼的应用问题。本节从实践的角度出发，探讨刑事诉讼基本原则相关的实践性问题。

一、我国刑事诉讼与无罪推定原则存在的差距

有学者认为，一方面我国目前还没有确立完全意义上的无罪推定原则。首先，中国并未像西方国家那样在自己的刑事诉讼法中将无罪推定表述为“在未经法院依法判决之前，被告人应被推定为无罪或不应被认为有罪”。条文表述的不明确是目前我国还没有明确确立无罪推定的理由之一。其次，我国《刑事诉讼法》第12条规定：“未经人民法

---

〔1〕 参见陈瑞华：《刑事诉讼中的重复追诉问题》，载《政法论坛》2002年第5期。

〔2〕 参见陈瑞华：《刑事诉讼中的重复追诉问题》，载《政法论坛》2002年第5期。

〔3〕 参见杨旺年主编：《刑事诉讼法学教程》，中国政法大学出版社2008年版，第75页。

院依法判决，对任何人都不得确定有罪。”立法者的本意并不是要确定无罪推定，而在于强调法院的统一定罪权，同时废除检察院的免予起诉权。最后，在实践部门的大多数司法人员的意识里，“实事求是”的政治观念占了主导地位，他们认为被指控人是处于一种涉嫌犯罪的存疑状态，不应该被推定为无罪。〔1〕

另一方面，1996 年《刑事诉讼法》又吸收了无罪推定的合理内核。首先，在起诉之前，被起诉人一律被称为“犯罪嫌疑人”而不是“被告人”，这就标志着被指控人在整个诉讼过程中拥有诉讼主体的资格，能够与控诉方展开积极主动的争辩和对抗，并对裁判者的结论形成施加充分有效的影响。其次，公诉人负有在庭审过程中提出证据、证明被告人有罪的责任，而被告人不承担证明自己有罪或无罪的义务，并具有一定的防御权。最后，法院在证据不足，不能认定被告人有罪时，应当作出证据不足、指控的犯罪不能成立的无罪判决。

还有的学者从对无罪推定的构成要件分析入手，指出我国在刑事立法、刑事政策和刑事司法方面同无罪推定所存在的差距问题，并提出确立和贯彻无罪推定的应对之策，其具体内容如下。

（一）我国刑事诉讼立法与无罪推定原则存在的差距

从我国《刑事诉讼法》总体上看，它同无罪推定存在三大差距：第一，第 12 条的规定不符合无罪推定的国际标准；第二，没有赋予犯罪嫌疑人、被告人以沉默权；第三，未明确非法证据的排除适用。〔2〕

我国《刑法》同无罪推定所存在的差距主要体现在《刑法》第 395 条。根据《刑法》第 395 条第 1 款的规定：“国家工作人员的财产、支出明显超过合法收入，差额巨大的，可以责令该国家工作人员说明来源，不能说明来源的，差额部分以非法所得论，处五年以下有期徒刑或者拘役；差额特别巨大的，处五年以上十年以下有期徒刑。财产的差额部分予以追缴。”这就是“巨额财产来源不明罪”。有学者认为，本罪的设立有违无罪推定的要求，具体理由为：一是该罪的设立与无罪推定原则中被告人不负举证责任的要求相悖。司法机关承担举证责任，被告人不负举证责任。这是无罪推定的一个基本要求。而按照“巨额财产来源不明罪”的规定，被告人必须说明其财产的来源是否合法，也即应负证明自己无罪的举证责任。这是违背无罪推定要求的。二是该罪的设立与无罪推定原则中“疑罪从无”的精神相悖。按照无罪推定原则在证明程度方面的要求，司法机关认定某一犯罪成立，必须事实清楚且证据确实、充分。对“疑罪”必须以“无罪”处理。在“巨额财产来源不明罪”中，对于国家工作人员的巨额财产来源在未有充分的证据证明前，就推定其为有罪，这是违背“疑罪从无”精神的。〔3〕

（二）我国刑事政策与无罪推定原则存在的差距

在我国以往的刑事政策中，“坦白从宽，抗拒从严”的政策最为突出。“坦白从宽”

〔1〕 参见赵树荣：《刍议无罪推定原则》，载《河北法学》1999 年第 6 期。

〔2〕 参见卢勤忠：《试探无罪推定在中国的确立和贯彻问题》，载《法学》1998 年第 10 期。

〔3〕 参见金瑞锋：《试论无罪推定原则的立法完善》，载《山东法学》1999 年第 4 期。

与“抗拒从严”两者均是以嫌疑人有罪为前提的。但在与无罪推定的背离程度上是有所区别的。首先，“抗拒从严”严重违背无罪推定。“抗拒从严”中的“抗拒”即有罪不认，“从严”即是在定罪的基础上从重处罚。“抗拒从严”违背沉默权规则，同时也可能使犯罪嫌疑人、被告人因担心辩解受到从严处罚而不敢行使辩护权，甚至不排除造成乱供、株连无辜的问题。其次，“坦白从宽”也在一定程度上与无罪推定违背。将“坦白从宽”作为司法人员办案的准则就难以避免发生有罪推定。最后，“坦白从宽”往往会变成诱供或骗供。〔1〕

（三）我国刑事司法实践与无罪推定原则存在的差距

有学者考察了1996年《刑事诉讼法》颁布后的司法状况，指出在无罪推定因素的贯彻方面存在以下问题：刑讯逼供、诱供、骗供、套供、疲劳讯问等折磨肉体和精神的违法取证方法仍屡见不鲜；仍有大量的刑事案件久拖不决，超过法定办案期限；被告人的辩护权未能充分得到行使。

针对上述问题，该学者提出了相应的解决对策，具体为：一是确定无罪推定原则的宪法地位。二是完善刑事立法、体现无罪推定原则，如建议将《刑事诉讼法》第12条修改为：“任何犯罪嫌疑人、被告人在未被通过公开和公正的审判证明和人民法院依法作出有罪判决并生效以前，应作为无罪。”赋予犯罪嫌疑人（被告人）以沉默权；确定非法证据的排除使用规则。三是完善刑事政策、体现无罪推定原则。将“坦白从宽，抗拒从严”的提法改为“主动陈述，从速办理”。四是加强刑事司法中对无罪推定的贯彻和落实。〔2〕

二、通过完善强制证人出庭制度践行直接言词原则

基于我国现行法律对证人履行出庭作证义务的规定相当模糊，仅强制证人向公、检、法三机关作证，而未规定其在法庭作证的义务。有观点认为，应当建立强制证人出庭作证制度。强制出庭作证表现在两个方面：一是以强制手段使应该到庭作证的证人到庭，使其履行出庭义务；二是由法庭判处不出庭证人监禁、罚金，直至以蔑视法庭罪或者拒不作证罪追究刑事责任。不同观点认为，在普遍的法治权威未树立时，强制证人出庭会“制造”出更多的违法甚至犯罪现象。因此目前更应当注重庭审技术性操作，应完善以倡导和疏导为主的配套设施。

有学者指出，应当规定证人出庭作证的例外情形，而不必规定证人必须出庭作证的情形。对不出庭作证的证人的范围可界定为：“检察官、辩护人与被告人同意的；证人死亡的；证人患精神病且短期无法恢复正常的；证人患严重疾病短期无法治愈且无法出庭作证的；证人经查寻下落不明的；证人在国外且短期内确实无法回国的。”〔3〕

另有学者认为，对于必须出庭作证的证人，在司法实践中不能以证人未成年，证人

〔1〕谢佑平：《无罪推定原则评论》，载《法学评论》1993年第5期。

〔2〕卢勤忠：《试探无罪推定在中国的确立和贯彻问题》，载《法学》1998年第10期。

〔3〕参见樊崇义主编：《刑事诉讼实施问题与对策研究》，中国人民公安大学出版社2001年版，第454页。

身患疾病而行动不便，证人远在他乡异国以及其他似是而非的原因来免除必须到庭的证人出庭作证的义务。可以允许证人不出庭作证的情形只有以下几种：（1）作为证据的证人证言，无论是控诉证据或者辩护证据，其真实性为对方所认可。（2）在侦查、审查起诉阶段起关键作用的证人证言，起诉时已为其他种类的证据所取代、所印证。在法庭上，离开这一证人证言，对诉讼结果不会产生决定性的影响。（3）就同一案件事实，有数名证人做了同样的证明，离开了某一证人出庭，不会减弱对该案件事实的证明力。〔1〕

吸收上述观点和建议，《刑事诉讼法》第 193 条第 1 款对此作出了规定："经人民法院通知，证人没有正当理由不出庭作证的，人民法院可以强制其到庭，但是被告人的配偶、父母、子女除外。"第 2 款规定："证人没有正当理由拒绝出庭或者出庭后拒绝作证的，予以训诫，情节严重的，经院长批准，处以十日以下的拘留。被处罚人对拘留决定不服的，可以向上一级人民法院申请复议。复议期间不停止执行。"

重要名词术语

无罪推定原则、控审分离原则、直接言词原则、禁止重复追诉原则

思考题

1. 无罪推定原则是否能适用于侦查之中？如何适用？
2. 有效辩护与控审分离原则存在什么样的关系？
3. 审判中心主义与直接言词原则存在什么样的关系？
4. 出庭作证的证人应如何保护？
5. 警察出庭作证是否具有必要性？

典型案例分析

案例一

2016 年，赵某发现汇某信公司网站汇某网公布了赵某于 2014 年的一份刑事判决书，赵某通过 360 搜索、神马搜索、百度搜索均可搜索到汇某网公布的赵某刑事判决书的链接。赵某认为汇某信公司为了提高其点击率，未向中国裁判文书网一样，对访问权限加以限制，并且为了提高被搜索引擎收录量，汇某信公司主动向搜索引擎提交了相关链接，使得大众可以使用搜索引擎直接搜索赵某的姓名，进而通过排名在先的链接看到了未加隐名的赵某的刑事判决书。赵某认为名誉权、人格尊严权、隐私权受到了侵犯，对此，汇某信公司刊登赵某判决书的行为是否侵犯了赵某的人格权？

答：并未侵犯，根据《刑事诉讼法》第 31 条的审判公开原则，人民法院审判案件，除本法另有规定的以外，一律公开进行。被告人有权获得辩护，人民法院有义务保证被

〔1〕 欧阳顺乐：《证人出庭作证四题》，载《法学》1998 年第 3 期。

告人获得辩护。赵某的刑事案件经人民法院公开审理并公开宣判，刑事判决书依法予以司法公开。汇某信公司所刊登的刑事判决书来源于法院审判信息网，系通过合法渠道获取已经公开的裁判文书信息。汇某信公司并不具有侵害赵某人格权的主观恶意。

案例二

2010 年，鹤壁市检察院以李某构成非法吸收公众存款为由提起公诉，鹤壁市法院经一审认定李某构成票据诈骗罪，并判定李某构成票据诈骗罪。检察机关以“一审法院没有经过告知和异议程序，将轻罪名变为重罪名，剥夺了当事人的诉讼权利”为由提起抗诉。对此，二审法院应以何依据撤销一审判决?

答：应当依据《刑事诉讼法》第 11 条的规定，人民法院审判案件，除本法另有规定的以外，一律公开进行。被告人有权获得辩护，人民法院有义务保证被告人获得辩护。一审法院在将李某的轻罪名变更为重罪名的情况下，未经过告知和异议程序，也未在庭审中进行辩论，剥夺了被告人的辩护权，审判程序违法。应当撤销原判决，发回重新审判。

第三章　管辖

【内容提示】

刑事诉讼中的管辖，是指人民法院、人民检察院和公安机关依照法律规定立案受理刑事案件以及人民法院系统内审判第一审刑事案件的分工制度。明确、合理地规定刑事诉讼管辖制度，对于保障刑事诉讼活动的顺利进行，促进实体正义与程序正义的实现具有重要意义。我国刑事诉讼管辖的基本原则主要包括管辖法定原则、准确及时原则和便利诉讼原则。

刑事诉讼中的管辖可以分为立案管辖和审判管辖。其中，立案管辖又称职能管辖或部门管辖，是指人民法院、人民检察院和公安机关各自直接受理刑事案件的职权范围。审判管辖是指人民法院审判第一审刑事案件的职权范围，又可细分为级别管辖、地区管辖、指定管辖与专门管辖。

学习本章应注意掌握各机关直接受理刑事案件的职权范围以及某个刑事案件由哪一人民法院作为第一审进行审判的问题。在理解公、检、法三机关在其法定的管辖范围内行使职权时，还要认识到这三机关对于报案、控告、举报，都应当接受。对于不属于自己管辖的，应当移送主管机关处理，并且通知报案人、控告人、举报人；对于不属于自己管辖而又必须采取紧急措施的，应当先采取紧急措施，然后移送主管机关，防止互相推诿、敷衍塞责。在学习级别管辖时要注意管辖权转移以及合并管辖两个问题；在学习地区管辖时要注意优先管辖、移送管辖以及司法解释的特殊规定。

第一节　管辖概述

一、管辖的概念

刑事诉讼中的管辖，是指人民法院、人民检察院和公安机关依照法律规定立案受理刑事案件以及人民法院系统内审判第一审刑事案件的分工制度。

刑事诉讼的管辖制度包含两个方面的内容：第一，人民法院、人民检察院以及公安机关在直接受理刑事案件上的权限划分，这一部分被称为立案管辖。第二，人民法院系统内部，各级、各地人民法院之间、普通人民法院与专门人民法院之间以及专门人民法院之间在审判第一审刑事案件上的分工，这一部分被称为审判管辖。管辖是进行刑事诉讼活动首先要解决的问题。一起刑事案件发生之后，首先必须明确应当由哪一公安司法机关处理，否则刑事诉讼无法启动。公安司法机关受理刑事案件的范围，称为管辖范围。公安司法机关在一定范围内受理刑事案件的职权，称为管辖权。

刑事诉讼管辖相对于民事诉讼和行政诉讼而言更具有复杂性。因为民事诉讼和行政诉讼的管辖制度仅仅涉及法院之间的权限分工，而刑事诉讼管辖除了包含法院之间的分工之外，还包括法院与检察院和公安机关之间的分工制度。

二、管辖的意义

明确、合理地规定刑事诉讼管辖制度，对于保障刑事诉讼活动的顺利进行，促进实体正义与程序正义的实现具有重要意义。具体而言体现在以下几个方面。

第一，通过明确、严格的法律规则确定管辖制度，实现管辖的法定化，可以防止以人为选择案件处理机关的方式左右案件处理结果，维护刑事司法的客观性和中立性。[1]

第二，明确规定管辖，也就明确了各公安司法机关的权限与职责范围，使司法机关在刑事案件发生后能够迅速立案侦查或审理，防止因管辖不明而拖延诉讼，有利于准确及时地查明案件事实，有效地打击犯罪活动。同时可以加强司法人员的责任心，防止互相推诿，做到各司其职，各尽其责，从而保障刑事诉讼高效有序进行。

第三，明确管辖分工，有利于公民有效利用司法资源，有关单位和个人在发现犯罪事实和犯罪嫌疑人时，可以直接向有管辖权的机关报案、控告和举报，从而避免或减少了不必要的移送环节，使有关机关可以及时受理案件，及时调查取证。

三、刑事诉讼管辖的原则

确定刑事诉讼中的管辖，应当根据刑事案件的性质、情节轻重、案情复杂程度、发生地点、影响大小等因素，以及公安司法机关在刑事诉讼中的职能确定。我国刑事诉讼管辖的基本原则主要包括以下几点。

（一）管辖法定原则

管辖法定原则是指，管辖制度应当以法律明文规定的形式加以确定，原则上不得等到案件发生之后再根据具体情况确定管辖机关。唯有如此方可排除人为因素的影响，保障刑事诉讼的公正性。因此，在世界各国的刑事诉讼法中，管辖制度都是一个非常重要的组成部分。

当然，管辖法定原则也存在例外，《刑事诉讼法》第 27 条规定，上级人民法院可以指定下级人民法院审判管辖不明的案件，也可以指定下级人民法院将案件移送其他人民法院审判。指定管辖作为管辖法定原则的例外，必须严格依照法律规定的条件和程序进行，其目的只能是确保案件得到更加公正的处理，而不能为了影响案件处理结果而滥用指定管辖制度。

---

〔1〕 参见林钰雄：《刑事诉讼法》（上册），台北，元照出版有限公司 2013 年版，第 111—112 页。

（二）准确及时原则

《刑事诉讼法》关于刑事案件管辖的规定，应充分考虑到各机关的性质和职能，平衡各司法机关的工作负荷，保证它们高效地履行各自职责，充分发挥它们的职能作用，保证它们能准确及时地查明案件事实，使案件能得到公正、高效的处理。比如，根据《刑事诉讼法》有关立案管辖的规定，危害国家安全的案件由国家安全机关立案侦查，就是考虑到国家安全机关的性质；军队内部发生的刑事案件由军队保卫部门负责侦查，罪犯在监狱内犯罪的案件，由监狱负责侦查，则很大程度上是为了实现办案便捷、高效的目的。

（三）便利诉讼原则

《刑事诉讼法》关于管辖的规定，应当有利于诉讼参与人参加诉讼，节省财力和时间，有利于群众旁听案件，接受群众对审判工作的监督，从而扩大办案的社会效果。比如，根据《刑事诉讼法》规定，刑事案件原则上由犯罪地的人民法院审判，就是考虑到主要的证人、案件被害人等大多集中在犯罪地，由犯罪地人民法院管辖有利于上述各诉讼参与人出庭参加诉讼，减少不必要的开支。另外，犯罪地的群众对本地发生的犯罪案件普遍关注，在当地审判也便于他们到庭旁听。

第二节　立案管辖

立案管辖又称职能管辖或部门管辖，是指人民法院、人民检察院和公安机关各自直接受理刑事案件的职权范围。

一、公安机关直接受理的刑事案件

《刑事诉讼法》第 19 条第 1 款规定："刑事案件的侦查由公安机关进行，法律另有规定的除外。"根据这一规定，绝大多数刑事案件均由公安机关立案侦查。公安机关是我国刑事案件最主要的侦查机关。该款所讲"法律另有规定"的情况是指：

（1）《刑事诉讼法》第 19 条第 3 款和第 210 条规定的由人民法院直接受理的案件。

（2）《刑事诉讼法》第 19 条第 2 款规定的人民检察院自行侦查的刑事案件。

（3）《刑事诉讼法》第 4 条规定的国家安全机关依法办理的危害国家安全的案件。

（4）《刑事诉讼法》第 308 条第 1 款规定的军队保卫部门负责侦查的军队内部发生的刑事案件。

（5）《刑事诉讼法》第 308 条第 2 款规定的中国海警局履行海上维权执法职责负责侦查的海上发生的刑事案件。

（6）《刑事诉讼法》第 308 条第 3 款规定的监狱负责侦查的罪犯在监狱内犯罪的案件。

（7）最高人民法院、最高人民检察院、公安部、司法部、海关总署于 1998 年联合发布《关于走私犯罪侦查机关办理走私犯罪案件适用刑事诉讼程序若干问题的通知》，该通知规定海关走私犯罪侦查机关负责侦查一定范围的走私案件。具体而言，此类案件是指在我国海关关境内发生的涉税走私犯罪案件和发生在海关监管区内的走私武器、弹药、核材料、伪造的货币、文物、贵重金属、珍贵动物及其制品、珍稀植物及其制品、淫秽物品、固体废物和毒品等非涉税走私犯罪案件。

公安机关是国家的治安保卫机关，具有同犯罪作斗争的丰富经验和必要的专门侦查手段。因此，法律把绝大多数需要侦查的刑事案件交由公安机关立案侦查，是与公安机关的性质、职能和办案条件相适应的；同时，也完全符合同犯罪作斗争的需要。

二、人民检察院直接受理的刑事案件

《刑事诉讼法》第 19 条第 2 款规定："人民检察院在对诉讼活动实行法律监督中发现的司法工作人员利用职权实施的非法拘禁、刑讯逼供、非法搜查等侵犯公民权利、损害司法公正的犯罪，可以由人民检察院立案侦查。对于公安机关管辖的国家机关工作人员利用职权实施的重大犯罪案件，需要由人民检察院直接受理的时候，经省级以上人民检察院决定，可以由人民检察院立案侦查。"

《关于人民检察院立案侦查司法工作人员相关职务犯罪案件若干问题的规定》进一步规定："人民检察院在对诉讼活动实行法律监督中，发现司法工作人员涉嫌利用职权实施的下列侵犯公民权利、损害司法公正的犯罪案件，可以立案侦查：1. 非法拘禁罪（刑法第二百三十八条）（非司法工作人员除外）；2. 非法搜查罪（刑法第二百四十五条）（非司法工作人员除外）；3. 刑讯逼供罪（刑法第二百四十七条）；4. 暴力取证罪（刑法第二百四十七条）；5. 虐待被监管人罪（刑法第二百四十八条）；6. 滥用职权罪（刑法第三百九十七条）（非司法工作人员滥用职权侵犯公民权利、损害司法公正的情形除外）；7. 玩忽职守罪（刑法第三百九十七条）（非司法工作人员玩忽职守侵犯公民权利、损害司法公正的情形除外）；8. 徇私枉法罪（刑法第三百九十九条第一款）；9. 民事、行政枉法裁判罪（刑法第三百九十九条第二款）；10. 执行判决、裁定失职罪（刑法第三百九十九条第三款）；11. 执行判决、裁定滥用职权罪（刑法第三百九十九条第三款）；12. 私放在押人员罪（刑法第四百条第一款）；13. 失职致使在押人员脱逃罪（刑法第四百条第二款）；14. 徇私舞弊减刑、假释、暂予监外执行罪（刑法第四百零一条）。"

上述犯罪，由设区的市级人民检察院立案侦查。基层人民检察院发现犯罪线索的，应当报设区的市级人民检察院决定立案侦查。设区的市级人民检察院也可以将案件交由基层人民检察院立案侦查，或者由基层人民检察院协助侦查。最高人民检察院、省级人民检察院发现犯罪线索的，可以自行决定立案侦查，也可以将案件线索交由指定的省级人民检察院、设区的市级人民检察院立案侦查。

人民检察院针对直接受理的案件，由人民检察院负责刑事检察工作的专门部门负责侦查。设区的市级以上人民检察院侦查终结的案件，可以交有管辖权的基层人民法院相对应的基层人民检察院提起公诉；需要指定其他基层人民检察院提起公诉的，应当与同级人民法院协商指定管辖；依法应当由中级人民法院管辖的案件，应当由设区的市级人民检察院提起公诉。

三、人民法院直接受理的刑事案件

《刑事诉讼法》第 19 条第 3 款规定："自诉案件，由人民法院直接受理。"根据这一规定，人民法院立案管辖的案件范围仅限于自诉案件。所谓自诉案件，是指由被害人本人或者其近亲属向人民法院起诉的案件。具体而言，我国《刑事诉讼法》中所规定的自诉案件包括以下三类。

（一）告诉才处理的案件

所谓告诉才处理，是指只有经被害人或其法定代理人告诉，人民法院才立案受理。根据我国《刑法》规定，告诉才处理的案件共有四种：《刑法》第 246 条第 1 款规定的侮辱、诽谤案件（严重危害社会秩序或国家利益的除外）；第 257 条第 1 款规定的暴力干涉婚姻自由案件（导致被害人死亡的除外）；第 260 条第 1 款规定的虐待案件（造成被害人重伤、死亡的除外，被害人没有能力告诉或者受到强制、威吓无法告诉的除外）；第 270 条规定的侵占他人财物案件。

告诉才处理的案件属于"绝对的自诉案件"，即只能通过自诉程序予以处理，而不存在公诉的可能性。因为此类案件犯罪情节通常比较轻微、案情较为简单，且往往发生于特定人员之间，是否追诉，须尊重被害人本人的意见。

（二）被害人有证据证明的轻微刑事案件

此类案件有两个特征：一是属于轻微的刑事案件，即案件性质和情节轻微；二是被害人有相应的证据证明自己的指控。根据有关司法解释的规定，这类案件主要包括：

（1）《刑法》第 234 条第 1 款规定的故意伤害案。

（2）《刑法》第 245 条规定的非法侵入住宅案。

（3）《刑法》第 252 条规定的侵犯通信自由案。

（4）《刑法》第 258 条规定的重婚案。

（5）《刑法》第 261 条规定的遗弃案。

（6）《刑法》分则第三章第一节规定的生产、销售伪劣商品案，但严重危害社会秩序和国家利益的除外。

（7）《刑法》分则第三章第七节规定的侵犯知识产权案，但严重危害社会秩序和国家利益的除外。

（8）《刑法》分则第四章、第五章规定的，对被告人可能判处三年有期徒刑以下刑罚的案件。

上述八类案件，被害人直接向人民法院起诉的，人民法院应当依法受理。对其中证据不足、可由公安机关受理的，或者认为被告人可能判处三年有期徒刑以上刑罚的，应当告知被害人向公安机关报案，或者移送公安机关立案侦查。

（三）被害人有证据证明对被告人侵犯自己人身、财产权利的行为应当依法追究刑事责任，且有证据证明曾经提出控告，而公安机关或者人民检察院不予追究被告人刑事责任的案件

此类案件又称"公诉转自诉"的案件。从其性质来讲，原本应当是公诉案件，但是

公安机关或人民检察院基于各方面理由不予追究刑事责任，为保障被害人合法权益，法律允许被害人以自诉的方式进行追诉。法律规定此类自诉案件之目的在于加强对公安机关、检察机关立案管辖工作的制约，维护被害人的合法权益，解决司法实践中存在的“告状难”问题。

此类自诉案件成立须满足以下条件：第一，被害人必须能够提供证据证明；第二，被害人遭到侵犯的是人身权利或财产权利，对于侵犯其他权利的犯罪不得公诉转自诉；第三，根据最高人民法院《解释》第 1 条第 3 款规定，被害人提起此类自诉，必须有证据证明对于该犯罪行为曾经提出过控告，而公安机关或者人民检察院不予追究被告人刑事责任。

四、关于立案管辖执行中的几个问题

（1）公安机关、人民检察院或者人民法院对于报案、控告、举报，都应当接受。对于不属于自己管辖的，应当移送主管机关处理，并且通知报案人、控告人、举报人；对于不属于自己管辖而又必须采取紧急措施的，应当先采取紧急措施，然后移送主管机关。

（2）公安机关或人民检察院在侦查过程中，如果发现犯罪嫌疑人还犯有属于人民法院直接受理的罪行时，应分情况处理：对于属于告诉才处理的案件，可以告知被害人直接向人民法院提起诉讼。对于属于被害人有证据证明的轻微刑事案件的，可以立案进行侦查，然后在人民检察院提起公诉时，随同公诉案件移送人民法院，由人民法院合并审理。侦查终结后不提起公诉的，则应直接移送人民法院处理。

人民法院在审理自诉案件过程中，如果发现被告人还犯有必须由人民检察院提起公诉的罪行时，应将新发现的罪行另案移送有管辖权的公安机关或者人民检察院处理。

（3）人民检察院办理直接受理侦查的案件，发现犯罪嫌疑人同时涉嫌监察机关管辖的职务犯罪线索的，应当及时与同级监察机关沟通。经沟通，认为全案由监察机关管辖更为适宜的，人民检察院应当将案件和相应职务犯罪线索一并移送监察机关；认为由监察机关和人民检察院分别管辖更为适宜的，人民检察院应当将监察机关管辖的相应职务犯罪线索移送监察机关，对依法由人民检察院管辖的犯罪案件继续侦查。人民检察院应当及时将沟通情况报告上一级人民检察院。沟通期间不得停止对案件的侦查。

人民检察院办理直接受理侦查的案件涉及公安机关管辖的刑事案件，应当将属于公安机关管辖的刑事案件移送公安机关。如果涉嫌的主罪属于公安机关管辖，由公安机关为主侦查，人民检察院予以配合；如果涉嫌的主罪属于人民检察院管辖，由人民检察院为主侦查，公安机关予以配合。

第三节　审判管辖

刑事诉讼中的审判管辖，是指人民法院审判第一审刑事案件的职权范围，包括各级人民法院之间、普通人民法院与专门人民法院之间，以及同级人民法院之间，在审判第一审刑事案件上的权限划分。从诉讼角度讲，审判管辖所要解决的是某个刑事案件由哪一人民法院作为第一审进行审判的问题。审判管辖分为级别管辖、地区管辖、指定管辖与专门管辖。

一、级别管辖

级别管辖，是指各级人民法院审判第一审刑事案件的职权范围。根据《刑事诉讼法》规定，我国四级人民法院均享有对不同案件进行第一审的权力。

（一）基层人民法院管辖的第一审刑事案件

基层人民法院管辖第一审普通刑事案件，但是依法由上级人民法院管辖的除外。

（二）中级人民法院管辖的第一审刑事案件

1. 危害国家安全、恐怖活动案件

危害国家安全案件性质严重，对国家危害极大；恐怖活动犯罪案件，往往涉案人员众多，涉及面广，较多存在跨国、跨境的情况，案情复杂，这两类刑事案件由中级人民法院作为第一审法院，有利于保证案件审判质量。

2. 可能判处无期徒刑、死刑的案件

根据这一规定，基层人民法院在量刑上，没有判处无期徒刑、死刑的权力。因此，基层人民法院对可能判处无期徒刑、死刑的第一审刑事案件，应当移送中级人民法院审判。但是，如果人民检察院认为可能判处无期徒刑、死刑，向中级人民法院提起公诉的案件，中级人民法院受理后，认为不需要判处无期徒刑、死刑的，应当依法审判，不再交基层人民法院审判。

中级人民法院除担任第一审任务之外，还要承担对上诉、抗诉案件的第二审职责，以及审判监督任务。因此，划归中级人民法院管辖的第一审刑事案件不宜过多，应只限于上述两类刑事案件。

（三）高级人民法院管辖的第一审刑事案件

高级人民法院管辖的第一审刑事案件是全省（自治区、直辖市）性的重大刑事案件。高级人民法院是一个省（自治区、直辖市）的最高一级审判机关，它的主要任务是审判对中级人民法院裁判的上诉、抗诉案件，复核死刑立即执行案件，核准死刑缓期二年执行的案件，以及监督全省（自治区、直辖市）的下级人民法院的审判工作。所以高级人民法院管辖的第一审刑事案件范围不宜过宽。况且，高级人民法院管辖的第一审刑事案件的多少，又直接关系着最高人民法院二审的负荷。法律规定高级人民法院只管辖为数极少的全省（自治区、直辖市）性的重大刑事案件，这样既可以保证这种重大案件的正确处理，又有利于它全面行使自己的职权，集中更多的力量来监督、指导下级人民法院的审判工作。

（四）最高人民法院管辖的第一审刑事案件

最高人民法院管辖的第一审刑事案件，是全国性的重大复杂案件。最高人民法院是全国的最高审判机关，由最高人民法院审判第一审刑事案件，只应当是极个别的、在全国范围内具有重大影响的、性质及情节都特别严重的刑事案件。只有这样，才有利于它集中主要精力监督、指导全国人民法院的审判工作。而且，最高人民法院审判第一审刑事案件会剥夺被告人的上诉权，因此应极为慎重。

（五）级别管辖中的两个问题

1. 管辖权转移

《刑事诉讼法》第 24 条规定："上级人民法院在必要的时候，可以审判下级人民法院管辖的第一审刑事案件；下级人民法院认为案情重大、复杂需要由上级人民法院审判的第一审刑事案件，可以请求移送上一级人民法院审判。"

本条规定情形属于管辖权转移，或称"管辖权变通"，它是指案件的级别管辖由下级人民法院转移至上级人民法院。但是，在刑事诉讼中，依法应当由上级人民法院管辖的案件不得交下级人民法院管辖。比如，中级人民法院不得将涉嫌危害国家安全的案件交基层人民法院审判。

上级人民法院审理下级人民法院的案件必须在下级人民法院第一审判决作出之前进行，特别是对于那些一审判决已经作出，只有被告人一方提出上诉的情况下，不能通过这种改变级别管辖的方式来规避上诉不加刑原则。

根据最高人民法院 2021 年颁布的《关于完善四级法院审级职能定位改革试点的实施办法》之规定，基层人民法院对所管辖的第一审案件，认为属于下列情形之一，需要由中级人民法院审理的，可以报请上一级人民法院审理：（1）涉及重大国家利益、社会公共利益，不宜由基层人民法院审理的；（2）在辖区内属于新类型，且案情疑难复杂的；（3）具有普遍法律适用指导意义的；（4）上一级人民法院或者其辖区内各基层人民法院之间近三年裁判生效的同类案件存在重大法律适用分歧，截至案件审理时仍未解决的；（5）由中级人民法院一审更有利于公正审理的。中级人民法院对辖区基层人民法院已经受理的第一审案件，认为属于上述情形之一，有必要由本院审理的，应当决定提级管辖。

中级人民法院对所管辖的第一审案件，认为属于下列情形之一，需要由高级人民法院审理的，可以报请上一级人民法院审理：（1）具有普遍法律适用指导意义的；（2）上一级人民法院或者其辖区内各中级人民法院之间近三年裁判生效的同类案件存在重大法律适用分歧，截至案件审理时仍未解决的；（3）由高级人民法院一审更有利于公正审理的。高级人民法院对辖区中级人民法院已经受理的第一审民事、刑事、行政案件，认为属于上述情形之一，有必要由本院审理的，应当决定提级管辖。

2. 合并管辖

合并管辖是指一人犯数罪、共同犯罪或其他需要并案审理的案件，只要其中一人或者一罪属于上级人民法院管辖的，全案由上级人民法院管辖。

合并管辖是出于提高诉讼效率，有利于查明案件事实等目的，而将有关联关系的案件并案处理。一旦并案处理，那么在级别管辖的确定上应当采取就高不就低的原则，全案由上级人民法院管辖。

根据最高人民法院、最高人民检察院、公安部、国家安全部、司法部、全国人大常委会法制工作委员会《关于实施刑事诉讼法若干问题的规定》第3条的规定，具有下列情形之一的，人民法院、人民检察院、公安机关可以在其职责范围内并案处理：(1)一人犯数罪的；(2)共同犯罪的；(3)共同犯罪的犯罪嫌疑人、被告人还实施其他犯罪的；(4)多个犯罪嫌疑人、被告人实施的犯罪存在关联，并案处理有利于查明案件事实的。

二、地区管辖

地区管辖是指同级人民法院之间在审判第一审刑事案件上的权限划分。《刑事诉讼法》第25条和第26条分别规定了地区管辖的一般原则以及解决地区管辖争议的办法。

(一)地区管辖的一般原则

《刑事诉讼法》第25条规定："刑事案件由犯罪地的人民法院管辖。如果由被告人居住地的人民法院审判更为适宜的，可以由被告人居住地的人民法院管辖。"该条确定了我国刑事案件地区管辖的一般原则，即"以犯罪地人民法院管辖为主，被告人居住地人民法院管辖为辅"。

犯罪地一般是犯罪证据最集中的地方，也是当事人及其他诉讼参与人所在的地方，由犯罪地的人民法院审判有利于更好地查明案件真相，对诉讼参与人参加诉讼更为便利。因此，刑事案件以犯罪地人民法院管辖为主，但是如果出现某些特殊情况，由被告人居住地人民法院审判更为适宜的，也可以由被告人居住地人民法院管辖。所谓"更为适宜"应结合案件具体情况判断。如被告人流窜作案，犯罪地不确定；被告人在居住地民愤极大，当地群众强烈要求在其居住地审判，等等。

所谓犯罪地包括犯罪行为发生地和结果发生地。犯罪行为发生地，包括犯罪行为的实施地以及预备地、开始地、途经地、结束地等与犯罪行为有关的地点；犯罪行为有连续、持续或者继续状态的，犯罪行为连续、持续或者继续实施的地方都属于犯罪行为发生地。犯罪结果发生地，包括犯罪对象被侵害地、犯罪所得的实际取得地、藏匿地、转移地、使用地、销售地。

另外，司法解释还特别针对计算机犯罪这类特殊案件的犯罪地作了专门规定。针对或者主要利用计算机网络实施的犯罪，犯罪地包括用于实施犯罪行为的网络服务使用的服务器所在地，网络服务提供者所在地，被侵害的信息网络系统及其管理者所在地，犯罪过程中被告人、被害人使用的信息网络所在地，以及被害人被侵害时所在地和被害人财产遭受损失地等。

被告人居住地一般是其户籍所在地。经常居住地与户籍所在地不一致的，经常居住地为其居住地。经常居住地为被告人被追诉前已连续居住一年以上的地方，但住院就医的除外。被告单位登记的住所地为其居住地。主要营业地或者主要办事机构所在地与登记的住所地不一致的，主要营业地或者主要办事机构所在地为其居住地。

（二）优先管辖与移送管辖

《刑事诉讼法》第26条规定："几个同级人民法院都有权管辖的案件，由最初受理的人民法院审判。在必要的时候，可以移送主要犯罪地的人民法院审判。"该条规定了两种解决地区管辖争议的办法，一为优先管辖，二为移送管辖。本条适用的前提条件是，发生争议的几个同级人民法院对于案件都享有法定管辖权，即都是犯罪地。但是究竟由哪一所法院管辖产生不同意见。对于此种争议，原则上应当由最初受理案件的人民法院审判，即优先管辖，在必要的时候可以移送管辖，即移送主要犯罪地的人民法院审判。因此，本条可以概括为，几个同级人民法院都有管辖权的案件，"以最初受理的人民法院审判为主，以主要犯罪地的人民法院审判为辅"。

以最初受理的人民法院审判为主，是为了避免人民法院之间发生管辖争议而拖延案件的审判，同时，也由于最初受理的人民法院往往已经对案件进行了一些工作，由它进行审判，有利于及时审结案件。但在必要的时候，最初受理的人民法院可以把案件移送主要犯罪地的人民法院审判。这里的主要犯罪地应当解释为案件涉及多个地点时对该犯罪的成立起主要作用的行为地，以及一人犯数罪时，主要罪行的实施地。

（三）特殊情况下的地区管辖

刑事案件错综复杂，有些案件尚不能完全适用上述地区管辖的法律规定，有关司法解释对这些情况设有下列特殊规定。

（1）对中国缔结或者参加的国际条约所规定的罪行，中国在所承担条约义务的范围内，行使刑事管辖权的，由被告人被抓获地、登陆地或者入境地的人民法院管辖。

（2）在中国内水、领海发生的刑事案件，由犯罪地或者被告人登陆地的人民法院管辖。由被告人居住地的人民法院审判更为适宜的，可以由被告人居住地的人民法院管辖。

（3）在列车上的犯罪，被告人在列车运行途中被抓获的，由前方停靠站所在地负责审判铁路运输刑事案件的人民法院管辖。必要时，也可以由始发站或者终点站所在地负责审判铁路运输刑事案件的人民法院管辖。被告人不是在列车运行途中被抓获的，由负责该列车乘务的铁路公安机关对应的审判铁路运输刑事案件的人民法院管辖；被告人在列车运行途经车站被抓获的，也可以由该车站所在地负责审判铁路运输刑事案件的人民法院管辖。

（4）在国际列车上的犯罪，根据我国与相关国家签订的协定确定管辖；没有协定的，由该列车始发或者前方停靠的中国车站所在地负责审判铁路运输刑事案件的人民法院管辖。

（5）在中国领域外的中国船舶内的犯罪，由该船舶最初停泊的中国口岸所在地或者被告人登陆地、入境地的人民法院管辖。

（6）在中国领域外的中国航空器内的犯罪，由该航空器在中国最初降落地的人民法院管辖。

（7）中国公民在中国驻外使领馆内的犯罪，由其主管单位所在地或者原户籍地的人民法院管辖。

（8）中国公民在中国领域外的犯罪，由其登陆地、入境地、离境前居住地或者现居住地的人民法院管辖；被害人是中国公民的，也可以由被害人离境前居住地或者现居住地的人民法院管辖。

（9）外国人在中国领域外对中国或者中国公民犯罪，根据《刑法》应当受处罚的，由该外国人登陆地、入境地或者入境后居住地的人民法院管辖，也可以由被害人离境前居住地或者现居住地的人民法院管辖。

（10）正在服刑的罪犯在判决宣告前还有其他罪没有判决的，由原审地人民法院管辖；由罪犯服刑地或者犯罪地的人民法院审判更为适宜的，可以由罪犯服刑地或者犯罪地的人民法院管辖。罪犯在服刑期间又犯罪的，由服刑地的人民法院管辖。罪犯在脱逃期间又犯罪的，由服刑地的人民法院管辖。但是，在犯罪地抓获罪犯并发现其在脱逃期间犯罪的，由犯罪地的人民法院管辖。

三、指定管辖

《刑事诉讼法》第 27 条规定："上级人民法院可以指定下级人民法院审判管辖不明的案件，也可以指定下级人民法院将案件移送其他人民法院审判。"

该条规定情形被称为指定管辖，它是相对于法定管辖而言的，是对法定管辖的补充。指定管辖一般适用于两种情况。一类是地区管辖不明的刑事案件，如果某刑事案件发生在两县交界处，犯罪地属于哪一人民法院管辖区域不明确。在这种情况下，指定管辖可以避免案件无人管辖或者因管辖争议而延误案件的处理。另一类是原来有管辖权的法院由于各种原因而不适宜或者不能行使管辖权的案件，为了排除干扰，保证审判活动的顺利进行，由上级人民法院指定下级人民法院将其管辖的某一案件移送至其他人民法院审判。

根据相关司法解释规定，管辖权发生争议的，应当在审理期限内协商解决；协商不成的，由争议的人民法院分别层报共同的上级人民法院指定管辖。

上级人民法院指定管辖，应当将指定管辖决定书分别送达被指定管辖的人民法院和其他有关的人民法院。原受理案件的人民法院在收到上级人民法院改变管辖决定书、同意移送决定书或者指定其他人民法院管辖决定书后，对公诉案件，应当书面通知同级人民检察院，并将案卷材料退回，同时书面通知当事人；对自诉案件，应当将案卷材料移送被指定管辖的人民法院，并书面通知当事人。

第二审人民法院发回重新审判的案件，人民检察院撤回起诉后，又向原第一审人民法院的下级人民法院重新提起公诉的，下级人民法院应当将有关情况层报原第二审人民法院。原第二审人民法院根据具体情况，可以决定将案件移送原第一审人民法院或者其他人民法院审判。

四、专门管辖

专门管辖，是指专门人民法院之间，专门人民法院与普通人民法院之间，以及各类专门人民法院系统内部在受理第一审刑事案件上的权限分工。

由于铁路运输法院已经基本撤销，我国与刑事案件有关的专门法院仅存军事法院。因此专门管辖实质上就是解决军事法院受理刑事案件的范围。

军事法院管辖的刑事案件主要是现役军人（含军队内的在编职工）犯罪的案件，既包括军人违反职责罪，也包括其他各类犯罪。

现役军人和非军人共同犯罪的案件，分别由军事法院和地方法院管辖；涉及国家军事秘密的，全案由军事法院管辖。

但是，下列案件由地方人民法院或者军事法院以外的其他专门法院管辖：（1）非军人、随军家属在部队营区内犯罪的；（2）军人在办理退役手续后犯罪的；（3）现役军人入伍前犯罪的（需与服役期内犯罪一并审判的除外）；（4）退役军人在服役期内犯罪的（犯军人违反职责罪的除外）。

重要名词术语

管辖、立案管辖、审判管辖、级别管辖、地区管辖、指定管辖、专门管辖

思考题

1. 简述何为立案管辖以及公、检、法三机关分别管辖哪些刑事案件。
2. 简述划分地区管辖的一般原则。

典型案例分析

案例一

甲因参加黑社会性质组织，以涉嫌寻衅滋事罪被起诉至A市中级人民法院。案件审理期间，A市中级人民法院发现甲还因涉嫌故意杀人被移送B市人民检察院审查起诉。问甲应当在A市还是B市接受审判？

答：A市中级人民法院可以协商B市人民检察院并案处理。并案后，原则上由最初受理案件的A市中级人民法院审判。必要时，可以由主要犯罪地的B市中级人民法院审判。

案例二

甲从深圳坐车运输海洛因1千克至石家庄市，途径广东省、湖南省、湖北省、河南省、河北省，问何地法院对其运输毒品的行为有管辖权？

答：根据毒品犯罪管辖的相关规定，甲所有途径地的中级人民法院对其运输毒品的行为均有管辖权。

第四章　回避

【内容提示】

刑事诉讼中的回避，是指依照法律规定，与刑事案件有利害关系或者其他关系，可能影响对案件公正处理的审判人员、检察人员、侦查人员以及书记员、鉴定人、翻译人员不得参与办理该案件的一项诉讼制度。回避是一项重要的诉讼制度，为当今世界各国普遍采用，是刑事诉讼公正进行的制度保障，有利于当事人诉讼权利的行使和接受案件处理结果，有利于维护公安司法机关的权威。

我国《刑事诉讼法》及相关司法解释中规定的回避有自行回避、申请回避和指令回避三种。在刑事诉讼中适用回避的人员包括审判人员、检察人员、侦查人员以及书记员、翻译人员和鉴定人等其他可能与案件有利害关系的人员。

在学习本章内容时，要注意识记回避的理由以及审查决定的主体。另外，要注意回避的提起包括回避的提出和回避的申请两种途径，对驳回申请回避的决定，当事人及其法定代理人可以申请复议一次，但是不属于《刑事诉讼法》第 29、30 条规定情形的回避申请，由法庭当庭驳回的，不得申请复议。

第一节　回避制度

一、回避的概念和意义

（一）回避的概念

刑事诉讼中的回避，是指依照法律规定，与刑事案件有利害关系或者其他关系，可能影响对案件公正处理的审判人员、检察人员、侦查人员以及书记员、鉴定人、翻译人员不得参与办理该案件的一项诉讼制度。根据我国《刑事诉讼法》的规定，所谓“不得参与办理该案件”，是指不得参与该案件的立案、侦查、批捕、预审、审查起诉、提起公诉、出庭支持公诉、诉讼监督、审判、记录、翻译与鉴定等项工作。

（二）回避的意义

回避是一项重要的诉讼制度，为当今世界各国普遍采用，对刑事诉讼的进行具有重要意义。

1. 回避制度是刑事诉讼公正进行的制度保障

要保证案件得到公正处理，仅凭办案人员的思想觉悟、职业道德的要求是不够的，还必须有一定的制度保障。实行回避制度，可以有效地避免司法人员先入为主、主观臆断或者因与本案有利害关系或其他关系而可能产生的弄虚作假、徇私舞弊、枉法裁判等不公正的现象，从而使案件能够得到客观、公正的处理。

2. 回避制度有利于当事人诉讼权利的行使和接受案件处理结果

申请回避是当事人的一项诉讼权利，它使当事人能够积极参加诉讼活动，充分行使其诉讼权利，推动诉讼活动顺利和公正进行。而且，实行回避制度，可以减少当事人和公民的疑虑，增强当事人对司法机关及司法人员的信任。如果办案人员与案件或案件当事人有利害关系或者其他特殊关系，即使案件处理得非常公正，也难免引起当事人不必要的猜疑，从而增加不必要的上诉或申诉。实行回避制度可以使办案人员摆脱处事不公的嫌疑，有利于当事人接受案件处理的结果，便于对案件处理的执行。

3. 回避制度有利于维护公安司法机关的权威

实行回避制度，同案件或案件当事人有利害关系及其他关系的司法人员不在本案诉讼中履行职务，这就能使公安司法机关及其工作人员在刑事诉讼中处于公正无私的中立地位，也使得当事人更加信赖公安司法机关及其工作人员。因而回避制度的严格执行显然有利于维护公安司法机关在诉讼中的权威地位，使公安司法机关对案件的处理结果更有权威性。

二、回避的种类

我国《刑事诉讼法》及相关司法解释中规定的回避共有三种，即自行回避、申请回避和指令回避。

自行回避是指侦查人员、检察人员、审判人员及其他人员，在刑事诉讼过程中，如果遇有法律规定的应当回避的情形，认为自己不应当参与案件的处理时，主动提出的回避。

申请回避是指案件的当事人、法定代理人、辩护人、诉讼代理人，如果认为处理案件的侦查人员、检察人员、审判人员以及其他人员具有法律规定的应当回避的情形时，有权向司法机关提出申请，要求他们回避。申请回避是当事人及其法定代理人、辩护人、诉讼代理人的一项重要的诉讼权利，司法机关应当重视并切实保障该权利的实现。

指令回避是指，应当回避的人员，本人没有自行回避，当事人、法定代理人、辩护人、诉讼代理人也没有申请其回避的，有权决定的院长、审判委员会、检察长、检察委员会或者侦查机关负责人作出决定，指令有关人员回避。

第二节 回避的适用

一、回避的适用人员

根据《刑事诉讼法》第 29 条和第 32 条的规定，在刑事诉讼中适用回避的人员包括以下几类。

（一）审判人员

这里的审判人员不仅包括直接审理案件的审判员、人民陪审员和法官助理，还应当包括对本案参与讨论、审查和作出处理决定的院长、副院长、庭长、副庭长以及审判委员会的委员。

（二）检察人员

这里的检察人员不仅包括直接负责案件的审查批准逮捕、审查决定起诉、出庭支持公诉的检察员和检察官助理，还包括对本案参与讨论、审查和作出处理决定的检察长、副检察长以及检察委员会委员。

（三）侦查人员

这里的侦查人员不仅包括直接负责案件侦查的公安人员和检察人员，还应当包括参与本案讨论和作出处理决定的公安机关负责人与检察机关的检察长、副检察长以及检察委员会委员。

（四）其他人员

其他人员是指书记员、翻译人员和鉴定人，包括在侦查、审查起诉和审判各个阶段担任记录、翻译和鉴定工作的人员。

二、回避的理由

回避的理由就是法律规定的应当回避的具体情形。根据《刑事诉讼法》第 29 条和第 30 条以及相关司法解释的规定，回避的理由有以下几项。

（一）是本案的当事人或当事人的近亲属的

这是指办案人员本人是本案的被害人、自诉人、犯罪嫌疑人、被告人、附带民事诉讼的原告人和被告人中的情形之一；或者是本案当事人的夫、妻、父、母、子、女、同胞兄弟姐妹中的情形之一。

（二）本人或者他的近亲属和本案有利害关系的

办案人员本人或者他的近亲属和本案有利害关系，意味着案件的处理结果将会对办案人员本人或者其近亲属产生影响，因此在这种情况下也不应当参与案件的处理。

（三）担任过本案的证人、鉴定人、辩护人、诉讼代理人的

证人、鉴定人、辩护人、诉讼代理人由于其诉讼地位和职能，已经参与了本案的诉讼活动，因而对案件事实和案件应当如何处理已经形成了一定的立场，如果再担任案件的侦查、检察、审判工作，则可能产生先入为主的效果，影响其处理案件时的客观中

立性。

需要注意的是，根据最高人民法院《解释》第 27 条第 3 项规定，除了上述四种角色之外，审判人员若担任过翻译人员的，也应当回避。但是由于最高人民检察院《规则》与公安部《规定》中均无同样规定，因此该规定仅约束审判人员的回避。

（四）与本案当事人有其他关系，可能影响公正处理案件的

这里所说的其他关系，是指上述三种情况之外的某种关系，比如邻居、同学、师生、朋友等关系，存在这些关系的办案人员是否回避，要结合个案具体情形分析，若此种关系可能影响公正处理案件时，应当回避。

（五）接受当事人及其委托的人的请客送礼，或者违反规定会见当事人及其委托的人的

司法人员代表国家进行刑事诉讼，应当严格依照法律，公正无私地处理案件，特别是不能与一方当事人有不正当接触。司法人员接受当事人及其委托的人的请客送礼，或者违反规定会见当事人及其委托的人的，就可能使案件得不到公正处理，还会给司法机关的威信带来极为不良的影响。

根据相关司法解释的规定，此种情形主要体现为索取、接受本案当事人及其委托人的财物或者其他利益；接受本案当事人及其委托人的宴请，或者参加由其支付费用的活动；向本案当事人及其委托人借用款物；违反规定会见本案当事人、辩护人、诉讼代理人；为本案当事人推荐、介绍辩护人、诉讼代理人，或者为律师、其他人员介绍办理本案等。

（六）与本案的辩护人、诉讼代理人有近亲属关系的

此种回避情形规定在最高人民法院《解释》第 27 条第 4 项。审判人员若存在此种情形，一律应当回避。但是最高人民检察院《规则》、公安部《规定》中并无类似规定，这意味着检察人员和侦查人员若有此种情形的话，则应具体分析案件情况，若上述关系影响案件公正处理，则应当回避。

（七）参加过本案调查、侦查、起诉的有关工作人员以及在一个审判程序中参与过本案审判工作的合议庭组成人员或者独任审判员

参与过本案调查、侦查、审查起诉工作的监察、侦查、检察人员调至人民法院工作的，不得担任本案的审判人员。

在一个审判程序中参与过本案审判工作的合议庭组成人员或者独任审判员，不得再参与本案其他程序的审判。但是，发回重新审判的案件，在第一审人民法院作出裁判后又进入第二审程序或者死刑复核程序的，原第二审程序或者死刑复核程序中的合议庭组成人员不受此限制。

三、回避的程序

（一）回避的提起

回避的提起包括回避的提出和回避的申请两种途径。

1. 回避的提出

回避的提出，是指在自行回避中，公安司法人员自己提出回避。审判人员、检察人

员、侦查人员及其他人员，如果具有法律规定应当回避的情形，需要自行回避的，可以口头或者书面提出，并且说明理由，口头提出的，应当记录在案。

2. 回避的申请

回避的申请是指当事人及其法定代理人、辩护人、诉讼代理人提出申请，要求公安司法人员回避。

根据《刑事诉讼法》的规定，在刑事诉讼中有权提出回避申请的人是当事人及其法定代理人、辩护人、诉讼代理人。为保障申请回避的权利能够得到有效行使，相关司法解释规定，人民法院、人民检察院应当告知当事人及其法定代理人有依法申请回避的权利，并告知办理相关案件的合议庭组成人员、独任审判员、检察人员、书记员等的姓名、职务等有关情况。

当事人及其法定代理人、辩护人、诉讼代理人申请司法人员回避的，可以口头或者书面提出，并且说明理由，口头提出的，应当记录在案。当事人及其法定代理人、辩护人、诉讼代理人依照《刑事诉讼法》第 30 条，即“接受当事人及其委托的人的请客送礼”或者“违反规定会见当事人及其委托的人”为由申请回避，应当提供证明材料。

（二）回避的审查决定

回避问题要经法定的组织或人员进行审查并作出决定。根据《刑事诉讼法》第 31 条的规定，审判人员、检察人员、侦查人员的回避，应当分别由院长、检察长以及公安机关负责人决定。

院长自行提出回避，或者当事人及其法定代理人、辩护人、诉讼代理人申请院长回避的，由本院审判委员会决定，审判委员会讨论时，由副院长主持，院长不得参加。检察长和公安机关负责人的回避由同级人民检察院检察委员会决定，检察委员会讨论检察长回避问题时，由副检察长主持，检察长不得参加。其中院长、检察长不应包括副职。但是在正职不在岗位，由副职代行正职职权时，应适用正职的回避审查决定程序。

书记员、鉴定人、翻译人员的回避应当根据其所处的诉讼阶段，分别由院长、检察长和公安机关负责人决定。

需要回避的人员在有决定权的人员或组织作出决定之前，就应当暂停参与本案的办理，但是根据《刑事诉讼法》的规定，侦查人员在回避决定作出之前，不能停止本案的侦查。

因符合《刑事诉讼法》第 29 条或第 30 条规定的情形之一而回避的检察人员，在回避决定作出以前所取得的证据和进行的诉讼行为是否有效，由检察委员会或者检察长根据案件具体情况决定。被决定回避的公安机关负责人、侦查人员、鉴定人、记录人和翻译人员，在回避决定作出以前所进行的诉讼活动是否有效，由作出决定的机关根据案件情况决定。

（三）对驳回申请回避决定的复议

根据《刑事诉讼法》规定，对驳回申请回避的决定，当事人及其法定代理人可以申请复议一次。

公安机关作出驳回申请回避决定之后，当事人及其法定代理人对驳回申请回避的决定不服的，可以在收到驳回申请回避决定书后 5 日以内向作出决定的公安机关申请复议。公安机关应当在收到复议申请后 5 日以内作出复议决定书并书面通知申请人。

人民检察院作出驳回申请回避的决定后，应当告知当事人及其法定代理人如不服本决定，有权在收到驳回申请回避的决定书后 5 日以内向原决定机关申请复议一次。当事人及其法定代理人申请复议的，决定机关应当在 3 日以内作出复议决定书并书面通知申请人。

法院作出驳回申请回避决定后，当事人及其法定代理人可以在接到决定时申请复议一次。但是，不属于《刑事诉讼法》第 29、30 条规定情形的回避申请，由法庭当庭驳回并不得申请复议。

重要名词术语

回避、自行回避、申请回避、指令回避

思考题

1. 简述回避的理由。
2. 简述作出回避决定的主体。

典型案例分析

检察官乙在审查起诉阶段开展过对犯罪嫌疑人丙自行补充侦查的工作，请问乙还能出庭支持公诉吗?

答：可以。具体理由可参见最高人民检察院《规则》第 35 条规定：“参加过同一案件侦查的人员，不得承办该案的审查逮捕、审查起诉、出庭支持公诉和诉讼监督工作，但在审查起诉阶段参加自行补充侦查的人员除外。”

第五章　辩护与代理

【内容提示】

辩护是指刑事诉讼中的犯罪嫌疑人、被告人及其辩护人针对控诉方的指控，提出有利于犯罪嫌疑人、被告人的事实和理由，以证明犯罪嫌疑人、被告人无罪、罪轻或者应当减轻、免除处罚，维护犯罪嫌疑人、被告人合法权益的活动。辩护权是犯罪嫌疑人、被告人针对指控进行反驳、申辩和解释，以维护自己合法权益的一种诉讼权利。辩护制度是指一国关于辩护权、辩护的种类、辩护方式、辩护人范围、辩护人的职责以及辩护人的诉讼权利和义务等一系列法律规范的总称。这三者之间的关系是：辩护是辩护权的外在表现形式，辩护权通过各种具体的辩护活动得以实现；辩护权是辩护制度的基础，不承认犯罪嫌疑人、被告人的辩护权就不可能有辩护制度；辩护制度是辩护权的保障，各种辩护制度都是为了保障犯罪嫌疑人、被告人充分行使辩护权而设立的。

我国刑事诉讼中的辩护共有三种类型，分别是自行辩护、委托辩护与法律援助辩护。应当注意，辩护人只有辩护的责任，没有控诉的义务，辩护人的责任是维护犯罪嫌疑人、被告人的合法权益。辩护人依法独立行使辩护权，是独立的诉讼参与人，既独立于公安司法机关，也独立于犯罪嫌疑人、被告人。辩护人除享有阅卷权、会见权等法律规定的权利外，还应当履行真实义务、保密义务以及向控方开示证据的义务。

刑事诉讼代理制度是指代理人接受公诉案件的被害人及其法定代理人或近亲属、自诉案件的自诉人及其法定代理人、附带民事诉讼的当事人及其法定代理人委托，以被代理人的名义参与诉讼，在授权范围内进行活动，由被代理人承担代理行为法律后果的一项法律制度。

学习本章应注意理解刑事代理与辩护之间的区别，掌握诉讼代理人的权利义务。尤其需要重点掌握辩护人的阅卷权，会见、通信权，调查取证权，提出意见权，申诉、控告权和人身保障权的具体内容和行使方式。

第一节 刑事辩护

一、刑事辩护的概念与种类

（一）刑事辩护的概念

辩护是指刑事诉讼中的犯罪嫌疑人、被告人及其辩护人针对控诉方的指控，提出有利于犯罪嫌疑人、被告人的事实和理由，以证明犯罪嫌疑人、被告人无罪、罪轻或者应当减轻、免除处罚，维护犯罪嫌疑人、被告人合法权益的活动。

辩护权是法律赋予犯罪嫌疑人、被告人的一项专属诉讼权利，是犯罪嫌疑人、被告人针对指控进行反驳、申辩和解释，以维护自己合法权益的一种诉讼权利。辩护权在犯罪嫌疑人、被告人享有的各项诉讼权利中，居于核心地位。《宪法》第130条规定，“被告人有权获得辩护”。由此可知，辩护权是被告人的一项宪法性权利。《刑事诉讼法》第11条又规定：“被告人有权获得辩护，人民法院有义务保证被告人获得辩护。”据此，犯罪嫌疑人、被告人有权获得辩护是我国刑事诉讼法的一项基本原则。

辩护制度是指一国关于辩护权、辩护的种类、辩护方式、辩护人范围、辩护人的职责以及辩护人的诉讼权利和义务等一系列法律规范的总称。它是犯罪嫌疑人、被告人有权获得辩护原则在刑事诉讼中的具体体现和保障，是现代国家法律制度的重要组成部分。

辩护、辩护权和辩护制度三者之间的关系是：辩护是辩护权的外在表现形式，辩护权通过各种具体的辩护活动得以实现；辩护权是辩护制度的基础，不承认犯罪嫌疑人、被告人的辩护权就不可能有辩护制度；辩护制度是辩护权的保障，各种辩护制度都是为了保障犯罪嫌疑人、被告人充分行使辩护权而设立的。

（二）刑事辩护的种类

我国刑事诉讼中的辩护共有三种类型，分别是自行辩护、委托辩护与法律援助辩护。

1. 自行辩护

自行辩护是指犯罪嫌疑人、被告人自己针对指控进行反驳，提出有利于自己的事实和理由，以证明自己无罪、罪轻或者应当减轻、免除处罚，维护自身合法权益的活动。犯罪嫌疑人、被告人的自行辩护权不受诉讼阶段的限制，贯穿于整个刑事诉讼的全过程。

2. 委托辩护

委托辩护是指犯罪嫌疑人、被告人依法委托辩护人为其提供辩护。由于大多数犯罪嫌疑人、被告人缺乏法律知识和诉讼经验，而且其人身自由在刑事诉讼过程中往往受到不同程度的限制，其自行辩护权的有效行使会面临诸多障碍，委托辩护制度则可以有效弥补这一不足，充分保障犯罪嫌疑人、被告人辩护权的实现。

根据《刑事诉讼法》第34条的规定，犯罪嫌疑人自被侦查机关第一次讯问或者采取强制措施之日起，有权委托辩护人；在侦查期间，只能委托律师作为辩护人。被告人有权随时委托辩护人。犯罪嫌疑人、被告人在押的，也可以由其监护人、近亲属代为委托辩护人。辩护人接受犯罪嫌疑人、被告人委托后，应当及时告知办理案件的机关。

同时，为了保障辩护权的有效实现，《刑事诉讼法》赋予公安司法机关权利告知义务。侦查机关在第一次讯问犯罪嫌疑人或者对犯罪嫌疑人采取强制措施的时候，应当告知犯罪嫌疑人有权委托辩护人。人民检察院自收到移送审查起诉的案件材料之日起 3 日以内，应当告知犯罪嫌疑人有权委托辩护人。人民法院自受理案件之日起 3 日以内，应当告知被告人有权委托辩护人。上述告知情形均应记录在案。

犯罪嫌疑人、被告人在押期间要求委托辩护人的，人民法院、人民检察院和公安机关应当及时转达其要求。在此种情况下，看守所应当及时将其请求转达给办案部门，办案部门应当及时向犯罪嫌疑人、被告人委托的辩护律师或者律师事务所转达该项请求。在押的犯罪嫌疑人、被告人仅提出委托辩护律师的要求，但提不出具体对象的，办案部门应当及时通知犯罪嫌疑人、被告人的监护人、近亲属代为委托辩护律师。犯罪嫌疑人、被告人无监护人或者近亲属的，办案部门应当及时通知当地律师协会或者司法行政机关为其推荐辩护律师。

关于委托辩护人的人数，《刑事诉讼法》规定，一名犯罪嫌疑人、被告人可以委托符合法定条件的人员 1—2 人作为辩护人；但是，一名辩护人不得为两名以上的同案犯罪嫌疑人、被告人辩护，不得为两名以上的未同案处理但实施的犯罪存在关联的犯罪嫌疑人、被告人辩护。这是因为同案或犯罪行为有关联关系的犯罪嫌疑人、被告人之间存在责任分担问题，如果允许同一名辩护人为其辩护，不利于查明事实、分清责任。

3．法律援助辩护

法律援助辩护是指对于没有委托辩护人的犯罪嫌疑人、被告人，人民法院、人民检察院和公安机关在法律规定的情形之下，通知法律援助机构为犯罪嫌疑人、被告人指派承担法律援助义务的律师担任辩护人为其辩护。法律援助辩护必须以犯罪嫌疑人、被告人没有委托辩护人为前提。对于人民法院、人民检察院、公安机关根据上述规定，通知法律援助机构指派律师提供辩护或者法律援助的，法律援助机构应当在接到通知后 3 日以内指派律师，并将律师的姓名、单位、联系方式书面通知人民法院、人民检察院、公安机关。我国《刑事诉讼法》规定了两种法律援助辩护。

（1）可以提供法律援助辩护。犯罪嫌疑人、被告人因经济困难或者其他原因没有委托辩护人的，本人及其近亲属可以向法律援助机构提出申请。对符合法律援助条件的，法律援助机构应当指派律师为其提供辩护。

可以提供法律援助辩护的情形主要适用于经济困难的情况，但是除此之外，根据案件具体情况，亦可为存在其他特殊情形的犯罪嫌疑人、被告人提供法律援助。根据最高人民法院《解释》第 48 条的规定，具有下列情形之一，被告人没有委托辩护人的，人民法院可以通知法律援助机构指派律师为其提供辩护：第一，共同犯罪案件中，其他被告人已经委托辩护人；第二，有重大社会影响的案件；第三，人民检察院抗诉的案件；第四，被告人的行为可能不构成犯罪；第五，有必要指派律师提供辩护的其他情形。

（2）应当提供法律援助辩护。犯罪嫌疑人、被告人是盲、聋、哑人，未成年人，或者是尚未完全丧失辨认或者控制自己行为能力的精神病人，没有委托辩护人的，人民法院、人民检察院和公安机关应当通知法律援助机构指派律师为其提供辩护。

犯罪嫌疑人、被告人可能被判处无期徒刑、死刑，没有委托辩护人的，人民法院、人民检察院和公安机关应当通知法律援助机构指派律师为其提供辩护。另外，根据最高人民法院《解释》的规定，高级人民法院复核死刑案件，被告人没有委托辩护人的，应当通知法律援助机构指派律师为其提供辩护。

应当提供法律援助辩护的情形又被称为强制辩护，即在上述案件中，必须有辩护人参与，否则程序违法。属于应当提供法律援助的情形，犯罪嫌疑人、被告人拒绝指派的律师为其辩护的，公安司法机关应当查明原因，理由正当的，应当准许，但犯罪嫌疑人、被告人须另行委托辩护人，未另行委托辩护人的，公安司法机关应当书面通知法律援助机构另行指派律师为其提供辩护。

二、辩护人的范围

《刑事诉讼法》和相关司法解释对辩护人的范围作出了两方面的规定，一是哪些人可以担任辩护人，二是哪些人不得担任辩护人。

（一）可以担任辩护人的人员范围

根据《刑事诉讼法》第 33 条规定，下列人员可以被委托担任辩护人：

1．律师

根据《律师法》的规定，律师是指依法取得律师执业证书，接受委托或者指定，为当事人提供法律服务的执业人员。刑事辩护是律师的一项主要业务内容。与其他几类辩护人相比，律师作为辩护人具有较为明显的优势。第一，律师具有丰富的法律专业知识和辩护实践经验。目前，我国已经建立了全国统一的法律职业资格考试制度，只有通过法律职业资格考试，获得律师资格，并在律师事务所实习 1 年以上的人，才能取得律师执业证书。律师辩护在维护犯罪嫌疑人、被告人合法权益方面能够发挥更为有效的作用。

第二，法律赋予律师辩护人的诉讼权利更为充分。根据《刑事诉讼法》的规定，律师辩护人在阅卷、取证、会见等重要辩护环节所享有的诉讼权利比没有律师身份的辩护人更为充分。这有利于律师辩护人更为全面地了解案情，从而为正确有效地进行辩护提供事实基础。

第三，律师辩护人有组织纪律的保障。律师参与刑事诉讼，不仅要遵守相关法律法规，还要遵守律师执业规范。律师不得私自接受委托，要由律师事务所统一接受委托和收费。律师一旦接受委托，无正当理由不得拒绝辩护。律师在辩护过程中如果出现失职行为，当事人可以向律师协会投诉。在组织纪律方面的保障有效地确保了律师能够尽职尽责地为犯罪嫌疑人、被告人提供法律帮助。

2．人民团体或者犯罪嫌疑人、被告人所在单位推荐的人

目前，我国律师队伍在人员数量上还不能完全满足刑事辩护的要求，为保障犯罪嫌

疑人、被告人的合法权益，人民团体和犯罪嫌疑人、被告人所在单位的推荐是辩护人来源的有效补充。这里的“人民团体”是指工会、妇联、共青团、学联等群众性团体。

3．犯罪嫌疑人、被告人的监护人、亲友

犯罪嫌疑人、被告人的监护人、亲友与犯罪嫌疑人、被告人本人较为熟悉，双方之间存在较为牢固的信赖关系。允许他们接受委托担任辩护人，既尊重了犯罪嫌疑人、被告人本人的意愿，也有利于维护其合法权益。

（二）不得担任辩护人的人员范围

根据《刑事诉讼法》及相关司法解释的规定，下列人员不得担任辩护人。

（1）正在被执行刑罚或者处于缓刑、假释考验期间的人，不得担任辩护人。

（2）依法被剥夺、限制人身自由的人，不得担任辩护人。

（3）无行为能力或者限制行为能力的人，不得担任辩护人。

（4）被开除公职或者被吊销律师、公证员执业证书的人，人民法院、人民检察院、监察机关、公安机关、国家安全机关、监狱的现职人员，人民陪审员，外国人或无国籍人，以及与本案审理结果有利害关系的人，不得担任辩护人。但是，上述人员系犯罪嫌疑人、被告人的监护人或者近亲属，犯罪嫌疑人、被告人委托其担任辩护人的，可以准许。

（5）审判人员和人民法院其他工作人员从人民法院离任后 2 年内，不得以律师身份担任辩护人。审判人员和人民法院其他工作人员从人民法院离任后，不得担任原任职法院所审理案件的辩护人，但作为被告人的监护人、近亲属进行辩护的除外。审判人员和人民法院其他工作人员的配偶、子女或者父母不得担任其任职法院所审理案件的辩护人，但作为被告人的监护人、近亲属进行辩护的除外。

（6）检察官从人民检察院离任后 2 年内，不得以律师身份担任辩护人。检察官从人民检察院离任后，不得担任原任职检察院办理案件的辩护人，但是作为当事人的监护人或者近亲进行辩护的除外。检察官被开除后，不得担任辩护人，但是作为当事人的监护人或者近亲属进行辩护的除外。

三、辩护人的责任和地位

（一）辩护人的责任

根据《刑事诉讼法》第 37 条的规定，辩护人的责任是根据事实和法律，提出犯罪嫌疑人、被告人无罪、罪轻或者减轻、免除其刑事责任的材料和意见，维护犯罪嫌疑人、被告人的诉讼权利和其他合法权益。据此，辩护人的责任可以从以下两个方面来理解。

1．辩护人只有辩护的责任，没有控诉的义务

简言之，所谓辩护即从事实和法律两个层面提供对犯罪嫌疑人、被告人有利的信息；所谓控诉则是指从事实和法律两个层面提供对犯罪嫌疑人、被告人不利的信息。根据我国《刑事诉讼法》的规定，公安机关和人民检察院虽然依法承担侦查和追诉的职能，但其在刑事诉讼中承担的责任并非仅限于此，即不能仅从对犯罪嫌疑人、被告人不利的

角度调查收集证据和提供法律意见，而应当从有利和不利两个方面行使职权。但是，辩护人的责任仅限于从有利于犯罪嫌疑人、被告人的角度行使辩护权，而不能提供对犯罪嫌疑人、被告人不利的证据和法律意见，否则，辩护人就违背了自己的职责。

司法实践中经常遇到的一个实际问题是，当辩护人在履行辩护职责过程中了解到某些对犯罪嫌疑人、被告人不利的事实或证据，或者得知了某些犯罪嫌疑人、被告人尚未被公安司法机关掌握的罪行时，应当如何处理？对此，《刑事诉讼法》第 48 条规定："辩护律师对在执业活动中知悉的委托人的有关情况和信息，有权予以保密。但是，辩护律师在执业活动中知悉委托人或者其他人，准备或者正在实施危害国家安全、公共安全以及严重危害他人人身安全的犯罪的，应当及时告知司法机关。"

可见，该条规定赋予了辩护律师对其执业过程中所知悉的不利于委托人的信息的保密特权。此项规定是为了维护辩护律师与委托人之间的信任关系，保障辩护活动顺利有效地进行。辩护律师保密特权的例外仅限于其知悉委托人或其他人准备或者正在实施危害国家安全、公共安全以及严重危害他人人身安全的犯罪情况，此时，辩护律师有义务及时向司法机关报告。但是，对于犯罪嫌疑人、被告人已经实施完毕的犯罪行为，即使涉及上述三类情形，辩护律师仍然有权保守秘密。

2．辩护人的责任是维护犯罪嫌疑人、被告人的合法权益

合法权益是指法律所保护的权利和利益。辩护人参与刑事诉讼就是为了防止犯罪嫌疑人、被告人的合法权益遭受侵害。但是，对于一些非法利益，辩护人不得维护。因此，辩护人的辩护必须以事实为依据，以法律为准绳，不得为了犯罪嫌疑人、被告人的利益，捏造事实、突破法律允许的界限实施辩护活动。

根据《刑事诉讼法》的规定，辩护人或者其他任何人，不得帮助犯罪嫌疑人、被告人隐匿、毁灭、伪造证据或者串供，不得威胁、引诱证人作伪证以及进行其他干扰司法机关诉讼活动的行为。违反上述规定的，应当依法追究法律责任。

（二）辩护人的诉讼地位

辩护人依法独立行使辩护权，他在刑事诉讼中的地位是独立的诉讼参与人。辩护人的独立地位可以从以下两个方面来理解。

1．独立于公安司法机关

辩护人根据自己对案件事实和法律的理解行使辩护权，不受公安司法机关及其工作人员的干涉。《刑事诉讼法》第 52 条规定，审判人员、检察人员、侦查人员必须依照法定程序，收集能够证实犯罪嫌疑人、被告人有罪或者无罪、犯罪情节轻重的各种证据。本条赋予公安司法机关及其工作人员全面收集证据的义务，这意味着即使是控诉机关亦不能只收集对犯罪嫌疑人、被告人不利的证据，对于有利于犯罪嫌疑人、被告人的事实和证据也应当给予同样的关注。从这一规定来看，公安司法机关的职责与辩护人职责之间存在重合的部分。但是，二者绝对不能互相替代，更不允许公安司法机关将自己的意见强加给辩护人。

2．独立于犯罪嫌疑人、被告人

辩护人作为犯罪嫌疑人、被告人合法权益的专门维护者，他参与刑事诉讼的根本目

的和犯罪嫌疑人、被告人是一致的。但是，辩护人接受委托或者指定后，参与诉讼是在履行法定职责，而不是基于当事人的授权。因此，辩护人参与刑事诉讼与诉讼代理人不同，他不是在委托人授权范围内进行诉讼活动，而是依据事实和法律规定，独立发表辩护意见。辩护人不是犯罪嫌疑人、被告人的代言人或传声筒，不受犯罪嫌疑人、被告人意志的左右。即使犯罪嫌疑人、被告人认罪，但辩护人认为证据不足以证明其有罪时，也可以进行无罪辩护；反之，犯罪嫌疑人、被告人认为自己无罪，辩护人亦有权根据案件事实和法律规定，进行有罪辩护。犯罪嫌疑人、被告人若与辩护人意见不一致，可以依法拒绝辩护人继续为自己辩护，更换辩护人，但是无权要求辩护人更改辩护意见。

四、辩护人的权利义务

（一）辩护人的权利

根据我国《刑事诉讼法》的规定，辩护人享有的诉讼权利主要包括以下几项。

1．独立辩护权

辩护人依据事实和法律独立履行辩护职责，受国家法律的保护，不受公安司法机关及其工作人员的干涉，也不受犯罪嫌疑人、被告人意志的约束。

2．阅卷权

辩护律师自人民检察院对案件审查起诉之日起，可以查阅、摘抄、复制本案的案卷材料。其他辩护人经人民法院、人民检察院许可，也可以查阅、摘抄、复制上述材料。

阅卷是辩护人了解案件情况的最重要途径，要保障辩护的有效性，就必须切实保障辩护人的阅卷权。在我国刑事诉讼中，辩护人的阅卷权始于审查起诉阶段，其阅卷范围为“本案的案卷材料”，这一表述意味着辩护人有权查阅、摘抄、复制本案的全部案卷材料，包括诉讼文书与证据材料，但是合议庭、审判委员会的讨论记录以及其他依法不公开的材料不得查阅、摘抄、复制。

视辩护人身份之不同，《刑事诉讼法》对阅卷权的行使作出了区别规定，即有律师身份的辩护人可以直接查阅案卷材料，但是，没有律师身份的辩护人阅卷，需要得到人民法院或人民检察院的许可。这是因为律师拥有法律专业知识、组织纪律以及职业道德的保障，能够合法有效地为犯罪嫌疑人、被告人提供辩护。而不具有律师身份的辩护人往往与犯罪嫌疑人、被告人之间存在亲属、朋友或其他密切关系，为防止其可能出现的不顾事实和法律，单纯为了犯罪嫌疑人、被告人的利益，而出现诸如毁灭、伪造证据、协助当事人串供等违法行为，法律对其阅卷权的行使施加了一定程度地限制。

根据最高人民检察院《规则》第 48 条的规定，自人民检察院对案件审查起诉之日起，律师以外的辩护人向人民检察院申请查阅、摘抄、复制本案的案卷材料或者申请同在押、被监视居住的犯罪嫌疑人会见和通信的，由人民检察院负责捕诉的部门对申请进行审查并作出是否许可的决定，在 3 日以内书面通知申请人。对于律师以外的辩护人申请查阅、摘抄、复制案卷材料或者申请同在押、被监视居住的犯罪嫌疑人会见和通信，具有下列情形之一的，人民检察院可以不予许可：（1）同案犯罪嫌疑人在逃的；（2）案件事实不清，证据不足，或者遗漏罪行、遗漏同案犯罪嫌疑人需要补充侦查的；（3）涉及国家秘密或者商业秘密的；（4）有事实表明存在串供、毁灭、伪造证据或者危害证人人身安全可能的。

为保障辩护人阅卷权能够得到有效实现，最高人民法院和最高人民检察院的相关司法解释均作出了进一步规定。最高人民法院《解释》要求，辩护人查阅、摘抄、复制案卷材料的，人民法院应当提供方便，并保证必要的时间。最高人民检察院《规则》要求，辩护律师或者经过许可的其他辩护人到人民检察院查阅、摘抄、复制本案的案卷材料，由案件管理部门及时安排，由办案部门提供案卷材料。因办案部门工作等原因无法及时安排的，应当向辩护人说明，并安排辩护人自即日起3个工作日以内阅卷，办案部门应当予以配合。人民检察院应当为辩护人查阅、摘抄、复制案卷材料设置专门的场所或者电子卷宗阅卷终端设备。必要时，人民检察院可以派员在场协助。辩护人复制案卷材料可以采取复印、拍照、扫描、刻录等方式，人民检察院不收取费用。

3. 会见、通信权

（1）辩护律师可以同在押的犯罪嫌疑人、被告人会见和通信。其他辩护人经人民法院、人民检察院许可，也可以同在押的犯罪嫌疑人、被告人会见和通信。

（2）辩护律师持律师执业证书、律师事务所证明和委托书或者法律援助公函要求会见在押的犯罪嫌疑人、被告人的，看守所应当及时安排会见，至迟不得超过48小时。

（3）危害国家安全犯罪案件、恐怖活动犯罪案件，在侦查期间辩护律师会见犯罪嫌疑人，应当经侦查机关许可。对于上述案件，侦查机关应当事先通知看守所。

需要注意的是，上述两类犯罪案件，辩护律师会见须经侦查机关许可，仅限于侦查阶段，之所以赋予侦查机关审查许可的权力，是为了防止会见之后产生妨碍侦查顺利进行的后果。在审查起诉阶段和审判阶段，由于侦查已经终结，辩护律师与在押的犯罪嫌疑人、被告人会见无须经办案机关许可。

根据公安部《规定》第52条，在办理危害国家安全犯罪案件和恐怖活动犯罪案件过程中，对辩护律师提出的会见申请，办案机关应当在收到申请后3日以内，报经县级以上公安机关负责人批准，作出许可或者不许可的决定，书面通知辩护律师，并及时通知看守所。除有碍侦查或者可能泄露国家秘密的情形外，应当作出许可的决定。公安机关不许可会见的，应当说明理由。有碍侦查或者可能泄露国家秘密的情形消失后，公安机关应当许可会见。有下列情形之一的，属于法律规定的“有碍侦查”：第一，可能毁灭、伪造证据，干扰证人作证或者串供的；第二，可能引起犯罪嫌疑人自残、自杀或者逃跑的；第三，可能引起同案犯逃避、妨碍侦查的；第四，犯罪嫌疑人的家属与犯罪有牵连的。

（4）辩护律师会见在押的犯罪嫌疑人、被告人，可以了解有关案件情况，提供法律咨询等；自案件移送审查起诉之日起，可以向犯罪嫌疑人、被告人核实有关证据。辩护律师会见犯罪嫌疑人、被告人时不被监听。

（5）辩护律师同被监视居住的犯罪嫌疑人、被告人会见、通信，适用上述（1）（3）（4）的规定。

4．调查取证权

（1）辩护律师经证人或者其他有关单位和个人同意，可以向他们收集与本案有关的材料，也可以申请人民检察院、人民法院收集、调取证据，或者申请人民法院通知证人出庭作证。辩护律师经人民检察院或者人民法院许可，并且经被害人或者其近亲属、被害人提供的证人同意，可以向他们收集与本案有关的材料。

从取证形式来看，辩护律师调查取证共有两种形式：一是辩护律师自行调查取证，二是辩护律师申请人民法院、人民检察院调查取证。对于辩护律师申请人民检察院、人民法院收集、调取证据，人民检察院、人民法院认为需要调查取证的，应当由人民检察院、人民法院收集、调取证据，不得向律师签发准许调查决定书，让律师收集、调取证据。

从取证对象来看，辩护律师调查取证被分为两种：一种情况是向一般了解案件情况的单位和个人调查取证，在这种情况下，辩护律师仅需征得取证对象的同意即可展开调查。另一种情况是向被害人一方调查取证，这里的“被害人一方”包括被害人本人以及被害人的近亲属、被害人提供的证人。向被害人一方调查取证不仅应当征得取证对象的同意，而且事先还应当得到人民检察院或者人民法院的许可。法律之所以作出此种区分，是为了保障被害人的合法权益，防止被害人二次受到伤害，并且防止被害人一方受到不应有的干扰甚至恐吓。

（2）辩护人认为在侦查、审查起诉期间公安机关、人民检察院收集的证明犯罪嫌疑人、被告人无罪或者罪轻的证据材料未提交的，可以申请人民检察院、人民法院调取有关证据。

申请调取证据针对的是公安机关或人民检察院已经收集取得，但是基于各种原因没有随案移送的证据，其具体情形可能是因疏忽大意而遗漏，因违法动机而隐匿，因认为该证据证明价值不高而未移送等。申请调取证据包括申请人民检察院向公安机关调取证据，以及申请人民法院向人民检察院调取证据。

案件移送审查逮捕或者审查起诉后，辩护人认为在侦查期间公安机关收集的证明犯罪嫌疑人无罪或者罪轻的证据材料未提交，申请人民检察院向公安机关调取的，人民检察院负责捕诉的部门应当及时审查。经审查，认为辩护人申请调取的证据已收集并且与案件事实有联系的，应当予以调取；认为辩护人申请调取的证据未收集或者与案件事实没有联系的，应当决定不予调取并向辩护人说明理由。公安机关移送相关证据材料的，人民检察院应当在 3 日以内告知辩护人。

在审判阶段，辩护人认为在调查、侦查、审查起诉期间监察机关、公安机关、人民检察院收集的证明被告人无罪或者罪轻的证据材料未随案移送，申请人民法院调取的，应当以书面形式提出，并提供相关线索或者材料。人民法院接受申请后，应当向人民检察院调取。人民检察院移送相关证据材料后，人民法院应当及时通知辩护人。

5．参加法庭调查和法庭辩论的权利

人民法院决定开庭审判后，应当将人民检察院的起诉书副本至迟在开庭 10 日以前送达被告人及其辩护人。人民法院确定开庭日期后，应当在开庭 3 日以前将开庭通知书送达辩护人。

在法庭调查阶段，经审判长许可，辩护人可以向被告人、证人、鉴定人发问；有权向法庭出示物证；有权对法庭上出示、宣读的证据发表意见；有权申请通知新的证人到庭、调取新的物证、申请重新鉴定或者勘验。

在法庭辩论阶段，经审判长许可，辩护人可以对证据和案件情况发表意见，并有权同公诉人、自诉人、被害人及其诉讼代理人进行辩论。

6．侦查阶段辩护律师的权利

2012 年修改后的《刑事诉讼法》明确赋予侦查阶段的律师以辩护人的身份，但辩护律师在侦查阶段所享有的诉讼权利相对于审查起诉和审判阶段而言，范围较小。根据《刑事诉讼法》和公安部有关部门规章的规定，辩护律师在侦查期间不享有阅卷权，但享有向侦查机关了解案件情况的权利，即可以向侦查机关了解犯罪嫌疑人涉嫌的罪名及当时已查明的该罪的主要事实，犯罪嫌疑人被采取、变更、解除强制措施的情况，侦查机关延长侦查羁押期限等情况；享有向侦查机关提出有关意见的权利。

7．申诉、控告权

辩护人认为公安机关、人民检察院、人民法院及其工作人员阻碍其依法行使诉讼权利的，有权向同级或者上一级人民检察院申诉或者控告。人民检察院对申诉或者控告应当及时进行审查，情况属实的，通知有关机关予以纠正。

根据最高人民检察院相关司法解释的规定，辩护人、诉讼代理人认为公安机关、人民检察院、人民法院及其工作人员具有下列阻碍其依法行使诉讼权利的行为之一，向同级或者上一级人民检察院申诉或者控告的，人民检察院负责控告申诉检察的部门应当接受并依法办理，其他办案部门应当予以配合：（1）违反规定，对辩护人、诉讼代理人提出的回避要求不予受理或者对不予回避决定不服的复议申请不予受理的；（2）未依法告知犯罪嫌疑人、被告人有权委托辩护人的；（3）未转达在押的或者被监视居住的犯罪嫌疑人、被告人委托辩护人的要求或者未转交其申请法律援助材料的；（4）应当通知而不通知法律援助机构为符合条件的犯罪嫌疑人、被告人或者被申请强制医疗的人指派律师提供辩护或者法律援助的；（5）在规定时间内不受理、不答复辩护人提出的变更强制措施申请或者解除强制措施要求的；（6）未依法告知辩护律师犯罪嫌疑人涉嫌的罪名和案件有关情况的；（7）违法限制辩护律师同在押、被监视居住的犯罪嫌疑人、被告人会见和通信的；（8）违法不允许辩护律师查阅、摘抄、复制本案的案卷材料的；（9）违法限制辩护律师收集、核实有关证据材料的；（10）没有正当理由不同意辩护律师收集、调取证据或者通知证人出庭作证的申请，或者不答复、不说明理由的；（11）未依法提交证明犯罪嫌疑人、被告人无罪或者罪轻的证据材料的；（12）未依法听取辩护人、诉讼代理人的意见的；（13）未依法将开庭的时间、地点及时通知辩护人、诉讼代理人的；（14）未依法向辩护人、诉讼代理人及时送达本案的法律文书或者及时告知案件移送情况的；（15）阻碍辩护人、诉讼代理人在法庭审理过程中依法行使诉讼权利的；（16）其他阻碍辩护人、诉讼代理人依法行使诉讼权利的。辩护人、诉讼代理人认为看守所及其工作人员有阻碍其依法行使诉讼权利的行为，向人民检察院申诉或者控告的，由负责刑事执行检察的部门接受并依法办理；其他办案部门收到申诉或者控告的，应当及时移送负责刑事执行检察的部门。

辩护人、诉讼代理人认为其依法行使诉讼权利受到阻碍向人民检察院申诉或者控告的，人民检察院应当及时受理并调查核实，在10日以内办结并书面答复。情况属实的，通知有关机关或者本院有关部门、下级人民检察院予以纠正。

8．拒绝辩护权

辩护人拒绝辩护的权利，《刑事诉讼法》没有规定。根据《律师法》第32条第2款规定："律师接受委托后，无正当理由的，不得拒绝辩护或者代理，但是，委托事项违法、委托人利用律师提供的服务从事违法活动或者委托人故意隐瞒与案件有关的重要事实的，律师有权拒绝辩护或者代理。"

（二）辩护人的义务

根据《刑事诉讼法》的规定，辩护人的义务主要可以概括为以下几个方面。

1．真实义务

辩护人或者其他任何人，不得帮助犯罪嫌疑人、被告人隐匿、毁灭、伪造证据或者串供，不得威胁、引诱证人作伪证以及进行其他干扰司法机关诉讼活动的行为。

有上述行为的，应当依法追究法律责任，辩护人涉嫌犯罪的，应当由办理辩护人所承办案件的侦查机关以外的侦查机关办理。辩护人是律师的，应当及时通知其所在的律师事务所或者所属的律师协会。

2．保密义务

辩护律师对在执业活动中知悉的委托人的有关情况和信息，有权予以保密。但是，辩护律师在执业活动中知悉委托人或者其他人，准备或者正在实施危害国家安全、公共安全以及严重危害他人人身安全的犯罪的，应当及时告知司法机关。

3. 向控方开示证据的义务

辩护人收集的有关犯罪嫌疑人不在犯罪现场、未达到刑事责任年龄、属于依法不负刑事责任的精神病人的证据，应当及时告知公安机关、人民检察院。

第二节 刑事诉讼代理

一、刑事诉讼代理的概念和意义

刑事诉讼代理制度是指代理人接受公诉案件的被害人及其法定代理人或近亲属、自诉案件的自诉人及其法定代理人、附带民事诉讼的当事人及其法定代理人委托，以被代理人的名义参与诉讼，在授权范围内进行活动，由被代理人承担代理行为法律后果的一项法律制度。

根据《刑事诉讼法》第46条的规定，公诉案件的被害人及其法定代理人或者近亲属，附带民事诉讼的当事人及其法定代理人，自案件移送审查起诉之日起，有权委托诉讼代理人。自诉案件的自诉人及其法定代理人，附带民事诉讼的当事人及其法定代理人，有权随时委托诉讼代理人。

人民检察院自收到移送审查起诉的案件材料之日起 3 日以内，应当告知被害人及其法定代理人或者其近亲属、附带民事诉讼的当事人及其法定代理人有权委托诉讼代理人。人民法院自受理自诉案件之日起 3 日以内，应当告知自诉人及其法定代理人、附带民事诉讼的当事人及其法定代理人有权委托诉讼代理人。

刑事诉讼代理与辩护之间存在重大区别。第一，从产生根据上看，刑事代理产生于公诉案件被害人及其法定代理人或者近亲属、自诉人及其法定代理人、附带民事诉讼当事人及其法定代理人的委托，而辩护则产生于犯罪嫌疑人、被告人的委托或法律援助。

第二，从具体内容上看，辩护是针对犯罪嫌疑人、被告人被指控的犯罪，提出有利于犯罪嫌疑人、被告人的事实和理由，以证明犯罪嫌疑人、被告人无罪、罪轻或者应当减轻、免除处罚，维护犯罪嫌疑人、被告人合法权益的活动。而刑事代理则根据不同的情况有不同的内容。自诉人与公诉案件被害人的代理主要是代理被代理人参与刑事诉讼，行使控诉职能。附带民事诉讼当事人的代理则是代理被代理人维护其民事权利。

第三，从辩护人与代理人的诉讼地位来看，辩护人独立行使辩护职责，不受犯罪嫌疑人、被告人意志的约束。而代理人则应当在被代理人授权范围内，基于被代理人的意思进行代理活动，相关法律后果由被代理人承担。

刑事诉讼代理制度的意义主要体现在两个方面。第一，切实保障当事人的合法权益。在刑事诉讼中，自诉人、被害人以及附带民事诉讼的当事人往往缺乏法律知识和司法实践经验，因而不能充分有效地行使自己的各项诉讼权利。允许其委托专业的诉讼代理人，可以有效维护其合法权益。第二，保障刑事诉讼活动的顺利进行。当事人亲自参与诉讼可能会因为知识与经验的欠缺而导致诉讼拖延，如果能够委托代理人特别是代理律师参与诉讼，有助于诉讼活动快速、顺利地进行，降低诉讼成本。同时，也有助于司法机关对案件事实和证据作出全面分析，准确、合法地处理案件。

二、诉讼代理人的权利义务

根据我国《刑事诉讼法》的规定，可以被委托担任诉讼代理人的人员范围与辩护人相同。诉讼代理人的权利义务主要体现在以下方面。

（一）诉讼代理人的权利

（1）经人民检察院或人民法院许可，诉讼代理人可以查阅、摘抄、复制本案的案卷材料。

（2）律师担任诉讼代理人的，需要收集、调取与本案有关的证据材料的，参照《刑事诉讼法》有关辩护律师的规定执行。

（3）在审查起诉阶段，被害人的诉讼代理人可以向人民检察院发表代理意见。

（4）诉讼代理人在法庭上经审判长许可，可以向被告人、证人、鉴定人发问。

（5）诉讼代理人有权申请通知新的证人到庭，调取新的物证，申请重新鉴定或者勘验。

（6）诉讼代理人有权参加法庭辩论。

（7）诉讼代理人认为公安机关、人民检察院、人民法院及其工作人员阻碍其依法行使诉讼权利的，有权向同级或者上一级人民检察院申诉或者控告。人民检察院对申诉或者控告应当及时进行审查，情况属实的，通知有关机关予以纠正。

（8）代理律师在发现委托事项违法、委托人利用律师提供的服务从事违法活动或者委托人向律师隐瞒事实时，可以拒绝代理。

（二）诉讼代理人的义务

诉讼代理人应当依法履行代理职责，遵守法庭秩序；律师担任诉讼代理人的，无正当理由不得拒绝代理。

重要名词术语

辩护、辩护权、辩护制度、刑事诉讼代理制度、诉讼代理人

思考题

1. 简述辩护人的诉讼地位和职责。
2. 简述辩护人的权利与义务。

典型案例分析

案例一

甲因涉嫌故意杀人罪被移送A市人民检察院审查起诉。检察官在向其宣告权利时询问其是否有辩护人，是否需要为其聘请法律援助律师。甲表示自己没有律师，希望人民检察院为其聘请法律援助律师。在为甲聘请了法律援助律师后，甲的弟弟告诉检察官其又为甲委托了辩护人。问检察官应当如何处理？

答：对法律援助机构指派律师为被告人提供辩护，被告人的监护人、近亲属又代为委托辩护人的，应当听取被告人的意见，由其确定辩护人人选。因此，检察官应听取甲的意见，由甲决定谁为辩护人。

案例二

在庭审过程中，甲翻供，称自己没有杀人，并当庭拒绝律师为其进行有罪辩护。甲的辩护人称自己有权独立辩护，不受甲意思表示的约束。问合议庭应当如何处理？

答：被告人甲有权拒绝辩护人辩护，合议庭应当准许。

第六章　证据

【内容提示】

刑事证据是刑事诉讼的灵魂，是刑事诉讼法中最重要的内容之一。在任何一起刑事案件的办理过程中，都需要一定的证据作为事实认定的根基。根据确实、充分的证据而作出的裁判才能有效维护当事人的合法权益，保证司法的公正性和权威性。虽然我国没有独立的证据法，但目前，学界对证据制度的研究已经体系化、理论化，并形成一门独立的学科，称为证据法学。证据制度可分为证据和证明两大部分。本章主要介绍第一大部分的内容。2012 年《刑事诉讼法》将证据的概念由“事实说”修改为“材料说”，使证据的概念界定更加符合司法规律与认知原理。证据是指可以用于证明案件事实的材料，具备客观性、关联性和合法性的基本属性。在《刑事诉讼法》的历次修改中，刑事证据种类由 1979 年《刑事诉讼法》规定的 6 种，到 1996 年《刑事诉讼法》规定的 7 种，再到 2012 年《刑事诉讼法》规定的 8 种，标志着证据种类的规定逐渐由“封闭式”走向“开放式”，电子数据等新兴证据取得了正式的法律地位。不同于证据的种类，证据的分类是指在理论研究上将证据按照不同的标准划分为不同类别，这对于通过不同类别证据的特点及其运用规律指导司法办案来说有着十分重要的意义。依据不同的标准，在学理上可根据证据材料的来源不同，将证据分为原始证据与传来证据；或根据证据是否能够证明犯罪事实的存在或者犯罪行为系犯罪嫌疑人、被告人所为，将证据分为有罪证据与无罪证据；或根据证据的不同表现形式，将证据分为言词证据与实物证据；或根据证据与主要事实证明关系的不同，将证据分为直接证据和间接证据。本章还介绍了各种证据规则。证据规则是指导刑事诉讼中各主体在收集、审查和使用证据时需遵照的标准与依循的法则，对于准确认定事实、维护正当程序和提高诉讼效率来说都有重要意义。在学理上，刑事诉讼中的证据规则主要包括两类：一类是调整证据能力的规则，例如，传闻证据规则、非法证据排除规则、意见证据规则、最佳证据规则等；另一类是调整证明力的规则，例如，关联性规则、补强证据规则等。

第一节　证据制度概述

一、证据的概念与属性

（一）证据的概念

“证据”一词虽然在生活中被广泛使用，但法学领域对证据的概念为何却莫衷一是、众说纷纭，有“事实说”“根据说”“材料说”“信息说”“命题说”“方法说”等多种观点。2012年以前，无论是1979年《刑事诉讼法》还是1996年《刑事诉讼法》都对证据概念的界定采“事实说”，即证据是证明案件真实情况的一切事实。概言之，证据就是事实，而且还是证明案件“真实情况”的事实。但根据“事实说”产生的学说和规定带来了诸多问题。其一，既然证据是用来证明案件事实的，那么案件事实就是运用证据证明的对象，证据与案件事实就是反映与被反映的关系。但依据“事实说”，证据本身又是事实，由此导致了用事实证明事实、用事实反映事实这种循环论证的结果。其二，证据是事实，那么事实又具体是什么？从哲学角度看，事实是一种不以人的意志为转移的客观存在。可是“客观存在”又太过抽象，看不到、摸不着。相比之下，司法活动中证据的运用是非常具体和实在的，以客观存在作为证据内涵去指导司法办案，会让办案人员无所适从，导致“事实说”对司法实践的理论供给十分有限。其三，将“真实性”作为界定证据的标准，不符合司法状况。根据1996年《刑事诉讼法》第42条第1款的规定，证据必须是证明案件真实情况的事实，那么不能反映案件真实情况的，即不真实或不属实的证据材料，要被排除在证据范畴之外。而依据本条第3款的规定，证据必须经过查证属实才能作为定案的根据。将本条第1款与第3款作体系解释会发现，既然证据是事实，已具有真实性，为何还需“查证”，还要确认“属实”？这本身就存在逻辑上的前后矛盾。

基于上述原因，立法对于证据概念的界定从“事实说”转向了“材料说”。2012年《刑事诉讼法》第48条第1款（《刑事诉讼法》第50条第1款）规定：“可以用于证明案件事实的材料，都是证据。”

首先，“材料说”避免了“事实说”在理论上的循环论证问题，解决了后者在指导司法实践时过于空泛的弊端，同时也与《刑事诉讼法》第50条第2款中罗列的各种具体的证据种类相称（证据种类将于下文详述）。“材料”本身不是“案件事实”，而是记载、解读并展现出“案件事实”信息的证据材料。其次，“材料说”进一步明确了材料、证据和事实之间的前后顺序和逻辑关系。材料是客观存在于自然界的，如果能够进入司法人员的视野，纳入司法程序，就有可能成为证据，一旦成为证据，就具备了反映案件事实的条件，能够证明案件事实，帮助司法办案人员发掘真相。从这个角度看，材料可以成为证据，证据能够反映事实。三者之间的关系是清楚明白的，也是逻辑自洽的。再次，将证据视为证明案件事实的材料，体现了证据作为材料的“中性”色彩。即证据虽然是客观存在的，但它不是一种事实，在证明案件事实时也可能“失真”。换言之，材料既可能是真，也可能是假，故还需遵照《刑事诉讼法》第50条第3款，必须经过查证属实，才能作为定案的根据。最后，作为材料的证据能够准确体现其“证实”和“证伪”的双重功用，这都是在反映案件的真实情况。

综上，本书采“材料说”，认为证据是用于证明案件事实的材料。

（二）证据的属性

属性是一个事物具备的固有特征，以及其内部不同要素彼此之间的关系。理论和司法实践一般认为，证据的属性包括客观性、关联性、合法性三个方面，简称为证据“三性”。

1. 客观性

证据的客观性，是指证据必须是客观存在的材料，不以人的主观意志为转移。任何主观想象、虚构、猜测、假设、臆断、梦境以及来源不清的道听途说等并非客观存在的材料，因此都不能成为刑事诉讼意义上的证据。客观性是刑事证据的首要属性和本质特征，与主观性相对，把握住这一点就能准确掌握证据的客观属性。

（1）证据是对案件事实的客观反映。证据的客观性是由案件事实的客观性决定的，任何一种犯罪行为都是在一定的时间和空间内发生的，只要有行为发生，就必然留下各种实物痕迹或成为人的印象，由此形成“物证”或“人证”，这些都是不以人的主观意志为转移的客观存在。

（2）证据不依赖司法办案人员的主观意识而改变。不容否认，客观存在的材料若要被纳入司法程序，从而成为证据，必然要经过司法办案人员的收集、整理与筛选过程。例如，司法办案人员讯问犯罪嫌疑人、被告人以及询问证人、被害人都要制作笔录，在整理笔录材料时必然会受到各种人的主观因素之影响；在固定、保全实物证据时也要涉及人的操作和判断。但是，这不意味着司法办案人员能仅凭主观意识就随意改变证据的形式和内容，歪曲事实。人的主观意识仍然要服务于证据的客观性。这就要求司法办案人员在证据调查过程中必须避免任何主观想象和猜测，认真收集和把握能够如实反映案件情况的证据，善于鉴别和排除虚假的材料。

2. 关联性

证据既然能够被用于证明案件事实，必然与案件事实有一定程度的关联性，可以用于揭示、推断案件事实。[1]关联性通常也可称为相关性，是指在刑事诉讼中，证据必须与案件事实有客观联系，对证明案件事实具有某种实质意义；反之，与本案无关的材料，都不能成为证据。关联性不仅涉及一个材料能否成为证据，即证据的有无问题；还关涉证据证明力的强弱。由此引出一个论断：证据的关联性是证据证明力的原因。所谓证明力，是指证据具有的、对案件事实的证明作用和价值，也就是证据在证明案件事实中的分量（weigh）。证据对案件事实有无证明力以及证明力的大小，取决于证据本身与案件事实有无联系以及联系的紧密、强弱程度。一般来说，如果证据与案件事实之间的联系越紧密，则该证据的证明力越强，在诉讼中所起的作用也越大。

---

〔1〕 参见李寿伟主编：《中华人民共和国刑事诉讼法解读》，中国法制出版社2018年版，第120页。

在司法实践中，正确认识和运用证据的关联性，要注意以下几点：

（1）关联性是客观存在的。关联性是证据的一种客观属性，其根源是证据所表现出的信息与案件事实之间的客观联系，不是办案人员的主观想象或者强加的联系。在实践中曾有这样的案例：张三的外甥李四在正月理发，当晚张三死亡。张三的老婆以“正月理发死舅舅”的说法为依据向公安机关控告李四故意杀人。事实上，李四理发与张三死亡并没有客观联系，仅是张三老婆的一种主观想象或强加的联系，不能成为公安机关立案侦查的依据。

（2）证据的关联性是可探知的。辩证唯物主义认识论认为，事物是普遍联系的，世界是可知的。即使案件再疑难复杂、犯罪人再聪明机智，案发后总会留下各种形式的痕迹物证、印象信息等，它们与案件事实有着千丝万缕的联系。办案人员如果积极发掘、缜密推断，总会发现蛛丝马迹，寻迹追踪、抽丝剥茧，就能拨开疑案的迷雾，发现案件真相。当然，不得不承认，人的认识是有阶段性的，司法资源也是有限的，有些证据与案件事实的联系可能囿于历史条件和生产力的发展水平没有被彻底发现。但随着科技的发展，人的认知能力不断提升，至少在理论上来讲，证据与案件事实之间的关联性终会为人所认识。例如，1984 年，英国发明了 DNA 鉴定技术，这对于刑事诉讼来说是里程碑式的跨越。由于每个人的 DNA 图谱不完全相同，而人体各部位的细胞都有相同的 DNA，侦查机关通过对犯罪现场遗留的血迹、毛发、唾液等生物样本进行 DNA 鉴定便可以准确锁定犯罪嫌疑人，发现案件真相。2000 年，我国 DNA 技术在犯罪侦查中得到广泛应用，一些陈年旧案因此而告破，一些冤假错案也得以平反。

（3）关联性的表现形式是多样的。证据与案件事实的关联形式多种多样，可以是直接的也可以是间接的，可以是偶然的也可以是必然的，可以是肯定的也可以是否定的。但是，无论哪种关联方式都是客观存在的，且关联的一方指向案件事实，具体而言，会涉及犯罪的空间、时间、条件、方法、手段等。反之，某些材料与案件事实没有关联性，或表面上有关联性但实质上是伪造的、虚假的关联性，则不能被用于证明案件事实，不具备证据的功能。例如，《刑事诉讼法》第 120 条第 1 款规定，“犯罪嫌疑人对侦查人员的提问，应当如实回答。但是对与本案无关的问题，有拒绝回答的权利”。作出这一规定是因为，讯问笔录记载着犯罪嫌疑人、被告人的供述和辩解，记录的内容应当与案件事实有关联性。如果侦查人员的提问与案件无关，意味着提问的内容与案件事实没有关联性，犯罪嫌疑人即使回答，相关笔录内容也不具有证明案件事实的作用，不被作为证据使用，故法律规定犯罪嫌疑人可不予回答。

3. 合法性

传统理论认为，证据的合法性包括四个方面：第一，收集、运用证据的主体合法；第二，每个证据来源的程序合法；第三，证据必须具有合法形式；第四，证据必须经法定程序查证属实。本书认为，证据的合法性应重点关注取证手段的合法，以及证据须经法定程序查证属实。

（1）取证手段的合法，强调收集证据必须符合法定的程序要求。《刑事诉讼法》第 52 条规定：“审判人员、检察人员、侦查人员必须依照法定程序，收集能够证实犯罪嫌疑人、被告人有罪或者无罪、犯罪情节轻重的各种证据。严禁刑讯逼供和以威胁、引诱、欺骗以及其他非法方法收集证据，不得强迫任何人证实自己有罪……”此外，《刑事诉讼法》第115—154条对如何讯问犯罪嫌疑人，询问证人、被害人，勘验、检查、搜查、扣押书证、物证，鉴定，技术侦查等，都作了明确的具体规定。公安司法人员只有严格执行这些规定，收集到的证据才有合法性，如果公安司法人员采取了非法取证手段，收集证据时不符合法定程序要求，有关证据就要被排除或者不得作为认定案件事实的依据。《刑事诉讼法》第56条规定：“采用刑讯逼供等非法方法收集的犯罪嫌疑人、被告人供述和采用暴力、威胁等非法方法收集的证人证言、被害人陈述，应当予以排除。收集物证、书证不符合法定程序，可能严重影响司法公正的，应当予以补正或者作出合理解释；不能补正或者作出合理解释的，对该证据应当予以排除。在侦查、审查起诉、审判时发现有应当排除的证据的，应当依法予以排除，不得作为起诉意见、起诉决定和判决的依据。”

（2）证据须经法定程序查证属实，强调证据若要成为最终定案的根据，则必须经合法的程序查证属实。《刑事诉讼法》第55条第2款第2项规定：“据以定案的证据均经法定程序查证属实”。此处的“查证属实”与《刑事诉讼法》第50条第3款中的“查证属实”表述相同，根据同一解释规则，二者语义一致。如果作等约替换，可以得出证据要成为“定案的证据”，必须“经法定程序”查证属实。一般认为，“法定程序”主要是指审判阶段的法庭调查程序。既然案件的最终裁判者是法官，那么对于证据的查证属实当然应集中于证据审查和事实认定的最终环节——庭审程序。有研究者指出：“‘查证’自然是依据本法规定的证据调查程序进行调查，如证人应当依法出庭接受质证，实物证据原则上应当出示原物、原件等一系列程序规则，若违反之，则该证据不具有作为定案依据的资格。”[1]该解释契合《刑事诉讼法》第61条的规定：“证人证言必须在法庭上经过公诉人、被害人和被告人、辩护人双方质证并且查实以后，才能作为定案的根据。”而且，2021年最高人民法院《解释》第71条也从反面做出印证：“证据未经当庭出示、辨认、质证等法庭调查程序查证属实，不得作为定案的根据。”至于具体的查证程序，除了前述法律条文和司法解释规定的查证程序，还包括庭审中其他的证据调查程序，如《刑事诉讼法》第191、194、197条规定的对于被告人、证人、鉴定人的讯问、发问或询问，通知有专门知识的人出庭，就鉴定人作出的鉴定意见提出意见；第195条规定的对物证的出示，让当事人辨认，以及对未到庭的证人的证言笔录、鉴定人的鉴定意见、勘验笔录和其他作为证据的文书应当当庭宣读，听取各方意见等。经过这些法定的调查程序，法官可据此对各类证据的可靠性形成心证，同时也满足了证据合法性的内在要求。

二、证据能力和证明力

证据的证据能力主要解决的是证据的适格性、合法性的问题，而证明力主要解决的

---

〔1〕孙远：《行政执法证据准入问题新论——从卷宗笔录式审判到审判中心主义》，载《中国刑事法杂志》2018年第1期。

是证据的真实性、可靠性的问题。任何一项证据只有同时具备证据能力和证明力，才能作为定案的根据。在对证据进行审查的过程中，证据能力与证明力前后相继，即应先判断证据的证据能力，再审查证据证明力的有无和大小。对于不具备证据能力的证据，即应排除，不再审查其证明力。如对于刑讯逼供取得的被告人供述，因该供述不具备证据能力，故无须再审查其证明力，即使该供述是真实可靠的，也不能作为定案的根据。

（一）证据能力

证据能力也称证据资格，是对证据的法律要求，解决的是证据的法律资格和适格条件的问题。任何一项证据要成为最终定案的根据，须以具备证据能力为前提。从域外的证据制度看，立法很少从正面对证据能力作出规定，通常从反面以证据排除规则来划定适格证据的范围，即什么样的材料没有证据能力。我国也有类似规定，如《刑事诉讼法》第56条规定的非法证据排除规则，即是以证据能力为基点确立的证据规则。一般认为，如果某项证据没有被法定的证据排除规则所排除，即具备了证据能力。

（二）证明力

证明力也称证明价值，是对证据的事实要求，是指证据对案件事实的证明作用和价值。如前所述，证据对案件事实有无证明力以及证明力的大小，取决于证据本身与案件事实有无联系以及联系的紧密、强弱程度。一项证据要成为最终定案的根据，必须具有证明力。在现代刑事诉讼中，证明力一般不由法律作出明确规定和限制，主要由裁判者依经验法则和逻辑规则，同时根据自己的理性和良心对证据的证明力作出判断，进而对案件事实作出裁决。在域外，这一定案过程称为“自由心证”，以与法定证据制度相区别。但是，为了对自由裁量权做出必要的限制，避免裁判者的心证太过“自由”，立法还是设定了一些限制证明力的证据规则。例如，《刑事诉讼法》第55条规定：“只有被告人供述，没有其他证据的，不能认定被告人有罪和处以刑罚……”这被称为限制口供证明力的证据补强规则。简言之，即使法官通过经验、逻辑和直觉已经对口供的证明力形成内心确信，但因在案证据未满足口供补强规则的客观数量要求，不能认定被告人有罪。此时，法官对单个口供真实性的内心确信便没有实质意义，口供的证明力仍旧归于零。

三、证据法的基本原则

证据法的基本原则是指运用证据的基本准则，是适用于所有证据的准则。针对刑事证据本身的特点，证据法的基本原则包括证据裁判原则、自由心证原则以及直接言词原则。本节重点介绍证据裁判原则和自由心证原则，直接言词原则将在“审判概述”一章第一节“刑事审判原则”中予以介绍。

（一）证据裁判原则

证据裁判原则又称证据裁判主义、证据为本原则，是指对于案件事实的认定，必须有相应的证据予以证明。没有证据或者证据不充分，不能认定案件事实。

在司法证明史上，与证据裁判原则相对的是“神明裁判”，对应的证据制度是神示证据制度。在奴隶制时期和封建初期，人们由于认识能力有限，崇拜神灵，相信神是万能的、无所不知的。当被指控犯罪的人不承认有罪，人们便祈求神灵，将案件交给神来处理，如古代的火审、水审、面包审等。“神明裁判”与特定历史时期生产力落后、人类处于愚昧无知的状态相适应。随着社会的发展，人类认识能力不断提高，司法裁判者开始主要依靠证据认定案件事实，在欧洲中世纪后期采法定证据制度。但这一时期的证据以被告人的口供为主，并实行法定刑讯制度。从包括中国在内的世界范围来看，可将这一时期视为口供裁判阶段，因此也不能认为各国已实行了证据裁判原则。到了近代西方资产阶级革命和启蒙运动以后，证据裁判原则才得以确立。

2010 年 6 月，最高人民法院、最高人民检察院、公安部、国家安全部和司法部联合出台了《关于办理死刑案件审查判断证据若干问题的规定》(以下简称《办理死刑案件证据规定》)，其第 2 条规定，“认定案件事实，必须以证据为根据”。我国法律文件第一次明确地规范性表述证据裁判原则。最高人民法院《解释》第 69 条关于“认定案件事实，必须以证据为根据”的规定，则再次确认了这一原则的效力。

在我国，证据裁判原则的基本内容包括四个方面：(1) 认定案件事实必须依靠证据，没有证据不能认定案件事实，除非法律另有规定；(2) 用于认定案件事实的证据必须具有证据资格，即前文谈及的，证据没有被法定的证据规则所排除，具有证据能力；(3) 用于定案的证据必须是经过法定程序查证属实的，具有真实性、可靠性；(4) 定案的证据必须达到“确实、充分”的标准，这意味着在我国证据裁判原则的规制下，法官作出裁判不仅要有证据，证据还要符合“充分性”的数量要求，从而使得法官在认定案件事实时能得出唯一的肯定性结论，不会产生合理怀疑。

(二) 自由心证原则

自由心证原则是指，证据的取舍、证据证明力的大小以及对案件事实的认定等，不由法律预先规定，而由裁判者秉持自己的良心和理性自由判断，形成内心确信，从而对案件事实作出结论的一项证据原则。自由心证原则产生于 18 世纪末，是在克服法定证据制度武断、僵化等弊端的基础上产生的，为各国普遍采用。

由于刑事诉讼是一个渐进的、动态的司法活动，所以包含对证据的发现、收集以及质证、认证等不同过程。自由心证原则并非适用于所有这些和证据有关的过程，而是只能适用于最终的裁判阶段。自由心证原则包含两方面的内容，一是自由判断，二是内心确信。

1. 自由判断

所谓“自由判断”，是指除法律另有规定的以外，证据及其证明力由法官自由判断，法律不做预先规定。法官判断证据证明力时，不受外部的任何影响或法律上关于证据证明力的任何约束。不仅单个证据能够证明何种事实以及其证明程度如何由法官自由判断，而且综合在案所有证据能否证明案件事实或其他有关事实以及其证明程度如何，也由法官自由判断。若有两个相互矛盾的证据同时存在，确定何者更为可信、如何进行取舍，同样由法官自由判断。需要注意的是，“自由”并不是任意的、不受任何限制或约束的，自由心证不是让法官依照个人喜好、情感、认知去自由擅断。自由心证中的“自由”是相对的自由，它要受到整个法律体系中一系列法律制度和规定的制约，法官应当在适用各种证据规则并慎重考虑庭审证据调查与辩论的全部过程的基础上，依据自由心证对案件事实做出判断。例如，前文谈及的口供补强规则就是对法官在判断口供证明力以及依照口供认定案件事实时的一种约束。

2. 内心确信

所谓“内心确信”，是指法官通过对证据的判断所形成的内心信念，应达到深信不疑的程度。“内心确信”禁止法官根据似是而非、尚有疑虑的主观感受判定事实。法官“内心确信”的形成必须符合以下条件：（1）法官必须直接接触证据；（2）法官必须站在客观、中立的立场上；（3）内心确信必须从本案的情况中得出；（4）法官必须斟酌本案的全部证据、辩论的全部意旨认定事实。〔1〕

我国对自由心证原则一直存有较大争议。长期以来，有观点认为，自由心证以唯心主义为思想基础，与我国判断证据的指导思想和原则相违背。近年来，国内学术界和司法实践逐步认识到自由心证原则有其合理之处。最高人民法院《关于民事诉讼证据的若干规定》第 85 条第 2 款规定：“审判人员应当依照法定程序，全面、客观地审核证据，依据法律的规定，遵循法官职业道德，运用逻辑推理和日常生活经验，对证据有无证明力和证明力大小独立进行判断，并公开判断的理由和结果。”该款规定吸纳了自由心证原则的精神，表明自由心证原则在一定程度上得到了我国的认可。

第二节 证据的种类与分类

一、证据的种类

《刑事诉讼法》第 50 条第 2 款规定：“证据包括：（一）物证；（二）书证；（三）证人证言；（四）被害人陈述；（五）犯罪嫌疑人、被告人供述和辩解；（六）鉴定意见；（七）勘验、检查、辨认、侦查实验等笔录；（八）视听资料、电子数据。”我国立法划分和明确了证据的法定种类，意味着任何一个证据材料要成为证据除了能够证明案件事实外，还须具备某种法定形式。这样规定，一方面是为了方便公安司法人员按图索骥，从纷繁复杂的案件材料中挑选出最有价值、对案件证明效果最强的某类证据材料，从而提高取证效率和办案质量，避免办案人员面对“海量材料”手足无措；另一方面则是确保办案机关对各种证据在取证、举证、质证和认证程序上的合法规范。“细致化分类有利于把握不同证据形式的特点，从而更妥当的使用与判断证据。”〔2〕

需要注意的是，《刑事诉讼法》第 50 条第 2 款规定的是“证据包括：……”“证据包括”可以解释为证据“包括但不限于”，意味着在第 2 款之外可以有更多的其他类证

---

〔1〕参见宋英辉、汤维建主编：《证据法学研究述评》，中国人民公安大学出版社 2006 年版，第 108 页。

〔2〕龙宗智：《证据法的理念、制度与方法》，法律出版社 2008 年版，第 56 页。

据成为新的证据种类。例如，最高人民法院《解释》第100条第1款规定，“因无鉴定机构，或者根据法律、司法解释的规定，指派、聘请有专门知识的人就案件的专门性问题出具的报告，可以作为证据使用”。据此，在盗窃、诈骗等侵财类案件中，被广泛运用的价格认定报告就属于本款所讲的“报告”，类似的就专门性问题出具的报告今后会成为一种新的法定证据。同理，第101条中的事故调查报告也可以作为证据使用，也是一种新的法定证据。此外，法院在开庭审理减刑、假释案件的过程中，减刑、假释罪犯的陈述也是认定案情的重要依据，但该陈述既不是犯罪嫌疑人、被告人的供述和辩解，也不是证人证言，应视为一种新的法定证据种类。总之，基于司法实践中能够证明案件真实情况，又不拘泥于法定证据种类的证明材料越来越多，《刑事诉讼法》第50条第2款采用“证据包括”一语意味着今后的证据种类将不再限于条文所罗列的八种情形，公安司法机关在办案中可以积极发掘，适度探索，有限扩展法定证据种类的形式。

（一）物证、书证

《刑事诉讼法》将物证、书证分列为两类证据分别规定，是因为两者特点不同，证明案件的方式也有差异，但考虑到对两类证据的审查有很多相同之处，故本书将两者放在一起进行介绍。

1. 物证

物证是以其外部特征、存在方式和物质属性等来证明案件真实情况的一切物品和痕迹。所谓物品，是指与案件事实有联系的客观实在物，如作案工具、赃款赃物等；所谓痕迹，是指物体相互作用所产生的印痕以及物体运动时产生的轨迹，如指纹、脚印、工具痕迹、枪弹痕迹、笔（字）迹等。例如，某贪污案中，为查明账册涂改人而进行鉴定的笔迹，属于证明案件真实情况的痕迹，是物证。

几乎每个刑事案件都有物证。物证除了具有独立的证明作用外，还有以下作用：一是提供破案线索，划定侦查范围，确定侦查方向；二是能直接被用来侦破案件、锁定犯罪嫌疑人，比如对于发现的脚印、指纹、毛发、体液等进行分析或鉴定，可以给作案人进行身份画像，缩小犯罪嫌疑人的摸排范围，甚至直接锁定犯罪嫌疑人，侦破案件；三是借助物证可以鉴别其他证据，尤其是言词证据的真伪。物证具有相对的稳定性，对案件的证明作用不易受到人们主观好恶的影响，因此，其他证据是否具有客观真实，往往需要用物证加以比对、鉴别。

2. 书证

书证是指以其记载的内容和反映的思想来证明案件真实情况的书面材料或其他物质材料。书证的表现形式和制作方法多种多样，不限于“书写的文字材料”。作为书证载体的材料既可以是纸张，也可以是布匹、绸缎以及竹片、木板，甚至可以直接写在地上、画在墙上。书证的形成过程，既可以用手写，也可以用刀刻、印刷、剪贴、拼接、复印等方法。书证内容的表达，多数情况下是用文字表述，但也可用图形和符号来表示。总之，凡是以记载的内容和表达的思想来证明案件事实的物品都属于书证。

就书证的特点而言，书证的制作与形成一般在案发前或者在案件的发生、处理过程中。和物证一样，书证也具有客观性，一般能够客观真实地记载、反映案件事实。当然，因为书证是由人制作的，必然包含人的主观意志，一定程度上会受到人的主观因素的影响。因此，书证对案件事实的证明并非是绝对的，而是相对的，在收集、审查和运用书证时，应格外注意这一点。

3. 物证与书证的区别

书证与物证都属于实物证据，不易被伪造变造，即使能够被改变也很容易被发现，所以书证与物证都被称为客观证据，在司法证明中扮演着重要的角色。但两者也存在明显的区别。物证是以其外部特征或物质属性来证明案件事实的，书证则是以其文字、符号、图形等所记载的内容和反映的思想来证明案件事实的。例如，公安机关在某盗窃案现场收缴了被盗电视剧录像带、DVD 光盘、书籍等。因为被盗电视剧录像带、DVD 光盘、书籍等所记载的内容与盗窃案件无关，它们都是以其外部特征、存在状况来证明案件事实的，是物证。再如，在制作、贩卖、传播淫秽物品案件中，所缴获的图书、录像带等因所记载的内容（系淫秽内容）与该案有关，是书证。

需要注意的是，如果一个物品同时以上述两种方式发挥证明作用，则既是书证又是物证。例如，某案发现场发现一封书信，信上记载的内容与被害人的死亡原因有关，书信属于书证；同时，需要鉴定书信上的笔迹是否为被害人所写，故该书信也为物证。

4. 对物证、书证的审查与认定

由于物证、书证的特点较为接近，司法解释对于两者的审查认定常常一体“打包”规定。最高人民法院《解释》第 82 条规定：“对物证、书证应当着重审查以下内容：（一）物证、书证是否为原物、原件，是否经过辨认、鉴定；物证的照片、录像、复制品或者书证的副本、复制件是否与原物、原件相符，是否由二人以上制作，有无制作人关于制作过程以及原物、原件存放于何处的文字说明和签名；（二）物证、书证的收集程序、方式是否符合法律、有关规定；经勘验、检查、搜查提取、扣押的物证、书证，是否附有相关笔录、清单，笔录、清单是否经调查人员或者侦查人员、物品持有人、见证人签名，没有签名的，是否注明原因；物品的名称、特征、数量、质量等是否注明清楚；（三）物证、书证在收集、保管、鉴定过程中是否受损或者改变；（四）物证、书证与案件事实有无关联；对现场遗留与犯罪有关的具备鉴定条件的血迹、体液、毛发、指纹等生物样本、痕迹、物品，是否已作 DNA 鉴定、指纹鉴定等，并与被告人或者被害人的相应生物特征、物品等比对；（五）与案件事实有关联的物证、书证是否全面收集。”

对物证、书证审查后如何认定，最高人民法院《解释》第 86 条规定：“在勘验、检查、搜查过程中提取、扣押的物证、书证，未附笔录或者清单，不能证明物证、书证来源的，不得作为定案的根据。物证、书证的收集程序、方式有下列瑕疵，经补正或者作出合理解释的，可以采用：（一）勘验、检查、搜查、提取笔录或者扣押清单上没有调查人员或者侦查人员、物品持有人、见证人签名，或者对物品的名称、特征、数量、质量等注明不详的；（二）物证的照片、录像、复制品，书证的副本、复制件未注明与原件核对无异，无复制时间，或者无被收集、调取人签名的；（三）物证的照片、录像、复制品，书证的副本、复制件没有制作人关于制作过程和原物、原件存放地点的说明，或者说明中无签名的；（四）有其他瑕疵的。物证、书证的来源、收集程序有疑问，不能作出合理解释的，不得作为定案的根据。”

此外，最高人民法院《解释》第 83 条第 2、3 款还对物证审查后如何认定作出补充规定：“物证的照片、录像、复制品，不能反映原物的外形和特征的，不得作为定案的根据。物证的照片、录像、复制品，经与原物核对无误、经鉴定或者以其他方式确认真实的，可以作为定案的根据。”第 84 条单独对书证审查后如何认定作出专门规定：“据以定案的书证应当是原件。取得原件确有困难的，可以使用副本、复制件。对书证的更改或者更改迹象不能作出合理解释，或者书证的副本、复制件不能反映原件及其内容的，不得作为定案的根据。书证的副本、复制件，经与原件核对无误、经鉴定或者以其他方式确认真实的，可以作为定案的根据。”

（二）证人证言

证人证言是指证人就其所了解的案件情况向公安司法机关所作的陈述。

证人证言是一种言词陈述，其表现形式多是书面的，一般是通过问答的方式由办案人员制作询问笔录对证人证言加以固定。司法实践中，经办案人员同意，还可以由证人亲笔书写形成书面证词，这也是证人证言一种固定方式。

证人证言是证人对感知情况的反映，在感知和表述过程中，证人会受到各种主观因素和客观条件的影响，导致证言的虚假不实。因此，办案人员要认真判断和甄别。最高人民法院《解释》第 87 条规定：“对证人证言应当着重审查以下内容：（一）证言的内容是否为证人直接感知；（二）证人作证时的年龄，认知、记忆和表达能力，生理和精神状态是否影响作证；（三）证人与案件当事人、案件处理结果有无利害关系；（四）询问证人是否个别进行；（五）询问笔录的制作、修改是否符合法律、有关规定，是否注明询问的起止时间和地点，首次询问时是否告知证人有关权利义务和法律责任，证人对询问笔录是否核对确认；（六）询问未成年证人时，是否通知其法定代理人或者刑事诉讼法第二百八十一条第一款规定的合适成年人到场，有关人员是否到场；（七）有无以暴力、威胁等非法方法收集证人证言的情形；（八）证言之间以及与其他证据之间能否相互印证，有无矛盾；存在矛盾的，能否得到合理解释。”

证人具有不可替代性。简言之，证人既不能由公安司法机关自由选择和指定，也不能由他人代替和更换。因为没有亲身经历或感知案件情况的人，不具备证人资格，所提供的证言不能作为定案的根据。此外，作证之人不符合证人资格的其他条件的，所提供证言也不能作为定案的根据，如最高人民法院《解释》第 88 条第 1 款规定，“处于明显醉酒、中毒或者麻醉等状态，不能正常感知或者正确表达的证人所提供的证言，不得作为证据使用”。另外，根据意见证据规则，第 88 条第 2 款规定，“证人的猜测性、评论性、推断性的证言，不得作为证据使用，但根据一般生活经验判断符合事实的除外”。

在对证人证言审查后如何认定，最高人民法院《解释》第 89 条规定：“证人证言具有下列情形之一的，不得作为定案的根据：（一）询问证人没有个别进行的；（二）书面证言没有经证人核对确认的；（三）询问聋、哑人，应当提供通晓聋、哑手势的人员而未提供的；（四）询问不通晓当地通用语言、文字的证人，应当提供翻译人员而未提供的。”第 90 条规定：“证人证言的收集程序、方式有下列瑕疵，经补正或者作出合理解释的，可以采用；不能补正或者作出合理解释的，不得作为定案的根据：（一）询问笔录没有填写询问人、记录人、法定代理人姓名以及询问的起止时间、地点的；（二）询问地点不符合规定的；（三）询问笔录没有记录告知证人有关权利义务和法律责任的；（四）询问笔录反映出在同一时段，同一询问人员询问不同证人的；（五）询问未成年人，其法定代理人或者合适成年人不在场的。”

（三）被害人陈述

被害人陈述是指刑事被害人就其受害情况和其他与案件有关的情况向公安司法机关所作的陈述。被害人既可以是自然人，也可以是法人。自诉人和附带民事诉讼的原告人如果是被害人，他们的陈述也是被害人陈述。

需要注意的是，被害人如果不能正常表达，能否由其法定代理人代为陈述？本书持否定态度。被害人往往是合法权益遭受犯罪行为直接侵害的人。被害人的身份，是由犯罪行为造成的，具有不可替代性。如果被害人死亡或者致残后神志不清不能陈述，也不能由亲属或者其他人代替被害人陈述其遭受犯罪行为侵害的情况，其亲属或者其他人如果知悉案件中的某些情况，应当以证人的身份提供证言，但这些证言不能作为“被害人陈述”。被害人及其法定代理人可以委托诉讼代理人参加诉讼，其法定代理人或者委托代理人均有权代表被害人提出某些诉讼要求，行使某些诉讼权利，但他们都不能代替被害人来提供“被害人陈述”这样的证据。

对于被害人陈述的审查与认定，参照适用证人证言的审查与认定规范。

（四）犯罪嫌疑人、被告人的供述和辩解

犯罪嫌疑人、被告人的供述和辩解简称口供，是指犯罪嫌疑人、被告人就有关案件的情况向侦查、检察和审判人员所作的陈述。口供的内容主要包括犯罪嫌疑人、被告人承认自己有罪的供述和说明自己无罪、罪轻的辩解。

犯罪嫌疑人、被告人检举他人犯罪的性质和内容的证据属于何种证据，应当具体分析。犯罪嫌疑人、被告人检举其他共犯的犯罪事实属于犯罪嫌疑人、被告人供述和辩解的内容，不是证人证言。因为共犯之间就共同犯罪的情况相互检举，仍是与个人的罪责有关。而单个犯罪嫌疑人、被告人检举他人的犯罪事实，或同案犯罪嫌疑人、被告人对非共犯的检举，则与自己的罪责无关，应属证人证言。例如，张某、李某因共同抢劫被抓获归案。审判中张某交代是李某胁迫他去抢劫的，该陈述属于被告人供述。如果在审判中张某交代“李某在这次抢劫前还杀了赵某”，该陈述属于证人证言。因为，“李某在这次抢劫前还杀了赵某”是张某就抢劫案之外的另外一起案件，向办案人员所作的陈述，与张某所犯之案无关，所以张某的陈述属于证人证言。

我国刑事诉讼法坚持重证据、重调查研究，不轻信口供的原则。在收集口供的过程中严禁刑讯逼供，禁止以威胁、引诱、欺骗等非法方法收集口供。只有被告人供述，没有其他证据的，不能认定被告人有罪和处以刑罚；没有被告人供述，证据确实、充分的，可以认定犯罪嫌疑人、被告人有罪和处以刑罚。

有关对口供的审查，最高人民法院《解释》第93条规定：“对被告人供述和辩解应当着重审查以下内容：（一）讯问的时间、地点，讯问人的身份、人数以及讯问方式等是否符合法律、有关规定；（二）讯问笔录的制作、修改是否符合法律、有关规定，是否注明讯问的具体起止时间和地点，首次讯问时是否告知被告人有关权利和法律规定，被告人是否核对确认；（三）讯问未成年被告人时，是否通知其法定代理人或者合适成年人到场，有关人员是否到场；（四）讯问女性未成年被告人时，是否有女性工作人员在场；（五）有无以刑讯逼供等非法方法收集被告人供述的情形；（六）被告人的供述是否前后一致，有无反复以及出现反复的原因；（七）被告人的供述和辩解是否全部随案移送；（八）被告人的辩解内容是否符合案情和常理，有无矛盾；（九）被告人的供述和辩解与同案被告人的供述和辩解以及其他证据能否相互印证，有无矛盾；存在矛盾的，能否得到合理解释。必要时，可以结合现场执法音视频记录、讯问录音录像、被告人进出看守所的健康检查记录、笔录等，对被告人的供述和辩解进行审查。”

口供经过审查查证属实的，可以作为定案的根据，但某些口供因为取证过程不合法，存在不能作为定案根据的风险，司法解释根据不同情形作出相应规定。一是口供经审查不得作为定案的根据，最高人民法院《解释》第 94 条规定：“被告人供述具有下列情形之一的，不得作为定案的根据：（一）讯问笔录没有经被告人核对确认的；（二）讯问聋、哑人，应当提供通晓聋、哑手势的人员而未提供的；（三）讯问不通晓当地通用语言、文字的被告人，应当提供翻译人员而未提供的；（四）讯问未成年人，其法定代理人或者合适成年人不在场的。”二是口供经审查被认定为瑕疵证据，办案机关要对其进一步补正或作出合理解释。最高人民法院《解释》第 95 条规定：“讯问笔录有下列瑕疵，经补正或者作出合理解释的，可以采用；不能补正或者作出合理解释的，不得作为定案的根据：（一）讯问笔录填写的讯问时间、讯问地点、讯问人、记录人、法定代理人等有误或者存在矛盾的；（二）讯问人没有签名的；（三）首次讯问笔录没有记录告知被讯问人有关权利和法律规定的。”

（五）鉴定意见

鉴定意见是指公安司法机关为了解决案件中某些专门性问题，指派或聘请具有专门知识和技能的人，进行鉴定后所作的书面意见。刑事案件中需要进行鉴定的专门性问题非常广泛，纳入司法部管理的鉴定有四大类：法医类鉴定、物证类鉴定、声像资料类鉴定以及环境损害类鉴定。鉴定意见的形式必须是书面的，即《鉴定书》，由鉴定人本人签名，单位公章只能用于证明鉴定人身份，不能代替个人签名。鉴定意见必须当庭宣读，鉴定人可以出庭，对鉴定过程、内容和结论作出说明，并接受控辩双方质证。考虑某些鉴定意见对于认定案件事实至关重要，立法规定了当控辩双方对鉴定意见有异议，法院认为有必要时，鉴定人应当出庭作证，对于经人民法院通知，鉴定人拒不出庭作证的，鉴定意见不得作为定案的根据。

1. 鉴定意见的特点

鉴定意见有五大特点：一是有特定的书面形式；二是鉴定人对专门性问题是从科学、技术的角度提出分析判断意见；三是内容仅限于解决案件所涉及的科学技术问题，而不是就法律问题提供意见；四是受利害关系影响较小，由于鉴定人必须是与案件事实和当事人没有利害关系的人，并且鉴定意见是由鉴定人从科学的角度提供的分析研究意见，因此较少受利害关系影响；五是鉴定意见必须是由公安司法机关指派或者聘请的具有这方面专业知识和技能的人作出的。仅仅具有相关方面的专业知识和技能，而非公安司法机关指派或者聘请的人，不能作为鉴定人。例如，犯罪嫌疑人在犯罪前曾到某精神病医院看病，精神病医生对其做的患有精神病的诊断结论不能作为鉴定意见。因为该案中的精神病医生并非公安司法机关指派或者聘请的，不具有鉴定人身份，所作出的诊断结论不能作为鉴定意见使用。

2. 对鉴定意见的审查与认定

司法解释对鉴定意见的审查与认定也作出了较为细致的规定。最高人民法院《解释》第 97 条规定："对鉴定意见应当着重审查以下内容：（一）鉴定机构和鉴定人是否具有法定资质；（二）鉴定人是否存在应当回避的情形；（三）检材的来源、取得、保管、送检是否符合法律、有关规定，与相关提取笔录、扣押清单等记载的内容是否相符，检材是否可靠；（四）鉴定意见的形式要件是否完备，是否注明提起鉴定的事由、鉴定委托人、鉴定机构、鉴定要求、鉴定过程、鉴定方法、鉴定日期等相关内容，是否由鉴定机构盖章并由鉴定人签名；（五）鉴定程序是否符合法律、有关规定；（六）鉴定的过程和方法是否符合相关专业的规范要求；（七）鉴定意见是否明确；（八）鉴定意见与案件事实有无关联；（九）鉴定意见与勘验、检查笔录及相关照片等其他证据是否矛盾；存在矛盾的，能否得到合理解释；（十）鉴定意见是否依法及时告知相关人员，当事人对鉴定意见有无异议。"最高人民法院《解释》第 98 条规定："鉴定意见具有下列情形之一的，不得作为定案的根据：（一）鉴定机构不具备法定资质，或者鉴定事项超出该鉴定机构业务范围、技术条件的；（二）鉴定人不具备法定资质，不具有相关专业技术或者职称，或者违反回避规定的；（三）送检材料、样本来源不明，或者因污染不具备鉴定条件的；（四）鉴定对象与送检材料、样本不一致的；（五）鉴定程序违反规定的；（六）鉴定过程和方法不符合相关专业的规范要求的；（七）鉴定文书缺少签名、盖章的；（八）鉴定意见与案件事实没有关联的；（九）违反有关规定的其他情形。"

（六）勘验、检查、辨认、侦查实验等笔录

勘验、检查、辨认、侦查实验等笔录属于笔录类证据，一般以书面形式呈现，但在性质和特点上还有不小的差异。

1. 概念与特点

勘验笔录是指办案人员对与犯罪有关的场所、物品、尸体等进行勘查、检验后所作的记录。勘验笔录的形式，包括文字记载、绘制的图样、照片、复制的模型材料和录像等。检查笔录是指办案人员为确定被害人、犯罪嫌疑人、被告人的某些特征、伤害情况或生理状态，对他们的人身进行检验和观察后所作的客观记载。检查笔录以文字记载为主，也可以拍照、录像等。一般认为，勘验、检查笔录是一种书面形式的证据材料，但它们在形成时间、制作主体以及内容等方面都有别于书证。从勘验、检查笔录的内容看，记载的对象多是物证材料，但它们并不是物证材料（如血迹、毛发）本身，而是保全这些证据的方法。一般认为，勘验、检查笔录是对物证等材料的客观记录，虽然包含有人的因素，但大多情况下被视为客观证据。

辨认是在侦查人员主持下由被害人、证人、犯罪嫌疑人对犯罪嫌疑人或与案件有关的物品、尸体、场所等进行识别认定的一项侦查措施。辨认笔录是以笔录的方式全面、客观地记录辨认的全过程和辨认结果，并有在场相关人员签名的笔录。“侦查实验，是指为了确定与案件有关的某一事件或者事实在某种条件下能否发生或者怎样发生而按照原来的条件，将该事件或者事实加以重演或者进行试验的一种侦查活动。”[1]侦查实验笔录是侦查机关对进行侦查实验的时间、地点、实验条件以及实验经过和结果等所作的客观记录，并由进行实验的侦查人员、其他参加人员和见证人签名或者盖章。

需要注意的是，《刑事诉讼法》第 50 条第 2 款第 7 项在“勘验、检查、辨认、侦查实验”后用了“等笔录”的表述，因为司法实践中的搜查笔录、扣押笔录等也可以作为证据使用，这里的“等”字意味着笔录证据是开放的，应作“等外等”的解释。

2. 审查与认定

司法解释对勘验、检查笔录的审查作出专门规定。最高人民法院《解释》第 102 条规定：“对勘验、检查笔录应当着重审查以下内容：（一）勘验、检查是否依法进行，笔录制作是否符合法律、有关规定，勘验、检查人员和见证人是否签名或者盖章；（二）勘验、检查笔录是否记录了提起勘验、检查的事由，勘验、检查的时间、地点，在场人员、现场方位、周围环境等，现场的物品、人身、尸体等的位置、特征等情况，以及勘验、检查的过程；文字记录与实物或者绘图、照片、录像是否相符；现场、物品、痕迹等是否伪造、有无破坏；人身特征、伤害情况、生理状态有无伪装或者变化等；（三）补充进行勘验、检查的，是否说明了再次勘验、检查的原由，前后勘验、检查的情况是否矛盾。”根据最高人民法院《解释》第 103 条的规定，经过审查，勘验、检查笔录存在明显不符合法律、有关规定的情形，不能作出合理解释的，不得作为定案的根据。

另外，最高人民法院《解释》第 104 条对辨认笔录的审查也有专门规定：“对辨认笔录应当着重审查辨认的过程、方法，以及辨认笔录的制作是否符合有关规定。”经过审查，存在某些特殊情形的，辨认笔录不得作为定案的根据。最高人民法院《解释》第 105 条规定：“辨认笔录具有下列情形之一的，不得作为定案的根据：（一）辨认不是在调查人员、侦查人员主持下进行的；（二）辨认前使辨认人见到辨认对象的；（三）辨认活动没有个别进行的；（四）辨认对象没有混杂在具有类似特征的其他对象中，或者供辨认的对象数量不符合规定的；（五）辨认中给辨认人明显暗示或者明显有指认嫌疑的；（六）违反有关规定，不能确定辨认笔录真实性的其他情形。”

对于侦查实验笔录的认定，最高人民法院《解释》第 106 条和第 107 条也有相应规定。第 106 条规定：“对侦查实验笔录应当着重审查实验的过程、方法，以及笔录的制作是否符合有关规定。”第 107 条规定：“侦查实验的条件与事件发生时的条件有明显差异，或者存在影响实验结论科学性的其他情形的，侦查实验笔录不得作为定案的根据。”

（七）视听资料、电子数据

随着互联网的迅猛发展，以及新媒体时代的到来，视听资料、电子数据作为高科技

---

〔1〕 陈光中主编：《刑事诉讼法》（第七版），北京大学出版社、高等教育出版社 2021 年版，第 315 页。

含量较高的证据在刑事诉讼中越来越占据重要的位置，发挥日益重要的作用。虽然立法将视听资料和电子数据列为同一种类的证据，但是两者仍有不同特点，这决定了对两者审查认定的不同。

1. 视听资料

视听资料是指以录音带、录像带、电影胶片、电子计算机或其他高科技设备所存储的信息证明案件真实情况的证据。

对于视听资料的审查，最高人民法院《解释》第108条规定："对视听资料应当着重审查以下内容：（一）是否附有提取过程的说明，来源是否合法；（二）是否为原件，有无复制及复制份数；是复制件的，是否附有无法调取原件的原因、复制件制作过程和原件存放地点的说明，制作人、原视听资料持有人是否签名；（三）制作过程中是否存在威胁、引诱当事人等违反法律、有关规定的情形；（四）是否写明制作人、持有人的身份，制作的时间、地点、条件和方法；（五）内容和制作过程是否真实，有无剪辑、增加、删改等情形；（六）内容与案件事实有无关联。对视听资料有疑问的，应当进行鉴定"。

对于视听资料审查后如何判断认定，最高人民法院《解释》第109条规定："视听资料具有下列情形之一的，不得作为定案的根据：（一）系篡改、伪造或者无法确定真伪的；（二）制作、取得的时间、地点、方式等有疑问，不能作出合理解释的。"

2. 电子数据

"电子数据是指以电子形式存在的、用作证据使用的一切材料及其派生物。它既包括反映法律关于产生、变更或消灭的电子信息正文本身，又包括反映电子信息生成、存储、传递、修改、增删等过程的电子记录，还包括电子信息所处的硬件和软件环境。无疑，这是个广义的定义。"〔1〕根据2016年9月最高人民法院、最高人民检察院、公安部联合发布的《关于办理刑事案件收集提取和审查判断电子数据若干问题的规定》第1条的规定，电子数据是案件发生过程中形成的，以数字化形式存储、处理、传输的，能够证明案件事实的数据。电子数据的形式包括电子邮件、网上聊天记录、博客、微博客、手机短信、电子签名、域名等。

对电子数据的审查相对复杂，审查的具体内容包括真实性、完整性和合法性三个方面。最高人民法院《解释》第110条规定："对电子数据是否真实，应当着重审查以下内容：（一）是否移送原始存储介质；在原始存储介质无法封存、不便移动时，有无说明原因，并注明收集、提取过程及原始存储介质的存放地点或者电子数据的来源等情况；（二）是否具有数字签名、数字证书等特殊标识；（三）收集、提取的过程是否可以重现；（四）如有增加、删除、修改等情形的，是否附有说明；（五）完整性是否可以保证。"第111条规定："对电子数据是否完整，应当根据保护电子数据完整性的相应方法进行审查、验证：（一）审查原始存储介质的扣押、封存状态；（二）审查电子数据的收集、提取过程，查看录像；（三）比对电子数据完整性校验值；（四）与备份的电子数据

〔1〕陈光中主编：《刑事诉讼法》（第七版），北京大学出版社、高等教育出版社2021年版，第229页。

进行比较；（五）审查冻结后的访问操作日志；（六）其他方法。”第 112 条规定：“对收集、提取电子数据是否合法，应当着重审查以下内容：（一）收集、提取电子数据是否由二名以上调查人员、侦查人员进行，取证方法是否符合相关技术标准；（二）收集、提取电子数据，是否附有笔录、清单，并经调查人员、侦查人员、电子数据持有人、提供人、见证人签名或者盖章；没有签名或者盖章的，是否注明原因；对电子数据的类别、文件格式等是否注明清楚；（三）是否依照有关规定由符合条件的人员担任见证人，是否对相关活动进行录像；（四）采用技术调查、侦查措施收集、提取电子数据的，是否依法经过严格的批准手续；（五）进行电子数据检查的，检查程序是否符合有关规定。”

经过审查，对于电子数据的认定可能会出现如下情形：一是经审查，电子数据符合真实性、完整性、合法性的，可以作为定案的根据。二是认定为瑕疵证据，需要补正或作出合理解释。最高人民法院《解释》第 113 条规定：“电子数据的收集、提取程序有下列瑕疵，经补正或者作出合理解释的，可以采用；不能补正或者作出合理解释的，不得作为定案的根据：（一）未以封存状态移送的；（二）笔录或者清单上没有调查人员或者侦查人员、电子数据持有人、提供人、见证人签名或者盖章的；（三）对电子数据的名称、类别、格式等注明不清的；（四）有其他瑕疵的。”三是经审查认定不得作为定案的根据。最高人民法院《解释》第 114 条规定：“电子数据具有下列情形之一的，不得作为定案的根据：（一）系篡改、伪造或者无法确定真伪的；（二）有增加、删除、修改等情形，影响电子数据真实性的；（三）其他无法保证电子数据真实性的情形。”

二、证据的分类

证据的分类是指在理论上将刑事证据按照不同的标准划分为不同的类别。证据的分类不同于证据的种类，证据的种类是由法律明确规定的，具有一定的法律约束力，证据分类一般不具有法律约束力，更多的是一种学理上的划分，目的是便于司法工作人员分析和理解不同类别的证据的特点和规律，从而更好地把握和运用这些证据，准确认定案件事实。我国学者从 20 世纪中后期开始对证据分类进行研究，多数学者主张在理论上按照一定的标准将刑事证据划分为原始证据与传来证据、有罪证据与无罪证据、言词证据与实物证据、直接证据与间接证据。

（一）原始证据与传来证据

根据证据材料的来源不同，证据可以分为原始证据和传来证据。凡是来自原始出处或犯罪现场，即直接来源于案件事实的证据材料，是原始证据。例如，公安机关勘验杀人现场时，提取了插在被害人胸部的一把匕首，即为原始证据，因为其直接来源于案件事实。凡不是直接来源于案件事实，而是经过传抄、复制、转述的非第一来源或一手材料，即二手获得的证据材料的，称为传来证据。例如，张某酒后跟李某讲述了其杀人的经过，事后李某向侦查人员陈述了有关案件事实，该陈述即为传来证据。因为是经过转述的内容，属于二手材料。

通常情况下原始证据的证明力大于传来证据。在传来证据中，中间环节少的传来证据的证明力大于中间环节多的传来证据的证明力。在查清案件事实的过程中，办案人员应当尽可能收集原始证据，对属于传来证据的材料，应当查明其来源出处，并向亲自感知案件事实的人员了解情况，或取得物证、书证的原件。

虽然原始证据具有较大的证明力，但传来证据在司法实践中也起到不可忽视的作用。一方面，办案人员可以根据传来证据发现原始证据，同时借助传来证据审查原始证据是否真实，强化原始证据的证明作用；另一方面，当原始证据灭失或无法获得时，传来证据经法定程序查证属实的，也可以作为定案的根据。例如，被害人在临死前向参加抢救的医护人员所作的陈述，因被害人死亡已无法再收集，但医护人员的陈述经查证属实的，仍是定案的重要证据。

运用传来证据时，除遵守一般的证明规律以外，还应该遵守以下相应的特殊规则：（1）传来证据来源不明的，如道听途说、捕风捉影的传言等不能作为证据使用；（2）原则上应收集和提取原始证据，只有在原始证据收集和提取确有困难或无法取得时，才能用传来证据代替；（3）应采用距离原始证据最近的传来证据，即采用传抄、复制、转述原始证据次数最少的传来证据；（4）如果全案只有传来证据，没有任何原始证据，不能认定被告人有罪。

（二）有罪证据与无罪证据

根据证据是否能够证明犯罪事实的存在或者犯罪行为系犯罪嫌疑人、被告人所为，可以将证据分为有罪证据和无罪证据。凡是能够证明犯罪事实存在或犯罪行为系犯罪嫌疑人、被告人所为的证据是有罪证据。例如，公安机关向与犯罪嫌疑人王某住同一单元的黄某了解情况时，黄某称王某一次醉酒后曾讲出自己因疏忽导致董某死亡的事实。黄某的陈述即为有罪证据。凡是能够否定犯罪事实存在，或者能够证明犯罪嫌疑人、被告人未实施犯罪行为的证据，都是无罪证据。

根据上述分类，凡在认定有罪的前提下，用以证明犯罪嫌疑人、被告人具有从轻、减轻、免除处罚或者从重、加重情节的证据，都属于有罪证据。例如，被告人自首或坦白自己罪行，经过查证属实的，属于有罪证据，不是无罪证据。而无罪证据则只有两种：一是证明犯罪事实并未发生的证据，例如，证明被害人系自杀或意外死亡，而非他杀的证据；二是证明犯罪行为并非该犯罪嫌疑人、被告人所为的证据，如证明犯罪嫌疑人、被告人在案发时没有作案时间、不在现场的证人证言。

将证据划分为有罪证据和无罪证据，目的是使办案人员客观全面地收集和运用证据，防止先入为主、偏颇片面，主观臆断。《刑事诉讼法》第 52 条规定："审判人员、检察人员、侦查人员必须依照法定程序，收集能够证实犯罪嫌疑人、被告人有罪或者无罪、犯罪情节轻重的各种证据。"据此，公安司法人员对于每个案件，既要查明犯罪嫌疑人、被告人有罪、罪重的事实和情节，还要查明犯罪嫌疑人、被告人无罪、罪轻的事实和情节。唯有全面收集对犯罪嫌疑人、被告人不利和有利的证据，充分运用这些证据，才能准确查明案件事实。

（三）言词证据与实物证据

根据证据的表现形式不同，证据可分为言词证据和实物证据。凡是表现为人的陈述，即以言词作为表现形式的证据，是言词证据。凡是以物品的性质、外部状态、存在状况，以及其内容表现证据价值的证据，即以实物作为表现形式的证据，是实物证据。

言词证据的特点是：生动、形象、内容丰富、覆盖面大、往往能够直接证明有关案件的事实；但其真实性受到提供证据的人自身道德素质、外界影响以及感知能力、判断能力、记忆能力和表达能力的影响，对其审查判断比较复杂。证人证言，被害人陈述，犯罪嫌疑人、被告人的供述和辩解都是言词证据。鉴定意见也是言词证据。因为鉴定意见的实质是鉴定人就鉴定的专门问题发表的个人意见，而且在法庭审理时要求鉴定人对鉴定意见作出口头说明，并当庭回答当事人和辩护人等的发问。辨认笔录和侦查实验笔录，一般认为也属于言词证据。

实物证据客观性、直观性较强，不像言词证据那样容易受到人的各种主观或外在因素的影响。法定证据种类中的物证、书证属于实物证据。勘验、检查笔录是办案人员在勘验、检查中对所见情况的客观记载，不是办案人员的主观陈述，因此属于实物证据。视听资料、电子数据一般也认为属于实物证据，但很多时候还要结合具体情况具体分析。

（四）直接证据和间接证据

根据证据与案件主要事实证明关系的不同，可以将证据划分为直接证据与间接证据。所谓刑事案件的主要事实，是指犯罪行为是否系犯罪嫌疑人、被告人所实施；所谓证明关系的不同，是指某一证据是否可以单独、直接地证明案件的主要事实。

1. 直接证据

直接证据是能够单独、直接证明案件主要事实的证据。某一项证据的内容，无须经过推理，即可直观地说明犯罪行为是否为犯罪嫌疑人、被告人所实施。刑事诉讼中的直接证据主要有:（1）被害人指认犯罪分子的陈述;（2）犯罪嫌疑人、被告人的供述和辩解；（3）现场目击者指认犯罪分子并陈述犯罪过程的证言；（4）记载有关犯罪内容的书证；（5）某些通过监控设备摄录的能够再现犯罪经过的视听资料、电子数据。例如，犯罪嫌疑人供认他实施了某项犯罪行为，某目击证人陈述的何人实施了何种行为的证言，被害人（如杀人未遂、抢劫、伤害、强奸、诈骗）指控何人实施了某项犯罪行为的陈述，犯罪嫌疑人、被告人的书信、日记中关于自己实施犯罪行为的记载，以上皆属直接证据。

直接证据可以分为肯定性直接证据和否定性直接证据。肯定性直接证据必须能够证明发生了犯罪事实和谁是犯罪人这两个要素，而否定性直接证据只要足以否定其中一个要素即可认定。因为否定性直接证据的成立，就能够证明案件的主要事实不存在，或者不是刑事案件，或者犯罪嫌疑人、被告人确实没实施犯罪行为。例如，在高某纵火案中，经播放现场收集到的视频监控，发现火宅系电器短路引起。该视频监控直接否定了纵火犯罪事实，证明该案件是意外事件，为否定性直接证据。

虽然直接证据能够单独地、直接证明案件主要事实，但在运用直接证据的过程中应当坚持孤证不能定案的原则。因为如果仅有一个直接证据，而无其他证据，其本身的真实性就得不到其他证据的印证。此外，由于直接证据往往是言词证据，因此，在收集、审查和运用直接证据时应注意严格依照法定程序进行，严禁采用刑讯逼供、威胁、引诱、欺骗等非法方法收集直接证据。

2. 间接证据

间接证据是不能单独、直接证明刑事案件主要事实，需要与其他证据相结合才能证明的证据。间接证据必须与案内的其他证据结合起来，形成一个证据体系，才能共同证明案件的主要事实。

刑事诉讼中广泛存在的是间接证据，常见的有：反映犯罪嫌疑人、被告人到过现场的痕迹物品、犯罪工具，反映犯罪动机、目的的证据，认定案发现场的勘验笔录等。特别是各种物证，一般只能证明案件事实中的某些片段或个别情节，大多属于间接证据。例如，杀人现场发现的菜刀，只能表明在杀人现场遗留了一把菜刀，至于这把菜刀与杀人案件到底是什么关系，还需要其他证据予以证明。再如，案件现场有某人的指纹，只能说明该人到过案发现场，不能说明该人就是作案人。这些证据都属间接证据。还如，刘某涉嫌强奸罪、杀人罪，公安机关收集到王某证言证明案发前看到刘某进入被害人住宅，该证言即属于间接证据。因为本案的主要事实就是刘某是否实施了强奸、杀人行为，只要能够单独证明这一事实的就是直接证据，凡是必须与其他证据结合起来才能证明这一事实的就是间接证据。王某的证言不能单独证明刘某实施了杀人行为，故为间接证据。

需要注意的是，直接证据并不都是原始证据，间接证据也不都是传来证据。直接证据和间接证据都可以是原始证据或传来证据。要注意区分直接证据、间接证据与原始证据、传来证据这两种不同的分类方法。由于直接证据与间接证据的划分同证据是否直接来源于案件事实无关，因此，不能认为直接证据就是原始证据，间接证据就是传来证据。例如，在某杀人犯罪现场发现一枚指纹，该枚指纹既是间接证据又是原始证据，说指纹是间接证据，原因在于其不能单独证明案件的主要事实，不能证明该杀人行为是何人所为；同时，该指纹也是原始证据，是直接来源于案件事实，是没有经过复制或再造的证据。

将证据划分为直接证据与间接证据，有助于司法工作人员正确认识证据在证明案件主要事实中的不同作用，防止把一些只能证明案件事实的一个片段或者一个情节的证据误认为是可以证明案件主要事实的证据。根据诉讼证明理论和司法实践经验，在完全运用间接证据定罪的情况下，应当遵守最高人民法院《解释》第 140 条的规定，即运用间接证据定案应当同时符合以下几个条件：（1）证据已经查证属实；（2）证据之间相互印证，不存在无法排除的矛盾和无法解释的疑问；（3）全案证据形成完整的证据链；（4）根据证据认定案件事实足以排除合理怀疑，结论具有唯一性；（5）运用证据进行的推理符合逻辑和经验。此外，根据间接证据定案的，判处死刑应当特别慎重。据此，运用间接证据定案的规则可总结为：属实性、一致性、完整性、排他性、合理性。

第三节 证据规则

刑事诉讼中的证据规则，是指在刑事证据制度中，控辩双方收集和出示证据，法庭采纳和运用证据认定案件事实时必须遵循的重要准则。

在刑事诉讼中确立证据规则，有如下意义：

第一，有利于保证证据的真实性、可靠性，有利于查明案件事实，完成司法证明过程。司法活动中的证明，是运用证据材料按照思维逻辑判断某种事实真相的过程。为了保证这一过程的准确性，对于证据的取舍和运用，不能不受到某些规则或原则的制约。无论是取证、举证、质证还是认证，都要在既定规则框架下进行。这些规则在法律上就体现为证据规则。

第二，有利于保护人权，实现司法公正。证据规则能够规范司法行为，约束司法人员。一方面，司法人员要充分发挥主观能动性，对案件事实形成自己的判断；另一方面，司法人员也要遵守证据规则，不能为了发现事实就损害公民的合法权益。

第三，有利于保障刑事诉讼高效、有序进行，提高诉讼效率。合理的证据规则可以减少不必要的诉讼成本消耗，从而加快案件办理进程。例如，《刑事诉讼法》第 219 条规定："适用简易程序审理案件，不受本章第一节关于送达期限、讯问被告人、询问证人、鉴定人、出示证据、法庭辩论程序规定的限制。但在判决宣告前应当听取被告人的最后陈述意见。"

从内容上看，证据规则大体包括两类：一类是调整证据能力的规则，例如传闻证据规则、非法证据排除规则、意见证据规则、最佳证据规则等；另一类是调整证明力的规则，例如相关性规则、补强证据规则等。

一、相关性规则

相关性规则，又称关联性规则，是指只有与案件事实相关的材料，才可能具有证明力，并被作为证据使用。相关性规则是贯穿英美证据法的一项基本规则。根据美国《联邦证据规则》第 401 条，相关证据是指"证据具有某种倾向，使决定在诉讼中待确认的某项争议事实的存在比没有该证据时更有可能或者更没有可能"。在英美法中，关联性是证据被采纳的首要条件，没有关联性的证据不具有可采性。美国《联邦证据规则》第 402 条规定："具有相关性的证据均有可采性。"但仍有例外规定，一些具备相关性的证据仍有可能由于相关主体的利益考虑，或者由于某种特殊规则，而不具有可采性。例如，美国《联邦证据规则》第 403 条规定："证据虽然具有相关性，但可能导致不公正的偏见、混淆争议或误导陪审团的危险大于该证据可能具有的价值时，或者考虑到过分拖延、浪费时间或无需出示重复证据时，也可以不采纳。"

相关性规则中的"相关性"与我国证据"三性"中的"关联性"内涵有相似之处，但也有区别。相关性解决的是证据是否有证据能力、是否具备证据资格的问题，即有无相关性的问题；而关联性解决的不只是证据有无证据能力的问题，还有证据的证明力强弱大小的问题。由于我国证据“三性”是从证据最终是否能作为认定裁判事实根据这一角度出发来审查证据，因此对证据提出了更高的要求。例如，我国《刑事诉讼法》第50条第1款规定：“可以用于证明案件事实的材料，都是证据。”最高人民法院《解释》第139条规定：“对证据的真实性，应当综合全案证据进行审查。对证据的证明力，应当根据具体情况，从证据与案件事实的关联程度、证据之间的联系等方面进行审查判断。”

相关性规则中主要有两个要素，一是案件事实，二是与案件事实“相关”。（1）案件事实，即证据指向的证明对象是对案件结果有决定性影响的争议事实，亦即具有实质性的事实。一般认为，相关性规则中的案件事实，应当限定在对定罪量刑有影响的案件事实，例如刑法中的犯罪构成要件事实以及正当防卫、紧急避险等正当化事由。此外，有些事实虽然不属于犯罪构成要件要素，但在证据法上却仍然具有相当重要的意义，对案件结果有影响，所以证明被告人有杀人动机的证据也具有相关性。[1]（2）与案件事实“相关”，即证据应使得案件事实的存在或不存在具有更有可能或更没有可能的趋势，亦即证据具有证明性。相关性规则并不要求一个证据本身就足以将某一案件事实证明到相当高的程度。例如，有证人证言表明，在案发时自己看到犯罪嫌疑人在犯罪现场。这一证言使得案件事实的存在具有更有可能的趋势，因此具有相关性；然而，仅凭这一证言不足以证明犯罪嫌疑人就是罪犯。

英美证据法一般认为下列几种证据不具备相关性，不得作为认定案件事实的依据。

（一）品格证据

根据美国《联邦证据规则》第404条的规定，能够证明一个人的品格或者品格特征的证据，在证明这个人于特定环境下实施了与此品格相一致的行为问题时，不具有相关性。不采纳品格证据的原因在于，坚持无罪推定原则，防止陪审团受与案件无关的因素影响，以免被告人因自己的品行被定罪。例如，李某被指控犯盗窃罪，公诉方准备向法庭提交材料证明李某平时就有小偷小摸的陋习。由于该材料是品格证据，对认定李某构成盗窃罪不具有相关性，因此不能作为证据使用。但在一些例外情况，品格证据也可能被采纳，比如，品格证据可以用来反驳、弹劾被告人或证人所提供的言词证据的真实可靠性。

（二）类似行为

一般认为，被告人在其他场合的某一行为与他在当前场合的类似行为通常没有关联性。广义上来讲，类似行为可以属于品格证据，但也有其独立性。类似行为不作为认定案件事实的依据也有例外。根据美国《联邦证据规则》第414条的规定，在被告人被指控儿童性侵犯罪的刑事案件中，有关被告人实施了其他儿童性侵犯罪的证据具有可采性。该证据可以用于证明任何与其相关的事项。

（三）特定的诉讼行为

特定的诉讼行为常指被告人曾作有罪答辩后来又撤回，曾作有罪答辩作为特定的诉讼行为在被撤回后，答辩不得作为不利于被告人的证据采纳，因为不具相关性。例如，

〔1〕 参见易延友：《证据法学：原则 规则 案例》，法律出版社2017年版，第102页。

根据美国《联邦证据规则》第 410 条规定:“以下证据不具有可采性,不可用于反对作出过答辩或者参与了答辩讨论过程的被告人:被告人曾作有罪答辩后来又撤回;被告人作不愿辩解又不承认有罪的答辩……”就我国而言,如果犯罪嫌疑人在审前阶段认罪认罚,签署《认罪认罚具结书》的,后又撤回《认罪认罚具结书》,犯罪嫌疑人、被告人已签署过的《认罪认罚具结书》不能作为本人认罪认罚的依据,其此前的认罪供述原则上也不能在本案或他案中作为对犯罪嫌疑人、被告人不利的证据使用。

(四)特定的事实行为

特定的事实行为不具有可采性,其规则来源是美国《联邦证据规则》第 407 条,如果被告人采取了将使得之前的伤害或者损害更不可能发生的措施,则关于这些事后措施的证据不具备可采性,不能用于证明被告人有过失、可归责的行为等。除非该特定的事实行为用于证明其他争议事项,比如预防措施可行性等。例如,甲驾车将昏迷的乙送往医院,并垫付了医疗费用。随后赶来的乙的家属报警称甲驾车撞倒乙。本案中,甲垫付医疗费的行为与交通肇事之间没有相关性。将特定的事实行为排除在证据之外,有利于鼓励人们积极采取事后补救措施,增进社会福祉。

(五)被害人过去的行为

在性犯罪案件中,有关受害人过去性行为方面的名声或评价的证据,通常不予采纳。美国《联邦证据规则》第 412 条也规定了三种例外情形:一是为了证明被告人以外的人是精液、伤害或者其他物证的来源;二是可以提供关于被告人与被害人有过性行为的证据,以此来间接证明被告人与被害人发生性关系系经过被害人同意;三是如果被排除将侵犯被告人宪法权利的证据。排除被害人过去的行为,可以保护被害人的隐私不被侵犯,也避免了陪审团因被害人此前的性行为或性癖好对被害人有先入为主的偏见。

二、非法证据排除规则

《刑事诉讼法》第 56 条规定:“采用刑讯逼供等非法方法收集的犯罪嫌疑人、被告人供述和采用暴力、威胁等非法方法收集的证人证言、被害人陈述,应当予以排除。收集物证、书证不符合法定程序,可能严重影响司法公正的,应当予以补正或者作出合理解释;不能补正或者作出合理解释的,对该证据应当予以排除。在侦查、审查起诉、审判时发现有应当排除的证据的,应当依法予以排除,不得作为起诉意见、起诉决定和判决的依据。”

(一)排除非法证据的范围

1. 非法证据的要件

(1)形式要件,即哪些种类的证据会成为非法证据。根据《刑事诉讼法》第 56 条第 1 款的规定,可能成为非法证据的有犯罪嫌疑人、被告人供述,证人证言,被害人陈述,物证,书证 5 种。而法定证据种类中的犯罪嫌疑人、被告人的辩解,鉴定意见,视听资料、电子数据,勘验、检查、辨认、侦查实验等笔录并未出现在本条第 1 款,这意味着这些种类的证据不能成为《刑事诉讼法》规定的、可以排除的非法证据。

(2)实质要件,即非法的实质内涵,或者说非法证据被排除的根本原因。本书认为,非法的实质要件，是收集非法证据的取证方法违反法定程序，且对公民的宪法性权利或基本权利造成严重侵害。[1]首先，非法证据排除规则源起于美国，自创设之初便与公民的基本权利密切相关，例如，美国宪法中被告人不得被强迫自证其罪的权利，人民的人身、住宅、文件和物品不受不合理搜查与扣押的权利。其次，从规范目的看，2012 年我国修订刑事诉讼法时确立了非法证据排除规则，目的是“为从制度上进一步遏制刑讯逼供和其他非法收集证据的行为，维护司法公正和刑事诉讼参与人的合法权利”[2]。也包含了保护公民基本权利的意义。再次，从非法证据排除的条件看，认定供述、证人证言以及被害人陈述为非法证据都要求必须是通过刑讯逼供、暴力、威胁等非法方法，且达到“痛苦规则”[3]的严重程度。刑讯逼供和暴力取证都对公民的人身健康造成直接的、严重的伤害，已然构成对公民宪法性权利，即人身自由权的严重侵害。至于对证人、被害人的威胁，虽然没有直接造成肉体伤害，但对当事人的心理却有强烈的摧残。最后，在排除物证、书证时，其中的“严重影响司法公正”多被解释为取证的行为故意违反法定程序，并且侵犯了宪法规定的公民隐私权、财产权、通信自由权和通信秘密权等基本人权。[4]如未带搜查证，夜晚非法侵入他人住宅进行搜查侵犯了《宪法》第 39 条规定的公民住宅不受非法侵入的权利；没有立案或经过批准，非法监听侵犯了《宪法》第 40 条规定的公民的通信自由权。综上，我国非法证据的实质要件是取证方法违反法定程序且严重侵犯公民宪法性权利或基本权利，核心是“基本权利侵害说”，这是判断非法证据之“非法”的关键实质和核心要义。

2. 非法言词证据

采用刑讯逼供等非法方法收集的犯罪嫌疑人、被告人供述和采用暴力、威胁等非法方法收集的证人证言、被害人陈述，可统称为非法言词证据。对非法言词证据的判断，除了要遵循前述形式和实质要件的判断逻辑，还要对诸如“刑讯逼供等非法方法”“暴力威胁等非法方法”作出解释，以有效甄别确定非法言词证据。

（1）刑讯逼供，是指采取殴打、违法使用戒具等暴力方法或者变相肉刑的恶劣手段，使犯罪嫌疑人、被告人遭受难以忍受的痛苦而违背意愿作出供述的行为。其包括三个要素：第一，行为手段，即肉刑或变相肉刑，前者指殴打、捆绑、电击、火烤、违法使用戒具等暴力方法，后者指冻、饿、晒、烤、长时间的疲劳讯问等手段。第二，程度要求，使人遭受难以忍受的痛苦，对其把握可借鉴刑法期待可能性中的“一般人标准”。第三，结果要求，即违背意愿作出供述。只要刑讯的手段使犯罪嫌疑人、被告人遭受了难以忍受的痛苦，所收集的供述可推定是违背意愿作出的，除非有相反证据证明。

（2）威胁。界定非法证据排除规则层面的威胁也有方法、程度和结果三项要素。一

---

〔1〕 参见易延友：《非法证据排除规则的立法表述与意义空间——〈刑事诉讼法〉第 54 条第 1 款的法教义学分析》，载《当代法学》2017 年第 1 期；汪建成：《中国需要什么样的非法证据排除规则》，载《环球法律评论》2006 年第 5 期；樊崇义：《“两个证据规定”理解与适用中的几个问题》，载《证据科学》2010 年第 5 期。

〔2〕《2012 年关于〈中华人民共和国刑事诉讼法修正案（草案）〉的说明》。

〔3〕 龙宗智：《我国非法口供排除的“痛苦规则”及相关问题》，载《政法论坛》2013 年第 5 期。

〔4〕 参见戴长林：《非法证据排除规则司法适用疑难问题研究》，载《人民司法》2013 年第 9 期。

是威胁方法，包括以暴力相威胁或以严重损害本人及其近亲属合法权益的方法相威胁等。前者如用枪指着被讯问人头部，勒令其交代，后者如对犯罪嫌疑人、被告人正常的医疗救治申请予以拒绝。二是威胁程度，即采用其他与刑讯逼供具有同质或等效性的非法方法收集的供述也应当排除。这在一程度上也需要法官根据期待可能性中的“一般人标准”结合案情加以裁量。三是结果要求，即违背意愿作出供述。

（3）其他非法方法，即其他严重侵犯犯罪嫌疑人、被告人宪法性权利或基本权利的手段。例如，采用非法拘禁等非法限制人身自由的方法收集的言词证据，因取证方法侵害了公民在宪法上的人身自由权，相关言词证据应予以排除。再如，宪法规定被告人有权获得辩护。如果未成年犯罪嫌疑人没有委托辩护人，侦查机关也没有为其提供法律援助辩护，又或者犯罪嫌疑人在侦查期间明确提出了要委托特定的辩护律师，但侦查机关不予配合协助，不给予该律师行使会见权等辩护权的机会，那么在此期间收集的证据应当予以排除，侦查行为应视为无效。

3. 非法实物证据

非法实物证据指《刑事诉讼法》第 56 条第 1 款规定的不符合法定程序收集到的物证、书证。“不符合法定程序”包括不符合法律对于取证主体、取证手续、取证方法的规定，比如由不具备办案资格的人员提取的物证，勘验笔录没有见证人签字的物证，未出示搜查证搜查取得的书证等。由于物证、书证属于客观证据，取证程序的违法一般不影响证据的可信度，加之许多物证、书证具有唯一性，一旦被排除就不可能再次取得，所以我国采非法实物证据相对排除规则。对于收集物证、书证不符合法定程序，可能严重影响司法公正的，应当予以补正或者作出合理解释；不能补正或者作出合理解释的，对该证据才应当予以排除。其中，“可能严重影响司法公正”仍应当从侵权视角入手，如果收集物证、书证的手段方法严重侵犯了公民的宪法性权利或基本权利，对司法机关的公信力、权威性产生了严重影响，就应当视为“可能严重影响司法公正”。立法者认为，“补正或者合理解释”的主体是收集证据的办案机关或者人员。“补正”是指对取证程序上的非实质性的瑕疵进行补救，如在缺少侦查人员签名的勘验、检查笔录上签名等。“作出合理解释”是指对取证程序的瑕疵作出符合逻辑的解释，如对书证副本复制时间作出解释等。[1]然而，非法证据与既未侵害当事人基本权利、真实性也未受影响的瑕疵证据毕竟有所不同，前者的重点在于排除，后者的重点在于补正，不宜将对瑕疵证据的补正规定套用到非法证据中。可以考虑通过司法解释的路径，将《刑事诉讼法》第 56 条第 1 款中的“补正或者作出合理解释”转换成非法物证、书证排除规则的“例外性规定”。即客观上取证方法已经“不符合法定程序，可能严重影响司法公正”，但如果对所收集的物证、书证能通过补正或作出合理解释的方式说明在具体案件中确实有一些特殊情形，比如善意的例外、不可避免的例外等，以致为了维护一种更高的价值，保护更为重大的利益，司法者不得不考虑不予排除案件中的非法物证、书证。

---

〔1〕 参见王爱立、雷建斌:《刑事诉讼法立法精解》，中国检察出版社 2019 年版，第 100 页。

（二）排除非法证据的适用阶段和法律效果

与比较法中法院排除非法证据模式不同，我国的非法证据排除呈现出一种“多阶段、递进式”[1]的排除样态，即作为刑事诉讼流水线上的公检法三机关都有排除非法证据的权力和义务，这就为后续接力诉讼的检察院和法院提供了制约侦查取证的手段，以此规范和形塑侦查取证行为。而且，三机关都可以排除非法证据，有助于尽快纠正错误，提早保护当事人的合法权益，也有利于及时补救问题，更有利于案件的正确办理。[2]当事人及其辩护人、诉讼代理人也可在侦查和审查起诉阶段就及时提出排除有关非法证据的申请和意见。

依法被排除的证据视为非法证据，有着明确的法律后果，那就是不得作为侦查机关起诉意见、检察机关起诉决定和审判机关判决中认定事实的依据，也不应影响公安司法机关的心证过程。

三、最佳证据规则

最佳证据规则，又称原始证据规则，来源于英美证据法，是指以文字、符号、图形等方式记载的内容来证明案情时，原件才是承载案件事实的最佳证据。该规则要求书证的提供者应尽量提供原件，如果提供副本、抄本、复制本等非原始材料，则必须提供充足理由加以说明，如果非原始材料的真实性值得质疑或其适用将导致不公正，则该书证不具有可采性。根据美国《联邦证据规则》第 1004 条，常见的可以提供非原始材料的情形有，所有原件非出于提供者不诚信动机之原因而损毁灭失；原件无法通过任何适当的司法程序获得；若原件在某一方控制下且出示原件会对该方不利，该方纵经告知依然不提供原件；以及原件与主要争议事项无紧密联系。

最佳证据规则是一项原始的证据规则，其着眼点在于证据的真实性和可靠性。对于书证来说，原件真实、可靠程度显然要高于抄件和复制件。由于在抄写或复制的过程中很可能遗漏了重要内容或是故意弄虚作假，因而抄件或复制件存在虚假的可能性。尽管该规则最初的规范对象是文书，但随着科学技术的发展，其规制的范围逐渐扩大，例如，录音、录像和从电脑中打印或输出的可读物也为美国的最佳证据规则所涵盖。

截至目前，我国《刑事诉讼法》尚未明确规定最佳证据规则，但其精神内涵在一些司法解释中已有所体现。最高人民法院《解释》第 83 条规定：“据以定案的物证应当是原物。原物不便搬运、不易保存、依法应当返还或者依法应当由有关部门保管、处理的，可以拍摄、制作足以反映原物外形和特征的照片、录像、复制品。必要时，审判人员可以前往保管场所查看原物。物证的照片、录像、复制品，不能反映原物的外形和特征的，不得作为定案的根据。物证的照片、录像、复制品，经与原物核对无误、经鉴定或者以其他方式确认真实的，可以作为定案的根据。”最高人民法院《解释》第 84 条规

---

〔1〕 樊崇义、吴光升：《审前非法证据排除程序：文本解读与制度展望》，载《中国刑事法杂志》2012 年第 11 期。

〔2〕 参见李寿伟：《非法证据排除制度的若干问题》，载《中国刑事法杂志》2014 年第 2 期。

定："据以定案的书证应当是原件。取得原件确有困难的，可以使用副本、复制件。对书证的更改或者更改迹象不能作出合理解释，或者书证的副本、复制件不能反映原件及其内容的，不得作为定案的根据。书证的副本、复制件，经与原件核对无误、经鉴定或者以其他方式确认真实的，可以作为定案的根据。"

四、意见证据规则

意见证据规则，是指证人只能陈述自己亲身感受和经历的事实，而不得陈述自己对该事实的推断、意见或者结论。之所以排除意见证据，主要有三方面原因：一是证人的职责只是把事实提供给法院，而不是发表对该事实的意见。二是证人发表意见会影响裁判者行使审判职能；证人发表的意见可能与其亲身感受混淆到一起，对案件事实的认定过程带来误导。三是证人若非专家，会缺乏发表意见所需要的专门性知识或者基本的技能训练与经验。

意见证据规则将证人分为专家证人和普通证人。根据美国《联邦证据规则》第 702 条的规定，因知识、技术、经验、培训或教育而有资格成为专家的证人可以以意见或其他形式作证，前提是提供证据的一方向法庭证明以下情形更有可能：（1）专家的科学、技术或其他专业知识将有助于事实调查者理解证据或确定有争议的事实；（2）证言基于充分的事实或数据；（3）证言是可靠的原则和方法的产物；（4）专家的意见反映了原则和方法对案件事实的可靠应用。对于此类证人，允许他们基于专业知识提供意见证据。对于普通证人，只容许他们陈述自己知道的第一手资料，并且只能就事实提供证言，不可以提供意见、推论或者结论。与此同时，也有一些普通证人可以提供意见证据的例外情形。根据美国《联邦证据规则》第 701 条的规定，普通证人的意见在以下情况可采：（1）系基于证人的感觉而理性地作出；（2）有助于清晰理解该证人的证言或有助于决定一项争议事实；（3）非基于科学、技术或其他专业知识而作出。

我国刑事诉讼法区分了证人和鉴定人两类诉讼参与人，鉴定意见是一种独立的证据种类，作为某一方面专家的鉴定人的意见可以作为诉讼中的证据。《刑事诉讼法》第 197 条第 2 款还规定，公诉人、当事人和辩护人、诉讼代理人可以申请法庭通知"有专门知识的人"出庭，就鉴定人作出的鉴定意见提出意见。最高人民法院《解释》第 97—99 条对作为专家证人的鉴定意见的审查，作了较为详细的规定；同时，关于普通证人的意见证据，第 88 条第 2 款也作了规定，即证人的猜测性、评论性、推断性的证言，不得作为证据使用，但根据一般生活经验判断符合事实的除外。例如，甲驾车将昏迷的乙送往医院。随后赶来的乙的家属报警称甲驾车撞倒乙。医生告知警察，从甲送乙入院时的神态看，甲应该就是肇事者。本案中，医生是一个普通证人，其证言适用意见证据规则。医生认为甲应该就是肇事者的推断性证言不符合一般生活经验，不能作为定案依据。

五、补强证据规则

所谓补强证据，是指用以增强另一证据证明力的证据。一开始收集到地对证实案情有重要意义的证据，称为“主证据”，而用以肯定、支持和加强该证据真实性的其他证据，称之为“补强证据”。补强证据规则，是指为了防止误认事实或发生其他危险性，而在运用某些证明力显然薄弱的证据认定案情时，必须有其他证据补强其证明力，才能被法庭采信为定案根据。该规则主要针对的是言词证据。由于被追诉人的口供在刑事诉讼中有特殊意义，所以通常将需要补强的证据分为口供和证人证言、被害人陈述等其他证据两类。补强证据规则的确立，对于防范刑讯逼供行为来说具有重大意义。

（一）补强证据的适格条件

某一证据若要成为补强证据，需满足以下条件：

（1）补强证据本身也是证据，必须具有证据能力，具备证据资格。

（2）补强证据本身必须具有担保补强对象真实的能力。设立补强证据的重要目的就在于确保特定证据的真实可靠性，从而降低误认风险。如果补强证据没有证明价值，就不可能支持特定证据的证明力。由于补强证据的作用仅仅在于担保特定补强对象的真实性，所以补强证据并非对整个待证事实或案件事实具有补强作用，也不保证补强对象的合法性。当然，囿于客观因素的限制，不能强求主证据的各个方面都要有证据补强。一般来说，补强的对象以主证据所指向的犯罪的客观方面为界，通常包括犯罪行为、犯罪结果以及犯罪主体三个方面，即对于案件事实认定来说较为关键的事实，从而保证主证据本身不出错、案件的基本定性不出错。至于主证据的其他方面，纵然可能会有不可避免的偏差，也是可以容忍的。

（3）补强证据必须具有独立的来源。补强证据与补强对象之间不能重叠，而必须独立于补强对象，具有独立的来源，否则就无法担保补强对象的真实性。例如，被告人在审前程序中所作的供述不能作为其当庭供述的补强证据。

（二）补强证据的相关规范

1. 关于口供的补强规范

《刑事诉讼法》第 55 条第 1 款规定，只有被告人供述，没有其他证据的，不能认定被告人有罪和处以刑罚；没有被告人供述，证据确实、充分的，可以认定被告人有罪和处以刑罚。这一规定，强调了不能把被告人的供述作为定罪和处罚的唯一证据，口供必须得到其他证据的补强才具有证明力。由此可见，我国《刑事诉讼法》已经明确规定了口供需要补强的法则。

2. 关于证人证言的补强规范

最高人民法院《解释》第 143 条规定，下列证据应当慎重使用，有其他证据印证的，可以采信：（1）生理上、精神上有缺陷对案件事实的认知和表达存在一定困难，但尚未丧失正确认知、表达能力的被害人、证人和被告人所作的陈述、证言和供述；（2）与被告人有亲属关系或者其他密切关系的证人所作的有利被告人的证言，或者与被告人有利害冲突的证人所作的不利被告人的证言。

六、传闻证据规则

传闻证据规则也称传闻证据排除规则、反传闻规则，即法律排除传闻证据作为认定犯罪事实的根据规则，是英美证据法的一项基本规则。根据这一规则，如无法定的例外情况，任何人在庭审以外及庭审准备期间外的陈述，不得作为认定被告人有罪的证据。

传闻证据是一种陈述，主要有两种表达形式：一是书面传闻证据，即亲身感受了案件事实的证人在庭审日期之外所作的书面证人证言，以及警察、检察人员所作的（证人）询问笔录；二是言词传闻证据，即证人并非就自己亲身感知的事实作证，而是向法庭转述他从别人那里听到的情况。此处的证人指的是英美法中广义上的证人，包含被害人、鉴定人等。

之所以排除传闻证据，主要理由有三：一是传闻证据并非最佳证据，有可能出现失真的情况。传闻证据因具有复述的性质，可能因司法各主体的故意或过失导致传述错误或偏差。二是传闻证据无法接受交叉询问，无法在法庭上当面对质，不仅其本身的真实性无法证实，也会妨碍到当事人权利的行使。三是传闻证据并非在裁判官面前的陈述，违反直接言词原则。基于直接言词原则，证据调查应当在法庭上进行，以保证裁判官能够察言观色，辨明真伪。但对于传闻证据，由于裁判官未能直接听取原陈述人的陈述，无法观察原始证人作证时的表情和反应，因而很难判断真实性和准确性，故而予以排除。

我国现行立法并没有规定传闻证据排除规则，只是部分地体现了该规则的精神。《刑事诉讼法》第 192 条第 1 款规定："公诉人、当事人或者辩护人、诉讼代理人对证人证言有异议，且该证人证言对案件定罪量刑有重大影响，人民法院认为证人有必要出庭作证的，证人应当出庭作证。"最高人民法院《解释》第 91 条第 3 款规定："经人民法院通知，证人没有正当理由拒绝出庭或者出庭后拒绝作证，法庭对其证言的真实性无法确认的，该证人证言不得作为定案的根据。"

重要名词术语

证据、电子数据、间接证据、证据裁判原则、自由心证、非法证据排除

思考题

1. 简述中国非法证据排除规则的适用范围。
2. 简述口供补强证据规则。

典型案例分析

基本案情[1]

被告人李某，2013 年因犯盗窃罪被判处有期徒刑 7 个月，缓刑 1 年。2017 年因犯盗窃罪被判处有期徒刑 6 个月，同年 6 月 26 日刑满释放。因本案于 2018 年 12 月 24 日

[1] 参见最高人民法院刑事审判第一、二、三、四、五庭编：《刑事审判参考》（总第 130 辑），人民法院出版社 2022 年版，第 80—88 页。

被逮捕。

某区人民检察院指控被告人李某犯盗窃罪，向某区人民法院提起公诉。

公诉机关指控：2012—2018 年，被告人李某在某区万顷沙镇实施盗窃 15 次，盗得财物可计算部分共价值人民币 4.479472 万元。被告人李某否认指控犯罪，称公安人员曾对其刑讯逼供及疲劳审讯，辩称没有实施过指控的犯罪事实。其辩护人庭前提出非法证据排除申请，请求对李某全部有罪供述及现场辨认、物品辨认笔录等非法证据予以排除，请求调取公安机关讯问李某的同步录音录像，并提出李某不构成盗窃罪的辩护意见。

某区人民法院经公开审理查明：2012—2018 年，被告人李某在某区万顷沙镇实施盗窃 8 次。具体事实如下：2012 年 8 月 6 日，李某在万顷沙镇安隆路 × 号，盗得被害人冯某的翡翠花件 1 块（经鉴定价值 1800 元）。2017 年 11 月 14 日，李某在万顷沙镇长堤东路 × 号，盗得被害人陈某的金钥匙 1 枚（价值不详）。2018 年 3 月 28 日，李某在万顷沙镇粤海大道九涌段 × 号，盗得被害人周某的金项链 1 条、金戒指 4 枚、玉坠 1 件（价值均不详）。2018 年 4 月 11 日，李某在万顷沙镇长堤西路 × 号，盗得被害人卢某的现金 1000 元、手表 2 块、联想牌手机 1 台（经鉴定，1 块梅花牌手表和 1 台联想牌手机共价值 239 元）。2018 年 5 月 26 日，李某在万顷沙镇红洋村民委员会临时办公点，盗得该村委会的佳能牌相机 1 台（经鉴定价值 2136 元）。2018 年 10 月 8 日凌晨，李某在万顷沙镇柏华街五巷 × 号北侧房屋，盗得被害人杨某的永恒牌头盔 1 个（经鉴定价值 86 元）。随后，李某又在万顷沙镇柏华街五巷 × 号，盗得被害人吴某的丰豪牌摩托车 1 辆（经鉴定价值 3680 元）。前述赃物头盔、摩托车已分别发还被害人。2018 年 11 月 7 日，李某在万顷沙镇新垦南堤西路 × 号，盗得被害人黎某的耳环 1 枚（经鉴定共价值 1101.19 元）。2018 年 11 月 17 日，李某在万顷沙镇沙尾二村泗安路 × 号，盗得被害人樊某的项链 1 条、吊坠 1 块、100 张 1953 年第二套人民币壹分、20 张 1953 年第二套人民币贰分（经鉴定共价值 6525 元）。2018 年 11 月 22 日李某被公安机关抓获归案。

某区人民法院认为，被告人李某以非法占有为目的，多次入户盗窃，且数额较大，其行为已构成盗窃罪。公诉机关指控的部分盗窃事实证据不足，不予认定。李某曾因故意犯罪被判处有期徒刑，刑罚执行完毕后 5 年以内再犯应当判处有期徒刑刑罚之罪，是累犯，依法应当从重处罚。判决被告人李某犯盗窃罪，判处有期徒刑 1 年 8 个月，并处罚金人民币 5000 元；追缴违法所得（以查明事实为限）发还各被害人，追缴不足以清偿前述被害人损失的，责令李某退赔；扣押在案的相应赃物列入第 2 项执行范围；扣押于公安机关的作案工具摩托车 1 辆予以没收，上缴国库。

一审宣判后，被告人李某没有提出上诉，检察机关亦未抗诉。判决已发生法律效力。

主要问题

1. 对于被告方提出的排除非法证据申请应如何审查？

2. 被害人（包括证人等）对涉案物品的指认能否作为定案证据采纳？

裁判理由

（一）被告方申请排除非法证据并提供相关线索或材料，使法庭对证据收集合法性产生疑问的，应当启动合法性调查程序

《刑事诉讼法》第 56 条第 1 款规定："采用刑讯逼供等非法方法收集的犯罪嫌疑人、被告人供述和采用暴力、威胁等非法方法收集的证人证言、被害人陈述，应当予以排除。" 2021 年最高人民法院《解释》和《人民法院办理刑事案件排除非法证据规程（试行）》（以下简称《排除非法证据规程》）则对非法证据排除启动条件、程序等进行了具体规定。[1]最高人民法院《解释》第 127 条和《排除非法证据规程》第 5 条第 1 款规定，被告人及其辩护人申请排除非法证据，应当提供相关线索或者材料。"线索"是指内容具体、指向明确的涉嫌非法取证的人员、时间、地点、方式、内容等；"材料"是指能够反映非法取证的伤情照片、体检记录、医院病历、讯问笔录、讯问录音录像或者同监室人员的证言等。

司法实践中，基于司法成本以及平衡控辩双方权利（力）的考虑，对于被告方申请排除非法证据的，法院并非一律启动证据收集合法性调查程序，只有被告方提供了相关线索或者材料，法院审查后对证据收集的合法性存在疑问的，才有必要启动专门调查程序。因而，被告方提供相关线索或者材料应当具有具体的指向性，能够反映涉嫌非法取证的细节信息，如果被告人方仅是泛泛辩称自己受到刑讯逼供而不能提供有具体指向性的线索或者材料，不能使法庭对证据合法性产生疑问的，应当依法驳回申请。

需要强调的是，被告方提供相关线索或者材料不需要达到"事实清楚，证据确实、充分"的证明标准，仅仅承担提供初步证据的责任，能够使法庭对有关证据的合法性产生怀疑即可，因为在非法证据排除程序中，证据收集合法性的举证责任是由人民检察院承担。

本案中，被告人李某及辩护人提出，侦查人员从 2018 年 11 月 28 日开始连续 7—8 天对李某进行双手反铐讯问，提供了"在某看守所讯问室一楼每天用手铐将李某双手反铐在背后，反手吊在坐着的铁质椅子的椅背上或者椅子背后的防盗网上，每次均持续几个小时，使得李某只能保持低头弯腰的姿势不能移动"这一线索。上述线索包括了涉嫌非法取证的人员、时间、地点、方式等细节信息，并对非法取证行为进行了详细描述，且该种非法取证行为存在发生的可能性，亦有查实的现实性。应当说，李某及辩护人所提供的线索具有具体的指向性，能够使法庭对李某在 2018 年 11 月 28 日之后供述的合法性产生疑问，故启动专门调查程序。

（二）公诉机关未提供证据，或者提供的证据不能证明证据收集的合法性，依法对被告人因非法取证而作出的供述及受该非法取证行为影响而作出的重复性供述予以排除

针对被告人李某及辩护人所提上述排除非法证据申请，公诉机关提供了某市人民检察院出具的《办理结果答复函》作为回应。该函是某市人民检察院于 2020 年 3 月 17 日

---

〔1〕 本案审理时，2021 年《最高人民法院关于适用〈中华人民共和国刑事诉讼法〉的解释》尚未出台，该司法解释出台后，《排除非法证据规程》相关的内容也被该司法解释所吸收。

向某区人民检察院回复，内容是："你院移送我院的李某反映侦查人员对其刑讯逼供的线索收悉。经调查，我院认为李某盗窃案的侦查人员在办案过程中没有对李某实施刑讯逼供的违法犯罪行为，我院已对你院移送的该条线索终止审查"。

对此，法庭对本案证据收集合法性审查如下：

第一，最高人民法院《解释》第123条规定："采用下列非法方法收集的被告人供述，应当予以排除：（一）采用殴打、违法使用戒具等暴力方法或者变相肉刑的恶劣手段，使被告人遭受难以忍受的痛苦而违背意愿作出的供述……"《排除非法证据规程》第1条第1项进一步明确，"采用殴打、违法使用戒具等暴力方法或者变相肉刑的恶劣手段，使被告人遭受难以忍受的痛苦而违背意愿作出的供述"属于应当予以排除的非法证据。本案中，被告方所提线索中的"双手反铐""反手吊"等属于违法使用戒具的情形。

第二，最高人民法院《解释》第135条第1款规定："法庭决定对证据收集的合法性进行调查的，由公诉人通过宣读调查、侦查讯问笔录、出示提讯登记、体检记录、对讯问合法性的核查材料等证据材料，有针对性地播放讯问录音录像，提请法庭通知有关调查人员、侦查人员或者其他人员出庭说明情况等方式，证明证据收集的合法性。"但是，本案公诉机关出示的证据材料不足以证明证据收集的合法性。

（1）本案没有讯问过程同步录音录像。根据《公安机关讯问犯罪嫌疑人录音录像工作规定》第5、6条的规定，在看守所讯问犯罪嫌疑人的，或犯罪嫌疑人作无罪辩解和辩护人可能作无罪辩护的，应当对讯问过程进行录音录像。这是公安部2014年所发布的规定，各级公安机关在讯问犯罪嫌疑人过程中应当遵行。本案中，被告人李某归案后至2018年12月6日前一直作无罪辩解，且被告方申请排除的供述均是在看守所进行讯问的，属于应当对讯问过程录音录像的案件。当法院对证据的合法性有疑问时，公安机关的录音录像本应是最直接的证明收集证据合法性的证据，但是本案缺乏讯问的录音录像，对此公安机关也未进行进一步说明。

（2）本案没有其他证明收集证据合法性的证据。对于轻刑案件而言，[1]公安机关没有进行同步讯问录音录像或者因为客观原因导致录音录像损毁、丢失等情形的，检察机关可以提供被告人出入所体检表、驻所检察人员证言、同监室关押犯人的证言等证据证明证据收集的合法性，必要时，还应当申请侦查人员或者其他人员出庭说明情况。但是本案检察机关没有提供相关证据。

（3）检察机关出具的答复函不足以证明取证过程的合法性。最高人民法院《解释》第135条第3款规定："公诉人提交的取证过程合法的说明材料，应当经有关调查人员、侦查人员签名，并加盖单位印章。未经签名或者盖章的，不得作为证据使用。上述说明材料不能单独作为证明取证过程合法的根据。"司法实践中，针对被告方提出的非法证据排除申请，不少公安机关或者检察机关用一纸说明予以反驳，过去有意见认为，被告方也没有刑讯逼供的证据，在这种"一对一"的情形下，公安机关或者检察机关出具的证明的可信度当然高于犯罪嫌疑人提供的线索，应当采信前者。

---

〔1〕根据《排除非法证据规程》，对于可能判处无期、死刑的案件或者其他重大犯罪案件，应当把握更严。

法院认为，这种意见是不对的。因为证据收集合法性的举证责任由检察机关承担，举证不能的后果也当然由检察机关承担，这也是依法保障被告人基本权利的内在要求。本案中，公诉机关提供了某市人民检察院《办理结果答复函》，该答复函单独并不足以证实侦查人员不存在违法使用戒具的非法取证行为，故公诉机关应当承担举证达不到法定证明标准的不利法律后果，法庭依法对被告人李某在 2018 年 11 月 28 日之后、审查起诉之前的供述予以排除。

第三，对被告人李某于 2019 年 1 月 25 日在预审大队侦查人员讯问时所作的重复性有罪供述也应一并排除。最高人民法院《解释》第 124 条规定："采用刑讯逼供方法使被告人作出供述，之后被告人受该刑讯逼供行为影响而作出的与该供述相同的重复性供述，应当一并排除，但下列情形除外：（一）调查、侦查期间，监察机关、侦查机关根据控告、举报或者自己发现等，确认或者不能排除以非法方法收集证据而更换调查、侦查人员，其他调查、侦查人员再次讯问时告知有关权利和认罪的法律后果，被告人自愿供述的……"可见，适用上述例外情形必须同时满足以下 3 个条件：一是因确认或不能排除以非法方法收集证据而更换侦查人员；二是明确告知被告人相关的诉讼权利；三是被告人自愿供述。其中，讯问时的诉讼权利告知应当包括告知被告人有权申请排除非法证据，以及告知诉讼权利和认罪的法律后果。本案中，虽然上述笔录的讯问主体更换了侦查人员，但并非因侦查机关确认或者不能排除以非法方法收集证据而更换，且笔录中没有显示已告知李某有权申请排除非法证据，故不属于最高人民法院《解释》中规定的重复性供述排除的例外情形，依法应当一并排除。

（三）被害人在指认前的询问笔录中清晰描述出物品的特征，且与实物照片一致的，可采纳作为定案证据

本案中，公诉机关指控的证据包括被害人对从李某家中搜查出来的涉案物品照片进行指认。对该证据，辩护人提出异议，认为前述指认不能作为本案定案证据采纳。

我们认为，关于被害人对涉案物品的指认能否作为定案证据需要结合证人证言等进行综合判断，具体如下：

1. "指认"不同于"辨认"

（1）从法律依据看，《刑事诉讼法》第 50 条规定明确了辨认笔录是证据的一种形式。相对于"辨认"的法律明确规定，"指认"在刑事诉讼法中仅出现过一次，而且是作为紧急情况下先行拘留的条件之一；最高人民检察院、公安部的相关司法解释、规章中也没有提及"指认"，即"指认"没有严格的法律依据。（2）从法律含义看，"辨认"是指侦查人员为了查明案情，在符合法定条件的情况下，依法组织被害人、证人或者犯罪嫌疑人对与犯罪有关的物品、文件、尸体、场所或者犯罪嫌疑人进行辨认的一种侦查活动。"辨认"的最主要特征是"区别特点，加以判断并认定"[1]。"指认"是指"为了收集证据、查明案情，在特定情况下，侦查人员组织有关人员（被害人、证人或者犯罪嫌疑

---

〔1〕《现代汉语辞海》，光明日报出版社 2002 年版，第 64 页。

人）对与犯罪有关的特定人员、物品、影像资料等进行确认的一种活动”[1]。“指认”的最主要特征是对象的特定性，直接确认是或者否认。（3）从操作程序看，公安部《规定》专门规定了“辨认”一节，明确主持辨认的侦查人员数量不得少于两人；辨认犯罪嫌疑人时，被辨认的人数不得少于7人；辨认犯罪嫌疑人照片时，照片不得少于10张等。对于“指认”则没有相关规定。

因而，“指认”没有严格的法律依据，也没有规范的操作程序，故司法实践中对于指认的审查应当更为严格，是否采纳作为定案证据需要具体情况具体分析。

2. 审查被害人对涉案物品的指认需要与询问笔录相结合

通常辨认对象往往会有一定数量的陪衬物，而指认的对象是特定物。当然，对于某些特殊情况下的辨认是可以不选取其他陪衬物。如公安部《规定》第260条第4款规定，对场所、尸体等特定辨认对象进行辨认，或者辨认人能够准确描述物品独有特征的，陪衬物不受数量的限制。这就为被害人对涉案物品的指认作为定案证据采纳提供了依据。但由于指认的本质在于对特定的人或物等进行直接确认，这一天然属性作为侦查手段具有明显的缺陷，若没有相应的规范操作程序，在司法实践中很容易演变为一种诱导式、指规式的违法取证方式。因而，对于非特定对象的指认笔录的采信应当结合言词证据进行综合把握。

本案中，被害人对涉案物品指认的具体情况，合议庭适用以下标准予以采纳认定：若被害人在对从被告人李某家中搜查出来的涉案物品照片进行指认前的询问笔录中能够清晰、准确描述出物品的特征，且与其指认的实物照片一致的，即对于“先证后指”的，可以采纳作为定案证据；否则，不采纳作为定案证据。

---

〔1〕 董军、贾腾云：《刑事侦查活动中“指认”适用的规范化探析》，载《北京政法职业学院学报》2019年第3期。

第七章　刑事证明理论

【内容提示】

刑事证明理论是刑事诉讼法学诸理论中的重要内容之一，主要包括证明主体、证明对象、证明责任、证明标准、证明方法等问题。

我国证据理论中关于刑事证明主体研究的争鸣与发展，主要集中在法院、被告人和侦查机关作为证明主体等问题。对于证明对象的研究主要集中在证明范围上，包括对实体法事实、程序法事实和证据事实等问题的研究。此外，研究证明对象还需要关注免证事实、司法认知、推定和自认等范畴。

研究证明责任首先应当掌握“证明”“责任”“义务”“职责”“负担”等概念的基本含义；了解证明责任与司法体制、裁判组织、诉讼程序之间的关系以及不同诉讼制度有关证明责任的不同承担方式，尤其是应当掌握它与“提供证据责任”“举证责任”“说服责任”等概念的区别联系。此外，还应当对我国《刑事诉讼法》第 50、52、162、200 条以及《刑法》有关持有型犯罪和巨额财产来源不明罪的规定有所认识。

在刑事诉讼中，从侦查机关到移送审查起诉再到人民检察院提起公诉以及人民法院判决，证明标准始终在诉讼活动中占据着一定的地位，证明标准与证明对象、证明责任、诉讼构造以及诉讼主体等理论研究联系紧密，应注重研究的整体性。在研究我国证明标准时，应当对西方国家在证明标准上的“排除合理怀疑”“高度盖然性”“证据优势”等概念以及证明责任与“无罪推定”“沉默权”之间的关系有所理解，尤其是对西方哲学中的“怀疑主义”理论有所理解。

证明方法是大陆法系的理论，主要由严格证明和自由证明理论组成。严格证明是在证明的根据及程序上都是受到严格限制的证明。一方面，严格证明所依据的证据必须是法律明确规定的证据且具备证据能力；另一方面，证明的过程或程序必须严格依照法定的证据调查程序进行，两者成为严格证明不可缺少的条件。自由证明是指证明的根据及程序都不受上述两项限制，可以采用更为宽泛的证据材料或采取较为灵活的方法来完成证明，但自由证明应注重对被告人辩护权的保障。

第一节　刑事证明理论概述及相关法律规定

刑事证明的基本原理是有关刑事证明的一般理论，主要包括证明主体、证明对象、证明责任、证明标准、证明方法等主要内容。刑事证明理论是刑事诉讼法学中的理论难点。

一、刑事证明理论相关概念

（一）证明主体概述

所谓证明主体是指在诉讼过程中，提出自己的诉讼主张并有义务承担证明责任的诉讼主体。

“证明主体的内涵系由证明责任的内涵所决定，其基本构成要件有二：有自己的诉讼主张并且需要承担证明责任（包括行为责任和结果责任）。”〔1〕这一界定表明，证明主体与诉讼主张及证明责任之间存在极为密切的联系。证明主体的确定直接取决于证明责任的分担，而证明责任的承担又以诉讼主张的提出为必要前提。

（二）证明对象概述

刑事诉讼的证明对象是指司法人员在刑事诉讼中需要运用证据予以证明的案件事实，即用已知的刑事证据事实去证实的那些未知或待证的案件事实，即为证明对象。

刑事证明对象是我国刑事诉讼法学界存在争论的问题，其争论的焦点主要集中在范围上。有的学者认为刑事证明对象包括实体法事实、程序法事实和证据事实。也有学者认为刑事证明对象仅包括实体法事实和程序法事实。一般来说，证明对象有以下几点：（1）证明对象是表现在刑事诉讼过程中的，是受法律规范调整的。（2）证明的主体是特定的，仅指司法人员和部分当事人。（3）证明对象是要用证据加以证明的。（4）证明对象是案件中需要证明的有关情况。

证明对象是整个证明理论体系中不可或缺的一部分，对于刑事诉讼活动有着重要的意义。证明活动贯穿于整个诉讼过程，每个专门机关和诉讼参与人的证明对象和证明程度都有不同的要求。首先，明确证明对象对于承担举证责任方来说可以有针对性地进行举证，减少不必要的活动。其次，对于侦查和起诉部门来说可以节约司法资源，减少侦查时间，确定起诉的范围。最后，对于裁判者法院来说，当有关事实未予证明时，法官可要求承担举证责任方提出证据加以证明，也可以依职权调查取证。

（三）证明方法概述

证明方法的问题是一个比较繁杂的问题，证明方法区分为严格证明和自由证明，这两种证明方法涉及三个方面（四个证明要素）：证据范围、证据调查程序和心证程度。其中证据范围包括证据方法和证据能力（证据资格），而心证的程度实际就是英美法体系中的证明标准。一个证明方法问题涉及四个证明要素，与其说是一种证明的方式方法

〔1〕卞建林、郭志媛：《刑事证明主体新论——基于证明责任的分析》，载《中国刑事法杂志》2003年第1期。

倒不如说是一种证明的模式。

证明方法是大陆法系国家的理论。英美法系国家并不使用严格证明与自由证明的概念。但是，英美法系国家在事关实体法事实证明和程序法事实证明的问题上，也会在证据范围（主要是证据资格）、证据调查程序和证明标准等方面有所区别。而且，其理论界和实务界也或多或少地受到了严格证明和自由证明理论的影响。

（四）证明标准概述

证明标准，是指法律规定的承担举证责任的诉讼主体运用证据证明自己的主张或对案件事实的认定所达到的标准和程度。[1]对刑事证明标准的研究应从以下两个方面来理解：一是从刑事诉讼控方负担证明责任的角度来理解，证明标准是指负有证明责任的控方为了成功地赢得诉讼，提供证据证明所主张事实应当达到的程度。二是从法官认定案件事实的角度来理解，证明标准是法官判断控方举证分量应达到多少的衡量尺度，是其对案件事实能否作出肯定性认定的界限。

（五）证明责任概述

刑事证明责任，是指提出证据证明案件事实的证明负担，即承担证明责任的主体未能有效履行其证明责任，则承担其诉讼主张不能成立的不利诉讼成果。在我国，之所以采用大陆法系国家的方式对刑事证明责任进行定义，不仅是因为我国刑事诉讼方式与大陆法系国家的传统（职权主义诉讼模式）相合，主要是因为我国的刑事审判构造与英美法系国家差异较大。

二、刑事证明理论涉及的相关法律规定

（一）证明对象

从2010年的《关于办理刑事案件排除非法证据若干问题的规定》到2012年《刑事诉讼法》的修改，再到2018年《刑事诉讼法》的修改，以及此后一系列司法解释的颁布，可以看出非法证据排除问题是典型的针对程序法事实的裁判和证明。根据最高人民法院《解释》第72条规定："应当运用证据证明的案件事实包括：（一）被告人、被害人的身份；（二）被指控的犯罪是否存在；（三）被指控的犯罪是否为被告人所实施；（四）被告人有无刑事责任能力，有无罪过，实施犯罪的动机、目的；（五）实施犯罪的时间、地点、手段、后果以及案件起因等；（六）是否系共同犯罪或者犯罪事实存在关联，以及被告人在犯罪中的地位、作用；（七）被告人有无从重、从轻、减轻、免除处罚情节；（八）有关涉案财物处理的事实；（九）有关附带民事诉讼的事实；（十）有关管辖、回避、延期审理等的程序事实；（十一）与定罪量刑有关的其他事实。"其中前九项都是对实体法事项进行的规定，第（十）项中规定了有关程序法事实的裁判和证明。

（二）证明标准

我国《刑事诉讼法》以及相关规定与解释对公诉案件的立案、逮捕、移送审查起诉、

---

[1] 顾永忠：《从定罪的"证明标准"到定罪量刑的"证据标准"——新〈刑事诉讼法〉对定罪证明标准的丰富与发展》，载《证据科学》2012年第2期。

提起公诉和判决等规定了不同的证明标准，其中因程序与实体的不同，证明标准也有差异。在我国法律以及相关规定与解释中，有关刑事诉讼证明标准的规定主要体现在以下几个方面。

1. 立案涉及的与证明标准相关的规定

《刑事诉讼法》第 112 条规定：“人民法院、人民检察院或者公安机关对于报案、控告、举报和自首的材料，应当按照管辖范围，迅速进行审查，认为有犯罪事实需要追究刑事责任的时候，应当立案；认为没有犯罪事实，或者犯罪事实显著轻微，不需要追究刑事责任的时候，不予立案……”

2. 逮捕涉及的与证明标准相关的规定

《刑事诉讼法》第 81 条规定：“对有证据证明有犯罪事实，可能判处徒刑以上刑罚的犯罪嫌疑人、被告人，采取取保候审尚不足以防止发生以下社会危险性的，应当予以逮捕：（一）可能实施新的犯罪的……”其中，“有证据证明有犯罪事实”是指同时具备下列情形：有证据证明发生了犯罪事实；有证据证明犯罪事实是犯罪嫌疑人实施的；证明犯罪嫌疑人实施犯罪行为的证据已经查证属实。

3. 侦查终结涉及的与证明标准相关的规定

《刑事诉讼法》第 162 条规定：“公安机关侦查终结的案件，应当做到犯罪事实清楚，证据确实、充分，并且写出起诉意见书，连同案卷材料、证据一并移送同级人民检察院审查决定……”其中，“证据确实、充分”应当符合《刑事诉讼法》第 55 条第 2 款的规定：（1）定罪量刑的事实都有证据证明；（2）据以定案的证据均经法定程序查证属实；（3）综合全案证据，对所认定事实已排除合理怀疑。

4. 判决涉及的与证明标准相关的规定

《刑事诉讼法》第 200 条规定：“在被告人最后陈述后，审判长宣布休庭，合议庭进行评议，根据已经查明的事实、证据和有关的法律规定，分别作出以下判决：（一）案件事实清楚，证据确实、充分，依据法律认定被告人有罪的，应当作出有罪判决；（二）依据法律认定被告人无罪的，应当作出无罪判决；（三）证据不足，不能认定被告人有罪的，应当作出证据不足、指控的犯罪不能成立的无罪判决。”《关于办理死刑案件审查判断证据若干问题的规定》第 5 条规定：“办理死刑案件，对被告人犯罪事实的认定，必须达到证据确实、充分。证据确实、充分是指：（一）定罪量刑的事实都有证据证明；（二）每一个定案的证据均已经法定程序查证属实；（三）证据与证据之间、证据与案件事实之间不存在矛盾或者矛盾得以合理排除；（四）共同犯罪案件中，被告人的地位、作用均已查清；（五）根据证据认定案件事实的过程符合逻辑和经验规则，由证据得出的结论为唯一结论。办理死刑案件，对于以下事实的证明必须达到证据确实、充分：（一）被指控的犯罪事实的发生；（二）被告人实施了犯罪行为与被告人实施犯罪行为的时间、地点、手段、后果以及其他情节；（三）影响被告人定罪的身份情况；（四）被告人有刑事责任能力；（五）被告人的罪过；（六）是否共同犯罪及被告人在共同犯罪中的地位、作用；（七）对被告人从重处罚的事实。”

（三）证明责任

我国《刑事诉讼法》的许多内容与证明责任问题相关。其中，第37条规定："辩护人的责任是根据事实和法律，提出犯罪嫌疑人、被告人无罪、罪轻或者减轻、免除其刑事责任的材料和意见，维护犯罪嫌疑人、被告人的诉讼权利和其他合法权益。"第52条规定："审判人员、检察人员、侦查人员必须依照法定程序，收集能够证实犯罪嫌疑人、被告人有罪或无罪、犯罪情节轻重的各种证据。"第120条第1项规定："侦查人员在讯问犯罪嫌疑人的时候，应当首先讯问犯罪嫌疑人是否有犯罪行为，让他陈述有罪的情节或者无罪的辩解，然后向他提出问题。犯罪嫌疑人对侦查人员提问，应当如实回答。但是对与本案无关的问题，有拒绝回答的权利。"第200条第3项规定："证据不足，不能认定被告人有罪的，应当作出证据不足、指控的犯罪不能成立的无罪判决。"

从刑事证明责任分配的角度来说，如果公诉机关所举出的被告人的犯罪证据不充分，则需要承担其指控不被认可的后果。《律师法》第31条规定："律师担任辩护人的，应当根据事实和法律，提出犯罪嫌疑人、被告人无罪、罪轻或者减轻、免除其刑事责任的材料和意见，维护犯罪嫌疑人、被告人的诉讼权利和其他合法权益。"《律师法》率先取消了1996年《刑事诉讼法》规定的辩护人"提出证明犯罪嫌疑人、被告人无罪、罪轻或者减轻、免除其刑事责任的材料和意见"中的"证明"二字，从而更深刻反映了辩方在证明责任分配中的地位。而2012年修改的《刑事诉讼法》更明确了人民检察院、自诉人证明被告人有罪的证明责任。现行《刑事诉讼法》第51条规定："公诉案件中被告人有罪的举证责任由人民检察院承担，自诉案件中被告人有罪的举证责任由自诉人承担。"

实体法的规定也有涉及证明责任的内容。我国《刑法》第282条第2款规定："非法持有属于国家绝密、机密的文件、资料或者其他物品，拒不说明来源与用途的，处三年以下有期徒刑、拘役或者管制。"《刑法》第395条第1款规定："国家工作人员的财产、支出明显超过合法收入，差额巨大的，可以责令该国家工作人员说明来源，不能说明来源的，差额部分以非法所得论，处五年以下有期徒刑或者拘役；差额特别巨大的，处五年以上十年以下有期徒刑。财产的差额部分予以追缴。"这其中就涉及证明责任转移的问题，后文将予以详述。

第二节 证明主体和证明对象

一、证明主体的理论发展

我国刑事诉讼证据理论中关于刑事证明主体研究的争鸣与发展，主要集中在以下几个方面。

(一)关于法院作为证明主体的问题

我国传统证据理论对刑事证明主体有广义和狭义两种解释：广义的证明主体包括公安司法机关及其办案人员、当事人以及诉讼参与人。狭义的证明主体包括公安司法机关及其办案人员。[1]这些理论认为，我国刑事诉讼中包括法院在内的司法机关承担着证明责任，是证明主体。司法机关不是当事人，其证明责任的法律后果不能反映为让司法机关承担不利法律决定或裁判的危险后果，但是司法机关未尽证明责任，却应承担未尽证明职责的法律后果。即所作法律决定或者裁判，将会依法律程序被予以推翻，甚至承担错案的法律后果，其中包括错案赔偿责任。[2]

随着我国证据法学理论的新发展，一些学者对上述传统观点进行了批判，有的学者指出，诉讼中证明责任应如何分担是实体法和程序法共同解决的问题，实体法永远不可能责令外在于实体权利义务关系的审判者承担证明责任。也就是说，证明责任从来就是当事人的事，而与审判者无关。[3]法院在诉讼中的地位和职能决定了他作为中立裁判的一方，在诉讼证明过程中只是收受证明的主体，而不是证明主体。“此外，以证明主体的构成要件来衡量，法院本身既无自己的诉讼主张，对争议的事实也无既定的看法，更不会因证明不力而承担任何败诉风险，因而不可能成为证明主体。”[4]

(二)关于被告人作为证明主体的问题

传统诉讼法学理论认为，刑事诉讼实行单边举证责任原则，即由要追究被告人刑事责任的控方承担证明责任，被告方不承担证明。认为这是无罪推定原则和不被强迫自证其罪原则的必然要求，也是由刑事诉讼机制的特点决定的。许多学者指出，“无论是公诉案件还是自诉案件的被告人，基于现代诉讼无罪推定原则的特殊保护机制，都不负证明责任”。[5]

但是被告人不负证明责任却是相对的、有条件的，同时也不能任意扩大被告人证明责任的范围，只有以下三种情况被告人才承担证明责任，是证明主体：“其一，只有在控方对被告人构成犯罪的基本事实进行证明之后，辩方才需要对法定的应由其证明的部分辩护事实进行证明。其二，即使是对于法定的部分应由被告方承担证明责任的辩护理由，在辩方履行证明责任之后，最终反驳其存在的责任仍然是由控诉方承担。其三，只有那些控方无法证明或难以证明，且辩方有可能证明的事实才应由辩护方承担证明责任。”[6]

(三)关于侦查机关作为证明主体的问题

一些学者认为，“公安机关又是国家的侦查机关，负责大多数刑事案件的立案侦查工作，进行刑事诉讼证明活动，负责追究犯罪，实质上也就是在执行追诉或控诉职

---

〔1〕 参见陈光中等：《刑事证据制度与认识论——兼与误差论、法律真实论、相对真实论商榷》，载《中国法学》2001年第1期。

〔2〕 参见刘金友主编：《证据法学》，中国政法大学出版社2001年版，第261—263页。

〔3〕 参见江伟主编：《证据法学》，法律出版社1999年版，第49页。

〔4〕 卞建林、郭志媛：《刑事证明主体新论——基于证明责任的分析》，载《中国刑事法杂志》2003年第1期。

〔5〕 卞建林主编：《刑事证明理论》，中国人民公安大学出版社2004年版，第120页。

〔6〕 卞建林、郭志媛：《刑事证明主体新论——基于证明责任的分析》，载《中国刑事法杂志》2003年第1期。

能”。[1]“刑事诉讼证明贯穿于侦查、起诉、审判的各个阶段，侦查、起诉和审判机关都是诉讼证明的主体。”[2]因此，其认为侦查机关是证明主体。

也有一些学者认为侦查机关不宜作为证明主体，理由如下：其一，从侦查机关的职责来看它具有非证明主体性。侦查机关只是负责刑事案件的立案、侦查以及向公诉机关移送审查起诉。在这个过程中，并没有进行任何刑事证明活动。侦查机关没有诉讼主张，这是其不承担证明责任的前提。侦查机关的活动仅限于侦查阶段，而刑事证明只能出现在审判阶段，所以，侦查机关不具备成为证明主体的可能性。其二，从侦查机关与公诉机关之间的关系来看侦查机关的非证明主体性。侦查机关的侦查活动只是为公诉人的诉讼做准备，准备公诉人诉讼中承担证明责任所需的证据。因为，侦查机关只是公诉人进行刑事证明的准备者和帮助者。[3]因此，如果坚持审判中心的视角，那么侦查机关就是公诉人的一个帮助机关，而非独立的证明主体。[4]

二、证明对象的理论发展

证明对象是刑事诉讼活动的起点和归属，也是我国刑事诉讼法学界存在争论的一个领域，其争论的焦点主要集中在刑事证明对象的范围及其证明责任的关系等问题。

（一）证明对象的基本观点

20世纪90年代中期以后，随着程序法独立价值的强调和司法人权理念的增强，证据法问题研究逐渐深入，对证明对象的研究日益发达。

作为证明对象的“案件事实”具体包括哪些内容，在学界是一个颇有争议的问题。第一种观点认为，证明对象是指由实体法律规范所确定的、对诉辩请求产生法律意义的、应当由当事人提供证据加以证明的事实。这种观点强调证明对象限于实体法事实。第二种观点认为，证明对象是“需要用证据予以证明的待证事实”，而“待证事实包括实体法事实、程序法事实和证据事实”，即刑事诉讼中证明对象包括：“（1）刑法上规定的犯罪案件事实；（2）同定罪量刑有关的其他事实；（3）程序法事实；（4）证据材料。”第三种观点认为：“证明对象是调查人员办理案件必须运用证据予以证明的案件事实……主要是由实体法所规定的行为人的行为是否构成犯罪，以及民事争议、行政争议所涉及的事实。此外，在诉讼中对解决诉讼程序具有法律意义的事实……因与正确处理案件密切相关，也是调查中应当予以证明的事实。”

国外有关证明对象问题存在不同的认识。苏联虽然立法上没有承认程序法事实，但是仍有不少学者提出不同认识。蒂里切夫就认为：“广义的证明对象包括对解决案件的实质问题或个别程序问题具有法律意义的一切情况。”[5]在德国，诉讼理论认为，对案件

---

〔1〕 王国枢主编：《刑事诉讼法学》，北京大学出版社1998年版，第43页。

〔2〕 陈光中、徐静村主编：《刑事诉讼法学》（修订版），中国政法大学出版社2000年版，第169页。

〔3〕 参见卞建林、郭志媛：《刑事证明主体新论——基于证明责任的分析》，载《中国刑事法杂志》2003年第1期。

〔4〕 参见熊秋红主编：《刑事诉讼法学的新发展》，中国社会科学出版社2013年版，第358页。

〔5〕［苏］И.В.蒂里切夫等编著：《苏维埃刑事诉讼》，张仲麟等译，法律出版社1984年版，第131页。

审判有重要价值的一切事实都要证明。日本学者认为，需要证明的事实由实体法上的事实和诉讼法上的事实组成。诉讼法上的事实包括：作为诉讼条件的事实，作为诉讼行为要件的事实，证明证据能力和证明力的事实和其他诉讼法上的事实。[1]英国作为判例法国家，没有统一的立法规定证明对象的范围，但司法实践中却要求证明“所有与争议有关的情况”[2]。意大利《刑事诉讼法典》第 187 条规定了证明对象的范围，其中包括与诉讼有关的事实。

（二）证明对象的分歧与争议

在现有的证明对象问题研究中，对于案件事实作为证明对象不存在争议，其主要分歧在程序法事实和证据法事实问题上。

1. 证据事实是否为证明对象

一种观点认为，证据事实是证明对象。理由是：任何证据事实，其本身不能证明自身的真实性，必须通过与其他证据的对照，比较才能确认某一证据是否可靠。因此，证据既是证明的手段，同时也应当是需要证明的对象。另一种观点认为，证据事实不是证明对象。主要理由是：（1）从证据事实与案件事实的关系方面看，两者作为证明对象，有些是重合的。直接证据事实与案件主要事实有重合的情况，间接证据事实与案件事实也有重合的情况。既已重合就没有必要再把它列为证明对象。（2）从证据事实的作用看，证据事实归根结底只是证明实体法事实和程序法事实的手段。从证明过程看，它虽然属于需要查明的事实，但就证明的最终目的而言，它只是一个中间环节，是证明手段，而不是证明对象。[3]

2. 程序法事实是否为证明对象

一种观点认为，程序法事实是证明对象。理由包括：把程序法事实列为证明对象，既有法律依据，又有实际意义。但是程序法事实与实体法事实虽同为证明对象，二者却有所区别。（1）从作用方面看：实体法事实关系到定罪量刑；程序法事实则关系到诉讼活动的顺利进行。（2）从证明责任方面看：对实体法事实的证明只有司法人员和自诉案件的自诉人负有这种责任，被告人没有证明责任；对程序法事实的证明，被告人在某些情况下负有某种证明责任。（3）从证明要求上看：“由于实体法事实是关于对被告人定罪量刑的事实，因此，对它们都要求通过收集证据加以确凿地证实，不得有半点含糊，证据不足就不能定罪。但是，对于程序法事实的证明，在要求上就可以灵活一点。有的事实一时难以查清，可以斟酌情况，先解决程序问题，以免影响案件的及时审理。”[4]

另一种观点否认程序法事实是证明对象。其理由是：如果把程序法事实列为证明对象，可能导致办案人员分散注意力，影响办案效率，还可能把举证责任转嫁到被告人身上。因为程序立法的目的和任务是为了保证实体法准确、及时地实施。在案件的处理上，它属于从属地位。以程序法事实对案件本身的影响来看，案件涉及的程序法事实对

---

〔1〕［日］田口守一：《刑事诉讼法》，刘迪、张凌等译，卞建林审校，法律出版社 2000 年版，第 220 页。

〔2〕［美］J.W. 塞西尔·特纳：《肯尼亚刑法原理》，王国庆等译，华夏出版社 1989 年版，第 516 页。

〔3〕 刘用军：《刑事诉讼事实研究》，载《河南省政法管理干部学院学报》2009 年第 4 期。

〔4〕 陈光中、周国均：《论刑事诉讼中的证明对象》，载《中国政法大学学报》1983 年第 3 期。

确定被告人罪与非罪、罪轻罪重以及最后量刑的问题，虽有一定影响，但不起决定作用。从程序法事实的证明主体看，不一定是司法人员，有时也可能是被告人，因为有些程序事实，只有被告人才能证明清楚。但是，根据证明责任理论，不能也不应该将证明责任转嫁到被告人身上。[1]

第三节　证明责任

一、证明责任的理论研究现状

（一）大陆法系国家的研究

在大陆法系国家，证据责任又称为“立证责任”“立证负担”“举证责任”（Beweisnotwendigkeit）。证明责任肇起于古罗马法时代。古罗马法确立了“谁主张，谁证明”的原则，这一原则成为一条古老的证明责任“黄金”准则。在近代，证明责任的理论在大陆法的德国得到了发展和繁荣。在德国，证明责任在早期主要是指提供证据责任，这种责任属于主观上的证明责任。1883年德国学者尤力乌斯·格拉色（Julius Glasser）最早对证明责任的概念进行分解，提出了主观证明责任（形式意义上的证明责任）和客观证明责任（实质意义上的证明责任），即证明责任的行为责任和结果责任。后经过莱昂哈德（Leonhard）、罗森贝克（Rosenberg）以及普维庭（Hanns Pritting）的努力得以发展和完善。

法国在立法及判例中确定了特定情况下的证明责任转移，即要求被告人在下列情形下承担举证责任：（1）被告人主张存在“正当辩护理由”，如被告人主张其行为属于正当防卫，或者是由合法当局所指挥，或者被告人援引其他可以免除刑事责任的事由时，包括制定法明确要求被告人承担举证责任或判例要求被告人承担举证责任两种情形。（2）在涉及不可归责于行为人的事由，如受到强制、精神错乱等情形时，被告人承担举证责任。（3）被告人援用家庭豁免权，如直系血亲间偷窃不受法律追究、不得强制家庭成员告发其近亲属犯罪，被告人有举证责任。（4）被告人为摆脱责任，援引足以使犯罪实际上不可能存在的事实，应提出可以证明其存在的证据。（5）在违警罪及税收案件中，根据现场笔录可以推定犯罪事实存在，被告人主张未实行犯罪，应提出相反证据推翻依据笔录所作的推定。（6）根据海关法典规定，在海关管辖范围内扣押的“无有效的验关证据”的商品属走私进入法国的商品，被告人主张为非走私商品，负有举证责任。（7）根据《交通法典》的规定，对那些违反停车规章、仅科处罚金的犯罪，推定汽车注册人负有责任，或者在车辆已出租给第三人的情况下，推定该租车人负有责任，如被告人主张是他人的行为不是自己的行为触犯法律，则负举证责任。（8）根据新《刑法典》的规

[1] 参见王敏远主编：《刑事诉讼法学》，知识产权出版社2013年版，第313—314页。

定，与惯常从事卖淫活动的人在一起生活的人，不能证明与其生活水准相称的收入来源的，视为淫媒谋利犯，被告人作无罪辩护时，应对收入来源负举证责任。

（二）英美法系国家的研究

英美法系国家把证明责任分为提供证据责任和说服责任。在美国，较为流行的证明责任分配是赛耶提出的“双层证明责任”说。他将证明责任分为提出责任和说服责任。提出责任是指当事人提出证据，说服法官将案件递交陪审团的责任，或者提出某项证据使自己的主张成为争议点的责任。提出证据责任是控辩双方都应当承担的证明责任。控方在诉讼之初就应当提出表面成立的证据，使法官受理自己的指控。原告或控方的证据不足，被告人可以作出“无诉可答”的动议，法官也可以裁定驳回起诉。如果原告或控方提出了表面成立的证据，提出证据责任就转移到辩护一方。如果辩护一方的证据使陪审团产生“合理怀疑”，提出证据责任就再次发生转移。

说服责任是指在诉讼中由主张一方提出证据说服陪审团裁判己方主张为真的责任。在刑事诉讼中，控方承担以“排除合理怀疑”的程度说服陪审团裁定被告人有罪的责任。虽然有时被告人的肯定性辩护，也应由陪审团裁决，但是被告人只要让陪审团产生合理怀疑即可，无需达到排除合理怀疑的程度，因此不是最终责任意义上的说服责任。美国法律规定在被告人提出积极的辩护主张情况下，依据法律和判例的要求，被告人应承担相应的证明责任。例如，被告人提出患有精神病或其他不适于受审的辩护，应当提供证据证明；被告人提出存在合法授权、正当理由、特殊情况或例外而合法实施某种行为的辩护，应当提供证据证明；被告人提出受到胁迫或是正当防卫的辩护，应当提供证据证明；关于推翻制定法对某些事实的推定或援引法律条文中的但书、例外或豁免的规定，被告人负有证明责任；提出犯罪时不在现场的辩护，对于被告人独知的事实，被告人也要承担提供证据的责任。[1]

在英国证据法上，证明责任实际上由两个部分组成，即证明责任和说服责任。（1）证明责任，又称提证责任或推进责任，是指当事人提交足够的证据，以使己方主张的事实成为法庭上陪审团审议的争议问题，进而获得对自己有利的决定，又称“证据负担”、提供证据的责任或推进责任。（2）说服责任，又称法定责任，是指诉讼的一方当事人为使法庭的事实审理者（法官或陪审团）信服其提出的全部事实而应当承担的证明责任。当事人应当提出充分的证据来说服法官和陪审团，使其形成心证，故称之为说服责任。由于这一责任是法律规定的，是不可推卸的，所以称为法定责任。如果当事人无法依照证明标准卸除其所负的法定责任，最终将会导致其败诉。因此，这种责任又称最终责任或全面责任。在刑事诉讼中，这一责任始终由刑事案件的控诉方承担，即控诉方应当按照证明标准说服事实审理者（法官或陪审团）基于其提出的全部证据，确信其指控罪行的事实是真实的。这种法定的说服责任，在诉讼的任何时候都不具有可转移性。

（三）我国的研究状况

我国学者强调提供证据责任与说服责任是相互独立的责任，并列出了七点区别：针

---

〔1〕卞建林：《刑事诉讼的现代化》，中国法制出版社 2003 年版，第 506 页。

对的职能不同；发生的时间不同；实际的后果不同；设置的目的不同；校验的标准不同；转移与否的不同；证明标准的不同。[1]

有的学者对大陆法系与英美法系证明的不同进行了分析，并认为大陆法的行为责任与结果责任以及英美法的提出证据责任与说服责任，植根于不同的法律体制，既有共同之处，又有一定的区别。行为责任与结果责任的两分法概念是大陆法系一元法庭的产物。而当担任庭审主持与诉讼指挥并主持审判的法官与事实审理（判定）者相分离的情况下，就产生了对法官的责任（提出证据的责任）与对陪审团的责任（说服责任）的证明责任区分。因此，如果作简单的比较，“行为—结果”责任是形式与实质的关系，是法律要求与责任后果的关系，亦即“表里关系”；“提出—说服”责任则是证明责任的阶段性体现，而不同阶段有不同的行为要求（这种要求的不同集中体现在证明度的不同），如果不实现这种行为要求就会承担相应的结果责任，因此这组概念处理的是诉讼程序中产生的证明责任关系问题。[2]

二、证明责任转移问题

关于刑事证明责任是否转移，存在着争论。有学者认为控方承担证明责任是绝对的，证明责任不转移给被告人。[3]多数学者认为，刑事证明责任在一定情况下发生转移。

（一）刑事证明责任的转移

有的学者认为，证明责任只是由控方转移给被告人。有的学者认为，刑事证明责任的转移是指在特殊案件或特定情况下，原本由一方当事人承担的证明责任转移给另一方承担，或者相反，包括刑事证明责任倒置和狭义的刑事证明责任转移。[4]持这种观点的学者认为，刑事证明责任的转移可以是多次的。刑事证明责任倒置又称为证明责任的法定转移，是根据实体法上关于某一犯罪行为构成要件的规定，由被告人承担无罪的证明责任。狭义的刑事证明责任转移是指在具体的刑事诉讼中，基于当事人提出的主张、证据距离、公平效率等因素的考虑，证明责任由一方转移给另一方，在另一方承担证明责任后又转移给对方，往复转移，所以称为刑事证明责任的自然转移。

（二）证明责任转移与倒置

在刑事诉讼中，控方承担犯罪构成要件的证明责任，即承担确实充分地或者排除合理怀疑地证明被告人犯有某罪的证明责任，但是立法上为体现打击某类犯罪的需要，而将其中部分犯罪构成要件的证明责任规定由被告人承担，即证明责任的倒置。证明责任的倒置必须由法律予以规定，法律没有规定倒置的证明责任还应由控方承担。证明责任倒置中，倒置的证明责任是犯罪构成要件的内容。[5]

---

〔1〕 黄维智：《刑事证明责任研究——穿梭于实体与程序之间》，北京大学出版社 2007 年版，第 13—15 页。

〔2〕 龙宗智：《刑事证明责任制度若干问题新探》，载《现代法学》2008 年第 4 期。

〔3〕 参见叶自强：《英美证明责任分层理论与我国证明责任概念》，载《环球法律评论》2001 年第 3 期。

〔4〕 参见卞建林、郭志媛、韩旭：《刑事证明责任的分配与转移》，载樊崇义主编：《诉讼法学研究》（第三卷），中国检察出版社 2002 年版，第 110 页。

〔5〕 参见黄永：《刑事证明责任分配研究》，中国人民公安大学出版社 2006 年版，第 394 页。

刑事证明责任的转移，是指控方承担刑事证明责任后，被告人提出抗辩主张，因法律上的规定承担无罪的证明责任，或因案件需要而承担证明责任，以及证明责任在被告人与控方之间的往复转移。刑事证明责任转移包括刑事证明责任倒置和狭义的刑事证明责任转移两种情形。刑事证明责任倒置，是指根据实体法关于犯罪构成要件的规定，控方不必证明某个要件或某个要件中的部分事实，即推定犯罪成立，被告人就此事实提出抗辩时承担证明责任。狭义的刑事证明责任转移是指在刑事诉讼中，控方履行证明责任后，被告人提出某些抗辩主张时，根据公平、证据距离等利益衡量因素的考量而承担证明责任，以及控方进行反驳时承担证明责任和证明责任在双方之间的往复转移。在狭义的刑事证明责任转移中，被告人提出一定的抗辩主张，而产生举证证明之必要。被告人这种举证责任是与控方不同的责任，是就其诉讼主张举证证明，控方卸除了一种负担，而被告人又承担起另一种负担，转移的虽然是义务，但却是证明不同事实的义务。〔1〕

第四节　证明标准

刑事证明标准的法律规定呈现出复杂的局面，学界对刑事证明标准的理论解读则显得丰富多彩。

一、国外对证明标准的表述

国外典型的证明标准包括两种，一是英美法国家的证明标准，二是大陆法国家的证明标准。西方国家的学者主要是从事实认定者的角度对证明标准进行界定。

（一）英美法国家的证明标准

英美法国家一般从当事人角度来理解证明标准，将证明标准视为负有证明责任的一方当事人提供证据证明其主张事实应达到的水平、程度或量。

英美法国家适用的证明标准一般表述为“排除合理怀疑”。所谓“合理怀疑”，美国《加利福尼亚刑法典》对其的界定为：“它不仅仅是一个可能的怀疑，而是指该案的状态，在经过对所有的证据的总的比较和考虑之后，陪审团的心理处于这种状态，他们不能说他们感到对指控罪行的真实性得出永久的裁决已达到内心确信的程度。”〔2〕

然而，在实务操作中，这一证明标准却存在一定的困难。英美法国家的诉讼法理论从实用主义出发，对于证明标准作出了等级性解释。第一等是绝对确定。由于认识论的限制，认为这一标准无法达到，因此无论出于任何法律目的均无这样的要求。第二等是排除合理怀疑，为对刑事案件作出定罪裁决所要求，也是诉讼证明方面的最高标准。第三等是清楚和有说服力的证据，某些司法机关在死刑案件中拒绝保释时，以及作出某些

〔1〕胡锡庆等主编：《诉讼证明学》，中国法制出版社2001年版，第537页。

〔2〕《美国联邦刑事诉讼规则和证据规则》，卞建林译，中国政法大学出版社1996年版，第21页。

民事判决时有这样的要求。第四等是优势证据，是作出民事判决以及肯定刑事辩护时的要求。第五等是合理根据，适用于签发令状，无证逮捕、搜查和扣押，提起大陪审团起诉书和检察官起诉书，撤销缓刑和假释以及公民扭送等。第六等是有理由的相信，适用于“拦截和搜身”。第七等是有理由的怀疑，足以将被告宣告无罪。第八等是怀疑，可以开始侦查。第九等是无线索，不足以采取任何法律行为。[1]

（二）大陆法国家的证明标准

大陆法国家主要从法官角度来界定证明标准，将证明标准理解为法官认定案件事实的尺度。

大陆法国家对证明标准一般表述为“内心确信”，将其作为“自由心证”的基本内容。这一证明标准源于法国，是欧洲资产阶级革命时期否定法定证据制度的产物。1808年法国《刑事诉讼法典》规定，法律要求陪审官掌握的判断证据和事实的全部尺度为：“你们是真诚地确信吗？”“法律不过问法官依据何种理由形成自我确信；法律也不为法官规定其赖以判断证据是否完备、是否充分的规则；法律只要求法官深思细察、集中精神、本着诚实、本着良心，寻找已经对被告人提出的各项证据以及被告人进行辩护的各项理由对其理智所产生的印象。法律只向法官提出唯一的问题，您已经形成了内心确信吗？”[2]

德国《刑事诉讼法典》将“自由心证”规定为，“对证据调查的结果，由法庭根据它在审理的全过程中建立起来的内心确信而决定”。在日本，证明标准通常采用“高度的盖然性”，并认为“高度的盖然性”与“排除合理怀疑”的要求在实质上是一致的。随着刑事诉讼结构的当事人化，日本对于证明标准的表述逐渐舍弃“高度的盖然性”而采用“无任何合理怀疑”或者“排除一切合理怀疑”。

内心确信可以说是从正面表述为“自由心证”的刑事证明标准，而“排除合理怀疑”是“自由心证”另外一种表达方式。“排除合理怀疑”与“内心确信”二者具有相同的一面，在主观确信方面，内心确信意味着排除合理怀疑，二者是一个标准的两个方面，或者说是一项标准的两种具象化的表述。

二、我国刑事证明标准的理论研究

我国的证明标准在立法上表述为“案件事实清楚，证据确实、充分”。学者们对刑事证明标准的理解存在分歧，并在理论上提出了不同的观点。其中，“客观真实标准”和“法律真实标准”属于最有代表性的观点。

（一）客观真实说

“客观真实说”是我国刑事证明标准理论中的传统观点。传统的持客观真实证明标准的学者认为，客观真实“就是指客观存在的案件事实在司法人员主观认识中的正确反映。简言之，符合案件客观事实的认识，是真实，不符合案件客观事实的认识，是不真

〔1〕《美国联邦刑事诉讼规则和证据规则》，卞建林译，中国政法大学出版社1996年版，第22页。

〔2〕龙宗智：《“确定无疑”——我国刑事诉讼的证明标准》，载《法学》2001年第11期。

实”[1]。客观真实的证明标准源于诉讼法的任务，“我国诉讼中的证明任务是查明案件的客观真实或案件的真实情况……查明案件的客观真实，归根结底，就是要求司法人员的主观认识必须符合客观实际”[2]。而且，查明案件的客观真实是完全可能的，这主要是因为：第一，马克思主义认识论认为，存在是第一性的，意识是第二性的，存在决定意识；人类具有认识客观世界的能力，能够通过调查研究认识案件的客观真实。查明案件客观真实具有科学的理论根据。第二，客观上已经发生的案件事实，必然在外界留下这样或那样的物品、痕迹，或者为某些人所感知，为查明案件客观真实提供了事实根据。第三，作为组织保证，我国有党的坚强领导，有广大具有社会主义觉悟的群众的支持，更有一支政治思想觉悟高、有较丰富经验的、掌握一定科学技术的司法队伍。第四，诉讼法的制定、颁布和不断完善为查明案件的客观真实提供了法律依据。[3]客观真实说对查明案件事实真相提出了四条具体要求：一是据以定案的每一个证据均经过查证，确是客观存在的事实。二是据以定案的证据与案件事实之间存在着客观联系。这种联系是客观的，而不是人为的、牵强附会的联系。三是证据之间、证据与案件事实之间的矛盾得到合理排除。四是案件事实都有相应的证据予以证明，并且排除了其他可能性。其中第四点是最根本、最关键的要求。[4]“客观真实说”受到了一些学者的质疑。第一，尽管世界是可知的，但是人类的认识能力却是有限的。第二，时间的不可逆性决定了无论采取何种方法、手段，都无法将案件事实原原本本地回复到发生时的原始状态。第三，法官具有常人所有的一切因素，且法官的心理素质、职业水平等并不整齐划一，要求法官的事实认定都达到主观符合客观的程度是不现实的。第四，诉讼中的证据运用活动包含着一系列法律价值的实现和选择过程。而这种“法律价值的冲突与协调也造成了证明的相对性”。[5]

（二）法律真实说

持“法律真实说”观点的学者认为，法律真实是指：“裁判人员运用证据认定的案件事实达到了法律所规定的视为真实的标准，在诉讼证明的过程中，法官运用证据、逻辑推理和经验法则，对案件事实的认定应当符合实体法和程序法的规定，应当达到从法律的角度认为是真实的程度。”[6]

“法律真实论”首先强调在理论上区分两种事实：客观事实和法律事实。认为案件发生时的事实是原始状态的实际事实，属于自然事实、自在事实，在诉讼的视野中，纯粹的客观事实是不存在的，在诉讼中再现的只是法律意义上的事实，而非原始状态的实际事实。原始状态的实际事实如果不通过法律规定的程序和规则进行审查、判断和认

---

〔1〕张子培等：《刑事证据理论》，群众出版社1982年版，第94页。

〔2〕陈一云主编：《证据学》，中国人民大学出版社1991年版，第114页。

〔3〕参见陈一云主编：《证据学》，中国人民大学出版社1991年版，第115页。

〔4〕参见陈光中等：《刑事证据制度与认识论——兼与误区论、法律真实论、相对真实论商榷》，载《中国法学》2001年第1期。

〔5〕樊崇义等：《刑事证据法原理与适用》，中国人民公安大学出版社2001年版，第16页。

〔6〕樊崇义：《客观真实管见——兼论刑事诉讼证明标准》，载《中国法学》2000年第1期。

定，就不能产生法律上的后果。法律意义上的事实是事实因素和法律相结合的产物，是获得了法律的评价，带有法律价值判断色彩的事实。[1]司法人员在作出裁判时，作为其裁判基础的事实只能是在法律规范约束下形成的法律事实。[2]这种法律事实是在证据裁判主义的基础上产生的，即法官对案件客观事实的认识是通过证据这一手段完成的，没有证据就没有事实，有什么样的证据就有什么样的事实。证据先通过法律的评价，带有法律价值色彩，才成为法官认定案件事实的前提和手段。法律真实虽包含有客观真实的内容，但是法律真实并不等于客观真实。二者的区别在于，客观真实必须是完全正确的，而法律真实的概念本身就隐含着误差的可能性。[3]

"客观真实"与"法律真实"的争论主要是为证明标准的制度提供理论依据。这种依据既支持着一种制度的确立，也支持着一种制度的运作。在制度运作的层面，以"法律真实说"作为正当化依据是有缺陷的。按照"法律真实说"，在案件审理已尽，而仍然真伪不明时，法官就应该按照举证责任规则作出判决；但"法律真实说"不解释为什么这样做。[4]有的学者对"法律真实说"也进行了责难，并认为，"法律真实"根本不存在，因为在案件事实不明或者尚处于争议之中时，法律不可能规定何为真、何为假，因此"法律真实"本身就是一个伪概念。[5]

三、我国刑事证明标准多样化的理论争鸣

我国学者在对证明标准的争论和研究过程中，产生了很多观点和理论，普遍认为证明标准可以更加多样化，可以根据不同的情况确定不同的证明标准。

（一）性质不同案件的不同证明标准

有的学者针对案件性质的不同，特别是重罪与轻罪，提出采用不同证明标准的观点。也有的学者提出，对死刑案件的定罪与量刑"分而治之"的证明标准。[6]

这一观点认为，在量刑时根据罪行轻重及拟判处刑罚的轻重，适用不同的证明标准；在拟判处被告人死刑时，适用"犯罪事实清楚，证据确实、充分，排除一切怀疑"的最高标准；达不到该标准的，只能判处低一档的刑罚；在拟判处被告人无期徒刑和有期徒刑时，适用排除合理怀疑的标准；在拟判处被告人其他较低刑罚时，适用内心确信的标准。[7]

（二）其他因不同原因而需确定的不同证明标准

（1）不同证明对象的证明标准。证明对象存在实体法事实和程序法事实的差异。因

---

〔1〕沈少栋：《从客观真实到法律真实——民事诉讼证据标准刍议》，载《法制与经济（下旬）》2011年第5期。

〔2〕樊崇义：《客观真实管见——兼论刑事诉讼证明标准》，载《中国法学》2000年第1期。

〔3〕何家弘：《论司法证明的目的和标准——兼论司法证明的基本概念和范畴》，载《法学研究》2001年第6期。

〔4〕参见江伟、吴泽勇：《证据法若干基本问题的法哲学分析》，载《中国法学》2002年第1期。

〔5〕张继成、杨宗辉：《对"法律真实"证明标准的质疑》，载《法学研究》2002年第4期。

〔6〕陈卫东、李训虎：《分而治之：一种完善死刑案件证明标准的思路》，载《人民检察》2007年第8期。

〔7〕陈光中：《构建层次性的刑事证明标准》，载陈光中、江伟主编：《诉讼法论丛》（第七卷），法律出版社2002年版，第2页。

实体法事实与程序法事实的价值不同，其证明标准也应当不同。实体法事实应当采用较高的证明标准，而程序法事实采用较低的证明标准，以体现诉讼证明标准的层次性和科学性。〔1〕

（2）不同诉讼主体的证明标准。有的学者认为，不同证明责任承担主体适用不同的证明标准。控辩双方在分别承担责任时，应当适用差别证明标准。控方应当承担最高、最严格的证明标准，达到排除合理怀疑的程度；而辩方证明只要使事实裁判者对控方主张发生“合理怀疑”即可。〔2〕

（3）关于量刑的证明标准，存在三种不同意见。

一是认为量刑的证明标准应当比定罪的证明标准低，在证明从重、从轻、减轻、免除刑罚或应适用缓刑等方面只需达到优势证明程度即可。

二是认为对量刑事实的证明应当区分罪重事实和罪轻事实，罪重事实适用排除合理怀疑的证明标准，罪轻事实适用优势证明标准。

三是认为由于定罪事实与量刑事实存在交叉，对量刑事实的证明应分两种情况：对定罪与量刑交叉的事实的证明应采用定罪证明标准，尤其是对死刑案件的证明；对其他量刑事实的证明可采用优势证明标准。

上述理论争鸣引起了立法机关的注意，在2012年《刑事诉讼法》修改时，立法机关接受了学界对传统的客观证明标准的批评，借鉴了英美法系的主观证明标准“排除合理怀疑”，将主客观证明标准相结合，制定了新的证明标准，可以表述为“案件事实清楚，证据确实、充分，排除合理怀疑”。这种主客观兼顾的证明标准符合证明标准的内在要求和一般规律，中西合璧，是我国刑事诉讼立法的一次重大进步。2018年《刑事诉讼法》修改时，立法机关继续坚持了这一合理的证明标准。

第五节 证明方法

一、证明方法的理论发展

证明方法研究近年来在我国方兴未艾，严格证明与自由证明这两种方法因其功用而受到众多学者的关注。

严格证明与自由证明理论最早起源于德国的刑事诉讼法领域。早在19世纪，为填补刑事诉讼两种证明方式——严格证明与释明之间的空白，相当于自由证明概念的证明方式即被承认，不过，自由证明这一术语直到1926年才被德国学者迪恩茨在其论文《刑事诉讼中的三种证明》中首次被使用。在之后的时间里，经刑事法学者的努力倡导，

---

〔1〕参见卞建林主编：《刑事证明理论》，中国人民公安大学出版社2004年版，第262—263页。

〔2〕参见卞建林主编：《刑事证明理论》，中国人民公安大学出版社2004年版，第261—262页。

形成了较为系统的严格证明与自由证明理论，并逐渐发展成为德国刑事诉讼的通说。在德国刑事诉讼法上，自由证明的事项一般包括以下事实：第一，对裁判只具诉讼上重要性之事实认定，如有权提起告诉之人知悉犯罪行为及行为人之时间或者对证人年龄之认定，此对宣誓极具重要性；第二，对除判决以外之裁判中的事实认定，如羁押命令之签发或开启审判程序之裁定等；第三，有关诉讼要件的事实认定，但如果该项事实同时影响罪责及刑罚时除外；第四，对被告是否被以法律禁止之讯问方法被讯问之证明等。[1]

20世纪30年代以后，梅耶、休宾等一批民事法学者相继撰文将严格证明与自由证明理论引入民事诉讼领域。稍后，严格证明与自由证明理论从德国传入日本。1933年，日本学者小野清一郎将该理论与犯罪构成要件理论相结合，使该理论得到了重大发展。日本学者松冈正章曾撰写《严格证明与自由证明》一文系统地阐述，使该理论在日本刑诉法学界占据了一席之地。日本学者认为，需要证实的事实由实体法上的事实和诉讼法上的事实组成。实体法上的事实包括：犯罪事实（构成要件事实、处罚条件事实）和犯罪事实以外的事实（影响法律上构成犯罪的事实、法律上加重减免理由的事实、酌情减轻处罚或缓期执行条件的事实）。诉讼法上的事实包括：作为诉讼条件的事实、作为诉讼行为要件的事实、有关证据能力和证明力的事实和其他诉讼法上的其他事实。对于实体法事实中作为犯罪构成要件的事实、倾向于从重、加重被告人刑罚的事实，要进行严格证明，其他的实体法事实则可以进行自由证明；对于程序法事实，只需进行自由证明。[2]

该理论传入我国台湾地区后亦有所发展。蔡墩铭教授结合我国台湾地区《刑事诉讼法》，认为适用自由证明的事项包括：（1）与犯罪有关的部分事实。具体包括：阻却违法性事由，如正当防卫、紧急避险的事实；阻却责任性事由，如心神丧失的事实；量刑事由。（2）具有诉讼法意义的事项。主要有：诉讼条件的事实，如告诉乃论的告诉、撤回告诉；诉讼能力的事实，如被告心神丧失不能接受审判；案件相牵连的事实；时效已经过的事实；曾经大赦的事实。（3）与证据的信用性或真实性有关的辅助性事实，包括自白任意性的事实；证人的信用性事实；鉴定人适格的事实；书证依法制作的事实。此外，他认为，如果习惯法成为证明对象，可以适用自由证明。[3]另外，刑事法学者林钰雄也认为：严格证明具有严格的形式性之要求，对于法院形成相当的限制，旷日持久，乃至绑手绑脚。因此，不可能期待所有的争议点全部使用严格证明程序来证明，这也是严格证明法则仅限于案件犯罪事实及其法律后果问题之认定，并且也仅适用于审判程序的原因。[4]

二、严格证明与自由证明的差异

依通说之见，严格证明与自由证明的差异体现在可以使用的证据范围（证据方法与

---

〔1〕闵春雷：《严格证明与自由证明新探》，载《中外法学》2010年第5期。

〔2〕闵春雷：《严格证明与自由证明新探》，载《中外法学》2010年第5期。

〔3〕参见蔡墩铭：《刑事诉讼法论》（修订版），台北，五南图书出版公司1992年版，第205—206页。

〔4〕参见郭天武：《自由证明法则及其运用》，载《中山大学学报（社会科学版）》2010年第2期。

证据能力)、证据调查程序、心证程度(证明标准)等三个方面。按严格证明之要求,只能以具备证据能力的法定证据方法为基础,经历正式的证据调查程序,并达到排除合理怀疑(内心确信)之证明标准。而所谓自由证明,在可以使用的证据范围上,不受法定证据方法限制,准许采用通常情况下不具证据能力之证据,如传闻证据和品格证据;在证据调查方法上,"法院得以一般实务之惯例以自由证明之方式调查之……可不拘任何方式来获取可信性(例如以查阅卷宗或电话询问之方式)""自由证明的证据是否在法庭上出示,出示以后用什么方式调查,由法院裁量"。就证明标准而言,无须达到确信的心证程度,"在许多案例中只需有纯粹的可使人相信之释明程度即已足"。所谓"释明"即"当事人提出证据,使法院得生薄弱心证之行为"〔1〕。

三、区分严格证明与自由证明的原因

如果仅从追求事实真相和司法的绝对公正看,证明自然是越严格越好。因为证明越严格,意味着认定事实出现差错的概率就越低,诉讼证明所认定的事实就越可靠,诉讼结果也会越公正。但这种期望,却注定只能是一种美丽的幻想,如果对一些不重要的事实的证明也要求达到一种非常严格的程度,势必导致司法资源的浪费和审判的拖延。〔2〕

首先,因为司法资源是有限的,为合理分配司法资源,避免资源浪费,根据证明事项的重要程度,宜选择适用不同的证明方法。凡是证明事项对诉讼利益影响大的宜适用严格证明,凡是证明事项对诉讼利益影响小的宜适用自由证明。

其次,有些事项的裁决比较简单,没有必要进行复杂的严格证明。比如程序法事项,尽管也很重要,但一般而言,其裁决比实体法事项的裁决要简单。所以根据一个事项裁决的难易程度,可以选择适用严格证明或自由证明。

最后,根据天平倒向弱者的原理,诉讼的天平应倒向弱者,这种倾斜也应反映在证明方法的选择上。对强大的国家机关,应当用严格证明加以严格的规制,以约束公权力,防止国家机关滥用定罪权力。相对于国家机关,被告方是弱者,其法律手段非常有限。出于保护弱者的考虑,辩方证明应当适用较为灵活、宽松的自由证明。

重要名词术语

诉讼证明、证明主体、证明对象、严格证明、自由证明、刑事证明责任、证明标准

思考题

1. 谈一下你对客观真实和法律真实的看法。
2. 谈一下你对证明对象的看法。
3. 谈一下你对证明责任转移的看法。

---

〔1〕 闵春雷:《严格证明与自由证明新探》,载《中外法学》2010年第5期。

〔2〕 参见竺常赟:《刑事诉讼严格证明与自由证明规则的构建》,载《华东政法大学学报》2009年第4期。

4. 谈一下你对证明标准层次性的看法。

5. 谈一下你对严格证明和自由证明的看法。

典型案例分析

基本案情[1]

犯罪嫌疑人白某，曾任某中国农业银行处长。2013 年 7 月 31 日，白某逃匿境外；2013 年 9 月 9 日，白某被某自治区公安厅以涉嫌职务侵占罪立案侦查，同年 12 月 7 日被某自治区人民检察院决定逮捕；同年 12 月 17 日国际刑警组织对白某发布红色通报。2019 年 2 月 2 日，某自治区公安厅将白某涉嫌犯贪污罪的线索移送某自治区监察委员会，同年 2 月 28 日某自治区监察委员会对白某涉嫌犯贪污罪立案调查。

利害关系人邢某某，系犯罪嫌疑人白某的岳母及部分涉案房产持有人。

某自治区 A 市人民检察院提出申请：2008—2011 年，犯罪嫌疑人白某伙同樊某某（另案处理）分别利用各自在农业银行及国某证券的职务便利，以农业银行、国某证券为债券交易平台，先后操纵 73 支债券进行债券交易，侵吞农业银行、国某证券利益，使其实际控制的力某公司和中某公司在未投入任何资金的情况下非法获利共计人民币 2.188195833 亿元（以下未标注币种均为人民币）。白某使用上述违法所得中的部分款项以其亲属名义在 B 市、C 市两地购置了多套房产。2019 年 3 月 7—12 日，某自治区监察委员会依法查封了白某使用违法所得购买的 9 套房产。

A 市人民检察院认为，犯罪嫌疑人白某涉嫌犯贪污罪，通缉 1 年后不能到案，使用贪污的违法所得购买房产 9 套，应当对上述 9 套房产予以追缴，根据《刑事诉讼法》第 298 条的规定，提请依法裁定没收。

利害关系人邢某某及其诉讼代理人提出，邢某某对白某的违法行为及违法犯罪所得情况均不知情，邢某某名下的涉案 4 套房产不是其本人所有。

A 市中级人民法院经审理查明：2008—2011 年，犯罪嫌疑人白某利用其实际控制的中某公司、力某公司通过债券交易套取国有公司资金 2.0608193777 亿元，并用其中 1.627188522 亿元以其亲属名义分别在 B 市、C 市购买了多套房产，上述房产均高度可能属于白某贪污违法所得。经某自治区监察委员会依法查封，检察机关对其中 9 套房产（购买资金共计 1.4557568828 亿元）申请没收。

本案有证据证明犯罪嫌疑人白某伙同他人实施了贪污犯罪并逃匿境外，被通缉 1 年后未到案；A 市人民检察院申请没收的 9 套房产高度可能属于白某使用贪污违法所得购买。依照《刑事诉讼法》《刑法》及 2017 年最高人民法院、最高人民检察院《关于适用犯罪嫌疑人、被告人逃匿、死亡案件违法所得没收程序若干问题的规定》（以下简称《违法所得没收规定》）等有关规定，依法裁定没收上述 9 套房产。

一审宣判后，检察机关未抗诉，利害关系人未上诉。案件裁定已发生法律效力并全

---

〔1〕 参见最高人民法院刑事审判第一、二、三、四、五庭编：《刑事审判参考》（总第 131 辑），人民法院出版社 2022 年版，第 76—84 页。

部执行到位。

主要问题

如何理解与把握违法所得没收申请案件的证明标准？

裁判理由

（一）违法所得没收程序中对犯罪事实的认定适用“有证据证明有犯罪事实”标准

在刑事诉讼领域，提起证明标准，自然理解为“事实清楚，证据确实、充分，排除一切合理怀疑”。2012 年修正的《刑事诉讼法》确立违法所得没收程序后，2012 年最高人民法院《解释》第 516 条第 1 项规定，对申请没收违法所得的案件，人民法院审理后，对案件事实清楚，证据确实、充分，申请的财产确属违法所得及其他涉案财产的，除依法返还被害人的以外，应当裁定没收。由此可见，当时虽确立了违法所得没收程序，但尚未认识到该特别程序与普通刑事案件证明标准的差异，这也在一定程度上导致该程序在实践中的适用难度较大。

经过 5 年的探索，2017 年，最高人民法院、最高人民检察院出台《违法所得没收规定》，根据司法实践的具体情况对上述第 516 条规定进行了修改，在《违法所得没收规定》第 9 条提出了“有证据证明有犯罪事实”的标准，并在第 10 条详细规定了“有证据证明有犯罪事实”标准的三个层面含义：有证据证明发生了犯罪事实；有证据证明该犯罪事实是犯罪嫌疑人、被告人实施的；证明犯罪嫌疑人、被告人实施犯罪行为的证据真实、合法。《违法所得没收规定》对该程序的证明标准与 2012 年最高人民法院《解释》的规定不一致，虽然《违法所得没收规定》第 25 条明确规定“之前发布的司法解释与本规定不一致的，以本规定为准”，但司法实践中仍存在分歧。本案申请于 2019 年，法院审理于 2020 年，在审理过程中，对证明标准存在两种意见：

第一种意见认为，申请没收的财产属于违法所得及其他涉案财产的证明标准应与普通刑事案件证明标准一致，即“事实清楚，证据确实、充分”。理由是：人民法院裁定没收违法所得及其他涉案财产，是以犯罪嫌疑人、被告人的行为构成特定犯罪为前提的，尽管该程序不对犯罪嫌疑人、被告人定罪处罚，但仍然对其作出了不利处分，只有坚持普通刑事案件的证明标准，才能确保该程序不被滥用，保障犯罪嫌疑人、被告人的合法权益。因此，应该严格依照 2012 年最高人民法院《解释》的规定，对案件事实清楚，证据确实、充分，申请的财产确属违法所得及其他涉案财产的，才能裁定没收。

第二种意见认为，违法所得没收程序的相关规定已经明确，对于相关犯罪事实，只需要有“证据证明发生了犯罪事实”“有证据证明该犯罪事实是犯罪嫌疑人、被告人实施的”“证明犯罪嫌疑人、被告人实施犯罪行为的证据真实、合法”三个条件齐备，达到“有证据证明有犯罪事实”的标准即可。

法院同意第二种意见，理由如下：首先，违法所得没收程序虽然由于前置条件涉嫌犯罪而归于刑事诉讼范畴，但其本质上是解决财产属性的民事诉讼的确权之诉，是一种特别程序。普通刑事诉讼程序旨在查明犯罪事实，对行为人进行定罪量刑，在涉及行为人定罪事实和量刑事实的证据上应当达到“事实清楚，证据确实、充分”的证明标准。但违法所得没收程序不以确定行为人的刑事责任为目标，而是在行为人缺席的情况下，旨在通过法定程序对与犯罪行为具有特定关联的财产归属予以确认，将被侵害的财产权利尽快恢复到合法状态。换言之，没收行为人的违法所得是对被侵犯的财产权的一种确认和恢复，而不是刑罚，不具有惩罚性，不涉及对定罪事实和量刑事实的确认。因此，两个不同程序的本质和所要解决的问题各不相同，证明标准应当有本质区别。

其次，违法所得没收程序中行为人未到案，因此一般情况下既没有机会获取行为人的供述，也没有机会听取行为人的辩解。在证据的完备性上也不同于以被告人在席为基本原则、被告人可以完整参与整个诉讼、完整进行陈述与辩解的普通刑事诉讼程序。当犯罪嫌疑人、被告人在案件审结后归案，对没收裁定提出异议，法院可以重新审理；且原裁判只要不存在司法人员徇私舞弊等情形，都不视为错案。这既符合客观实际，能在行为人未归案时尽快进行涉案财产的确权，又能促进行为人归案说清事实。

再次，如果在违法所得没收程序中坚持“事实清楚，证据确实、充分”的证明标准，则部分嫌疑人、被告人不在案的案件将难以启动违法所得没收程序，这就与刑事诉讼法创立该程序的初衷相背离，难以实现不让犯罪者从其违法行为中获利的追逃追赃目的，也难以及时恢复被破坏的财产权利。

最后，如果在违法所得没收程序中坚持“事实清楚，证据确实、充分”的证明标准，则庭审容易偏离焦点，陷入争论行为人是否实施了犯罪行为，背离了违法所得没收程序解决财产权属的初衷。

因此，在违法所得没收申请案件中，关于是否有犯罪事实，《违法所得没收规定》明确在立案阶段重点审查，审查的标准是“有证据证明有犯罪事实”，而在庭审阶段，重点调查的是申请没收的财产是否属于违法所得及其他涉案财产。

本案中，法院首先需要根据《违法所得没收规定》第 9 条和第 10 条的规定，审查是否达到“有证据证明犯罪嫌疑人白某实施了贪污犯罪”。第一，白某曾任农业银行负责债券投资业务的本币投资处副处长、处长等职务，系经单位党委会或党政联席会任命的负有管理国有资产职责的人员，属于国家工作人员，因此，白某符合贪污罪的主体要件。第二，白某指使他人成立了中某公司和力某公司，在包商银行开设了资金一般账户和进行银行间债券交易的丙类账户，并与包商银行签订了债券结算代理业务协议，由包商银行代理中某公司、力某公司进行债券交易。白某利用职务便利，通过虚增交易环节，使其实际控制的公司在无任何其他经营活动、无任何资金投入的情况下获得巨额利益，后将上述公司账户中的资金全部转出占为已有，涉嫌贪污罪。

需要注意的是，违法所得没收案件不要求达到“事实清楚，证据确实、充分”的证明标准，绝不意味着对犯罪事实的认定和行为的定性可以是模糊的。在违法所得没收程序中，对犯罪事实和行为的定性不仅是适用违法所得没收程序的前置程序，而且是认定违法所得及其他涉案财产的基础。人民法院在立案受理阶段，应当对犯罪嫌疑人、被告人涉嫌犯罪的事实进行认真审查并准确定性，以确定能否适用违法所得没收程序。在本案前期工作中，对犯罪嫌疑人白某的主体身份认识不明确，白某涉嫌贪污罪还是职务侵占罪存在争议，后经过详细补证、论证，明确涉案公司是国有公司，犯罪嫌疑人白某的身份属于国家工作人员，最终认定白某涉嫌贪污罪而非职务侵占罪，符合启动违法所得没收程序的前提性条件。

（二）违法所得没收程序中对违法所得的认定适用“高度可能”标准

争议财物是否属于应当没收的涉案财物，是违法所得没收案件证明的核心内容，相应的证明标准也是案件证明工作的重点。既然证明犯罪不需要“事实清楚，证据确实、充分”，那么证明财产来源于犯罪也不可能达到确实、充分的标准。2017 年《违法所得没收规定》首次引入“高度可能”标准，于第 17 条第 1 款明确规定，申请没收的财产具有高度可能属于违法所得及其他涉案财产的，应当认定为属于违法所得及其他涉案财产。这一突破性规定引发了普遍的思考，实践中也产生了新的困惑和争议，比如，怎样才算达到“高度可能”？如何衡量这个“高度”？

理解“高度可能”，首先要了解其来源于民事诉讼的优势证据原则。优势证据的证明标准是指当证明某一事实存在或不存在的证据证明力比反对的证据更强，或者比反对的证据可靠性更高，由法官采信具有优势的证据认定案件事实。违法所得没收程序规定的“高度可能”正是借鉴了最高人民法院《解释》第 108 条确立的“优势证据规则”的表述，即“对负有举证证明责任的当事人提供的证据，人民法院经审查并结合相关事实，确信待证事实的存在具有高度可能性的，应当认定该事实存在”。

有观点认为，违法所得毕竟是被认定为具有刑事违法性行为的关联产物，认定并没收犯罪嫌疑人、被告人的违法所得及其财产，必将带来一种类刑罚的评价和定位，因此结果比民事确认权属要严重，相应的证明标准虽借鉴民事优势证据原则但不完全是优势证据标准，而是高于普通民事诉讼证明标准的“高度可能”。

我们认为，“高度可能”是证明标准，“优势证据”是证明原则，二者混为一谈进行比较本身就是伪命题。违法所得没收程序不解决犯罪嫌疑人、被告人的定罪量刑问题，本质上是民事确认之诉，“高度可能”是基于优势证据原则产生的对财物确认权属的唯一证明标准，是法官根据事实证据并综合生活常识等因素形成的合理衡量和判断，而不能机械地用某一确定百分比的尺度去认定。

本案中，相关证据证明，白某涉嫌实施贪污犯罪的违法所得全部转入中某公司、力某公司，而申请没收的 9 套房产的购买资金全部直接来源于上述账户，且涉嫌贪污转入上述两个公司的违法所得较全部房产购买价更多；同时，上述 9 套房产的登记购买人，即相关涉案利害关系人，除其中 1 套房产的登记购买人牛某（白某妻子）逃匿境外无证言外，均明确表示自己未出资，亦对白某以其名义购买房产的事实不知情，对涉案财产不主张权利。由上述两方面的证据可见，检察机关申请没收的 9 套房产足以达到“高度可能”属于白某贪污违法所得的证明标准。

（三）“高度可能”是违法所得没收程序证明标准本身亦是最高标准

有观点认为，“高度可能”是《违法所得没收规定》为认定申请没收的财产是否属于违法所得及其他涉案财产设定的最低证明标准。本案中，白某通过假发票平账套取公款，再通过银行转账到其控制账户，相关事实有书证、证人证言予以证明，已经达到“事实清楚，证据确实、充分”的证明标准。对于此类情形，就可以直接表述“事实清楚，证据确实、充分”，如果在表述证据证明内容时仍然使用“高度可能”，就意味着降低了证据实际的证明力。

我们认为这种观点是错误的。首先，“高度可能”是违法所得没收程序证明标准本身，“事实清楚，证据确实、充分”是普通刑事诉讼程序中证明犯罪嫌疑人、被告人的定罪程序的证明标准，两者不可混为一谈。违法所得没收程序是对物的确权程序，本质上是一种民事诉讼。在违法所得没收程序中表述证据已经达到“事实清楚，证据确实、充分”是混淆了对人与对物两种不同程序的证明标准，在对物的确认之诉中引入“事实清楚，证据确实、充分”之对人的定罪标准，不仅是毫无价值的，违背了民事诉讼的证明规则，而且也背离了违法所得没收程序不同于普通刑事诉讼程序的本质。其次，把涉案财产是否属于违法所得的证明标准表述为“高度可能”，是引入对物的权属确认之诉中的最高标准，认为降低了证据实际证明力的理解是对没收程序认识错误。“高度可能”这一“可能”实为从哲学意义上承认人类认知的存伪可能，法律意义上的“确实、充分”并不比“高度可能”更接近真相，“高度可能”是司法机关“结合案件情况，判断一方提供证据的证明力是否明显大于另一方提供证据的证明力，并对证明力较大的证据予以确认”[1]，是经过证据判断得出的高度盖然性，是民事确认之诉的最高证明标准。本案中，正是因为申请机关对白某通过假发票平账套取公款，再通过银行转账到其控制账户的相关事实提供了书证、证人证言予以证明，人民法院才依法经过证据采信、综合判断，作出申请没收的财产“高度可能”属于违法所得的认定。

白某违法所得没收一案，人民法院严格依照法律规定，准确表述和适用了相关证明标准。开庭审理后，明确了“高度可能”的证明标准并进行了宣传报道，使得这一证明标准深入人心，实现了较好的普法效果，被评为 2020 年度“某十大法治事件”。2021 年新的最高人民法院《解释》修改了 2012 年最高人民法院《解释》的相关规定，吸收了《违法所得没收规定》规定的违法所得没收案件“有证据证明有犯罪事实”“高度可能”的证明标准，进一步统一了认识，明确了标准，消弭了纷争。

〔1〕参见 2001 年《最高人民法院关于民事诉讼证据的若干规定》（已废止）第 73 条。

第八章　强制措施

【内容提示】

强制措施是刑事诉讼中职权机关对被刑事追诉之人所采取的暂时限制或剥夺人身自由的方法，我们将规制这种方法的制度称为强制措施制度。强制措施制度对诉讼主体的影响极大，它是刑事诉讼领域国家权力和公民权利最易发生冲突的部分，与刑事诉讼领域中的人权保障和权力配置密切相关，在刑事诉讼法中占有重要的位置。

强制措施的性质、功能、适用原则以及各种强制措施适用中产生的具体问题，是学界广泛关注、讨论的问题，对强制措施制度的完善、刑事诉讼基础理论研究的深化和刑事诉讼观念的转变都有重要意义。学习强制措施制度，首先要了解我国强制措施的性质，对强制措施性质认识的不同，直接影响到我们对强制措施体系及适用程序的思考。其次应当了解强制措施与无罪推定的关系，同时还应当对国外强制措施的设置以及运行程序、救济方式、理论基础等有所了解，尤其是应认识其中的"法律保留原则""比例原则"（包括适当性、必要性与衡量性）以及"保释制度"。强制措施制度不仅涉及其自身的体系结构，它作为社会控制的一种手段还与羁押决定权的归属、羁押的正当程序以及未决羁押场所即看守所制度等密切相关。强制措施制度及其实践状况，是人权保障、正当程序在多大程度上得到重视的集中体现。因此，研究强制措施制度还需要贯穿人权保障与程序正当的理念。

本章在对强制措施的概念、法律规定及相关问题的学说观点进行规范分析的基础之上，梳理强制措施制度涉及的问题的讨论，汇集了较为前沿的有关强制措施制度和体系完善建议的理论观点和实践做法。这将有助于我们认识和把握现代强制措施制度和相关学说的发展，为该制度的研究提供系统而全面的视角。

第一节　强制措施概述

一、强制措施的概念和特点

刑事司法实践的发展历程中，强制措施存在的历史甚为久远。《十二铜表法》第1、2条中就有关于将被告人押送到案的"拘捕"的规定。中国历史上第一部比较完整的成文法典《法经》中，也有关于拘捕人犯的条款。历史证明，刑事强制措施乃刑事诉讼的正常运行所必不可少的保障。

我国通行的观点认为，强制措施是指公安机关、人民检察院和人民法院为保证刑事诉讼的顺利进行，依法对刑事案件的犯罪嫌疑人、被告人的人身自由采取限制或者剥夺的各种强制性方法。我国《刑事诉讼法》规定了五种强制措施，按照其强制力程度由小到大依次为拘传、取保候审、监视居住、刑事拘留和逮捕。

强制措施本质上是对人身自由的限制与剥夺，具有五项特征：

（一）适用主体具有法定性。根据《刑事诉讼法》，强制措施的适用主体为公安机关、人民检察院和人民法院，其他任何机关、团体或个人都无权采取强制措施，否则就是对公民人身权利的任意干预与限制，情节严重者将受到刑法的制裁。

（二）适用对象的特定性。刑事强制措施只能适用于犯罪嫌疑人和被告人，对于证人、被害人、鉴定人、辩护人、诉讼代理人等其他诉讼参与人不能采取强制措施。

（三）适用内容的有限性。其内容是指对人身自由的限制，不包括对物品、财产权利、隐私权的干预与侵犯。对物品的搜查、查封、扣押，在我国刑事诉讼中均被视为侦查行为。

（四）适用过程的暂时性，即旨在预防犯罪嫌疑人、被告人可能存在的逃避审判、妨碍诉讼顺利进行或者再犯的可能性及其他人身危险性，而采取的一种临时措施，其本身并非一种惩罚。

（五）适用程序的法定性。由于强制措施涉及对公民人身权利的限制与剥夺，我国《刑事诉讼法》明确规定了公安司法机关采用五种强制措施的条件和程序。这也是 2012 年修改的《刑事诉讼法》中变化最多、争议最大的内容。

在我国刑事诉讼法上，还存在一个极易与“强制措施”混淆的概念，即“强制性措施”。“强制性措施”，是指侦查机关所采取的涉及限制或剥夺个人人身自由、财产、隐私等权益的措施，既包括人身强制，如逮捕和拘留，又包括对物的强制，如搜查、扣押。2018 年修改的《刑事诉讼法》第 108 条第 1 项规定：侦查是指公安机关、人民检察院对于刑事案件，依照法律进行的收集证据、查明案情的工作和有关的强制性措施。这里所指的“强制性措施”与刑事诉讼法规定的拘传、取保候审、监视居住、拘留、逮捕五种强制措施有无联系和区别？对此法学界认识不一，大致有两种观点：

一种观点认为，强制性措施外延大于强制措施。该观点认为，侦查的强制性措施不单纯是指《刑事诉讼法》规定的五种强制措施，还包括为确保证据的收集而采用的带有强制的方法，它体现在专门的各项侦查活动中，强制性措施的外延大于强制措施。

另一种观点认为，二者既不等同，也不包含。首先，从法律规定及表现形式看，有关强制措施的规定见现行《刑事诉讼法》第 66—100 条。而有关强制性措施的表述见该法第 108 条第 1 项。其次，从目的看，强制措施的目的是限制犯罪嫌疑人、被告人的人身自由，以保障侦查、起诉、审判工作的顺利进行；强制性措施的目的则是通过对有关物品、场所和人身自由实施强制，以收集证据、查清案情和查获犯罪人。这种强制性措施是每个刑事案件的必经程序。再次，从适用对象看，强制措施的适用对象只能是人，而强制性措施的适用对象则不仅可以是人，而且可以是物品、场所。最后，从适用阶段看，强制措施适用于整个诉讼程序，而强制性措施只适用于侦查阶段。

不少学者对强制措施的概念进行了反思。有论者主张将强制措施和强制性措施两个概念统一起来，刑事诉讼法中不再区分强制措施和强制性措施。基于程序目的指向上的一致性，将保全证据的搜查、扣押、勘验、检查等强制性处分措施以及监听、采样等对隐私权的强制性干预措施统统纳入强制措施的序列加以规定，依据是否侵害公民基本权利来重新界定强制措施的概念，有利于避免法条上和理论上所面临的困境。另有论者认为，强制措施概念的通说缺乏准确性、科学性，未能揭示其本质特征，应将刑事强制措施的内涵界定为：公安司法机关依法限制或剥夺公民基本权利的行为，其外延应包括对人的强制措施、对物的强制措施和对隐私权的强制措施，从而建立起具有完整性、层次性的刑事强制措施制度。

二、强制措施同刑罚、行政处罚的区别

刑事强制措施与刑罚措施、行政处罚措施都依赖国家强制力手段和方法，都会对适用对象的人身自由产生限制或剥夺。但是它们之间存在本质的区别，主要体现在六个方面：

（一）适用目的不同

刑事强制措施的目的是保障刑事诉讼活动的正常进行，防止被追诉对象逃避侦查、起诉和审判，或者毁灭、伪造证据，以及继续犯罪等；刑罚措施和行政处罚措施是制裁和惩罚措施，适用刑罚措施的目的是对实施犯罪行为和行政违法行为的人进行处罚。

（二）适用条件不同

刑事强制措施的适用条件是犯罪嫌疑人、被告人有社会危险性；刑罚措施的适用条件是犯罪人违反刑法并被人民法院认定为有罪；行政处罚措施的适用条件是行为人违反有关行政法律法规。

（三）适用主体不同

刑事强制措施只能由公安机关、人民检察院和人民法院决定适用；刑罚措施只有人民法院有权判处；行政处罚则由国家行政机关依法作出。

（四）适用对象不同

刑事强制措施的适用对象是刑事诉讼过程中尚未被人民法院的生效判决确定为有罪的犯罪嫌疑人、被告人；刑罚措施的适用对象是已经被人民法院的生效判决确定为有罪的犯罪人；行政处罚措施的适用对象则是违反行政法律、法规之人。

（五）适用后果不同

刑事强制措施适用的后果，仅仅是剥夺或限制犯罪嫌疑人、被告人的人身自由；刑罚措施分为自由刑、财产刑和资格刑，其适用后果既可能剥夺犯罪人的人身自由，也可能剥夺犯罪人的财产自由、还可能剥夺犯罪人参加国家管理与政治活动的权利；行政处罚措施分为人身罚、行为罚、财产罚和精神罚，其适用不仅可能剥夺违法行为人的人身自由和财产自由，还可能剥夺违法行为人特定的行为能力，以及违法行为人的名誉、荣誉、信誉或

精神上的利益。

（六）手段的稳定性不同

由于适用刑事强制措施的目的在于保证刑事诉讼的顺利进行而非惩罚，因此，只要排除了妨害刑事诉讼活动的行为，强制措施就应当变更、解除或者撤销；一旦再次发生妨害刑事诉讼活动的情形，强制措施依然可以采取，或者从非羁押性强制措施变更为羁押性强制措施等。由此可见，刑事强制措施的稳定性较弱；而刑罚措施和行政处罚措施则相对稳定，一经作出，非经法定程序不得变更或撤销。

三、强制措施的适用原则

现代刑事诉讼的一项重要目的在于保障公民的正当权利免受不必要的侵害，因而，强制措施的适用，必须严格遵守有关基本原则。

（一）法定原则

法定原则有实体和程序两个方面的内涵：第一，强制措施的类型、适用条件以及适用程序必须由法律事先作出明确的规定，公安司法机关不得采用法律未明文规定的强制措施类型；第二，公安司法机关适用强制措施时，必须严格按照法律规定的程序进行。

（二）比例原则

比例原则[1]在强制措施适用中具体体现在以下几个方面：第一，强制措施的适用只能是为了保障刑事诉讼的顺利进行，而不得为其他目的适用强制措施。第二，只有在不采取强制措施便无法防止妨害刑事诉讼的行为发生时，才可以适用强制措施，并且在各种强制措施类型中，应当尽可能选择对公民权利侵害最小的措施。尤其是逮捕这样的羁押性强制措施，对公民基本人身自由形成较长时间的剥夺，因此，其适用应当最为慎重。第三，选择适用的强制措施的严厉程度应当与犯罪嫌疑人、被告人涉嫌犯罪的严重程度及其实施妨害刑事诉讼的行为的可能性相适应，杜绝“构罪即捕”的做法。[2]

我国《刑事诉讼法》没有明文规定比例原则，但将强制措施按照对人身自由干预程度的不同进行梯度性的规定，对每一种强制措施的适用条件作出了严格程度不同的规定，也体现出了比例原则的精神。

〔1〕 比例原则是公法上的一项基本原则，包括三项子原则：其一，适当性原则，又称“合目的性原则”，即国家所采取的必须是有助于达成目的的措施。其二，必要性原则，又称“最小侵害原则”，即如果采取多种措施均可达成目的，国家应当采取对公民侵害最小者。其三，狭义的比例原则，又称“衡量原则"，即国家所采取的手段给公民基本权利造成的侵害和所欲达成之目的间应当有相当的平衡，不能为了达成很小的目的而使公民蒙受过大的损失。

〔2〕 参见《刑事诉讼法》编写组编:《刑事诉讼法学》(第四版)，高等教育出版社 2022 年版，第 178—179 页。

第二节　拘传

一、拘传的概念和特点

（一）拘传的概念

拘传，是指在刑事诉讼中，公安机关、检察院、法院对未被逮捕、拘留的犯罪嫌疑人、被告人依法强制其到案接受讯问的强制措施。

2012 年《刑事诉讼法》将部分案件的拘传时限从 12 小时延长至 24 小时，规定“案情特别重大、复杂，需要采取拘留、逮捕措施的，传唤、拘传持续的时间不得超过二十四小时”。对此，有论者认为，这是警察权力扩张的表现；也有论者认为，是侦查部门现实而需求的反映。

在 2012 年《刑事诉讼法》修改以前，已有论者建议从以下几方面完善拘传制度：（1）扩大拘传对象，把证人纳入拘传范围。（2）明确拘传条件。（3）延长拘传的时限至 24 小时，以满足实践的需要。（4）规定拘传的间隔，以 24 小时为宜。（5）统一拘传令状。（6）充实拘传程序。同时，还应注意保护被拘传人的身体及其名誉，尽量减少对被拘传人合法权益的侵犯；拘传时使用强制力和警械的，不得超过必要限度，而非仅仅从使用武器与警械角度进行原则性要求；拘传后应立即告知其涉嫌的犯罪以及可聘请律师为自己提供法律帮助的权利；拘传后立即讯问，不得到场后先行滞留。

（二）拘传的特点

拘传的特点主要体现在对象和目的两个方面。首先，拘传的对象是未被羁押的犯罪嫌疑人、被告人。对于已经被拘留、逮捕的犯罪嫌疑人、被告人，由于其已经处于被羁押状态，可以直接进行提审、讯问，无须再适用拘传。其次，拘传的目的是强制犯罪嫌疑人、被告人到案接受讯问。因此，犯罪嫌疑人、被告人到案后必须立即对其展开讯问。讯问结束后，若无须进一步采取拘留或逮捕措施，就应当将被拘传人立即放回，因此，拘传并非羁押性的强制措施。

二、拘传的程序

我国《刑事诉讼法》及相关司法解释规定了拘传应当遵守的程序要求，主要包括拘传的审批主体和审批程序、拘传的地点、拘传的时间和期限、拘传的变更或撤销以及有关人权司法保障的程序规定，具体而言：

关于拘传的审批主体和程序，拘传必须经县级以上公安机关负责人、人民检察院检察长、人民法院院长批准。案件的经办人应当填写呈请拘传报告书，并附有关材料，报县级以上公安机关负责人、人民检察院检察长、人民法院院长批准，签发拘传证。执行拘传的公安司法人员不得少于 2 人。拘传时，应当向被拘传人出示拘传证，并责令其在拘传证上签名（盖章）、捺指印。对于抗拒拘传的，可以使用戒具，强制其到案。

关于拘传到案的地点，应当是被拘传人所在的市、县内的地点。犯罪嫌疑人、被告人的工作单位、户籍地与居住地不在同一市、县的，拘传应当在犯罪嫌疑人、被告人的工作单位所在的市、县进行；特殊情况下，也可以在犯罪嫌疑人、被告人户籍地或者居住地所在的市、县进行。公安机关、人民检察院或人民法院在本辖区以外拘传犯罪嫌疑人、被告人的，应当通知当地的公安机关、人民检察院或人民法院，当地的公安机关、人民检察院、人民法院应当予以协助。换言之，异地拘传必须经过上述协助程序。

关于拘传持续的时间和期限，法律规定通常不得超过 12 小时，案情特别重大、复杂，需要采取拘留、逮捕措施的，拘传持续的时间不得超过 24 小时。拘传持续的时间从犯罪嫌疑人到案时开始计算。被拘传人到案后，应当责令其在拘传证上填写到案时间，然后立即进行讯问。讯问结束后，应当由其在拘传证上填写讯问结束时间。被拘传人拒绝填写的，公安司法人员应当在拘传证上注明。

关于拘传的人权保障规定，2012 年修改后的《刑事诉讼法》规定了禁止连续拘传和禁止疲劳审讯的内容。其一，规定两次拘传间隔的时间一般不得少于 12 小时，不得以连续拘传的形式变相拘禁犯罪嫌疑人、被告人；其二，规定应当保证其饮食和必要的休息时间，不得进行疲劳审讯和变相刑讯。

关于变更或撤销拘传措施，法律规定讯问结束后，如果被拘传人符合采取其他强制措施如拘留、逮捕的条件，应当依法采取其他强制措施。需要对被拘传人变更为其他强制措施的，应当在拘传期间作出批准或不批准的决定；拘传时限届满仍不能作出批准决定的，应当立即结束拘传。不需要采取其他强制措施的，应当立即将被拘传人放回。

三、拘传与相关概念的区别

（一）拘传和传唤

拘传和传唤是常常容易混淆的一对概念。在法律实施过程中，要着重区分拘传与传唤。传唤是人民法院、人民检察院和公安机关使用传票通知犯罪嫌疑人、被告人在指定的时间自行到指定的地点接受讯问。传唤并非法定的强制措施，不具有直接的强制性，不得使用戒具，而拘传可使用戒具；传唤除适用于犯罪嫌疑人、被告人以外，还适用于其他当事人，而拘传只适用于犯罪嫌疑人、被告人。

（二）刑事诉讼和民事诉讼中的拘传

在前述问题的基础上，还应注意区分刑事诉讼中的拘传与民事诉讼中的拘传。刑事诉讼中的拘传和传唤之间并没有必然联系，人民法院、人民检察院和公安机关可以先传唤，被传唤人没有正当理由拒绝到案的，再改为拘传，但在人民法院、人民检察院和公安机关根据案情认为有必要时，也可以直接拘传。不同的是，在民事诉讼中，传唤是适用拘传的前置程序和必经程序。民事诉讼法规定，必须先经过传唤，经传唤不到者才可采用拘传。

第三节 取保候审

一、取保候审的概念和适用条件

（一）取保候审的概念

取保候审是公安机关、人民检察院和人民法院通过责令犯罪嫌疑人、被告人提出保证人或者交纳保证金，以保证其不妨碍诉讼进行并随传随到的一种限制人身自由的强制措施。一般情况下，取保候审适用于轻罪案件的犯罪嫌疑人、被告人，如可能判处管制、拘役或者独立适用附加刑的犯罪嫌疑人、被告人，或者虽然可能被判处有期徒刑以上刑罚，但采取取保候审不致发生社会危险性的犯罪嫌疑人、被告人。取保候审仅限制而非剥夺人身自由，很大程度上保留了被追诉人的人身自由。

（二）取保候审的适用条件

《刑事诉讼法》第 67 条第 1 款规定了取保候审的适用条件。人民法院、人民检察院和公安机关对有下列情形之一的犯罪嫌疑人、被告人，可以取保候审：

1. 可能判处管制、拘役或者独立适用附加刑的。

根据实体法的规定，符合这一条件的犯罪行为相对较轻，社会危害性程度较低，行为人的人身危险性通常不大，采取取保候审不致发生社会危险性，因此，没有必要采取拘留或逮捕的强制措施。

2. 可能判处有期徒刑以上刑罚，采取取保候审不致发生社会危险性的。

我国《刑法》规定的可能判处有期徒刑以上刑罚的犯罪行为，属于比较严重的罪行，犯罪行为的社会危害性较大，犯罪嫌疑人、被告人的人身危险性也较大。但是，根据个案的具体情况分析判断，对犯罪嫌疑人、被告人采取取保候审措施后，并不致发生社会危险性，也不会妨碍刑事诉讼的正常进行，这种情况也适用取保候审。

3. 患有严重疾病、生活不能自理，怀孕或者正在哺乳自己婴儿的妇女，采取取保候审不致发生社会危险性的。

出于人道主义，对于患有严重疾病、生活不能自理的犯罪嫌疑人、被告人，以及犯罪嫌疑人、被告人是怀孕或者正在哺乳自己婴儿的妇女的，不宜适用拘留或逮捕，可以取保候审。但是，如果不羁押犯罪嫌疑人、被告人，可能发生社会危险性，那么即使其患有严重疾病、生活不能自理，或者属于怀孕或哺乳自己婴儿的妇女，或者可能其自身的生命安全存在风险（比如自杀），也不适用取保候审的措施。

4. 羁押期限届满，案件尚未办结，需要采取取保候审的。

“羁押期限届满”是指法定的侦查羁押、审查起诉、一审、二审期限届满。羁押期限已经届满，则不得再继续羁押犯罪嫌疑人、被告人，但案件尚未办结，对犯罪还需要继续追究。在这种情况下，可以对犯罪嫌疑人、被告人变更为取保候审的强制措施。根据《刑事诉讼法》第 91 条第 3 款的规定，人民检察院应当自接到公安机关提请批准逮捕书后的 7 日以内，作出批准逮捕或者不批准逮捕的决定。人民检察院不批准逮捕的，公安机关应当在接到通知后立即释放，并且将执行情况及时通知人民检察院。对于需要继续侦查，并且符合取保候审、监视居住条件的，依法取保候审或者监视居住。但是，严重危害社会治安的犯罪嫌疑人，以及其他犯罪性质恶劣、情节严重的犯罪嫌疑人，包括累犯，犯罪集团的主犯，以自伤、自残办法逃避侦查的犯罪嫌疑人，危害国家安全的犯罪、暴力犯罪以及其他严重犯罪的犯罪嫌疑人，不得适用取保候审。

二、取保候审的方式

取保候审的方式包括保证人保证和保证金保证。《刑事诉讼法》第 68 条规定："人民法院、人民检察院和公安机关决定对犯罪嫌疑人、被告人取保候审，应当责令犯罪嫌疑人、被告人提出保证人或者交纳保证金。"根据相关司法解释的规定，对于同一犯罪嫌疑人、被告人的同一犯罪事实，不能同时使用保证人保证与保证金保证。

（一）保证人保证

保证人保证，俗称人保，是指公安机关、人民检察院、人民法院责令犯罪嫌疑人、被告人提出保证人并出具保证书，担保被取保人在取保候审期间不逃避和妨碍侦查、起诉和审判，并随传随到的保证方式。

根据最高人民法院《解释》第 151 条的规定，对符合取保候审条件，具有下列情形之一的被告人，人民法院决定取保候审时，可以责令其提供 1—2 名保证人：（1）无力交纳保证金的；（2）未成年人或者已满 75 周岁的；（3）不宜收取保证金的其他被告人。但上述规定不应解释为：只有在犯罪嫌疑人、被告人无力交纳保证金时方得适用人保。人保和财产保都是犯罪嫌疑人、被告人取保候审的合法方式，犯罪嫌疑人、被告人有权任意选择其中之一申请取保，换言之，即便犯罪嫌疑人、被告人在经济上有能力交纳保证金，仍然可以选择人保的方式。当然，具体采取何种取保方式更为适宜，应由决定机关判断、裁量。

根据《刑事诉讼法》第 69 条的规定，保证人必须符合下列条件：（1）与本案无牵连。所谓"与本案无牵连"，是指在涉嫌的犯罪事实上，保证人并非本案的共犯，而不是指保证人与被取保人在人身关系上没有牵连。恰恰相反，保证人与被取保人在人身关系上应当有比较密切的关系，因为这样更便于保证人监督被取保人履行相关法定义务。（2）有能力履行保证义务，要求保证人必须年满 18 周岁，精神正常。（3）享有政治权利，人身自由未受到限制。（4）有固定的住处和收入。所谓"固定"，既要求住所固定，也要求收入固定。只有同时具备这四个条件才能充当保证人。

根据《刑事诉讼法》第 70 条第 1 款的规定，保证人在担保期间，应当履行监督和报告的义务。监督的义务即保证人应当监督被取保人履行法律规定的取保候审期间的义务。报告的义务即保证人发现被取保人可能发生或者已经发生违反法定义务的行为时，应当及时向执行机关报告。

保证人未履行保证义务的，对保证人处以罚款；构成犯罪的，依法追究其刑事责任。最高人民法院《解释》第 156 条的规定，人民法院发现保证人未履行保证义务的，应当书面通知公安机关依法处理。实践中，根据相关司法解释，被保证人有违反法律规定的行为，保证人未及时报告的，经查证属实后，由县级以上执行机关对保证人处以1000元以上2万元以下罚款。根据最高人民法院《解释》第157条的规定，根据案件事实和法律规定，认为已经构成犯罪的被告人在取保候审期间逃匿的，如果系保证人协助被告人逃匿，或者保证人明知被告人藏匿地点但拒绝向司法机关提供的，对保证人应当依法追究责任。对于保证人是否履行了保证义务，是否以及如何罚款等都由公安机关认定并作出决定。

（二）保证金保证

保证金保证，俗称财产保，是指公安机关、人民检察院、人民法院责令犯罪嫌疑人、被告人交纳保证金并出具保证书，保证被保证人在取保候审期间不逃避和妨碍侦查、起诉和审判，并随传随到的保证方式。

根据《刑事诉讼法》第72条第1款的规定，取保候审的决定机关应当综合考虑保证诉讼活动正常进行的需要，被取保候审人的社会危险性，案件的性质、情节，可能判处刑罚的轻重，被取保候审人的经济状况等情况，确定保证金的数额。根据有关司法解释的规定，保证金应当以人民币现金的形式交纳，保证金数额的起点以1000元为限，具体由决定机关综合考虑上述因素决定。犯罪嫌疑人为未成年人的，保证金数额起点为人民币500元。

取保候审保证金由县级以上公安机关统一收取和管理。没收、退还保证金的决定，也都由县级以上公安机关作出，但是决定没收较高数额保证金的，应当经地（市）级以上公安机关负责人批准。提供保证金的人应当将保证金存入执行机关指定银行的专门账户。犯罪嫌疑人、被告人在取保候审期间未违反法定义务的，取保候审结束的时候，凭解除取保候审的通知或者有关法律文书到银行领取退还的保证金。

三、被取保候审人的义务和法律责任

根据《刑事诉讼法》第71条的规定，被取保候审的犯罪嫌疑人、被告人应当遵守下列义务：（1）未经执行机关批准不得离开所居住的市、县；（2）住址、工作单位和联系方式发生变动的，在24小时以内向执行机关报告；（3）在传讯的时候及时到案；（4）不得以任何形式干扰证人作证；（5）不得毁灭、伪造证据或者串供。

除此之外，人民法院、人民检察院和公安机关可以根据案件情况，责令被取保候审的犯罪嫌疑人、被告人遵守以下一项或者多项规定：（1）不得进入特定的场所；（2）不得与特定的人员会见或者通信；（3）不得从事特定的活动；（4）将护照等出入境证件、驾驶证件交执行机关保存。由于上述规定用语比较模糊，何谓“特定场所”、哪些人属于“特定人员”等均不明确，不便于实务中具体操作，因而，公安部《规定》第90条对此作了进一步的解释性规定：（1）不得进入与其犯罪活动等相关联的特定场所；（2）不得与证人、被害人及其近亲属、同案犯以及与案件有关联的其他特定人员会见或者以任何方式通信；（3）不得从事与其犯罪行为等相关联的特定活动；（4）将护照等出入境证件、驾驶证件交执行机关保存。公安机关应当综合考虑案件的性质、情节、社会影响、犯罪嫌疑人的社会关系等因素，确定特定场所、特定人员和特定活动的范围。

被取保人一旦违反上述义务，将承担以下法律责任：（1）已经交纳保证金的，由执行机关没收部分或者全部保证金。（2）被取保候审人违反规定的，还可以区别情形，责令犯罪嫌疑人、被告人具结悔过，重新交纳保证金、提出保证人或者监视居住、予以逮捕。（3）被取保候审人违反取保候审规定，被依法没收保证金后，公安司法机关仍决定对其取保候审的，取保候审的期限应当连续计算。（4）被取保候审的犯罪嫌疑人、被告人违反取保候审规定、需要予以逮捕的，可以对犯罪嫌疑人、被告人先行拘留。

四、取保候审的程序

取保候审的程序规定主要涉及取保候审的申请和审批的主体和程序、执行程序、解除程序以及取保候审的期间。

（一）取保候审的申请

被羁押的犯罪嫌疑人、被告人及其法定代理人、近亲属以及辩护人均可以申请取保候审。有权决定的机关应当在收到书面申请后 7 日以内作出是否同意的答复。

（二）取保候审的决定

《刑事诉讼法》规定，对犯罪嫌疑人、被告人适用取保候审，由公安机关、人民检察院和人民法院根据案件的具体情况依法作出决定。

（三）取保候审的执行程序

《刑事诉讼法》规定，对犯罪嫌疑人、被告人适用取保候审，由公安机关、国家安全机关等机关执行。根据相关司法解释的要求，公安机关对犯罪嫌疑人、被告人决定取保候审的，应当向其本人宣布，并由其本人在取保候审决定书上签名；应当及时通知犯罪嫌疑人居住地公安机关派出所执行，必要时，办案部门可以协助执行。执行取保候审的派出所应当定期了解被取保候审人遵守取保候审规定的有关情况，并制作笔录。此外，在侦查或者审查起诉阶段已经采取取保候审的，案件移送至审查起诉或者审判阶段时，如果需要继续取保候审，或者需要变更保证方式或强制措施的，受案机关应当在 7 日以内作出决定。受案机关决定继续取保候审的，不再重新收取保证金。取保候审的期限应当重新计算并告知犯罪嫌疑人、被告人。对犯罪嫌疑人、被告人决定取保候审的，不得中断对案件的侦查、起诉和审理。

（四）取保候审的解除

取保候审期限届满或者发现不应追究犯罪嫌疑人、被告人的刑事责任的，应当及时解除或者撤销取保候审。在解除取保候审的同时，应当将保证金如数退还给犯罪嫌疑人、被告人。犯罪嫌疑人、被告人及其法定代理人、近亲属或者犯罪嫌疑人、被告人委托的律师及其他辩护人认为取保候审超过法定期限，要求解除取保候审的，决定机关应当在 7 日以内审查决定。

（五）取保候审的期间

人民法院、人民检察院和公安机关对犯罪嫌疑人、被告人取保候审最长不得超过 12 个月。受案机关决定继续取保候审的，取保候审的期限应当重新计算并告知犯罪嫌疑人、被告人。取保候审期间，不得中断对案件的侦查、起诉和审理。

第四节 监视居住

一、监视居住的概念和条件

监视居住是指在刑事诉讼活动中，人民法院、人民检察院和公安机关对犯罪嫌疑人、被告人采取的使其不得擅自离开住处或者居所，并对其活动予以监视和控制的刑事强制措施。我国《刑事诉讼法》第74、75条规定了监视居住的种类包括一般监视居住和指定居所监视居住两种。

（一）一般监视居住

人民法院、人民检察院和公安机关对符合逮捕条件，有下列情形之一的犯罪嫌疑人、被告人，可以监视居住：（1）患有严重疾病、生活不能自理的；（2）怀孕或者正在哺乳自己婴儿的妇女；（3）系生活不能自理的人的唯一扶养人；（4）因为案件的特殊情况或者办理案件的需要，采取监视居住措施更为适宜的；（5）羁押期限届满，案件尚未办结，需要采取监视居住措施的。对符合取保候审条件，但不能提出保证人，也不交纳保证金的犯罪嫌疑人、被告人，可以监视居住。一般监视居住应当在犯罪嫌疑人、被告人的住处执行。

（二）指定居所监视居住

指定居所监视居住是非常特殊的一种监视居住方式。根据《刑事诉讼法》及相关司法解释的规定，指定居所监视居住仅适用于以下两种情形：第一，犯罪嫌疑人、被告人无固定住处的；第二，涉嫌危害国家安全犯罪、恐怖活动犯罪，在住处执行可能有碍侦查的，经上一级公安机关批准的。其中，“固定住处”是指被监视居住人在办案机关所在的市、县内生活的合法住处。而“指定的居所”是指公安机关在案件所在的市、县内为被监视居住人指定的生活居所，其应当符合以下条件：（1）具备正常的生活、休息条件；（2）便于监视、管理；（3）保证安全。采取指定居所监视居住的，不得在看守所、拘留所、监狱等羁押、监管场所以及留置室、讯问室等专门的办案场所、办公区域执行。

二、监视居住的程序

监视居住的程序主要从监视居住的决定程序、执行程序和监视居住的期限要求三个方面把握。

（一）监视居住的决定程序

《刑事诉讼法》规定人民法院和人民检察院决定监视居住的，应当将《监视居住决定书》和《执行监视居住通知书》及时送达公安机关。公安机关决定监视居住的，由被监视居住人住处或者指定居所所在地的派出所执行，办案部门可以协助执行。必要时，也可以由办案部门负责执行，派出所或者其他部门协助执行。

人民法院、人民检察院决定监视居住的，负责执行的县级公安机关应当在收到法律文书和有关材料后24小时以内，通知被监视居住人住处或者指定居所所在地的派出所，核实被监视居住人身份、住处或者居所等情况后执行。必要时，可以由人民法院、人民检察院协助执行。

（二）监视居住的执行程序

《刑事诉讼法》规定监视居住由公安机关执行。决定监视居住机关应当向被监视居住人本人宣布《监视居住决定书》，并由其本人在监视居住决定书上签名或者盖章，并捺指印。指定居所监视居住的，除无法通知的以外，应当在执行监视居住后24小时以内，通知被监视居住人的家属。注意，这里的“无法通知”是指以下情况：（1）不讲真实姓名、住址，身份不明的；（2）没有家属的；（3）提供的家属联系方式无法取得联系的；（4）因自然灾害等不可抗力导致无法通知的。无法通知的情形消失以后，应当立即通知被监视居住人的家属。无法通知家属的，应当在监视居住通知书中注明原因。司法实践中，应避免“无法通知家属”的规定被异化解读进而导致权力滥用的情况发生。

法律规定执行机关对被监视居住的犯罪嫌疑人、被告人可以采取电子监控、不定期检查等监视方法对其遵守监视居住规定的情况进行监督。在侦查期间，必要的时候可以对被监视居住的犯罪嫌疑人的通信进行监控。对指定居所监视居住的决定和执行是否合法的监督，主要由人民检察院负责。

（三）监视居住的期限规定

第一，根据《刑事诉讼法》及相关司法解释规定，监视居住最长不得超过6个月；公安机关、人民检察院已经对犯罪嫌疑人监视居住的，案件移送到人民检察院、人民法院后，人民检察院、人民法院对于符合监视居住条件的，应当依法对犯罪嫌疑人、被告人重新办理监视居住手续，监视居住的期限重新计算并告知犯罪嫌疑人、被告人。也就是说，在刑事诉讼三阶段中，公安司法机关可以对犯罪嫌疑人、被告人连续适用监视居住，期间分别计算。

第二，监视居住期限届满或者发现不应追究犯罪嫌疑人、被告人的刑事责任的，应当及时解除或者撤销监视居住。解除或者撤销监视居住的决定应当通知执行机关、被监视居住人和有关单位，并将解除或者撤销监视居住的决定书送达被监视居住人。犯罪嫌疑人、被告人及其法定代理人、近亲属或者犯罪嫌疑人、被告人委托的律师及其他辩护人认为监视居住超过法定期限的，有权向人民法院、人民检察院、公安机关申请解除监视居住。经审查情况属实的，应对犯罪嫌疑人、被告人解除监视居住。

第三，就指定居所监视居住而言，基于其适用条件和方式的特殊性，对人身自由的限制程度大，法律规定指定居所监视居住的期限应当折抵刑期：被判处管制的，监视居住1日折抵刑期1日；被判处拘役、有期徒刑的，监视居住2日折抵刑期1日。

三、监视居住制度的问题

（一）监视居住实施中的问题

根据《刑事诉讼法》第75条的规定，犯罪嫌疑人、被告人有住处的必须在其住处执行监视居住，只有在没有固定住处时才能在指定居所执行。但实践中，有的犯罪嫌疑人、被告人明明是本地居民也被安排在指定居所进行监视居住。一些基层公安局往往租用招待所，将本局所有被监视居住人都“关押”在内，另加警察看守，且由被监视居住者负责本人和看守人员的食宿费用。这其实已成为一种变相羁押或变相拘禁。对此，有论者建议，必须有一定的制约措施。一是通过刑事诉讼程序予以救济。对变相拘禁的，被监视居住的人及其法定代理人、家属或者委托的律师可以要求决定机关予以纠正，或者向上一级人民检察院申诉，请求其责令下一级决定机关纠正。二是通过国家赔偿程序予以救济。被变相拘禁的犯罪嫌疑人、被告人及其法定代理人可以向错误执行监视居住的机关要求赔偿非法剥夺其人身自由所造成的损失。〔1〕

（二）关于监视居住存废的讨论

2012 年修改的《刑事诉讼法》单独规定了监视居住的适用条件，严格规定批准程序，还规定了人民检察院的监督职责、通知家属、律师会见以及指定居所监视居住的期限折抵刑期等内容。指定居所监视居住作为我国监视居住制度中的特殊形式，历次刑事诉讼法修改更是对其相关条文进行了修订：1996 年《刑事诉讼法》第 57 条即确定了指定居所监视居住，但由于立法模糊、消耗成本过高、执法风险大等因素，在司法实践中缺少适用空间，甚至是可有可无。2012 年《刑事诉讼法》确立了“以固定住处为原则，以指定居所为例外”的原则，并设置危害国家安全犯罪、恐怖活动犯罪、特别重大贿赂犯罪案件存在有碍侦查而例外适用指定居所监视居住的特殊情形。2018 年《刑事诉讼法》的修改为适应国家监察体制改革和人民检察院职务犯罪侦查职能转隶的有关要求，删除了“特别重大贿赂犯罪”适用指定居所监视居住的规定。但这些改进，并未能消除关于监视居住存废的争论，主要集中在指定居所监视居住的存废问题上。学者指出，指定居所监视居住的非羁押属性与功能发生异化：虽然其本质属于“非羁押性措施”，但侦查机关基于自身的办案需求，在司法实践中存在超越法律边界的滥权风险，异化为变相羁押甚至高强度羁押的情况。相比而言，当犯罪嫌疑人、被告人身处看守所之中，侦查人员对其讯问需要符合现有的法定程序与规范要求；但在指定监视居住的密闭空间内，办案人员缺少规则的束缚，更易于采取变相肉刑、隐形刑讯等损害被指定居所监视居住人基本人权的取证手段，变相获取口供。与此同时，指定居所监视居住的特殊性从主客观两个方面给辩护律师行使辩护权设置了层层门槛与障碍。被指定居所监视居住人的基本权利保障存在重大风险。〔2〕

因此，有观点主张直接废除监视居住制度。提出这样主张的理由主要有三：其一，适用监视居住的对象、条件不够明确，使监视居住的区域范围难以掌握，范围大了无法监视，范围小了又会形成变相羁押。其二，监视居住的执行条件因客观情况的变化而逐渐消失。公安派出所任务重、人手少，难以监视；基层组织力量薄弱，受委托的单位不愿意或者不对被追诉人进行监视。其三，监视居住与取保候审在适用对象、条件、作用、目的等方面相似，绝大多数可用取保候审取代。还有论者认为，在本质上，监视居

---

〔1〕 参见周伟：《关于监视居住的几个问题》，载《当代法学》2000 年第 4 期。

〔2〕 参见陈卫东：《正视指定居所监视居住实践中的滥权风险》，载《上海法治报》2023 年 12 月 8 日，第 B07 版。

住是犯罪嫌疑人、被告人在审前获得释放所附加的条件，没有必要将其与取保候审作为两种不同的强制措施，应当合二为一。[1]

另有较多观点认为，应当保留并完善监视居住制度。

其一，监视居住与取保候审仍存在很大区别，有其自身价值和存在必要性。监视居住比取保候审更为严厉，是取保候审的补充。它可以适用于犯罪嫌疑人、被告人符合取保条件但不具备取保能力的情况，如外来人员、流动人口、外国人或无国籍人。大多数经济犯罪案件的犯罪特征在侦查初期并不十分明显，如究竟是合同诈骗还是合同纠纷，有待进一步查证。若是此时将犯罪嫌疑人逮捕，显然不符合条件，拘留时间又比较短，难以查明案情，采取取保候审则可能放纵犯罪。[2]

其二，对指定居所监视居住，除坚持“短用、少用、慎用”原则外，还应当予以完善与改良，使其尽可能在法治化轨道内运行。这又包括两个方面的完善建议。首先，填补指定居所监视居住适用的法律漏洞，完善其执行规范。法律应当对“无固定住所”进行解释与限定，避免公安机关随意扩权，越过一般监视居住直接适用指定居所监视居住。对执行场所和生活条件的相关规定进行规范与细化，实现“住审分离”；除人身自由外，不应限制被监视居住人的其他基本权利与个人生活习惯。保障被指定居所监视居住人获得律师帮助的程序和要求应当予以规范，除了会见需要侦查机关审批的特殊情形外，律师会见、通信等权利不应受到任何阻碍与拖延，办案机关应当为律师会见提供便利，及时通知会见的时间与地点。其次，检察机关应当依法加强对这类监视居住决定和执行的监督。检察机关发现不宜适用的，应当主动提出监督意见，并建议解除或变更强制措施；应当重点监督在监视居住过程中是否存在非法取证行为，是否存在限制或剥夺其获得律师帮助的情况，以有效监督促使办案机关规范、谨慎地适用指定居所监视居住措施。[3]

第五节 拘留

一、拘留的概念和特点

刑事拘留，一般是指公安机关、人民检察院遇到法定的紧急情况需要依法采取的临时剥夺某些现行犯或者重大嫌疑分子人身自由的一项强制措施。刑事拘留具有以下特点：

---

〔1〕 参见陈静芳：《监视居住强制措施应予废除》，载《人民司法》2007年第10期；徐美君：《对刑事强制措施制度的研究》，载《法学杂志》2004年第1期。

〔2〕 参见王敏远主编：《刑事诉讼法学》（第二版），知识产权出版社2023年版，第397页。

〔3〕 参见陈卫东：《正视指定居所监视居住实践中的滥权风险》，载《上海法治报》2023年12月8日，第B07版。

第一，适用主体具有特定性。拘留是对犯罪嫌疑人人身自由的一种剥夺，属于比较严厉的强制措施，因而《刑事诉讼法》规定，只有公安机关、人民检察院等对刑事案件拥有侦查权的专门机关才能决定适用拘留，其他任何机关（包括人民法院）、社会团体和个人都无权决定和执行拘留。第二，适用对象具有特定性。拘留是一种临时剥夺人身自由的强制措施，针对的是现行犯或重大嫌疑分子，或法定的紧急情况，除此之外不得适用拘留。即使犯罪嫌疑人罪该逮捕，只要不是现行犯或重大嫌疑分子，或法定的紧急情况，也无须适用拘留。因此，拘留并非逮捕的前置程序。第三，适用期限具有临时性。拘留的期限一般较短，一般只有 3 日。拘留是针对符合法定情形的现行犯或重大嫌疑分子而设，只能临时地、在短时间内剥夺犯罪嫌疑人的人身自由，一旦紧急情况消失，就应当解除拘留或变更为其他强制措施。

二、拘留的条件

拘留的条件应主要从适用的对象和适用的情形两个方面把握。

（一）拘留的适用对象

刑事拘留的适用对象仅限于现行犯或重大嫌疑分子。“现行犯”是指正在实施犯罪的人，“重大嫌疑分子”是指有证据证明具有重大犯罪嫌疑之人，如在其身边或者住处发现犯罪证据的人。

（二）拘留的适用情形

《刑事诉讼法》第 82 条规定了拘留适用的七种情形：（1）正在预备犯罪、实行犯罪或者在犯罪后即时被发觉的；（2）被害人或者在场亲眼看见的人指认他犯罪的；（3）在身边或者住处发现有犯罪证据的；（4）犯罪后企图自杀、逃跑或者在逃的；（5）有毁灭、伪造证据或者串供可能的；（6）不讲真实姓名、住址，身份不明的；（7）有流窜作案、多次作案、结伙作案重大嫌疑的。根据相关司法解释，“流窜作案”是指跨市、县管辖范围连续作案，或者在居住地作案后逃跑到外市、县继续作案；“多次作案”是指三次以上作案；“结伙作案”是指二人以上共同作案。

需要注意的是，2018 年国家监察体制改革以后，人民检察院对于监察机关已经采取了留置措施的移送审查起诉的案件，法律规定须先行拘留。具体的法律依据是，《监察法》第 47 条第 1 款规定，对监察机关移送的案件，人民检察院依照《刑事诉讼法》对被调查人采取强制措施；《刑事诉讼法》第 170 条第 2 款规定，对于监察机关移送起诉的已采取留置措施的案件，人民检察院应当对犯罪嫌疑人先行拘留，留置措施自动解除。

三、刑事拘留与相关概念的区别

值得注意的是，刑事拘留与行政法规定的行政拘留以及民事诉讼法、行政诉讼法规定的司法拘留，虽然都称为“拘留”，且都会造成短期剥夺人身自由的法律后果，但实际上刑事拘留与这两者之间存在着较大差别。

（一）刑事拘留与行政拘留的区别

（1）性质不同。刑事拘留是一种强制措施，其目的是保证刑事诉讼的顺利进行，本身并不具有惩罚的性质；行政拘留则是一种治安管理处罚措施，其目的在于对实施轻微违法行为的人予以一定的惩罚。

（2）适用对象不同。刑事拘留适用于刑事诉讼中的现行犯或者重大嫌疑分子，而行政拘留适用于实施一般违法行为的人。

（3）法律根据不同。刑事拘留的法律依据主要是《刑事诉讼法》的有关规定，行政拘留的法律依据则是《行政处罚法》《治安管理处罚法》等。

（二）刑事拘留与司法拘留的区别

（1）权力主体不同。刑事拘留依法由公安机关或人民检察院决定，并由公安机关执行；司法拘留依法由人民法院决定，由人民法院的司法警察执行。

（2）适用对象不同。刑事拘留适用对象仅限于刑事诉讼中的现行犯或者重大嫌疑分子；司法拘留的适用对象则是所有在诉讼过程中实施妨害诉讼行为的人，包括诉讼当事人、其他诉讼参与人和案外人。

（3）法律依据不同。刑事拘留的法律依据是《刑事诉讼法》；司法拘留的法律依据是《刑事诉讼法》《民事诉讼法》《行政诉讼法》的有关规定。

（4）法律后果不同。刑事拘留期限可以折抵刑期，应当在裁判结果中加以体现；而司法拘留仅仅是对有妨害诉讼行为之人的惩戒，不影响判决结果。

四、拘留的程序

刑事拘留的程序主要从决定程序、执行程序和拘留的期限要求三个方面把握：

（一）拘留的决定程序

公安机关和人民检察院是刑事拘留的决定主体。公安机关依法需要拘留犯罪嫌疑人的，由县级以上公安机关负责人批准，签发拘留证。人民检察院决定拘留的案件，由检察长决定，由公安机关负责执行。公安机关、人民检察院在决定拘留人大代表时，需要向有关部门报告或报请其许可。具体而言，县级以上各级人民代表大会的代表如果因为是现行犯被拘留，决定拘留的机关应当立即向该代表所在的人民代表大会主席团或者常务委员会报告；因其他原因需要拘留的，决定拘留的机关应当报请该代表所属的人民代表大会主席团或者常务委员会许可。此外，《刑事诉讼法》第 165 条规定了人民检察院决定适用拘留的具体情形。

（二）拘留的执行程序

根据《刑事诉讼法》的规定，首先，公安机关执行拘留时，必须出示拘留证，并责令被拘留人在拘留证上签名或者盖章、捺指印。拒绝签名或者盖章、捺指印的，执行拘留的人员应当予以注明。其次，采取拘留措施之后应当立即将被拘留人送看守所羁押，至迟不得超过 24 小时。除无法通知或者涉嫌危害国家安全犯罪、恐怖活动犯罪通知可能有碍侦查的情形以外，应当在拘留后 24 小时以内通知被拘留人的家属。有碍侦查的情形消失以后，应当立即通知被拘留人的家属。此处需要注意，“有碍侦查”的情形是指：（1）可能毁灭、伪造证据，干扰证人作证或者串供的；（2）可能引起同案犯逃避、妨碍侦查的；（3）犯罪嫌疑人的家属与犯罪有牵连的。在上述情形下，可以不予通知，但上述情形一旦消除，应当立即通知被拘留人的家属或者他所在单位。司法实践中，同样要注意对“有碍侦查”情形的扩张解释，避免侦查人员在实施法律过程中将此规定异化，保障被追诉人家属合法的知情权。

对于被拘留的人，执行机关应当在拘留后的24小时以内进行讯问。在讯问过程中，发现不应当拘留时，必须立即释放，并发放释放证明；对于需要逮捕但证据尚不充足的情况，可以变更为取保候审或者监视居住的非羁押性强制措施。

（三）拘留的期限要求

根据《刑事诉讼法》的规定，对被拘留的人认为需要逮捕的，公安机关应当在拘留后的3日以内，提请人民检察院审查批准。特殊情况下，经县级以上公安机关负责人批准，提请审查批准的时间可以延长1—4日。对于流窜作案、多次作案、结伙作案的重大嫌疑分子，经县级以上公安机关负责人批准，提请审查批准的时间可以延长至30日。

人民检察院应当自接到公安机关提请批准逮捕书后的7日以内，作出批准逮捕或者不批准逮捕的决定。此外，其他专门机关对直接受理的案件中被拘留的人，认为需要逮捕的，应当在14日以内作出决定。特殊情况下，决定逮捕的时间可以延长1—3日。

五、关于拘留制度问题的讨论

1996年修改的《刑事诉讼法》对刑事拘留取消了“罪该逮捕”的限制，并在废除收容审查的同时，增加了两种可以先行拘留的情形，即“不讲真实姓名、住址，身份不明的”和“有流窜作案、多次作案、结伙作案重大嫌疑的”现行犯或者重大嫌疑分子。而我国现行《刑事诉讼法》第82条第6、7项保留了此规定。

有论者认为，该规定存在以下问题：其一，只要嫌疑人符合《刑事诉讼法》第82条规定的7种情形之一的，即使公安机关在对其决定拘留时就明知其只会判处管制、拘役或者独立适用附加刑，也完全可以刑事拘留。这同国际上的“审前羁押一般仅适用于可能被处以较重刑罚的涉嫌犯罪者”的准则是矛盾的。其二，尽管犯罪嫌疑人可能被判处徒刑以上刑罚，但采取取保候审或监视居住可以防止发生社会危险性，公安机关也可对其决定刑事拘留，这也不符合刑事强制措施适用中的相当性原则。其三，只要是符合7种情形之一的现行犯或重大嫌疑分子，哪怕属于拘留时就明知其属于“犯罪情节轻微，依照刑法规定不需要判处刑罚或者免除刑罚的”，公安机关对其刑事拘留也不违法，这正是导致“以拘代罚”的重要原因。其四，司法实践中，《刑事诉讼法》第82条规定的7种情形涵盖面过于宽泛，缺乏可操作性。

基于上述原因，有学者指出，刑事拘留似乎变成了公安机关对任何犯罪嫌疑人都可以适用的一种强制措施，甚至使这种紧急措施不再具有紧急性的特点。司法实践中，“以拘代罚”“以拘代捕”大量存在，严重侵犯了公民的人身权利，少数地方甚至对那些属于《刑事诉讼法》第16条规定的不应当追究刑事责任的违法行为人，也采用刑事拘留而不需承担任何责任，因为《国家赔偿法》第17条规定，对“依照刑事诉讼法规定的条件和程序对公民采取拘留措施”，只有在“拘留时间超过刑事诉讼法规定的时限，其后决定撤销案件、不起诉或者判决宣告无罪终止追究刑事责任的”情况下，国家才承担赔偿责任。为此，有学者建议修改《刑事诉讼法》第 82 条，明确拘留只能对可能被判处徒刑以上刑罚的现行犯或重大嫌疑分子在紧急情况下适用，以求符合国际司法准则。也有学者指出，鉴于司法实践中扩大拘留适用范围、以拘留代替侦查以及随意延长拘留时间等问题比较普遍，主张确立拘留是一种临时强制措施的观念，严格控制其适用的范围，明确拘留的时间限制，完善错拘惩罚机制。还有论者提出，应在刑事拘留程序中引入听证制度。[1]

第六节　逮捕

一、逮捕的概念和适用条件

逮捕是刑事诉讼强制措施中最严厉的一种，各国刑事诉讼法对逮捕都进行了严格而详细的规定。

（一）逮捕的概念

逮捕是指人民法院、人民检察院和公安机关为了防止犯罪嫌疑人或者被告人逃避或妨害侦查、起诉和审判，防止发生社会危险性，决定对被追诉人进行羁押，并依法对其采取的暂时剥夺其人身自由的一项强制措施。

（二）逮捕的适用条件

为防止逮捕这项最严厉的强制措施被过度适用，我国《刑事诉讼法》及相关司法解释严格规定了逮捕的适用条件。《刑事诉讼法》第 81 条规定：只有对有证据证明有犯罪事实，可能判处徒刑以上刑罚的犯罪嫌疑人、被告人，采取取保候审尚不足以防止发生社会危险性，而有逮捕必要的，才可逮捕。批准或者决定逮捕，应当将犯罪嫌疑人、被告人涉嫌犯罪的性质、情节，以及认罪认罚等情况，作为是否可能发生社会危险性的考虑因素。具体而言，逮捕需要具备的条件如下：

1. 有证据证明有犯罪事实。根据相关司法解释的规定，有证据证明有犯罪事实需要同时具备以下三项条件：（1）有证据证明发生了犯罪事实。犯罪事实既可以是单一犯罪行为的事实，也可以是数个犯罪行为中任何一个犯罪行为的事实。（2）有证据证明该犯罪事实是犯罪嫌疑人实施的。（3）证明犯罪嫌疑人实施犯罪行为的证据已有查证属实的。需要注意的是，对实施多个犯罪行为或者共同犯罪案件的犯罪嫌疑人，具有下列情形之一的，应当批准或者决定逮捕：（1）有证据证明犯有数罪中的一罪的；（2）有证据证明实施多次犯罪中的一次犯罪的；（3）共同犯罪中，已有证据证明有犯罪事实的犯罪嫌疑人。

2. 可能判处徒刑以上刑罚。犯罪嫌疑人、被告人仅仅可能被判处管制、拘役、独立

---

〔1〕 参见王敏远主编：《刑事诉讼法学》（第二版），知识产权出版社 2023 年版，第 398 页。

适用附加刑等较轻刑罚的，不应逮捕。根据相关司法解释的规定，犯罪嫌疑人涉嫌的罪行较轻，且没有其他重大犯罪嫌疑，具有以下7种情形之一的，可以作出不批准逮捕的决定或者不予逮捕：（1）属于预备犯、中止犯，或者防卫过当、避险过当的；（2）主观恶性较小的初犯，共同犯罪中的从犯、胁从犯，犯罪后自首、有立功表现或者积极退赃、赔偿损失、确有悔罪表现的；（3）过失犯罪的犯罪嫌疑人，犯罪后有悔罪表现，有效控制损失或者积极赔偿损失的；（4）犯罪嫌疑人与被害人双方根据《刑事诉讼法》的有关规定达成和解协议，经审查，认为和解系自愿、合法且已经履行或者提供担保的；（5）犯罪嫌疑人系已满14周岁未满18周岁的未成年人或者在校学生，本人有悔罪表现，其家庭、学校或者所在社区、居民委员会、村民委员会具备监护、帮教条件的；（6）已满75周岁的人；（7）犯罪嫌疑人认罪认罚的。

3. 有逮捕的必要。有逮捕的必要是指，采取取保候审尚不足以防止发生下列社会危险性。根据《刑事诉讼法》的规定具体包括以下5种情形：（1）可能实施新的犯罪的；（2）有危害国家安全、公共安全或者社会秩序的现实危险的；（3）可能毁灭、伪造证据，干扰证人作证或者串供的；（4）可能对被害人、举报人、控告人实施打击报复的；（5）企图自杀或者逃跑的。最高人民检察院《规则》进一步对“有逮捕必要”做了解释：（1）犯罪嫌疑人具有下列情形之一的，可以认定为“可能实施新的犯罪”：案发前或者案发后正在策划、组织或者预备实施新的犯罪的；扬言实施新的犯罪的；多次作案、连续作案、流窜作案的；一年内曾因故意实施同类违法行为受到行政处罚的；以犯罪所得为主要生活来源的；有吸毒、赌博等恶习的；其他可能实施新的犯罪的情形。（2）犯罪嫌疑人具有下列情形之一的，可以认定为“有危害国家安全、公共安全或者社会秩序的现实危险”：案发前或者案发后正在积极策划、组织或者预备实施危害国家安全、公共安全或者社会秩序的重大违法犯罪行为的；曾因危害国家安全、公共安全或者社会秩序受到刑事处罚或者行政处罚的；在危害国家安全、黑恶势力、恐怖活动、毒品犯罪中起组织、策划、指挥作用或者积极参加的；其他有危害国家安全、公共安全或者社会秩序的现实危险的情形。（3）犯罪嫌疑人具有下列情形之一的，可以认定为“可能毁灭、伪造证据，干扰证人作证或者串供”：曾经或者企图毁灭、伪造、隐匿、转移证据的；曾经或者企图威逼、恐吓、利诱、收买证人，干扰证人作证的；有同案犯罪嫌疑人或者与其在事实上存在密切关联犯罪的犯罪嫌疑人在逃，重要证据尚未收集到位的；其他可能毁灭、伪造证据，干扰证人作证或者串供的情形。（4）犯罪嫌疑人具有下列情形之一的，可以认定为“可能对被害人、举报人、控告人实施打击报复”：扬言或者准备、策划对被害人、举报人、控告人实施打击报复的；曾经对被害人、举报人、控告人实施打击、要挟、迫害等行为的；采取其他方式滋扰被害人、举报人、控告人的正常生活、工作的；其他可能对被害人、举报人、控告人实施打击报复的情形。（5）犯罪嫌疑人具有下列情形之一的，可以认定为“企图自杀或者逃跑”：着手准备自杀、自残或者逃跑的；曾经自杀、自残或者逃跑的；有自杀、自残或者逃跑的意思表示的；曾经以暴力、威胁手段抗拒抓捕的；其他企图自杀或者逃跑的情形。

另外，对有证据证明有犯罪事实，可能判处10年有期徒刑以上刑罚的，或者有证据证明有犯罪事实，可能判处徒刑以上刑罚，曾经故意犯罪或者身份不明的，应当予以逮捕。被取保候审、监视居住的犯罪嫌疑人、被告人违反取保候审、监视居住规定，情节严重的，可以予以逮捕。

二、逮捕的权限

逮捕是对人身自由限制程度最高的刑事强制措施。为防止逮捕权被滥用，实现人权司法保障，我国《刑事诉讼法》将逮捕的执行权交由公安机关行使，而将逮捕的批准权、决定权交由人民检察院或者人民法院行使，从而从制度上实现了逮捕决定权与执行权相分离。

《刑事诉讼法》第 80 条规定，逮捕犯罪嫌疑人、被告人，必须经过人民检察院批准或者人民法院决定，由公安机关执行。对于公安机关移送要求审查批准逮捕的案件，由人民检察院行使批捕权。人民检察院在审查起诉中，认为犯罪嫌疑人符合法律规定的逮捕条件，应予逮捕的，依法有权自行决定逮捕。人民法院在直接受理的自诉案件中，需要逮捕被告人的，人民法院有权决定逮捕。对于人民检察院提起公诉的案件，人民法院在审判阶段发现需要逮捕被告人的，有权决定逮捕。

三、逮捕的程序

对逮捕强制措施的程序应主要从逮捕的批准或决定程序、逮捕的执行程序以及逮捕强制措施的变更程序等三个方面加以把握。

（一）逮捕的批准或决定程序

刑事诉讼中，采取逮捕措施最常见的情形为公安机关提请人民检察院批准逮捕。除此之外，人民检察院和人民法院也可以直接决定采取逮捕措施，交由公安机关执行。这三种情况在程序上有所区别，具体而言：

1. 人民检察院对公安机关提请逮捕的批准程序

公安机关要求逮捕犯罪嫌疑人的，应当经县级以上公安机关负责人批准，制作提请批准逮捕书，连同案卷材料、证据，一并移送同级人民检察院审查。公安机关提请批准逮捕的犯罪嫌疑人已被拘留的，人民检察院应当在收到提请批准逮捕书后 7 日以内作出是否批准逮捕的决定；未被拘留的，应当在收到提请批准逮捕书后的 15 日以内作出是否批准逮捕的决定，重大、复杂的案件不得超过 20 日。

人民检察院经审查应当根据不同情况分别作出相应的决定：符合逮捕条件的，作出批准逮捕的决定，制作批准逮捕决定书；不符合逮捕条件的，作出不批准逮捕的决定，制作不批准逮捕决定书，说明不批准逮捕的理由；需要补充侦查的，应当同时通知公安机关。人民检察院决定不批准逮捕的，公安机关在收到不批准逮捕决定书后，应当立即释放在押的犯罪嫌疑人或者变更强制措施。需要继续侦查，并且符合取保候审、监视居住条件的，依法取保候审或者监视居住。公安机关对人民检察院不批准逮捕的决定，认为有错误的，可以要求复议，但是必须将被拘留的人立即释放。如果意见不被接受，可以向上一级人民检察院提请复核。上级人民检察院应当在收到提请复核意见书和案卷材料后 15 日以内作出是否变更的决定，通知下级人民检察院和公安机关执行。

2. 人民检察院决定逮捕的程序

人民检察院在审查起诉环节发现犯罪嫌疑人应当逮捕的，可以决定逮捕。最高人民检察院《规则》第 337 条规定，人民检察院在审查起诉阶段认为需要逮捕犯罪嫌疑人的，应当经检察长决定。

3. 人民法院决定逮捕的程序

首先，公诉案件中没有采取逮捕措施的被告人，人民法院认为符合逮捕条件的，可以决定逮捕。对于自诉案件中未予逮捕的被告人，人民法院认为需要逮捕被告人的，由办案人员提交法院院长决定，对于重大、疑难、复杂案件的被告人的逮捕，提交审判委员会讨论决定。其次，人民法院作出逮捕决定后，应当将逮捕决定书等相关材料送交公安机关执行。将被告人逮捕后，人民法院应当将逮捕的原因和羁押的处所，在 24 小时以内通知被逮捕人的家属，确实无法通知的，应当记录在卷。最后，对人民法院决定逮捕的被告人，审判人员必须在逮捕后的 24 小时以内进行讯问。发现不应当逮捕的，应当立即释放并发放释放证明，必要时可以依法变更强制措施。

此外，需要注意的是，对具有特殊身份的犯罪嫌疑人、被告人决定逮捕的，《刑事诉讼法》及相关司法解释规定了特殊的审批程序：

首先是逮捕人大代表的审批程序。人民检察院对担任本级人民代表大会代表的犯罪嫌疑人批准或者决定逮捕，应当报请本级人民代表大会主席团或者常务委员会许可。对担任上级人民代表大会代表的犯罪嫌疑人批准或者决定逮捕，应当层报该代表所属的人民代表大会同级的人民检察院报请许可。对担任下级人民代表大会代表的犯罪嫌疑人批准或者决定逮捕，可以直接报请该代表所属的人民代表大会主席团或者常务委员会许可，也可以委托该代表所属的人民代表大会同级的人民检察院报请许可。对担任乡、民族乡、镇的人民代表大会代表的犯罪嫌疑人批准或者决定逮捕，由县级人民检察院报告乡、民族乡、镇的人民代表大会。对担任办案单位所在省、市、县（区）以外的其他地区人民代表大会代表的犯罪嫌疑人批准或者决定逮捕，应当委托该代表所属的人民代表大会同级的人民检察院报请许可。担任两级以上人民代表大会代表的，应当分别委托该代表所属的人民代表大会同级的人民检察院报请许可。

其次是逮捕外国人、无国籍人的审批程序。外国人、无国籍人涉嫌危害国家安全犯罪的案件或者涉及国与国之间政治、外交关系的案件以及在适用法律上确有疑难的案件，需要逮捕犯罪嫌疑人的，分别由基层人民检察院或者设区的市级人民检察院审查并提出意见，层报最高人民检察院审查。最高人民检察院经审查认为需要逮捕的，经征求外交部的意见后，作出批准逮捕的批复；经审查认为不需要逮捕的，作出不批准逮捕的批复。基层人民检察院或者设区的市级人民检察院根据最高人民检察院的批复，依法作出批准或者不批准逮捕的决定。层报过程中，上级人民检察院经审查认为不需要逮捕的，应当作出不批准逮捕的批复。报送的人民检察院根据批复依法作出不批准逮捕的决定。基层人民检察院或者设区的市级人民检察院经审查认为不需要逮捕的，可以直接依法作出不批准逮捕的决定。外国人、无国籍人涉嫌其他犯罪的案件，基层、市级、省级人民检察院可以决定批准逮捕，决定批准逮捕的人民检察院应当在作出批准逮捕决定后

48 小时以内报上一级人民检察院备案。同时，决定批准逮捕的人民检察院还需要向同级人民政府外事部门通报。上一级人民检察院对备案材料经审查发现批准逮捕决定错误的，应当依法及时纠正。

另外，根据相关法律规定，人民检察院对于批准逮捕的危害国家安全的案件、涉外案件等，应当报上一级人民检察院备案。上一级人民检察院对报送的备案材料应当进行审查，发现错误的，应当依法及时纠正。

（二）逮捕的执行程序

第一，人民检察院批准逮捕、人民法院决定逮捕的犯罪嫌疑人、被告人，应当由县级以上公安机关负责人签发逮捕证，立即执行，并将执行回执在执行完毕后 3 日以内送达原决定的机关。如果未能执行，也应当将回执送达原决定的机关，并写明未能执行的原因。

第二，执行逮捕的侦查人员不得少于 2 人。执行逮捕时，必须向被逮捕人出示逮捕证，并责令被逮捕人在逮捕证上签名（盖章）、捺指印，拒绝签名（盖章）、捺指印的，应当注明。

第三，逮捕犯罪嫌疑人、被告人后，应当立即将被逮捕人送看守所羁押。除无法通知的以外，应当在逮捕后 24 小时以内，通知被逮捕人的家属。提请批准逮捕的公安机关、批准或决定逮捕的人民检察院或者人民法院，应当在逮捕后的 24 小时以内进行讯问。发现不应当逮捕的，应当立即释放并发放释放证明。必要时，可以依法变更强制措施。

第四，对犯罪嫌疑人执行逮捕后，除无法通知的情形以外，应当在逮捕后 24 小时以内制作逮捕通知书，通知被逮捕人的家属。"无法通知"的情形包括：不讲真实姓名、住址，身份不明的；没有家属的；提供的家属联系方式无法取得联系的；因自然灾害等不可抗力导致无法通知的。没有在 24 小时以内通知家属的，应当在逮捕通知书中注明原因。上述情形消除后，应当立即通知被逮捕人的家属。

（三）逮捕的变更、撤销或解除程序

人民法院、人民检察院和公安机关如果发现对犯罪嫌疑人、被告人采取强制措施不当的，应当及时撤销或者变更。公安机关释放被逮捕的人或者变更逮捕措施的，应当通知原批准的人民检察院。犯罪嫌疑人、被告人及其法定代理人、近亲属或者辩护人有权申请变更强制措施。人民法院、人民检察院和公安机关收到申请后，应当在 3 日以内作出决定；不同意变更强制措施的，应当告知申请人，并说明不同意的理由。犯罪嫌疑人、被告人被羁押的案件，不能在《刑事诉讼法》规定的侦查羁押、审查起诉、一审或二审期限内办结的，对犯罪嫌疑人、被告人应当予以释放；需要继续查证、审理的，对犯罪嫌疑人、被告人可以取保候审或者监视居住。

人民法院、人民检察院或者公安机关对被采取强制措施法定期限届满的犯罪嫌疑人、被告人，应当予以释放、解除取保候审、监视居住或者依法变更强制措施。犯罪嫌疑人、被告人及其法定代理人、近亲属或者辩护人对于人民法院、人民检察院或者公安机关采取强制措施法定期限届满的，有权要求解除强制措施。

四、有关逮捕制度问题的讨论

在2012年《刑事诉讼法》修改前的很长一段时期内，我国逮捕制度的适用存在逮捕数量巨大、逮捕率高、羁押时间长、超期羁押屡见不鲜和非法羁押合法化等严重问题。其根本原因在于逮捕功能的异化，逮捕成为惩罚犯罪、维护社会稳定的工具，被视为惩罚和追究责任的一种方式，承担了预支刑罚的功能。[1]对此，有论者建议对逮捕制度作出改革，例如，改行司法令状主义，实行逮捕与羁押相分离；根据国际公约的要求，完善被羁押者权利；改革羁押场所，实现羁押场所中立化。[2]还有论者建议在逮捕程序建立审查逮捕时听取律师和犯罪嫌疑人意见的制度及羁押必要性审查制度。犯罪嫌疑人和律师对侦查机关认定有逮捕必要等意见可以提出反驳，有权提供证据证明无逮捕必要。人民检察院对已作出批准逮捕决定的案件，应当在规定期限内（如侦查终结时）或者根据犯罪嫌疑人的申请，再次审查是否有继续羁押的必要，以决定是否变更强制措施。此外，犯罪嫌疑人或其律师对人民检察院批准逮捕决定不服的，可以提出复议或复核。[3]

立法对改革逮捕制度的呼声作出了回应。《刑事诉讼法》第88条规定了人民检察院审查批准逮捕时讯问犯罪嫌疑人程序，第95条规定人民检察院有权对羁押进行必要的审查。认罪认罚从宽制度的确立也对提高不捕率、降低羁押率起到很大的作用。[4]2019年10月，“两高三部”发布的《关于适用认罪认罚从宽制度的指导意见》第19—21条专门规定，将认罪认罚作为被追诉人社会危险性评估的重要依据，依法尽量采取非羁押性强制措施。对于认罪认罚、罪行较轻且没有社会危险性的被追诉人，公安机关可依法不提请逮捕，检察院可依法不批捕，或者法院、检察院进行羁押必要性审查时，及时作出变更强制措施的决定。

对于改革的进展，有论者提出，应当认真对待逮捕批准程序行政化与羁押必要性审查程序诉讼化之间的反差：近年来羁押必要性审查制度的不断改革完善，逐步确立了检察官居中听取控辩双方意见的诉讼化审查模式。反观同为羁押决定程序的批准逮捕程序，2012年修改后的《刑事诉讼法》仅仅规定了讯问犯罪嫌疑人程序以及必要时可以询问诉讼参与人、听取律师意见的程序，远未具备两造对质的诉讼化构造。伴随着羁押必要性审查程序的司法化、诉讼化，处于前端的批准逮捕程序也应与之保持同步，推进程序上的诉讼化与司法化。[5]还有论者经过实证研究认为，前两次修法对逮捕适用没有产

---

〔1〕 参见刘计划：《逮捕功能的异化及其矫正——逮捕数量与逮捕率的理性解读》，载《政治与法律》2006年第3期。

〔2〕 参见陈卫东、刘计划：《谁有权力逮捕你——试论我国逮捕制度的改革（上、下）》，载《中国律师》2000年第9、10期。

〔3〕 参见韩晓峰、王海：《逮捕必要问题研究》，载《人民检察》2010年第8期。

〔4〕 根据最高人民检察院发布的2019年至2020年8月的数据显示，认罪认罚案件的不捕率达到40.47%，而整体案件的不捕率是22.16%，相差18.3个百分点。

〔5〕 参见陈卫东：《羁押必要性审查制度试点研究报告》，载《法学研究》2018年第2期。

生明显影响，过度适用逮捕的问题未获解决。究其根本，是检察机关惯于先行作出“有罪认定”进而奉行“构罪即捕”，不能真正履行逮捕的社会危险性即必要性要件审查义务。鉴于检察机关审查批准逮捕模式无法克服自身局限，建立法院统一审查逮捕模式从而实现逮捕审查司法化方为出路。[1]

五、羁押制度

羁押，尤其是审前羁押，是被追诉人权利较容易受到侵犯的环节之一。根据无罪推定的基本原则，犯罪嫌疑人在未经法院审判和确定有罪之前，应当被推定为无罪，但在审前阶段，犯罪嫌疑人被逮捕后羁押的提请和批准程序不及审判程序那样严格完备，且羁押的执行机关往往与侦查机关有着千丝万缕的联系，对被羁押人的权利保障存在一定威胁。在我国现行《刑事诉讼法》中，羁押没有被法律规定为一项独立的强制措施，而是以被追诉人在被采取拘留、逮捕强制措施（被调查人被采取留置措施）后的一种人身状态而存在。

（一）审前羁押权滥用问题

审前羁押权滥用问题在我国较为严重，学界认为其主要原因集中在：第一，诉讼体制方面，地方党委、政法委甚至政府部门对案件的不当介入；检察机关未能起到预期的监督和制约作用；看守所属公安机关的一个职能部门，对羁押缺乏应有的监督和制约。第二，立法方面，羁押期限与办案期限没有作出合理区分；对轻罪和重罪的羁押期限未作适当区分；羁押期限的延长、不计算或重新计算的条件过于宽松、条款弹性太大；对逮捕的审查程序规定过于简单，难以发挥有效的控制作用；对审判阶段检察机关要求退回补充侦查缺乏次数限制；对被追诉方申请解除羁押或变更为取保候审缺少必要的程序保障；对疑罪从无的规定存在疏漏；没有规定超期羁押的制裁机制。第三，侦查技术的制约。第四，获得律师帮助权得不到保障，法律援助制度的制约。

（二）羁押必要性审查制度的建立与完善

如何通过完善、重构制度解决我国审前羁押所存在的问题，学界与实务界讨论建言久矣。有论者通过比较分析指出，西方国家对受羁押被告人的救济实行司法抑制模式，可分为事先的司法授权和事后的司法救济。有论者指出，由法官决定羁押，在我国现阶段难以实现。未决羁押的改革重点应当放在如何决定未决羁押事项上，即无论是检察官还是法官，均应按照“行使司法权力”的内在要求行使权力并最后作出决定。

羁押必要性审查制度正是在这样的背景下应运而生的。羁押性强制措施作为对公民基本权利——人身自由限制的诉讼保障措施，其适用必须慎之又慎。2012年《刑事诉讼法》修改的一项重要内容便是增加了检察机关对羁押必要性的审查。经立法、司法部门以及学术界不断共同探索，如今对羁押必要性审查制度的法律实施日趋成熟。2016年最高人民检察院出台的《人民检察院办理羁押必要性审查案件规定（试行）》规定，在很大程度上细化了羁押的审查程序和内容。2021年11月，最高人民检察院发布的《人民

---

〔1〕 参见刘计划：《我国逮捕制度改革检讨》，载《中国法学》2019年第5期。

检察院羁押听证办法》明确了人民检察院在依法办理审查逮捕、审查延长侦查羁押期限、羁押必要性审查等三类案件时，可以通过组织召开听证会的方式听取各方意见，规范开展听证审查活动，依法准确作出是否适用羁押强制措施的审查决定。如核实评估犯罪嫌疑人、被告人是否具有社会危险性的案件，有重大社会影响的案件，涉及公共利益、听证审查有利于实现案件办理效果的案件等。2023 年 11 月，最高人民检察院、公安部联合出台的《羁押必要性审查、评估工作规定》立足近年来的逮捕羁押实践，进一步加强对犯罪嫌疑人、被告人被逮捕后羁押必要性的审查、评估工作，为规范羁押强制措施适用，依法保障犯罪嫌疑人、被告人合法权益提供了更新更高的要求。具体而言，该《规定》在充分保障在押人员申请权的同时，规定检察机关可以依职权或根据看守所建议启动羁押必要性审查程序，特别是吸收了全国检察机关羁押必要性审查专项活动的经验做法，明确对可能判处三年有期徒刑以下刑罚的犯罪嫌疑人，检察机关在审查起诉阶段至少应当开展一次羁押必要性审查；还规定公安机关可以对被逮捕的犯罪嫌疑人继续采取羁押强制措施是否适当进行评估；对于被羁押人符合“系未成年人的唯一抚养人”等 8 类特殊情形的，检察机关、公安机关应当立即开展羁押必要性审查、评估工作；对涉嫌危害国家安全等严重危害社会犯罪、故意杀人等严重暴力犯罪、性侵未成年人犯罪等 10 类社会危险性较大的情形，一般不予释放或者变更强制措施。明确应当全面审查、评估犯罪嫌疑人、被告人涉嫌犯罪事实、主观恶性、悔罪表现、案件进展情况、可能判处的刑罚、身体状况、有无社会危险性和继续羁押必要等因素，并特别规定社会调查，量化评估，对未成年犯罪嫌疑人、被告人的心理测评等可以作为审查判断是否有继续羁押必要性的参考。此外，《规定》对变更羁押强制措施后的监督管理责任作出规定，对严重违反取保候审、监视居住规定，需要予以逮捕的，依法定程序重新逮捕。

近年来，浙江等信息化程度较高的地区率先尝试羁押必要性审查的数字化办公，例如绍兴市检察机关推出“羁押必要性审查智慧系统”，首先从检察机关统一办案系统中获取每个捕后在押人员的案件情况，根据预设的“相对固定要素”进行筛选，如对可能判处十年以上有期徒刑、累犯、通缉到案等案件进行自动过滤，暂不予进行羁押必要性审查，而将轻罪案由、初犯、未成年人、老年人等在押人员作为重点关注对象；检察官则可集中精力分析“相对可变因素”，如是否有同案犯在逃、证据是否已固定、是否取得被害人谅解等，在该系统内建立相应文件夹，将审查条件尚不完备的案件归入对应文件夹内，并通过持续跟踪案件办理进展，对同类案件进行有针对性的动态审查。当然，这种尝试在进一步普及化、规范化和精准化上还存在许多挑战，数字化进程中出现的新情况值得我们密切关注。

第七节 强制措施体系改革的有关研究

刑事强制措施的完善是一个复杂综合的问题，不仅关系到诉讼观念的转变，而且还关系到刑事司法制度的变革，并与诸多刑事诉讼基本原则密切相关。我国三次修改《刑事诉讼法》，均推进了强制措施体系改革，相关问题也已被学界广泛研讨，但在理论和实践层面，均仍存在着诸多有待进一步研究和解决的问题。2023年9月，《刑事诉讼法》第四次修改已经纳入全国人大常委会立法规划，强制措施体系化改革再次被提上议事日程。

一、关于强制措施体系改革的讨论

有论者主张，对强制措施的改革应从两方面进行，一是完善以拘传、拘捕和羁押为主要手段的限制人身自由的制度体系；二是增强替代性措施的广泛适用，进行保释的中国化改造。[1]有论者提出，刑事强制措施应当由对人、对物和对隐私权的强制措施等三部分组成，我国刑事诉讼法规定的强制措施实际上是狭义的强制措施。对物的强制措施，如勘验、检查、搜查、扣押等放到了“侦查”中规定，对隐私权的强制措施仍需要进一步规定。西方国家对于刑事强制措施在隐私权保护方面的经验，对于中国刑事强制措施体系的完善有着重要的意义。对物和对隐私权的强制措施均应严格贯彻司法令状主义，避免公职人员以公共利益和打击犯罪为由，滥用强制措施随意侵犯公民财产权和隐私权，保护公民必要的知情权、个人信息安全和“合理的隐私期待”，将可能侵犯财产权和隐私权的侦查手段纳入中国刑事强制措施体系之中。[2]

二、羁押作为独立强制措施的讨论

尽管强制措施在性质上属于预防性措施，而非惩戒性措施，但在观念上以及实践中往往对其附加了预防犯罪、教育群众等功能。更有甚者，羁押性强制措施往往成为获取口供的一个手段。这就涉及在未来的制度设计中，羁押是否应当作为独立的强制措施加以规定。有论者指出，在我国现行羁押体制中，羁押状态只是羁押行为（逮捕、刑事拘留）自动带来的后果，不是独立和特定的强制措施，因而无法成为适用的“例外”。我国羁押立法体制的完善，应立足于重塑羁押制度的内核，实行羁押和逮捕的分离，把羁押设置为独立和特定的强制措施，从而有助于规制羁押权，保护被羁押者的诉讼权利与其他合法权益，维护审前程序的正当性。[3]

三、数字化监管方式对强制措施体系的重构

随着经济社会与信息科技的不断发展，许多互联网和信息化程度高的地区开始探索通过电子设备替代传统强制措施手段对犯罪嫌疑人加以监管。在2020年新冠疫情的背景下，杭州公检法机关出台“非羁码”（手机端数字监管）代替取保候审，进一步降低了监管的成本、更加私密，比电子手铐的强制性又弱了一层。根据浙江省检察系统的数

---

〔1〕陈卫东主编：《模范刑事诉讼法典》，中国人民大学出版社2005年版，第12—13页。

〔2〕参见郭烁：《论中国刑事强制措施体系的理想模式》，载《苏州大学学报（哲学社会科学版）》2015年第5期。

〔3〕参见石经海：《论羁押制度的内核》，载《中国刑事法杂志》2009年第2期。

据，作为非羁码试点的杭州西湖区的不捕率，由 2018 年的 17.1% 大幅度提高为 44.6%，随着非羁码的持续推广，还有进一步提升的空间。

有论者认为，非羁码不仅是一个技术系统和管理系统，它还可能直接触动刑事强制措施的体系，导致五类强制措施的重新布局。通过非羁码和可穿戴电子监控措施两者对取保候审的改造，实际上将取保候审一分为二，形成强制力强弱有所区别的两种非羁押措施，而监视居住已经经过电子监管的改造、非现场化，可以更名为户内电子监管措施，不再是传统意义上的监视居住。而逮捕的范围将极大缩小，拘留的范围也会相应缩小。该论者指出，轻缓、高效且人性化的替代措施，或可能重构强制措施体系，拓展为拘传、取保候审、手机端数字监管（非羁码）、可穿戴设备监管（电子手铐）、户内电子监管、监视居住、拘留、逮捕（范围缩小）等八种，其中数字监管措施可能会逐渐取得主导地位。〔1〕

四、留置措施与刑事强制措施的衔接

2018 年《监察法》颁布以后，现行《刑事诉讼法》虽有针对性地调整了部分内容，但如何在立法上进一步理顺留置措施与刑事强制措施之间的关系，在保证刑事追诉活动顺利进行的情况下维护刑事被追诉人的合法诉讼权利，值得进一步深入探讨。有论者提出，这其中涉及两个重要的问题应予解决。第一，留置措施与刑事强制措施的衔接并非自行衔接，而必须是经过检察机关严格审查后的依法衔接。对已经采取留置措施的被审查调查人，检察机关应当利用先行拘留的过渡期，对是否适用逮捕、取保候审或者监视居住等进行审查。如果检察机关决定适用逮捕，必须依照《刑事诉讼法》的规定进行批捕与羁押必要性审查。这是将留置措施纳入法治轨道的应有之义。第二，两者之间的转换，即检察机关对审查起诉时决定逮捕的犯罪嫌疑人，如需退回监察机关补充审查调查的，涉及强制措施的转换、羁押地点的改变、期间的计算甚至刑期折抵等问题，应当坚持“案退、人不退”原则，即使程序流转，案件退回监察机关补充调查，也不宜恢复留置措施。〔2〕

刑事强制措施的完善是一个逐步推进的过程。在 2012 年《刑事诉讼法》修改以后，强制措施制度有了重大的发展，随着司法实践的逐步深入，一些不必要的羁押性强制措施被非羁押性强制措施代替趋势明显，羁押必要性审查制度的适用率和适用效果也有显著的提升。2018 年《刑事诉讼法》新增了“批准或者决定逮捕，应当将犯罪嫌疑人、被告人涉嫌犯罪的性质、情节，认罪认罚等情况，作为是否可能发生社会危险性的考虑因素”的规定；随着认罪认罚从宽制度的推行，刑事案件的未决羁押率大幅降低。当然，这一趋势还得益于认罪认罚案件的不捕率、不起诉率、羁押必要性审查适用率以及案件审结率较高。这些比率的变化，其背后有着深刻的原因，与其说是某项制度的“功劳”，

---

〔1〕 参见方利利：《非羁码：勇闯“无人区”！杭州非羁押人员数字监管时代来临！》，载微信公众号“杭州检察”。

〔2〕 参见卞建林：《配合与制约：监察调查与刑事诉讼的衔接》，载《法商研究》2019 年第 1 期。

不如说是少捕、慎捕和权利救济观念对整个刑事司法环境的影响日益深入。未来我国的刑事强制措施如何按照其要求贯彻比例原则，强制措施体系中各种措施如何配置，公检法机关在强制措施上权力配置将如何发展，这些问题依然需要理论和实务界的进一步回应。

重要名词术语

拘传、取保候审、指定居所监视居住、羁押、拘留、逮捕、羁押必要性审查、强制措施体系

思考题

1. 论强制措施的特点。
2. 简述被取保人的义务。
3. 论一般逮捕的适用条件。
4. 羁押必要性审查制度在实践中如何运行?
5. 谈谈对进一步完善强制措施制度体系的思考。

典型案例分析

案例一[1]

被追诉人张三在散步过程中多次将被害人李四在单位门口种植的十六盆多肉植物拿回家中。事后张三向民警如实交代自己盗窃多肉植物的事实，并将所盗物品交还李四（经鉴定，张三盗窃的多肉植物共计价值 98 元）。同日，某区公安机关对张三涉嫌盗窃案立案侦查，次日对其刑事拘留。10 日后，公安机关以张三涉嫌盗窃罪向某区人民检察院提请批准逮捕。经审查认为，张三在不同时间段内三次盗窃，应当认定为多次盗窃。但其盗窃对象价值微小，只有 98 元，案发后主动归还被盗财物，挽回被害人经济损失，属于情节显著轻微危害不大，根据《刑法》第 13 条的规定，不认为是犯罪并作出不批捕决定。

请结合本章内容，回答以下问题：

1. 拘留的条件、期限是什么？本案处理方式是否正确?

2. 逮捕的条件是什么？本案是否符合逮捕条件？若公安机关仍认为应当逮捕应如何操作?

---

〔1〕 最高人民检察院第五十二批指导性案例：朱某涉嫌盗窃不批捕复议复核案（检例第 209 号）。

案例二[1]

被追诉人张三尾随被害人李四进入卧室，采取摁、压等手段强行与李四发生性关系。事后李四痛哭并立即用手机拨打 110 报警，后张三于当日 18 时许被抓获。此时某区公安机关已对其作出拘留决定，但由于执行拘留时过于匆忙，抓捕民警并未携带拘留证。张三被拘留后，办案人员因忙于其他突发案件，并未及时对其进行讯问，且在两天之后才将张三送往看守所；张三在看守所被关押 1 月有余，公安机关也未将有关情况通知其亲属或所在单位，张三的姐姐事后通过邻居方才得知此事。在张三被刑事拘留的前 6 个月中，公安机关曾多次向某区人民检察院提请批准逮捕，但人民检察院以事实不清、证据不足为由，不予批捕。公安机关虽然未成功提请批捕，却也一直未释放张三。同年 9 月 7 日，人民检察院批准逮捕张三。此后，因证据不足该案被区检察院和市检察 3 次退回补充侦查，直到次年 11 月 5 日，市检察院才对张三提起公诉。

请结合本章内容，回答以下问题：

1. 公安机关决定拘留是否符合法律规定？公安机关在执行拘留时，哪些行为不合法？

2. 本案是否符合逮捕条件？本案是否存在超期羁押问题？

〔1〕 案情改编自：河北省张家口市中级人民法院（2018）冀 07 刑终 131 号刑事判决书；宁夏回族自治区吴忠市中级人民法院（2018）宁 03 刑初 15 号刑事附带民事判决书。案例来源：汪海燕，肖沛权编著：《刑事诉讼法学案例研究指导》，中国政法大学出版社 2021 年版，第 68—75 页。本案是将两个案例中的内容结合在一起，可以覆盖较广的范围。

第九章　附带民事诉讼

【内容提示】

附带民事诉讼，是指公安司法机关在刑事诉讼过程中，在解决被告人刑事责任的同时，附带解决被告人的犯罪行为所造成的物质损失的赔偿问题而进行的诉讼活动。从本质上讲，附带民事诉讼系民事诉讼，不过由于其对刑事诉讼有一定的依附性，在诉讼性质、诉讼程序、法律依据等方面具有特殊性。我国刑事诉讼法对附带民事诉讼仅有原则性的规定，具体适用该制度依赖于相关司法解释以及民事诉讼规则的补充。但当刑事诉讼规定与民事诉讼规定出现差异或不一致时，应当以刑事诉讼规定为准，这是程序特殊性的体现。

调解是我国附带民事诉讼制度的一大特色。附带民事诉讼可以以调解的方式结案，这种调解并非一般意义上的社会调解，而是诉讼进程中的司法调解，调解书具有一定程度的强制力。当事人不愿意以调解方式结案或者不能达成一致的，一般由同一审判组织就刑事诉讼和附带民事诉讼一并作出判决。采取判决方式结案的，法院应当依据物质损失情况判决被告人作出赔偿，但是采取调解方式结案的，赔偿范围不受上述限制，但须满足合法原则和自愿原则。

学习本章应注意掌握附带民事诉讼成立的条件，附带民事诉讼应当以刑事诉讼的存在为前提，以物质损失为基础，同时要求犯罪行为与物质损失之间具有直接因果关系。还须掌握司法解释规定的不能提起附带民事诉讼的情形。被害人、被害人的法定代理人、近亲属以及检察院，都有权提起附带民事诉讼，但须注意的是，被害人的法定代理人、近亲属以及检察院等的诉讼地位、诉讼权利有所不同；而附带民事诉讼的被告人不限于刑事被告人，对被害人的物质损失依法应当承担赔偿责任的单位和个人也可以列为被告。附带民事诉讼的赔偿范围主要限于被害人实际遭受的物质损失，原则上不应将精神损害赔偿金、死亡赔偿金、残疾赔偿金纳入赔偿范围。附带民事诉讼审判要遵循一并审判原则，但原则也有例外。附带民事诉讼的财产保全、审理程序、裁判方式等多与民事诉讼一致，须掌握财产保全的适用条件以及附带民事诉讼一并审判的情形。

第一节　附带民事诉讼概述

一、附带民事诉讼的概念

附带民事诉讼制度是指在刑事诉讼活动中，一并解决行为人因同一犯罪行为所引起的刑事责任和民事责任的制度的总称。《刑事诉讼法》第 101 条规定了附带民事诉讼的两种类型：一是针对被告人的犯罪行为致使被害人遭受物质损失的情况，由被害人或其法定代理人、近亲属提起附带民事诉讼；二是针对犯罪行为致使国家财产、集体财产遭受损失的情况，人民检察院可以提起附带民事诉讼。[1]另外，第 102—104 条还对附带民事诉讼的保全、调解、审判等问题作出规定，但总体上规定得较为原则、概括，实践操作更多依赖的是最高人民法院《解释》第六章。

从本质上看，附带民事诉讼系民事诉讼，属于侵权损害赔偿之诉。由于附带民事诉讼规定于刑事诉讼法中，并且程序推进依附于刑事诉讼，法律适用遵循刑事优先原则，所以理论界和实务界不乏认为附带民事诉讼本质上为刑事诉讼，或者更激进地认为附带民事诉讼属既非刑事诉讼又非民事诉讼的特殊诉讼。[2]然而，上述观点在讨论附带民事诉讼时，过于强调了该制度的外在运行表征，忽视了附带民事诉讼的本质属性。从立法目的看，设立附带民事诉讼制度的初衷主要在于实现诉讼效益，希望通过合并处理的方式妥善解决因一犯罪行为所产生的法律责任聚合和诉讼衔接问题。但合并处理并不意味着程序设计和实体责任的完全合一。[3]实际庭审中，在遵循“先刑后民”的大框架下，刑事部分审理与附带民事部分审理在法庭调查、举证质证、合议庭评议等环节有着各自的运行逻辑，即若无特殊规定，也应分别依据刑事诉讼法、民事诉讼法进行审理、裁判。这意味着附带民事诉讼在性质上仍系民事诉讼，应与刑事诉讼相区分。目前学界大多持该观点。

二、附带民事诉讼的特征

与一般的民事诉讼相比，附带民事诉讼具备一些显著特征：

首先，在诉讼性质上具有特殊性。附带民事诉讼所解决的问题是经济赔偿问题，与一般的民事诉讼相同。不过，附带民事诉讼中的赔偿是由犯罪行为引起，而非单纯的民事侵权诱发。另外，处理该民事赔偿问题可以在刑事诉讼过程中提起、由审判刑事案件的刑事法庭审理，而非在单纯的民事诉讼中提起、由民事法庭审理。所以在广义上，附

---

〔1〕由于我国实行的是社会主义公有制，国家财产、集体财产也具有公益属性。因此有学者将该类附带民事诉讼称之为“公益性刑事附带民事诉讼”，以此与“刑事附带民事公益诉讼”相区分。参见蔡虹、夏先华：《论刑事附带民事公益诉讼的诉权配置》，载《郑州大学学报（哲学社会科学版）》2020 年第 4 期。

〔2〕参见邵世星、刘选：《刑事附带民事诉讼疑难问题研究》，中国检察出版社 2002 年版，第 3 页。

〔3〕参见郑鲁宁、何乃刚：《合并与分离：刑事附带民事诉讼制度的反思与重构》，载《政法论坛》2003 年第 4 期。

带民事诉讼又可以算是刑事诉讼的一部分，是一种特殊的民事诉讼。

其次，在诉讼法律依据上具有复合性。由于附带民事诉讼所解决的是犯罪行为所引起的民事损害赔偿责任，所以处理该类案件的法律依据包括民事法和刑事法，具有复合性。一方面，损害事实的实体认定既要遵循民法中关于侵权损害赔偿构成要件的规定，也要受刑法中关于具体罪名犯罪构成要件的约束；另一方面，附带民事诉讼中的起诉、举证质证、保全、调解、和解、撤诉、缺席判决等诸多程序性事项，除《刑事诉讼法》有特殊规定的以外，都要遵循《民事诉讼法》的有关规定。

再次，在诉讼程序上具有从属性。附带民事诉讼的从属性体现在成立依据、程序性事项、实体判决结果等方面。在实体上，民事诉讼的程序进行从属于刑事诉讼的程序推进，附带民事诉讼的成立须以刑事诉讼的存在为前提。在程序上，附带民事诉讼的判决、起诉时效、上诉期限、管辖法院等方面也要受到刑事案件诉讼以及裁判的制约。不过，这并不代表刑事诉讼就绝对高于附带民事诉讼。在刑民交叉的案件中，如何恰当处理还需要立法者和审判者对相关利益进行细致的权衡。[1] 比如审理附带民事诉讼要遵循“先刑后民”原则，先查清刑事部分，再查清附带民事部分。但在合议庭评议环节，须先考虑被告人在刑事附带民事诉讼中的责任承担情况，再决定刑事部分是否从宽处罚。

最后，在诉讼结果救济上具有有限性。与普通民事诉讼主张的“全面救济”“全面赔偿”不同，附带民事诉讼在救济主体、救济范围等方面十分有限。能够得到附带民事诉讼救济的主体原则上仅有受犯罪行为侵犯的被害人，而且，附带民事诉讼的赔偿范围原则上不包括《民法典》中规定的残疾赔偿金、死亡赔偿金、精神损害赔偿（抚慰金），仅限于物质损失。

三、附带民事诉讼与其他制度之间的关系

（一）附带民事诉讼与认罪认罚从宽制度的关系

2018 年 10 月 26 日，随着刑事诉讼法的修改，认罪认罚从宽制度在我国正式确立。认罪认罚从宽制度是指对于犯罪嫌疑人、被告人自愿如实供述自己的罪行，对指控犯罪事实没有异议，同意检察院的量刑意见并签署具结书的案件，可以依法从宽处理的法律制度。[2] 认罪认罚从宽制度包括实体上从宽处罚和程序上从简处理，存在于刑事诉讼全过程、各阶段，解决的是刑事责任问题。附带民事诉讼虽依附于刑事诉讼，但解决的是民事责任问题，两种制度并行不悖。然而，在刑事法与民事法的交叉点上，认罪认罚从宽制度和附带民事诉讼制度可以相互影响，协同发挥作用。

认罪认罚从宽制度能激励被告人积极参与附带民事诉讼，主动履行民事赔偿责任，从而在刑事诉讼中争取宽大处理。最高人民法院、最高人民检察院、公安部、国家安全部、司法部联合发布的《关于适用认罪认罚从宽制度的指导意见》第 7 条第 2 款还规定，考察“认罚”的重点是犯罪嫌疑人、被告人的悔罪态度和悔罪表现，应当结合退赃退赔、

---

〔1〕 参见王福华、李琦：《刑事附带民事诉讼制度与民事权利保护》，载《中国法学》2002 年第 2 期。

〔2〕 参见陈光中主编：《刑事诉讼法》（第七版），北京大学出版社、高等教育出版社 2021 年版，第 114 页。

赔偿损失、赔礼道歉等因素来考量。犯罪嫌疑人、被告人虽然表示“认罚”，却暗中串供，干扰证人作证，毁灭、伪造证据或者隐匿、转移财产，有赔偿能力却不赔偿损失，则不能适用认罪认罚从宽制度。可见，附带民事诉讼赔偿已成为认罪认罚从宽制度适用中确认“认罚”的重要参考指标，对犯罪嫌疑人、被告人最终的从宽处理有重要影响。同时，根据《关于适用认罪认罚从宽制度的指导意见》第 42 条的规定，适用速裁程序，不仅被告人要认罪认罚，还要求被告人与被害人或者其法定代理人就附带民事诉讼赔偿等事项达成调解或者和解协议。在速裁程序中，独任法官在核实具结书签署的自愿性、真实性、合法性时，也应一并核实附带民事诉讼赔偿情况。另外，犯罪嫌疑人、被告人对犯罪事实的自愿如实供述也有利于附带民事部分的事实认定。最高人民法院《解释》第 188 条规定：“附带民事诉讼当事人对自己提出的主张，有责任提供证据。”在刑事附带民事诉讼案件中，因证明案件事实的证据已被公安机关、检察院收集，证明案件基础事实部分的举证责任在公诉机关一方，附带民事诉讼原告人往往是仅就提出的赔偿数额提供证据，法院对刑事部分的证据审查得出的结论，同时也确认了民事部分的事实。[1]

（二）附带民事诉讼制度与刑事和解程序的关系

2012 年《刑事诉讼法》设立特别程序“当事人和解的公诉案件诉讼程序”，完善了我国的刑事和解制度。当事人和解程序是指，对于因民间纠纷引起，涉嫌《刑法》分则第四章、第五章规定的犯罪案件，可能判处 3 年有期徒刑以下刑罚的，以及除渎职犯罪以外的可能判处 7 年有期徒刑以下刑罚的过失犯罪案件，犯罪嫌疑人、被告人可以与被害人达成和解协议，可以由人民检察院作出不起诉或由人民法院作出从宽处理的一种程序。

在制度功能上，当事人和解与附带民事诉讼调解均系有效的纠纷解决方式，在不同的领域发挥积极作用。不过，由于和解程序的赔偿范围要大于附带民事诉讼的赔偿范围，因此“和解程序与附带民事诉讼合一，没有必要提起附带民事诉讼”[2]。最高人民法院《解释》第 594 条规定：“双方当事人在侦查、审查起诉期间已经达成和解协议并全部履行，被害人或者其法定代理人、近亲属又提起附带民事诉讼的，人民法院不予受理，但有证据证明和解违反自愿、合法原则的除外。”需要注意的是，能够阻却附带民事诉讼程序提起的刑事和解，必须是自愿、合法的。最高人民检察院《规则》第 504 条规定了以暴力、威胁、欺骗或者其他非法方法强迫、引诱被害人和解的，和解协议书无效。上述情况违背了和解的自愿、合法原则，即便被告人全部履行完毕和解协议的内容，被害人或其法定代理人、近亲属仍可以提起附带民事诉讼。此外，一定条件下，公诉案件中的刑事和解可以向附带民事诉讼中的调解进行转化。最高人民法院《解释》第 595 条规定：“被害人或者其法定代理人、近亲属提起附带民事诉讼后，双方愿意和解，但被告人不能即时履行全部赔偿义务的，人民法院应当制作附带民事调解书。”

---

〔1〕 参见张超：《刑事与民事证据互认规则——以刑民交叉案件为视角》，载《人民司法（应用）》2018 年第 10 期。

〔2〕 陈光中主编：《刑事诉讼法》（第七版），北京大学出版社、高等教育出版社 2021 年版，第 263 页。

（三）附带民事诉讼制度与刑事附带民事公益诉讼制度的关系

刑事附带民事公益诉讼是指检察院对损害社会公共利益的犯罪行为提起刑事公诉时，向人民法院一并提起附带民事公益诉讼，并由人民法院同一审判组织进行审理的诉讼活动。[1] 刑事附带民事诉讼制度与刑事附带民事公益诉讼制度均以刑事诉讼成立为前提，由同一审判组织在解决被告人刑事责任的同时，附带解决被告人的民事责任问题，两者具有一些共性。不过两种制度之间也有区别：（1）两者立法目的不同，刑事附带民事诉讼更着眼于被害人私人权益的保护以及诉讼效益，而后者更强调对公共利益的全面维护。（2）诉讼主体不同，前者的起诉主体一般是被害人及其近亲属，特殊情况下检察院可以作为起诉主体，但两类主体是以附带民事诉讼原告人身份参与诉讼；而后者只能是检察院以公益诉讼起诉人身份提起。（3）两者案件范围不同，前者以被害人遭受的物质损失为限，后者则以公共利益遭受的侵害为限。[2]（4)两者诉讼请求不同，前者仅能要求被告人承担经济赔偿，而后者不仅可以请求赔偿损失，还可以提出生态环境恢复、停止侵害、公开赔礼道歉等诉讼请求。此外，两者在法律依据的适用、诉讼程序的设计上也各有不同。

四、附带民事诉讼的制度价值

诉讼价值是指通过诉讼制度所能实现的对于国家、社会以及个体的重要效用。这些价值包括但不限于公正、秩序、效益等。其中，公正被视为诉讼价值的核心。附带民事诉讼也有其相应的制度价值，主要体现为以下几方面。

首先，有利于及时维护被害人的合法权益。保障被害人的合法权益是实现刑事诉讼价值的一个重要方面。当犯罪行为给被害人造成物质损害的时候，维护被害人的合法权益，不仅要求犯罪分子承担刑事和民事双重责任，还要求被害人受损害的利益能够尽快得到救济和补偿。尽管在刑事诉讼结束后被害人也有权单独提起民事诉讼，但获得民事赔偿的时间会大大延迟。附带民事诉讼是专门解决民事赔偿问题的程序设计，被害人可以通过该制度以附带民事诉讼原告人的身份，在刑事诉讼活动中同时主张损害赔偿，更快得到救济。

其次，有利于打击和制裁犯罪活动。附带民事诉讼制度从根本上否定了“打了不罚，罚了不打”的陈旧观念，要求犯罪分子同时承担刑事处罚和民事赔偿的双重责任。同时，公安司法机关通过对附带民事诉讼被告人的赔偿态度和赔偿数额进行考量，能够评估行为人的再犯可能性和人身危险性等因素，实现罪责刑相适应。这对于打击和制裁犯罪活动，教育和改造犯罪分子具有重要意义。

再次，有利于保证人民法院审判工作的严肃性和统一性。最高人民法院《解释》第

---

〔1〕 参见姜保忠、姜新平：《检察机关提起刑事附带民事公益诉讼问题研究——基于 150 份法院裁判文书的分析》，载《河南财经政法大学学报》2019 年第 2 期。

〔2〕《关于检察公益诉讼案件适用法律若干问题的解释》第 20 条规定了刑事附带民事公益诉讼的适用情形，即“破坏生态环境和资源保护，食品药品安全领域侵害众多消费者合法权益，侵害英雄烈士等的姓名、肖像、名誉、荣誉等损害社会公共利益的犯罪行为”。

196 条规定了附带民事诉讼应当同刑事案件一并审判的基本原则。因犯罪行为而产生的民事责任，若绝对不许一并确定，则容易导致同一事件民刑裁判相互抵触的结果。[1]一并审判的基本原则能够保证人民法院对案件事实认定的统一性，避免同一事实认定因分别审判所导致的冲突，维护司法权威。

最后，有利于提高诉讼效率。对公安司法机关而言，附带民事诉讼有利于避免刑事和民事部分分别处理必然产生的调查和审理上的重复，从而大大节省司法资源。而对于当事人来说，附带民事诉讼，亦可以减少他们的重复出庭、重复举证等活动，避免参与两个法庭、两次审判带来的讼累。

第二节　附带民事诉讼的当事人

附带民事诉讼当事人指的是在刑事诉讼过程中，因犯罪事实的发生导致民事权益受到损害的以及由此要承担民事责任的个人或组织。根据《刑事诉讼法》第 108 条第 2 项，附带民事诉讼当事人既包括主张赔偿权利的附带民事诉讼原告人，又包括承担赔偿责任的附带民事诉讼被告人。

一、附带民事诉讼原告人

附带民事诉讼原告人，是指以自己的名义向司法机关提起附带民事诉讼赔偿请求的人。根据刑事诉讼法和有关司法解释的规定，附带民事诉讼原告人包括以下几类人。

（一）因犯罪行为遭受物质损失的被害人

因犯罪行为遭受物质损失的被害人，既包括自然人，还包括单位，如企业、事业单位、机关、团体等。自然人是附带民事诉讼中最为常见的原告人。在故意伤害、故意杀人、强奸等以侵害特定人身权利为对象的犯罪中，作为被害人的自然人可以提出附带民事诉讼赔偿请求。而在盗窃公司财物、侵占单位财产、纵火等犯罪活动中，企业、事业单位、机关、团体等单位也因犯罪行为直接遭受物质损失，同样能够提起赔偿请求。[2]

判断因犯罪行为而遭受物质损失的被害人需要以“直接造成”为标准。实践中，除了受到犯罪行为直接侵害而遭受物质损失的被害人以外，其他的自然人或者单位也可能因为犯罪行为而遭受物质损失，但他们不是刑事诉讼中的被害人。例如，被害人为了躲避犯罪分子追杀而采取紧急避险行为，给他人的财物造成损害的，或者他人为救治、安葬受到犯罪侵害的被害人而支付了医疗费、护理费或丧葬费等费用的。这些人可否作为附带民事诉讼原告人提出赔偿请求？[3]本书认为，上述遭受物质损失的人不是刑事诉讼

---

〔1〕 参见张珺：《刑事附带民事诉讼的合理性探讨》，载《法律适用》2002 年第 6 期。

〔2〕 参见陈光中主编：《〈中华人民共和国刑事诉讼法〉修改条文释义与点评》，人民法院出版社 2012 年版，第 176 页。

〔3〕 参见《刑事诉讼法学》编写组：《刑事诉讼法学》（第四版），高等教育出版社 2022 年版，第 204 页。

中的“被害人”。因为，上述行为的受益人才是刑事诉讼中的被害人，利益付出人理应直接向受益人提出权利，再由受益人向被告人提出赔偿主张。从司法实践看，一般也都是利益付出人向刑事被害人主张权利。[1]不过，在为被害人承担丧葬费、医疗费、护理费等费用的人无法向被害人主张权利时，如被害人已经死亡且没有任何遗产或遗产继承人的，不允许这些人提出附带民事诉讼赔偿请求，既不符合司法实践，也不合乎情理。在这种情况下可否开个口子，将刑事诉讼中的“被害人”作扩大解释，值得进一步研究。

（二）被害人的近亲属、法定代理人

被害人的近亲属，是指被害人的夫、妻、父、母、子、女、同胞兄弟姊妹。他们有些因具有监护人身份，与被害人构成法定代理关系；有些并不具备监护身份，仅具有一般意义上的近亲属关系。根据《刑事诉讼法》第 101 条第 1 款的规定，被害人死亡或者丧失行为能力的，被害人的法定代理人、近亲属有权提起附带民事诉讼。但被害人死亡和丧失行为能力毕竟属于两种不同情形，须分开进行判断。

第一种情况，被害人死亡的，其近亲属有权以自己的名义提起附带民事诉讼。被害人的死亡导致其近亲属取代了被害人的诉讼地位，成为附带民事诉讼原告人，拥有相应的程序性权利和实体性权利。根据《民法典》第 175 条的规定，代理人或者被代理人死亡的，法定代理终止。已死亡的被害人不存在法定代理人，但其所受的损失，如为被害人支付的医疗费、丧葬费等，实际上已转化为其继承人的损失，一般情况下，作为其继承人的近亲属可以行使他的权利，以自己的名义提起附带民事诉讼。[2]

第二种情况，被害人是限制行为能力人或无行为能力人的，其法定代理人能以被害人的名义代为提起附带民事诉讼。由法定代理人代为提起附带民事诉讼，有利于维护被害人的合法权益，因为实践中丧失行为能力的被害人所遭受的物质损失，往往也是由他的法定代理人承担。[3]但从理论上，仍须区分法定代理人与当事人的不同，不同的核心在于起诉的名义。法定代理人是以被代理人名义，当事人是以自己名义提起附带民事诉讼。《刑事诉讼法》都是以“附带民事诉讼的当事人及其法定代理人”进行表述，将“当事人”与“法定代理人”进行区分。因此附带民事诉讼中的法定代理人并非当事人。被害人虽不具有诉讼行为能力，但仍具有诉讼权利能力，其法定代理人不能越俎代庖，取代被害人的当事人地位。不过，法定代理人毕竟系全权代理，基本可以行使被代理人享有的全部诉讼权利。

（三）检察院

如果国家财产、集体财产遭受损失，受损失的单位未提起附带民事诉讼的，检察院在提起公诉时可以提起附带民事诉讼。检察院提起附带民事诉讼的，应当列为附带民事诉讼原告人。

一方面，检察院提起附带民事诉讼，以“被害单位未提起附带民事诉讼”为前提。

---

〔1〕 参见王俊民：《附带民事诉讼当事人范围新问题探究》，载《法学》2001 年第 2 期。

〔2〕 参见熊选国主编：《刑事诉讼法司法解释释疑》，中国法制出版社 2002 年版，第 69 页。

〔3〕 参见陈国庆等编著：《修改后刑事诉讼法实施疑难问题解答》，中国检察出版社 1997 年版，第 122 页。

从理论上看，检察院作为公权力机关，一般情形下不应列为附带民事诉讼中的当事人。但国家财产、集体财产属于公有财产，带有社会公益的性质，一旦被侵害，不能视为单位“私事”。为了平等保护私权益和公权益，由检察院提起附带民事诉讼具有合理性。此时，在刑事附带民事诉讼中，检察院具有公诉机关和附带民事诉讼原告人的双重身份。需要注意的是，法律规定检察院系“可以”提起而非应当提起附带民事诉讼。如果受损失的单位已经提起了附带民事诉讼或准备在刑事裁判生效后单独提起民事诉讼，检察院“可以不”提起附带民事诉讼。

另一方面，检察院在附带民事诉讼中仅有程序上的诉讼实施权，不能对胜诉利益进行实体处分和分配。最高人民法院《解释》第 193 条规定：“人民检察院提起附带民事诉讼的，人民法院经审理，认为附带民事诉讼被告人依法应当承担赔偿责任的，应当判令附带民事诉讼被告人直接向遭受损失的单位作出赔偿；遭受损失的单位已经终止，有权利义务继受人的，应当判令其向继受人作出赔偿；没有权利义务继受人的，应当判令其向人民检察院交付赔偿款，由人民检察院上缴国库。”

二、附带民事诉讼被告人

附带民事诉讼被告人一般是指对附带民事诉讼原告人所遭受的物质损失依法负有赔偿责任的人。附带民事诉讼被告人与刑事被告人往往为同一主体，但最高人民法院《解释》第 180 条规定了在特殊情形下，一些并不承担刑事责任的人也可以作为附带民事诉讼被告人。

（一）刑事被告人以及未被追究刑事责任的其他共同侵害人

大多数附带民事诉讼被告人都是刑事被告人，包括自然人和单位。

未被追究刑事责任的其他共同侵害人，是指与刑事被告人共同实施致使被害人遭受物质损失的行为，但因未达刑事责任年龄、不具有刑事责任能力而依法不负刑事责任，或者因情节显著轻微、危害不大而依法不追究其刑事责任的人等。因为多人共同造成他人物质损失的行为是一个不可分割的整体，造成物质损失的原因是共同的加害行为，各加害人都应对物质损失共同承担民事赔偿责任〔1〕，不过，附带民事诉讼原告人对哪些共同侵害人提起附带民事诉讼具有选择权。但需要注意的是，这里的共同侵害人不包括在逃的同案犯。根据最高人民法院《解释》第 183 条的规定，共同犯罪案件，同案犯在逃的，不应列为附带民事诉讼被告人。逃跑的同案犯到案后，被害人或者其法定代理人、近亲属可以对其提起附带民事诉讼，但已经从其他共同犯罪人处获得足额赔偿的除外。另外，附带民事诉讼原告人放弃对其他共同侵害人提出民事赔偿的诉讼权利的，应承担相应的法律后果〔2〕。这里“相应法律后果”，是指“其他共同侵害人对被放弃诉讼请求的被告应当承担的赔偿份额不承担连带责任。责任范围难以确定的，推定各共同侵害人承

〔1〕参见陈光中主编：《刑事诉讼法》（第七版），北京大学出版社、高等教育出版社 2021 年版，第 266 页。

〔2〕最高人民法院《解释》第 181 条第 2 款规定：“被害人或者其法定代理人、近亲属放弃对其他共同侵害人的诉讼权利的，人民法院应当告知其相应法律后果，并在裁判文书中说明其放弃诉讼请求的情况。”

担同等责任”[1]。

（二）刑事被告人的监护人

在未成年人、尚未完全丧失辨认或者控制自己行为能力的精神病人等限制行为能力人实施犯罪行为，需要承担刑事责任的情况下，刑事被告人为本人，但附带民事诉讼被告人不限于本人，也包括刑事被告人的监护人。根据《民法典》第1188条的规定，监护人承担民事责任是由其特定的监护关系以及没有尽到监护职责引起的，因此承担赔偿责任并非株连无辜。[2]另一方面，上述限制行为能力人大多也欠缺赔偿能力，不将监护人列为被告人难以赔偿原告人损失。

（三）遗产继承人

根据司法解释的规定，有两类遗产继承人可以作为附带民事诉讼的被告人：一是死刑罪犯的遗产继承人；二是共同犯罪案件中，案件审结前死亡的被告人的遗产继承人。在这两种情况下对被害人的民事赔偿应当看作是已经死亡的刑事被告人生前所负的债务，属于遗产的清偿范围。遗产继承人的确定以及赔偿份额须依据《民法典》规定的民事继承规则，遗产继承人应当在所继承的遗产范围内承担有限责任，若该继承人声明放弃继承的，则不得继续将其作为附带民事诉讼的被告人。[3]

（四）依法应当承担赔偿责任的其他单位和个人

最高人民法院《解释》180条第5项设置了附带民事诉讼被告人的兜底条款，即“对被害人的物质损失依法应当承担赔偿责任的其他单位和个人”。实践中依法承担民事赔偿责任的人员范围较广，难以列举穷尽，认定“其他单位和个人”须结合相关法律和个案情况来进行。例如，被害人在公共场所、经营场所遭受犯罪行为侵害，而场所的经营者或者管理人未尽到安全保障义务的，后者应根据《民法典》第1198条的规定承担补充赔偿责任，可以成为附带民事诉讼的共同被告人。再如，《道路交通安全法》第76条规定，保险公司在机动车第三者责任强制保险责任限额范围内承担无过错的赔偿责任。如案发后，保险公司未在保险责任限额范围内作出赔偿的，也可以将其作为附带民事诉讼的共同被告人。[4]

第三节　附带民事诉讼的成立与提起

附带民事诉讼的成立是指符合哪些条件就能够启动附带民事诉讼。附带民事诉讼的

---

〔1〕李少平主编：《〈最高人民法院关于适用《中华人民共和国刑事诉讼法》的解释〉理解与适用》，人民法院出版社2021年版，第280页。

〔2〕参见陈光中主编：《刑事诉讼法》（第七版），北京大学出版社、高等教育出版社2021年版，第266页。

〔3〕参见《民法典》第1124、1161条。

〔4〕参见李少平主编：《〈最高人民法院关于适用《中华人民共和国刑事诉讼法》的解释〉理解与适用》，人民法院出版社2021年版，第280页。

提起则是指在附带民事诉讼成立的前提下，诉讼如何进行，具体的步骤、方式为何。

一、附带民事诉讼的成立条件

根据《刑事诉讼法》第 101 条的规定，附带民事诉讼成立的条件为：以刑事诉讼的存在为前提，以物质损失为基础，犯罪行为与物质损失之间具有直接因果关系。

（一）以刑事诉讼的成立为前提

附带民事诉讼是由刑事诉讼所追究的涉嫌犯罪的行为引起的，是在追究被告人刑事责任的同时，附带解决其应承担的民事赔偿责任的问题。附带民事诉讼必须以刑事诉讼的成立为前提，如果刑事诉讼不成立，附带民事诉讼就失去了存在的基础，自然无所谓“附带”的问题，只能另行提起独立的民事诉讼。

有观点认为，提起附带民事诉讼的前提条件是被告人的行为构成犯罪。[1]该观点认为《刑事诉讼法》第 101 条中的“犯罪行为”是指已构成犯罪，否则附带民事诉讼不能成立。本书认为这一观点并不准确。严格意义上说，只要涉嫌构成犯罪，能够启动刑事诉讼程序，就具备了提起附带民事诉讼的前提。刑法所说“犯罪行为”是实体意义上的，即法院在查明事实后依法作出的定罪结论。刑事诉讼法规定的“犯罪行为”仅具有程序意义。第 101 条中的“犯罪行为”同《刑事诉讼法》在审判终结前各个诉讼阶段的相关条文一样，都是程序上认定的涉嫌犯罪，而非审判结果。“《刑事诉讼法》第 171 条规定，人民检察院在审查起诉时，即须审查有无附带民事诉讼；可见，在侦查阶段、审查起诉阶段，被害人即可提起附带民事诉讼。”[2]如果认为这里的“犯罪行为”就是确认构成犯罪，那就只有待法院最终判决有罪后，才允许提起附带民事诉讼，这显然有悖立法原意。而且，法院受理附带民事诉讼后，经过审判发现被告人的行为不构成犯罪的，如果驳回起诉，让被害人再按照民事审判程序提起民事诉讼，既不便于当事人诉讼，也会造成审判资源的浪费，给法院造成不必要的麻烦。实际上，一起案件从起诉到审判，都是同一性质的，就如检察院提起公诉的刑事案件，即使法院作出无罪判决，也仍然是刑事判决，属于刑事诉讼的范畴。[3]也正是基于此，最高人民法院《解释》第 197 条第 1 款规定：“人民法院认定公诉案件被告人的行为不构成犯罪，对已经提起的附带民事诉讼，经调解不能达成协议的，可以一并作出刑事附带民事判决”。有研究者指出，被告人的行为虽然不构成犯罪，但构成民事侵权行为，能否提起附带民事诉讼？其认为，在这种情况下，被害人能否提起附带民事诉讼，要视刑事诉讼的阶段而定，如果在侦查和起诉阶段对刑事诉讼部分作了撤销案件或者不起诉的处理决定，意味着刑事诉讼已经终结，刑事诉讼不存在，附带民事诉讼也就失去了存在的前提，被害人只能向法院的民事法庭提起独立的民事赔偿之诉；如果案件已到法院审判阶段，被害人则可以提起附带民事诉讼，法庭经审理，可以就刑事部分作出无罪判决，附带民事部分作出赔偿损失的判决。

---

〔1〕 参见王爱立、雷建斌主编：《刑事诉讼法立法精解》，中国检察出版社 2019 年版，第 184 页。

〔2〕 易延友：《刑事诉讼法：规则 原理 应用》（第五版），法律出版社 2019 年版，第 273 页。

〔3〕 参见周道鸾、张泗汉主编：《刑事诉讼法的修改与适用》，人民法院出版社 1996 年版，第 147—148 页。

因为，如果案件已到法院审判阶段，此时刑事诉讼程序尚未终结，附带民事诉讼的基础仍然存在，故法院可以就刑事附带民事诉讼一并作出判决。[1]

（二）以造成物质损失为基础

被害人必须遭受物质损失且符合法律规定的情形，才能提起附带民事诉讼。

1. 法院对附带民事诉讼中提起的精神损害赔偿一般不予受理

《刑事诉讼法》第 101 条规定的物质损失中的“物质”一词与“精神”相对，是有意将精神损失排除在赔偿范围之外。所以，被害人因犯罪行为遭受精神损失而提起附带民事诉讼的，法院（一般）不予受理。而且，被害人另行单独提起民事诉讼要求精神损害赔偿的，法院也不予受理。这是因为，“如果认为对精神损失可以另行提起民事诉讼，很有可能意味着只有遭受物质损失才可以提起附带民事诉讼的法律规定将失去实际意义。可以想象，这个口子一开，绝大部分被害人都会选择在刑事案件审结后另行提起民事诉讼，要求同时赔偿物质损失和精神损失，这势必会导致附带民事诉讼制度被架空、虚置”[2]。总之，被害人因犯罪行为遭受精神损失而提起附带民事诉讼或者单独提起民事诉讼的，法院都不予受理。简单地说，被害人针对犯罪行为所造成的精神损失就不能提起附带民事诉讼。

但是，2021 年最高人民法院《解释》第 175 条第 2 款作出新的规定：“因受到犯罪侵犯，提起附带民事诉讼或者单独提起民事诉讼要求赔偿精神损失的，人民法院一般不予受理。”司法解释对提起附带民事赔偿的范围作了微调，改变了《刑事诉讼法》和《刑法》的规定。附带民事诉讼一般不允许提起精神损害赔偿，但对于某些特殊案件，如强奸案件，被害人可能在身体上没有遭受太大伤害，没有医药费等可以折算成金钱的物质损失，但精神却遭受了重大创伤，这类案件可以在例外情况下提起附带民事诉讼。但需要注意的是，司法实践中，如果有些精神损害可以通过经费支出或实物对价的方式予以量化，仍然可以以遭受“物质损失”为由提起附带民事诉讼。

2. 物质损失的内涵与外延

“物质损失”中的“损失”是指某物没有代价地消耗或者失去。“损失”一词将被告人非法占有、处置被害人财产或者国家、集体财产的情形排除在外，因为被害人的财产并不会因占有的转移而在物理形态上发生改变或耗费。换言之，在财产仍然存在且并未消耗或者失去的情形下，应当依据《刑法》第 64 条的规定，由办案机关“予以追缴或者责令退赔”。

如何会造成“损失”，而且是“物质损失”？从司法实践看，主要包括两种情况：一是被害人因人身权利受到犯罪侵犯，如被打伤支出医药费、营养费、护理费等而遭受物质损失。最高人民法院《解释》第 192 条第 2、3 款规定：“犯罪行为造成被害人人身损害的，应当赔偿医疗费、护理费、交通费等为治疗和康复支付的合理费用，以及因误工减少的收入。造成被害人残疾的，还应当赔偿残疾生活辅助器具费等费用；造成被害

---

〔1〕 参见陈光中主编：《刑事诉讼法》（第七版），北京大学出版社、高等教育出版社 2021 年版，第 265 页。

〔2〕 刘为波：《刑事附带民事诉讼制度修改内容的理解与适用》，载《法律适用》2013 年第 7 期。

人死亡的，还应当赔偿丧葬费等费用。驾驶机动车致人伤亡或者造成公私财产重大损失，构成犯罪的，依照《中华人民共和国道路交通安全法》第七十六条的规定确定赔偿责任。”二是被害人的财物被犯罪分子毁坏而造成物质损失。需要注意的是，只有财物被“毁坏”造成损失的，才可以提起附带民事诉讼。如果被告人非法占有、处置被害人财产，因没有实际物质损失，被害人提起附带民事诉讼的，法院不予受理。最高人民法院《解释》第176条对此明确规定：“被告人非法占有、处置被害人财产的，应当依法予以追缴或者责令退赔。被害人提起附带民事诉讼的，人民法院不予受理。追缴、退赔的情况，可以作为量刑情节考虑。”

（三）涉嫌犯罪行为与物质损失之间有因果关系

提起刑事附带民事诉讼的条件是“被害人由于被告人的犯罪行为而遭受物质损失的”，其中的“而”字强调的是因果关系，指物质损失是由被告人的犯罪行为直接造成的，即物质损失与犯罪行为之间存在因果关系。反之，如果两者之间没有因果关系，则被害人不能提起附带民事诉讼。

犯罪行为造成的物质损失必须是直接的，包括已然的和必然的物质损失。“犯罪行为直接造成的物质损失，既包括犯罪行为已经给被害人造成的物质损失，例如，犯罪分子作案时破坏的门窗、车辆、物品，被害人的医疗费、营养费等，这种损失又称积极损失；又包括被害人将来必然遭受的物质利益的损失，例如，因伤残减少的劳动收入，今后继续医疗的费用，被毁坏的丰收在即的庄稼等，这种损失又称消极损失。但是，不包括今后可能得到的或通过努力才能争得的物质利益，比如超产奖、发明奖、加班费等。”[1]

二、附带民事诉讼的提起

提起附带民事诉讼，须依据法律规定的起诉条件，按规定的时间和方式向有管辖权的法院提起。

（一）提起附带民事诉讼的条件

附带民事诉讼本质上系民事诉讼，按照民事诉讼的一般规则，起诉需要符合《民事诉讼法》第122条所规定的积极要件，同时不具备法律、司法解释或审判惯例所确定的禁止起诉情形。[2]根据最高人民法院《解释》第182条的规定，提起附带民事诉讼必须符合以下条件：（1）起诉人符合法定条件。即提起附带民事诉讼的人须具备附带民事诉讼原告人的资格。（2）有明确的附带民事诉讼被告人。附带民事诉讼被告人须是最高人民法院《解释》第180条所列举的对被害人物质损失负有赔偿责任的人。而“明确”是指原告人在起诉中已经使被告人特定化、具体化，能够通过姓名、住址、联系方式等信息将附带民事诉讼起诉状送达附带民事诉讼被告人。（3）有请求赔偿的具体要求和事实、理由。（4）属于人民法院受理附带民事诉讼的范围。

---

〔1〕陈光中主编：《刑事诉讼法》（第七版），北京大学出版社、高等教育出版社2021年版，第267—268页。

〔2〕参见张卫平：《民事诉讼法》（第四版），法律出版社2016年版，第292—293页。

（二）附带民事诉讼的提起时间

提起附带民事诉讼的起始时间是刑事案件立案后。根据最高人民法院《解释》第184条第1款的规定，附带民事诉讼应当在刑事案件立案后及时提起。如果是在侦查、审查起诉阶段提起的，公安机关、人民检察院应当记录在案，并将附带民事诉讼原告人的诉讼请求和相关材料随案一并移送。根据最高人民法院《解释》第186条的规定，被害人或者其法定代理人、近亲属提起附带民事诉讼的，人民法院应当在7日以内决定是否受理。

需要注意的是，提起附带民事诉讼的截止时间并不是一审判决宣告前。最高人民法院《解释》第198条规定，第一审期间未提起附带民事诉讼，在第二审期间提起的，第二审人民法院可以依法进行调解；调解不成的，告知当事人可以在刑事判决、裁定生效后另行提起民事诉讼。可见，在刑事二审期间也可以提起附带民事诉讼，但只能以调解的方式结案，调解不成的，须另行提起民事诉讼。之所以在二审中采取调解或告知另诉而非直接裁判的处理方式，既是为了防止刑事审判过分迟延，也是为了避免案件的附带民事诉讼部分出现“一审终审”的情况，间接损害附带民事诉讼当事人的审级利益。

（三）附带民事诉讼的提起方式

附带民事诉讼既可以以书面方式提起，特殊情况下也可以口头提起。根据最高人民法院《解释》第184条第2款的规定，提起附带民事诉讼应当提交附带民事起诉状。附带民事起诉状通常由首部、正文和尾部组成。首部包括两项内容：一是文书名称，即“刑事附带民事起诉状”；二是当事人的基本信息，如附带民事诉讼原告人、附带民事诉讼被告人的姓名、性别、出生年月日、民族、出生地、住址、文化程度、职业或者工作单位和职务等。正文包括三项内容：一是诉讼请求，应当写明请求附带民事诉讼被告人赔偿的项目和具体数额。二是事实与理由。事实部分应当写明因附带民事诉讼被告人的犯罪行为给附带民事诉讼原告人造成实际物质损失的情况。理由部分应当根据有关法律规定，写明为什么应当由附带民事诉讼被告人承担民事赔偿责任。三是证明损失的证据，应当一一列明名称、种类及来源。尾部应当写明致送人民法院的名称、附带民事起诉状的份数、附带民事诉讼原告人签名或者盖章以及具状时间。

口头方式适用于书写诉状确有困难的情况。根据最高人民法院《解释》第187条第1款的规定，人民法院受理附带民事诉讼后，应当在5日以内将附带民事起诉状副本送达附带民事诉讼被告人及其法定代理人，或者将口头起诉的内容及时通知附带民事诉讼被告人及其法定代理人，并制作笔录。实践中，审判人员应当对附带民事诉讼原告人的口头诉讼请求详细询问，并制作笔录，向原告人宣读；原告人确认无误后，应当签名或者盖章。但无论是以书面方式还是以口头方式提起，都应当说明附带民事诉讼原告人、被告人的姓名、年龄、职业、住址等个人基本情况，控告的犯罪事实，由于犯罪行为而造成的物质损失及相关证据、具体赔偿请求、理由等。[1]

---

〔1〕参见陈光中主编：《刑事诉讼法》（第七版），北京大学出版社、高等教育出版社2021年版，第269页。

第四节　附带民事诉讼的审判

附带民事诉讼的审判是指法院对被害人及其法定代理人、近亲属以及检察院所提请审理的附带民事诉讼案件，依照法律规定作出法律评价和实质处理结果的职权活动，包括审判组织、财产保全、审理程序等具体内容。由于附带民事诉讼所具有的特殊性，审理该类案件一方面主要依据的是《民事诉讼法》，另一方面还要优先适用《刑事诉讼法》中对附带民事诉讼审判所作的一些特别规定。

一、附带民事诉讼的审判组织

附带民事诉讼的审判组织要遵循一并审判原则，即人民法院在审理刑事案件的同时，由同一审判组织审理附带民事诉讼，并对刑事案件和附带民事诉讼一并作出判决。这意味着，附带民事诉讼只能向审理刑事案件的法院提起；附带民事诉讼应当同刑事诉讼一并开庭审理，由同一审判组织先审理刑事部分，再审理民事部分；若调解不成，刑事部分与附带民事部分应一并裁判。

一并审判原则契合附带民事诉讼制度确立的宗旨，可以使刑事和民事部分实现有效互动、相互作用，实现更优的处理结果。不过，由于现实的复杂性，一并审判原则也有例外。根据《刑事诉讼法》第 104 条、最高人民法院《解释》第 196 条的规定，为了防止刑事案件审判的过分迟延，可以在刑事案件审判后，由同一审判组织继续审理附带民事诉讼，实现分别审判。分别审判的原因有很多，如因附带民事诉讼被害人人数众多、物质损失数额巨大、涉及范围广等而导致被害人的范围、遭受的物质损失一时难以确定；又如附带民事诉讼当事人因正当理由无法到庭等。其中，对于被告人的赔偿能力一时难以确定是否构成分别审判的理由曾有争议，但目前学界大多持否定态度。[1]因为被告人是否有赔偿能力虽然是判赔要考量的重要因素，但不是唯一标准。另外，“同一审判组织”是指同一审判员或者同一合议庭。但司法实践中有的附带民事诉讼案件诉讼旷日持久，期间审判人员出现重大疾病、死亡、工作调动、出国学习等确实不能继续参加审判的情形的，有必要更换审判人员。最高人民法院《解释》第 196 条对此规定：“同一审判组织的成员确实不能继续参与审判的，可以更换。”

二、附带民事诉讼的财产保全

（一）财产保全的方式

最高人民法院《解释》第 189 条规定了附带民事诉讼中财产保全的两种情形：一是

---

〔1〕 1998 年《最高人民法院关于执行〈中华人民共和国刑事诉讼〉若干问题的解释》第 99 条规定：“对于被害人遭受的物质损失或者被告人的赔偿能力一时难以确定，以及附带民事诉讼当事人因故不能到庭等案件，为了防止刑事案件审判的过分迟延，附带民事诉讼可以在刑事案件审判后，由同一审判组织继续审理。”2012 年《最高人民法院关于适用〈中华人民共和国刑事诉讼〉的解释》将分案受理的具体理由予以删除，在文字表述上与《刑事诉讼法》的规定保持一致。

诉中财产保全。人民法院对可能因被告人的行为或者其他原因，使附带民事判决难以执行的案件，根据附带民事诉讼原告人的申请，可以裁定采取保全措施，查封、扣押或者冻结被告人的财产；附带民事诉讼原告人未提出申请的，必要时，人民法院也可以依职权采取保全措施。二是诉前财产保全。有权提起附带民事诉讼的人因情况紧急，不立即申请保全将会使其合法权益受到难以弥补的损害的，可以在提起附带民事诉讼前，向被保全财产所在地、被申请人居住地或者对案件有管辖权的人民法院申请采取保全措施；申请人在人民法院受理刑事案件后 15 日以内未提起附带民事诉讼的，人民法院应当解除保全措施。

诉中财产保全与诉前财产保全的区别主要有三点：第一，申请方式不同，诉中财产保全既可以依原告人申请，也可以由法院依职权启动；诉前财产保全只能依有权提起附带民事诉讼的人申请启动。第二，是否提供担保不同，诉中财产保全可以不提供担保；而对于案件尚处于侦查或者审查起诉阶段的，申请诉前财产保全应当提供担保。[1]第三，时间要求不同。诉中财产保全只有情况紧急的，法院才须在接受申请后 48 小时内作出裁定，一般情况下 5 日内作出裁定即可[2]；诉前财产保全则须在 48 小时内作出裁定。

（二）财产保全的启动

因为保全措施服务于法院判决的执行，所以有权采取财产保全的国家机关是法院，而非检察院或公安机关。法院启动附带民事诉讼财产保全的方式有两种：一是在审判阶段法院依职权启动。根据《刑事诉讼法》第 102 条的规定，人民法院只有在必要的时候，才可以采取保全措施。“所谓‘在必要的时候’，是指在附带民事诉讼原告人或者人民检察院没有提出保全申请的条件下，不采取特殊的保全措施，即使今后形成了判决，它也只是一张‘空头支票’，缺乏实现的物质基础。”[3]二是在刑事诉讼过程中依据附带民事诉讼原告人或者检察院的申请启动。司法实践中，为了逃避民事赔偿责任，犯罪嫌疑人在侦查、审查起诉阶段就会转移、隐匿财产，待案件起诉到法院已无财产可供查封、扣押、冻结。因此，有必要将财产保全的时间从审判阶段向前延伸到侦查和审查起诉阶段，允许附带民事诉讼原告人[4]和检察院在审前阶段就可以向法院申请诉前财产保全。

（三）财产保全的措施

财产保全的措施为查封、扣押、冻结。所谓“查封”，是指对作为保全对象的财物清点后，加贴封条予以封存，禁止犯罪嫌疑人、被告人处分或转移的措施。查封主要针对的是不动产，如查封土地、房屋等不动产或者船舶、航空器以及其他不宜移动的大型

---

〔1〕参见王爱立、雷建斌主编：《刑事诉讼法立法精解》，中国检察出版社 2019 年版，第 186 页。

〔2〕《最高人民法院关于人民法院办理财产保全案件若干问题的规定》第 4 条：“人民法院接受财产保全申请后，应当在五日内作出裁定；需要提供担保的，应当在提供担保后五日内作出裁定；裁定采取保全措施的，应当在五日内开始执行。对情况紧急的，必须在四十八小时内作出裁定；裁定采取保全措施的，应当立即开始执行。”

〔3〕李昌林主编：《最新中华人民共和国刑事诉讼法释义》，中国法制出版社 2012 年版，第 222 页。

〔4〕有研究者指出，《刑事诉讼法》第 102 条规定的法院依申请而采取的强制措施仅是一种诉中财产保全措施，不包括诉前财产保全。因为该条申请主体是“附带民事诉讼原告人”和“人民检察院”，而案件只有起诉到法院后才会有“附带民事诉讼原告人”。本书认为，从立法修改的初衷看，应对“附带民事诉讼原告人”作广义解释，包括“有权提起附带民事诉讼的人”，其应属于潜在的“附带民事诉讼原告人”。

机器、设备等特定动产。所谓“扣押”，是指将作为保全对象的财物移置到有关场所加以扣留、压下，从而使犯罪嫌疑人、被告人不能再对其占有、使用和处分的措施。从财产的使用效能上看，查封与扣押意思相近，但扣押主要针对的是动产，如扣押物品、文件。所谓“冻结”，是指法院依法通知有关金融机构，禁止作为保全对象的存汇款、债券等财产性凭证流动，禁止犯罪嫌疑人、被告人随意提取处分的措施。

附带民事诉讼的查封、扣押、冻结，不同于《刑事诉讼法》规定的侦查活动中的查封、扣押、冻结。侦查活动中的查封、扣押、冻结是侦查机关依法采取的侦查措施，目的是收集可以证明犯罪嫌疑人有罪或者无罪的证据，适用范围限于与案件有关的财物，如作案工具、赃款赃物等。而附带民事诉讼中的查封、扣押、冻结是法院依法采取的诉讼保全措施，是为了保证将来的附带民事判决的执行，适用范围可以是与案件没有直接关系的，可供将来执行的被告人的合法财产。[1] 人民法院保全财产后，应当立即通知被保全财产的人。财产已被查封、冻结的，不得重复查封、冻结。被申请人提供担保的，人民法院应当裁定解除保全。申请有错误的，申请人应当赔偿被申请人因保全所遭受的损失。

（四）财产保全的转引性规定

《刑事诉讼法》第 102 条还作出转引性规定，允许人民法院在采取保全措施时适用民事诉讼法的有关规定。因为附带民事诉讼在性质上系民事诉讼，民事诉讼法对于民事诉讼保全措施已有明确规定，没有必要在刑事诉讼法中作重复性规定。而且在刑事诉讼法中，本身就存在着查封、扣押、冻结的侦查措施，对相同的法律概念作出不同解释，容易引起混淆。

三、附带民事诉讼的审理程序

（一）附带民事诉讼的受理

附带民事诉讼的受理是指人民法院在审理刑事案件的过程中，对特定主体提起的因同一犯罪行为所引发的民事侵权诉讼进行审查，并决定是否受理的司法活动。根据最高人民法院《解释》第 178、186、187、195 条的规定，附带民事诉讼原告人可以自行或者通过公安机关、检察院向人民法院起诉，人民法院也可在受理刑事案件后，告知符合条件的主体有权提起附带民事诉讼。人民法院是否受理附带民事诉讼的审查期限为 7 日，这与民事诉讼法的规定一致。若人民法院受理的，应当在 5 日以内向附带民事诉讼被告人及其法定代理人送达附带民事起诉状副本，或者将口头起诉的内容及时通知附带民事诉讼被告人及其法定代理人，并制作笔录。同时，人民法院应根据刑事案件审理的期限，确定附带民事诉讼被告人及其法定代理人的答辩准备时间。在开庭审判案件前，人民法院要向附带民事诉讼的原告人和被告人送达传票，传唤他们出庭。若当事人无正当理由拒不到庭，或者未经法庭许可中途退庭的，人民法院应依法作出撤诉或者缺席判决的处理。

---

〔1〕 参见刘为波：《刑事附带民事诉讼制度修改内容的理解与适用》，载《法律适用》2013 年第 7 期。

（二）附带民事诉讼的审理

法院对刑事附带民事诉讼案件的审理遵循“先刑后民”原则，即先审理刑事部分，后审理附带民事诉讼部分。具言之，在法庭调查和法庭辩论环节，应先进行刑事部分的法庭调查、法庭辩论，再进行附带民事部分的法庭调查、法庭辩论。因为对刑事部分案件的证据、事实的查明，直接关系到附带民事部分证据、事实的认定。而且，法院对刑事部分案件的证据、事实的认定，是确定赔偿责任有无和大小的重要依据。归根到底，附带民事诉讼对刑事诉讼的依附性决定了“先刑后民”的审理原则。

有观点认为，刑事附带民事诉讼的“先刑后民”是指先进行法庭调查，包含刑事部分和民事部分，再进行法庭辩论，也包含刑事部分和民事部分。本书不赞同该观点。刑事附带民事诉讼，本质上包含刑事诉讼和民事诉讼两种诉讼，两者具有相对独立性。虽然民事诉讼是“附带”，但是，“‘一并审判’的效果，并不是要完全忽略刑事诉讼程序与民事诉讼程序各自的相对独立性和完整性，把它们本属各自的法庭调查和法庭辩论环节，简单合并在一起通过一个法庭调查程序和一个法庭辩论程序来进行；而关键是想要通过一个合议庭，在一个庭审程序中完成先刑事审理、后民事审理，避免分别开庭，以提高诉讼率、节约司法资源和减轻当事人讼累”〔1〕。若在法庭调查环节，先宣读起诉书，再宣读附带民事起诉状，被告人要对两份文书进行答辩。证据质证和法庭辩论也都按照上述步骤类推适用，庭审会显得十分杂乱。因此，审理刑事附带民事诉讼的“先刑后民”仅适用于庭审大方向上的审理顺序，不适用于每个具体的审理环节。

（三）附带民事诉讼的举证

最高人民法院《解释》第188条规定，附带民事诉讼当事人对自己提出的主张，有责任提供证据。附带民事诉讼同样遵循民事诉讼中的“谁主张、谁举证”原则，对损害结果、侵权行为、因果关系等事项提供相应证据予以证明。但在刑事附带民事诉讼案件中，侵权行为与犯罪行为毕竟为同一行为，相应的定罪量刑事实已经在刑事案件中由检察院或自诉人举证过。为了提高庭审效率，法院在审理附带民事诉讼案件时，原告对被告侵权事实的举证可由检察院或自诉人在先前刑事诉讼中的举证做部分替代。“被害人依赖国家公诉机关强大的力量对侵权事实完成举证过程，而自己仅就损失大小、赔偿范围、标准承担有限的举证责任，有利于其利益及时得以顺利实现。”〔2〕

（四）附带民事诉讼的调解

在附带民事诉讼中进行调解是我国司法的优良传统，也是法院长期司法实践的重要经验。调解有助于赔偿协议达成，使被害人及时得到赔偿，避免因案件久审不决引发缠访、闹访，甚至激化为社会矛盾。

首先，附带民事诉讼中的调解适用于附带民事诉讼的全过程和所有案件。而且，调解的内容不完全受制于“物质损失情况”，只要在自愿、合法的基础上达成调解协议，协议内容也可以包括精神损害赔偿。其次，附带民事诉讼的调解是法院在诉讼中的调

---

〔1〕陈明、王祥远：《完善刑事附带民事诉讼审理程序之浅议》，载《学理论》2010年第33期。

〔2〕郑高键：《刑事附带民事诉讼制度的价值取向》，载《河南省政法管理干部学院学报》2005年第3期。

解，不是普通的民间调解或诉讼外调解。调解本身是在法官职权控制下达成的，法官实际上承担着对调解合法性的审查义务，因此调解书具有与生效判决同等的效力。[1]根据最高人民法院《解释》第 190 条的规定，经调解达成协议的，应当制作调解书。调解书经双方当事人签收后即具有法律效力。调解达成协议并即时履行完毕的，可以不制作调解书，但应当制作笔录，经双方当事人、审判人员、书记员签名后即发生法律效力。最后，附带民事诉讼的调解要遵循民事调解的自愿、合法原则。一方面，调解不是法院审理附带民事诉讼唯一的处理方式，也不是作出判决、裁定的前置程序或必经环节。当事人一方或者双方坚持不愿意通过调解方式结案的，应当依照《刑事诉讼法》第 103 条的规定，根据物质损失情况作出判决、裁定。另一方面，调解应合法合规进行。法院应在查清犯罪事实、分清是非曲直的基础上进行调解，当事人所达成的调解协议不得损害国家利益、社会公共利益、第三人利益或者违反社会公序良俗。

四、附带民事诉讼的裁判

（一）附带民事诉讼判决赔偿的范围

人民法院的裁判范围以经济赔偿为限。根据最高人民法院《解释》第 192 条的规定，人民法院应当根据犯罪行为造成的物质损失，结合案件具体情况，确定被告人应当赔偿的数额。犯罪行为造成被害人人身损害的，应当赔偿医疗费、护理费、交通费等为治疗和康复支付的合理费用，以及因误工减少的收入。造成被害人残疾的，还应当赔偿残疾生活辅助器具费等费用；造成被害人死亡的，还应当赔偿丧葬费等费用。驾驶机动车致人伤亡或者造成公私财产重大损失，构成犯罪的，依照《道路交通安全法》第 76 条的规定确定赔偿责任。[2]值得注意的是，上述赔偿范围不仅适用于附带民事诉讼案件，也适用于在刑事诉讼生效后另行提起的民事诉讼。根据最高人民法院《解释》第 200 条的规定，被害人或者其法定代理人、近亲属在刑事诉讼过程中未提起附带民事诉讼，另行提起民事诉讼的，人民法院可以进行调解，或者根据最高人民法院《解释》第 192 条第 2、3 款的规定作出判决。另外，由于附带民事诉讼的赔偿情况体现了罪犯的悔罪态度和人身危险性，因此刑事部分的量刑也受其影响。最高人民法院《解释》第 194 条规定："审理刑事附带民事诉讼案件，人民法院应当结合被告人赔偿被害人物质损失的情况认定其悔罪表现，并在量刑时予以考虑。"

（二）附带民事诉讼判决的特殊情形

附带民事诉讼案件可以调解结案，但不宜调解或者调解不成的，应当及时判决。最高人民法院《解释》第 190 条、191 条，197 条第 1、2 款，198 条对附带民事诉讼的调解结案进行了详细规定：（1）人民法院审理附带民事诉讼案件，可以根据自愿、合法的原则进行调解。经调解达成协议的，应当制作调解书，调解书经双方当事人签收后，即

---

〔1〕 参见陈光中主编：《〈中华人民共和国刑事诉讼法〉修改条文释义与点评》，人民法院出版社 2012 年版，第 182 页。

〔2〕 参见陈光中主编：《刑事诉讼法》（第七版），北京大学出版社、高等教育出版社 2021 年版，第 273 页。

具有法律效力。调解达成协议并即时执行完毕的，可以不制作调解书，但应当制作笔录，经双方当事人、审判人员、书记员签名后即发生法律效力。(2) 调解未达成协议或者调解书签收前当事人反悔的，附带民事诉讼应当同刑事诉讼一并判决。(3) 人民法院认定公诉案件被告人的行为不构成犯罪的，对已经提起的附带民事诉讼，经调解达不成协议的，可以一并作出刑事附带民事判决，也可以告知附带民事原告人另行提起民事诉讼。(4) 人民法院准许人民检察院撤回起诉的公诉案件，对已经提起的附带民事诉讼，可以进行调解，不宜调解或者经调解不能达成协议的，应当裁定驳回起诉，并告知附带民事诉讼原告人可以另行提起民事诉讼。(5) 第一审期间未提起附带民事诉讼，在第二审期间提起的，第二审人民法院可以依法进行调解；调解不成的，告知当事人可以在刑事判决、裁定生效后另行提起民事诉讼。

同时，由于附带民事诉讼性质上属于民事诉讼，一些民事诉讼规则如撤诉、缺席判决等，附带民事诉讼也同样适用。根据最高人民法院《解释》第 195 条的规定，(1) 附带民事诉讼原告人经传唤，无正当理由拒不到庭，或者未经法庭许可中途退庭的，应当按撤诉处理。(2) 刑事被告人以外的附带民事诉讼被告人经传唤，无正当理由拒不到庭，或者未经法庭许可中途退庭的，附带民事部分可以缺席判决。(3) 刑事被告人以外的附带民事诉讼被告人下落不明，或者用公告送达以外的其他方式无法送达，可能导致刑事案件审判过分迟延的，可以不将其列为附带民事诉讼被告人，告知附带民事诉讼原告人另行提起民事诉讼。

要注意的是，根据最高人民法院《解释》第 407、409 条的规定，附带民事诉讼的二审应当根据上诉、抗诉的具体情况进行区分。第二审人民法院审理对刑事部分的上诉、抗诉案件，附带民事诉讼部分已经发生法律效力的，如果发现第一审判决或者裁定中的民事部分确有错误的，应当对民事部分按照审判监督程序予以纠正。第二审人民法院审理对附带民事部分的上诉案件，刑事部分已经发生法律效力的，如果发现第一审判决或裁定中的刑事部分确有错误的，应当对刑事部分按照审判监督程序指令再审，并将附带民事诉讼部分发回与刑事案件一并审理。

重要名词术语

附带民事诉讼、附带民事公益诉讼、物质损失、财产保全、一并审判、调解

思考题

1. 简述附带民事诉讼的赔偿范围。
2. 简述附带民事诉讼赔偿责任人的范围。

典型案例分析

案例一

检察院立案侦查甲虐待被监管人案。被害人要求甲赔偿医药费等物质损失。侦查中，甲因心脏病突发死亡。对于此案，检察院该如何处理?

答：检察院应当撤销案件，因为附带民事诉讼必须以刑事诉讼的成立为前提，如果刑事诉讼不成立，附带民事诉讼就失去了存在的基础。所以本案中，检察院撤销案件后，被害人只能另行提起独立的民事诉讼。

案例二

甲因遭受强奸住院治疗一个多月，出院后仍长期精神恍惚，后经多方医治才恢复正常。在诉讼过程中，甲提起附带民事诉讼。能否要求赔偿医治精神恍惚支付的费用?

答：可以。依据最高人民法院《解释》第 175 条第 2 款的规定，甲一般不得要求精神损害赔偿，但甲治疗因犯罪行为导致的精神问题所支付的医疗费，已经转化为可以量化的物质损失，故可以提起附带民事诉讼。

第十章　期间与送达

【内容提示】

期间与送达贯穿于刑事诉讼的全过程，大多数诉讼行为的有效性都与诉讼期间的计算和诉讼文书的送达有着密不可分的联系。刑事诉讼中的期间，是指公安司法机关以及当事人和其他诉讼参与人分别进行一定的刑事诉讼活动、完成某种诉讼行为时必须遵守的时间期限。对诉讼行为设置期间限制，能够督促公安司法机关和诉讼参与人及时行权，保障诉讼参与人的合法权益。刑事诉讼中的送达，是指公安司法机关按照法定程序，将有关诉讼文件送交公民个人和机关单位的活动。在刑事诉讼活动中，送达发挥着传递信息、保障当事人知情权、协调诉讼环节等作用，直接关系到整个诉讼程序能否顺利进行。

本章虽非刑事诉讼理论研究的重点章节，但却是刑事诉讼实务工作者要掌握的基本功。在学习期间一节时，需要掌握以下内容：首先，应当明确期间的概念以及期间与期日的区别，期间为持续的时间段，期日则是期间起止的时间点。其次，应当了解期间的单位与计算方法，能够依据法条正确地计算期间。最后，应当了解重新计算期间与不计入期间的情形，期间的重新计算一般是由于发现了新的事实、变更了诉讼阶段或者诉讼程序，而期间的不计入则是由于发生了诉讼无法继续进行的客观阻碍。学习送达一节，需要掌握以下内容：首先，需要掌握送达的概念、特点和意义。不同于生活用语中的送达，对于刑事诉讼活动意义下的送达来说，其主体、对象、内容和方式均须法定。其次，需要掌握送达的各种方式以及相对应的送达程序。诉讼文书能够直接送达的情况下，一般应当直接交付收件人，收件人不愿意签收的，可以进行留置送达，在见证人的见证下，将诉讼文书留在收件人的住所。最后，在直接送达确有困难的情况下，可以根据个案情况选择委托送达、邮寄送达和转交送达等方式。无论采取哪种送达方式，都应当遵循对应的程序，才能产生送达的法定效果。

第一节　期间

为督促权力行使、优化程序运行，并保障诉讼参与人的合法权益，刑事诉讼法规定了期间与期日，要求公安司法机关以及其他诉讼参与主体在一定时间内实施相关诉讼行为。

一、期间的概念和意义

（一）期间的概念

刑事诉讼中的期间，是指公安司法机关以及当事人和其他诉讼参与人分别进行一定的刑事诉讼活动、完成某种诉讼行为时必须遵守的时间期限。在确定某个刑事诉讼行为的期间时，要考虑多重因素，如（1）保障实体真实，从而确保公安司法机关及时查清案件事实，正确处理案件，有效惩罚犯罪；（2）维护程序公正，促使诉讼参与人在法定期限内行使诉讼权利；（3）节约司法资源，提高诉讼效率，从而督促公安司法机关尽快办案，以免诉讼参与人长期处于不确定状态。以期间的产生方式为标准，刑事诉讼中的期间可分为由法律明文规定的期间，即法定期间，以及可以由公安司法机关指定的期间，即指定期间。以期间的约束对象为标准，法定期间又可进一步分为公安司法机关应当遵守的期间和当事人及其他诉讼参与人应当遵守的期间。

刑事诉讼中还有一个概念是期日，指公安司法机关和诉讼参与人共同进行刑事诉讼活动的特定时间。《刑事诉讼法》对期日没有具体规定，交由公安司法机关在司法实践中根据案件的具体情况和法律关于期间的一般规定予以指定。[1]期间与期日的区别主要在于以下几点：

1. 时间限度不同

期日是一个特定的时间单位，例如法院指定开庭审理的时间，就属于典型的期日。期间则是指一定期限内的时间，既含有时间的数量，又含有时间的限度。如被告人可以于 9 月 10—20 日内对一审判决上诉，该时间段就是期间。此外，期日只规定开始的时间，不规定终止的时间，以诉讼行为的开始为开始，以诉讼行为的实行完毕为结束。而期间既有开始期，又有终止期，是一个连续的期限；一旦确定开始时间，终止的时间也随之确定。

2. 参与主体不同

期日往往是公安司法机关和诉讼参与人共同进行某项刑事诉讼活动的时间，而期间是上述人员各自单独进行某项刑事诉讼活动的时间。

3. 法律约束力不同

一方面，期日由公安司法机关指定，遇有重大理由时，可以另行指定期日；期间原则上由法律规定，不得任意变更。另一方面，期日开始后，公安司法机关和诉讼参与人必须立即聚合实施某项诉讼行为或开始某项诉讼活动；期间开始后，不要求以上人员立即实施诉讼行为，只要在期间届满之前，任何时候实施诉讼行为都是有效的。

（二）期间的意义

刑事诉讼法中关于期间的规定并非仅是单纯的技术性规范，更是诉讼活动严肃性和强制性的体现，具有重要意义。

---

〔1〕 参见易延友：《刑事诉讼法：规则 原理 应用》（第五版），法律出版社 2019 年版，第 265 页。

1. 督促权力（利）行使，提高诉讼效率

诉讼效率要求以最少的诉讼成本投入获得最多的诉讼收益，实现司法资源的最优配置与使用。如果没有期间的规定，公安机关可以“挂案”，人民法院也可以无休止地拖延审判，致使犯罪行为长期得不到追究，因犯罪受影响的社会关系也得不到及时修复。在刑事诉讼活动中规定法定期间，既能督促国家机关及时行权，更快实现刑事诉讼法的惩罚犯罪和保障人权功能；又能为当事人等诉讼参与人提供明确的指引，使得他们知晓何时应当作出何种诉讼行为，合理安排时间参与诉讼。

2. 规定期间违反的法律后果，维护诉讼活动严肃性

刑事诉讼是严肃的法律活动，不论是公安司法机关还是当事人以及其他诉讼参与人，都必须严格遵守期间相关要求。如果耽误或错过了期间，将会发生违法以及丧失权力（利）的法律后果。例如，我国公安司法机关应当遵守刑事诉讼法关于不同阶段羁押期限（间）的规定，如果超过法定羁押期限（间），就应当释放在押的犯罪嫌疑人、被告人或者变更强制措施，否则就会超期羁押，相关责任人应承担法律责任。再如，有上诉权的当事人在法定期间内没有提出上诉，会丧失上诉权，故这一期间又称“失权期间”。

3. 保障诉讼参与人的合法权益，实现司法公正

刑事诉讼法中的期间规定是否具备科学性和严谨性，已经成为衡量一个国家刑事诉讼制度是否科学、严密的重要标志之一。明确规定诉讼期间的约束主体，有利于防止公安司法机关相互推诿、各行其是，保障刑事法律实施的统一性和正确性。通过具体规定诉讼期间的时间要求，能够克服和纠正以拘代侦、以捕代罚、久押不决、超期羁押等违法现象，使诉讼参与人免遭讼累，被害人的权益也能得到及时维护。

二、期间的计算

（一）期间计算的单位

《刑事诉讼法》第 105 条第 1 款规定：“期间以时、日、月计算。”可见，我国刑事诉讼法的期间以时、日、月为计算单位，通常不存在秒、分、周、年等计算单位。不过在刑事诉讼活动中，也存在以“年”为单位的期限，如追诉期限、申诉期限、刑罚执行期限等。上述期限中之所以出现“年”，与刑事实体法有关。例如，《刑法》规定有期徒刑刑期一般在 6 个月至 15 年不等，这导致在折抵有期徒刑刑期的场合可能用到“年”这一单位。不过，《刑事诉讼法》偶尔也出现了“年”，再如，《刑事诉讼法》第 283 条第 2 款规定，“附条件不起诉的考验期为六个月以上一年以下”，似与其他规定有所冲突，故未来修法可以考虑修缮该条款，以维持法律规定的内部融洽性。

（二）期间计算的方法

根据《刑事诉讼法》以及最高人民法院《解释》的规定，刑事诉讼中期间的一般计算方法为：以时、日为计算单位的，应当从下一时、次日起开始计算。以日为例，被告人在 3 月 10 日收到判决书，其上诉期限应从 3 月 11 日起开始起算，3 月 20 日为期间届满日期。由于采用这种计算方式，刑事诉讼法中的计量单位明显不能相互换算。例如，

根据《刑事诉讼法》第86条的规定，公安机关应当在拘留犯罪嫌疑人后的24小时以内进行讯问。在这里绝不能将24小时换算为1日，否则会变相地延长羁押犯罪嫌疑人的时长。需要注意的是，期间开始的时和日不算在期间以内，不代表期间在不被算入的当时、当日没有开始，期间效力和期间利益没有产生。期间效力的起点会随着某一诉讼行为或法律事实的发生而自动开启，因此前述案例中，被告人在3月10日接到判决书的法律事实，上诉权的期间效力就已开始，可以行使上诉权，无须等到3月11日。“期间开始的时和日不算在期间以内”的规定，仅是一种期间的起算方法，这样规定主要是为了计算的公平和方便，根本目的是用来服务于期间终点或截止时点的确认，从而避免行权逾期、过期失权以及某些诉讼行为被认定为无效或违法。

以月为计算单位的，最高人民法院《解释》第202条第1款[1]规定了以下规则：（1）按公历月计算的，不分大月、小月，开始月和开始月的开始日都计算在期间内，自本月某日至下月某日为1个月。比如法院3月15日受理公诉案件，截至4月15日法院审理了案件1个月。（2）期限起算日为本月最后一日的，至下月最后一日为一个月；下月同日不存在的，自本月某日至下月最后一日为一个月。例如，若公安机关于1月30日开始补充侦查，2月30日本应是期满之日，但是由于2月只有28日或者29日，此时的期满之日应是当年2月的最后一日，即28日或者29日。（3）遇有以半月为期的，不论大、小月，均以15日计算，不受当月实际天数的影响。

此外，最高人民法院《解释》第202条第2款还对以年和月为单位的刑期计算作出规定：（1）以年计算的刑期，自本年本月某日至次年同月同日的前一日为1年；次年同月同日不存在的，自本年本月某日至次年同月最后一日的前一日为1年。（2）以月计算的刑期，自本月某日至下月同日的前一日为1个月；刑期起算日为本月最后一日的，至下月最后一日的前一日为1个月；下月同日不存在的，自本月某日至下月最后一日的前一日为1个月；半个月一律按15日计算。

（三）期间计算中的特殊规定

1. 期间最后一日为法定节假日的，以法定节假日后的第一个工作日为期间届满日期

原则上，期间终止日为正常工作日的，即以该日为期间的终止日。但《刑事诉讼法》第105条第4款规定了终止日的例外情形：“期间的最后一日为节假日的，以节假日后的第一日为期满日期，但犯罪嫌疑人、被告人或者罪犯在押期间，应当至期满之日为止，不得因节假日而延长。”

节假日是节日和假日的统称，法定节假日是指根据各国、各民族的风俗习惯或纪念要求，由国家法律统一规定的用以进行庆祝及度假的休息时间，既包括春节、国庆节等固定节日，也包括星期六、星期天。在此期间，有关机关和公民个人都在按规定休假，期间届满也无法进行诉讼活动，有必要顺延至节假日后的第一个工作日。如被告人原本

---

〔1〕 最高人民法院《解释》第202条第1款规定：“以月计算的期间，自本月某日至下月同日为一个月；期限起算日为本月最后一日的，至下月最后一日为一个月；下月同日不存在的，自本月某日至下月最后一日为一个月；半个月一律按十五日计算。”

10月1日上诉期间届满，但由于10月1日为国庆节，法定节假日为7日，则应当将上诉期间顺延至10月8日。不过，如果犯罪嫌疑人、被告人、罪犯处于被剥夺人身自由的状态，拘留、逮捕等强制措施的期限届满或者刑期届满的，就应当立即予以释放或者变更强制措施，否则就等于延长了羁押时间，属于超期羁押。例如，犯罪嫌疑人被拘留后，如果人民检察院审查批捕期限届满之日为10月1日，即应当以此为限适时作出批准逮捕与否的决定，不应顺延。

2. 路途时间不计入法定期间

根据《刑事诉讼法》第105条第3款的规定，法定期间不包括路途上的时间。上诉状或者其他文件在期满前已经交邮的，不算过期。因此，上诉状或者其他文件在期满前已经交邮的，即使文书到达司法机关时已经超过了法定期限，仍然应当认定为没有超期。上诉状或者其他文件是否在法定期限内交邮以邮戳为标准。这一规定同样适用于公安司法机关。有关诉讼文书材料在公安司法机关之间传递过程中的时间，也应当在法定期间内予以扣除。[1]

根据参与立法人员撰写的条文释义，"路途上的时间"仅指司法机关邮寄送达诉讼文书及当事人向司法机关邮寄诉讼文书在路途上所占用的时间，不包括押解犯罪嫌疑人、被告人的时间。[2]最高人民法院也认为：（1）"法定期间不包括路途上的时间"的规定，主要是针对上诉状或者其他文件在期满前已经交邮的情形。有关刑事拘留的期间，应当按照《刑事诉讼法》第91条的规定，不能依照《刑事诉讼法》第105条的规定计算。（2）从异地押解需要较长时间的，可以依照《刑事诉讼法》第91条"在特殊情况下，提请审查批准的时间可以延长一日至四日"的规定，符合条件的可以依照该条第2款"对于流窜作案、多次作案、结伙作案的重大嫌疑分子，提请审查批准的时间可以延长至三十日"的规定，并不影响公安机关办理案件。（3）异地押解犯罪嫌疑人，公安机关实际上已对其剥夺了人身自由。如果押解路途上的时间不计入刑事拘留期间，可能会突破《刑事诉讼法》第91条对刑事拘留期限的规定，不利于保护公民的合法权益。[3]

（四）期间的重新计算和不计入

1. 重新计算期间的情形

期间的重新计算，是指由于出现了某种法定情形，使已进行的期间归于无效，不再计入期间以内，而从发生新的法定情形之时开始计算期间。重新计算期间的规定仅适用于公安司法机关的办案期限，散见于《刑事诉讼法》和一些司法解释的具体条文中。重新计算期间的法定情形包括：（1）在侦查期间，发现犯罪嫌疑人另有重要罪行的，自发现之日起依法重新计算侦查羁押期限；（2）公安机关补充侦查完毕移送人民检察院后，人民检察院重新计算审查起诉期限；（3）人民检察院补充侦查的案件，补充侦查完毕移送人民法院后，人民法院重新计算审理期限；（4）人民法院改变管辖的案件，从改变后

〔1〕参见陈光中主编：《刑事诉讼法》（第七版），北京大学出版社、高等教育出版社2021年版，第276页。

〔2〕参见王爱立、雷建斌主编：《刑事诉讼法立法精解》，中国检察出版社2019年版，第191页。

〔3〕参见佚名：《押解路途上的时间是否计入刑事拘留期间》，载中华人民共和国最高人民法院刑事审判第一庭、第二庭编：《刑事审判参考》（总第43集），法律出版社2005年版，第207—208页。

的人民法院收到案件之日起计算审理期限；（5）人民检察院审查起诉的案件，改变管辖的，从改变后的人民检察院收到案件之日起计算审查起诉期限；（6）第二审人民法院发回原审人民法院重新审判的案件，原审人民法院从收到发回的案件之日起，重新计算审理期限；（7）简易程序决定转为普通程序审理的案件，审理期限应当从作出决定之日起计算；（8）速裁程序决定转为普通程序或者简易程序审理的案件，审理期限应当从作出决定之日起计算。

2. 不计入期间的情形

不计入期间是指，公安司法机关在期间内的某些诉讼行为所耗费的时间不计入期间。期间不计入的规定同样仅适用于公安司法机关的办案期限，其适用情形散见于《刑事诉讼法》和一些司法解释的具体条文中，主要有：（1）犯罪嫌疑人不讲真实姓名、住址，身份不明的，侦查羁押期限自查清其身份之日起计算。（2）对犯罪嫌疑人、被告人作精神病鉴定的期间不计入办案期限。（3）对于监察机关移送起诉的已采取留置措施的案件，人民检察院应当对犯罪嫌疑人先行拘留，留置措施自动解除。人民检察院应当在拘留后的10日以内作出是否逮捕、取保候审或者监视居住的决定。在特殊情况下，决定的时间可以延长1—4日。人民检察院决定采取强制措施的期间不计入审查起诉期限。（4）中止审理的原因消失后，应当恢复审理，中止审理的期间不计入审理期限。（5）第二审法院应当在决定开庭审理后及时通知人民检察院查阅案卷，人民检察院应当在一个月以内查阅完毕，人民检察院查阅案卷的时间不计入审理期限。（6）不符合暂予监外执行条件的罪犯通过贿赂等非法手段被暂予监外执行的，在监外执行的期间不计入执行刑期。罪犯在暂予监外执行期间脱逃的，脱逃的期间不计入执行刑期。（7）审理申请没收违法所得的案件，公告期间和请求刑事司法协助的时间不计入审理期限。（8）人民检察院审查违法所得没收和强制医疗的，认为需要监察机关或者公安机关补充证据的，监察机关或者公安机关补充证据的时间不计入人民检察院办案期限。

三、期间的耽误与恢复

（一）期间的耽误

期间耽误也称诉讼期限耽误，是指“公安司法机关或者诉讼参与人没有在法定期间完成应当进行的诉讼行为”[1]。对于不同主体而言，除去故意或重大过失外，由于意外事件或不可抗力等正当理由造成的期间耽误，刑事诉讼法都规定了不同的制度规则加以应对。例如，对于公安司法机关而言，由于地震、洪水、瘟疫等不可抗力事由导致的案件无法办理，法定管辖法院不能审判的，立法规定了指定管辖制度。[2] 再如，在侦查羁押期间，发现犯罪嫌疑人另有重要罪行，导致在羁押期间不能按时结案的，法律规定自发现另有重要罪行之日起重新计算侦查羁押期限。还如，对于庭审过程中，被告人身患严

〔1〕 张建伟：《刑事诉讼法通义》（第二版），北京大学出版社2016年版，第196页。

〔2〕 参见《最高人民检察院关于汶川地震灾区检察机关办理审查起诉案件有关问题的通知》（高检发研字〔2008〕4号）、《最高人民法院关于处理涉及汶川地震相关案件适用法律问题的意见（一）》（法发〔2008〕21号）。

重疾病，不能出庭受审，又或者在庭审中跳窗脱逃的，立法确立了中止审理制度，并规定中止审理的期间不计入审理期限。不过，对于当事人而言，刑事诉讼法则规定了另外的处置方式，即如下所述的期间恢复制度。总之，公安司法机关和当事人等其他诉讼参与人都可能会出现期间耽误的问题，但只有当事人有申请期间恢复的权利。

（二）期间的恢复

期间的恢复是指当事人由于不能抗拒的原因或者有其他正当理由而耽误期限的，在障碍消除后 5 日以内，可以申请继续进行应当在期满以前完成的诉讼活动的一种补救措施。在司法实践中，当事人耽误诉讼期间的原因多种多样，有的是基于故意或重大过失，有的则是由于本人无法抗拒的客观原因或正当事由。对于前者，法律不保护躺在权利上睡觉的人，当事人错过期间，实施诉讼行为的权利即应丧失；但对于后者，如果仍要求当事人承担期间耽误的法律后果，一律不予顺延或救济，并不公平，不利于保护当事人的期间权益和诉讼权利，也不利于案件的公正处理。因此，《刑事诉讼法》第 106 条规定了当事人因不可归责于本人的客观原因而耽误诉讼期间的，有权提出恢复期间的申请。

1. 期间恢复必须具备法定条件

根据《刑事诉讼法》第 106 条的规定，期间恢复必须具备四个条件。

（1）必须由当事人提出期间恢复的申请。只有当事人才有权提出期间恢复的申请，其他诉讼参与人以及公安司法机关无权提出申请。当事人申请期间恢复的方式既可以是口头形式，也可以是书面形式。当事人申请期间恢复必须在法院受理案件后，向具有管辖权的法院提出。期间的耽误在各个诉讼阶段都可能发生，但法律仅规定了法院有权准许，并未规定其他公安司法机关可以对耽误的期间作出准许。因此从规范解释角度出发，耽误的期间只指当事人在审判阶段所为诉讼行为的期间，不包括在其他诉讼阶段所为诉讼行为的期间。实践中，基于我国“阶段论”“流水线式”的诉讼构造，当事人因耽误期间而提出申请的，如果是在审判阶段所为诉讼行为的期间，应向法院提出，此系《刑事诉讼法》第 106 条中的期间恢复规定；如果是在审查起诉阶段所为诉讼行为的期间，应向公安机关或检察院提出，由相关机关进行决定，不属于本节所提到的期间恢复制度。

（2）当事人的期间耽误必须是由于不能抗拒的原因或有其他正当理由。这主要包括两种情形：一种情形是当事人遇到了不能抗拒的原因，如遭遇地震、洪水、台风、泥石流、海啸、大火、瘟疫等自然灾害以及战争等社会现象，不能进行某种诉讼行为，耽误了期间；二是当事人有其他正当理由，如发生车祸、突患重病等，导致当事人不能按时完成某项诉讼行为，耽误了期间。

（3）当事人继续进行应当在期满以前完成的诉讼活动的申请，应当是在阻止完成诉讼行为的障碍消除后的 5 日以内提出。5 日是对当事人申请恢复期间的时限要求，超出 5 日，当事人就丧失了期间恢复的权利。

（4）必须经法院裁定批准，期间才能恢复。

2. 期间恢复后的计算

期间恢复的申请，经法院裁定准许后，所恢复的期间仅限于被耽误的期限。设置期间的目的就是对诉讼活动进行一定的时间限制。当事人由于不能抗拒的原因或者其他正当理由而耽误期限的，应当视为期间的中断[1]，中断的时间不应计入期间以内。但是耽误期限以前，当事人所为的诉讼行为的时间应当计入期间。法院裁定准许当事人继续为诉讼行为的期间，也就是要恢复的期间，应当是当事人原来期间中的剩余时间，剩余的时间从裁定准许之日起计算，至法定期间届满日终止。

3. 期间恢复裁定的救济

对于法院作出的有关期间恢复的裁定，当事人是否可以进行上诉？学界对此存有争议。本书认为，应暂不赋予当事人对法院作出的有关期间恢复的裁定提出上诉的权利。裁定主要是针对审判中的程序性问题和判决执行过程中的部分实体性问题所作的决断。最高人民法院《解释》第 378 条第 1 款规定，被告人、自诉人及其法定代理人不服准许撤回起诉、终止审理等裁定的，有权上诉。最高人民法院认为，“准许撤回起诉、终止审理等裁定可能对被告人的实体权益造成影响，应当允许上诉”[2]。期间恢复涉及的主要是当事人的程序性权利，并不直接涉及其实体权益，而且有些期间可能并不那么重要，若一律允许当事人上诉，则有过度保护当事人之嫌，且会引发要求对所有裁定都允许上诉的立法协同问题。此外，若允许对期间恢复的裁定上诉，将会导致相关制度程序的设计变得复杂。例如，此时如果原案中的被害人对期间恢复的裁定不服，就要考虑被害人应行使上诉权还是申请检察院行使抗诉权。因此，对法院作出的有关期间恢复的裁定允许上诉并不具有应然性。

四、刑事诉讼的法定期间

在刑事诉讼活动中，最为重要的是《刑事诉讼法》以及相关司法解释所明确规定的法定期间，主要包括以下几方面。

（一）强制措施期间

我国的刑事强制措施有五种：拘传、取保候审、监视居住、拘留、逮捕，其具体期间限制因措施强度而异：（1）传唤、拘传持续的时间原则上不得超过 12 小时；案情特别重大、复杂，需要采取拘留、逮捕措施的，传唤、拘传持续的时间不得超过 24 小时。（2）取保候审最长不得超过 12 个月。（3）监视居住最长不得超过 6 个月。（4）公安机关对被拘留的人，认为需要逮捕的，应当在拘留后的 3 日以内，提请人民检察院审查批准，特殊情况下提请审查批准的时间可以延长。人民检察院对直接受理的案件中被拘留

---

〔1〕 理论上对期间恢复后的计算还存在期间无限说、期间延长说两种观点。前者认为恢复后的期间无时间限制，后者认为虽有时间限制，但应与法院准许当事人为诉讼行为的期间（法定期间）相加，为法定期间的延长。然而，期间无限说不符合立法创设期间的目的和法律规定，而期间延长说也由于当事人在障碍消除前已无再为诉讼行为的可能，认为是期间的延长也无任何实际意义。综上，本书认为，期间恢复按期间中断计算最为适宜。参见陈建国主编：《人民法院刑事诉讼实务》，人民法院出版社 1992 年版，第 180—181 页；又见陈国庆、王振勇、刘国祥、王守安、杨钊编著：《修改后刑事诉讼法实施疑难问题解答》，中国检察出版社 1997 年版，第 139—140 页。

〔2〕 李少平主编：《〈最高人民法院关于适用《中华人民共和国刑事诉讼法》的解释〉理解与适用》，人民法院出版社 2021 年版，第 424 页。

的人，认为需要逮捕的，应当在14日以内作出决定；在特殊情况下，决定逮捕的时间可以延长1—3日。

（二）侦查羁押期间

侦查羁押期间是犯罪嫌疑人在侦查中被逮捕以后到侦查终结的期限。根据法律规定，对犯罪嫌疑人逮捕后的侦查羁押期限，原则上不得超过2个月。案情复杂、期限届满不能终结的案件，可以延长1个月。对于符合《刑事诉讼法》第158条规定的四种情形[1]，可以延长2个月。对犯罪嫌疑人可能判处10年有期徒刑以上刑罚的，依照刑事诉讼法第158条延长期限届满，仍不能侦查终结的，经省、自治区、直辖市人民检察院批准或者决定，可以再延长2个月。因为特殊原因，在较长时间内不宜交付审判的特别重大复杂的案件，由最高人民检察院报请全国人民代表大会常务委员会批准延期审理。此外，在侦查期间发现犯罪嫌疑人另有重要罪行的，重新计算期限。

（三）审查起诉期间

根据法律规定，人民检察院对于公安机关移送起诉的案件，应当在1个月以内作出决定，重大、复杂的案件，经检察长批准可以延长半个月。对于补充侦查的案件，应当在1个月以内补充侦查完毕，补充侦查以两次为限。被害人对于人民检察院作出的不起诉决定不服的，可以在收到决定书后7日以内向上一级检察院提出申诉。被不起诉人对于人民检察院作出的酌定不起诉决定不服的，可以在收到决定书后7日以内向作出决定的人民检察院申诉。

另外，人民检察院对于监察机关移送起诉的已采取留置措施的案件，应当对犯罪嫌疑人先行拘留，留置措施自动解除；人民检察院应当在拘留后的10日以内作出是否逮捕、取保候审或监视居住的决定。在特殊的情况下，可以延长1—4日。

（四）审理程序期间

1. 一审程序期间

对于按照普通程序审理的一审公诉案件，人民法院应当在7日以内审查完毕，决定是否受理；而对于人民检察院建议按简易程序审理的公诉案件，则应当在3日内审查完毕。人民法院决定开庭审判后，应当确定合议庭的组成人员，将人民检察院的起诉书副本至迟在开庭10日以前送达被告人及其辩护人。人民法院确定开庭日期后，应当将开庭的时间、地点通知人民检察院，传唤当事人，通知辩护人、诉讼代理人、证人、鉴定人和翻译人员，传票和通知书至迟在开庭3日以前送达。公开审判的案件，应当在开庭3日以前先期公布案由、被告人姓名、开庭时间和地点。当庭宣告判决的，应当在5日以内将判决书送达当事人和提起公诉的人民检察院；定期宣告判决的，应当在宣告后立即将判决书送达当事人和提起公诉的人民检察院。判决书应当同时送达辩护人、诉讼代理人。

---

〔1〕《刑事诉讼法》第158条规定："下列案件在本法第一百五十六条规定的期限届满不能侦查终结的，经省、自治区、直辖市人民检察院批准或者决定，可以延长二个月：（一）交通十分不便的边远地区的重大复杂案件；（二）重大的犯罪集团案件；（三）流窜作案的重大复杂案件；（四）犯罪涉及面广，取证困难的重大复杂案件。"

一审的审理期限为：（1）对于按普通程序审理的案件，人民法院应当在受理后2个月以内宣判，至迟不得超过3个月。特殊情况包括，对于可能判处死刑的案件或者附带民事诉讼的案件，以及有《刑事诉讼法》第158条规定"四类案件"情形之一的，上一级人民法院可以批准延长审理期限一次，期限为3个月；因特殊情况还需要延长的，报请最高人民法院批准。此外，对于依照《刑事诉讼法》第204条第2项的规定延期审理的案件，人民检察院应当在1个月以内补充侦查完毕。（2）对于自诉案件，被告人被羁押的，人民法院审理的期限与普通程序期限相同；若被告人未被羁押的，人民法院应当在受理后6个月以内宣判。（3）对于适用简易程序审理的案件，人民法院应当在受理后20日以内审结；对可能判处的有期徒刑超过3年的，可以延长至1个半月。（4）对于适用速裁程序审理的案件，人民法院应当在受理后10日以内审结；对可能判处的有期徒刑超过1年的，可以延长至15日。

2. 上诉、抗诉期间

若当事人不服刑事判决的，其上诉和抗诉的期限为10日，不服裁定的，上诉和抗诉的期限为5日，从接到判决书、裁定书的第2日起算。人民检察院自收到被害人及其法定代理人的请求后5日以内，应当作出是否抗诉的决定并且答复请求人。附带民事部分的判决、裁定的上诉、抗诉期限，即使是另行审判的，也应当按照刑事部分的上诉、抗诉期限确定。

3. 二审程序期间

被告人、自诉人、附带民事诉讼的原告人和被告人通过原审人民法院提出上诉的，原审人民法院应当在3日以内将上诉状连同案卷、证据移送上一级人民法院，同时将上诉状副本送交同级人民检察院和对方当事人。被告人、自诉人、附带民事诉讼的原告人和被告人直接向第二审人民法院提出上诉的，第二审人民法院应当在3日以内将上诉状交原审人民法院送交同级人民检察院和对方当事人。

第二审人民法院审理刑事二审案件的审限为2个月。对于可能判处死刑的案件或者是附带民事诉讼的案件，以及有《刑事诉讼法》第158条规定情形之一的，经省、自治区、直辖市高级人民法院批准或者决定，可以延长2个月，因特殊情况还需要延长的，报请最高人民法院批准。

4. 审判监督程序期间

人民法院按照审判监督程序重新审判的案件，应当在作出提审、再审决定之日起3个月以内审结，需要延长期限的，不得超过6个月。接受抗诉的人民法院按照审判监督程序审判抗诉的案件，审理期限亦如此规定；对需要指令下级人民法院再审的，应当自接受抗诉之日起1个月以内作出决定，下级人民法院审理案件的期限亦如前述规定。

5. 执行期间

罪犯被交付执行刑罚的时候，应当由交付执行的人民法院在判决生效后10日以内将有关的法律文书送达公安机关、监狱或者其他执行机关。

对于死刑，最高人民法院的执行死刑命令，由高级人民法院交付第一审人民法院执行。第一审人民法院接到执行死刑命令后，应当在7日以内执行。第一审人民法院在执行死刑3日以前，应当通知同级人民检察院派员临场监督。

对于无期徒刑、有期徒刑和拘役，符合《刑事诉讼法》第265条第1、2款的规定，人民法院决定暂予监外执行的，应当制作暂予监外执行决定书。人民法院在作出暂予监外执行决定前，应当征求人民检察院的意见。人民检察院认为人民法院的暂予监外执行决定不当，应当自接到通知之日起1个月将书面意见送交人民法院，人民法院应当立即对该决定重新核查，并在1个月以内作出决定。人民法院决定暂予监外执行的，由看守所或者执行取保候审、监视居住的公安机关自收到决定之日起10日以内将罪犯移送社区矫正机构。人民法院应当在收到社区矫正机构的收监执行建议书后30日以内作出决定。收监执行决定书一经作出，立即生效。

对于管制、缓刑、剥夺政治权利，人民法院应当自判决、裁定生效之日起5日以内通知执行地社区矫正机构，并在10日以内将判决书、裁定书、执行通知书等法律文书送达执行地社区矫正机构，同时抄送人民检察院和执行地公安机关。对单处剥夺政治权利的罪犯，人民法院应当在判决、裁定生效后10日以内，将判决书、裁定书、执行通知书等法律文书送达罪犯居住地的县级公安机关，并抄送罪犯居住地的县级人民检察院。

对于刑事裁判涉财产部分和附带民事裁判的执行，因遭遇不能抗拒的灾祸等原因缴纳罚金确有困难，被执行人申请延期缴纳、酌情减少或者免除罚金的，应当提交相关证明材料。人民法院应当在收到申请后1个月以内作出裁定。

对于减刑和假释，对被判处死刑缓期执行的罪犯的减刑，由罪犯服刑地的高级人民法院在收到同级监狱管理机关审核同意的减刑建议书后1个月以内作出裁定；对被判处无期徒刑的罪犯的减刑、假释，由罪犯服刑地的高级人民法院在收到同级监狱管理机关审核同意的减刑、假释建议书后1个月以内作出裁定，案情复杂或者情况特殊的，可以延长1个月；对被判处有期徒刑和被减为有期徒刑的罪犯的减刑、假释，由罪犯服刑地的中级人民法院在收到执行机关提出的减刑、假释建议书后1个月以内作出裁定，案情复杂或者情况特殊的，可以延长1个月；对被判处管制、拘役的罪犯的减刑，由罪犯服刑地的中级人民法院在收到同级执行机关审核同意的减刑建议书后1个月以内作出裁定。对社区矫正对象的减刑，由社区矫正执行地的中级以上人民法院在收到社区矫正机构减刑建议书后30日以内作出裁定。人民法院作出减刑、假释裁定后，应当在7日以内送达提请减刑、假释的执行机关、同级人民检察院以及罪犯本人。若人民检察院认为人民法院减刑、假释的裁定不当，应当在收到裁定书副本后20日以内，向人民法院提出书面纠正意见。人民法院应当在收到纠正意见后1个月以内重新组成合议庭进行审理，作出最终裁定。人民法院若收到社区矫正机构的撤销缓刑、假释建议书，应在收到建议书后30日以内作出裁定。撤销缓刑、假释的裁定一经作出，立即生效。

第二节　送达

送达是刑事诉讼不可缺少的组成部分。送达能够使收件人了解送达文书的内容，以便其参与诉讼活动，行使诉讼权利，履行诉讼义务。送达须依照法定方式进行，诉讼文书和法律文书一经送达即发生一定的法律后果。

一、送达的概念、特点和意义

刑事诉讼中的送达，指公安司法机关等专门机关依照法定的程序和方式将有关诉讼文件送交收件人（自然人或机关单位）的一种诉讼行为。送达保障收件人的知情权，例如，当事人收到一审判决书后才开始计算上诉期限。同时，某些诉讼文件只有按照送达程序送达收件人，才能发生法律效力。某些诉讼文件还会引起一定的法律后果，例如，当事人在法定期间内接到人民法院的传票，就必须按时出席法庭。刑事诉讼活动中的送达具有如下几个特点[1]。

（一）送达主体是公安司法机关

在我国刑事诉讼中，送达仅限于公安司法机关向收件人送交诉讼文件的行为。至于诉讼参与人向公安司法机关递交上诉状以及其他诉讼文件，又或者诉讼参与人之间相互传递诉讼文件的行为，均不属于刑事诉讼法意义上的送达。

（二）送达的材料是有关诉讼文件

送达的材料包括各种诉讼文件，其中主要是公安司法机关制作的诉讼文书，如《刑事诉讼法》第 107 条第 1 款规定的“传票、通知书”。此外，诉讼参与人制作的自诉状副本、附带民事诉讼诉状及答辩状副本、上诉状副本等诉讼文书也应通过法院送达，但这不是后文提及的转交送达。

（三）送达的对象既可以是公民个人，也可以是机关单位

送达对象是指诉讼文件中指明应交给的人及其法定代理人，包括自然人和单位。例如，根据《刑事诉讼法》第 178 条的规定，不起诉决定应当公开宣布，并且将不起诉决定书送达被不起诉人和他的所在单位。再如，《刑事诉讼法》第 187 条第 3 款规定：“人民法院确定开庭日期后，应当将开庭的时间、地点通知人民检察院……通知书至迟在开庭三日以前送达……”在这里，人民法院应当将传票和通知书送达包括单位内的被告人。

（四）送达必须依照法定的程序和方式进行

送达是具有法律意义、发生法律效力的诉讼行为，公安司法机关只有依法送达，诉讼文件才会发生法律效力。

送达的意义有两方面：一方面，送达有利于推动刑事诉讼活动顺利进行。公安司法机关只有依法向收件人送达诉讼文件，才能保证收件人及时知悉文件内容，按时参加诉讼活动，从而使国家专门机关与诉讼参与人同步同频、平稳有序地共同推动刑事诉讼进

〔1〕 参见陈光中主编：《刑事诉讼法》（第七版），北京大学出版社、高等教育出版社 2021 年版，第 281 页。

程。另一方面，送达有利于保障诉讼参与人及时行权，促进国家专门机关依法履职。如前所述，送达的对象既可以是公民个人，也可以是机关单位。如果送达的对象是公民个人，一般为当事人或其他诉讼参与人。通过送达诉讼文书，可以使他们及时了解诉讼进程及自身享有的诉讼权利，便于他们更好地参加诉讼，及时行权，最大限度地维护自身合法权益。如果送达的对象是机关单位，特别是其他的国家专门机关，如法院确定开庭日期后将通知书送达检察院，国家专门机关可以通过送达的诉讼文件及时了解诉讼程序的进展，按时做好参加诉讼的准备，更好地履行法定职责。

二、送达的方式和程序

我国刑事诉讼中有直接送达、留置送达、委托送达、邮寄送达和转交送达五种送达方式。《刑事诉讼法》107 条规定了直接送达和留置送达两种情形，而最高人民法院《解释》第 205、206、207、208 条对委托送达、邮寄送达和转交送达进行了规定。

（一）直接送达

直接送达是指公安司法机关派员将诉讼文书直接送交收件人的一种送达方式。直接送达的特点是诉讼文书被直接交付收件人，无需经过转交、邮寄等中间环节，优势是送达便捷、迅速、可靠性强，更有利于收件人第一时间直接了解文书内容。[1] 故公安司法机关送达诉讼文书，应当以直接送达为原则，其他方式为例外。

根据《刑事诉讼法》第 107 条、最高人民法院《解释》第 204 条的规定，直接送达的程序包括两种：一是由公安司法人员将诉讼文书交给收件人本人，由收件人本人在送达回证上记明收到的日期，并且签名或者盖章。二是如果本人不在，可以将诉讼文书交给他的成年家属或者所在单位的负责人员（实践中往往指所在单位负责收件的人员）代收，由代收人在送达回证上记明收到的日期，并且签名或者盖章；收件人或者代收人在送达回证上签收的日期为送达日期。代收人签收送达的诉讼文书与收件人本人签收法律效力相同。不过，若由于代收人没有及时通知、无法通知，以致延误期间内收件人行使权利、完成诉讼行为的，收件人可依《刑事诉讼法》第 106 条向法院提出期间恢复的申请，是否准许由法院裁定。

（二）留置送达

留置送达是指收件人本人或者代收人拒绝接收诉讼文件时，送达人依法将诉讼文件留在收件人住处的一种送达方式。送达直接关系到整个刑事诉讼程序能否顺利进行，但实践中总会出现一些收件人因种种原因拒绝接收送达文件的情况，有的还以此作为不履行诉讼义务的理由，留置送达就是为了应对上述情形，来保证刑事诉讼活动的顺利进行。

采取留置送达必须具有一个前提，就是诉讼文件送达后，收件人本人或者代收人拒绝接收或者拒绝签名、盖章，如果仅仅是找不到收件人本人或代收人，不可采用留置送达。根据最高人民法院《解释》204 条第 2 款的规定，送达人可以邀请见证人到场，说

---

〔1〕 参见《刑事诉讼法学》编写组：《刑事诉讼法学》（第四版），北京高等教育出版社 2022 年版，第 219 页。

明情况，在送达回证上注明拒收的事由和日期，由送达人、见证人签名或者盖章，将诉讼文书留在收件人、代收人的住处或者单位；也可以把诉讼文书留在受送达人的住处，并采用拍照、录像等方式记录送达过程，即视为送达。不过，由于调解书须经双方当事人签收后方能发生法律效力[1]，所以对于调解书的送达不能采取留置送达的方式。如果收件人拒绝接受，则应当视为调解无效，需要进行判决。

（三）委托送达

委托送达是指公安司法机关直接送达诉讼文书有困难时，委托收件人所在地的公安司法机关代为交给收件人的送达方式。委托送达中，受委托的主体只能是公安司法机关。最高人民法院《解释》第206条规定："委托送达的，应当将委托函、委托送达的诉讼文书及送达回证寄送受托法院。受托法院收到后，应当登记，在十日以内送达收件人，并将送达回证寄送委托法院；无法送达的，应当告知委托法院，并将诉讼文书及送达回证退回。"

（四）邮寄送达

邮寄送达是指公安司法机关通过邮局将诉讼文书用挂号方式邮寄给收件人的送达方式。最高人民法院《解释》第207条规定："邮寄送达的，应当将诉讼文书、送达回证邮寄给收件人。签收日期为送达日期。"邮寄送达通常也是在直接送达有困难的情况下采用的一种送达方式，但我国《刑事诉讼法》以及相关司法解释并未对此过多规定，实践中可以参考民事诉讼中的邮寄送达规则。如《最高人民法院关于以法院专递方式邮寄送达民事诉讼文书的若干规定》第6条第2款规定："邮政机构按照当事人提供或确认的送达地址在五日内投送三次以上未能送达，通过电话或者其他联系方式又无法告知受送达人的，应当将邮件在规定的日期内退回人民法院，并说明退回的理由。"

（五）转交送达

转交送达是指公安司法机关将诉讼文书交收件人所在机关、单位代收后再转交给收件人的送达方式。转交送达仅适用于收件人较为特殊的情形。根据最高人民法院《解释》第208条的规定，转交送达的对象是三类特殊收件人：（1）诉讼文书的收件人是军人的，可以通过其所在部队团级以上单位的政治部门转交。（2）收件人正在服刑的，可以通过执行机关转交。（3）收件人正在接受专门矫治教育等的，可以通过相关机构转交。在送达程序上，由有关部门、单位代为转交诉讼文书的，应当请有关部门、单位收到后立即交收件人签收，并将送达回证及时寄送人民法院。代为转交的部门、单位收到诉讼文书后，应当立即交收件人签收，并将送达回证及时寄送公安司法机关。

《刑事诉讼法》虽未明文规定委托送达、邮寄送达和转交送达这三种送达方式，但这三类送达已在司法实践中得到较为普遍的适用，符合司法的实际情况，且已上升为司

---

〔1〕 最高人民法院《解释》第190条第1款规定："人民法院审理附带民事诉讼案件，可以根据自愿、合法的原则进行调解。经调解达成协议的，应当制作调解书。调解书经双方当事人签收后即具有法律效力。"第328条第1款规定："人民法院审理自诉案件，可以在查明事实、分清是非的基础上，根据自愿、合法的原则进行调解。调解达成协议的，应当制作刑事调解书，由审判人员、法官助理、书记员署名，并加盖人民法院印章。调解书经双方当事人签收后，即具有法律效力。调解没有达成协议，或者调解书签收前当事人反悔的，应当及时作出判决。"

法解释。故有必要在下次修法时对这三类送达加以吸收借鉴，将其上升为法律规定，并可以考虑将其适用范围从审判阶段扩大到整个刑事诉讼全过程。

（六）公告送达

对于刑事诉讼法是否要如民事诉讼法一般规定公告送达，有否定说和肯定说两种立场。否定说认为刑事诉讼法不能规定公告送达，理由是刑事案件与民事案件不同，有严格的办案期间要求或审限规定。若允许公告送达，设置较长的公告期，必然会拉长办案期间，导致诉讼延宕，并不利于尽快打击犯罪，及时修复被损害的社会关系。但若减短公告期，又无法达到公告送达的应有效果。二者难以抉择，需要更为充分的论证，故而刑事诉讼法还是暂不规定公告送达为好。肯定说认为，可以规定公告送达，原因是，在有些情况下可能只有公告送达这一种方式才能送达收件人。另外，就算公告送达超过了原有的办案期间或审限，也比办案停滞或无法审理要好。

其实，目前刑事诉讼普通程序中仅有附带民事诉讼可以适用公告送达，但刑事诉讼特别程序中已有公告送达的相关规定。《刑事诉讼法》第 299 条第 2 款规定："人民法院受理没收违法所得的申请后，应当发出公告。公告期间为六个月。犯罪嫌疑人、被告人的近亲属和其他利害关系人有权申请参加诉讼，也可以委托诉讼代理人参加诉讼。"由于违法所得特别没收程序类似于域外的民事没收程序，因此在此处设定公告送达具有合理性。

但特别程序中的缺席审判程序不应允许公告送达。2018 年《刑事诉讼法》修订时增加缺席审判制度，其中，为了充分保障被告人的知悉权，第 292 条特别规定三种送达方式，即"人民法院应当通过有关国际条约规定的或者外交途径提出的司法协助方式，或者被告人所在地法律允许的其他方式，将传票和人民检察院的起诉书副本送达被告人"。据此，无论是从规范层面还是从司法实践看，缺席审判程序都并未规定和允许公告送达。

重要名词术语

期间、期日、直接送达、留置送达、委托送达、转交送达

思考题

1. 简述刑事诉讼中期间的恢复制度。
2. 简述刑事诉讼中送达的方式。

典型案例分析

基本案情[1]

某市 A 区人民检察院于 2005 年 3 月 7 日以被告人张某犯故意伤害罪向某市 A 区人

---

〔1〕 参见中华人民共和国最高人民法院刑事审判第一、二、三、四、五庭主办：《刑事审判参考》（总第 53 集），法律出版社 2007 年版，第 30—35 页。

民法院提起公诉。2005 年 3 月 12 日，附带民事诉讼原告人孙某向法院提起附带民事诉讼，要求被告人张某赔偿经济损失共计人民币 28,289.2 元。

某市 A 区人民法院经审理查明：2003 年 11 月 9 日晚，被告人张某与老乡孙某等人在某市西湖镇“老某”饭店吃饭，张某与孙某为琐事发生争吵，被一同喝酒的其他老乡劝开。后张某与孙某回到宿舍继续发生争吵、打斗，在打斗过程中，张某持菜刀砍了孙某面部三刀，致孙某面部受伤，经法医鉴定为轻伤。

另查，2003 年 12 月，附带民事诉讼原告人孙某曾与被告人张某联系协商过赔偿问题，但未达成协议，后直至 2005 年 3 月 12 日向法院提起附带民事诉讼前，孙某未再向张某主张过权利。

某市 A 区人民法院认为，被告人张某故意伤害他人身体致人轻伤，其行为已构成故意伤害罪。其归案后认罪态度较好，且系初犯，均可酌情从轻处罚。附带民事诉讼原告人孙某被伤害后虽曾主张过权利，但在其后的 1 年诉讼时效期限内未及时起诉，被告人张某又不同意附带民事诉讼原告人孙某的诉讼请求，附带民事诉讼原告人孙某已丧失了胜诉权，故对其诉讼请求不予支持。据此，依据《刑法》第 234 条第 1 款，第 64 条，第 72 条第 1 款，第 73 条第 2、3 款和《民法通则》第 136 条第 1 项[1]之规定，判决如下：

1. 被告人张某犯故意伤害罪，判处有期徒刑 2 年，缓刑 2 年；

2. 作案工具菜刀 1 把予以没收；

3. 驳回附带民事诉讼原告人孙某的诉讼请求。

一审宣判后，被告人张某未提出上诉，检察机关亦未提起抗诉。附带民事诉讼原告人孙某就本案附带民事部分向某市中级人民法院提出上诉，要求被告人张某赔偿其经济损失。

某市中级人民法院经审理查明的本案事实与一审认定的事实无异。对于本案附带民事部分，二审法院认为尚未超过诉讼时效，予以受理。经法院主持调解，上诉人孙某及原审被告人张某均认为双方应该本着相互谅解的原则解决附带民事赔偿纠纷，为此，双方当事人自愿达成如下协议：

1. 原审被告人张某赔偿上诉人孙某各项经济损失共计人民币 6000 元；

2. 上诉人孙某自愿放弃对原审被告人张某的其他诉讼请求。

主要问题

本案附带民事诉讼部分在二审最终以调解方式结案，但对于一审法院认为附带民事诉讼原告人提出诉讼请求时已超过民事诉讼时效，因而判决驳回其诉讼请求这一做法是否正确，值得探讨。这涉及刑事附带民事诉讼案件中民事部分的时效期间究竟该如何计算的问题。

---

〔1〕《民法通则》已被《民法典》替代。《民法典》第 188 条规定：“向人民法院请求保护民事权利的诉讼时效期间为三年。法律另有规定的，依照其规定。诉讼时效期间自权利人知道或者应当知道权利受到损害以及义务人之日起计算。法律另有规定的，依照其规定。但是，自权利受到损害之日起超过二十年的，人民法院不予保护，有特殊情况的，人民法院可以根据权利人的申请决定延长。”

裁判理由

附带民事诉讼案件的时效应当遵从刑事诉讼追诉时效。本案一审判决驳回附带民事诉讼原告人诉讼请求的主要依据是：刑事附带民事诉讼的民事部分，是处理平等主体间的权利义务关系，应当适用我国《民法通则》的有关规定。根据我国《民法通则》的规定，一般诉讼时效期间为 2 年，身体受到伤害要求赔偿的，适用特别诉讼时效期间的规定，时间为 1 年，均从权利人知道或应当知道权利被侵害之日起计算。在诉讼时效期间的最后 6 个月，因不可抗力或者其他障碍不能行使请求权的，诉讼时效中止。待中止事由消除之日起，继续计算诉讼时效期间。诉讼时效因提起诉讼、当事人一方提出要求或者同意履行义务而中断。从中断时起，重新计算诉讼时效期间。本案中，附带民事诉讼原告人孙某被伤害后虽曾于 2003 年 12 月向被告人张某主张过权利，但张某并未同意孙某的赔偿请求，直至 2005 年 3 月 12 日孙某向法院提起诉讼时已超过 1 年诉讼时效期，故附带民事诉讼原告人孙某已丧失了胜诉权，对其诉讼请求应不予支持。

法院认为，附带民事诉讼案件的时效应当遵从刑事诉讼追诉时效。

我国《刑事诉讼法》第 101 条第 1 款规定："被害人由于被告人的犯罪行为而遭受物质损失的，在刑事诉讼过程中，有权提起附带民事诉讼。"这是针对刑事附带民事诉讼所规定的一种特殊时效。刑事案件发生后，大多数案件需要经过公安机关一段时期的侦查才能破案，抓获罪犯，进入刑事诉讼程序。此前，有的被害人可能已经明确知道了实施侵害行为的具体人，有的被害人可能并不清楚甚至根本不知道具体是谁侵犯了他的权利。后一种情形由于权利人尚未"知道或应当知道"具体侵害人，无法提起民事诉讼，其民事诉讼时效当然无从算起。而前一种情形（如本案），由于大多数普通公民并不十分了解诉讼法及具体诉讼程序，被害人往往会把提出民事赔偿权利的主张与报案等行为混为一谈，以为报了案，抓了人，就等着国家给他做主就行了。被害人在不十分清楚的情况下，产生这种想法也是很自然的。从这一角度讲，如果要求被害人此时即对刑事、民事诉讼时效作出明确无误的区分，从而判断自己应当何时向何机关主张自己的何种权利，显然有些不近情理。

当然，此时被害人也可以向公安机关等有关部门提出民事赔偿的主张。根据最高人民法院《解释》第 185 条的规定，"侦查、审查起诉期间，有权提起附带民事诉讼的人提出赔偿要求，经公安机关、人民检察院调解，当事人双方已经达成协议并全部履行，被害人或者其法定代理人、近亲属又提起附带民事诉讼的，人民法院不予受理，但有证据证明调解违反自愿、合法原则的除外。"如果公安机关、人民检察院根据《刑事诉讼法》第 16 条的规定撤销案件或者不起诉，即刑事诉讼程序终止的，被害人则不能提起附带民事诉讼，只能提起独立的民事诉讼。一般认为，有权提起附带民事诉讼的人可以在广义的刑事诉讼过程中提起附带民事诉讼，即在侦查阶段向公安机关或检察机关提出、在审查起诉阶段向检察机关提出、在审判阶段向法院提出。但严格来讲，在侦查、审查起诉阶段不能称其为"起诉"，只能算作提出权利请求。诉讼意味着审判，而审判权只能由法院行使，公安机关、检察机关既不能审判案件也不能代替法院立案，因此其只能对附带民事诉讼请求进行调解。调解不成或因反悔而不执行的，均不影响有权提起附带民事诉讼的人向法院起诉。也就是说，除非能够达成调解协议，否则被害人在案件进入审判阶段前向法院提起民事诉讼是没有实质意义的。

犯罪行为具有较为严重的社会危害性，因此，刑事追诉时限规定得较长。与刑事责任相比，民事责任具有不同的目的和危害属性。民事诉讼是为了解决平等当事人之间的权利义务纷争，注重效率，因此民法确立的诉讼时效较短。对于刑事附带民事诉讼案件来说，被告人的行为构成刑事犯罪，同时又构成民事侵权，附带民事诉讼本质上属于损害赔偿之债的性质，但它的成立是以刑事诉讼的存在为前提的。刑事附带民事诉讼实际上就是刑、民合并之诉，即将民事诉讼置于刑事诉讼中，一并解决被告人的刑事责任和民事赔偿责任的问题。所谓“附带”民事诉讼主要体现为程序上的从属性，在这种程序中，必须遵循刑事程序优先原则。关于这一点，最高人民法院《解释》第 201 条中明确规定：“人民法院审理附带民事诉讼案件，除刑法、刑事诉讼法以及刑事司法解释已有规定的以外，适用民事法律的有关规定。”从这一表述的先后顺序看，刑事法律无疑是排在民事法律之前的。从“除……外”等用词上看，民事法律也只是还应当“适用”，且仅限于其中的“有关规定”。对此，我们应当理解为：如果刑事法律有规定的，首先应适用刑事法律；只有在刑事法律没有作出相关规定时，才能适用民事法律的“有关规定”。但是，对于刑事法律和民事法律同时都有规定且存在冲突的（如本案所涉及的时效问题），应当如何处理呢？从上述分析中我们不难得出这样的结论：当刑事法律的规定与民事法律的规定发生冲突时，应当优先适用刑事法律的规定。因此，在附带民事诉讼审理过程中，案件的管辖、审判组织、期间和送达、诉讼费用、起诉时间等规定，均应服从、受制于刑事诉讼。就附带民事诉讼案件起诉时间而言，根据最高人民法院《解释》第 184 条第 1 款的规定，“附带民事诉讼应当在刑事案件立案后及时提起”，被害人只要在立案后提起刑事附带民事诉讼，就应当认为是在刑事诉讼过程中提起的，就没有超出刑事附带民事诉讼提起的时效，而不必受民事诉讼时效的限制。刑事诉讼法之所以对提起附带民事诉讼规定了特殊时效，是为了最大限度地保护被害人与犯罪作斗争的积极性，最大限度地保障其合法权益不受犯罪侵害。因此，孙某向法院提起刑事附带民事诉讼符合刑事诉讼法的有关规定，法院对其诉讼请求应当支持。一审判决认为附带民事诉讼原告人孙某提起诉讼时已超过民事诉讼时效而驳回其诉讼请求，是不正确的。

当然，如果被害人单独提起民事诉讼，则应当遵循民法关于诉讼时效的规定。但特别需要注意的是，对于因犯罪行为而造成的物质损失，不论是提起附带民事诉讼，还是单独提起民事诉讼，在对现行法律关于民事诉讼时效中止、中断规定的理解和适用上，既不能将民事诉讼时效中断的法定事由中的“提起诉讼”仅仅理解为提起独立的民事诉讼，而对于被害人向公安司法机关控告犯罪，或公安机关、检察机关在开始刑事诉讼程序后告知被害人，被害人向公安机关、检察机关提出赔偿的权利主张排除在外，也不能将因犯罪处于秘密状态，犯罪嫌疑人尚未查获，被害人只知权利被侵害，但不知侵害人是谁而不能主张权利的情况，排除在法律规定的中止诉讼时效的法定事由之外。

第十一章　刑事立案制度

【内容提示】

刑事诉讼中的立案，是指公安机关、人民检察院、人民法院对于报案、控告、举报、自首等材料，依照管辖范围进行审查后，根据有无犯罪事实发生和应否追究刑事责任等法定条件，决定是否作为刑事案件进行侦查或审理的一种诉讼活动。

1979 年我国制定的《刑事诉讼法》在总结长期以来刑事司法工作的成功经验基础上，借鉴了苏联《刑事诉讼法》中“提起刑事诉讼”这一启动程序，为使文字通俗易懂，改为“立案程序”，作专章规定在侦查程序之前，作为我国刑事诉讼的启动程序。

立案制度是非常具有中国特色的刑事司法制度，目前世界其他主要法治国家基本都没有这一制度。但是我国在 1979 年制定《刑事诉讼法》后，不论是 1996 年第一次修改《刑事诉讼法》，还是 2012 年第二次修改《刑事诉讼法》，抑或是 2018 年第三次修改《刑事诉讼法》，都保留了这一制度。对立案制度进行学习是对有中国特色的刑事诉讼制度的充分肯定，体现了社会主义法治的制度自信。

本章分四节讨论刑事诉讼中的立案制度：第一节立案概述，首先阐述立案的概念、特征及性质，其次介绍立案制度的确立，再次分析立案的材料来源，复次描述立案的条件，最后总结立案的意义。第二节立案的程序，首先阐述立案材料的接受，其次介绍对立案材料的审查和处理，以及四种结果——决定立案、决定不立案、撤销案件、移送案件。第三节刑事立案程序与人权保护，首先分析刑事立案程序与公民人权保护的关系，一是刑事立案程序有利于保证侦查权在行使中尊重和保障人权，二是刑事立案程序有利于规范公安司法机关职权，进而保障公民人权。其次分析刑事立案程序与被害人人权保护。第四节阐述立案制度的完善，首先指出保留立案程序的必要性，其次提出完善立案制度的建议——加强立案救济和立案监督。

第一节　立案概述

一、立案的概念、特征及性质

刑事诉讼中的立案，是指公安机关、人民检察院、人民法院对于报案、控告、举报、自首等材料，依照管辖范围进行审查后，根据有无犯罪事实发生和应否追究刑事责任等法定条件，决定是否作为刑事案件进行侦查或审理的一种诉讼活动。

（一）立案的特征

立案作为启动刑事诉讼的法定程序，具有以下特征：

首先，立案与侦查、提起公诉、审判等诉讼阶段相并列，具有特定的诉讼任务和实现任务的特定程序和方式，诉讼主体之间形成了特定的刑事诉讼法律关系，因而具有独立性。其次，公安机关、人民检察院、人民法院等机关办理任何刑事案件都必须经过立案阶段。尽管刑事诉讼中有立案、侦查、提起公诉、审判、执行等相对独立的诉讼阶段，某些案件可能不经过其中一个或几个阶段（如自诉案件，不经过侦查、提起公诉），但是，所有的刑事案件必须经过立案阶段。〔1〕最后，从我国刑事诉讼法的结构体例上看，我国的刑事诉讼（公诉案件）中的职权机关在立案前虽可以进行调查，即必要时可以采取勘验、检查、查询、鉴定和询问知情人等一般调查方法，但是如最高人民检察院《规则》第169条规定，在举报线索的初查过程中，只能进行询问等不限制被调查对象人身、财产权利的措施，不得对被调查对象采取强制措施，不得查封、扣押、冻结被调查对象的财产等强制性侦查手段。

根据刑事诉讼法的规定，人民检察院和公安机关对案件进行的侦查活动，以及人民法院对案件的审判活动，均应在立案以后进行。立案作为一个独立的诉讼阶段，其任务是审查有关报案、控告、举报、自首的案件在事实和证据方面的情况以及管辖权的问题。经过审查，公安司法机关判明是否存在犯罪事实和是否需要追究刑事责任，这是公安司法机关对案件在程序上的第一次筛选。经过筛选，符合法定条件的一部分案件进入下一个程序，另一部分案件在此阶段结束，即不予立案。立案程序不仅提高了诉讼的效率，同时还有效维护了人民群众的合法利益。

立案作为一种重要的诉讼活动，只具有程序上的意义，而不具有证明或确认犯罪的实质上的功能。立案只表明国家对有关涉嫌犯罪的事实或犯罪嫌疑人要进行专门的调查，而被立案调查的事实可能是犯罪事实，也可能经调查后侦查机关或审判机关认为不是犯罪或不需要追究刑事责任，立案程序因此而结束；如果立案机关有证据证明有犯罪事实并且需要追究刑事责任，则案件进入下一个诉讼程序：转为侦查阶段或审判阶段。

（二）立案的性质

刑事立案的性质，在我国理论界存在着不同的观点，主要有“阶段说”和“决定说”。“决定说”顾名思义，就是认为刑事立案是刑事诉讼阶段中的一种决定，即公安机关、人民检察院、法院在接受报案、控告、举报或犯罪人自首后，应当进行审查，认为有犯罪事实需要追究刑事责任的，应做出依法追究的决定，作出的这种决定在诉讼中叫作立案。〔2〕而“阶段论”则认为，刑事立案是公安机关、人民检察院、人民法院对报案、控告、举报和犯罪人自首等方面材料进行审查，判明是否有犯罪事实并需要追究刑事责

---

〔1〕参见陈光中、徐静村主编：《刑事诉讼法学》（第五版），中国政法大学出版社2015年版，第244页。

〔2〕参见刘根菊：《刑事立案论》，中国政法大学出版社1994年版，第5页。

任，依法决定是否作为刑事案件交付侦查或审判的诉讼活动。[1]从《刑事诉讼法》的立法初衷来看，刑事立案包括了从受案、审查及作出是否立案的决定的全过程，因此，“阶段说”较为合理。

二、立案制度的确立

苏联及东欧各国一般都将提起刑事诉讼作为刑事诉讼开始的一个独立阶段。[2]其学者认为，提起刑事诉讼具有体现阶段独立性的全部特征，并具有重要意义：“一方面，它能够保证使每一个犯罪行为都受到严肃的处理；而另一方面，它能够及时防止追究那些不具有犯罪特征的事实，或者根本杜绝这种情况。诉讼程序的这一阶段是这种程序的一个过滤器，它能使有关国家机关在任何具体情况下都集中精力加强同犯罪行为进行斗争。”[3]

新中国成立时，由于意识形态等多方面的原因，我国曾经全面继受苏联的政治、经济、法律制度。在这样的历史背景下，在 1979 年《刑事诉讼法》制定以前，无论是理论上还是实践中通常直接借用苏联的“提起刑事诉讼”来指称刑事诉讼的启动程序；1979 年制定的《刑事诉讼法》在总结长期以来刑事司法工作的成功经验基础上，为使文字通俗易懂，将提起刑事诉讼改为“立案程序”作专章规定在侦查程序之前，作为刑事诉讼的启动程序。[4]

三、立案的材料来源

立案必须有一定的证明刑事案件情况发生的事实材料为依据，即必须有一定的材料来源。立案材料来源，是指公安司法机关获取有关犯罪事实及犯罪嫌疑人情况的材料来源、渠道或途径。根据《刑事诉讼法》的规定，立案的材料主要来源于以下三个方面：

（一）司法机关的发现

《刑事诉讼法》第 109 条规定：“公安机关或者人民检察院发现犯罪事实或者犯罪嫌疑人，应当按照管辖范围，立案侦查。”公安机关、人民检察院在案件侦查、审查批捕或者审查起诉时发现其他的犯罪事实或者犯罪嫌疑人的案件在刑事案件中占有一定比例。公安机关作为国家治安保卫部门，在处理日常治安保卫工作中发现的犯罪事实或犯罪嫌疑人，也是立案材料的重要来源。

（二）单位和个人的报案、举报和控告

根据《刑事诉讼法》第 110 条第 1、2 款规定：“任何单位和个人发现有犯罪事实或者犯罪嫌疑人，有权利也有义务向公安机关、人民检察院或者人民法院报案或者举报。被害人对侵犯其人身、财产权利的犯罪事实或者犯罪嫌疑人，有权向公安机关、人民检

---

〔1〕参见樊崇义主编：《刑事诉讼法》，中国政法大学出版社 1996 年版，第 220 页。

〔2〕现在，独联体及东欧各国在演变之后，仍沿用了从前立法所确定的规范。参见程味秋主编：《外国刑事诉讼法概论》，中国政法大学出版社 1994 年版，第 225 页。

〔3〕［苏］И.В. 蒂里切夫等编著：《苏维埃刑事诉讼》，张仲麟等译，法律出版社 1984 年版，第 205 页。

〔4〕参见张颖：《刑事立案异化及其原因》，载《政法学刊》2009 年第 2 期。

察院或者人民法院报案或者控告。”这是在刑事诉讼中依靠群众原则的具体表现，公安机关、人民检察院和人民法院只有充分发动人民群众、依靠人民群众，才能准确及时地处理案件，平息当事人之间的矛盾，惩罚犯罪，有效地维护社会稳定。报案是指单位和个人以及被害人发现有犯罪事实发生，但尚不知道犯罪嫌疑人是谁而向公安机关、人民检察院或人民法院报告的行为；举报是指有关单位和个人对发现的犯罪事实和犯罪嫌疑人向公安机关、人民检察院或人民法院检举和告发；控告是指遭受犯罪行为侵害的单位或个人向公安机关、人民检察院或人民法院控诉和告发犯罪嫌疑人的有关犯罪事实，并要求公安机关、人民检察院或人民法院追究其刑事责任的行为，对于被害人死亡或者丧失行为能力的，其法定代理人、近亲属也有权提出控告。

根据《刑事诉讼法》第 110 条第 3 款的规定，公安机关、人民检察院或者人民法院对于报案、控告、举报，都应该接受，不得推诿。对于不属于自己管辖的，应当移送主管机关处理，并且通知报案人、控告人、举报人；对于不属自己管辖而又必须采取紧急措施的，应当先采取紧急措施，然后移送主管机关，以防止犯罪嫌疑人逃跑或造成更大的危害。

（三）犯罪人的自首

自首是指行为人犯罪以后自动投案，如实供述自己罪行的行为。这是公安司法机关立案材料的来源之一。自首一般是行为人未被公安司法机关询问或采取强制措施前主动向公安机关、人民检察院或人民法院交待自己的罪行，并接受审查和裁判的行为。除此之外，根据最高人民法院《关于处理自首和立功具体应用法律若干问题的解释》的规定，犯罪嫌疑人向其所在单位、城乡基层组织或者其他有关负责人投案的；犯罪嫌疑人因病、伤或者为了减轻犯罪后果，委托他人先代为投案的，或者先以信电投案的；或者正在投案途中被公安机关捕获的等，都应视为投案自首。对投案自首的犯罪嫌疑人根据《刑法》有关规定可以从轻或者减轻处罚，其中，犯罪较轻的，可以免除处罚。

四、立案的条件

立案的条件是指决定立案所必须具备的法定的基本要件，它是判明立案决定是否正确、合法的基本依据。根据《刑事诉讼法》第 112 条的规定：“人民法院、人民检察院或者公安机关对于报案、控告、举报和自首的材料，应当按照管辖范围，迅速进行审查，认为有犯罪事实需要追究刑事责任的时候，应当立案；认为没有犯罪事实，或者犯罪事实显著轻微，不需要追究刑事责任的时候，不予立案，并且将不立案的原因通知控告人。控告人如果不服，可以申请复议。”这一规定说明，立案必须同时满足三个条件：一是公安司法机关认为有犯罪事实；二是需要追究刑事责任；三是属于自己管辖范围。

（一）公安司法机关认为有犯罪事实

有犯罪事实是决定立案的事实条件。目前就立案的事实条件，普遍认为应当是“有犯罪事实存在”。其中较具代表性的观点认为，有犯罪事实包括两方面的含义：一是需要立案追究刑事责任的必须是依照《刑法》规定构成犯罪的行为，而非一般违法、违纪等行为，即立案时首先划清罪与非罪的界限；二是必须有一定的证据证明犯罪事实确已发生和存在，绝非出于司法工作人员的主观想象或猜测。这种观点过于强调案件客观事实本身，而忽视了公安司法人员对客观事实的认识。而由于立案时认识的依据与经过侦查及起诉后的依据不同，因此，现实中才会发生决定立案后，经侦查又撤销案件，或决定不立案后，又发现有新事实、新证据，认为需要立案等情况。因此，决定立案或不立案，对事实根据的理解并不是有没有犯罪事实，而是根据法律的规定认为有没有犯罪事实。公安司法机关认为有犯罪事实存在是建立在一定的证据基础上的，并不完全是主观猜测。然而，此时的证据并不要求达到充分的程度，也不要求一定要查获犯罪嫌疑人，更不要求查明全部案件的事实和情节。

有犯罪事实存在是决定立案的首要条件，但是，法律并不要求具备能够证明犯罪的一切情节和犯罪人是谁的证据，只要有一定的材料证明犯罪事实存在，就具备立案的事实条件。

（二）需要追究刑事责任

这是决定立案的法律条件。需要追究刑事责任是犯罪事实在法律上的否定性评价后果之一，只有当公安司法机关认为的这种犯罪事实根据相关法律规定，确需追究行为人的刑事责任时，公安司法机关才予以立案。因此，对于法律规定不需要追究刑事责任的行为，由于缺乏立案的法律条件，公安司法机关就不能立案。根据《刑事诉讼法》第16条的规定，有下列情形之一的，不需要追究刑事责任：情节显著轻微、危害不大，不认为是犯罪的；犯罪已过追诉时效期限的；经特赦令免除刑罚的；依照《刑法》告诉才处理的犯罪，没有告诉或者撤回告诉的；犯罪嫌疑人、被告人死亡的；其他法律规定免予追究刑事责任的。因此，具有上述情形之一的，公安司法机关应当不予立案，已经立案的，应当撤销案件。

从理论上讲，立案需要以上两个条件同时具备，二者缺一不可。但是在司法实践中，侦查之前，乃至审判之前，很难确定行为人的行为的具体性质，也就是说，是否需要追究其刑事责任，不能全部在侦查以前的立案阶段确定，甚至有些情况需要通过审判才能确定是否需要追究刑事责任，因此，决定立案与否应主要依据事实条件。

（三）属于自己管辖的范围

这是决定立案的另一个法律条件。所谓管辖范围是指《刑事诉讼法》就管辖范围所作的规定。立案是刑事诉讼的开始，公安司法机关只有严格遵守立案的法定条件，并结合司法实践经验，准确把握各自的受案范围，保证刑事诉讼活动从一开始就能正确、合法、及时地进行，从而有效地维护诉讼当事人的合法利益，为顺利完成《刑事诉讼法》的任务奠定基础。

五、立案的意义

立案作为刑事诉讼的开始和必经程序，同时也是进行侦查或审判活动的依据和前提。立案在刑事诉讼中的重要意义，主要表现在以下几个方面：

（一）正确、及时立案，有利于迅速发现犯罪，准确地揭露、证实、打击犯罪

公安司法机关一旦发现已经发生及预备或者正在实施并需要追究刑事责任的犯罪行

为，必须准确、及时地立案，迅速有效地组织力量，集中精力开展侦查或审判，揭露和惩罚犯罪，从而保证一切依法需要追究刑事责任的犯罪行为受到及时有效地追究。

（二）正确、及时立案，有利于保障公民的合法权益不受侵犯

公安、司法机关通过对受案材料的审查，对判明不属于其立案受理范围的，应当移送有关单位或作出不立案处理，避免对那些行为不构成犯罪或者具有法定不追究情形的公民进行刑事追究。因此，只要立案活动在质量上把好关，刑事诉讼从一开始就能保障公民不受非法追诉，并使有罪的人依法受到追究。从刑事诉讼的第一道关口保障公民的合法权益不受侵犯，充分体现我国社会主义法治尊重人权的原则。〔1〕

（三）正确、及时立案，有利于综合治理社会治安秩序，防范、打击和制止各种犯罪

通过对立案材料的审查和综合分析，能够发现和掌握各种违法犯罪行为的特点及作案手段，使立法和执法机关及时了解社会治安，洞悉规律，分析形势，从而制定相应的法律、法规，适时利用对策，将打击犯罪与预防犯罪有机结合起来，搞好社会治安综合治理。

第二节　立案的程序

一、立案材料的接受

根据《刑事诉讼法》第110条第3、4款的规定，公安机关、人民检察院或者人民法院对于报案、控告、举报，都应当接受。对于不属于自己管辖的，应当移送主管机关处理，并且通知报案人、控告人、举报人；对于不属于自己管辖而又必须采取紧急措施的，例如为了防止行为人逃跑、毁灭证据、自杀或继续犯罪等紧急事件的发生，应当先采取紧急措施，然后移送主管机关，目的是保证其后的侦查、起诉和审判程序能够顺利进行。公安机关、人民检察院或者人民法院对于公民扭送、报案、控告、举报或者犯罪嫌疑人自动投案的，都应当接受。

根据《刑事诉讼法》第111条第1款的规定，报案、控告、举报可以用书面或者口头提出。接受口头报案、控告、举报的工作人员，应当写成笔录，经宣读无误后，由报案人、控告人、举报人签名或者盖章，以保证笔录内容的准确、合法。必要时，公安机关可以录音、录像。

公安机关对扭送人、报案人、控告人、举报人、自动投案人提供的有关证据材料、物品等应当登记，制作接受证据（物品）清单，并由扭送人、报案人、控告人、举报人、自动投案人签名。必要时予以拍照或者录音、录像，并妥善保管。公安机关接受案件时，应当制作接受案件登记表，存档备查。

---

〔1〕 曹云清：《经济犯罪的立案及其监督》，载《警学研究》2020年第5期。

实践中应严格区分诬告与错告。诬告是行为人故意捏造事实、伪造证据，作虚假告发，意图陷害他人，使他人受刑事追究的行为。我国《刑法》第 243 条规定："捏造事实诬告陷害他人，意图使他人受刑事追究，情节严重的，处三年以下有期徒刑、拘役或者管制；……"而错告则是行为人由于认识上的错误或者因为对情况不十分了解而只是所告之事与事实有出入。因此，根据《刑事诉讼法》第 111 条第 2 款的规定，接受控告、举报的工作人员，应当向控告人、举报人说明诬告应负的法律责任。但是，只要不是捏造事实，伪造证据，即使控告、举报的事实有出入，甚至是错告的，也要和诬告严格加以区别。《刑事诉讼法》这样规定，一方面解除了控告人和举报人的思想顾虑，鼓励他们一旦发现有任何违法犯罪行为，应积极主动向公安司法机关报告；另一方面也警告了那些企图利用虚假告发陷害他人的不法分子。

为了保护公民同违法犯罪作斗争的积极性,《刑事诉讼法》第 111 条第 3 款规定："公安机关、人民检察院或者人民法院应当保障报案人、控告人、举报人以及其近亲属的安全。报案人、控告人、举报人如果不愿公开自己的姓名和报案、控告、举报的行为，应当为他保守秘密。"根据这一规定，报案人、控告人和举报人不仅有权要求公安司法机关为其报案、控告和举报行为保守秘密，同时为了防止因报案、控告和举报遭受打击报复或威胁，还有权要求保障其与近亲属的人身和财产安全。

二、对立案材料的审查和处理

对立案材料的审查，是指公安司法机关对接受的案件材料依法进行调查，并按照管辖范围进行核实，以决定是否应当立案的活动。立案作为独立的诉讼程序，立案质量的好坏直接关系后续追诉活动正确、有效地开展和避免无罪的人受到非法追诉。因此，根据《刑事诉讼法》第 112 条的规定，人民法院、人民检察院或者公安机关对于报案、控告、举报和自首的材料，应当按照管辖范围，迅速进行审查，以认定是否有犯罪事实发生，是否需要追究刑事责任，从而决定是否应当立案。公安司法机关对立案材料进行审查时，可以要求报案、控告、举报的单位和个人提供补充材料，或者要求他们做补充说明，也可以进行必要的调查。

需要注意的是，公安司法机关在立案材料的审查活动中是否可以采取侦查措施？由于立案程序是刑事诉讼的第一道程序，因此，只有决定立案后，刑事诉讼程序才开始进行。然而，决定立案前不应采取侦查措施，并不排除公安司法机关在审查立案材料活动中借助某些具有侦查特点的方法，这与侦查程序中的侦查活动有质的区别。正如法院在必要的时候，可以进行勘验、检查和鉴定等具有侦查特点的活动，并不意味着法院拥有侦查权一样，决定立案前采取的上述方法，其性质也只能是对立案材料的审查活动。公安机关对案件事实或者线索不明，需要进行初查的，经办案部门负责人批准，可以采取询问、查询、勘验、鉴定和调取证据材料等不限制被调查对象人身、财产权利的侦查措施。

公安司法机关对立案材料进行审查后，应分不同情况予以相应处理。

（一）决定立案

公安司法机关经过对立案材料的审查，认为符合立案条件的，即认为有犯罪事实发生，需要追究刑事责任，且属于自己案件管辖范围的，应当依法作出立案的决定。

公安机关受理案件后，经过审查，认为有犯罪事实需要追究刑事责任，且属于自己管辖的，先由承办人员填写《立案报告表》，内容包括：填报单位、案别、编号、发案时间和地点、伤亡情况以及财物折款、案情概述、承办人员及填表时间等。然后制作《立案请示报告》，经本机关或部门负责人审批后，制作《立案决定书》。最后，经县级以上公安机关负责人批准，予以立案。

（二）决定不立案

公安司法机关，经过审查如果认为不符合立案条件，即有《刑事诉讼法》第 16 条的规定的情形的，应当作出不立案的决定。

公安机关接受立案材料的，办案部门应当制作呈请《不予立案报告书》，经县级以上公安机关负责人批准。对于决定不立案的，应当制作《不立案决定书》，写明案件的材料来源、决定不立案的理由和法律依据，决定不立案的机关等，由负责审批人签名或盖章。

根据《刑事诉讼法》、公安部《规定》以及最高人民检察院《规则》的有关规定，如果案件材料源于控告人提出的控告，公安机关决定不予立案的，还应当制作《不予立案通知书》，在 3 日内送达控告人。控告人对于公安机关不立案决定不服的，在收到《不予立案通知书》后 7 日以内，有权向原作出决定的公安机关申请复议，接受复议的机关应当在收到复议申请后 30 日内作出决定，并将复议结果书面通知控告人。控告人如果对复议结果不服的，还有权向人民检察院提出申诉，请求人民检察院依立案监督程序要求立案。

（三）撤销案件

对于经过侦查，发现有犯罪事实需要追究刑事责任，但不是某犯罪嫌疑人实施的，应当对该犯罪嫌疑人终止侦查，并对该案件继续侦查。需要撤销案件或者终止对犯罪嫌疑人侦查的，办案部门应当制作撤销案件或者终止对犯罪嫌疑人侦查报告书，报县级以上公安机关负责人批准。撤销案件或者终止对犯罪嫌疑人侦查报告书包括以下内容：原来立案的根据和来源，案件侦查的结果，撤销案件或者终止对犯罪嫌疑人侦查的理由和根据。公安机关决定撤销案件或者终止对犯罪嫌疑人侦查时，犯罪嫌疑人在押的，应当立即释放，发给释放证明。犯罪嫌疑人被逮捕的，通知原批准逮捕的人民检察院。对犯罪嫌疑人采取其他刑事强制措施的，应当立即解除强制措施。公安机关作出撤销案件决定后，应当在 3 日内将撤销案件的决定告知原犯罪嫌疑人、被害人或者其近亲属、法定代理人以及案件移送机关。公安机关撤销案件或者终止对犯罪嫌疑人侦查以后又发现新的事实或者证据，认为有犯罪事实需要追究刑事责任的，应当重新立案侦查。

（四）移送案件

经过审查，认为有犯罪事实，但不属于自己管辖的案件，应当在 24 小时内经县级以上公安机关负责人批准，签发移送案件通知书，移送有管辖权的机关处理。

经过审查，对于告诉才处理的案件，公安机关应当告知当事人向人民法院起诉。人民法院受理的，公安机关应当将案件移交人民法院。对于被害人有证据证明的轻微刑事案件，公安机关应当告知被害人可以向人民法院起诉；被害人要求公安机关处理的，公安机关应当依法受理。

第三节　刑事立案程序与人权保护

一、刑事立案程序与公民人权保护

（一）刑事立案程序有利于保证侦查权在行使中尊重和保障人权

“人权是全部人类所拥有的权利。他们应该拥有这种权利，仅仅因为他们是人，与他们所在的城市、他们的国籍、种族、民族性、语言、性别、性关系或能力无关。”[1]“尊重和维护人的尊严对任何国家行为，立法、司法、执行机构均是一种有约束力的法律原则。”[2]2004年，我国首次将“国家尊重和保障人权”正式写入《宪法》，尊重和保障人权成为国家根本大法的一项原则，这对在刑事立案程序中加强人权保护具有重要的指引意义。

刑事立案程序有利于保证在行使侦查权的过程中尊重和保障人权。具体而言，刑事立案须在有一定的根据表明犯罪行为已经发生、特定的人具有犯罪嫌疑的情况下才可进行，不能毫无根据地、毫无理由地使任意公民被卷入刑事诉讼活动中，即对刑事追诉机关启动刑事追诉权力进行限制，防止其被滥用、误用。对刑事追诉权启动的限制就是对人权的保障，这一点体现在刑事立案的屏蔽与过滤功能上。一个人是通过刑事立案这一关口从正常的社会生活被卷入刑事诉讼活动中，由此刑事立案是前承社会正常生活、后启刑事诉讼活动的桥梁，该个人也就因之在刑事诉讼活动中负担起相应的法律义务。一方面，刑事诉讼只能针对犯罪行为而开展，故此，在罪刑法定原则约束下，刑事诉讼活动的范围是有限的、法定的，只能对刑法规范规定的犯罪行为作出反应。另一方面，如果该犯罪行为明显符合《刑事诉讼法》规定的不应进行刑事追诉的法定情形，也不得启动刑事追诉。刑事立案作为刑事诉讼的启动程序通过事前排除这些明显不得或不应进行刑事追诉的案件，保证了追诉方向的准确性，除了有助于避免司法资源的无端浪费外，也防止了因错误追诉而不正当地侵犯个人权益所造成的社会伦理成本。

（二）刑事立案程序有利于规范公安司法机关职权，进而保障公民人权

法律的重要功能就是规定权力的分配以及权力的具体内容，使权力合法，并为权力的运行制衡提供一个稳定的框架。法治的关键在于限制公权力的滥用，而制约权力则主要靠的是程序和制度。程序的作用在于将国家权力的行使纳入确定的轨道，使权力运作保持理性并适度，同时也使公民能够建立起对权力行使的合理预期和适当监督，用于限

---

〔1〕［英］肯尼思·麦克利什主编：《人类思想的主要观点——形成世界的观念》（中），查常平等译，新华出版社2004版，第689页。

〔2〕［德］乔治·恩德勒等主编：《经济伦理学大辞典》，李兆雄、陈泽环译，上海人民出版社2001年版，第324—325页。

制恣意行使权力、规制权力、保障权利。

刑事诉讼程序的启动或曰刑事案件的提起，直接关乎国家是否需要进行追诉活动，会使犯罪嫌疑人的生活状态发生根本的变化，决定国家有限司法资源的投放和社会效果，也决定被害人被侵害的权利是否能得到维护。刑事立案，通过严密的程序规定，规范了公安司法机关的职权，促进其依法履行职责，使刑事案件的提起有法可依、有章可循。通过限制公权力的恣意行使，保障了公民的诉讼权利，进而保障了公民的人权。

立案条件的规定，为侦查机关决定是否提起刑事案件提供了明确的依据。符合立案条件的就必须开始刑事侦查；不符合立案条件的，可以不提起刑事诉讼。不符合立案条件，不需要追究刑事责任的，就应当制作《不立案决定书》，并告知控告人；构成行政违法行为，仍需要追究行政责任的，应当分流为行政处罚案件。

立案材料的接受明确了公安司法各机关接受立案的法定职责，并对立案材料的类型和接受程序作出了规定，避免了公安司法机关对公众报案的敷衍塞责，也使得与立案材料接受相关的实务问题具有了可操作性。

立案材料的审查和处理则规定了公安司法机关接受立案材料后的具体工作内容，即如何对立案材料进行审查，判断是否符合立案条件。法律、法规、司法解释和部门规章，又对立案材料的审查和处理中可能会出现的各种情况进行了分类，分别规定了不同情况下的处理方法。这样就使得公安司法机关对立案材料的审查和处理有章可循，减少了盲目性和随意性。

立案的救济则明确规定了在受案机关不予立案时，控告人可以采取的救济措施，力图通过这种规定解决公众刑事案件立案难的问题，在无法立案时，提供救济的路径。而立案监督也是一种广义的立案救济程序，是以检察机关对侦查机关的法律监督权为依据，运用公权力对公安机关等侦查机关不立案的情形进行监督。与由一般公众启动的立案救济程序相配合，共同为侦查人员玩忽职守或徇私枉法拒不立案的情况提供救济程序。

立案活动的不公正容易导致人们对公安司法机关失去信心，减损司法的公信力，也会使公众在法律之外另寻途径以自救，造成更多的社会不稳定因素。严密的程序规定，使刑事立案行为规范化；有利于促进公安司法机关依法履行职责，维护了法律的权威；有利于公民申诉控告权的行使，是对公民诉讼权利和宪法权利的保障，也是对公民人权的保障。

二、刑事立案程序与被害人人权保护

现代刑事诉讼程序注重对公民人权的保护，这种人权保护的对象不仅包括犯罪嫌疑人、被告人，同时也包括被害人。实际上刑事诉讼，特别是刑事公诉，其本身就是对被害人权利的保护。如果必须对刑事诉讼程序进行阶段分析的话，那么立案程序实际上是被害人人权保护的重要阶段。

被害人在被犯罪侵害后，其健康权、生命权或财产权受到了侵犯。国家作为社会契约的一方、公众的保护人，应当通过刑事诉讼惩罚罪犯，为被害人进行文明的“复仇”，

恢复被破坏的社会关系。这既是国家职责的履行，也同时是对被害人人权的保障。

立案阶段需要解决的首要问题是被害人告状无门的问题。因此，必须对立案材料的接收、审查进行严格细致的规定，对立案的条件进行明确具体的规定。只有这样，才能使被害人告状有门，排除徇私枉法的腐败和玩忽职守的不作为，保护被害人的人权，避免被害人的二次被害。

第四节 立案制度的完善

一些学者认为，我国刑事诉讼法中的立案程序设计不合理，立案制度既没有存在的价值，也没有存在的必要。立案制度存在种种弊端，应当予以取消。针对这些学者的质疑，有必要专门分析我国立案程序存在的现实意义。

一、保留立案程序的必要性分析

针对侦查机关的强制性侦查行为，国外一般通过专门机关（法院）进行司法审查的方式进行规制，由于现阶段我国不能由专门机关（法院）进行司法审查，只能选择依靠专门程序对侦查权滥用进行规制。可以说，通过专门机关和专门程序对侦查权进行控制，是两种可供选择的方法，就看哪一种更适合中国的国情。

立案，是一个刑事诉讼阶段，而非一个简单的决定。它实际是由侦查机关代替司法机关对刑事诉讼启动与否进行的审查。只有经过了立案这个专门程序，刑事诉讼才能启动，各种后续程序才能开始，各种诉讼手段，特别是具有强制性的侦查手段才能被允许使用。

由于我国现行法律中没有规定对侦查机关的侦查行为进行司法审查的制度，在侦查阶段，除了逮捕之外，所有的侦查措施都可以由侦查机关单独决定实施，所有的侦查手段都可以由侦查机关单独决定使用，所以难免会出现侦查权滥用的情况。在没有专门机关进行司法审查的情形下，立案这一专门阶段或专门程序可以作为一种替代性的手段，以专门程序代替专门机关对侦查权滥用进行遏制，也许是立足于我国现行法律的一种客观选择。

在尚未建立完善的对侦查行为的司法审查之前，如果断然废除立案程序，公众就会失去仅有的对侦查权滥用的制约手段。某些侦查人员就可能会利用这一漏洞轻易地启动对普通公民的刑事诉讼程序，随意使用各种侦查手段，实施各种侦查行为，违法搜查、违法扣押、违法拘留、违法逮捕等恶劣的侦查权滥用行为就会出现。

改革开放以来，公安等侦查机关的人员素质逐年提高，警校毕业生数量逐年上升。但必须指出，目前的侦查机关人员整体素质仍然不高。另外，我国刑事案件的数量迅速增长，早已是改革开放初期的数倍。同时，公民的人权意识不断提高，对侦查权滥用，侵犯人权的问题越来越关注。在一些地方，侦查人员的腐败问题也日趋严重，不法之徒利用手中权力，徇私枉法、滥用职权的现象开始出现。这种严峻的环境客观上要求我们采取合理有效的办法解决实际问题，而不能只是简单地照搬其他国家的做法。

另外，近几年来随着研究的深入，一些学者发现令状等司法审查制度并非人们想象的那么完美。在很多已经建立起司法审查制度的国家，“法官审查形式化”的问题非常严重。令状的司法审查过程过于形式化，法官很少拒绝侦查人员的令状申请，法官成为侦查人员“橡皮图章”的现象在这些国家普遍存在。这也从另外一个侧面说明，他山之石有时也未必可以攻玉。

综上所述，立案程序相对于今日中国的司法制度和司法职权配置而言，在规制侦查权滥用方面具有继续存在的价值。由此，保留立案程序具有现实的必要性和客观性。

二、立案救济与立案监督

很多时候，仅仅对立案的程序和条件进行正向的规定是不够的，还必须对立案的救济加以规定。“无救济即无权利”，这句法律谚语用在立案救济程序上，非常合适。在被害人权利遭受不法侵害时，如果犯罪嫌疑人逃脱法律制裁，不被立案追究，那么被害人，甚至很多社会公众，将对司法机关失去信心，并因此失去对法律的信任。此时，立案救济程序就显得非常重要。

立案的救济程序，可以分为广义的和狭义的两种。狭义的救济程序，特指控告人（被害人）针对不立案决定可以实施的救济方法和程序。而广义的救济程序，还包括检察院依托公权力实施的立案监督。实践证明，立案救济和立案监督程序在一定程度上缓解了公众刑事案件状告难的问题，使刑事犯罪分子得到了应有的追究，极大地维护了被害人的合法权益。同时，立案救济和立案监督程序也可以对侦查权行使过程中的某些违法违纪问题加以纠正，通过侦查体制外的监督促进被害人人权的保障。

（一）立案救济

立案救济，也可以称为不立案决定的救济。《刑事诉讼法》第 112 条规定，控告人如果对不予立案的决定不服，可以申请复议。法律赋予控告人申请复议权，一方面是为了有效保护受犯罪行为直接侵害的受害人合法权益，另一方面也是对公安司法机关应当立案而不立案的有效监督和制约。根据有关规定，控告人对不立案决定的申请复议应当注意以下几点：

（1）申请复议应向原作出不予立案决定的机关提出。公安司法机关在对立案材料审查后，认为没有犯罪事实，或者犯罪事实显著轻微危害不大，不需要追究刑事责任而作出不立案决定后，对有控告人的，必须将不立案的原因、法律依据，以《不予立案通知书》的形式告知控告人，便于控告人申请复议。控告人如果不服可向原决定的公安司法机关申请复议，对复议申请原决定机关应当尽快办理，作出决定并书面通知控告人。

（2）控告人对不立案决定除申请复议外，也可不经复议而向人民检察院提出，要求人民检察院予以监督，或者直接向人民法院起诉。《刑事诉讼法》第 113 条规定，被害人认为公安机关对应当立案侦查的案件而不立案侦查，向人民检察院提出的，人民检察院应当要求公安机关说明不立案的理由。《刑事诉讼法》第 210 条第 3 款规定，被害人有证据证明对被告人侵犯自己人身、财产权利的行为应当依法追究刑事责任，而公安机关或者人民检察院不予追究被告人刑事责任的案件，可作为自诉案件，被害人有权向人民法院直接起诉，人民法院应当依法受理。可见，由于申请复议是向原决定机关提出，缺少外部监督、制约，为了保障控告人的合法权益，刑事诉讼法又规定了两种救济措施。[1]

（二）立案监督

立案监督，是指人民检察院依法对公安机关的立案活动是否合法进行的监督。

人民检察院对刑事诉讼实行法律监督，是我国刑事诉讼的一项基本原则。由于立案是刑事诉讼程序中的独立阶段，因而对立案活动实行监督就是人民检察院法律监督的重要内容。[2]在司法实践中，存在着“有案不立”“以罚代刑”“以破代立”等应该立案而不予立案的问题。这些问题的存在，不仅阻碍法律的正确实施，损害了法律的权威和尊严，而且造成了对犯罪的打击不力、被害人合法权益得不到保障的不良后果。加强人民检察院对公安机关的立案监督，有利于打击和惩罚犯罪。防止犯罪分子逍遥法外、逃避法律的制裁，保护被害人的合法权益，维护国家和人民的利益，保证国家法律的统一、正确实施。

根据《刑事诉讼法》第113条的规定：“人民检察院认为公安机关对应当立案侦查的案件而不立案侦查的，或者被害人认为公安机关对应当立案侦查而不立案侦查，向人民检察院提出的，人民检察院应当要求公安机关说明不立案的理由。人民检察院认为公安机关不立案的理由不能成立的，应当通知公安机关立案；公安机关接到通知后应当立案。”这是人民检察院在立案阶段行使监督的法律规定。另外，最高人民法院、最高人民检察院、公安部、国家安全部、司法部、全国人大常委会法制工作委员会《关于实施刑事诉讼法若干问题的规定》第18条规定，公安机关收到人民检察院要求说明不立案理由通知书后，应当在7日内将说明情况书面答复人民检察院。人民检察院认为公安机关不立案理由不能成立，发出通知立案书时，应当将有关证明应当立案的材料同时移送公安机关。公安机关收到通知立案书后，应当在15日内决定立案，并将立案决定书送达人民检察院。因此，人民检察院对公安机关的不立案决定有建议权或通知其纠正的权力。

另外，根据最高人民检察院《规则》第13条第2款的规定，对于公安机关管辖的国家机关工作人员利用职权实施的重大犯罪案件，需要由人民检察院直接受理的，经省级以上人民检察院决定，可以由人民检察院立案侦查。这一规定进一步保障了人民检察院对公安机关不立案监督权的实现，从而能保证及时、准确和有效打击犯罪。

重要名词术语

立案、报案、举报、控告、自首

---

〔1〕 张有成、李戬：《刑事立案监督若干问题研究 》，载《中国刑事法杂志》2000年第6期。

〔2〕 胡常龙：《论检察机关视角下的冤假错案防范》，载《法学论坛》2014年第3期。

思考题

1. 谈一下立案制度存在的积极意义？
2. 你认为立案制度存在哪些问题？
3. 谈一下你对立案制度改革完善的看法？

典型案例分析

案例一

某县公安机关收到李某控告张某对其强奸的材料，经审查后认为犯罪距离李某控告已经过去20年，公安机关是否应当受理立案？

答：公安机关应当不予立案，根据《刑事诉讼法》第16条的规定，虽有犯罪事实发生，但犯罪已过追诉时效期限的，原则上不能追究刑事责任。

案例二

国家机关工作人员李某多次利用职务之便向境外间谍机构提供涉及国家机密的情报，同事赵某发现其行迹后决定写信揭发李某。赵某的行为属于报案还是举报？

答：举报，赵某的行为系非被害人的个人对其发现的具体的犯罪嫌疑人向公安机关进行告发、揭露的行为，属于举报。而报案指非被害人的单位或个人在发现有犯罪事实发生、但尚不知犯罪嫌疑人为何人时，向公安机关、人民检察院、人民法院告发的行为。

第十二章　侦查

【内容提示】

侦查、审查起诉和审判是刑事诉讼三大重要阶段。侦查是国家专门机关同犯罪作斗争的强有力手段，是刑事诉讼程序中的一个独立诉讼阶段，在刑事诉讼中具有非常重要的地位。侦查程序是刑事案件立案后第一个重要环节，侦查活动的效果直接关系到后续审查起诉和审判活动的结果，深刻影响着刑事诉讼的程序公正和实体公正。作为刑事诉讼的重要程序，侦查程序主要规定了讯问、询问、勘验、检查、搜查、查封、扣押、冻结、鉴定、侦查实验、辨认、通缉以及特殊侦查手段等调查取证活动和侦查技术性工作。作为刑事诉讼的基本制度，侦查制度关注的除了侦查权的行使外，更重要的是如何对强大的侦查权实现程序性司法控制，进而在刑事诉讼活动中实现尊重和保障人权的问题。

侦查是个技术性极强的工作，侦查之中的问题也是实践性很强的难题。现代侦查不仅是侦破犯罪、收集证据的活动，而且是在法治的框架中进行的、具有程序规范性的调查行为。

侦查制度在发展过程中遵循侦查法治的基本原则。侦查法治原则的内涵主要体现在对侦查权的司法控制原则，任意侦查原则与强制侦查法定原则及侦查秘密原则上。侦查法治原则指导着刑事诉讼的侦查活动。侦查活动或侦查行为可以被划分为普通侦查行为与特殊侦查行为，后者如技术侦查、秘密侦查、网络侦查和大数据侦查等，在现代侦查手段中日渐发挥举足轻重的作用。本章从侦查的概念和意义开展分析，通过对十项主要的侦查行为，以及对侦查终结、补充侦查和侦查监督等相关制度内容进行梳理和介绍，沿着侦查活动的时间先后顺序进行推进。学习本章应着重思考侦查讯问程序与遏制刑讯逼供的关系，特殊侦查行为领域技术侦查与秘密侦查制度规定之完善，以及新时代大数据侦查的应用和司法控制等问题。

第一节　侦查的概念和意义

一、侦查的概念和特征

侦查是全部刑事诉讼程序中的第一个独立的诉讼阶段，在刑事诉讼中具有非常重要的地位，是国家专门机关同犯罪作斗争的强有力的手段。基于国家侦查权力的强大，在侦查过程中对于公民权利有着较大的潜在侵犯性，因此，对于侦查程序必须予以充分的认识，并通过严格的法律规定予以限制。

如上一章所述，刑事案件需要先立案，立案之后，侦查机关为查明案情、查获犯罪嫌疑人依法开展侦查活动，收集确实、充分的证据证明犯罪嫌疑人有罪或者无罪、罪重或者罪轻的各种证据材料，为人民检察院审查起诉和人民法院审判奠定坚实的基础。根据《刑事诉讼法》第 108 条第 1 项的规定，侦查是指公安机关、人民检察院对于刑事案件，依照法律进行的收集证据、查明案情的工作和有关的强制性措施。侦查的主要特征体现在以下四个方面：

（一）侦查的法定性

侦查权是侦查机关为了实现查明案件事实、查获犯罪嫌疑人、惩治犯罪的目的，发现和收集与案件有关的各种证据，防止犯罪嫌疑人继续犯罪或逃避侦查、起诉或审判，保障诉讼活动的顺利进行，所行使的一项特殊的国家权力。作为国家追诉犯罪并对被追诉人的人身自由、财产自由和隐私自由构成显著强制力的强大法律武器，侦查权的行使必须要有明确严格的法律依据。根据我国《刑事诉讼法》的规定，侦查的主体、侦查的内容和方式以及侦查的程序都受到了严格的法律规制，只有严格遵守法律规定，客观、全面地收集证据，查明案件事实，充分保护公民的合法权益不受侵犯，才能更好地实现刑事诉讼法的目的和完成刑事诉讼法所赋予的任务。

（二）侦查主体的特定性

《刑事诉讼法》第 108 条第 1 项规定：“‘侦查’是指公安机关、人民检察院对于刑事案件，依照法律进行的收集证据、查明案情的工作和有关的强制性措施。”据此，公安机关和人民检察院构成了我国刑事侦查最主要的两大主体。与此同时，《刑事诉讼法》第 4 条规定：“国家安全机关依照法律规定，办理危害国家安全的刑事案件，行使与公安机关相同的职权。”第 308 条规定：“军队保卫部门对军队内部发生的刑事案件行使侦查权。中国海警局履行海上维权执法职责，对海上发生的刑事案件行使侦查权。对罪犯在监狱内犯罪的案件由监狱进行侦查。”由此可见，公安机关、人民检察院、国家安全机关、军队保卫部门、中国海警局和监狱在我国享有刑事侦查权，其他任何机关、团体和个人都无权行使侦查权。

（三）侦查内容的特定性

侦查活动的主要内容是收集证据、查明案情和采取有关的强制性措施。收集证据、查明案情的工作是指《刑事诉讼法》规定的讯问犯罪嫌疑人，询问证人，勘验，检查，搜查，扣押物证、书证，鉴定以及通缉等活动。侦查人员进行收集证据、查明案情的工作，与人民法院在庭审过程中调查核实证据具有显著的区别，那就是侦查活动的取证工作先要完成自向证明，也是为了能够在后续移送审查起诉和审判的诉讼阶段实现他向证明；而审判主体在审判过程中的调查核实、审查判断活动，主要是自向证明的过程。虽然两者手段方法有交叉，但性质和服务对象明显不同。有关的强制性措施，是指为保证收集证据、查明案情工作顺利进行，以及为防止犯罪嫌疑人逃跑、毁灭罪证、串供等，侦查机关在必要时采取的诸如五种刑事强制措施、强制搜查、强制扣押、技术侦查和秘密侦查等强制性方法。

（四）侦查程序与行政程序边界的模糊性

大陆法系就侦查程序的性质一直存在“行政程序说”和“司法程序说”两种观点。作为刑事司法程序的一项重要环节，侦查程序的实施主体即公安机关等本身即带有一定的行政色彩，这便使得侦查程序在实施之初可能起源于某个行政行为，或者在推进的过程中需要行政性活动的参与。但是，对于行政活动的法律约束较侦查活动宽松许多，加之侦查行为的实施具有一定的主动性，亦与司法活动的被动性有别。这便导致在许多案件中侦查程序与前置的行政程序边界模糊，进而也不利于对侦查活动进行程序控制。本书认为，侦查程序作为刑事诉讼程序的重要组成部分，应当被作为一种司法程序或者起码是一种准司法程序来对待，根据无罪推定原则，对侦查程序的设计应考虑对公安机关、人民检察院侦查行为的实施予以限制，对公民的权利给予保障和赋予其相应的救济手段。

二、侦查的任务

《刑事诉讼法》第 116 条规定：“公安机关经过侦查，对有证据证明有犯罪事实的案件，应当进行预审，对收集、调取的证据材料予以核实。”由此可见，公安机关的侦查任务一般分为侦破和预审两部分：侦破阶段的主要任务是收集证据和查获犯罪嫌疑人，预审阶段的主要任务则是对收集、调取的证据材料的真实性、合法性及证明力予以审查、核实。概言之，侦查的任务就是收集证据、查明案件事实和查获犯罪嫌疑人，为惩治犯罪、保障诉讼的顺利进行提供可靠的根据，在一定情况下还能起到预防犯罪的作用。申言之，侦查机关依照法定程序对已经立案的刑事案件进行侦查，收集、调取犯罪嫌疑人有罪或者无罪、罪轻或者罪重的各种证据材料，准确、及时地查明犯罪事实，查获犯罪嫌疑人，并根据案件的具体情况采取必要的强制措施，防止犯罪分子逃避侦查或继续犯罪，毁灭、伪造证据，串供等，以便将犯罪嫌疑人顺利交付起诉和审判，保障诉讼活动的顺利进行。

三、侦查的意义

侦查的意义主要体现在以下三个方面：

第一，维护社会稳定和国家长治久安。侦查活动对于尽快抓获犯罪嫌疑人，降低社会危险，保护国家、集体或他人的利益免受或尽可能少受损害，修复受损的社会关系，维护社会稳定和国家长治久安，具有显著的积极意义。

第二，实现刑事诉讼控制犯罪的目的，保证刑法顺利实施。根据前述侦查的任务，侦查的直接价值就在于通过收集证据、查明案件事实和查获犯罪嫌疑人，为惩治犯罪、保障诉讼的顺利进行提供可靠的根据，实现刑事诉讼之控制犯罪和保障刑法顺利正确实施的目的。

第三，实现刑事诉讼保障人权的目的。人权是人类社会的普遍追求。保障人权不只是各国法治所遵循的基本理念。刑事诉讼的直接目的包括控制犯罪和保障人权两个方面，贯穿刑事诉讼始终，体现在每一个程序、制度及诉讼阶段之中。侦查阶段的人权保障也是整个刑事诉讼过程中难度最大、最为薄弱的部分，必须贯彻落实，努力实现人权保障的目的。侦查的意义还在于保护无辜者不受刑事追诉和制裁，同时保障被追诉人在侦查阶段的基本人权不受侵害。

第二节　侦查行为

一、讯问犯罪嫌疑人的概念、意义和程序

（一）讯问犯罪嫌疑人的概念和意义

讯问犯罪嫌疑人是指，侦查人员依照法定程序以言词方式，向犯罪嫌疑人查问案件事实和其他与案件有关问题的一种侦查活动。

讯问犯罪嫌疑人是每一个刑事案件中侦查工作的必经程序，其意义主要体现在两个方面：其一，有利于侦查人员收集、核实证据，查明案件事实，查清犯罪情节，并发现新的犯罪线索和其他应当追究刑事责任的犯罪分子；其二，讯问活动可以为犯罪嫌疑人如实供述罪行或者充分行使辩护权提供机会，通过听取犯罪嫌疑人的陈述和申辩，保护犯罪嫌疑人合法权益，并保障无罪的人免受刑事追诉的困扰。

（二）讯问犯罪嫌疑人的程序

《刑事诉讼法》第118—123条规定了讯问犯罪嫌疑人应当遵守的程序，主要涉及以下几个方面的内容：

（1）讯问的主体。讯问犯罪嫌疑人必须由人民检察院或者公安机关的侦查人员进行，其他任何机关、其他任何人员都无权行使这项职权。《刑事诉讼法》第118条第1款还规定，讯问的时候，侦查人员不得少于2人。

（2）讯问的流程。对于不需要拘留、逮捕的犯罪嫌疑人，可以传唤到犯罪嫌疑人所在市、县内的指定地点或者到他的住处进行讯问，并应当出示公安机关或者人民检察院的证明文件。对现场发现的犯罪嫌疑人，经出示工作证件，可以口头传唤，但应当在讯问笔录中注明。传唤犯罪嫌疑人应当使用“传唤通知书”。犯罪嫌疑人经合法传唤，无正当理由而不到案的，可以拘传。但事先不经传唤，直接拘传犯罪嫌疑人也是合法的。

无论传唤还是拘传，持续的时间最长不得超过12小时，案情特别重大、复杂，需要采取拘留、逮捕措施的，经办案负责人批准，持续的时间最长不得超过24小时，并且不得以连续传唤、拘传的形式变相拘禁犯罪嫌疑人，同时应当保证犯罪嫌疑人的饮食和必要的休息时间。对于已被拘留、逮捕的犯罪嫌疑人，必须在拘留、逮捕后的24小时以内进行讯问。需要强调的是，犯罪嫌疑人在被送到看守所羁押以后，讯问只能在看守所内进行。讯问过程中如果发现犯罪嫌疑人有不应当拘留、逮捕的情况的，应当立

即释放并发放释放证明。对认为需要逮捕但证据不足的，可以采取取保候审或者监视居住。

（3）讯问的内容。在讯问犯罪嫌疑人时，侦查人员应当首先讯问其是否有犯罪行为，并应当告知其如实供述自己的罪行可以从宽处理和认罪认罚的法律规定。遵循无罪推定的基本原则，处于侦查阶段的犯罪嫌疑人是否有罪，尚处在不确定状态，需要经过进一步的侦查才能证实其是否有罪，侦查人员应当避免主观片面、先入为主。侦查人员应首先讯问犯罪嫌疑人是否有犯罪行为。若犯罪嫌疑人承认有犯罪行为，则令其陈述有罪的情节；若犯罪嫌疑人否认有犯罪事实，则应允许其作无罪的辩解。而后就其供述或辩解中与认定案件事实有关、影响对其定罪量刑的问题向其提问。我国《刑事诉讼法》规定了不得强迫任何人证实自己有罪，但尚未确立沉默权制度。因此，根据现行法律规定，犯罪嫌疑人对侦查人员的提问应当如实回答，与本案无关的问题，有权拒绝回答。需要注意的是，对共同犯罪案件的同案犯罪嫌疑人的讯问应当分别进行，未被讯问的犯罪嫌疑人不得在场，以防止同案犯串供或者相互影响供述。

（4）讯问特殊人员的有关规定。侦查人员讯问聋、哑犯罪嫌疑人时，应当有通晓聋、哑手势的人参加，并将这种情况在笔录上加以注明；讯问不通晓当地通用语言文字的犯罪嫌疑人，应当有翻译人员参加；讯问未成年犯罪嫌疑人时，应当通知其法定代理人到场。无法通知、法定代理人不能到场或者法定代理人是共犯的，也可以通知未成年犯罪嫌疑人的其他成年亲属，所在学校、单位、居住地基层组织或者未成年人保护组织的代表到场，并将有关情况记录在案。

（5）讯问录音录像制度的规定。侦查人员在讯问犯罪嫌疑人时，可以对讯问过程进行录音或者录像；对于可能判处无期徒刑、死刑的案件或者其他重大犯罪案件，应当对讯问过程进行录音或者录像，并且录音或者录像应当全程进行，保持完整性。此外，《监察法》第41条参照《刑事诉讼法》的要求也同样规定了讯问录音录像制度，要求调查人员在进行讯问时也应当全程录音录像。

（6）讯问笔录的制作。讯问犯罪嫌疑人应当制作笔录。讯问笔录应当如实记载提问、回答和其他在场人的情况。讯问笔录应当交犯罪嫌疑人核对；犯罪嫌疑人没有阅读能力的，应当向他宣读。对于记录有遗漏或差错的，犯罪嫌疑人可以补充或改正，而后应当在笔录上签名或者盖章，侦查人员也应当在笔录上签名。犯罪嫌疑人请求自行书写供述的，应当准许；侦查人员也可以要求犯罪嫌疑人亲笔书写供词。

（7）关于非法讯问及相关非法证据排除的规定。回溯我国非法证据排除制度的发展，最早的具有代表性的规定当属2010年6月13日最高人民法院、最高人民检察院、公安部等联合颁布了《关于办理刑事案件排除非法证据若干问题的规定》（简称《非法证据排除规定》）和《关于办理死刑案件审查判断证据若干问题的规定》（简称《办理死刑案件证据规定》）（统称“两个证据规定”）。《非法证据排除规定》明确了采用刑讯逼供等非法手段取得的犯罪嫌疑人供述是非法言词证据，应当予以排除，既不能作为定案的证据，也不能作为批准逮捕和提起公诉的根据。《办理死刑案件证据规定》明确规定在死刑案件中采用刑讯逼供等非法手段取得的被告人供述，未经被告人核对确认并签名、捺指印的讯问笔录，以及应当提供通晓聋、哑手势的人员或者翻译人员而未提供的讯问笔录都不得作为定案的根据。2012 年《刑事诉讼法》修改时吸收了“两个证据规定”的有关内容，如现行《刑事诉讼法》第 56 条规定：采用刑讯逼供等非法方法收集的犯罪嫌疑人、被告人供述和采用暴力、威胁等非法方法收集的证人证言、被害人陈述，应当予以排除。收集物证、书证不符合法定程序，可能严重影响司法公正的，应当予以补正或者作出合理解释，不能补正或者作出合理解释的，对该证据应当予以排除。到 2017 年 6 月 20 日，最高人民法院、最高人民检察院、公安部再次联合颁布了《关于办理刑事案件严格排除非法证据若干问题的规定》，就刑讯逼供的内涵和标准予以进一步的细化规定，明确以威胁、非法拘禁以及其他非法方法收集的证据，应当予以排除。此外，2018 年《监察法》及其实施细则中对监察调查过程中非法讯问所获取的证据应当予以排除亦作了明确规定。该法还规定了变相“刑讯逼供”被调查人的方法也应被认定为“非法方法”，其所获取的证据也适用非法证据排除规则的规定，较《刑事诉讼法》在此方面更进一步，如《监察法》第 40 条第 2 款规定：“严禁以威胁、引诱、欺骗及其他非法方式收集证据，严禁侮辱、打骂、虐待、体罚或者变相体罚被调查人和涉案人员。”

由此，根据《刑事诉讼法》《监察法》及相关司法解释的规定，侦查人员讯问犯罪嫌疑人，监察人员讯问被调查人，必须严格遵守法律规定的程序，切实保障犯罪嫌疑人的诉讼权利或者被调查人的相关权利，严禁刑讯逼供或以威胁、引诱、欺骗以及其他非法方法进行讯问，不得强迫任何人证实自己有罪。对于侵犯犯罪嫌疑人诉讼权利的违法行为，犯罪嫌疑人有权提出控告；构成犯罪的，应当依法追究其刑事责任。

（8）被讯问对象的辩护权利保障。犯罪嫌疑人在侦查阶段面临被采取刑事强制措施、被讯问时，也有相关的诉讼权利，如我国法律赋予犯罪嫌疑人在侦查阶段获得律师帮助的权利，律师在侦查阶段享有辩护权。《刑事诉讼法》第 34、39 条规定，犯罪嫌疑人自被侦查机关第一次讯问或采取强制措施之日起，有权随时委托律师作为辩护人。侦查机关在第一次讯问犯罪嫌疑人或者对犯罪嫌疑人采取强制措施时，有义务向犯罪嫌疑人告知其具有这一权利。犯罪嫌疑人在押的，也可以由其监护人、近亲属代为委托律师；辩护律师可以同在押的犯罪嫌疑人会见和通信。辩护律师凭律师执业证书、律师事务所证明和委托书或者法律援助公函，要求会见犯罪嫌疑人的，看守所应当至迟不超过 48 小时安排会见，并且辩护律师会见在押的犯罪嫌疑人不得被监听。另外，《刑事诉讼法》及相关司法解释还规定了犯罪嫌疑人在没有委托辩护人，法律援助机构也没有指派律师提供辩护的情况下，看守所有告知其有权约见值班律师，获得法律咨询、程序选择建议、申请变更强制措施、对案件处理提出意见等法律帮助，并为犯罪嫌疑人约见值班律师提供便利的义务，看守所应当在 24 小时内通知值班律师。

二、询问证人、被害人的概念、意义和程序

（一）询问证人的概念和意义

询问证人是指侦查人员依照法定程序以言词方式向证人了解案件情况、调查取证的一种侦查行为。

询问证人作为侦查过程中经常并且广泛采用的侦查活动，有助于侦查人员发现、收集证据和核实证据，查明案件事实真相，查获犯罪嫌疑人，揭露、证实犯罪，并保障无罪的人不受刑事追究。

（二）询问证人的程序

根据《刑事诉讼法》第124—126条的规定，询问证人应当遵守下列程序要求：

1. 询问的主体

侦查人员询问证人，可以在现场进行，也可以到证人所在单位、住处或者证人提出的地点进行，在必要的时候，可以通知证人到人民检察院或者公安机关提供证言。在现场询问证人，应当出示工作证件；到证人所在单位、住处或者证人提出的地点询问证人，应当出示人民检察院或者公安机关的证明文件。

2. 询问的地点

询问证人的地点应当从有利于获取证言、保证证人积极作证等方面考虑。为方便证人作证，消除证人不必要的紧张情绪，及时得到证人及其家属或所在单位的支持，侦查人员一般应到证人所在单位、住处或者证人提出的地点进行询问。只有在案件涉及国家秘密、证人所在单位或者住处周围的人与案件有利害关系、证人在侦查阶段不愿意公开自己的姓名和作证行为等必要的情况下，为保守秘密，保障证人安全，防止证人所在的单位、亲属或其他人的干扰，保证证人如实提供证言，侦查人员才能通知证人到人民检察院或公安机关进行询问。

3. 询问的方式

侦查人员在询问证人时，为最大限度地保证证言的真实性，避免证人之间相互影响，应当分别进行、个别询问；不同的证人应当分别出具书面证词。

4. 证人的义务、责任和权利

首先，证人具有作证的义务和保证证言真实性的义务，并为其所做证言的真伪承担法律责任；必要的时候，证人有出庭作证的责任。《刑事诉讼法》第62条规定："凡是知道案件情况的人，都有作证的义务。生理上、精神上有缺陷或者年幼，不能辨别是非、不能正确表达的人，不能作证人。"由此可见，证人具有作证的义务。《刑事诉讼法》第61条规定："证人证言必须在法庭上经过公诉人、被害人和被告人、辩护人双方质证并且查实以后，才能作为定案的根据。法庭查明证人有意作伪证或者隐匿罪证的时候，应当依法处理。"《刑法》第305条规定了伪证罪，第310条规定了包庇罪，明确了证人作伪证或隐匿罪证应当承担的法律责任。由此可见，证人具有保证其证言真实性的义务，并承担相应的法律责任。其次，证人也有与作证义务相应的权利。《刑事诉讼法》第63—65条规定了对证人及其近亲属人身及住宅安全的一系列保护措施，并为作证提供相应的财政支持。侦查人员也应告知、保护证人依法享有的各种诉讼权利，保障证人及其近亲属的安全。对证人及其近亲属进行威胁、侮辱、殴打或者打击报复而构成犯罪的，应依法追究刑事责任；尚不够刑事处罚的，依法给予治安管理处罚。

5. 为证人作证提供必要的条件

侦查人员在询问证人时，一般先让证人就他所知道的案件情况作连续的详细叙述，然后对其所陈述的事实问明来源和根据。侦查人员应当耐心听取证人的陈述，然后根据案件的具体情况进行询问，提出的问题应当明确、清楚，不得用提示性、暗示性的方式询问，更不得以暴力、胁迫、引诱、欺骗等非法的方法逼取证人证言。询问聋、哑证人时，应当有通晓聋、哑手势的人做翻译，并将这种情况记入笔录；询问不通晓当地语言文字的诉讼参与人时，应当为其聘请翻译人员。此外，《刑事诉讼法》第65条规定："证人因履行作证义务而支出的交通、住宿、就餐等费用，应当给予补助。证人作证的补助列入司法机关业务经费，由同级政府财政予以保障。有工作单位的证人作证，所在单位不得克扣或者变相克扣其工资、奖金及其他福利待遇。"

6. 询问笔录制作

证言应当制作笔录，如实记载证人的陈述，询问结束后，交证人核对或者向他宣读。如果记载有遗漏或差错，证人可以申请补充或者纠正。证人确认笔录无误后，证人和侦查人员都应当在笔录上签名或盖章。如果证人愿意提供书面证言，应当允许；必要时，侦查人员也可以让证人亲笔书写证词。

（三）询问被害人

《刑事诉讼法》第127条规定，询问被害人适用询问证人的程序。由于被害人与证人具有不同的诉讼地位，被害人是刑事诉讼的当事人，且与案件的处理有直接利害关系，所以，在询问被害人时，除了依照询问证人的各项规定进行外，还要注意被害人的特点。

询问被害人，是指侦查人员依照法定程序，以言词方式向直接遭受犯罪行为侵害的人就其受害及犯罪嫌疑人的有关情况进行调查的一种侦查活动。由于被害人直接遭受犯罪行为侵害，在不少案件中被害人与犯罪分子还有过直接接触，通过询问被害人，可以更多地掌握犯罪事实和犯罪嫌疑人的有关情况；同时，基于被害人与案件的利害关系，在询问时也要注意区分其陈述可能存在的超乎情理和夸大事实的部分。在询问被害人过程中，应当注意保护被害人的个人隐私，采取有效措施保护被害人的人身安全。

三、勘验、检查的概念、种类和规则

（一）勘验、检查的概念

勘验、检查是指侦查人员对与犯罪有关的场所、物品、尸体、人身等进行勘查和检验，以发现、收集和固定犯罪活动遗留下来的各种痕迹和物品的一种侦查行为。勘验、检查的主体、任务和性质相同，但勘验的对象是现场、物品和尸体，而检查的对象则是活人的人身。

勘验、检查是侦查活动中获取第一手证据材料的重要途径。犯罪人实施犯罪行为，必然会留下各种痕迹、物品，即使其在犯罪后对现场加以破坏或伪装，也会留下新的痕迹和物品。因此，通过勘验和检查，可以及时发现、收集和固定犯罪的痕迹与物品，了解案件性质、作案手段和犯罪活动情况，确定侦查范围和方向，并为进一步查清案情，揭露、证实犯罪分子提供可靠的依据。

（二）勘验、检查的种类和规则

根据《刑事诉讼法》第128—134条及相关司法解释的规定，勘验、检查的种类主要包括现场勘验、物证检验、尸体检验、人身检查等。

1. 现场勘验

现场勘验是指侦查人员对发生犯罪事件或者发现犯罪痕迹的特定地点、场所进行勘验和检查的一种侦查活动。现场勘验的任务是查明犯罪现场的情况，发现和收集证据，研究、分析案情，判断案件性质，确定侦查方向和范围，为破案提供线索和证据。

《刑事诉讼法》第129条规定："任何单位和个人，都有义务保护犯罪现场，并且立即通知公安机关派员勘验。"在犯罪现场发现的物品、痕迹都有可能成为查获犯罪嫌疑人的关键线索，因此，只有及时发现并保护好犯罪现场，勘验、检查人员才能获取到现场物品、痕迹的原始状态，并据此准确分析、判断犯罪人的作案动机、作案手段、作案时间和作案的其他具体情况，为侦破案件打下基础。执行勘验的侦查人员接案后，应当迅速赶到案发现场，并保护好现场。进行现场勘验时必须持有公安机关或人民检察院的证明文件，如公安机关的"刑事犯罪现场勘查证"，必要时可以指派或聘请具有专门知识的人在侦查人员的主持下进行现场勘验。为了保证勘验的客观、公正性，还应邀请两名与案件无关的见证人在场。侦查人员在现场勘验时，应当及时向现场周围的群众、被害人、目睹人、报案人等进行查询、访问，以便了解案发前和案发时现场的状况，并进行实地勘验，发现和收集同案件有关的各种证据，并及时采取紧急措施和各种技术手段固定、保全各种证据。

《刑事诉讼法》第133条规定："勘验、检查的情况应当写成笔录，由参加勘验、检查的人和见证人签名或者盖章。"勘验、检查现场，应当按照勘验、检查现场规则的要求拍摄现场照片，制作"现场勘验、检查笔录"和现场图。对于重大案件、特别重大案件的现场，应当录像。在计算机犯罪案件的现场勘验、检查时，应当立即停止应用，保护计算机及相关设备，并复制电子数据等证据材料。

2. 物证检验

物证检验是指侦查人员对侦查过程中收集到的物品和痕迹进行检查、验证，以确定该物证与案件事实之间的关系的一种侦查活动。

物证的检验应当及时、认真、细致，如果需要由专门技术人员进行检验和鉴定，应当指派或聘请鉴定人进行鉴定。物证检验应当制作笔录。参加检验的侦查人员、鉴定人和见证人均应签名或者盖章。

3. 尸体检验

尸体检验是指侦查人员指派、聘请法医或医师对非正常死亡的尸体进行尸表检验或尸体解剖的一种侦查活动。其目的在于确定被害人死亡的原因和时间，判明致死的工具、手段和方法，以便分析作案过程，为查明案情和查获犯罪嫌疑人提供线索、证据。

《刑事诉讼法》第131条规定："对于死因不明的尸体，公安机关有权决定解剖，并且通知死者家属到场。"相关司法解释规定，对于死因不明的尸体，为了确定死因，经县级以上公安机关负责人批准，可以解剖尸体或者开棺检验，并且通知死者家属到场，让其在“解剖尸体通知书”上签名或者盖章。死者家属无正当理由拒不到场或者拒绝签名、盖章的，不影响解剖或开棺检验，但是应当在“解剖尸体通知书”上注明。对于身份不明的尸体，无法通知死者家属的，应当在笔录中注明。对于已经查明死因，没有继续保存必要的尸体，应当通知家属领回处理；对于无法通知或者通知后其家属拒绝领回的，经县级以上公安机关负责人批准，可以及时处理。尸体检验的情况应当制作笔录，并由侦查人员、法医或医师签名或者盖章。

4. 人身检查

人身检查是指侦查人员为了确定被害人、犯罪嫌疑人的某些特征、伤害情况或者生理状态，依法对其人身进行检查的一种侦查活动。

《刑事诉讼法》第132条规定：“为了确定被害人、犯罪嫌疑人的某些特征、伤害情况或者生理状态，可以对人身进行检查，可以提取指纹信息，采集血液、尿液等生物样本。犯罪嫌疑人如果拒绝检查，侦查人员认为必要的时候，可以强制检查。检查妇女的身体，应当由女工作人员或者医师进行。”人身检查是对活人的人身进行的一种特殊检验，其目的在于确定被害人、犯罪嫌疑人的相貌、肤色、特殊痕迹、伤害部位与程度、智力发展和生理机能等情况，从而有利于查明案件性质，查获犯罪嫌疑人。对被害人、犯罪嫌疑人进行人身检查，必须由侦查人员进行，必要时也可以在侦查人员的主持下聘请法医或医师严格依法进行，不得有侮辱被害人、犯罪嫌疑人人格或侵害其他合法权益的行为。但对被害人的人身检查，应征得本人同意，不得强制进行。人身检查的情况应当制作笔录，并由侦查人员和进行检查的法医或医师签名或盖章。

为保证侦查机关勘验、检查的质量，防止和纠正可能出现的或已经出现的差错，人民检察院依法对公安机关的侦查活动进行监督。《刑事诉讼法》第134条规定：“人民检察院审查案件的时候，对公安机关的勘验、检查，认为需要复验、复查时，可以要求公安机关复验、复查，并且可以派检察人员参加。”人民检察院在具备条件的情况下，也可以自行复验、复查。复验、复查应当遵守的法律程序和规则与勘验、检查相同。每次复验、复查都要制作笔录。

四、搜查的概念和程序

（一）搜查的概念

搜查是侦查机关同犯罪作斗争的一项重要手段，对于侦查机关及时收集证据，查获犯罪嫌疑人，防止其逃跑、毁灭和转移证据，揭露、证实犯罪，保障诉讼的顺利进行具有十分重要的意义。根据《刑事诉讼法》第136条的规定，搜查是指为了收集犯罪证据、查获犯罪人，侦查人员对犯罪嫌疑人以及可能隐藏罪犯或者犯罪证据的人的身体、物品、住处和其他有关的地方进行检查的一种侦查活动。侦查机关的搜查行为直接关系着我国《宪法》所规定的公民人身自由和住宅不受侵犯的权利。

（二）搜查的程序

《刑事诉讼法》第137—140条及相关司法解释明确规定了搜查应当遵守的程序：

（1）搜查的主体。搜查只能由侦查人员进行，其他任何机关、团体和个人都无权对公民的人身和住宅进行搜查。否则，情节严重构成犯罪的，将依法追究其刑事责任。

（2）搜查的对象和范围。搜查的对象可以是犯罪嫌疑人，或者其他可能隐藏罪犯或者犯罪证据的人；搜查的范围可以是对人身进行搜查，也可以对被搜查人的住处、物品和其他有关场所进行搜查。侦查机关不得违背法律规定的搜查目的滥用搜查措施，也不得超越法律规定的搜查对象和范围滥行搜查权。

（3）搜查的流程。首先，侦查人员在进行搜查时，必须向被搜查人出示搜查证，否则被搜查人有权拒绝搜查。但是，侦查人员在执行逮捕、拘留的时候，遇有紧急情况，不用搜查证也可以进行搜查。公安部《规定》第 224 条详细规定了紧急情况的具体情形，包括：①可能随身携带凶器的；②可能隐藏爆炸、剧毒等危险物品的；③可能隐匿、毁弃、转移犯罪证据的；④可能隐匿其他犯罪嫌疑人的；⑤其他突然发生的紧急情况。任何单位和个人都有义务按照公安机关和人民检察院的要求，交出可以证明犯罪嫌疑人有罪或者无罪的物证、书证、视听资料。公安部《办理刑事案件程序规定》第 225 条规定，公安机关可以要求有关单位和个人交出可以证明犯罪嫌疑人有罪或者无罪的物证、书证、视听资料等证据。遇到阻碍搜查的，侦查人员可以强制搜查。其次，为了证实搜查情况，保证搜查所取得的证据的真实性，以及监督侦查机关搜查行为的合法性，搜查时应当有被搜查人或者他的家属、邻居或者其他见证人在场。搜查妇女的身体，应当由女工作人员进行。最后，搜查的情况应当写成笔录，由侦查人员和被搜查人或者他的家属，邻居或者其他见证人签名或者盖章。如果被搜查人或者他的家属在逃或者拒绝签名、盖章，应当在笔录上注明。

五、查封、扣押物证、书证的概念和程序

（一）查封、扣押物证、书证的概念

根据《刑事诉讼法》第 141 条的规定，查封、扣押物证、书证是指，在侦查活动中发现的可用以证明犯罪嫌疑人有罪或者无罪的各种财物、文件，侦查机关有权依法进行强制提取、留置和封存的侦查行为。查封、扣押物证、书证的目的在于取得和保全证据。侦查机关及时采取查封、扣押行为，能够防止证明犯罪嫌疑人有罪或无罪、罪重或罪轻的物品和文件发生毁弃、丢失或被隐藏等现象，从而保证侦查人员依法扣押的物证、书证在认定案件事实，揭露、证实犯罪，保障无罪公民不受刑事追诉方面发挥其应有的证据作用。查封、扣押物证、书证通常与勘验、搜查同时进行，即在勘验、搜查过程中发现可以用于证明犯罪嫌疑人有罪或无罪的物品和文件时都应当查封、扣押，但同时，查封、扣押物证、书证又是一种独立的侦查行为，可以单独进行。

（二）查封、扣押物证、书证的程序

《刑事诉讼法》第 141—145 条和公安部《规定》的相关规定对侦查人员查封、扣押物证、书证的程序提出了具体要求：

（1）查封、扣押的主体。查封、扣押物证、书证只能由侦查人员进行，侦查人员如果在勘验、检查和搜查中发现需要查封、扣押的物品、文件，凭勘查证和搜查证即可予以查封、扣押；如果单独进行查封、扣押，应当持有侦查人员的工作证件等侦查机关的

证明文件。

（2）查封、扣押的范围。查封、扣押的范围仅限于与查明案件有关的具有证据意义的各种物品、文件，与案件无关的物品、文件不得随意查封、扣押。如果是违禁品，则无论是否与本案有关，都应先行查封、扣押，然后交有关部门处理。凡应当查封、扣押的物品、文件，持有人拒绝交出的，侦查机关可以强行查封、扣押。

（3）查封、扣押的流程。对于查封、扣押的物品和文件，应当会同在场见证人和被查封、扣押物品、文件的持有人查点清楚，当场开列清单，写明物品或者文件的名称、编号、规格、数量、重量、质量、特征及来源，由侦查人员、见证人和持有人签名或者盖章。持有人及其家属在逃或者拒绝签名的，不影响查封、扣押的进行，但应当在查封、扣押清单上注明。对于应当查封、扣押但不便提取的物品，应当现场加封，责成专人负责、妥善保存。对于无法确定持有人的物品和文件或者持有人拒绝签名的，侦查人员应当在清单中注明。侦查人员认为需要扣押犯罪嫌疑人的邮件、电报时，经公安机关或人民检察院批准，即可通知邮电机关将有关的邮件、电报检交扣押。不需要继续扣押时，应当立即通知邮电机关。

（4）对于查封、扣押的物品、文件的保存。侦查机关应当妥善保管或者封存查封、扣押的物品、文件，不得使用、调换、毁损或者自行处理。对于涉及国家秘密的文件、资料，应当严格保守秘密。依法扣押文物、金银、珠宝、名贵字画等贵重财物的，应当拍照或者录像，并及时鉴定、估价。

（5）关于查询、冻结犯罪嫌疑人的存款等财产的规定。人民检察院、公安机关根据侦查犯罪的需要，可以依照规定查询、冻结犯罪嫌疑人的存款、汇款、债券、股票、基金份额等财产。对于已经冻结的犯罪嫌疑人的存款、汇款、债券、股票、基金份额等财产，不管是出于何种原因冻结的，侦查机关都不得重复冻结，但可以要求有关银行、邮电机关及金融证券机构在将犯罪嫌疑人的存款、汇款、债券、股票、基金份额等财产解冻前，通知公安机关和人民检察院。根据相关司法解释的规定，侦查机关不能划扣存款、汇款。犯罪嫌疑人在侦查、审查起诉中死亡，其存款、汇款应当依法予以没收或者返还被害人的，侦查机关可以申请人民法院裁定通知冻结犯罪嫌疑人存款、汇款的金融机构上缴国库或者返还被害人。

（6）查封、扣押或者查询、冻结后的处理。对于查封、扣押的物品、文件、邮件、电报或者冻结的存款、汇款、债券、股票、基金份额等财产，经查明确实与案件无关的，应当在 3 日以内解除查封、扣押、冻结，退还原主或者原邮电机关、网络服务单位；原主不明确的，应当采取公告的方式告知原主认领。在通知原主或者公告后 6 个月以内，无人认领的，按照无主财产处理，登记后上缴国库。

六、鉴定的概念和程序

（一）鉴定的概念

根据《刑事诉讼法》第 146 条的规定，鉴定是指侦查机关指派或聘请具有专门知识的人就案件中某些专门性问题，进行科学鉴别和判断并作出鉴定意见的一种侦查活动。

侦查实践中经常采用的鉴定主要有刑事技术鉴定、人身伤害的医学鉴定、精神病的医学鉴定，以及扣押物品的价格鉴定、文物鉴定、司法会计鉴定等。鉴定的适用范围十分广泛，涉及刑事案件中能够证明犯罪嫌疑人有罪、无罪的各种物品、文件、痕迹、人身、尸体等的鉴别、检验和研判。鉴定对于侦查机关及时收集证据，准确揭示物证、书证在诉讼中的证明作用，鉴别有关证据的真伪，进而查明案件事实真相和查获犯罪嫌疑人具有重要作用。

（二）鉴定的程序

《刑事诉讼法》第147—149条和公安部《规定》等相关规范性文件对鉴定应当遵守的程序性规定作出详细要求：

（1）鉴定的主体。侦查机关指派或者聘请的鉴定人必须具备鉴定人的资格，即必须是具有解决本案中专门性问题的专门知识和技能，并且与本案或本案当事人没有利害关系，能够保证以客观、公正的态度进行鉴定的人。

（2）鉴定的流程。首先，侦查人员认为需要就解决案件的专门性问题指派、聘请有专门知识的人进行鉴定的时候，应当为鉴定人进行鉴定提供必要的条件，及时向鉴定人送交有关检材和对比样本等原始材料，介绍与鉴定有关的情况，并且明确提出要求鉴定解决的问题，但是不得暗示或者强迫鉴定人作出某种鉴定意见。其次，鉴定人应当按照鉴定规则，运用科学方法进行鉴定。鉴定后，应当出具鉴定意见，并由鉴定人签名。如果是多名鉴定人对同一专门问题共同进行鉴定，可以互相讨论，提出共同的鉴定意见，但每一位鉴定人都应当签名；如果意见不一致，则可以分别提出自己的鉴定意见，分别签名。鉴定只能涉及案件中的专门性问题，无权对案件的法律问题作出评判。最后，鉴定人进行鉴定后，应当写出鉴定意见，除了鉴定人签名外，还应当加盖鉴定机构公章，以保证鉴定的权威性、严肃性和合法性。

（3）补充鉴定或者重新鉴定。侦查机关应当将用作证据的鉴定意见告知犯罪嫌疑人、被害人，如果犯罪嫌疑人、被害人提出申请，可以补充鉴定或者重新鉴定。鉴定内容有明显遗漏，发现新的有鉴定意义的证物，对鉴定证物有新的鉴定要求或者鉴定意见不完整、委托事项无法确定时，经县级以上公安机关负责人批准，应当补充鉴定。发现有以下情形之一的，经县级以上公安机关负责人批准，应当重新鉴定：①鉴定程序违法或者违反相关专业技术要求的；②鉴定机构、鉴定人不具备鉴定资质和条件的；③鉴定人故意作虚假鉴定或者违反回避规定的；④鉴定意见依据明显不足的；⑤检材虚假或者被损坏的；⑥其他应当重新鉴定的情形。

（4）关于鉴定的其他规定。《刑事诉讼法》第147条第2款特别规定，鉴定人故意作虚假鉴定，构成犯罪的，应当依法追究其刑事责任；尚不够刑罚处罚的，则依法予以行政处分。第149条规定，对犯罪嫌疑人作精神病鉴定的期间不计入办案期限。

七、通缉的概念和程序

（一）通缉的概念

根据《刑事诉讼法》第155条的规定，通缉是指公安机关对于应当逮捕却在逃的犯罪嫌疑人，通过发布通缉令的方式，采取有效措施将其追捕归案的一种侦查行为。通缉是公安机关内部通力合作、协同作战，及时制止、打击和预防犯罪的一种重要手段。在通缉过程中，公安机关可以动员和依靠广大人民群众的力量。

（二）通缉的程序

《刑事诉讼法》及公安部《规定》对通缉的程序做了如下规定：

（1）被通缉的对象和通缉令的制作。被通缉的对象必须是依法应当逮捕而在逃的犯罪嫌疑人，包括依法应当逮捕而在逃的和已被逮捕但在羁押期间逃跑的犯罪嫌疑人。通缉令中应当尽可能地写明被通缉人的姓名、别名、曾用名、绰号、性别、年龄、民族、籍贯、出生地，以及户籍所在地、居住地、职业、身份证号码、衣着和体貌特征并附被通缉人近期照片，可以附指纹及其他物证的照片。除了必须保密的事项以外，应当写明发案的时间、地点和简要案情。

（2）发布通缉令的主体和程序。有权发布通缉令的主体只有公安机关，其他任何机关、团体、单位、组织和个人都无权发布。《监察法》也规定：监察委员会在调查案件过程中，需要追捕被调查人的，应当在依法作出通缉决定后，交由公安机关发布通缉令。各级公安机关在自己管辖的地区内，可以直接发布通缉令，如果超出自己管辖的地区，应当报请有权决定的上级机关发布。通缉令发出后，如果发现新的重要情况，可以补发通报。通报必须注明原通缉令的编号和日期。自2000年起，公安部对重大在逃犯罪嫌疑人实行“A、B级通缉”，A级通缉令是在全国范围内发布的级别最高的通缉令，是为了缉捕公安部认为应重点通缉的在逃人员而发布的命令，主要适用于情况紧急、案情重大或突发恶性案件。B级通缉令是公安部应各省级公安机关的请求发布的缉捕在逃人员的命令。[1]

（3）通缉的流程。公安机关在接到通缉令后，应当及时开展通缉行动。抓获犯罪嫌疑人后，应当迅速通知通缉令发布机关，并报经抓获地县级以上公安机关负责人批准后，凭通缉令羁押。原通缉令发布机关应当立即进行核实，依法处理。对于通缉在案的犯罪嫌疑人，任何公民都有权将其扭送至公安机关、人民检察院或人民法院处理。被通缉人已经归案、死亡，或者通缉原因已经消失而无通缉必要的，发布通缉令的机关应当立即发出撤销通缉令的通知。

八、侦查实验的概念和程序

（一）侦查实验的概念

侦查实验是指侦查人员为了确定和判明与案件有关的某些事实或行为在某种情况下能否发生或怎样发生，按照原有条件，实验性地重演该事实或行为的一种侦查活动。2012年修改后的《刑事诉讼法》新增“侦查实验笔录”为一项法定的证据形式，足见侦查实验在侦查程序中发挥的关键性作用，以及刑事司法活动对侦查实验手段及侦查实验笔录用作证据使用的重视程度。

---

〔1〕参见《刑事诉讼法学》编写组编：《刑事诉讼法学》（第四版），高等教育出版社2022年版，第252页。

（二）侦查实验的程序

《刑事诉讼法》第 135 条规定："为了查明案情，在必要的时候，经公安机关负责人批准，可以进行侦查实验。侦查实验的情况应当写成笔录，由参加实验的人签名或者盖章。侦查实验，禁止一切足以造成危险、侮辱人格或者有伤风化的行为。"由此可见，侦查实验是一种特殊的侦查行为，不宜在所有的侦查活动中广泛采用。与此同时，侦查实验在特定情况下又是非常行之有效的侦查方法，根据相关司法解释的规定，只有在下列情况下才能进行侦查实验：（1）确定在一定条件下能否听到或者看到；（2）确定在一定时间内能否完成某一行为；（3）确定在什么条件下能够发生某种现象；（4）确定在某种条件下某种行为和某种痕迹是否吻合；（5）确定在某种条件下使用某种工具可能或者不可能留下某种痕迹；（6）确定某种痕迹在什么条件下会发生变异；（7）确定某种事件是怎样发生的。侦查实验应当由侦查人员进行，并应当邀请其他见证人在场，必要时也可以聘请具有专门知识的人参加。

九、辨认的概念和程序

（一）辨认的概念

辨认是指为了查明案情，侦查人员在必要的时候请被害人、证人或者犯罪嫌疑人对与犯罪有关的物品、文件、尸体、场所或者犯罪嫌疑人进行辨认的一种侦查行为。辨认是侦查机关获取证据、查获犯罪嫌疑人时采取的一种常用的侦查方法，对于查明案件事实、确认犯罪嫌疑人具有十分重要的作用。有鉴于此，2012 年修改后的《刑事诉讼法》新增"辨认笔录"为一项法定的证据形式。

（二）辨认的程序

最高人民检察院《规则》、公安部《规定》等司法解释性文件规定了辨认应当遵守的程序要求：

（1）主持辨认的主体。主持辨认的主体是负责案件办理的侦查人员。辨认应当在侦查人员的主持下进行，主持辨认的侦查人员不得少于 2 人。

（2）辨认的原则。其一，独立性原则。辨认应当独立进行。辨认前，侦查人员不得向辨认人展示辨认对象及其影像资料，不得给辨认人任何暗示。辨认时，几名辨认人对同一辨认对象进行辨认时，应当由辨认人个别进行。必要时，可以有见证人在场。其二，混杂性原则。辨认应当遵循混杂辨认规则，将辨认对象混杂在特征相类似的其他对象中。其三，保护性原则。在侦查过程中，辨认人对犯罪嫌疑人的辨认，不愿意公开进行的，可以在不暴露辨认人的情况下进行，并且侦查人员应当为其保守秘密。

（3）被辨认对象的数量。公安机关主持辨认犯罪嫌疑人时，被辨认的人不得少于 7 人，对犯罪嫌疑人照片进行辨认的，不得少于 10 人的照片；辨认物品时，混杂的同类物品不得少于 5 件；对物品的照片进行辨认的，不得少于 10 件物品的照片。检察机关主持辨认犯罪嫌疑人时，被辨认的人数不得少于 7 人，照片不得少于 10 张。辨认物品时，同类物品不得少于 5 件，照片不得少于 5 张。但是，公安机关、检察机关安排对场所、尸体等特定辨认对象进行辨认，或者辨认人能够准确描述物品独有特征的，陪衬物不受数量的限制。

（4）辨认笔录的制作。对于辨认经过和结果，应当制作辨认笔录，由侦查人员、辨认人、见证人签名。必要时，应当对辨认过程进行录音录像。

十、特殊侦查措施的概念和程序

（一）特殊侦查措施的概念

特殊侦查措施，是指基于案件性质或侦查手段的特殊性、高科技性和隐蔽性等特征，只在某些特殊类型的案件当中适用的异于普通侦查措施的特殊侦查手段。随着社会的不断发展和科学技术的不断进步，新的犯罪类型，侦查技术和方法（如网络侦查、大数据侦查等）也会持续产生或更新迭代，因此，特殊侦查措施的外延应当是开放性的。而根据现行《刑事诉讼法》的规定，我国目前法律规定的特殊侦查措施主要包括技术侦查、秘密侦查和控制下交付。

技术侦查，是指在刑事诉讼中，侦查机关依法运用技术设备和技术方法，隐秘获取犯罪信息或犯罪证据，以发现犯罪、查明犯罪事实和查缉犯罪嫌疑人所使用的一种特殊的侦查手段。技术侦查专指侦查中某些特殊手段的运用，而非一般意义上侦查技术设备或仪器的使用。现行《刑事诉讼法》第150条和《人民警察法》第16条都规定了侦查机关“根据侦查犯罪的需要，经过严格的批准手续，可以采取技术侦查措施”。技术侦查主要包括电子侦听、秘密监视、通讯监控、邮件检查、密搜密取等专门技术手段。[1]

秘密侦查，是指侦查机关通过隐匿身份、目的或手段而实施的侦查措施，主要是指侦查人员隐匿身份实施“卧底侦查”“线人侦查”“乔装侦查”，也包括侦查机关在国际规则和本国法律许可的范围内进行的“诱惑侦查”。《刑事诉讼法》第153条第1款规定的便是秘密侦查的特殊侦查措施。采取秘密侦查措施需要注意的问题是，不得诱使他人犯罪，不得采用可能危害公共安全或者发生重大人身危险的方法，防止秘密侦查手段的滥用。

控制下交付，是指侦查机关在发现非法或可疑交易的物品后，在对物品进行秘密监控的情况下，允许非法或可疑物品继续流转，从而查明参与该项犯罪的人员并彻底查明案件的一种侦查措施。《刑事诉讼法》第153条第2款规定的便是控制下交付的特殊侦查措施。

需要注意的是，秘密侦查和控制下交付在严格意义上不属于技术侦查措施的范畴，对其适用的主体、程序和所获证据的运用规则，都应当单独进行规定。

（二）特殊侦查措施的程序

《刑事诉讼法》第150—154条及相关司法解释规定了以上三种特殊侦查措施应当遵循的程序性规定：

（1）特殊侦查措施适用的案件类型。特殊侦查措施只能由公安机关和检察机关在特定类型的案件中，根据侦查犯罪的需要采取。如公安机关在立案后，对于危害国家安全

---

〔1〕参见刘晨琦：《中国技术侦查的程序控制研究》，中国社会科学出版社2021年版，第21—49页。

犯罪、恐怖活动犯罪、黑社会性质的组织犯罪、重大毒品犯罪案件，故意杀人、强奸、抢劫、绑架、放火、爆炸、投放危险物质等严重犯罪案件，集团性、系列性、跨区域性重大犯罪案件，利用电信、计算机网络、寄递渠道等实施的重大犯罪案件，以及其他可能判处有期徒刑 7 年以上的严重危害社会的犯罪案件，可以采取特殊侦查措施。另外，追捕通缉或者批准、决定逮捕的在逃的犯罪嫌疑人、被告人，经过批准，也可以采取追捕所必需的特殊侦查措施。

（2）特殊侦查措施的审批、执行主体和适用对象。就技术侦查而言，由设区的市一级以上公安机关负责人负责批准决定。就秘密侦查而言，为了查明案情，在必要的时候，经县级以上公安机关负责人决定，可以由有关人员隐匿其身份实施侦查或进行控制下交付。但是不得诱使他人犯罪，不得采用可能危害公共安全或者发生重大人身危险的方法。检察机关在立案后，对于利用职权实施的严重侵犯公民人身权利的重大犯罪案件，根据侦查犯罪的需要，经过严格的批准手续，可以采取技术侦查措施，按照规定交有关机关执行。技术侦查措施的适用对象是犯罪嫌疑人、被告人以及与犯罪活动直接关联的人员。

（3）特殊侦查措施的批准手续。批准特殊侦查决定应当根据侦查犯罪的需要，确定采取特殊侦查措施的种类和适用对象。需要采取技术侦查措施的，应当制作呈请采取技术侦查措施报告书，报设区的市一级以上公安机关负责人批准，制作采取技术侦查措施决定书。采取技术侦查措施，必须严格按照批准的措施种类、适用对象和期限执行。在有效期限内，需要变更技术侦查措施种类或者适用对象的，应当重新办理批准手续。

（4）特殊侦查措施的适用期限。就技术侦查而言，批准决定自签发之日起 3 个月以内有效。对于不需要继续采取特殊侦查措施的，应当及时解除。对于复杂疑难案件，期限届满仍有必要继续采取技术侦查措施的，经过批准，有效期可以延长，每次不得超过 3 个月。就隐匿身份的侦查和控制下交付而言，在法律层面尚未明确规定具体的适用期限。

（5）特殊侦查措施的执行程序。采取特殊侦查措施，须对所获取的各类不应公开的信息保密并仅限于作为刑事诉讼证据材料使用。侦查人员对采取特殊侦查措施过程中知悉的国家秘密、商业秘密和个人隐私，应当保密。对采取特殊侦查措施获取的与案件无关的材料，必须及时销毁并制作销毁记录。采取特殊侦查措施获取的材料，只能用于对犯罪的侦查、起诉和审判，不得用于其他用途。

第三节　侦查终结

一、侦查终结的概念和条件

（一）侦查终结的概念

侦查终结是指侦查机关对于其立案侦查的案件，经过一系列的侦查活动，认为案件事实已经查清，证据确实、充分，足以认定犯罪嫌疑人是否有罪和应否对其追究刑事责任而决定结束侦查，并对案件依法作出结论和处理的一种诉讼活动。

侦查终结是侦查阶段对已经开展的各种侦查活动和侦查工作进行审核和总结的最后一道程序，是侦查任务已经完成的标志。侦查终结的意义在于，为人民检察院准确提起公诉、人民法院正确审判奠定基础，为准确、及时惩罚犯罪，保障无罪的人和依法不应当受到刑事追究的人免受刑事追究，保护公民合法权益提供可靠的根据和保障。

（二）侦查终结的条件

《刑事诉讼法》第 162 条及相关司法解释规定了公安机关侦查的案件和人民检察院自行侦查的案件的侦查终结所须同时具备的三个条件：

第一，案件事实已经查清。案件事实包括犯罪嫌疑人有罪或无罪、罪重或罪轻，以及是否应受刑事处罚的全部事实和情节。事实已经查清，是侦查终结的首要条件。侦查机关如果认为犯罪嫌疑人确有犯罪行为，在侦查终结时，对于犯罪嫌疑人犯罪的时间、地点、动机、目的、情节、手段和危害结果等情况应当全部查清，并且没有遗漏任何罪行。对于共同犯罪的案件，还应当查清每个犯罪嫌疑人在共同犯罪中的地位和作用，且没有遗漏其他应当追究刑事责任的同案人。

第二，证据确实、充分。证据确实、充分是侦查终结的重要条件。它要求侦查终结的案件，证明犯罪事实、情节的每一个证据来源都是可靠的，是经查证属实、核对无误的，并且证据与证据之间能够相互印证，形成一个完整的证明体系，足以排除其他可能性，确认犯罪嫌疑人有罪或者无罪、罪重或者罪轻。

第三，法律手续完备。法律手续完备同样是侦查终结必不可少的条件。它要求侦查机关采取的收集证据、查明案情的工作和有关的强制性措施的各种法律文书，以及审批、签字、盖章等手续都是齐全、完整并符合法律规定要求的，这是衡量侦查活动是否严格依法进行的标准。如果发现有遗漏或不符合法律规定之处，应当及时采取有效的措施予以补充或改正。

此外，根据《刑事诉讼法》第 163 条规定："在侦查过程中，发现不应对犯罪嫌疑人追究刑事责任的，应当撤销案件；犯罪嫌疑人已被逮捕的，应当立即释放，发给释放证明，并且通知原批准逮捕的人民检察院。"具体而言，经查明本案不存在犯罪事实，或者犯罪嫌疑人的行为符合《刑事诉讼法》第 16 条的规定的，属于"不应对犯罪嫌疑人追究刑事责任的"情形，对此，应当立即释放在押的犯罪嫌疑人，通知原批准逮捕的人民检察院，及时终结侦查。

二、侦查终结的处理

侦查终结的案件，应当根据案件的不同情况，分别作出起诉、不起诉或者撤销案件的决定。公安机关侦查的案件侦查终结后，对于犯罪事实清楚，证据确实、充分，犯罪性质和罪名认定正确，法律手续完备，依法应当追究犯罪嫌疑人刑事责任的案件，应当写出"起诉意见书"，连同案卷材料、证据一并移送同级人民检察院审查决定，同时将案件移送情况告知犯罪嫌疑人及其辩护律师。犯罪嫌疑人自愿认罪的，应当记录在案，随案移送，并在“起诉意见书”中写明有关情况，认为案件符合速裁程序适用条件的，可以向人民检察院提出适用速裁程序的建议。共同犯罪案件的“起诉意见书”中应当写明每个犯罪嫌疑人在共同犯罪中的地位、作用、具体罪责和认罪态度，并分别提出处理意见。对于犯罪情节轻微，依法不需要判处刑罚或者免除刑罚的案件，公安机关在移送审查起诉时，应当注明具备不起诉的条件，由人民检察院审查决定起诉或者不起诉。对于侦查中发现不应对犯罪嫌疑人追究刑事责任的案件，应当作出撤销案件的决定，并制作“撤销案件决定书”；犯罪嫌疑人已被逮捕的，应当立即释放，发给释放证明，并通知原批准的人民检察院。

三、侦查中的羁押期限

侦查中的羁押期限，是指在侦查中从对被追诉人采取逮捕的强制措施，到案件侦查终结的期限。我国《刑事诉讼法》对侦查羁押期限予以明确规定，目的是敦促侦查工作高效、顺利进行，提高诉讼效率，防止案件久拖不决，保障犯罪嫌疑人在审前羁押过程中的人身自由和合法诉讼权利。侦查中的羁押期限在学理上可以分为三类：一般羁押期限、特殊羁押期限和重新计算的羁押期限。

（一）一般羁押期限

《刑事诉讼法》第 156 条规定了一般刑事案件的侦查羁押期限：对犯罪嫌疑人逮捕后的侦查羁押期限不得超过 2 个月。如果犯罪嫌疑人在逮捕以前已被拘留的，拘留的期限不包括在侦查羁押期限之内。一般情况下，侦查机关应当在法律规定的侦查羁押期限内侦查终结案件。

（二）特殊羁押期限

根据案件的特殊需要，在符合法定条件时履行相应的审批手续和程序，可以延长侦查羁押期限，即特殊羁押期限。根据《刑事诉讼法》第 156—159 条的规定，特殊羁押期限包括以下情形：其一，案情复杂、期限届满不能终结的案件，可以经上一级人民检察院批准延长 1 个月；其二，因为特殊原因，在较长时间内不宜交付审判的特别重大复杂的案件，由最高人民检察院报请全国人大常委会批准延期审理；其三，下列案件在《刑事诉讼法》第 156 条规定的期限届满时仍不能侦查终结的，经省、自治区、直辖市人民检察院批准或者决定，可以延长 2 个月：（1）交通十分不便的边远地区的重大复杂案件；（2）重大的犯罪集团案件；（3）流窜作案的重大复杂案件；（4）犯罪涉及面广，取证困难的重大复杂案件；其四，对犯罪嫌疑人可能判处 10 年有期徒刑以上刑罚的，依照《刑事诉讼法》第 158 条的规定延长期限届满，仍不能侦查终结的，经省、自治区、直辖市人民检察院批准或者决定，可以再延长 2 个月。此外，根据相关司法解释的规定，公安机关对案件提请延长羁押期限时，应当在羁押期限届满前 7 日内提出，并书面呈报延长羁押期限案件的主要案情和延长羁押期限的具体理由，人民检察院应当在羁押期限届满前作出决定。

特殊羁押期限是在确有法律规定的特殊情况下才能使用的羁押期限，侦查机关应当严格遵守法律规定的适用条件，审查主体应当严格把关，谨慎适用有关特殊羁押期限的规定，避免侦查权力和羁押措施的滥用。

（三）重新计算的羁押期限

《刑事诉讼法》规定，遇有下列情况时羁押期限应当重新计算：其一，在侦查期间发现犯罪嫌疑人另有重要罪行的，自发现之日起依照《刑事诉讼法》第156条的规定重新计算侦查羁押期限。公安机关在侦查期间发现犯罪嫌疑人另有重要罪行，重新计算侦查羁押期限的，由公安机关决定，不再经人民检察院批准，但须报人民检察院备案，人民检察院可以监督；其二，犯罪嫌疑人不讲真实姓名、住址，身份不明的，应当对其身份进行调查，侦查羁押期限自查清身份之日起计算，但不得停止对其犯罪行为的侦查取证。对于犯罪事实清楚，证据确实、充分的，也可以按其自报的姓名移送人民检察院审查起诉。此外，对被羁押的犯罪嫌疑人作精神病鉴定的期间，不应当计入侦查羁押期限。其他鉴定时间则应当计入侦查羁押期限。

第四节　人民检察院对直接受理案件的侦查

人民检察院对直接受理案件的侦查，是指人民检察院对自己受理的案件，依法进行的收集证据、查明案情的工作和采取的有关强制性措施的侦查活动，在司法实践中通常被检察系统称为“自侦案件的侦查”。《刑事诉讼法》第164条规定了人民检察院对直接受理的案件的侦查适用《刑事诉讼法》关于侦查的一般规定。鉴于人民检察院具有国家法律监督机关的属性，自侦案件也具有一定的特殊性，我国法律对人民检察院在自侦案件中的侦查权限及侦查终结案件的处理作了一些特殊规定。

一、人民检察院依法行使侦查权

《刑事诉讼法》第165条规定，人民检察院在自侦案件侦查过程中，如果发现案件符合《刑事诉讼法》第81条和第82条第4项、第5项规定的情形，需要逮捕、拘留犯罪嫌疑人的，人民检察院有权作出决定，由公安机关执行。人民检察院对于自行决定拘留的人应当尽快审查。根据《刑事诉讼法》第166条的规定，应当在拘留后的24小时以内进行讯问。在发现不应当拘留的时候，必须立即释放，发给释放证明。《刑事诉讼法》第167条还明确规定了人民检察院对于自行决定拘留的人需要转为逮捕的期限限制。人民检察院对于直接受理的案件中被拘留的人，认为需要逮捕的，应当在14日以内作出决定，在特殊情况下，决定逮捕的时间可以延长1—3日；对于不需要逮捕的，应当立即释放；对于需要继续侦查，并且符合取保候审、监视居住条件的，应当依法取保候审或监视居住。

二、人民检察院侦查终结后的处理及程序

根据《刑事诉讼法》第168条的规定，人民检察院对侦查终结的案件有三种不同的处理结果，分别是作出提起公诉的决定，作出不起诉的决定和作出撤销案件的决定。

（1）作出提起公诉的决定。经过侦查，发现犯罪事实清楚，证据确实、充分，犯罪嫌疑人的行为已经构成犯罪，依法应当追究刑事责任的，应当作出提起公诉的决定。

（2）作出不起诉的决定。经过侦查，认为犯罪事实清楚，证据确实、充分，足以认定犯罪嫌疑人构成犯罪，但犯罪情节轻微，依照《刑法》规定不需要判处刑罚或者应当免除刑罚的，可以作出不起诉的决定。

（3）作出撤销案件的决定。经过侦查，发现没有犯罪事实发生或不应当对犯罪嫌疑人追究刑事责任的，应当及时终止侦查，作出撤销案件的决定。

在司法实践中，人民检察院侦查终结时认为应当撤销案件的，侦查部门应当制作撤销案件意见书，报经检察长或检察委员会讨论决定后撤销案件。人民检察院决定不起诉或者撤销案件的，如果犯罪嫌疑人在押，应当立即通知公安机关释放，公安机关应当立即释放，并发给释放证明。

第五节　补充侦查

一、补充侦查的概念

补充侦查，是指根据审查起诉的需要，对于案件部分事实不清、证据不足或者尚有遗漏罪行、遗漏同案犯罪嫌疑人的，依照法定程序，由检察机关退回侦查机关或者自行对案件作进一步的查明、了解，补充证据的一种刑事诉讼活动。补充侦查并不是刑事案件的必经程序，对于移送审查起诉时案件事实清楚，证据确实、充分的，则不需要经历补充侦查程序。正确、及时地补充侦查，对于公安司法机关查清全部案件事实，客观、公正地处理案件，揭露、证实和惩罚犯罪，防止和纠正冤假错案的发生，具有非常重要的作用。

二、补充侦查的种类和方法

《刑事诉讼法》第 90 条、第 175 条和第 204 条分别规定了补充侦查在程序上的三种类型，包括审查批捕阶段的补充侦查，审查起诉阶段的补充侦查和法庭审理阶段的补充侦查。

（一）审查批捕阶段的补充侦查

《刑事诉讼法》第 90 条规定，人民检察院对于公安机关提请批准逮捕的案件应当进行审查，作出批准或不批准逮捕的决定。不批准逮捕的，人民检察院应当说明理由，需要补充侦查的，应当同时通知公安机关，人民检察院不另行侦查。

（二）审查起诉阶段的补充侦查

根据《刑事诉讼法》第 175 条第 2—4 款的规定，对于审查起诉阶段的补充侦查，应当明确以下几个方面的问题：

（1）补充侦查的方式有两种。人民检察院审查起诉的案件，如果由公安机关侦查终结，需要补充侦查时，既可以决定将案件退回公安机关补充侦查，也可以决定自行侦查，必要时可以要求公安机关协助。监察机关移送的案件需要补充核实的，应当退回监察机关补充调查，必要时可以自行补充侦查。

（2）补充侦查的期限为1个月。退回公安机关补充侦查的案件、退回监察机关补充调查的案件，其补充侦查或调查期限都不得超过1个月，补充侦查或调查完毕后，要及时移送人民检察院审查起诉。人民检察院审查起诉的期限从案件补充侦查或调查完毕移送审查起诉之日起重新计算。

（3）补充侦查的次数不得超过两次。对于需要补充侦查的案件，人民检察院决定补充侦查的次数最多不得超过两次，包括退回公安机关的补充侦查和退回监察机关的补充调查。

（4）补充侦查或补充调查之后的处理。经过两次补充侦查或调查的案件，人民检察院仍然认为证据不足，不符合起诉条件的，应当作出不起诉的决定。

（三）法庭审理阶段的补充侦查

《刑事诉讼法》第204—205条规定，在法庭审理过程中，检察人员发现提起公诉的案件需要补充侦查，并提出补充侦查建议的，人民法院可以延期审理，补充侦查应当在1个月以内完毕。

第六节　侦查监督

一、侦查监督的概念和意义

（一）侦查监督的概念

侦查监督，是指人民检察院根据《刑事诉讼法》的规定，依法对侦查机关的侦查活动是否合法进行的监督。除公安机关外，国家安全机关、监狱、中国海警局、军队保卫部门也依法行使侦查权，人民检察院也要对上述机关或部门的侦查活动行使侦查监督的职权。

（二）侦查监督的意义

侦查监督是人民检察院刑事诉讼法律监督的重要组成部分。检察机关行使侦查监督权，是贯彻落实新时代习近平法治思想关于“深刻把握执法司法权运行规律特点，加强执法司法制约监督，让权力在制度的笼子里规范运行”的内在要求。通过这种专门监督，不仅可以克服和纠正侦查机关的不作为、乱作为，加大对违法犯罪的惩治力度，更能够起到限制侦查权的扩张和滥用的作用，在刑事诉讼中具有十分重要的意义：

首先，侦查监督有利于保证国家刑事法律的统一、正确实施，保证办案质量。人民检察院对侦查机关的侦查活动是否合法实行监督，可以使侦查机关在侦查活动中违反法律规定的行为得到及时、有效的纠正，使侦查活动严格依照法定程序和要求进行，从诉讼程序上保障对犯罪分子的及时、准确、合法追究，保证国家刑事法律的统一、正确实施，防止和避免出现冤假错案，努力让人民群众在每一个案件中感受到公平正义。

其次，侦查监督有利于保障公民的合法权益。侦查活动是刑事诉讼活动中出现违法行为最多的一个环节，诸如刑讯逼供、诱供、骗供等非法的取证方法，超期羁押、非法拘禁，侵犯犯罪嫌疑人的辩护权等，都严重地损害着公民的诉讼权利和其他合法权益。人民检察院对侦查活动实行法律监督，有利于及时发现、制止和纠正上述违法行为，切实维护和保障公民与被追诉人的相关权利。

最后，侦查监督有利于促进侦查部门的执法规范化建设，更好地维护社会主义法治的权威性。通过侦查监督，人民检察院及时纠正少数侦查人员滥用职权的违法行为，促使侦查机关检视自己的侦查行为，约束自己行使的权力，提高对严格依法办案的认识和执法水平，有助于维护执法人员的公信力和刑事司法的权威。

二、侦查监督的内容和方式

（一）侦查监督的内容

《刑事诉讼法》和最高人民检察院《规则》规定人民检察院对公安机关的侦查活动是否合法实行监督，对以下违法行为予以发现和纠正：（1）对犯罪嫌疑人刑讯逼供、诱供的；（2）对被害人、证人以体罚、威胁、诱骗等非法手段收集证据的；（3）伪造、隐匿、销毁、调换或者私自涂改证据的；（4）徇私舞弊，放纵、包庇犯罪分子的；（5）有意制造冤假错案的；（6）在侦查活动中利用职务之便谋取非法利益的；（7）在侦查过程中不应当撤案而撤案的；（8）贪污、挪用、调换所扣押、冻结的款物及其孳息的；（9）违反《刑事诉讼法》关于决定、执行、变更、撤销强制措施的规定的；（10）违反办案期限规定的；（11）其他违反《刑事诉讼法》有关规定的行为的。

（二）侦查监督的方式

侦查监督的方式，即人民检察院就侦查活动中的违法行为行使监督职能的手段，具体涉及以下几个方面：

（1）人民检察院通过审查批准逮捕、审查起诉，审查公安机关的侦查活动是否合法，发现违法情况的，应当通知公安机关予以纠正。

（2）人民检察院根据案件需要，通过派员参加公安机关对重大案件的讨论和其他侦查活动，发现公安机关在侦查活动中的违法行为，及时通知公安机关予以纠正。

（3）人民检察院通过接受诉讼参与人对侦查机关或侦查人员侵犯诉讼权利和人身侮辱的行为提出的控告，行使侦查监督权。人民检察院对于诉讼参与人的这种控告应当受理，并及时审查，依法处理。

（4）人民检察院通过审查公安机关执行人民检察院批准或不批准逮捕决定情况的通知、释放被逮捕的犯罪嫌疑人或者变更逮捕措施的通知，来发现侦查活动中的违法行为，履行侦查监督职能。人民检察院发现公安机关或者公安人员在侦查或者决定、执行、变更、撤销强制措施等活动中有违法行为的，应当及时提出纠正意见。人民检察院提出的纠正意见不被接受的，应当向上一级人民检察院报告，并抄报上一级公安机关。上级人民检察院认为下级人民检察院的意见正确的，应当通知同级公安机关督促下级公安机关纠正；上级人民检察院认为下级人民检察院纠正违法的意见错误的，应当通知下级人民检察院撤销发出的纠正违法通知书，并通知同级公安机关。

（5）人民检察院发现侦查人员在采取侦查措施或者决定、执行、变更、撤销强制措施等活动中的违法行为情节严重，构成犯罪的，应当立案侦查；不属于人民检察院管辖的，应当移送有管辖权的机关处理。

重要名词术语

讯问、勘验、检查、搜查、查封、扣押、鉴定、辨认、特殊侦查措施、补充侦查

思考题

1. 谈谈什么是侦查行为的法律控制？
2. 简述侦查行为和侦查程序的特点。
3. 简述搜查的概念和程序。
4. 谈谈对特殊侦查措施的认识。
5. 简要谈谈人民检察院的侦查监督。

典型案例分析

案例一[1]

被追诉人张三与李四涉嫌杀害王五，被某区公安机关立案侦查，同日，某律师事务所律师赵六接受张三家属委托，担任张三的辩护人。公安机关于当日晚上 12 点多进行讯问，由于张三与李四否认涉嫌罪名，因此警方用各种方式折磨被追诉人，如不让吃饭睡觉，拿烟头烫，往身上浇冷水等刑讯方法。在刑警队进行的 7 天 7 夜的审讯过程中，张三与李四二人都拒绝认罪，并做了两份无罪记录。后来，张三在被逼迫下，抄了牢头写好的杀人过程，但其将牢头写的原稿偷偷藏起来一张。随后，侦查机关将该案移送检察院审查起诉，但未将案件移送情况告知张三的辩护律师赵六。法院在审判中依照口供判处张三死刑缓期两年执行，李四有期徒刑 15 年。

根据本章内容，回答以下问题：

1. 刑事诉讼中讯问的主体、地点与流程是什么？
2. 结合本案谈谈被追诉人的供述有何效力？

---

〔1〕 案情改编自：浙江省高级人民法院（2013）浙刑再字第 2 号刑事附带民事判决书；律师鲁某某申请知情权监督案。案例来源：汪海燕，肖沛权编著《刑事诉讼法学案例研究指导》，中国政法大学出版社 2021 年版，第 124—127 页；最高人民检察院发布首批全国检察机关保障律师执业权利典型案例之一。

3. 辩护律师是否享有移送审查起诉知情权？若未被告知其应当如何救济？

案例二[1]

某家具公司拥有4家网店，共有客服、木工、油漆工40多人，法定代表人系张三。2020年7月13日，张三到检察院检察服务中心反映其公司账户被公安机关冻结48天，经其本人申请仍未解除冻结，企业复工复产陷入困境急需资金周转。张三向检察机关申请监督侦查机关解冻账户。检察院认为，张三公司诚信经营，公司账户与所涉刑事案件仅有一笔往来款，并与案件无关。根据《刑事诉讼法》第145条规定，检察机关依法提出解除冻结张三公司账户的监督意见。2020年8月5日，公安机关解除冻结张三公司账户存款人民币200万元，公司生产经营逐渐恢复正常。

根据本章内容，回答以下问题：

1. 查封、扣押、冻结的条件是什么？

2. 被错误查封、扣押、冻结的当事人应当如何救济？人民检察院应当如何监督？

〔1〕 案例来源：最高人民检察院发布第二届民营经济法治建设峰会检察机关服务民营经济典型案例之九。

第十三章　审查起诉

【内容提示】

审查起诉是指人民检察院对侦查机关侦查终结移送起诉的案件和监察机关调查终结移送起诉的案件依法展开审查，并决定是否向人民法院提起公诉的一种诉讼活动。学习时需注意识记审查起诉的内容、步骤和方法。

提起公诉是指人民检察院对于侦查终结或者监察机关调查终结移送的案件，经审查认为符合《刑事诉讼法》规定的起诉条件，依法作出起诉决定，并将犯罪嫌疑人移送人民法院审判的诉讼活动。学习时需注意理解提起公诉应当满足的条件，并了解起诉书的制作。

不起诉是本章的重点。《刑事诉讼法》在本章规定了 4 种类型的不起诉，分别是法定不起诉、酌定不起诉、证据不足不起诉和特殊不起诉。要注意识记人民检察院作出不起诉决定后，相关主体的救济方法。

第一节　审查起诉概述

一、审查起诉的概念

审查起诉是指人民检察院对侦查机关侦查终结移送起诉的案件和监察机关调查终结移送起诉的案件依法展开审查，并决定是否向人民法院提起公诉的一种诉讼活动。理解审查起诉的概念需要把握以下几个要点。

第一，在我国刑事诉讼中，审查起诉专指人民检察院对公诉案件的审查，我国奉行公诉为主、自诉为辅的原则，除《刑事诉讼法》第 210 条规定的 3 种自诉情形之外，均采用公诉的方式进行追诉。凡需要提起公诉的案件，一律由人民检察院审查决定，其他任何机关、团体或个人都无权行使此项权力。

第二，审查起诉的对象包括两大类，即侦查机关侦查终结移送起诉的案件和监察机关调查终结移送起诉的案件。

第三，在我国刑事诉讼中，审查起诉是位于侦查和审判程序之间的一个独立诉讼阶段。这一点也是我国刑事诉讼程序区别于国外的一大特色。在绝大多数西方国家的刑事诉讼中，只有侦查和审判两个主要阶段，起诉仅仅是其侦查终结之后作出的一个行为，而在我国，审查起诉则体现出鲜明的阶段化特征。

二、审查起诉的意义

审查起诉阶段的各项工作对于刑事诉讼的顺利进行发挥着不可替代的作用，具有重要意义。

第一，人民检察院在审查起诉活动中，会对侦查机关的工作成果展开实质审查。如果发现侦查机关移送的案件存在事实不清、证据不足的情况，可以退回侦查机关补充侦查或者自行侦查，此外，对于监察机关移送起诉的案件，认为需要补充核实的，也应当退回监察机关补充调查，必要时也可以自行补充侦查。因此，审查起诉阶段在整个刑事诉讼中发挥重要的过滤作用，它可以尽早地将那些不符合起诉条件以及不具备起诉必要性的案件排除于法庭，在保障有效惩罚犯罪的同时节省司法资源。

第二，人民检察院通过审查起诉活动还可以充分保障当事人的各项诉讼权利，维护程序公正。人民检察院认为侦查机关可能存在《刑事诉讼法》第56条规定的以非法方法收集证据情形的，可以要求其对证据收集的合法性作出说明，当最终确认或不能排除侦查机关以非法方法取得证据等情形时，应依法适用非法证据排除规则。

第三，人民检察院审查起诉活动的另外一项功能是为审判作准备。法庭审判对于证据的要求非常严格，人民检察院在审查起诉阶段的一个重要任务便是按照审判的要求准备证据材料，为出庭行使控诉职能打好坚实基础。高质量的审查起诉活动对于审判中心主义的建立具有重要意义。

第二节　审查起诉的程序

一、审查起诉的内容

根据《刑事诉讼法》及相关司法解释的规定，人民检察院审查案件的时候，应当查明下列各项内容：

（1）犯罪嫌疑人身份状况是否清楚，包括姓名、性别、国籍、出生年月日、职业和单位等；单位犯罪的，单位的相关情况是否清楚。

（2）犯罪事实、情节是否清楚；实施犯罪的时间、地点、手段、危害后果是否明确。

（3）认定犯罪性质和罪名的意见是否正确；有无法定的从重、从轻、减轻或者免除处罚情节及酌定从重、从轻情节；共同犯罪案件的犯罪嫌疑人在犯罪活动中的责任认定是否恰当。

（4）犯罪嫌疑人是否认罪认罚。

（5）证明犯罪事实的证据材料是否随案移送；证明相关财产系违法所得的证据材

料是否随案移送；不宜移送的证据的清单、复制件、照片或者其他证明文件是否随案移送。

（6）证据是否确实、充分，是否依法收集，有无应当排除非法证据的情形。

（7）采取侦查措施包括技术侦查措施的法律手续和诉讼文书是否完备。

（8）有无遗漏罪行和其他应当追究刑事责任的人。

（9）是否属于不应当追究刑事责任的情形。

（10）有无附带民事诉讼；对于国家财产、集体财产遭受损失的，是否需要由人民检察院提起附带民事诉讼；对于破坏生态环境和资源保护，食品药品安全领域侵害众多消费者合法权益，侵害英雄烈士的姓名、肖像、名誉、荣誉等损害社会公共利益的行为，是否需要由人民检察院提起附带民事公益诉讼。

（11）采取的强制措施是否适当，对于已经逮捕的犯罪嫌疑人，有无继续羁押的必要。

（12）侦查活动是否合法。

（13）涉案财物是否查封、扣押、冻结并妥善保管，清单是否齐备；对被害人合法财产的返还和对违禁品或者不宜长期保存的物品的处理是否妥当，移送的证明文件是否完备。

另外，审查起诉阶段，对于在侦查阶段认罪认罚的案件，人民检察院应当重点审查以下内容：

（1）犯罪嫌疑人是否自愿认罪认罚，有无因受到暴力、威胁、引诱而违背意愿认罪认罚。

（2）犯罪嫌疑人认罪认罚时的认知能力和精神状态是否正常。

（3）犯罪嫌疑人是否理解认罪认罚的性质和可能导致的法律后果。

（4）公安机关是否告知犯罪嫌疑人享有的诉讼权利，如实供述自己罪行可以从宽处理和认罪认罚的法律规定，并听取意见。

（5）起诉意见书中是否写明犯罪嫌疑人认罪认罚情况。

（6）犯罪嫌疑人是否真诚悔罪，是否向被害人赔礼道歉。

经审查，犯罪嫌疑人违背意愿认罪认罚的，人民检察院可以重新开展认罪认罚工作。存在刑讯逼供等非法取证行为的，依照法律规定处理。

二、审查起诉的步骤和方法

根据《刑事诉讼法》及相关司法解释的规定，人民检察院审查案件采用下列基本步骤与方法。

（一）阅卷

审阅侦查机关和监察机关移送的案卷材料是审查起诉工作的关键步骤之一，通过阅卷可以全面了解案情，并为进一步调查核实证据提供基础。

（二）讯问犯罪嫌疑人

根据《刑事诉讼法》第 173 条的规定，讯问犯罪嫌疑人是人民检察院审查起诉期间的必经程序，凡未讯问犯罪嫌疑人即提起公诉的，均属程序违法。检察人员当面讯问犯罪嫌疑人并听取其辩解，有助于准确查明案件事实，了解犯罪嫌疑人的认罪悔罪态度，并充分保障犯罪嫌疑人的合法权益。犯罪嫌疑人认罪认罚的，人民检察院还应当告知其享有的诉讼权利和认罪认罚的法律规定，并听取其对下列事项的意见，记录在案：（1）涉嫌的犯罪事实、罪名及适用的法律规定；（2）从轻、减轻或者免除处罚等从宽处罚的建议；（3）认罪认罚后案件审理适用的程序；（4）其他需要听取意见的事项。

（三）听取辩护人或者值班律师、被害人及其诉讼代理人的意见

根据《刑事诉讼法》第173条规定，人民检察院在审查起诉期间还应当听取辩护人或者值班律师、被害人及其诉讼代理人的意见，并记录在案。辩护人或者值班律师、被害人及其诉讼代理人提出书面意见的，应当附卷。犯罪嫌疑人认罪认罚的，人民检察院还应当听取辩护人或者值班律师、被害人及其诉讼代理人对下列事项的意见，并记录在案：（1）涉嫌的犯罪事实、罪名及适用的法律规定；（2）从轻、减轻或者免除处罚等从宽处罚的建议；（3）认罪认罚后案件审理适用的程序；（4）其他需要听取意见的事项。人民检察院依法听取值班律师意见的，应当提前为值班律师了解案件有关情况提供必要的便利。自人民检察院对案件审查起诉之日起，值班律师可以查阅案卷材料，了解案情。因此，人民检察院应当为值班律师查阅案卷材料提供便利。人民检察院不采纳辩护人或者值班律师所提意见的，应当向其说明理由。

（四）调查核实证据

人民检察院在阅卷过程中，对物证、书证、视听资料、电子数据及勘验、检查、辨认、侦查（调查）实验等笔录存在疑问的，可以要求调查人员或者侦查人员提供获取、制作的有关情况，必要时也可以询问提供相关证据材料的人员和见证人并制作笔录附卷，对物证、书证、视听资料、电子数据进行鉴定。对监察机关或者侦查机关的勘验、检查，认为需要复验、复查的，应当要求其复验、复查，人民检察院可以派员参加；也可以自行复验、复查，商请监察机关或者侦查机关派员参加，必要时也可以指派检察技术人员或者聘请其他有专门知识的人参加。人民检察院认为需要对案件中某些专门性问题进行鉴定而监察机关或者侦查机关没有鉴定的，应当要求监察机关或者侦查机关进行鉴定。必要时，也可以由人民检察院进行鉴定，或者由人民检察院聘请有鉴定资格的人进行鉴定。人民检察院自行进行鉴定的，可以商请监察机关或者侦查机关派员参加，必要时可以聘请有鉴定资格或者有专门知识的人参加。在审查起诉中，发现犯罪嫌疑人可能患有精神病的，人民检察院应当依照相关规定对犯罪嫌疑人进行鉴定。犯罪嫌疑人的辩护人或者近亲属以犯罪嫌疑人可能患有精神病而申请对犯罪嫌疑人进行鉴定的，人民检察院也可以依照有关规定对犯罪嫌疑人进行鉴定。鉴定费用由申请方承担。人民检察院对鉴定意见有疑问的，可以询问鉴定人或者有专门知识的人并制作笔录附卷，也可以指派有鉴定资格的检察技术人员或者聘请其他有鉴定资格的人进行补充鉴定或者重新鉴定。人民检察院对鉴定意见等技术性证据材料需要进行专门审查的，按照有关规定交检察技术人员或者其他有专门知识的人进行审查并出具审查意见。

（五）签署认罪认罚具结书

犯罪嫌疑人自愿认罪认罚，同意量刑建议和程序适用的，应当在辩护人或者值班律师在场的情况下签署认罪认罚具结书。具结书应当包括犯罪嫌疑人如实供述罪行、同意量刑建议和程序适用等内容，由犯罪嫌疑人及其辩护人、值班律师签名。

但犯罪嫌疑人具有下列情形之一的，不需要签署认罪认罚具结书：（1）犯罪嫌疑人是盲、聋、哑人，或者是尚未完全丧失辨认或者控制自己行为能力的精神病人的；（2）未成年犯罪嫌疑人的法定代理人、辩护人对未成年人认罪认罚有异议的；（3）其他不需要签署认罪认罚具结书的情形。有上述情形，犯罪嫌疑人未签署认罪认罚具结书的，不影响认罪认罚从宽制度的适用。

（六）补充侦查与补充调查

人民检察院认为公安机关移送的案件犯罪事实不清、证据不足或者存在遗漏罪行、遗漏同案犯罪嫌疑人等情形需要补充侦查的，应当制作补充侦查提纲，连同案卷材料一并退回公安机关补充侦查。人民检察院也可以自行侦查，必要时可以要求公安机关提供协助。人民检察院负责捕诉的部门对本院负责侦查的部门移送起诉的案件进行审查后，认为犯罪事实不清、证据不足或者存在遗漏罪行、遗漏同案犯罪嫌疑人等情形需要补充侦查的，应当制作补充侦查提纲，连同案卷材料一并退回负责侦查的部门补充侦查。必要时，也可以自行侦查，可以要求负责侦查的部门予以协助。

人民检察院对于监察机关移送起诉的案件，认为需要补充调查的，应当退回监察机关补充调查，必要时可以自行补充侦查。需要退回补充调查的案件，人民检察院应当出具补充调查决定书、补充调查提纲，写明补充调查的事项、理由、调查方向、需补充收集的证据及其证明作用等，连同案卷材料一并送交监察机关。人民检察院决定退回补充调查的案件，犯罪嫌疑人已被采取强制措施的，应当将退回补充调查情况书面通知强制措施执行机关。监察机关需要讯问的，人民检察院应当予以配合。

对于监察机关移送起诉的案件，具有下列情形之一的，人民检察院可以自行补充侦查：（1）证人证言、犯罪嫌疑人供述和辩解、被害人陈述的内容主要情节一致，个别情节不一致的；（2）物证、书证等证据材料需要补充鉴定的；（3）其他由人民检察院查证更为便利、更有效率、更有利于查清案件事实的情形。自行补充侦查完毕后，应当将相关证据材料入卷，同时抄送监察机关。人民检察院自行补充侦查的，可以商请监察机关提供协助。

退回监察机关补充调查、退回公安机关补充侦查的案件，均应当在 1 个月以内补充调查、补充侦查完毕。补充调查、补充侦查以 2 次为限。补充调查、补充侦查完毕移送起诉后，人民检察院重新计算审查起诉期限。

三、审查起诉的期限

人民检察院对于监察机关、公安机关移送起诉的案件，应当在 1 个月以内作出决定，重大、复杂的案件，可以延长 15 日；犯罪嫌疑人认罪认罚，符合速裁程序适用条件的，应当在 10 日以内作出决定，对可能判处的有期徒刑超过 1 年的，可以延长至 15

日。人民检察院审查起诉期间，改变管辖的，从改变后的人民检察院收到案件之日起计算审查起诉期限。

对于监察机关移送起诉的已采取留置措施的案件，人民检察院应当对犯罪嫌疑人先行拘留，留置措施自动解除。人民检察院应当在拘留后的10日以内作出是否逮捕、取保候审或者监视居住的决定。在特殊情况下，决定的时间可以延长1—4日。人民检察院决定采取强制措施的期间不计入审查起诉期限。

第三节　提起公诉

一、提起公诉的概念和条件

提起公诉是指人民检察院对于侦查终结或者监察机关调查终结移送的案件，经审查认为符合《刑事诉讼法》规定的起诉条件，依法作出起诉决定，并将犯罪嫌疑人移送人民法院审判的诉讼活动。《刑事诉讼法》第176条第1款规定："人民检察院认为犯罪嫌疑人的犯罪事实已经查清，证据确实、充分，依法应当追究刑事责任的，应当作出起诉决定，按照审判管辖的规定，向人民法院提起公诉，并将案卷材料、证据移送人民法院。"从这一规定可知，提起公诉应当满足以下三个方面的条件。

第一，犯罪事实已经查清，证据确实、充分。根据最高人民检察院《规则》第355条第2款的规定，具有下列情形之一的，可以认为犯罪事实已经查清：（1）属于单一罪行的案件，查清的事实足以定罪量刑或者与定罪量刑有关的事实已经查清，不影响定罪量刑的事实无法查清的；（2）属于数个罪行的案件，部分罪行已经查清并符合起诉条件，其他罪行无法查清的；（3）无法查清作案工具、赃物去向，但有其他证据足以对被告人定罪量刑的；（4）证人证言、犯罪嫌疑人供述和辩解、被害人陈述的内容主要情节一致，个别情节不一致，但不影响定罪的。对于符合上述第二项情形的，应当以已经查清的罪行起诉。人民检察院在办理公安机关移送起诉的案件中，发现遗漏罪行或者有依法应当移送起诉的同案犯罪嫌疑人未移送起诉的，应当要求公安机关补充侦查或者补充移送起诉。对于犯罪事实清楚，证据确实、充分的，也可以直接提起公诉。

第二，依法应当追究刑事责任。《刑事诉讼法》第16条规定了6种法定不追究刑事责任的情形，即情节显著轻微、危害不大，不认为是犯罪的；犯罪已过追诉时效期限的；经特赦令免除刑罚的；依照《刑法》告诉才处理的犯罪，没有告诉或者撤回告诉的；犯罪嫌疑人、被告人死亡的；其他法律规定免予追究刑事责任的。作为起诉条件的"依法应当追究刑事责任"，便是指不具有该条规定的6种情形。

第三，提起公诉应符合法律有关审判管辖的规定，即应当依据《刑事诉讼法》有关级别管辖、地区管辖、专门管辖等方面的规定向有管辖权的人民法院提起公诉。

二、起诉书的制作以及案件材料的移送

（一）起诉书的制作

人民检察院决定起诉的，应当制作起诉书。

起诉书的主要内容包括：

第一，被告人的基本情况，包括姓名、性别、出生年月日、出生地和户籍地、公民身份号码、民族、文化程度、职业、工作单位及职务、住址，是否受过刑事处分及处分的种类和时间，采取强制措施的情况等；单位犯罪还应当写明犯罪单位的名称和组织机构代码、所在地址、联系方式，法定代表人和诉讼代表人的姓名、职务、联系方式，如果还有应当负刑事责任的直接负责的主管人员或其他直接责任人员，应当按上述被告人基本情况的内容叙写。

被告人真实姓名、住址无法查清的，可以按其绰号或者自报的姓名、住址制作起诉书，并在起诉书中注明。被告人自报的姓名可能造成损害他人名誉、败坏道德风俗等不良影响的，可以对被告人进行编号并按编号制作起诉书，附具被告人的照片，记明足以确定被告人面貌、体格、指纹以及其他反映被告人特征的事项。

第二，案由和案件来源。案由通常包含被告人与指控的罪名。案件来源部分则要写明案件由哪一侦查机关侦查终结或者监察机关调查终结，于何时移送人民检察院审查起诉，何时受理，何时因何原因退回补充侦查、补充调查或者延长审查起诉期限，何时审查终结等。

第三，案件事实，包括犯罪的时间、地点、经过、手段、动机、目的、危害后果等与定罪量刑有关的事实要素。起诉书叙述的指控犯罪事实的必备要素应当明晰、准确。被告人被控有多项犯罪事实的，应当逐一列举，对于犯罪手段相同的同一犯罪可以概括叙写。

第四，起诉的根据和理由，包括被告人触犯的刑法条款、犯罪的性质及认定的罪名、处罚条款、法定从轻、减轻或者从重处罚的情节，共同犯罪各被告人应负的罪责等。

第五，被告人认罪认罚情况，包括认罪认罚的内容、具结书签署情况等。

起诉书应当附有被告人现在处所，证人、鉴定人、需要出庭的有专门知识的人的名单，需要保护的被害人、证人、鉴定人的化名名单，查封、扣押、冻结的财物及孳息的清单，附带民事诉讼、附带民事公益诉讼情况以及其他需要附注的情况。证人、鉴定人、有专门知识的人的名单应当列明姓名、性别、年龄、职业、住址、联系方式，并注明证人、鉴定人是否出庭。

（二）案件材料的移送

人民检察院提起公诉的案件，应当向人民法院移送起诉书、案卷材料、证据和认罪认罚具结书等材料。

起诉书应当一式 8 份，每增加一名被告人增加起诉书 5 份。

关于被害人姓名、住址、联系方式、被告人被采取强制措施的种类、是否在案及羁

押处所等问题，人民检察院应当在起诉书中列明，不再单独移送材料；对于涉及被害人隐私或者为保护证人、鉴定人、被害人人身安全，而不宜公开证人、鉴定人、被害人姓名、住址、工作单位和联系方式等个人信息的，可以在起诉书中使用化名。但是应当另行书面说明使用化名的情况并标明密级，单独成卷。

人民检察院对于犯罪嫌疑人、被告人或者证人等翻供、翻证的材料以及对犯罪嫌疑人、被告人有利的其他证据材料，应当移送人民法院。

人民检察院提起公诉的案件，可以向人民法院提出量刑建议。除有减轻处罚或者免除处罚情节外，量刑建议应当在法定量刑幅度内提出。建议判处有期徒刑、管制、拘役的，可以具有一定的幅度，也可以提出具体确定的建议。

提出量刑建议的，可以制作量刑建议书，与起诉书一并移送人民法院。量刑建议书的主要内容应当包括被告人所犯罪行的法定刑、量刑情节、建议人民法院对被告人判处刑罚的种类、刑罚幅度、可以适用的刑罚执行方式以及提出量刑建议的依据和理由等。

第四节　不起诉

一、不起诉的概念

不起诉是指人民检察院对公安机关侦查终结、监察机关调查终结移送起诉的案件，以及自行侦查终结的案件进行审查后，认为犯罪嫌疑人不符合提起公诉的条件，或者虽然符合条件但不具有起诉必要性的，依法作出不将犯罪嫌疑人提交人民法院进行审判的一种处理决定。一旦作出不起诉决定，刑事诉讼即告终止，而且根据《刑事诉讼法》第12条“未经人民法院依法判决，对任何人都不得确定有罪”的规定可知，被不起诉的人在法律上是无罪的。

二、不起诉的种类和适用条件

《刑事诉讼法》本章规定了4种类型的不起诉，分别是法定不起诉、酌定不起诉、证据不足不起诉、特殊不起诉。

（一）法定不起诉

法定不起诉又称绝对不起诉，是指人民检察院在犯罪嫌疑人没有犯罪事实，或者具有《刑事诉讼法》第16条规定的不追究刑事责任情形时，依法应当作出的不起诉决定。此种情况根本不符合法律规定的起诉条件，作出不起诉决定是应有之义。根据《刑事诉讼法》规定，法定不起诉适用于以下7种情形。

（1）犯罪嫌疑人没有犯罪事实；

（2）情节显著轻微、危害不大，不认为是犯罪的；

（3）犯罪已过追诉时效期限的；

（4）经特赦令免除刑罚的；

（5）依照《刑法》告诉才处理的犯罪，没有告诉或者撤回告诉的；

（6）犯罪嫌疑人、被告人死亡的；

（7）其他法律规定免予追究刑事责任的。

（二）酌定不起诉

酌定不起诉又称相对不起诉或裁量不起诉，是指人民检察院认为犯罪嫌疑人的行为虽然已经构成犯罪，但是情节轻微，依照《刑法》规定不需要判处刑罚或者免除刑罚的，可以作出不起诉决定。此种情形已经完全符合法律规定的起诉条件，因此提起公诉亦不违法，但法律赋予人民检察院一定的裁量权，如果基于一系列刑事政策或诉讼经济等因素的考量，提起公诉缺乏必要性时，人民检察院也可以作出不起诉决定。

酌定不起诉背后所体现的是起诉便宜主义精神。从比较法上来看，存在两种不同的起诉原则，分别是起诉法定主义和起诉便宜主义。所谓起诉法定主义是指只要符合法律规定的起诉条件则一律应当起诉，检察机关并无裁量权；起诉便宜主义则是指，对于那些达到法定起诉条件的案件，允许检察机关根据个案情况行使裁量权并作出不起诉决定。这两项原则之间既有相同点也有明显的区别，相同点是所有起诉决定都必须符合法律规定的起诉条件，即使起诉便宜主义也不允许对尚未达到起诉条件的案件提起公诉；二者区别仅是对于那些已经达到起诉条件的案件是否允许检察机关行使不起诉的裁量权。以德国为代表的欧陆职权主义刑事诉讼传统上奉行起诉法定主义，而英美法系则采用起诉便宜主义，我国现行《刑事诉讼法》则是以起诉法定主义为主，以起诉便宜主义为补充，允许人民检察院行使裁量权的原则上仅限于轻微刑事案件。

（三）证据不足不起诉

证据不足不起诉又称存疑不起诉，是指人民检察院对于经过两次补充侦查或者补充调查的案件，仍然认为证据不足，不符合起诉条件的，应当作出不起诉决定。“犯罪事实已经查清，证据确实、充分”是《刑事诉讼法》明确规定的起诉条件，而证据不足不起诉所适用的情形，显然属于未达到这一条件，当然不能起诉。

根据最高人民检察院《规则》第368条规定，具有下列情形之一，不能确定犯罪嫌疑人构成犯罪和需要追究刑事责任的，属于证据不足，不符合起诉条件：（1）犯罪构成要件事实缺乏必要的证据予以证明的；（2）据以定罪的证据存在疑问，无法查证属实的；（3）据以定罪的证据之间、证据与案件事实之间的矛盾不能合理排除的；（4）根据证据得出的结论具有其他可能性，不能排除合理怀疑的；（5）根据证据认定案件事实不符合逻辑和经验法则，得出的结论明显不符合常理的。

人民检察院对于二次退回补充调查或者补充侦查的案件，仍然认为证据不足，不符合起诉条件的，经检察长批准，应当依法作出不起诉决定。对于经过一次退回补充调查或者补充侦查的案件，认为证据不足，不符合起诉条件，且没有再次退回补充调查或者补充侦查必要的，经检察长批准，可以作出不起诉决定。

人民检察院作出证据不足不起诉的案件，在发现新的证据，符合起诉条件时，可以提起公诉。

（四）特殊不起诉

《刑事诉讼法》第 182 条第 1 款规定："犯罪嫌疑人自愿如实供述涉嫌犯罪的事实，有重大立功或者案件涉及国家重大利益的，经最高人民检察院核准，公安机关可以撤销案件，人民检察院可以作出不起诉决定，也可以对涉嫌数罪中的一项或者多项不起诉。"该款是 2018 年修改《刑事诉讼法》时的新增内容，根据该款作出的不起诉决定一般被称为特殊不起诉。从这一规定来看，可以说我国起诉便宜主义的适用在一定程度上已经超出了轻微犯罪的范围，而进入重罪领域。但为防止滥用，此种特殊不起诉只能适用于有重大利益需要维护的极其特殊的情况，而且需要遵循非常严格的审批程序，只有经最高人民检察院核准之后方可采用。

三、不起诉的程序

（一）不起诉决定书的制作、宣告与送达

人民检察院决定不起诉的，应当制作不起诉决定书。不起诉决定书的主要内容包括：（1）被不起诉人的基本情况，包括姓名、性别、出生年月日、出生地和户籍地、公民身份号码、民族、文化程度、职业、工作单位及职务、住址，是否受过刑事处分，采取强制措施的情况以及羁押处所等；单位犯罪应当写明犯罪单位的名称和组织机构代码、所在地址、联系方式，法定代表人和诉讼代表人的姓名、职务、联系方式；（2）案由和案件来源；（3）案件事实，包括否定或者指控被不起诉人构成犯罪的事实以及作为不起诉决定根据的事实；（4）不起诉的法律根据和理由，写明作出不起诉决定适用的法律条款；（5）查封、扣押、冻结的涉案财物的处理情况；（6）有关告知事项。

不起诉的决定，由人民检察院公开宣布。公开宣布不起诉决定的活动应当记录在案。不起诉决定书自公开宣布之日起生效。被不起诉人在押的，应当立即释放；被采取其他强制措施的，应当通知执行机关解除。

不起诉决定书应当送达被害人或者其近亲属及其诉讼代理人、被不起诉人及其辩护人以及被不起诉人所在单位。送达时，应当告知被害人或者其近亲属及其诉讼代理人，如果对不起诉决定不服，可以自收到不起诉决定书后 7 日以内向上一级人民检察院申诉；也可以不经申诉，直接向人民法院起诉。依照《刑事诉讼法》第 177 条第 2 款作出不起诉决定的，应当告知被不起诉人，如果对不起诉决定不服，可以自收到不起诉决定书后 7 日以内向人民检察院申诉。对于监察机关或者公安机关移送起诉的案件，人民检察院决定不起诉的，应当将不起诉决定书送达监察机关或者公安机关。

（二）对被不起诉人以及涉案财物的处理

人民检察院决定不起诉的案件，可以根据案件的不同情况，对被不起诉人予以训诫或者责令具结悔过、赔礼道歉、赔偿损失。对被不起诉人需要给予行政处罚、政务处分或者其他处分的，经检察长批准，人民检察院应当提出检察意见，连同不起诉决定书一并移送有关主管机关处理，并要求有关主管机关及时通报处理情况。

人民检察院决定不起诉的案件，应当同时书面通知作出查封、扣押、冻结决定的机关或者执行查封、扣押、冻结决定的机关解除查封、扣押、冻结。

人民检察院决定不起诉的案件，需要没收违法所得的，经检察长批准，应当提出检察意见，移送有关主管机关处理，并要求有关主管机关及时通报处理情况。

四、对不起诉决定的制约

（一）公安机关要求复议、提请复核

对于公安机关移送起诉的案件，人民检察院决定不起诉的，应当将不起诉决定书送达公安机关。公安机关认为不起诉的决定有错误的，可以要求复议，如果意见不被接受，可以向上一级人民检察院提请复核。

公安机关认为不起诉决定有错误要求复议的，人民检察院负责捕诉的部门应当另行指派检察官或者检察官办案组进行审查，并在收到要求复议意见书后 30 日以内，经检察长批准，作出复议决定，通知公安机关。公安机关对不起诉决定提请复核的，上一级人民检察院应当在收到提请复核意见书后 30 日以内，经检察长批准，作出复核决定，通知提请复核的公安机关和下级人民检察院。经复核认为下级人民检察院不起诉决定错误的，应当指令下级人民检察院纠正，或者撤销、变更下级人民检察院作出的不起诉决定。

（二）监察机关要求复议

根据《监察法》第 47 条规定，监察机关移送起诉的案件，有《刑事诉讼法》规定的不起诉情形的，经上一级人民检察院批准，人民检察院依法作出不起诉决定。人民检察院决定不起诉后，监察机关认为不起诉决定有错误的，可以向上一级人民检察院提请复议。监察机关提请复议的，上一级人民检察院应当在收到提请复议意见书后 30 日以内，经检察长批准，作出复议决定，通知监察机关。

（三）被害人的申诉或提起自诉

对于有被害人的案件，决定不起诉的，人民检察院应当将不起诉决定书送达被害人。被害人如果不服，可以自收到决定书后 7 日以内向上一级人民检察院申诉，请求提起公诉。人民检察院应当将复查决定书送达被害人、被不起诉人和作出不起诉决定的人民检察院。上级人民检察院经复查作出起诉决定的，应当撤销下级人民检察院的不起诉决定，交由下级人民检察院提起公诉，并将复查决定抄送移送起诉的监察机关或者公安机关。对人民检察院维持不起诉决定的，被害人可以向人民法院起诉。人民检察院收到人民法院受理被害人对被不起诉人起诉的通知后，应当终止复查，将作出不起诉决定所依据的有关案卷材料移送人民法院。被害人也可以不经申诉，直接向人民法院起诉。人民法院受理案件后，人民检察院应当将有关案件材料移送人民法院。

（四）被不起诉人的申诉

对于人民检察院依照《刑事诉讼法》第 177 条第 2 款规定作出的酌定不起诉决定，被不起诉人如果不服，可以自收到决定书后 7 日以内向人民检察院申诉。人民检察院应当作出复查决定。人民检察院复查不服不起诉决定的申诉，应当在立案后 3 个月以内报经检察长批准作出复查决定。案情复杂的，不得超过 6 个月。人民检察院应当将复查决定书送达被不起诉人、被害人。复查后，撤销不起诉决定，变更不起诉的事实或者法律依据的，应当同时将复查决定书抄送移送起诉的监察机关或者公安机关。

重要名词术语

审查起诉、法定不起诉、酌定不起诉、证据不足不起诉、特殊不起诉

思考题

1. 简述起诉的条件是什么。
2. 简述不起诉的种类有哪些。

典型案例分析

案例一

甲男与乙女系相识但不熟悉的朋友。某日，二人饭后，甲男送乙女回家，二人在乙女家中发生争吵，乙女遂将甲男推出屋外并锁门。甲男强行踹门进入，并殴打、谩骂乙女。居于乙女楼上之丙男听到声音后到现场劝解，发现甲男正将乙女按在墙上殴打其头部，遂上前制止并从背后拉拽甲男，致甲男倒地。甲男起身后殴打丙男，并叫嚣叫人弄死两人。丙男随即将甲男推倒在地，并朝甲男肚子上踹了一脚，后在乙女劝阻下离开现场。经鉴定，甲男腹部横结肠破裂，属于重伤二级；乙女面部软组织挫伤，属轻微伤。检察机关以防卫过当对丙男作出相对不起诉决定。问：检察机关的处理是否合适？

答：丙男的行为属于正当防卫，没有超出合理限度，依法应当作出法定不起诉决定，原相对不起诉决定系适用法律错误。

案例二

甲因涉嫌玩忽职守罪被移送A县人民检察院审查起诉。A县人民检察院审查后认为甲情节显著轻微，不构成犯罪，遂作出不起诉决定。问：甲、侦查机关能否寻求救济？

答：只有酌定不起诉决定，被不起诉人才能够申诉，本案属于法定不起诉，甲没有也无须申诉。本案的调查机关为监察机关，监察机关认为不起诉的决定有错误的，可以向A县人民检察院的上一级人民检察院提请复议。

第十四章　审判概述

【内容提示】

刑事审判是指为了解决刑事案件被告人的刑事责任问题而对案件进行的审理和裁判活动的总称。刑事审判的主体由控方（检察院或者自诉人）、辩方（犯罪嫌疑人、被告人及其辩护人）和裁判方（法院）组成，刑事审判是控、辩、审三方参与下的诉讼活动。审理活动包括三个方面的内容，即控方提出并证明其诉讼主张，辩方承认或者反驳控方的诉讼主张以及裁判方对控辩双方关于案件事实认定和法律适用的主张进行调查和听取意见。裁判活动是指裁判方在审理的基础上对案件的实体问题和某些程序问题作出处理结论。

根据法律规定，只有通过审判程序，才能最终确定被告人是否有罪、是否应当适用刑罚及应当适用何种刑罚。由于审判在刑事诉讼中的关键作用，现代法治国家的刑事诉讼一般要坚持一系列诉讼原则，包括审判公开原则、直接言词原则和集中审理原则等。

刑事审判权包括审理权和裁判权，均由法院行使。在法院内部，则由审判组织行使具体案件的审判权。根据我国法律的规定，法院内部的审判组织有独任庭和合议庭，不同级别的法院在审理不同类型的案件时，适用不同的审判组织。此外，根据法律规定，审判委员会是具有中国特色的审判组织。

我国实行人民陪审制度，人民陪审员在成为合议庭成员后，也要行使审判权。人民陪审员制度是民众参与刑事司法的形式之一，是刑事司法依靠群众的体现，是中国特色社会主义司法制度的重要组成部分。人民陪审员制度有其特定的适用范围，人民陪审员的选任需要遵循一定的条件，人民陪审员与法官组成合议庭后，按照相应的规则审判案件。

我国人民法院的组织体系包括三个部分，即最高人民法院、地方各级人民法院和专门人民法院。从级别上来说，我国设有四级法院。考虑到我国国情等方面的因素，我国实行两审终审制，即原则上案件经过两级法院审判即告终结。我国的审判程序分为一审程序、二审程序、死刑复核程序和审判监督程序。其中，一审程序是基础和关键，二审程序是两审终审制下的常规救济程序，死刑复核程序是只针对死刑案件的特殊救济程序，审判监督程序是针对生效裁判的特殊救济程序。

第一节 刑事审判原则

刑事审判原则是指专门适用于刑事审判阶段的诉讼原则。一般认为，刑事审判阶段的诉讼原则包括审判公开原则、直接言词原则和集中审理原则。

一、审判公开原则

（一）审判公开的内涵

我国《宪法》第130条规定："人民法院审理案件，除法律规定的特别情况外，一律公开进行……"这是审判公开的宪法依据。我国《刑事诉讼法》第11条也规定："人民法院审判案件，除本法另有规定的以外，一律公开进行……"这是我国刑事诉讼中关于审判公开原则的规定。实行公开审判有重要意义，一是有利于广大群众对审判工作进行监督，二是有利于维护当事人在公开的法庭上进行辩论、质证的诉讼权利，三是有利于对广大群众进行法治宣传教育。[1]

审判公开有狭义和广义两个层面的内涵，狭义的审判公开是指法院对案件的审理和判决向社会公开，准许公众旁听，准许新闻媒体采访、报道；广义的审判公开还包括向当事人公开，即法庭的实质性诉讼活动，应当在当事人在场的情况下进行，法庭应该将事实认定和法律适用的内容与理由在裁判文书中予以公开说明。前者的公开对象是社会公众，后者的公开对象是当事人。从广义上理解审判公开，意味着公开审判既是当事人获得公正审判权利的一项具体内容，也是公众对司法知情权和监督权的体现。为推进审判公开，近年来，中共中央和最高人民法院发布了一系列改革文件。例如，党的十八届四中全会通过的《中共中央关于全面推进依法治国若干重大问题的决定》（以下简称《决定》）提出"构建开放、动态、透明、便民的阳光司法机制"。最高人民法院于2013年11月发布了《关于推进司法公开三大平台建设的若干意见》，最高人民法院于2019年2月发布的《关于深化人民法院司法体制综合配套改革的意见——人民法院第五个五年改革纲要（2019—2023）》提出要加大司法公开"四大平台"建设整合力度。最高人民法院还出台了一系列文件，对各级人民法院在互联网公布裁判文书予以规范。

（二）审判公开的例外

审判公开虽然有诸多优点，但有些案件的审判公开可能会产生一些弊端，例如，泄露国家秘密、商业秘密和个人隐私，不利于未成年人重新融入社会，等等。为了在特定案件中保护相关利益，根据《刑事诉讼法》第188条第1款的规定，有两类案件一律不公开审理，一是有关国家秘密的案件，这是为了防止泄露国家秘密从而危害国家利益；二是有关个人隐私的案件，如强奸案等，这是为了保护当事人和其他人的隐私。有一类案件是可以不公开审理，即当事人申请不公开审理的涉及商业秘密的案件，这是为了防止商业秘密泄露以维护当事人的利益。此外，根据《刑事诉讼法》第285条的规定，审

〔1〕 参见李寿伟主编：《中华人民共和国刑事诉讼法解读》，中国法制出版社2018年版，第21页。

判的时候被告人不满 18 周岁的案件，不公开审理。这是关于未成年人案件不公开审理的规定，是对未成年人司法保护的重要措施。根据《刑事诉讼法》第 188 条第 2 款的规定，不公开审理的案件，应当当庭宣布不公开审理的理由。需要注意的是，无论案件是否公开审理，宣告判决一律公开进行。值得考虑的是，对于未成年人案件，宣判公开与未成年人犯罪记录封存的精神是否存在冲突？

为防止法官受案外因素的干扰，确保法官依法独立行使审判权，合议庭评议、审判委员会讨论的内容也不公开。相关评议材料存入副卷（内卷），辩护人无权查阅。

（三）审判公开原则的适用

为落实审判公开原则，人民法院在开庭审判 3 日前，应先期公布案由、被告人姓名、开庭的时间和地点等信息，以便群众参加旁听和新闻记者采访、报道审判的有关情况。对于审判法院违反审判公开原则的，立法确立了程序性制裁措施，[1]即根据《刑事诉讼法》第 238 条的规定，一审法院违反《刑事诉讼法》有关公开审判原则的规定的，二审法院应当裁定撤销原判，发回原审人民法院重新审判。在死刑复核程序和审判监督程序中发现之前作出裁判的法院违反有关审判公开原则的规定的，是否应该一律裁定撤销原判，发回原审人民法院重新审判，尚存在一定的争议。

根据 2021 年最高人民法院《解释》第 429 条第 6 项的规定："原审违反法定诉讼程序，可能影响公正审判的，应当裁定不予核准，并撤销原判，发回重新审判。"违反公开审判原则的应该属于这里的"违反法定诉讼程序"，但何谓"可能影响公正审判"？一般认为，公正可以分为实体公正和程序公正，如果这里的公正包括程序公正的话，违反审判公开原则就会影响公正审判。对于这一问题，目前没有较为权威的解释。

根据《刑事诉讼法》第 253 条第 4 项的规定，"违反法律规定的诉讼程序，可能影响公正审判的"，"人民法院应当重新审判"。对于何谓"违反法律规定的诉讼程序"和"可能影响公正审判的"，全国人大常委会法工委立法人士有较为明确的解释。"违反法律规定的诉讼程序"是指已经发生法律效力的判决、裁定在审判过程中违反了本法有关公开审判的规定，违反了回避制度，剥夺或者限制了当事人的法定诉讼权利，审判组织的组成不合法以及其他违反法律规定的诉讼程序的情形。"可能影响公正审判的"是指由于存在违反法律规定的诉讼程序的行为，可能影响到对案件事实的认定，影响对被告人的定罪量刑。"可能影响公正审判的"是对"违反法律规定的诉讼程序"这一条件的限制，两个条件必须同时具备才能对案件进行重新审理，如果已经发生法律效力的判决、裁定存在违反法律规定的诉讼程序的情形，但是不致影响案件的公正审判的，就没有必要启动审判监督程序。[2]根据这一解释，这里的公正主要是指实体公正。有学者则认为，原审法院违反法定程序的情形主要是指，违反公开审判制度，违反回避制度，审判组织的组成不合法，无正当理由拒绝受理被告方有关排除非法证据的申请，等等。这些情形只要存在，法院无须审查其是否达到"可能影响公正审判"的程度，即可以构成

[1] 参见陈瑞华：《程序性制裁理论》（第三版），中国法制出版社 2017 年版，第 226 页。

[2] 参见李寿伟主编：《中华人民共和国刑事诉讼法解读》，中国法制出版社 2018 年版，第 625 页。

再审法定事由。[1]本书认为，后一种解释较为合理。但考虑到审判监督程序是特殊救济程序，前一种解释也有一定的道理，依照前一种解释的，应当对“可能影响公正审判的”的“可能”二字作宽松解释。

一审法院违反公开审判原则的规定有两种情形，一种是对于本来应当公开审理的案件不公开审理，另一种是对于本应不公开审理的案件公开审理。对于这两种情形，二审法院是否均应当裁定撤销原判，发回原审人民法院重新审判。有的著作仅对第一种情况予以论述[2]。本书认为，上述两种情形均是对审判公开原则的违反，二审法院均应当裁定撤销原判、发回重审。无论是何种违反审判公开原则的情形，均是对当事人获得公正审判权利的侵害，均可能导致当事人事实上无法获得公正的审判。具体来说，对于本应不公开审理的案件公开审理，可能会导致当事人或者其他诉讼参与人在诉讼过程中有所顾虑，进而导致当事人无法获得公正的审判。

二、直接言词原则

（一）直接言词原则的概念和意义

直接言词原则是直接审理原则和言词审理原则的统称。这两项原则均要求诉讼各方亲自到庭并出席法庭，法官的裁决必须建立在法庭上亲自听取当事人和其他诉讼参与人的陈述的基础上。直接言词原则是大陆法系国家奉行的审判原则，是经过对中世纪纠问式诉讼制度的改革而确立下来的。在英美法系国家，没有所谓的直接言词原则，但有与之类似的传闻证据排除规则，即除例外规定外，[3]传闻证据不可采。所谓传闻证据，是指证人在法庭外就案件事实所作的陈述，被他人以书面方式提交给法庭，或者被其他人向法庭转述或复述出来。传闻证据是否可采的问题，由职业法官进行裁判，如果职业法官认定传闻证据不可采，则传闻证据就不会出现在有陪审团在场的法庭上。

直接审理原则包括“在场原则”和“直接采证原则”。[4]所谓“在场原则”，是指法官在审理案件时，公诉人、当事人和其他诉讼参与人应当在场，且在精神上和体力上均有参与审判活动的能力。除法律特别规定的以外，上述人员不在场时，不得进行法庭审理；否则，审判活动无效。所谓“直接采证原则”，是指从事法庭审判的法官必须亲自直接从事法庭调查和采纳证据，直接接触和审查证据；只有法官直接调查并经控辩双方质证、辩论后采信的证据，才能作为定案的根据。换句话说，在审理中未经法官本人听证并查证属实的证据，不能作为认定犯罪事实的依据。

言词审理原则是指，法庭审理中如无法律特别规定的情况，法庭审判活动的进行，应以言词陈述的方式进行。具体来说，被告人、被害人以口头方式陈述，证人、鉴定人

---

〔1〕 参见陈瑞华：《刑事诉讼法》，北京大学出版社 2021 年版，第 479 页。

〔2〕 参见孙长永主编：《刑事诉讼法学》（第四版），法律出版社 2019 年版，第 322 页。

〔3〕 在美国，传闻证据规则的例外分为三类，一是《联邦证据规则》第 803 条传闻证据的例外（陈述人能否出庭作证无关紧要）；二是《联邦证据规则》第 804 条传闻证据的例外（陈述人不能出庭）；三是《联邦证据规则》第 807 条剩余例外。参见张保生主编：《证据法学》（第四版），中国政法大学出版社 2023 年版，第 316 页。

〔4〕 参见陈瑞华：《刑事证据法》，北京大学出版社 2021 年版，第 66 页。

以口头方式作证，控辩双方以口头方式进行辩论。任何未经在法庭上以口头方式提出和调查的证据，不得作为定案的根据。

（二）直接言词原则的适用

我国《刑事诉讼法》没有明确规定直接言词原则，但一些关于法庭调查、法庭辩论等的规定体现了这一原则的精神。例如，《刑事诉讼法》第192条第3款规定："公诉人、当事人或者辩护人、诉讼代理人对鉴定意见有异议，人民法院认为鉴定人有必要出庭的，鉴定人应当出庭作证。经人民法院通知，鉴定人拒不出庭作证的，鉴定意见不得作为定案的根据。"又如，最高人民法院《解释》第71条规定："证据未经当庭出示、辨认、质证等法庭调查程序查证属实，不能作为定案的根据。"直接言词原则在我国开庭审理的二审案件中也有一定的体现。

需要注意的是，由于我国证人普遍不出庭，书面证据材料被广泛使用，直接言词原则在我国刑事审判中没有得到全面落实。一方面，《刑事诉讼法》第61条第一句规定："证人证言必须在法庭上经过公诉人、被害人和被告人、辩护人双方质证并且查实以后，才能作为定案的根据。"另一方面，《刑事诉讼法》第195条又规定："公诉人、辩护人应当向法庭出示物证，让当事人辨认，对未到庭的证人的证言笔录、鉴定人的鉴定意见、勘验笔录和其他作为证据的文书，应当当庭宣读。审判人员应当听取公诉人、当事人和辩护人、诉讼代理人的意见。"正因如此，在我国，一般认为，质证的方式既包括对证人进行提问，也包括对宣读的证言笔录发表意见。[1]这就意味着，证人无论是否出庭，证人的庭前书面证言笔录的使用均不受任何影响。

在我国，证人出庭问题是一个历久弥新的话题，证人不出庭问题也是司法实践中长期存在的难题。据有的学者调研，2014—2016年，A市两级人民检察院办理的公诉案件中，每年有证人出庭的案件数均为个位数，除少数有重大影响的重大职务犯罪外，其他案件几乎没有证人出庭。[2]在开展刑事庭审实质化改革试点工作的A市两级人民法院，在示范庭争议案件中，有证人出庭的案件高达72.92%，但其中有必要出庭的关键、争议证人仅占37.5%。[3]据周光权教授的调研，证人出庭率在"个别法院勉强能够到5%，多数地方刑事案件证人出庭率低于1%。有的基层法院法官，审了十年、二十年的案件，从未通知过证人当庭质证"[4]。有学者调研发现，2014年的证人出庭率为0.67%，2018年为0.33%。[5]这些数据表明，我国刑事审判中绝大部分的证人都不出庭作证。从这一角度来看，在我国要真正确立直接言词原则，还有很长的路要走。

---

〔1〕参见李寿伟主编：《中华人民共和国刑事诉讼法解读》，中国法制出版社2018年版，第148页。

〔2〕参见胡逸恬：《"事实查明"模式与"权利保障"模式的融合——论证人出庭制度的功能定位》，载《法学杂志》2019年第2期。

〔3〕参见左卫民：《地方法院庭审实质化改革实证研究》，载《中国社会科学》2018年第6期。

〔4〕程姝雯、黎湛均：《"司改措施千万条，证人出庭最关键"》，载《南方都市报》2019年3月9日，第AA10版。

〔5〕参见魏晓娜：《以审判为中心的诉讼制度改革：实效、瓶颈与出路》，载《政法论坛》2020年第2期。

三、集中审理原则

集中审理原则，又称不中断审理原则，是指刑事案件的审判原则上应当由同一审判组织持续不间断地进行。集中审理原则有以下要求：一是审判以庭审为中心，证据材料和法律观点均需要在庭审中提出，审判结论也应当在庭审中形成。二是审判不间断，对一个案件的审判应该一次性持续完成，对需要 2 日以上审理的案件应当每日连续审理，直至审理完毕为止，除法定节假日外，不应当有日期上的间隔。三是每起案件自始至终应由同一法庭进行审判。如果有庭审法官因故不能继续审理，应当由一直在场的候补法官替补。如果没有候补法官或者候补法官人数不足，则要更换法官进行审判，庭审应当重新进行。

实行集中审理原则有助于法庭审理顺利、迅速地进行，避免审判拖延，使案件得到及时审结。实行集中审理原则还有助于实现审判公正与诉讼效率双重价值目标，有利于法庭通过集中、全面地接触证据对案件形成全面、准确的认识从而作出正确的裁判，可以防止来自庭外的不当干扰。集中审理原则是现代法治国家共同采行的一项原则。

我国刑事诉讼中关于庭前会议、证据调查和法庭辩论等方面的相关规定，体现了集中审理原则。例如，召开庭前会议的案件，举证、质证可以按照庭前会议确定的方式进行。又如，在庭审过程中，根据案件和庭审情况，法庭可以对控辩双方的举证、质证方式进行必要的指引。然而，由于延期审理和定期宣判等制度以及我国独特的审限制度，导致审判经常不能持续进行，或者案件审理以后迟迟不能作出裁判。之所以庭审经常中断或者审理后迟迟不能作出裁判，与我国独特的审判委员会制度以及司法实践中存在的案件汇报审批等机制关系密切。

第二节　刑事审判组织

审判组织是人民法院审理具体案件的法庭组织形式。根据《刑事诉讼法》第 183 条的规定，人民法院审判刑事案件的审判组织形式包括独任庭和合议庭两种。独任庭和合议庭是人民法院审理具体案件时的临时性组织，对某一案件的审判任务结束后，该审判组织就不复存在。根据《刑事诉讼法》第 185 条的规定，审判委员会对部分刑事案件享有最终裁判权，是具有中国特色的审判组织。

一、独任庭

独任庭由审判员一人组成，它仅适用于基层人民法院审理的部分刑事案件。根据《刑事诉讼法》第 216 条第 1 款的规定，适用简易程序审理案件，对可能判处 3 年有期徒刑以下刑罚的，可以由审判员一人独任审判。根据《刑事诉讼法》第 222 条第 1 款的规定，适用速裁程序审理案件，由审判员一人独任审判。对于上述两种类型之外的案件，包括二审发回重审的案件、适用审判监督程序审理的案件，都应当组成合议庭，不得适用独任庭。

独任庭审理的最大优势是能够节约司法资源，但不利于发挥集体智慧。因此，独任庭主要适用于基层法院受理的轻微刑事案件。此外，独任庭只能由审判员组成，人民陪审员不能进行独任审判。独任庭审理案件，独任法官对案件的事实认定和法律适用负责。

二、合议庭

除适用独任庭审理的案件外，其他所有的刑事案件都应当由合议庭进行审理。合议庭审判能够体现司法公正、遏制司法腐败，能够发挥合议庭成员的集体智慧，但相对于独任庭来说，合议庭审判需要消耗更多的司法资源，且合议庭组成人员的人数越多，需要消耗的司法资源也越多。因此，同样是合议庭，审理程序和法院不同，合议庭的组成人员的类型和人数也不同。除最高人民法院审判第一审案件合议庭只能由审判员组成外，其他法院审理第一审案件，合议庭既可以由审判员组成，也可以由审判员与人民陪审员共同组成。二审程序、死刑复核程序、审判监督程序的合议庭只能由审判员组成。

基层人民法院、中级人民法院审判第一审案件的合议庭应当由审判员 3 人或者由审判员和人民陪审员共 3 人或者 7 人组成，高级人民法院审判第一审案件的合议庭由审判员 3—7 人或者由审判员和人民陪审员共 3 人或者 7 人组成，最高人民法院审判第一审案件的合议庭应当由审判员 3—7 人组成。二审程序的合议庭由审判员 3 人或者 5 人组成。死刑复核程序的合议庭由审判员 3 人组成。审判监督程序的合议庭人数则视对案件重新审理的法院的级别以及法院是适用一审程序还是二审程序而定。

合议庭的组成人员包括审判长、审判员（陪审员）。合议庭由一名法官担任审判长。院长或者庭长参加审理案件时，须担任审判长。审判长主持庭审、组织评议案件，评议案件时合议庭所有成员权利平等。

为便于表决，合议庭的成员人数应当是单数。合议庭评议案件应当按照多数人的意见作出决定，少数人的意见应当记入笔录。这是民主原则在庭审环节的体现。评议笔录由合议庭全体组成人员签名。之所以规定要对评议制作笔录，既是为了尊重少数人的意见，也是为了更为客观地反映合议庭组成人员的意见，方便二审、再审时全面了解案情。〔1〕

合议庭的主要特征是多人参与、平等行权、共同决策、共同担责。〔2〕改革开放以来直至 20 世纪末，由于案多人少的压力以及人民法院内部请示汇报案件机制等因素的存在，合议庭“形合实独”问题日益凸显，合议庭成员“合而不议”或者人民陪审员“陪而不审”的现象广泛存在。〔3〕为解决上述问题，最高人民法院发布了一系列涉及合议庭

〔1〕 参见李寿伟主编：《中华人民共和国刑事诉讼法解读》，中国法制出版社 2018 年版，第 453 页。

〔2〕 参见杨万明主编：《〈中华人民共和国法院组织法〉条文理解与适用》，人民法院出版社 2019 年版，第 209 页。

〔3〕 参见何帆：《积厚成势——中国司法的制度逻辑》，中国民主法制出版社 2023 年版，第 491 页。

的改革文件。例如，2002年最高人民法院发布的《关于人民法院合议庭工作的若干规定》对合议庭的诸多问题予以明确。自1999年开始，最高人民法院每隔5年就会发布《人民法院五年改革纲要》，至今，已发布5个《人民法院五年改革纲要》，在每一个《人民法院五年改革纲要》中都有关于合议庭的规定。2022年10月发布的《最高人民法院关于规范合议庭运行机制的意见》对司法改革背景下合议庭的运行问题进行规范。

三、审判委员会

根据《刑事诉讼法》第185条的规定，对于疑难、复杂、重大的案件，合议庭认为难以作出决定的，由合议庭提请院长决定提交审判委员会讨论决定。审判委员会的决定，合议庭应当执行。最高人民法院《解释》第216条第6款规定："独任审判的案件，审判员认为有必要的，也可以提请院长决定提交审判委员会讨论决定。"据此，审判委员会对部分刑事案件享有最终的裁判权。

新中国成立之初，我国就建立了审判委员会制度。此后，审判委员会的职能定位在不同时期各有侧重，对其存废和运行也一直存在争议。[1]1993年9月，《最高人民法院审判委员会工作规则》正式印发，这是改革开放后首个关于审判委员会制度的司法文件。由于审判委员会的存废引发了广泛的争议，一系列改革文件对其均有规定。2007年9月，最高人民法院印发的《关于改革和完善人民法院审判委员会制度的实施意见》对审判委员会相关改革问题予以明确。2010年1月，最高人民法院重新修订发布的《关于改革和完善人民法院审判委员会制度的实施意见》对审判委员会相关改革问题进一步予以明确。人民法院目前已发布的5个《人民法院五年改革纲要》中均有关于审判委员会的规定。《最高人民法院关于完善人民法院司法责任制的若干意见》《最高人民法院关于进一步全面落实司法责任制的实施意见》等改革文件中也有关于审判委员会的规定。

第三节　人民陪审员制度

在刑事诉讼中，人民陪审员是民众参与刑事审判的形式之一，是依靠群众原则在刑事审判领域的体现。《刑事诉讼法》第13条规定："人民法院审判案件，依照本法实行人民陪审员陪审的制度。"这是刑事诉讼中陪审员参与案件审理的法律依据。

一、人民陪审员制度的概念和意义

人民陪审员制度是指关于人民陪审员的资格、选任、职权、参审案件范围、退出和惩戒机制、履职保障等规定的总称。

从世界范围来看，民众参与刑事审判有三种模式：一是独享模式，典型的如英格兰

〔1〕参见左卫民、王海萍等：《审判委员会制度改革实证研究》，北京大学出版社2018年版，第4—12页。

的平民法官，平民法官在书记官的指导下独享事实认定和法律适用的职权，平民法官处理的一般是简单轻微的刑事案件；二是分权模式，英、美等国的陪审团审判就属于这种模式，这种模式下，陪审团负责事实认定，即陪审团享有定罪权，专业法官负责法律适用，享有量刑权；三是共享模式，法国、德国和日本等国采取这一模式，我国的人民陪审员制度也属于这一模式，这一模式的特征是，陪审员与专业法官共同认定事实、适用法律。

人民陪审员参与人民法院审判案件，是人民参与审判工作，发挥国家主人翁作用的重要形式，也是人民法院的审判工作贯彻群众路线，接受群众监督的具体体现。[1]人民陪审员制度是社会主义民主政治的重要内容，是中国特色社会主义司法制度的重要组成部分，也是社会主义民主制度在司法领域的重要体现。人民陪审员制度不仅表征着司法的民主性，还能发挥人民陪审员在熟知社情民意方面的独特作用，弥补法官的知识局限，防止司法腐败和司法僵化，促进司法公正。

1998 年之前，我国人民陪审员制度长期处于“名存实亡”的状态。[2]1998 年 9 月，时任全国人大常委会委员长李鹏提出，“基层法院审判第一审案件，应当……实行人民陪审员制度”，这成为决定我国人民陪审制发展的转折点。根据这一指示，最高人民法院开始推进人民陪审制的重启工作。1999 年 5 月 8 日，最高人民法院将改革草案呈交给全国人大常委会，开启了人民陪审制复苏的序曲。[3]最终，2004 年全国人大常委会通过了《关于完善人民陪审员制度的决定》（以下简称《决定》），对人民法院实行陪审制度作了具体规定。直至 2018 年，这一规定都是我国人民陪审员制度运行的最主要规范和依据。

在我国，“陪而不审”现象普遍存在，一些地方的陪审由“陪审专业户”或“专职陪审员”垄断，[4]成为缓解法院审判力量不足的重要手段。[5]针对上述问题，《决定》从“人民司法为人民，依靠人民推进公正司法”的角度明确提出：“完善人民陪审员制度，保障公民陪审权利，扩大参审范围，完善随机抽选方式，提高人民陪审制度公信度。逐步实行人民陪审员不再审理法律适用问题，只参与审理事实认定问题。”2015 年第十二届全国人大常委会第十四次会议作出决定，授权在部分地区开展人民陪审制的改革试点工作。2015 年 4 月，最高人民法院、司法部印发《人民陪审员制度改革试点方案》，明确提出：为防止“驻庭陪审、编外法官”等情形的存在，对每个陪审员每年参与审理案件的数量比例作出了规定；可能判处 10 年以上有期徒刑、无期徒刑的第一审刑事案件，原则上实行人民陪审制；探索重大案件由 3 名以上人民陪审员参加合议庭机制；人民陪审员在案件评议过程中独立就案件事实认定问题发表意见，不再对法律适用问题发表意

〔1〕 参见李寿伟主编：《中华人民共和国刑事诉讼法解读》，中国法制出版社 2018 年版，第 25 页。

〔2〕 参见樊崇义：《关于人民法院贯彻实施人民陪审员制度的建议——北京市政协九届二次会议第 04—460 号提案》，载《北京观察》1999 年第 10 期，第 54 页。

〔3〕 参见高童非：《中国陪审实质化改革研究》，中国政法大学出版社 2021 年版，第 60 页。

〔4〕 参见刘方勇：《人民陪审员角色研究》，法律出版社 2016 年版，第 135—151 页。

〔5〕 参见彭小龙：《非职业法官研究——理念、制度与实践》，北京大学出版社 2012 年版，第 248 页。

见。在总结试点地区成功经验的基础上，2018 年 4 月 27 日，全国人大常委会通过的《人民陪审员法》对人民陪审员制度作出了系统规定。

二、人民陪审员参与案件的审理

只有中国公民才有资格担任人民陪审员。《人民陪审员法》从正反两个方面对公民担任人民陪审员的条件进行了规定。《人民陪审员法》第 5 条规定：“公民担任人民陪审员，应当具备下列条件：（一）拥护中华人民共和国宪法；（二）年满二十八周岁；（三）遵纪守法、品行良好、公道正派；（四）具有正常履行职责的身体条件。担任人民陪审员，一般应当具有高中以上文化程度。”第 6 条规定：“下列人员不能担任人民陪审员：（一）人民代表大会常务委员会的组成人员，监察委员会、人民法院、人民检察院、公安机关、国家安全机关、司法行政机关的工作人员；（二）律师、公证员、仲裁员、基层法律服务工作者；（三）其他因职务原因不适宜担任人民陪审员的人员。”第 7 条规定：“有下列情形之一的，不得担任人民陪审员：（一）受过刑事处罚的；（二）被开除公职的；（三）被吊销律师、公证员执业证书的；（四）被纳入失信被执行人名单的；（五）因受惩戒被免除人民陪审员职务的；（六）其他有严重违法违纪行为，可能影响司法公信的。”第 5 条是对担任人民陪审员的条件的正面规定，第 6 条列举的人员是因为职务、职业原因而不能担任人民陪审员的情形，第 7 条列举的人员是因为之前的违法违纪而不能担任人民陪审员的情形。

根据《刑事诉讼法》第 183 条和《人民陪审员法》第 15—17 条的规定，人民陪审员制度只能适用于基层人民法院、中级人民法院和高级人民法院审理的一审案件。人民陪审员制度适用的案件范围有两类：一是法定的陪审案件；二是被告人申请由人民陪审员参加合议庭审判的案件。

人民陪审员参与审判的案件，由法官担任审判长，合议庭的人数有 3 人和 7 人两种。由法官和人民陪审员组成三人合议庭的，人民陪审员的人数可以是 1 人，也可以是 2 人。七人合议庭，由法官 3 人和人民陪审员 4 人组成。人民陪审员依法参加人民法院的审判活动，除法律另有规定外，与法官有同等的权利，人民陪审员依法享有参加审判活动、独立发表意见等权利。根据《人民陪审员法》第 21 条的规定，人民陪审员参加三人合议庭审判案件，对事实认定、法律适用，独立发表意见，行使表决权。根据《人民陪审员法》第 22 条的规定，人民陪审员参加七人合议庭审判案件，对事实认定，独立发表意见，并与法官共同表决；对法律适用，可以发表意见，但不参加表决。根据 2019 年 5 月 1 日正式实施的《最高人民法院关于适用〈中华人民共和国人民陪审员法〉若干问题的解释》第 9 条的规定，七人合议庭开庭前，应当制作事实认定问题清单，根据案件具体情况，区分事实认定问题与法律适用问题，对争议事实问题逐项列举，供人民陪审员在庭审时参考。事实认定问题和法律适用问题难以区分的，视为事实认定问题。该解释第 13 条第 1 款进一步规定，七人合议庭评议时，审判长应当归纳和介绍需要通过评议讨论决定的案件事实认定问题，并列出案件事实问题清单。

从《人民陪审员法》实施以来的情况看，人民陪审员制度面临的较大争议问题之一是七人合议庭的适用范围。根据《刑事诉讼法》第 183 条第 1 款的规定，除特定案件可以独任审判外，基层人民法院、中级人民法院审判第一审案件，应当由审判员 3 人或者由审判员和人民陪审员共 3 人或者 7 人组成合议庭进行。根据该条第 2 款的规定，高级人民法院审判第一审案件，应当由审判员 3—7 人或者由审判员和人民陪审员共 3 人或者 7 人组成合议庭进行。该条中的“或者”似乎意味着，合议庭组成人员可以由法院裁量决定，但裁量标准不明确。根据全国人大常委会法工委立法人士的解释，该条修改的原因之一是为了与《人民陪审员法》相衔接。[1]因此，确定七人合议庭的适用范围需要结合《人民陪审员法》的相关规定。根据《人民陪审员法》第 16 条第 1 项的规定，“可能判处十年以上有期徒刑、无期徒刑、死刑，社会影响重大的刑事案件”应当由人民陪审员和法官组成七人合议庭进行审理。这里的可能判处的刑罚条件和社会影响重大之间是什么关系？全国人大常委会法工委的立法人士认为：“并不是所有‘可能判处十年以上有期徒刑、无期徒刑、死刑’的案件都适用七人合议庭，只有这类案件中社会影响重大的案件才适用七人合议庭。”“在个案中，由人民法院根据案件的具体情形进行判断。”[2]最高人民法院《解释》第 213 条第 2 款第 1 项则直接将两项条件界定为递进关系，即在两项条件之间用“且”字衔接。据此，七人合议庭的适用需要案件同时满足可能判处的刑罚条件和社会影响重大两个条件。

全国人大常委会法工委的立法人士还认为：“是否由人民陪审员和法官组成合议庭，最终的决定权在人民法院。合议庭的组成属于人民法院依法依职权决定的内容。一个案件是否属于‘社会影响较大’‘需要由人民陪审员参加审判’，由法院根据案件情况综合判定。人民法院决定适用陪审制后，是组成三人合议庭还是七人合议庭，也由法院依法依职权决定。”“一个案件是否属于‘社会影响重大’，由法院根据案件情况综合判定。”[3]参与《人民陪审员法》草拟工作的人员也认为：“‘社会影响重大’的判断标准是综合的、全面的，要由人民法院依具体情况判断”。[4]根据上述权威人士的解读，是否使用陪审制，以及决定适用陪审制后，是组成三人合议庭还是七人合议庭，这些问题均由法院根据具体个案的情形综合判断。

从司法实践中的情况来看，七人合议庭在刑事案件中的适用状况并不如预期。一些本应适用七人合议庭的案件没有适用七人合议庭。一些案件，由于控辩审三方对七人合议庭适用条件的认识不统一，产生了审辩冲突、控审冲突。所谓审辩冲突，表现为辩护人一方认为案件应当由陪审员和法官组成七人合议庭，但法庭认为不需要组成七人合议庭；所谓控审冲突，表现为人民检察院认为案件应当组成七人合议庭，但法庭同样认为不需要组成七人合议庭。对于这一问题，有学者认为，主要症结是在对《人民陪审员

---

〔1〕 参见李寿伟主编：《中华人民共和国刑事诉讼法解读》，中国法制出版社 2018 年版，第 450 页。

〔2〕 王爱立主编：《中华人民共和国人民陪审员法释义》，中国民主法制出版社 2018 年版，第 129 页。

〔3〕 王爱立主编：《中华人民共和国人民陪审员法释义》，中国民主法制出版社 2018 年版，第 129 页。

〔4〕 最高人民法院政治部编著：《〈中华人民共和国人民陪审员法〉条文理解与适用》，人民法院出版社 2018 年版，第 194 页。

法》第 16 条第 1 项的理解上出了问题。[1]为此，有学者认为，应当取消“社会影响重大”的表述，明确七人合议庭适用于死刑案件和被告人不认罪的可能判处 10 年以上有期徒刑、无期徒刑的案件。[2]此外，这一问题还涉及《刑事诉讼法》与《人民陪审员法》的关系。[3]我们认为，从《刑事诉讼法》和《人民陪审员法》之间的关系来看，如果《人民陪审员法》有更具体明确的规定，则应当适用《人民陪审员法》。对于七人合议庭的适用范围之所以存在争议，主要问题是法院对何谓“社会影响重大”有较大的自由裁量权，法院基于诉讼效率、对案件进行有效“管控”等方面的考虑，对一些已经达到“社会影响重大”的案件，认为未达到“社会影响重大”进而不适用七人合议庭。对这一问题的解决，可以考虑从以下几个方面进行，一是增强人民法院的中立性，避免曲意释法；二是取消“社会影响重大”的规定，或者通过司法解释、指导性案例等方式对何谓“社会影响重大”予以进一步明确。

第四节　审级制度

审级制度是指审判机关分为几个级别以及案件最多经过几级法院的审判即告终结的制度。实行审级制度，有利于纠正错误裁判，有助于为当事人提供权利救济的机会，有利于增强裁判的权威性和公信力。

一、法院组织体系和上下级法院之间的关系

根据《人民法院组织法》的规定，我国人民法院的组织体系由三部分组成：最高人民法院、地方各级人民法院和专门人民法院。

2016 年 12 月修正发布的《最高人民法院关于巡回法庭审理案件若干问题的规定》第 1 条规定：“最高人民法院设立巡回法庭，受理巡回区内相关案件。第一巡回法庭设在广东省深圳市，巡回区为广东、广西、海南、湖南四省区。第二巡回法庭设在辽宁省沈阳市，巡回区为辽宁、吉林、黑龙江三省。第三巡回法庭设在江苏省南京市，巡回区为江苏、上海、浙江、福建、江西五省市。第四巡回法庭设在河南省郑州市，巡回区为河南、山西、湖北、安徽四省。第五巡回法庭设在重庆市，巡回区为重庆、四川、贵州、云南、西藏五省区。第六巡回法庭设在陕西省西安市，巡回区为陕西、甘肃、青海、宁夏、新疆五省区。最高人民法院本部直接受理北京、天津、河北、山东、内蒙古五省区市内有关案件。最高人民法院根据有关规定和审判工作需要，可以增设巡回法庭，并调整巡回法庭的巡回区和案件受理范围。”巡回法庭是最高人民法院派出的常设

〔1〕 参见魏晓娜、杨振媛：《七人合议庭在刑事案件中的适用——对〈人民陪审员法〉第 16 条第 1 项的法教义学解释》，载《中国政法大学学报》2023 年第 2 期。

〔2〕 参见禹得水：《刑事案件适用七人合议庭的范围：现状、问题与出路》，载《法学家》2023 年第 4 期。

〔3〕 参见陈学权：《我国七人陪审合议庭在刑事案件中的适用范围研究》，载《法学》2023 年第 11 期。

审判机构，巡回法庭的裁判是最高人民法院的裁判，一经作出就产生法律效力。

地方各级人民法院分为基层人民法院、中级人民法院和高级人民法院。市辖区、县、自治县、不设区的市设基层人民法院。中级人民法院包括：省、自治区辖市的中级人民法院；在直辖市内设立的中级人民法院；自治州中级人民法院；在省、自治区内按地区设立的中级人民法院。省、自治区、直辖市设高级人民法院。

专门人民法院包括军事法院、海事法院、知识产权法院、金融法院等，其中，海事法院、知识产权法院、金融法院等一般没有刑事案件管辖权。依法设立的专门人民法院根据审级职能，对应不同层级法院的规格。例如，战区军事法院、海事法院、知识产权法院、金融法院均为中级人民法院规格。

从级别上来说，我国法院由低到高分为四级。根据我国法律的规定，人民法院系统内部上下级之间在审判业务方面是审判监督关系，而非领导与被领导关系。下级人民法院的审判工作要受上级人民法院的监督，地方各级人民法院和专门人民法院的审判工作均受最高人民法院的监督。需要注意的是，这种监督是通过二审程序、死刑复核程序以及审判监督程序实现的。各级人民法院均独立行使审判权，在具体个案的审理中，上级人民法院不能对下级人民法院发布指示或者命令。

二、两审终审制

由于法律传统、具体国情以及法院体系等方面的不同，世界各国的审级制度大致有以下几种类型：一是三审终审制，二是两审终审制，三是以两审终审为主，兼采三审终审制。出于诉讼经济和便利当事人诉讼的考虑，我国法院审判实行四级两审制。所谓四级两审制，是指法院组织从纵向上共分四个层级（最高人民法院、高级人民法院、中级人民法院和基层人民法院），实行两审终审制。

两审终审制是指一个案件至多经过两级法院审判即告终结的制度。两审终审制也有例外，最高人民法院审理的案件实行一审终审，即最高人民法院作出的裁判就是终审裁判，一经作出，立即生效。有观点认为，判处死刑的案件，必须依法经过死刑复核程序核准后，判处死刑的裁判，才能发生法律效力，交付执行。这属于两审终审制的例外。[1]这一认识值得斟酌，《刑事诉讼法》第10条规定："人民法院审判案件，实行两审终审制。"该条从未言明案件经过两级法院审判，所作的判决、裁定即生效，只是说案件终审。那么，终审是否意味着终审作出的判决、裁定必然生效呢？并不尽然。《刑事诉讼法》第244条规定："第二审的判决、裁定和最高人民法院的判决、裁定，都是终审的判决、裁定。"其中，案件经过二审即为终审，即使可能判处死刑立即执行的案件，经过了中级人民法院一审、高级人民法院二审的，也应视为终审。《刑事诉讼法》第10条中所说的终审的案件只是不可以通过上诉或者抗诉的方式撬动更上一层级法院的审理，

---

〔1〕 参见易延友：《刑事诉讼法——规则原理应用》（第五版），法律出版社2019年版，第604页；又见国家统一法律职业资格考试辅导用书编辑委员会编：《2022年国家统一法律职业资格考试辅导用书：刑事诉讼法》，法律出版社2022年版，第191页。

启动第三审，但这并不妨碍最高人民法院对案件进行死刑复核，因为死刑复核程序由于书面化、封闭性、单方性等特点并不是一个完整的、诉讼化的审理程序，不能称为一个审级。我国学界和司法实务部门亦从未承认最高人民法院的死刑复核程序为“第三审”或者一级审理。[1]从这个角度而言，即使是对可能判处死刑立即执行案件的审理，也是贯彻了两审终审制，并非两审终审制的例外。

两审终审制并不意味着所有案件都必须经过两级法院审理。地方各级人民法院作出一审裁判以后，在法定期间内被告人没有上诉、检察院没有抗诉的，一审裁判原则上就发生法律效力。

在我国，真正贯彻两审终审制，发挥审级制度的功能，还面临一些障碍。一方面，法院系统内部的案件请示汇报机制，[2]使得两审终审事实上变成一审终审。所谓案件请示汇报机制，是指根据法院内部上下级法院之间的内部规范或者实践惯例，下级法院在审判过程中遇到特定类型的案件，或主动或被动地向上级法院请示汇报，上级法院通过书面或者口头等方式对下级法院审理的案件应该如何裁判作出相应的指示。另一方面，由于两审终审制的审级功能未能得到充分的发挥，造成了一系列冤错案件，导致了事实上的两审不能终审，需要通过审判监督程序来纠正错误裁判。

根据宪法和法律规定，上下级法院之间在审判业务方面本来只是一种监督和被监督的关系，而非行政隶属关系。但在司法实践中，上下级法院之间通过请示汇报、批复、考核等途径事实上形成了一定程度的行政隶属关系。[3]换句话说，受历史和现实因素影响，上下级法院在审判工作上的关系，具有较强的行政化色彩。基于各种现实考虑，一些下级人民法院将上级人民法院视为理所当然的“上级领导”，把协调各方关系、摆脱地方干预、解决上访纷扰的希望寄托在后者身上，而一些上级法院也当仁不让地在审判工作中主动承担起“领导”与“指挥”职能。[4]针对这种情况，近年来中共中央和最高人民法院陆续发布了一系列改革文件。《决定》明确要求“完善审级制度，一审重在解决事实认定和法律适用，二审重在解决事实法律争议、实现二审终审，再审重在解决依法纠错、维护裁判权威。”人民法院第四个《人民法院五年改革纲要》也提出要“完善审级制度”。2019 年 5 月，《关于政法领域全面深化改革的实施意见》提出，要“明确四级法院职能定位，健全完善案件移送管辖和提级审理制度”。人民法院第五个《人民法院五年改革纲要》提出要“优化四级法院职能定位”。2021 年 5 月，经中央全面深化改革委员会审议通过的《关于完善四级法院审级职能定位的改革方案》确立了四级法院的审

---

〔1〕 1992 年 1 月 27 日，最高人民法院研究室曾就律师能否参与死刑复核程序作出答复：死刑复核程序是一种不同于第一审和第二审的特殊程序。在死刑复核程序中，律师可否参加诉讼活动的问题，法律没有规定，因此不能按照第一审、第二审程序中关于律师参加诉讼的有关规定办理。相关内容参见《最高人民法院研究室关于律师参与第二审和死刑复核诉讼活动的几个问题的电话答复》。

〔2〕 参见王彪：《刑事诉讼的中国问题与地方经验》，北京大学出版社 2022 年版，第 101 页。

〔3〕 参见孙长永、王彪：《论刑事庭审实质化的理念、制度和技术》，载《现代法学》2017 年第 2 期，第 136 页。

〔4〕 参见何帆：《积厚成势——中国司法的制度逻辑》，中国民主法制出版社 2023 年版，第 355 页。

级职能定位。需要注意的是，这些改革文件虽然涉及审级制度改革，但主要与民事案件有关。刑事审级制度所存在的问题，需要继续予以关注。

重要名词术语

审判公开、直接言词原则、审判委员会、民众参与司法、审判监督、两审终审

思考题

1. 对于一审法院将不应当公开审理的刑事案件公开审理的，二审法院应当如何处理？
2. 如何判断审判委员会讨论决定案件，有没有造成“审者不判、判者不审”的现象？
3. 两审终审制的利弊有哪些？

典型案例分析

2019 年 11 月 28 日，劳某落网。2020 年 8 月 31 日，A 市人民检察院依法对劳某涉嫌故意杀人、绑架、抢劫罪一案向 A 市中级人民法院提起公诉，9 月 1 日，A 市中级人民法院依法受理 A 市人民检察院指控被告人劳某故意杀人、绑架、抢劫罪一案。由于媒体的报道，劳某案引发社会广泛关注。2020 年 12 月 21 日，A 市中级人民法院组成三人合议庭开庭审理劳某案。此后，一审法院用三人合议庭审理该案是否违反了法律规定，二审法院是否应该以审判组织不合法为由对该案撤销原判、发回重审等问题，引发了社会各界的广泛关注，理论界也有学者从法解释学的角度对该案一审合议庭的组成人数问题进行分析。在二审和死刑复核期间，劳某的辩护人也以一审审判组织不合法为由，请求 B 省高级人民法院和最高人民法院对劳某案撤销原判、发回重审。2022 年 11 月 30 日上午，B 省高级人民法院对劳某涉嫌犯故意杀人罪、抢劫罪、绑架罪上诉一案作出二审宣判：裁定驳回上诉，维持原判。2023 年 12 月，最高人民法院对被告人劳某故意杀人、抢劫、绑架死刑复核一案依法作出裁定，核准劳某死刑。

第十五章　第一审程序

【内容提示】

党的十八届四中全会上指出，推进以审判为中心的诉讼制度改革，目的是促使办案人员树立办案必须经得起法律检验的理念，确保侦查、审查起诉的案件事实证据经得起法律检验，保证庭审在查明事实、认定证据、保护诉权、公正裁判中发挥决定性作用。第一审程序是人民法院初次审理刑事案件所适用的程序，在整个刑事审判程序体系中占据基础性地位。根据适用的案件性质不同，可以分为公诉案件第一审程序和自诉案件第一审程序；根据适用的法院和案件的繁简程度不同，可以分为普通程序、简易程序和速裁程序。其中，公诉案件第一审普通程序是基本程序，其最为全面地体现了各项审判原则、证据规则和程序设置规则的要求。第一审程序的任务是人民法院通过开庭审理，在公诉人、当事人及其他诉讼参与人等的参加下，客观、全面地审查证据，查明案件事实，并根据《刑法》的规定，对被告人是否有罪、应否处刑以及处以何种刑罚作出正确的判决，使有罪的人受到法律制裁，使无罪的人免受惩罚，使到庭旁听的人受到生动的法治教育。这体现了司法的公平、公开和公正。因此，第一审程序在整个刑事诉讼中居于十分重要的地位。

第一节　第一审程序的概念和意义

一、第一审程序的概念

第一审程序是指人民法院对人民检察院提起公诉、自诉人提起自诉的案件进行初次审判时所必须遵循的步骤和方式、方法。第一审刑事案件是指人民法院按照级别管辖的规定初次受理的公诉案件和自诉案件。审判第一审案件的人民法院，称为一审人民法院。

第一审刑事案件有公诉案件和自诉案件，这两种案件是依据不同控诉主体来划分的。由人民检察院向人民法院提起公诉的案件被称为公诉案件；由被害人或其法定代理人、近亲属向人民法院起诉，由人民法院直接受理的案件被称为自诉案件。因此，第一审程序又可以分为公诉案件的第一审程序、自诉案件的第一审程序。另外，《刑事诉讼法》又规定基层人民法院对于案件事实清楚、证据充分，被告人认罪，对指控的犯罪事实没有异议且对适用简易程序无异议的案件（既包括公诉案件也包括自诉案件），可以适用简易程序进行审判；对于可能判处3年有期徒刑以下刑罚的案件，案件事实清楚，证据确实、充分，被告人认罪认罚，并同意适用速裁程序的，可以适用速裁程序。与简易程序、速裁程序相对应，其他程序又可以被称为普通程序。《刑事诉讼法》对上述4种第一审程序分别作了规定，对公诉案件的审判程序规定得比较详细、全面；对自诉案件的审判程序，则根据自诉案件的特点作了一些特殊规定，没有规定的，应当参照公诉案件第一审程序的规定执行；对刑事第一审程序中的简易程序、速裁程序，从适用的案件范围到具体的程序都作了明确的规定。

二、第一审程序的任务和意义

第一审程序的任务是人民法院通过开庭审理，在公诉人、当事人及其他诉讼参与人等的参加下，客观、全面地审查证据，查明案件事实，并根据《刑法》的规定，对被告人是否有罪、应否处刑以及处以何种刑罚，作出正确判决，从而使犯罪分子受到应得的法律制裁，无罪的人不受刑事惩罚，并使到庭旁听的人受到法治教育。

第一审程序是人民法院整个审判程序的第一个环节，是人民法院审判刑事案件的基本程序。因为无论是公诉案件还是自诉案件，都首先要经过人民法院的第一审审判。第一审人民法院要在公开、辩护、合议、陪审、回避等各项审判制度的保障下，依照法定程序对案件事实和证据进行法庭调查和辩论，并依法作出被告人是否犯罪、应否处刑以及处以什么刑罚的决定。一审人民法院的裁判过了法定期限，当事人没有上诉，人民检察院也没有抗诉，或者在法定上诉、抗诉期限内，当事人提出上诉，人民检察院提出抗诉，而第二审人民法院维持原判的，裁判即发生法律效力，就应依法执行。第一审程序之后可能发生的第二审程序、死刑复核程序、审判监督程序，都是在一审人民法院作出的裁判基础上进行的，而且《刑事诉讼法》对第一审程序的具体规定，其他审判程序都须参照执行。因此，第一审程序是人民法院审判刑事案件的基本程序，它在整个刑事诉讼中居于十分重要的地位。

三、第一审程序的改革与发展

我国1979年《刑事诉讼法》规定的庭审模式是一种较为典型的职权主义模式，集中体现为庭前实体性审查和法官庭上包揽全部庭审调查等特点，检察官的控诉职能未能得到发挥，案件审理中“审者不判，判者不审”以及“先定后审”现象严重。1996年《刑事诉讼法》对各项刑事诉讼制度作了部分修改，就第一审程序庭审模式的改革，确立了向当事人主义模式发展的方向，突出体现在改原来的庭前实体性审查为以程序性审查为主、以实体性审查为辅；强调了检控方的证明责任；扩大了合议庭的权限，理顺了合议庭与审判委员会之间的关系；增设了简易程序，实行案件的繁简分流。自1996年《刑事诉讼法》修改10余年以来，关于庭审方式的法律规定在实际运行中反映出一些缺陷和不足，如未能解决庭审“走过场”问题，律师辩护职能未能很好地发挥作用，无法实现真正的控辩平等对抗，相关配套制度有欠缺等。针对第一审程序存在的问题，2012年《刑事诉讼法》进行了修改与完善，主要涉及开庭条件、非法证据排除、强制出庭作证、专家证人、中止审理、简易程序和审理期限等方面的规定。近年来，随着以审判为中心的刑事诉讼制度改革的深入推进，认罪认罚从宽制度与速裁程序试点日趋成熟，优化第一审程序已迫在眉睫。习近平总书记指出："推进以审判为中心的诉讼制度改革，目的是促使办案人员树立办案必须经得起法律检验的理念，确保侦查、审查起诉的案件事实证据经得起法律检验，保证庭审在查明事实、认定证据、保护诉权、公正裁判中发挥决定性作用。"[1]为更好地指导司法实践，2018年《刑事诉讼法》在第一审程序中专节增设速裁程序，并增加认罪认罚从宽条款。自2019年12月30日起施行的《人民检察院刑事诉讼规则》以及自2021年3月1日开始施行的最高人民法院《解释》，均在2018年《刑事诉讼法》的基础上，对第一审程序的相关规定予以进一步的细化。第一审程序经修改、完善后，诉讼构造更加趋于科学、合理，有利于实现控辩双方的平等对抗及法庭调查和法庭辩论的实质化，有利于实现诉讼公正和提高诉讼效率，有利于第一审程序功能的发挥。

第二节 公诉案件的第一审普通程序

公诉案件的第一审普通程序，是人民法院审理第一审公诉案件所普遍适用的程序，也是第一审程序中各项规定最全面的程序。依据《刑事诉讼法》及司法解释的规定，公诉案件的第一审普通程序分为庭前审查、庭前准备、开庭审理和作出判决几个步骤。

一、庭前审查

（一）庭前审查的概念和意义

庭前审查，是指人民法院对人民检察院提起公诉的案件进行审查，根据起诉书是否记载有明确的指控犯罪事实而决定是否开庭审判的活动。

《刑事诉讼法》第186条规定："人民法院对提起公诉的案件进行审查后，对于起诉书中有明确的指控犯罪事实的，应当决定开庭审判。"这一规定表明，人民法院对人民检察院提起公诉的案件，并非径直开庭审判，而是需要经过初步审查，然后才能决定是否开庭审判。因此，对公诉案件的审查，是公诉案件进入第一审程序的一个必经程序。审查公诉案件主要是查明人民检察院提起公诉的案件是否具备了开庭审判的条件，即起诉书是否符合《刑事诉讼法》第186条规定的要求，是否具备了开庭审判的程序性条件，能否将被告人交付法庭审判。按照现行立法规定，只要起诉书中有明确的指控犯罪事实内容，就应当决定开庭审判，而不能以材料不全、证据不足等理由不受理案件。因此，

---

〔1〕 习近平：《论坚持全面依法治国》，中央文献出版社2020年版，第101—102页。

它还不是对案件进行的实体审查，而是一种程序审查。当然，如果人民法院认为人民检察院应当移送的材料、证据未移送的，可以要求人民检察院补送。

（二）审查的内容和方法

依据《刑事诉讼法》第186条及最高人民法院《解释》第218条的规定，人民法院对人民检察院提起的公诉案件，应当在收到起诉书和案卷、证据后，审查以下内容。

（1）案件是否属于本院管辖。

（2）起诉书是否写明被告人的身份，是否受过或者正在接受刑事处罚、行政处罚、处分，被采取留置措施的情况，被采取强制措施的时间、种类、羁押地点，犯罪的时间、地点、手段、后果以及其他可能影响定罪量刑的情节。如果有多起犯罪事实的，是否在起诉书中将事实分别列明。

（3）是否移送证明指控犯罪事实以及影响量刑的证据材料，包括采取技术调查、侦查措施的法律文书和所收集的证据材料。

（4）是否查封、扣押、冻结被告人的违法所得或者其他涉案财物，查封、扣押、冻结是否逾期；是否随案移送涉案财物、附涉案财物清单；是否列明涉案财物的权属情况；是否就涉案财物处理提供了相关证据材料。

（5）是否列明被害人的姓名、住址、联系方式；是否附有证人、鉴定人名单；是否申请法庭通知证人、鉴定人、有专门知识的人出庭，并列明有关人员的姓名、性别、年龄、职业、住址、联系方式；是否附有需要保护的证人、鉴定人、被害人名单。

（6）当事人已委托辩护人、诉讼代理人或者已接受法律援助的，是否列明辩护人、诉讼代理人的姓名、住址、联系方式。

（7）是否提起附带民事诉讼；提起附带民事诉讼的，是否列明附带民事诉讼当事人的姓名、住址、联系方式等，是否附有相关证据材料。

（8）监察调查、侦查、审查起诉程序的各种法律手续和诉讼文书是否齐全。

（9）被告人认罪认罚的，是否提出了量刑建议、移送了认罪认罚具结书等材料。

（10）有无《刑事诉讼法》第16条第2项至第6项规定的不追究刑事责任的情形。

审查的方法是认真地审阅起诉书等材料，并围绕上述审查内容逐项予以审查，以判断案件是否具备了开庭审判的程序性条件。尽管《刑事诉讼法》将案卷移送制度恢复为采全案移送主义，但其依然强调开庭前只进行程序性审查。最高人民法院《解释》也不再要求法院指派审判员负责审查，这样有利于避免审判人员“先入为主”“先定后审”，造成开庭审理流于形式等弊端，从而改革了我国的审判方式，有利于审判的公正，保证审判质量。

（三）审查后的处理

人民法院对公诉案件进行审查后，应当根据案件的具体情况作如下处理。

（1）不属于本院管辖的，应当退回人民检察院。如果人民法院是在立案审查结束后才发现没有管辖权的，现行立法和司法解释未明确规定应该如何处理，我们认为，管辖是开庭审理的基本前提，此时不宜继续审理，而应该协商人民检察院撤回起诉，或者将案件退回提起公诉的人民检察院，由其按照刑事诉讼管辖规定，将案件移送有管辖权的人民检察院审查起诉为宜。

（2）属于《刑事诉讼法》第16条第2项至第6项规定情形的，应当退回人民检察院。属于告诉才处理的案件，应当同时告知被害人有权提起自诉。

（3）被告人不在案的，应当退回人民检察院。但是，对人民检察院按照缺席审判程序提起公诉的，应该依照《刑事诉讼法》和最高人民法院《解释》有关缺席审判程序的规定作出处理，具体内容详见本书相应章节。

（4）不符合上述最高人民法院《解释》第218条第2—9项规定之一，需要补充材料的，应当通知人民检察院在3日内补送。

（5）依照《刑事诉讼法》第200条第3项规定宣告被告人无罪后，人民检察院根据新的事实、证据重新起诉的，应当依法受理。此处“新的事实、证据”，应该理解为曾经被宣告无罪的犯罪以外的犯罪事实、证据。

（6）依照最高人民法院《解释》第296条规定裁定准许撤诉的案件，没有新的影响定罪量刑的事实、证据，重新起诉的，应当退回人民检察院。此处“新的影响定罪量刑的事实、证据”应该理解为原起诉事实范围内的新事实、证据。

（7）被告人真实身份不明，但符合《刑事诉讼法》第160条第2款规定的，应当依法受理。

人民法院对于按照普通程序审理的公诉案件，应当在收到起诉书后7日以内审查完毕，决定是否受理。人民法院对提起公诉的案件进行审查的期限计入人民法院的审理期限。对一案起诉的共同犯罪或者关联犯罪案件，被告人人数众多、案情复杂，人民法院经审查认为，分案审理更有利于保障庭审质量和效率的，可以分案审理。但是，分案审理以不影响当事人质证权等诉讼权利的行使为前提。反之，如果人民法院经审查认为，被分案起诉的共同犯罪或者关联犯罪案件，合并审理更有利于查明案件事实、保障诉讼权利、准确定罪量刑的，可以并案审理。人民法院在职责内并案或者分案的，通常可以采取决定的方式为之。

二、开庭审判前的准备

开庭审判是人民法院在公诉人、被害人、被告人、辩护人、证人等的参加下，严格依照法律规定的审判制度和程序，当庭对案件进行全面审理，查清案件事实，并依法对案件作出判决的过程。为了保证法庭审判的顺利进行，开庭前必须做好必要的准备工作。按照《刑事诉讼法》第187条及最高人民法院《解释》第221条的规定，人民法院对公诉案件决定开庭审判后，应当进行下列各项准备工作。

（一）组成合议庭

人民法院决定开庭审判以后，要由庭长或院长依法确定审判长及合议庭的组成人员。依照法律规定，一审人民法院的合议庭可以全部由审判员组成，也可以由审判员和人民陪审员组成。人民法院的书记员，其职责是承担审判庭的记录工作，并处理有关审判的其他事项，不属于合议庭的组成人员。

（二）送达起诉书副本

人民法院将人民检察院的起诉书副本至迟在开庭 10 日以前送达被告人及辩护人。对于未委托辩护人的被告人，人民法院有义务告知他可以委托辩护人。《刑事诉讼法》贯彻了诉讼权利司法保障的要求。对于符合《刑事诉讼法》第 35 条第 2、3 款及第 278 条规定的，依法通知法律援助机构指派律师为其提供辩护；对于被告人因经济困难或者其他原因没有委托辩护人的，告知本人及其近亲属可以向法律援助机构提出申请，符合法律援助条件的，法律援助机构应当指派律师为其提供辩护，以确保公正审判。

（三）通知举证

人民法院应当通知当事人、法定代理人、辩护人、诉讼代理人在开庭 5 日前提供证人、鉴定人名单，以及拟当庭出示的证据。当事人、法定代理人、辩护人、诉讼代理人申请证人、鉴定人、有专门知识的人出庭作证的，应当列明有关人员的姓名、性别、年龄、职业、住址、联系方式。

人民法院依法通知证人、鉴定人出庭作证的，应当同时将证人、鉴定人出庭通知书送交控辩双方，控辩双方应当予以配合。

（四）召开庭前会议

依据最高人民法院《解释》第 226 条的规定，案件具有下列情形之一的，人民法院可以决定召开庭前会议。

（1）证据材料较多、案情重大复杂的。

（2）控辩双方对事实、证据存在较大争议的。

（3）社会影响重大的。

（4）需要召开庭前会议的其他情形。

控辩双方也可以申请人民法院召开庭前会议，提出申请应当说明理由。人民法院经过审查认为有必要的，应当召开庭前会议；决定不召开的，应当告知申请人。当然，庭前会议也可以由人民法院依职权决定召开。

庭前会议由审判长主持，合议庭其他审判员也可以主持，但是陪审员或法官助理只可以参加庭前会议，不可以主持庭前会议。召开庭前会议应该通知公诉人和辩护人到场。庭前会议一般不公开进行，根据案件情况也可以采取视频等方式进行。

依据《刑事诉讼法》第 187 条第 2 款及最高人民法院《解释》第 228 条的规定，庭前会议可以就下列事项向控辩双方了解情况，听取意见。

（1）是否对案件管辖有异议。

（2）是否申请有关人员回避。

（3）是否申请不公开审理。

（4）是否申请排除非法证据。

（5）是否提供新的证据材料。

（6）是否申请重新鉴定或者勘验。

（7）是否申请收集、调取证明被告人无罪或者罪轻的证据材料。

（8）是否申请证人、鉴定人、有专门知识的人、调查人员、侦查人员或者其他人员出庭，是否对出庭人员名单有异议。

（9）是否对涉案财物的权属情况和人民检察院的处理建议有异议。

（10）与审判相关的其他问题。

对上述事项中可能导致庭审中断的程序性事项，人民法院可以在庭前会议后依法作出处理，并且在庭审中说明处理决定和理由。控辩双方如果没有新的理由，就不应再次提出申请或异议，否则法庭可以在说明庭前会议情况和处理理由以后，依法予以驳回。对于在庭前会议中达成一致意见的事项，法庭在开庭时，在向控辩双方核实以后，可以当庭加以确认。未达成一致意见的事项，法庭可以归纳控辩双方争议焦点，听取控辩双方意见，依法作出处理。控辩双方在庭前会议中曾经就有关事项达成过一致意见，在庭审中又反悔的，除非有正当理由，否则法庭一般不再进行处理。

庭前会议可以开展附带民事诉讼调解。

召开庭前会议是为了更好地准备法庭审理，保证庭审的顺利进行，提高诉讼效率。所以在庭前会议中，审判人员可以询问控辩双方对证据材料是否有异议，对有异议的证据，应当在庭审时重点调查。值得注意的是，庭前会议的证据开示过程中，控辩双方只是就证据有无异议发表意见，而不得进行质证或对证据进行实体审查。如果是控辩双方在庭前会议表示无异议的证据，便可以在庭审时简化对其相应的举证和质证，例如由举证方仅就证据的名称及证明事项略加说明。如果庭前会议准备就非法证据排除了解情况、听取意见，或者准备询问控辩双方对证据材料意见的，应当通知被告人到场，因为庭前会议的处理会影响被告人的重要辩护权利。有多名被告人的案件，可以根据情况确定参加庭前会议的被告人。

人民法院在庭前会议中听取了控辩双方对事实、证据材料的意见以后，如果认为案件明显事实不清，证据不足的，可以建议人民检察院补充材料或撤回起诉。建议撤回起诉的案件，人民检察院不同意的，开庭审理后，如果没有新的事实和理由，一般不准许撤回起诉，人民法院将对案件依法裁判。

（五）通知开庭和传唤当事人

人民法院确定开庭日期后，应当将开庭的时间、地点通知人民检察院，传唤当事人，通知辩护人、诉讼代理人、证人、鉴定人和翻译人员，传票和通知书至迟在开庭3日前送达；通知有关人员出庭，也可以采取电话、短信、传真、电子邮件等能够确认对方收悉的方式。被害人人数众多的涉众型犯罪案件，可以通过互联网公布相关文书，通知有关人员出庭。这是因为这类案件被害人往往分布在全国各地，人数众多，逐一通知难度较大。如果案件不属于附带民事诉讼范围的，例如电信诈骗这类侵犯财产类的犯罪案件，除非被告人有能力退赔，否则通知所有被害人并无实际意义，反而增加诉讼成本，浪费司法资源，故这类案件的被害人可以推选若干代表人参加庭审。

被害人、诉讼代理人经人民法院传唤或者通知未到庭，不影响开庭审理的，人民法院可以开庭审理。辩护人经通知未到庭，被告人同意的，人民法院可以开庭审理，但被告人属于应当提供法律援助情形的除外。

（六）先期公告

《刑事诉讼法》第 188 条第 1 款规定：人民法院审判第一审案件应当公开进行。但是有关国家秘密或者个人隐私的案件，不公开审理；涉及商业秘密的案件，当事人申请不公开审理的，可以不公开审理。另依据《刑事诉讼法》第 285 条的规定，审判的时候被告人不满 18 周岁的案件，不公开审理。但是，经未成年被告人及其法定代理人同意，未成年被告人所在学校和未成年人保护组织可以派代表到场。依法不公开审理的案件，任何公民，包括与审理该案件无关的法院工作人员和被告人的近亲属都不得旁听，但法律另有规定的除外。

人民法院公开审判案件，应当将公开审判案件的案由、被告人姓名、开庭的时间和地点在开庭 3 日以前贴出先期公告，并保留到开庭审判的时候，以便群众到庭旁听以及新闻记者进行采访。但精神病人、醉酒的人、未经人民法院批准的未成年人以及其他不宜旁听的人不得旁听案件审理。

三、法庭审判程序

公诉案件第一审普通程序的法庭审判由合议庭的审判长主持。合议庭审判案件时，审判长所处的地位和作用十分重要，因为法庭调查、法庭辩论等活动，都由审判长负责指挥，公诉人、当事人、辩护人、诉讼代理人经审判长许可，可以对被告人、证人、鉴定人发问。审判长认为发问的内容与案件无关的，应当制止。司法警察和其他值庭人员维持法庭秩序，也受审判长指挥。合议庭的其他成员则应协助审判长，使其能充分发挥法庭审判主持者的作用。诉讼参与人都应当听从审判长的指挥，遵守法庭秩序。

依据《刑事诉讼法》及最高人民法院《解释》的规定，法庭审理的程序可以分为开庭、法庭调查、法庭辩论、被告人最后陈述、评议和宣判五个步骤。

（一）开庭

宣布开庭是法庭审理的开始，这还不是对案件的实体审理，而是为顺利进行审判做好准备。依据《刑事诉讼法》第 190 条及最高人民法院《解释》第 234—239 条的规定，开庭阶段应当完成以下工作。

（1）开庭审理前，书记员受审判长委托，先查明公诉人、当事人、辩护人、诉讼代理人、证人和其他诉讼参与人是否已经到庭。核实旁听人员中是否有证人、鉴定人、有专门知识的人，防止他们违反规定旁听庭审。随后请公诉人、辩护人、诉讼代理人及其他诉讼参与人入庭。公开审判的案件，书记员还应在开庭前向旁听人员宣读法庭规则。请审判长和合议庭其他成员入庭。审判人员入庭时，请全体人员起立；审判人员、全体人员就座后，当庭向审判长报告开庭前的准备工作已经就绪。

（2）审判长宣布开庭后，应当传唤被告人到庭，问明被告人姓名、出生年月日、民族、出生地、文化程度、职业、住址，或者被告单位的名称、住所地、法定代表人、实际控制人以及诉讼代表人的姓名、职务；被告人是否受过刑事处罚、行政处罚、处分及其种类、时间；是否被采取留置措施及留置的时间，以及是否被采取强制措施及强制措施的种类、时间；收到起诉书副本的日期；有附带民事诉讼的，还应查明附带民事诉讼被告人收到附带民事起诉状的日期。被告人较多的，上述情况也可以在开庭前查明，但开庭传被告人到庭后，审判长应当庭说明已经庭前核实被告人情况，不再当庭查明。

（3）审判长宣布案件的来源、起诉的案由、附带民事诉讼原告人和被告人的姓名及是否公开审理。对于不公开审理的案件，应当当庭宣布不公开审理的理由。

（4）审判长宣布合议庭组成人员、法官助理、书记员、公诉人以及辩护人、诉讼代理人、鉴定人和翻译人员等诉讼参与人的名单，并告知当事人及其法定代理人、辩护人、诉讼代理人在法庭审理过程中依法享有下列诉讼权利：可以申请合议庭组成人员、法官助理、书记员、公诉人、鉴定人和翻译人员回避；可以提出证据，申请通知新的证人到庭、调取新的证据，申请重新鉴定或者勘验；被告人可以自行辩护；被告人可以在法庭辩论终结后作最后陈述。审判长分别询问当事人及其法定代理人、辩护人、诉讼代理人是否申请回避、申请何人回避和申请回避的理由。当事人及其法定代理人、辩护人、诉讼代理人申请审判人员、出庭支持公诉的检察人员回避，合议庭认为符合法定情形的，应当依照法律有关回避的规定处理；认为不符合法定情形的，应当当庭驳回，继续法庭审理。如果申请回避人当庭申请复议，合议庭应当宣布休庭，待作出复议决定后，再决定是否继续法庭审理。同意或者驳回回避申请的决定及复议决定，由审判长宣布，并说明理由。必要时，也可以由院长到庭宣布。

对共同犯罪案件，应当将各被告人同时传唤到庭，向其宣布上述事项，以避免重复，节省开庭时间。

（二）法庭调查

法庭调查是指在公诉人、当事人和其他诉讼参与人的参加下，当庭对案件事实和证据进行调查核对的一种诉讼活动。法庭调查是案件进入实体审理的一个重要阶段，是法庭审判的中心环节，案件事实能否确认、被告人是否承担刑事责任，关键在于法庭调查的结论如何。依照《刑事诉讼法》第 191—197 条及最高人民法院《解释》第 240—279 条的规定，法庭调查阶段包括下列诉讼活动。

1. 宣读起诉书

审判长宣布法庭调查开始后，先由公诉人宣读起诉书；公诉人宣读起诉书以后，审判长应当询问被告人对起诉书指控的犯罪事实和罪名有无异议。有附带民事诉讼的，在公诉人宣读起诉书后，由附带民事诉讼的原告人或者其法定代理人、诉讼代理人宣读附带民事起诉状。通过宣读起诉书，人民检察院向人民法院表明被告人犯有罪行，需要追究刑事责任，要求法庭依法予以惩罚。同时，可使旁听群众了解案件的基本情况，便于他们监督法庭的审判活动，并起到法治宣传教育的作用。一案有两名以上被告人的，宣读起诉书时可以同时在场，但宣读起诉书后，讯问被告人一般应当分别进行，以免互相影响，不利于法庭调查。

2. 被告人、被害人陈述起诉书指控的犯罪事实

公诉人在法庭上宣读起诉书后，在审判长主持下，被告人、被害人可以就起诉书指控的犯罪事实分别进行陈述。被告人若承认起诉书指控的犯罪事实，则应当让他把实施犯罪行为的经过、情节详细地陈述清楚；被告人若否认起诉书指控的罪行，则应当允许

他对控诉的事实和证据进行充分辩解和提出反证。同时，被害人可以根据起诉书对犯罪的指控陈述自己受害的过程及提出有关的诉讼请求。审判人员对被告人、被害人就起诉书指控的犯罪事实所作的陈述，都应当认真地听取。

3. 讯问被告人

（1）公诉人讯问被告人。在审判长主持下，公诉人可以就起诉书中所指控的犯罪事实讯问被告人。一般应围绕下列问题进行讯问。

第一，指控的犯罪行为是否存在，是否为被告人所实施，被告人是否承认起诉书指控的罪行；承认犯罪的，要进一步讯问其实施犯罪行为的时间、地点、方法手段、结果以及犯罪后的表现等。

第二，对于集团犯罪或者一般共同犯罪的案件，在讯问中应问清楚同案被告人各自在共同犯罪中的地位和作用，以及应负的法律责任。

第三，问清被告人有无责任能力，有无实施指控犯罪行为的故意或者过失，查明犯罪行为的动机和目的。

第四，查明有无从重或者从轻、减轻以及免除处罚的情节，并注意查明有无依法不应当追究刑事责任的情形。

第五，查明犯罪对象、作案工具的主要特征，赃款、赃物的来源、数量以及去向。

第六，被告人全部或者部分否认起诉书指控的罪行的，要问清否认的根据和理由。

总之，公诉人对被告人的讯问是法庭调查中的关键环节，讯问的内容应紧紧围绕起诉书对被告人的有罪指控进行，目的是通过讯问让审判人员当庭听清楚被告人的供述和辩解，以便查明案件事实真相。

（2）被害人、附带民事诉讼当事人及其法定代理人、诉讼代理人，被告人的法定代理人、辩护人，经审判长许可，可以向被告人发问。被害人及其法定代理人、诉讼代理人可以根据公诉人的讯问情况进行补充性发问，通过被害人及其法定代理人、诉讼代理人的发问，可以当庭揭露被告人的虚伪供述，进一步揭露被告人的犯罪行为。附带民事诉讼的原告人及其法定代理人、诉讼代理人可以就附带民事诉讼部分的事实向被告人发问，揭露和证实被告人的犯罪行为给自己造成的物质上的损失，证明被告人应当承担的赔偿责任。

（3）审判人员讯问被告人。审判人员在法庭上不是消极的仲裁者。一方面，审判人员要主持和指挥法庭的调查审理活动；另一方面，其要通过庭审彻底查清案件事实，公正执法。因此，在法庭调查中，审判人员不仅要认真、仔细地听取控辩双方的提问和回答，而且必要时，也可以讯问被告人。一般而言，审判人员的讯问应注重庭审中出现的一些关键性问题，如公诉人遗漏了重要犯罪事实、情节或对主要犯罪事实情节有疑问；被告人前后供述不一致，企图避重就轻或进行无理狡辩；被害人和辩护人等的发问与被告人的回答相互矛盾等。审判人员通过讯问，可以消除疑点，解决矛盾，全面审清案情。

讯问被告人、向被告人发问均需在审判长的主持下进行。为保证控辩双方讯问、发问的有序进行，保证不对被告人诱供、逼供，审判长应注意把握庭审活动的方向与节奏，根据案件情况，就证据问题对被告人的讯问、发问，可以在举证、质证环节进行。

4. 向其他当事人发问

在法庭调查中，控辩双方经审判长准许，均可以向被害人、附带民事诉讼原告人发问；审判人员认为有必要的，也可以向被害人及附带民事诉讼当事人发问，以求进一步弄清案件事实。

5. 庭审举证、质证

法庭审理过程中，对与定罪、量刑有关的事实、证据都应当进行调查。控辩双方均有权向法庭举证。所谓举证，就是提请法庭通知证人、鉴定人、有专门知识的人、调查人员、侦查人员或者其他人员出庭，或者向法庭出示物证、宣读书证、播放视听资料等。但控辩双方在举证前必须向法庭说明证据的名称、来源和拟证明的事实。法庭认为有必要的，应当准许。对方提出异议，认为有关证据与案件无关或者明显重复、不必要，法庭经审查异议成立的，可以不予准许。控辩双方在出示证据时，还应该注意以下事项。

第一，举证的顺序是先由控方向法庭举证，即公诉人对指控的每一起犯罪事实举证。之后，被害人及其法定代理人、诉讼代理人和附带民事诉讼原告人及其诉讼代理人也可以在公诉人举证的基础上，补充举证。在控方举证后，被告人及其法定代理人、辩护人可以举证。

第二，举证方当庭出示证据以后，由对方发表质证意见。

第三，对可能影响定罪量刑的关键证据和控辩双方存在争议的证据，一般应当单独举证、质证，充分听取质证意见。对于控辩双方无异议的非关键性证据，举证方可以仅就证据的名称及拟证明的事实作出说明。召开庭前会议的案件，举证、质证可以按照庭前会议确定的方式进行。法庭可以根据案件和庭审情况，对控辩双方的举证、质证方式进行必要的指引。

第四，审理过程中，法院认为有必要的，可以传唤同案被告人、分案审理的共同犯罪或关联犯罪案件的被告人等到庭对质。

第五，已经移送人民法院的案卷和证据材料，控辩双方需要出示的，可以向法庭提出申请，法庭可以准许。案卷和证据资料应当在质证后当庭返还。需要播放录音录像或者需要将证据材料交由法庭、公诉人或者诉讼参与人查看的，法庭可以指令值庭法警或相关人员予以协助。

第六，当庭出示的且尚未移送人民法院的证据，应当在质证后当庭移交。但是，为了避免诉讼突袭，保障法庭调查顺利进行，一方申请出示开庭前没有移交或提交人民法院的证据，对方提出异议的，审判长应该要求举证方说明理由，理由成立并确有出示必要的，应当准许。如果对方要求休庭，以便对新的证据作发表意见准备的，法庭可以宣布休庭，并确定准备的时间。

6. 重要证人与鉴定人出庭作证

（1）重要证人出庭作证的规定。

规定重要证人有出庭作证义务既是国际上刑事诉讼立法的共同趋势，也是落实以审判为中心的诉讼制度改革以及强化庭审实质化的客观需求。证人出庭作证虽然是刑事审判顺利进行、查明案件真实情况的重要保障，但是没有必要，也不能要求所有的证人都出庭作证，否则将导致我国当下的司法资源不堪重负。必须对案件进行分流，通过减少切实需要证人出庭的案件数量进而减少证人出庭的数量。《刑事诉讼法》第 192 条第 1 款就证人出庭作证规定了 3 项并列的条件：

一是公诉人、当事人或者辩护人、诉讼代理人对证人证言有异议。此处的异议，既可以理解为对证言内容的异议，例如证人无法辨别是非、不能正确表达，或者证人陈述存在逻辑与经验上的矛盾等；也可以理解为取证程序的异议，例如证人证言系采取暴力、威胁手段所收集。对证言的异议，既可以书面方式，也可以口头方式提出，但必须是明示的方式。

二是该证人证言对案件定罪量刑有重大影响。此处的“重大影响”应该结合立法目的，合理把握其范围。通常而言，证明被指控犯罪事实的发生的证言，证明犯罪行为的时间、地点、手段、后果的证言，证明被告人定罪身份情况的证言或者反映被告人在共同犯罪中地位与作用的证言，应该属于对定罪量刑有重大影响的证人证言。

三是人民法院认为证人有必要出庭作证。控辩双方对于证人证言是否对案件定罪量刑有重要影响，往往判断上会存在分歧，这种情况下就应当由人民法院加以判断。即使证人证言对定罪量刑具有重要影响，公诉人、当事人或辩护人、诉讼代理人也提出了异议，但人民法院认为，足以通过其他证据对特定证人证言进行查证的，也可以不通知证人出庭作证。

人民警察就其执行职务时目击的犯罪情况作为证人出庭作证，适用以上的规定。

为保障重要证人与鉴定人出庭作证义务的实际履行，并兼顾伦理道德等基本价值取向，我国《刑事诉讼法》明文规定了强制出庭作证制度与拒绝出庭权。根据《刑事诉讼法》第 193 条规定：经人民法院通知，证人没有正当理由不出庭作证的，人民法院可以强制其到庭，但是被告人的配偶、父母、子女除外。证人没有正当理由拒绝出庭或者出庭后拒绝作证的，予以训诫，情节严重的，经院长批准，处以 10 日以下的拘留。被处罚人对拘留决定不服的，可以向上一级人民法院申请复议，复议期间不停止执行。因此，人民法院可由院长签发强制证人出庭令，由法警执行，必要时可以商请公安机关协助强制证人到庭，证人无正当理由拒绝出庭或出庭后拒绝作证且情节严重的，可以予以拘留。但是，考虑到强制被告人家庭成员出庭有悖伦理和影响家庭和谐，我国《刑事诉讼法》规定，不得强制被告人的配偶、父母、子女出庭作证。但值得注意的是，这并不意味着被告人的配偶、父母和子女有免证权，他们仍然有庭外作证的义务。

证人具有下列情形之一，无法出庭作证的，人民法院可以准许其不出庭：①在庭审期间身患严重疾病或者行动极为不便的；②居所远离开庭地点且交通极为不便的；③身处国外短期无法回国的；④有其他客观原因，确实无法出庭的。具有上述情形的，也可以通过视频等方式作证。

为了调动证人出庭作证的积极性，切实免除证人作证的后顾之忧，法律明确了证人作证的补助制度和保护措施。证人出庭作证所支出的交通、住宿、就餐等费用，人民法院应当给予补助。证人、鉴定人、被害人因出庭作证，本人或者其近亲属的人身安全面临危险的，人民法院应当采取不公开其真实姓名、住址和工作单位等个人信息，或者不暴露其外貌、真实声音等保护措施。辩护律师经法庭许可，查阅证人、鉴定人、被害人的使用化名情况的，应当签署保密承诺书。审判期间，证人、鉴定人、被害人提出保护请求的，人民法院应当立即审查；认为确有保护必要的，应当及时决定采取相应保护措施，必要时可以商请公安机关协助。决定对出庭作证的证人采取不公开个人信息的保护措施的，审判人员应当在开庭前核实其身份，对证人如实作证的保证书不得公开，在判决书、裁定书等法律文书中可以使用化名等代替其个人信息。上述保护措施也适用于鉴定人、被害人。

证人等人员出庭以后，一般先向法庭陈述证言。其后，经审判长许可，由申请通知证人等人员出庭的一方发问，发问完毕以后，对方也可以发问。审判人员认为必要时，可以对出庭作证人员予以询问。法庭依职权通知证人出庭的，发问顺序由审判长根据案件情况确定。

依据最高人民法院《解释》第 261 条的规定，向证人发问应当遵循以下规则：第一，发问的内容应当与本案事实有关；第二，不得以诱导方式发问；第三，不得威胁证人；第四，不得损害证人的人格尊严。上述规定也适用于对被告人、被害人、附带民事诉讼当事人、鉴定人、有专门知识的人、调查人员、侦查人员或其他人员的讯问、发问。

（2）鉴定人出庭作证的规定。

应当出庭作证的鉴定人范围要广于应当出庭作证的证人范围。《刑事诉讼法》第 192 条第 3 款规定，鉴定人出庭作证须同时具备两项条件：一是公诉人、当事人或者辩护人、诉讼代理人对鉴定意见有异议；二是人民法院认为鉴定人有必要出庭。可见，对于鉴定人出庭作证，不以要求鉴定意见对案件的定罪量刑有重要影响为前提。这是因为在司法实践中，鉴定意见对案件的定罪量刑基本都有重大影响，有的甚至是定案的关键，如果鉴定意见存在疑问，应该尽量通过庭审质证方式化解争议，避免无效的重复鉴定或补充鉴定。经人民法院通知，鉴定人拒不出庭作证的，鉴定意见不得作为定案的根据。

控辩双方申请法庭通知有专门知识的人出庭，则表明对鉴定意见有异议，并且需要有专门知识的人协助查明案件事实。申请有专门知识的人出庭，不得超过 2 人。有多种鉴定意见的，可以相应增加人数。法庭根据具体情况，应当作出是否同意的决定。有专门知识的人应当提供其具备特定专业背景的材料，以便法庭审查其是否具有履行相应辅助质证的能力与资格。为了查明案件事实，法院也可以依职权通知上述人员出庭，并且可以要求控辩双方提供协助。

向证人、调查人员、侦查人员发问应当分别进行。证人、鉴定人、有专门知识的人、调查人员、侦查人员或者其他人员经控辩双方发问或者审判人员询问之后，审判长应当告知其退庭。上述人员不得旁听对本案的审理。

7. 庭外调查核实证据

在法庭审理过程中，合议庭对于证据有疑问的，可以宣布休庭，对证据进行调查核实。人民法院调查核实证据时，可以进行勘验、检查、查封、扣押、鉴定和查询、冻结。必要时，可以通知检察人员、辩护人到场。需要注意的是，合议庭庭外调查核实证据，是在对控辩双方提出的证据有疑问的情况下进行的，目的是确定证据是否具有证明力，以及证明力的大小。因为合议庭认定案情，只能以经过庭审程序确认的证据为依据，所以，无论是控辩双方补充的证据，还是庭外调查核实取得的证据，应当经过当庭质证才能作为定案的依据。但是，不影响定罪量刑的非关键证据、有利于被告人的量刑证据以及认定被告人有犯罪前科的裁判文书等证据，经庭外征求意见，控辩双方没有异议的除外。

8. 申请通知新证人、调取新的物证，申请重新鉴定或勘验

《刑事诉讼法》第 197 条第 1 款规定：法庭审理过程中，控辩双方有权申请通知新的证人到庭，调取新的物证，申请重新鉴定或者勘验。但是，应当提供证人的基本信息、证据的存放地点，说明拟证明的事项，申请重新鉴定或者勘验的理由。法庭同意当事人申请的，应当宣布休庭；根据案件情况，可以决定延期审理。

9. 其他法庭调查事项

依据最高人民法院《解释》第 276 条第 2 款的规定，人民法院除应当审查被告人是否具有法定量刑情节外，还应当根据案件情况审查以下影响量刑的情节：（1）案件起因；（2）被害人有无过错及过错程度，是否对矛盾激化负有责任及责任大小；（3）被告人的近亲属是否协助抓获被告人；（4）被告人平时表现，有无悔罪态度；（5）退赃、退赔及赔偿情况；（6）被告人是否取得被害人或者其近亲属谅解；（7）影响量刑的其他情节。

审判期间，合议庭发现被告人可能有自首、坦白、立功等法定量刑情节，而人民检察院移送的案卷中没有相关证据材料的，应当通知人民检察院在指定时间内移送。审判期间，被告人提出新的立功线索的，人民法院可以建议人民检察院补充侦查。

对被告人认罪的案件，在确认被告人了解起诉书指控的犯罪事实和罪名、自愿认罪且知悉认罪的法律后果后，法庭调查可以主要围绕量刑和其他有争议的问题进行。对被告人不认罪或者辩护人作无罪辩护的案件，法庭调查应当在查明定罪事实的基础上，查明有关量刑事实。

随着经济社会发展，越来越多的刑事案件涉及财物处理问题，当事人、利害关系人高度关注涉案财物处置问题。因此，最高人民法院《解释》第 279 条规定，法庭审理过程中，应当对查封、扣押、冻结财物及其孳息的权属、来源等情况，是否属于违法所得或者依法应当追缴的其他涉案财物进行调查，由公诉人说明情况、出示证据、提出处理建议，并听取被告人、辩护人等诉讼参与人的意见。遇到有案外人对查封、扣押、冻结的财物及其孳息提出权属异议的，人民法院应当听取案外人的意见；必要时，可以通知案外人出庭。经审查，不能确认查封、扣押、冻结的财物及其孳息属于违法所得或者依法应当追缴的其他涉案财物的，不得没收。

（三）法庭辩论

法庭经过调查，如果认为案情已经查清，证据已经核实，公诉人、当事人和辩护人、诉讼代理人也没有再提出需要补充调查的事实和证据，即由审判长宣布法庭调查结束，开始法庭辩论。法庭辩论是在法庭调查的基础上，控诉方与辩护方围绕被告人的行

为是否构成犯罪，应该如何定罪、如何适用刑罚、如何对涉案财物予以处置等方面的事实、证据和适用法律等问题进行互相争论和反驳的一种诉讼活动。它是刑事审判程序的一个重要环节。在法庭辩论中，公诉人和被害人属于控诉一方，被告人和辩护人属于辩护一方，各方在发言中都力争全面揭示案情真相，充分阐述理由和根据。法庭辩论对于保障当事人和诉讼参与人的合法权益，对于法庭客观、全面地审理案件，深入细致地分析判断案情，依法作出公正的判决，对于公民接受社会主义法治教育，发挥群众对审判活动的民主监督作用，具有重要意义。

依据《刑事诉讼法》第 198 条及最高人民法院《解释》第 281—284 条的规定，法庭辩论的顺序是：先由公诉人发言，然后由被害人及其诉讼代理人发言，再由被告人自行辩护，之后由辩护人进行辩护，最后由控辩双方反复互相辩论。对附带民事部分的辩论应在对刑事部分的辩论结束以后进行，具体辩论顺序是：先由附带民事诉讼的原告人和他的诉讼代理人发言，然后由被告人和他的诉讼代理人答辩。总之，法庭辩论的次序总是自控方发言始，至辩方发言止，此为一个回合，反复辩论，直至双方均表示不再发言。

法庭辩论的目的，是全面查清案件事实，正确运用法律，协助审判人员对案件作出公正的判决。因此，辩论双方都应当坚持“以事实为依据，以法律为准绳”的原则，摆事实、讲道理，依法论罪，以理服人。对自己一方的合理意见要坚持，对于对方的合法意见要尊重，不能强词夺理，更不应简单粗暴，不应进行人身攻击。要讲求精神文明，尊重社会公德，遵守法庭纪律，以保障诉讼参与人的合法权益不受侵犯，保证辩论活动有秩序地进行。审判长对于控辩双方与案件无关的意见、重复的意见或者互相指责的发言应当提醒、制止。

在法庭辩论中，合议庭对双方的辩论发言都应认真听取。对被告人认罪的案件，法庭辩论时，可以指引控辩双方主要围绕量刑和其他有争议的问题进行。对被告人不认罪或者辩护人作无罪辩护的案件，法庭辩论时，可以引导控辩双方先辩论定罪问题，后辩论量刑和其他问题。审判长应当善于抓住双方辩论的焦点，把辩论引向深入。如果发现新的事实、情节和证据需要进一步核实查清，审判长应当宣告恢复法庭调查，待查清后再继续辩论。恢复法庭调查尚不能查清的，审判长应宣告延期审理。在法庭辩论中，被告人当庭拒绝辩护人为他辩护，要求另行委托辩护人的，合议庭应当同意。但是为了避免程序被恶意中断或过分延宕，被告人在一个审判程序中更换辩护人一般不得超过两次。被告人要求人民法院另行通知法律援助机构指派律师，合议庭同意的，应当宣布延期审理。重新开庭后，被告人再次当庭拒绝重新委托的辩护人或者法律援助机构指派的辩护律师为其辩护的，合议庭应当依不同情形作出处理：

（1）被告人是成年人的，可以准许。但被告人不得再另行委托辩护人，人民法院也不再另行通知法律援助机构指派律师，被告人可以自行辩护。

（2）被告人是盲、聋、哑人或者未成年人，没有正当理由的，一般不予准许。对于辩护人依照有关规定当庭拒绝继续为被告人进行辩护的，合议庭应当准许。如果被告人要求另行委托辩护人，合议庭应当宣布延期审理，由被告人另行委托辩护人或者由人民法院通知法律援助机构为其另行指派辩护人。有多名被告人的案件，部分被告人拒绝辩护人辩护后，没有辩护人的，根据案件情况，可以对该被告人另案处理，对其他被告人的庭审继续进行。

审判长认为经过反复辩论案情已经查明，罪责已经分清的，应及时宣告法庭辩论终结。辩论的最后发言权应当属于被告人和辩护人。

（四）被告人最后陈述

《刑事诉讼法》第 198 条第 3 款规定：审判长在宣布辩论终结后，被告人有最后陈述的权利。最后陈述是被告人的一项重要的诉讼权利，审判长应当告知被告人享有此项权利。在法庭即将进行评议前，给被告人一个最后发言的机会，让他充分陈述自己对案件的意见，或者向法庭表明他对自己所犯罪行的认识和态度，这对于法庭全面分析研究案情，保护被告人的合法权益，正确处理案件，具有重要意义。

被告人最后陈述权作为其法定的诉讼权利，受法律保障，审判长应当让被告人充分陈述。被告人最后陈述只要不超出本案范围，就不应限制其发言的时间，或随意打断其发言，应允许其把话讲完。但是，被告人陈述的内容多次重复的，法庭可以制止。陈述内容蔑视法庭、公诉人，损害他人及社会公共利益，或者与本案无关的，法庭应当制止。在公开审理的案件中，被告人最后陈述的内容涉及国家秘密、个人隐私或者商业秘密的，法庭应当制止。

被告人在最后陈述中提出新的事实、证据，合议庭认为可能影响正确裁判的，应当恢复法庭调查；被告人提出新的辩解理由，合议庭认为可能影响正确裁判的，应当恢复法庭辩论。

（五）评议和宣判

在被告人最后陈述后，审判长即可宣布休庭，合议庭进行评议，作出裁判。辩护人应该及时将书面辩护意见提交人民法院。

1. 合议庭评议

合议庭评议的任务是，根据法庭审理查明的事实、证据，依照刑事法律的规定，确定被告人有罪或者无罪，犯的什么罪，应否处以刑罚，有无从重或者从轻、减轻以至免除刑罚的情节，判处何种刑罚，刑罚执行方法，附带民事诉讼如何解决，赃款、赃物如何处理等，并作出处理决定。

评议时，审判人员必须充分重视法庭调查的情况和辩论时双方提出的意见和理由，认真研究，应本着“以事实为依据，以法律为准绳”的原则，作出明确的决定。

评议案件一律秘密进行。进行评议时，合议庭组成人员有同等的权利。庭审结束后、评议前，部分合议庭成员不能继续履行审判职责的，人民法院应该依法更换合议庭组成人员，重新开庭。合议庭进行评议的时候，如果存在意见分歧，应当按多数人的意见作出决定，但是少数人的意见应当记入笔录。评议笔录由合议庭的组成人员、法官助理、书记员签名。

2. 作出裁判

依据《刑事诉讼法》第 200 条及最高人民法院《解释》第 295 条的规定，合议庭经评议后，根据已经查明的事实、证据和有关的法律规定，分别作出以下裁判：

（1）起诉指控的事实清楚，证据确实、充分，依据法律认定被告人的罪名成立的，应当作出有罪判决。

（2）起诉指控的事实清楚，证据确实、充分，但指控的罪名不当的，应当按照法律和审理认定的事实作出有罪判决。

（3）案件事实清楚，证据确实、充分，依据法律认定被告人无罪的，应当判决宣告被告人无罪。

（4）证据不足，不能认定被告人有罪的，应当以证据不足，指控的犯罪不能成立，判决宣告被告人无罪。

（5）案件事实部分清楚，证据确实、充分的，应当依法作出有罪或者无罪的判决；对事实不清，证据不足部分，依法不予认定。

（6）被告人因未达到刑事责任年龄，不予刑事处罚的，应当判决宣告被告人不负刑事责任。

（7）被告人是精神病人，在不能辨认或者不能控制自己行为的时候造成危害结果，不予刑事处罚的，应当判决宣告被告人不负刑事责任；符合《刑事诉讼法》第 302 条规定情形的，可以转为对实施暴力行为的精神病人的强制医疗程序。

（8）犯罪已过追诉时效期限且不是必须追诉，或者经特赦令免除刑罚的，应当裁定终止审理。

（9）属于告诉才处理的案件，应当裁定终止审理，并告知被害人有权提起自诉。在宣告时应该告知被告人及其法定代理人有权以书面或口头形式，在法定期限内，通过本院或者向上一级人民法院提出上诉。

（10）被告人死亡的，应当裁定终止审理；但有证据证明被告人无罪，经缺席审理确认无罪的，应当判决宣告被告人无罪。宣告终止审理裁定时，应该告知被告人及其法定代理人，不服宣告终止审理裁定的，有权以书面或口头形式，在法定期限内，通过本院或者向上一级人民法院提出上诉。

具有上述第 2 项规定情形的，人民法院应当在判决前听取控辩双方的意见，保障被告人、辩护人充分行使辩护权。必要时，可以再次开庭，组织控辩双方围绕被告人的行为构成何罪以及如何量刑进行辩论。人民法院审理公诉案件期间，发现有新的事实，可能影响定罪量刑的，或者需要补查补证的，人民检察院可以要求补充起诉或者变更起诉，人民法院也可以通知人民检察院，由其决定是否补充、变更、追加起诉或者补充侦查。人民检察院不同意或者在指定时间内未回复书面意见的，人民法院应当就起诉指控的犯罪事实，依照最高人民法院《解释》第 295 条的规定作出判决、裁定。公诉人当庭发表与起诉书不同的意见，且这种意见应该属于变更、追加、补充或者撤回起诉的，人民法院应该要求人民检察院在指定的时间内以书面方式提出，必要时可以宣布休庭。人民检察院在指定时间内未提出的，人民法院应当根据法庭审理情况，就起诉书指控的犯罪事实依法作出判决、裁定。人民检察院变更、追加、补充起诉的，人民法院应当给予被告人及其辩护人必要的准备时间。在开庭后、宣告判决以前，人民检察院要求撤回起诉的，人民法院应当审查撤回起诉的理由，作出是否准许的裁定。在宣告裁定时，应该告知被告人及其法定代理人，不服准许撤回起诉裁定的，有权在法定上诉期限内通过本院或者直接向上一级人民法院上诉。

对依照最高人民法院《解释》第219条第1款第5项规定受理的案件，人民法院应当在判决中写明被告人曾被人民检察院提起公诉，因证据不足，指控的犯罪不能成立，被人民法院依法判决宣告无罪的情况；前案依照《刑事诉讼法》第200条第3项规定曾经作出的判决不予撤销。

对涉案财物，应该根据审理查明的情况，依照相应规定作出处理。

3. 宣告判决

宣判是将判决的内容向当事人和群众宣告，使他们知道人民法院对案件作出的处理决定。依据《刑事诉讼法》第202条第1款的规定，宣告判决，一律公开进行。依据最高人民法院《解释》第650条的规定，宣告判决可以根据情况，采取视频方式。宣告判决结果时，法庭内全体人员应当起立。此即不论案件是否公开审理，都应当将判决公之于众。宣告判决，可以由合议庭根据具体情况决定当庭进行或者另定日期进行。评议后、宣判前，部分合议庭成员因调动、退休等正常原因不能参加宣判的，在不改变原评议结论的情况下，可以由审判本案的其他审判员宣判。公诉人、辩护人、诉讼代理人、被害人、自诉人或者附带民事诉讼原告人未到庭的，不影响宣判的进行。当庭宣告判决的，应当在5日以内将判决书送达当事人、法定代理人、辩护人、诉讼代理人和提起公诉的人民检察院，并可以送达被告人的近亲属。被害人死亡，其近亲属申请领取判决书的，人民法院应当及时提供。定期宣告判决的，判决书应当在宣告后立即向上述人员和机关送达。地方各级人民法院和专门人民法院在宣告第一审判决时，应当告知当事人，如果不服，有权提出上诉。判决生效后，还应当送达被告人的所在单位或者原户籍地的公安派出所，或者被告单位的注册登记机关。被告人是外国人，且在境内有居住地的，应当送达居住地的公安派出所。

（六）法庭纪律与惩戒

为了保证法庭审判的正常进行，诉讼参与人和旁听人员都应当遵守法庭秩序。依据《刑事诉讼法》第199条、最高人民法院《解释》第307条及《人民法院法庭规则》第19、20条的规定：审判长或独任审判员对违反法庭纪律且情节较轻的人员应当警告制止；根据具体情况，也可以进行训诫；对训诫无效的，责令其退出法庭；对拒不退出法庭的，指令法警将其强行带出法庭。情节严重的，报经院长批准后，可以处以1000元以下的罚款或者15日以下的拘留。未经许可对庭审活动进行录音、录像、拍照或使用即时通信工具等传播庭审活动的，可以暂扣相关设备及存储介质，删除相关内容。被处罚人如果对罚款、拘留决定不服的，可以向上一级人民法院申请复议。复议期间不停止执行。对于危害法庭安全或者扰乱法庭秩序构成犯罪的，应当依法追究其刑事责任。

实践中，存在个别律师违反职业道德，为求胜诉而不惜闹庭的情况。对此，辩护人严重扰乱法庭秩序，被责令退出法庭，强行带出法庭或者被处以罚款、拘留，被告人自行辩护的，庭审继续进行；被告人要求另行委托辩护人的或者属于应当提供法律援助的，应当宣布休庭。辩护人、诉讼代理人被责令退出法庭或者被处以罚款后，具结保证书，保证服从法庭指挥，不再扰乱法庭秩序的，经法庭许可，可以继续担任辩护人、诉讼代理人。辩护人、诉讼代理人具有下列情形之一的，不得继续担任同一案件的辩护人、诉讼代理人：（1）擅自退庭的；（2）无正当理由不出庭或不按时出庭，严重影响审判顺利进行的；（3）被拘留或具结保证书后再次被责令退出法庭、强行带出法庭的。

四、单位犯罪案件的审理程序

依据我国《刑法》的规定，公司、企业、事业单位、机关、团体实施的危害社会的行为，法律规定为单位犯罪的，应当负刑事责任。单位犯罪的，应当依法对单位判处罚金，并对其直接负责的主管人员和其他直接责任人员判处刑罚。刑法分则和其他法律未规定追究单位的刑事责任的，对组织、策划、实施该危害社会行为的人依法追究刑事责任。

我国《刑事诉讼法》所规定的刑事诉讼基本原则、诉讼制度、诉讼权利与义务同样适用于公、检、法机关处理单位犯罪的案件。但是，由于单位犯罪案件确有其特殊性，因而，单位犯罪案件的审理程序除遵循一般审判程序的规定之外，还应注意依照下列规定办理。

（1）人民法院受理单位犯罪案件，除依照最高人民法院《解释》第 218 条的有关规定进行审查外，还应当审查起诉书中是否列明被告单位的名称、住所地、联系方式，法定代表人、实际控制人、主要负责人以及代表被告单位出庭的诉讼代表人的姓名、职务、联系方式。需要人民检察院补充材料的，应当通知人民检察院在 3 日以内补送材料。

（2）代表被告单位出庭的诉讼代表人，应当是单位的法定代表人、实际控制人或者主要负责人；法定代表人、实际控制人或者主要负责人被指控为单位犯罪直接责任人员或者因客观原因无法出庭的，应当由被告单位委托其他负责人或者职工作为诉讼代表人。但是，有关人员被指控为单位犯罪的其他直接责任人员或者知道案件情况、负有作证义务的除外。按照上述方法仍然难以确定诉讼代表人的，可以由被告单位委托律师等单位以外的人员作为诉讼代表人。但是，诉讼代表人不能同时担任被告单位或者被指控为单位犯罪直接责任人员的有关人员的辩护人。

人民法院决定开庭审理单位犯罪案件，应当通知被告单位的诉讼代表人出庭；没有诉讼代表人参与诉讼的，应当要求人民检察院确定。被告单位的诉讼代表人不出庭的，应当按照下列情形分别处理：①诉讼代表人系被告单位的法定代表人或者主要负责人，无正当理由拒不出庭的，可以拘传其到庭；因客观原因无法出庭，或者下落不明的，应当要求人民检察院另行确定诉讼代表人。②诉讼代表人系其他人员的，应当要求人民检察院另行确定诉讼代表人出庭。人民法院审理单位犯罪案件，被告单位的诉讼代表人享有《刑事诉讼法》规定的有关被告人的诉讼权利。开庭时，诉讼代表人席位位于审判台前左侧，与辩护人席并列。被告单位需要委托辩护人的，参照《刑事诉讼法》及最高人民法院《解释》有关辩护的规定办理。

（3）对被告单位的违法所得及其他涉案财物，尚未被依法追缴或者查封、扣押、冻结的，人民法院应当根据案件具体情况，决定追缴或者查封、扣押、冻结。人民法院为了保证判决的执行，根据案件具体情况，可以先行查封、扣押、冻结被告单位的财产或者由被告单位提出担保。

（4）审判期间，被告单位被吊销营业执照、宣告破产但尚未完成清算、注销登记的，应当继续审理；被告单位被撤销、注销的，对单位犯罪直接负责的主管人员和其他直接责任人员应当继续审理。

（5）审判期间，被告单位合并、分立的，应当将原单位列为被告单位，并注明合并、分立情况。对被告单位所判处的罚金以其在新单位的财产及收益为限。

五、延期审理、中止审理及缺席审判

（一）延期审理

延期审理，是指案件因故不能按原定开庭时间审理，或者在法庭审理过程中，遇到足以影响审判继续进行的情况，法庭决定另定日期对案件进行审理的制度。

依据《刑事诉讼法》第204条的规定，延期审理有以下3种情况。

（1）需要通知新的证人到庭，调取新的物证，重新鉴定或者勘验的。

（2）检察人员发现提起公诉的案件需要进行补充侦查，提出建议的。

（3）由于申请回避而不能进行审判的。这主要有两种情况：一是指对回避申请，在短时间内，不能作出是否同意回避的决定，审判活动无法进行；二是指被申请回避的人员应当回避，需要另行更换人员。

《人民检察院刑事诉讼规则》第420、436条规定了公诉人可以建议法庭延期审理的情形，具体如下：

（1）发现事实不清、证据不足，或者遗漏罪行、遗漏同案犯罪嫌疑人，需要补充侦查或者补充提供证据的。

（2）被告人揭发他人犯罪行为或者提供重要线索，需要补充侦查进行查证的。

（3）发现遗漏罪行或者遗漏同案犯罪嫌疑人，虽不需要补充侦查和补充提供证据，但需要补充、追加起诉的。

（4）申请人民法院通知证人、鉴定人出庭作证或者有专门知识的人出庭提出意见的。

（5）需要调取新的证据，重新鉴定或者勘验的。

（6）公诉人出示、宣读开庭前移送人民法院的证据以外的证据，或者补充、追加、变更起诉，需要给予被告人、辩护人必要时间进行辩护准备的。

（7）被告人、辩护人向法庭出示公诉人不掌握的与定罪量刑有关的证据，需要调查核实的。

（8）公诉人对证据收集的合法性进行证明，需要调查核实的。

（9）转为普通程序审理的案件，公诉人需要为出席法庭进行准备的。

人民检察院建议延期审理补充侦查的案件，应当在1个月以内补充侦查完毕，但建议延期审理不得超过两次。

除上述延期审理的情形之外，依据自 2021 年 3 月起施行的最高人民法院《解释》，实际上还可能有以下几种情形。

（1）控辩一方申请出示开庭前未移送或未提交人民法院的证据，对方提出需要对新证据作准备的，法庭可以宣布休庭。

（2）法庭对证据有疑问的，必要时，可以宣布休庭，对证据进行调查核实。

（3）公诉人当庭发表与起诉书不同的意见，属于变更、追加、补充或撤回起诉的，人民法院要求人民检察院以书面方式提出的，必要时也可以宣布休庭。

（4）对于辩护人当庭拒绝继续为被告人进行辩护，或者被告人当庭拒绝辩护人为其辩护，或者辩护人严重扰乱法庭秩序被责令退出法庭、强行带出法庭或被处以罚款、拘留的，而被告人要求另行委托辩护人或者要求人民法院通知法律援助机构另行指派辩护律师，法庭同意的，也应当宣布休庭。

（5）依法应当出庭的鉴定人由于不能抗拒的原因或者有其他正当理由无法出庭的，人民法院可以根据案件审理情况决定延期审理。

延期审理的时间原则上要计入审理期限，但法律明确规定不计入审限的除外。延期审理后再行开庭审判的，仍应按照法庭审判的顺序进行，但对于以前庭审已经查清的事实和证据，可以不逐一核查。

（二）中止审理

中止审理是指人民法院在法庭审理过程中，因发生某种特定情况，致使案件在较长时间内无法继续审理而决定暂时停止审判活动，待该项原因消失后，再恢复法庭审理的诉讼制度。

依据《刑事诉讼法》第 206 条的规定，中止审理有以下四种情况：

（1）被告人患有严重疾病，无法出庭的。

（2）被告人脱逃的。

（3）自诉人患有严重疾病，无法出庭，未委托诉讼代理人出庭的。

（4）由于不能抗拒的原因。

中止审理的原因消失后，应当恢复审理。中止审理的期间不计入审理期限。

（三）缺席审判

2018 年《刑事诉讼法》修改时，针对实践中有的被告人因为患有严重疾病无法出庭而导致庭审被长期中止审理、久拖不决的情形，其在第五编第三章第 296 条设置了缺席审判程序。其适用前提是必须同时具备下列要件：（1）中止审理的理由是被告人患有严重疾病无法出庭。根据最高人民法院《解释》第 605 条的规定，这里所谓的“严重疾病”是指没有受审能力的状态，不能泛化地理解成身体不便或残疾而不能到庭，主要是指被告人不能感知、理解诉讼活动内容的情形。（2）须案件已经被中止审理超过 6 个月，被告人仍不能出庭。（3）被告人及其法定代理人、近亲属申请或者同意恢复审理。尤其是有的案件，在因为证据不足或者能够确认被告人无罪的情形下，被告人及其法定代理人、近亲属会有此需求。

六、第一审程序的期限

第一审程序的期限是指人民法院审判第一审公诉案件，从受理到宣判的最长时间限制。《刑事诉讼法》第208条对此作了详细规定。

（1）人民法院审理公诉案件，应当在受理后2个月以内宣判，至迟不得超过3个月。

（2）对于可能判处死刑的案件或者附带民事诉讼的案件，经上一级人民法院批准，可以延长3个月。

（3）遇有《刑事诉讼法》第158条规定的4类案件的，经上一级人民法院批准，可以延长3个月：①交通十分不便的边远地区的重大复杂案件；②重大的犯罪集团案件；③流窜作案的重大复杂案件；④犯罪涉及面广，取证困难的重大复杂案件。

（4）因特殊情况还需要延长的，须报请最高人民法院批准。

（5）如遇人民法院改变管辖的案件，则从改变后的人民法院收到案件之日起计算审理期限。

（6）人民检察院补充侦查的案件，补充侦查完毕移送人民法院后，人民法院重新计算审理期限。

我国《刑事诉讼法》规定的审判期限制度，一方面有利于避免不必要的诉讼拖延，保障当事人权益，符合诉讼及时原则；另一方面也为重大、复杂案件设置了相对较长的审限，以兼顾实际审判工作的需要，并非一味追求诉讼的快速推进。

第三节　自诉案件的第一审程序

自诉案件的第一审程序，是指第一审人民法院在自诉人、被告人及其他诉讼参与人的参加下，依法处理自诉案件的方式、方法和步骤。与公诉案件的第一审程序相比较，自诉案件的第一审程序有以下几个特点：（1）参加诉讼的国家机关一般来说只有法院，公安机关、检察机关不予介入；（2）当事人对诉讼程序的开始和终止，具有一定的决定作用。没有自诉人提起自诉，自诉案件的诉讼程序就不会开始；自诉人撤诉或与被告人达成了和解协议，案件的诉讼程序就可以终止。

一、自诉案件的提起、审查和处理

（一）自诉案件的提起

以自己的名义直接向人民法院起诉，请求法院追究被告人刑事责任的公民是自诉人。自诉人通常就是自诉案件中的被害人。被害人死亡、丧失行为能力或者因受强制、威吓等原因无法告诉，或者是限制行为能力人以及由于年老、患病、盲、聋、哑等原因不能亲自告诉，其法定代理人、近亲属告诉或者代为告诉的，人民法院应当依法受理。代为告诉人应当提供与被害人之间的关系证明和被害人不能亲自告诉的原因的证明。除被害人死亡的案件外，被害人仍是自诉人身份，“代为告诉”的法定代理人、近亲属是代理人。自诉人在诉讼中是原告人。

自诉人起诉，应当提出起诉的事实根据，向人民法院提供必要的证据，起诉应当以书面形式进行，向法院递交符合规范的起诉状。书写起诉状确有困难的，可以口头起诉，由人民法院接待人员写成笔录，经宣读无误后，由自诉人签名或盖章。

自诉状或者告诉笔录一般应当包括以下内容：（1）自诉人、被告人、代为告诉人的姓名、性别、年龄、民族、出生地、文化程度、职业、工作单位、住址、联系方式；（2）被告人实施犯罪的时间、地点、手段、情节和危害后果等；（3）具体的诉讼请求；（4）致送人民法院的名称和具状时间；（5）证据的名称、来源等；（6）证人的姓名、住址、联系方式等。

被告人是2人以上的，自诉人在起诉时需按被告人的人数提供自诉状副本。

（二）对自诉案件的审查和处理

人民法院收到自诉状或告诉笔录后，应当指定审判员1人迅速、认真地进行审查，并在15日内审查完毕。这与公诉案件开庭前审查的不同之处在于：自诉案件开庭前的审查既是程序性审查，也包括审查案件事实是否清楚，证据是否足够。但是，对于自诉案件的审查并非实体审查，“缺乏罪证”不应理解为证据未达到确实、充分的定罪标准，应该指没有证据或证据明显不充分的情形。毕竟人民法院未经过开庭审理，很难判断证据是否确实、充分。也不能以被告人行为不构成犯罪为由，说服自诉人撤诉或裁定不予受理，对于这类案件，均应开庭审判作出判决。

人民法院受理的自诉案件必须符合下列条件：

（1）属于《刑事诉讼法》第210条、最高人民法院《解释》第1条规定的自诉案件；

（2）属于本法院管辖；

（3）刑事案件的被害人告诉或者其法定代理人、近亲属代为告诉；

（4）有明确的被告人、具体的诉讼请求和能证明被告人犯罪事实的证据。公诉转自诉的自诉案件，还应当符合《刑事诉讼法》第112、180条的规定。

人民法院应根据上述立案条件，对自诉案件分别按不同情况作出如下处理：

（1）对于自诉案件，经审查具有下列情形之一的，应当说服自诉人撤回起诉。自诉人不撤回起诉的，裁定不予受理：①不属于最高人民法院《解释》第1条规定的案件的；②缺乏罪证的；③犯罪已超过追诉时效期限的；④被告人死亡的；⑤被告人下落不明的；⑥除因证据不足而撤诉的以外，自诉人撤诉后，就同一事实又告诉的；⑦经法院调解结案后，自诉人反悔，就同一事实再行告诉的；⑧被害人有证据证明的且可以自诉的轻微刑事案件，但是公安机关正在立案侦查或人民检察院正在审查起诉的；⑨不服人民检察院对未成年犯罪嫌疑人作出的附条件不起诉决定或者附条件不起诉考验期满后作出的不起诉决定，向人民法院起诉的。对已经立案，经审查缺乏罪证的自诉案件，自诉人提不出补充证据的，人民法院应当说服其撤回起诉或者裁定驳回起诉。

（2）对于符合受理条件的，应当决定立案，并书面通知自诉人或者代为告诉人。

（3）必须由人民检察院提起公诉的案件，应当移送人民检察院；被告人实施了两个以上的犯罪行为，既有公诉案件，又有自诉案件的，人民法院在审理公诉案件时，可以对自诉案件一并审理。

（4）对于已经立案，由于缺乏罪证，自诉人撤回起诉或者被驳回起诉后，又提出了新的足以证明被告人有罪的证据，再次提起自诉的，人民法院应当受理。

（5）自诉人明知有其他共同侵害人，但只对部分侵害人提起自诉的，人民法院应当受理，并告知其放弃告诉的法律后果；自诉人放弃告诉，判决宣告后又对其他共同侵害人就同一事实提出自诉的，人民法院不予受理。共同被害人中只有部分人告诉的，人民法院应当通知其他被害人参加诉讼，并告知其不参加诉讼的法律后果。被通知人接到通知后表示不参加诉讼或者不出庭的，即视为其放弃告诉权利。第一审宣判后，被通知人就同一事实又提出自诉的，人民法院不予受理。但当事人另行提起民事诉讼的，不受限制。

（6）经审查，发现被告人实施了两个以上犯罪行为，分别属于公诉案件和自诉案件的，如果公诉案件已经被起诉，人民法院可以将自诉案件并入公诉案件一并审理，但对自诉案件的审理，仍然应该适用自诉程序的相关规定，当事人享有自诉案件规定的相应诉讼权利，例如自诉案件的被告人仍然有权提起反诉，自诉人仍然享有独立的上诉权等。

（7）自诉案件当事人因客观原因不能取得的证据，申请人民法院调取的，应当在起诉时说明理由，并提供相关线索或材料。人民法院认为有必要的，应当及时调取，不以案件必须先经过人民法院受理为前提。对通过信息网络实施的侮辱、诽谤行为，被害人向人民法院告诉，但提供证据确有困难的，人民法院可以要求公安机关提供协助。

人民法院一旦裁定不予受理或者驳回起诉，整个诉讼即告结束，这关系自诉人的起诉权问题，并涉及案件的实体问题，因此，自诉人如果对这一裁定不服，有权提出上诉。

第二审人民法院查明第一审人民法院作出的不予受理裁定有错误的，应当在撤销原裁定的同时，指令第一审人民法院立案受理；查明第一审人民法院驳回起诉裁定有错误的，应当在撤销原裁定的同时，指令第一审人民法院进行审理。

二、自诉案件的审判

对犯罪事实清楚，有足够证据的自诉案件，人民法院应当开庭审理。自诉案件与公诉案件相比，有一定的特殊性。为此，《刑事诉讼法》及最高人民法院《解释》除要求人民法院参照公诉案件第一审普通程序审判自诉案件外，还对自诉案件的审判作了一些特别的规定。这些特别规定包括以下几个方面。

（一）人民法院审判自诉案件可以进行调解

调解是指在审判人员主持下，通过对当事人双方进行说服和教育，由双方当事人协商，达成解决纠纷的协议的活动。经法院调解，双方达成协议的，法院应当制作自诉案件调解书，由审判人员、法官助理和书记员署名，并加盖人民法院印章。调解书签收后即发生法律效力，任何一方当事人不得对之提起上诉。经法院调解达不成协议，或者虽达成了协议，但当事人一方或双方在调解书签收前反悔的，法院应当进行判决。

人民法院审判自诉案件可以调解，但不是必须调解，调解不是审判的必经程序。从司法实践情况来看，自诉案件调解结案的多见于有附带民事诉讼的案件，但是自诉案件本身是可以调解结案的，附带民事诉讼部分可以依法调解或一并判决，也可以告知附带民事诉讼原告人另行提起民事诉讼。另外，需要特别注意的是，《刑事诉讼法》第 210 条第 3 项规定的公诉转自诉案件不适用调解。

（二）自诉人与被告人自行和解或撤回起诉

和解是指自诉人同被告人自行协商，取得一致意见后，不再需要法院对双方的纠纷加以解决。和解与撤诉实际上都是自诉人自动放弃追究被告人刑事责任的权利。人民法院对于双方当事人的和解或自诉人的撤诉，经审查认为确属自愿的，应当裁定准许。如果发现和解或撤诉系被强迫、威吓等，并非出于自诉人自愿的，应不予准许。人民法院裁定准许自诉人撤诉或者当事人自行和解的案件，被告人被采取强制措施的，应当立即予以解除。

（三）自诉案件第一审普通程序的期限

依据《刑事诉讼法》第 212 条第 2 款的规定，人民法院审理自诉案件的期限分为两种情况。

（1）被告人被羁押的，适用《刑事诉讼法》第 208 条第 1、2 款的规定，即适用公诉案件第一审普通程序的审限。

（2）被告人未被羁押的，人民法院应当在受理后 6 个月以内宣判。

（四）自诉案件中的反诉

反诉是指被告人作为被害人控告自诉人犯有与本案有关联的罪行，要求人民法院进行审判，追究自诉人刑事责任的诉讼活动。成立反诉，应具备下列条件：（1）反诉只能由自诉案件中的被告人或其法定代理人提出。（2）反诉的对象必须是自诉案件中的自诉人。被告人控告的如果不是自诉人，那么即使是自诉人的法定代理人，所提出的诉讼也不属于反诉，而是一个独立的诉讼。（3）反诉提起的时间只能是在法院对自诉案件的判决宣告前。（4）反诉所控告的犯罪行为必须是与自诉案件有关的犯罪行为。（5）反诉的案件必须是告诉才处理或者被害人有证据证明的轻微刑事案件。

人民法院对被告人的反诉审查后，认为反诉符合法定条件，应予受理的，即在受理后与自诉案件合并审理。反诉是一个独立的诉讼，原自诉案件撤诉的，不影响反诉案件的继续审理。

（五）自诉案件审理中的问题

自诉案件审判程序参照公诉案件第一审普通程序的规定进行。符合简易程序适用条件的，可以适用简易程序审理。但是，在自诉案件中，即使被告人认罪认罚，也不适合适用速裁程序审理。这是因为，自诉案件没有经过侦查、审查起诉，人民法院在庭前很难判断证据是否确实、充分。同时，自诉案件自诉人与被告人往往对案件事实等存在较大争议。此外，由于没有检察机关等国家机关主持，也无法在审前提出量刑建议，签署认罪认罚具结书。[1]

在法庭审理自诉案件过程中，审判人员对证据有疑问，需要调查核实的，可以宣布休庭，对证据进行调查核实，并可以采用勘验、检查、查封、扣押、鉴定和查询、冻结等方式进行。在自诉案件审理过程中，被告人下落不明的，可以裁定中止审理，符合条件的，可以对被告人依法决定逮捕。被告人归案后，应当恢复审理。人民法院审理自诉案件，应当参照《刑事诉讼法》第200条和最高人民法院《解释》第295条的规定作出判决。对于已经开庭审理的自诉案件，认为被告人无罪或不能认定被告人有罪的，原则上不宜再说服自诉人撤回自诉或者驳回起诉，应当作出无罪判决。对于依法宣告无罪的案件，对其附带民事诉讼部分应当依法进行调解或者一并作出判决。

在审理自诉案件的过程中，如果遇到下列情形，应依据有关司法解释的规定处理。

（1）自诉人撤回自诉，只能是宣告判决之前，法院的判决宣告后，自诉人不能撤诉，即使自诉人提出了撤诉请求，也不发生法律效力。在司法实践中，有的案件的自诉人有2人以上，部分自诉人撤诉，其他自诉人未撤诉的，法院要对案件继续进行审理。

（2）对于正在审理的自诉案件，当事人自行和解的，审判人员及书记员应将这种情况记录在卷。

（3）为了保证自诉案件的审理工作顺利进行，督促自诉人履行控诉职能，加强自诉案件审判的严肃性，对自诉人经两次合法传唤，无正当理由拒不到庭的，或者未经许可中途退庭的，法院可以对该自诉案件按撤诉处理，即不再继续审理，不再追究被告人的刑事责任。

第四节　被告人认罪认罚案件的审理

一、被告人认罪认罚案件的概念和意义

2018年修改后的《刑事诉讼法》将认罪认罚从宽正式确立为适用于整个刑事诉讼的一项基本原则。具体到审判阶段，该原则体现为，人民法院对于自愿如实供述自己的罪行、对被指控的犯罪事实没有异议、真诚悔罪、愿意接受处罚的被告人可以程序上从简、实体上从宽地予以处理。刑事诉讼制度中的认罪认罚从宽制度既是我国刑事政策领域宽严相济的丰富实践经验的制度化和诉讼化发展，也是借鉴国外法治有益成果的体现。

虽然《刑事诉讼法》并没有为被告人认罪认罚的案件设计独立的审理程序，而是根据具体情况可以适用速裁程序、简易程序或者普通程序，但是，认罪认罚案件的审理确

〔1〕参见王爱立、雷建斌主编：《〈中华人民共和国刑事诉讼法〉释解与适用》，人民法院出版社2018年版，第418页。

有一定的特殊性。本节对其中的共性问题在此一并说明。

二、认罪认罚案件的特殊性

（一）人民法院收到案件后审查内容的特殊性

人民法院收到人民检察院提起公诉的认罪认罚案件，应该重点审查以下内容：（1）人民检察院讯问犯罪嫌疑人时，是否告知其诉讼权利和认罪认罚的法律规定；（2）是否随案移送听取犯罪嫌疑人、辩护人或值班律师、被害人及其诉讼代理人意见的笔录；（3）被告人和被害人达成调解、和解协议或者取得被害人谅解的，是否随案移送调解、和解协议、被害人谅解书等相关材料；（4）需要签署认罪认罚具结书的，是否随案移送具结书。如果检察机关没有随案移送上述资料的，应该要求人民检察院补充。

（二）被告人强制措施的特殊性

人民法院应该将被告人是否认罪认罚作为其是否具有社会危险性的重要考虑因素。被告人罪行轻微，采取非羁押性措施足以防止发生社会危害性的，应当依法适用非羁押性强制措施。但这一要求并非绝对的，实践中应该区分案件明了、影响不大、处刑不重的案件与严重危害公共安全犯罪或威胁群众安全感的恶性犯罪。

（三）法庭调查事项的特殊性

被告人认罪认罚的，审判长应当告知被告人享有的诉讼权利和认罪认罚的法律规定，审查认罪认罚的自愿性和认罪认罚具结书内容的真实性、合法性。审理中，被告人不再认罪认罚的或者不是出于自愿而认罪认罚的，人民法院应该根据审理查明的事实依法作出裁判，并且根据需要转换审理程序。

（四）裁判后果的特殊性

依据《刑事诉讼法》第201条的规定，对于认罪认罚案件，人民法院依法作出判决时，一般应当采纳人民检察院指控的罪名和量刑建议，但有下列情形的除外：（1）被告人的行为不构成犯罪或者不应当追究其刑事责任的；（2）被告人违背意愿认罪认罚的；（3）被告人否认指控的犯罪事实的；（4）起诉指控的罪名与审理认定的罪名不一致的，对此人民法院应当听取人民检察院、被告人及其辩护人的意见，才能依法作出判决；（5）其他可能影响公正审判的情形。

人民法院经审理认为量刑建议明显不当，或者被告人、辩护人对量刑建议提出异议的，人民检察院可以调整量刑建议。人民检察院不调整量刑建议或者调整量刑建议后仍然明显不当的，人民法院应当依法作出判决。所谓量刑建议“明显不当”并无明确标准，实践中应该根据审理认定的犯罪事实、认罪认罚的具体情况，结合相关犯罪的法定刑、类似案件的刑罚适用等作出审查判断。但是，被告人在人民检察院提起公诉以前没有认罪认罚，在审判阶段认罪认罚的，人民法院可以不再通知人民检察院提出或调整量刑建议，但其仍然应该在听取控辩双方的意见后依法作出判决。

对认罪认罚案件，人民法院一般应当对被告人从轻处罚；符合非监禁刑适用条件的，应当适用非监禁刑；具有法定减轻处罚条件的，可以减轻处罚。对认罪认罚案件，应该根据被告人认罪认罚阶段的早晚以及认罪认罚的主动性、稳定性、彻底性等，在从宽幅度上体现差异。对于部分被告人认罪认罚的共同犯罪案件，在依法从宽处罚的同时，还应该注意全案的量刑平衡。

第五节　简易程序

一、简易程序的概念和意义

简易程序，是指基层人民法院审理事实清楚、证据充分且被告人认罪的刑事案件时所适用的比普通程序相对简化的第一审程序。简易程序与普通程序比较，具有以下特征。

（1）简易程序只适于第一审程序。第二审程序、死刑复核程序和审判监督程序不适用简易程序。

（2）简易程序只能由基层人民法院适用。中级以上的人民法院虽然也有第一审案件，但不能适用简易程序。

（3）适用简易程序审理的案件，必须是事实清楚、证据充分的刑事案件。案情复杂、争议较大的案件不适用简易程序。

（4）适用简易程序审理案件时，被告人必须认罪并承认检察机关指控的犯罪事实。

（5）简易程序的适用必须以被告人“同意”或“无异议”为前提。

（6）适用简易程序审理的案件，不受《刑事诉讼法》关于送达期限，讯问被告人，询问证人、鉴定人，出示证据，法庭辩论程序规定的限制，大大简化了审理程序。

简易程序有利于节省人力、物力、财力，提高诉讼效率，其重要意义在于：（1）当前司法机关面临日益突出的案多人少矛盾，应该完善诉讼程序制度，提高司法效率。（2）适应我国审判实践的客观需要，有利于实现惩罚犯罪、保护人民，维护公共安全和社会安定的基本任务。（3）深化刑事审判制度的改革，完善刑事审判程序，有利于刑事审判程序的科学化、合理化。目前，我国刑事案件的发案率呈上升趋势，人民法院面临的审判任务日益繁重。原有简易程序将适用范围严格限制在基层人民法院管辖的某些事实清楚、证据充分、情节简单、犯罪轻微的案件，这导致司法实践中各地对简易程序的适用率普遍较低，未能充分发挥简易程序的预期功能。为进一步落实简易程序的案件分流功能，提高诉讼效率，实现司法资源的合理配置，并贯彻保护当事人合法权益的思想，体现对当事人程序选择权和意见表达权的尊重，《刑事诉讼法》修改并完善了简易程序的制度设计，不仅扩展了简易程序的适用范围，而且将被告人认罪与同意适用作为启动简易程序的条件。

二、简易程序的适用条件

依据《刑事诉讼法》第 214 条的规定，基层人民法院管辖的案件，符合下列条件的，可以适用简易程序。

（1）案件事实清楚、证据充分的。

（2）被告人承认自己所犯罪行，对指控的犯罪事实没有异议的。

（3）被告人对适用简易程序没有异议的。

上述法律规定列举了人民法院适用简易程序审理案件应当同时具备的条件。另外，依据《刑事诉讼法》第215条及最高人民法院《解释》第360条的规定，具有下列情形之一的，不适用简易程序审理：（1）被告人是盲、聋、哑人的；（2）被告人是尚未完全丧失辨认或者控制自己行为能力的精神病人的；（3）案件有重大社会影响的；（4）共同犯罪案件中部分被告人不认罪或者对适用简易程序有异议的；（5）辩护人作无罪辩护的；（6）被告人认罪但经审查认为可能不构成犯罪的；（7）不宜适用简易程序审理的其他情形。

基层人民法院受理公诉案件后，经审查认为案件事实清楚、证据充分的，在将起诉书副本送达被告人时，应当询问被告人对指控的犯罪事实的意见，告知其适用简易程序的法律规定。被告人对指控的犯罪事实没有异议并同意适用简易程序的，或者本人及其辩护人申请适用简易程序的，人民法院经审查，符合简易程序适用条件的，可以决定适用简易程序，并在开庭前通知人民检察院和辩护人；不符合简易程序适用条件的，应当通知人民检察院或者被告人及其辩护人。

三、简易程序的审理

（一）简易程序的法庭审理

《刑事诉讼法》对适用简易程序审理案件作出了一些特殊规定，未规定部分参照第一审普通程序的规定执行。适用简易程序法庭审理的具体程序如下。

1. 宣布开庭及有关事项

人民法院应当在开庭前将开庭的时间、地点分别通知人民检察院、自诉人、被告人、辩护人、诉讼代理人及其他诉讼参与人，送达期限不受第一审普通程序规定的期限限制。通知可以使用简便方式，但应当记录在案。独任审判员或者审判长宣布开庭，传被告人到庭后，应当查明被告人的基本情况，然后依次宣布案由、审判人员、书记员、公诉人、当事人、辩护人、诉讼代理人及其他诉讼参与人的名单，并告知各项诉讼权利。

2. 确认适用简易程序的适当性

依据《刑事诉讼法》第217条的规定，适用简易程序审理案件，宣读起诉书后，审判人员应当询问被告人对起诉书指控的犯罪事实的意见；向被告人告知适用简易程序审理的法律规定，确认被告人是否同意适用简易程序审理。该条规定是正确适用简易程序的保障措施：首先，审判人员应当确定被告人对指控的犯罪事实是否了解，是否认可；其次，审判人员应当使被告人了解其在简易程序中具有的诉讼权利和义务，以及可能进行的程序简化对其实体权利和诉讼权利产生的影响；最后，审判人员应当通过询问被告人，确认被告人是否同意适用简易程序。另外，适用简易程序审理未成年人案件，应当通知未成年人的法定代理人到场，到场的法定代理人可以代为行使未成年人的诉讼权利。

3. 法庭调查与法庭辩论

依据《刑事诉讼法》第 218、219 条的规定，经审判人员许可，被告人及其辩护人可以就起诉书指控的犯罪同公诉人、自诉人及其诉讼代理人互相辩论。人民法院适用简易程序审理案件，不受《刑事诉讼法》第三编第二章第一节关于讯问被告人、询问证人、鉴定人、出示证据、法庭辩论程序规定的限制。因此，适用简易程序审理案件时，讯问被告人，询问证人、鉴定人，出示证据等法庭调查活动也较为自由灵活。法庭辩论环节没有严格的先后顺序，可以针对起诉书指控的全部事实、证据等进行辩论。但需要注意的是，在简易程序中，法庭调查与法庭辩论仍然是庭审的必经阶段，可以简化但不能省略。

4. 庭审的简化

适用简易程序审理的案件，可以对庭审作如下简化：（1）公诉人可以摘要宣读起诉书。（2）公诉人、辩护人、审判人员对被告人的讯问、发问可以简化或者省略。（3）对控辩双方无异议的证据，可以仅就证据的名称及所证明的事项作出说明；对控辩双方有异议，或者法庭认为有必要调查核实的证据，应当出示，并进行质证。（4）控辩双方对与定罪量刑有关的事实、证据没有异议的，法庭审理可以直接围绕罪名确定和量刑问题进行。

5. 最后陈述

依据《刑事诉讼法》第 219 条的规定，在判决宣告前应当听取被告人的最后陈述意见。最后陈述是被告人的一项重要的诉讼权利，在法庭辩论结束、判决宣告之前进行，不应因适用简易程序而被简化，陈述的时间也不应受到限制。

（二）适用简易程序需注意的问题

1. 独任制与合议制并行适用

《刑事诉讼法》第 216 条第 1 款规定：“适用简易程序审理案件，对可能判处三年有期徒刑以下刑罚的，可以组成合议庭进行审判，也可以由审判员一人独任审判；对可能判处的有期徒刑超过三年的，应当组成合议庭进行审判。”独任制简化了审判组织，节省了审判资源，符合世界各国适用简易程序处理案件的通行做法。但是，《刑事诉讼法》将适用简易程序的案件范围予以扩大，可能判处 3 年以上有期徒刑的案件也可适用简易程序，如果对这些可能判处较重刑罚的案件也采用独任制审判，将有损庭审的权威性。因此，我国在简易程序中确立了独任制与合议制并行适用的原则，对于可能判处 3 年以上有期徒刑的案件，应当组成合议庭进行审判。在适用简易程序独任审判过程中，发现对被告人可能判处的有期徒刑超过 3 年的，应当转由合议庭审理。

2. 公诉人应当出庭

《刑事诉讼法》第 216 条第 2 款规定：“适用简易程序审理公诉案件，人民检察院应当派员出席法庭。”人民检察院不派员出庭会影响控辩审三方诉讼构造的平衡，导致法庭辩论因缺少对立方而无法进行，也不便于人民检察院审判监督职能的履行。因此，《刑事诉讼法》要求人民检察院在简易程序中派员出庭，维系了刑事诉讼的基本构造，有利于保障程序的公正性。

3. 切实维护被告人的合法权益

适用简易程序审理的案件，不受第一审普通程序中关于送达期限、讯问被告人、询问证人、鉴定人、出示证据、法庭辩论程序规定的限制，但在审理中仍应充分保障被告人等依法行使各项诉讼权利，保护其合法权益。

4. 当庭宣判

适用简易程序审理的案件，一般应当当庭宣判，当庭宣判确有困难的，也可以定期宣判，但应在法律规定的时限内向被告人等送达判决书。

5. 缩短审理期限

《刑事诉讼法》第220条规定："适用简易程序审理案件，人民法院应当在受理后二十日以内审结；对可能判处的有期徒刑超过三年的，可以延长至一个半月。"因此，简易程序的审理期限相比普通程序的大为缩短，即使对于可能判处3年以上有期徒刑的，也只能延长至一个半月。也就是说，适用简易程序审理的案件，一般应当在受理后20日以内审结，最迟不得超过一个半月。

（三）简易程序的变更

适用简易程序审理的案件，在法庭审理过程中，发现有下列情形之一的，应当按照公诉案件或者自诉案件的第一审普通程序重新审理。

（1）被告人的行为可能不构成犯罪的。

（2）被告人可能不负刑事责任的。

（3）被告人当庭对起诉指控的犯罪事实予以否认的。

（4）案件事实不清、证据不足的。

（5）不应当或者不宜适用简易程序审理的其他情形。

决定转为普通程序审理的案件，审理期限应当从作出决定之日起计算。

第六节 速裁程序

一、速裁程序的概念和意义

速裁程序，是指基层人民法院审理可能判处3年有期徒刑以下刑罚，案件事实清楚，证据确实、充分，且被告人认罪认罚的刑事案件时，所适用的比简易程序更为简化的第一审程序。速裁程序与简易程序相比较，具有以下特征。

（1）速裁程序仅适用于可能判处3年有期徒刑以下刑罚的案件，简易程序并无此刑期限制。

（2）速裁程序中的被告人不仅要认罪，还要认罚；简易程序要求被告人认罪，不要求认罚。

（3）速裁程序由审判员一人独任审判，简易程序既可以由审判员一人独任审判，也可以组成合议庭进行审判。

（4）速裁程序一般不进行法庭调查、法庭辩论，简易程序可以简化法庭调查、法庭辩论，但不能省略。

（5）速裁程序必须当庭宣判，简易程序一般应当庭宣判。

速裁程序在简易程序的基础上进一步简化了程序，提高了诉讼效率，节省了人力、物力、财力。其重要意义在于：（1）有利于推动案件繁简分流，优化司法资源配置，更好地解决司法实践中案多人少的矛盾；（2）有利于贯彻宽严相济、惩办与教育相结合的刑事政策，更好地教育矫治犯罪人；（3）有利于提高办理刑事案件的质量与效率，更好地维护当事人的合法权益，促进社会和谐稳定。

二、速裁程序的适用条件

依据《刑事诉讼法》第 222 条的规定，基层人民法院管辖的案件，符合下列条件的，可以适用速裁程序：

（1）可能判处 3 年有期徒刑以下刑罚。

（2）案件事实清楚，证据确实、充分。

（3）被告人认罪认罚。

（4）被告人同意适用速裁程序。

人民检察院在提起公诉的时候，可以建议人民法院适用速裁程序，连同全案卷宗、证据材料、起诉书、量刑建议书、认罪认罚具结书等一并移送人民法院。被告人和辩护人也可以向人民法院提出适用速裁程序的申请。人民法院受理公诉案件后，经审查认为符合速裁程序适用条件的，在将起诉书副本送达被告人时，应当告知被告人适用速裁程序的法律规定，询问其是否同意适用速裁程序的意见。被告人同意适用速裁程序的，可以决定适用速裁程序，并在开庭前通知人民检察院和辩护人。纵使人民检察院没有申请适用速裁程序，人民法院经审查认为符合适用速裁程序条件的，也可以适用。

另外，依据《刑事诉讼法》第 223 条和最高人民法院《解释》第 370 条的规定，具有下列情形之一的，不适用速裁程序审理：（1）被告人是盲、聋、哑人；（2）被告人是尚未完全丧失辨认或者控制自己行为能力的精神病人的；（3）被告人是未成年人的；（4）案件有重大社会影响的；（5）共同犯罪案件中部分被告人对指控的犯罪事实、罪名、量刑建议或者适用速裁程序有异议的；（6）被告人与被害人或者其法定代理人没有就附带民事诉讼赔偿等事项达成调解或者和解协议的；（7）辩护人作无罪辩护的；（8）其他不宜适用速裁程序审理的。

三、速裁程序的审理

依据《刑事诉讼法》第 222—226 条的规定，速裁程序除参照第一审普通程序的规定执行外，还需遵循下列特殊规定：

（1）送达期限。适用速裁程序审理案件，不受《刑事诉讼法》第三编第二章第一节关于送达期限的限制，因此，只需要在开庭前将开庭时间、地点通知人民检察院、被告人、辩护人等即可，不必遵守开庭前3日的要求。通知可以采取简便方式，但应该记录在案。

（2）独任审判。速裁程序由审判员一人独任审判，不得组成合议庭进行审判。

（3）可以多案集中开庭。适用速裁程序的多个案件可以集中在同一个审理期日一并开庭，但应该逐案审理。公诉人简短宣读起诉书之后，审判人员应该当庭询问被告人对指控事实、证据、量刑建议以及适用速裁程序的意见，核实具结书签署的自愿性、真实性和合法性，并核实附带民事赔偿的情况。

（4）法庭调查与法庭辩论。适用速裁程序审理案件，一般不进行法庭调查、法庭辩论。这意味着，讯问被告人、询问证人、出示证据等法庭调查活动以及控辩双方互相争论和反驳的法定辩论活动通常都不会出现在速裁程序中。

（5）最后陈述。适用速裁程序审理案件，判决宣告前应当听取辩护人的意见和被告人的最后陈述意见。没有辩护人的，应当听取值班律师的意见。

（6）当庭宣判。适用速裁程序审理案件，应当当庭宣判，不得定期宣判。

（7）审理期限。适用速裁程序审理案件，人民法院应当在受理后10日以内审结；对可能判处的有期徒刑超过1年的，可以延长至15日。

（8）程序变更。人民法院在审理过程中，发现被告人的行为不构成犯罪或者不应当追究刑事责任，被告人违背意愿认罪认罚，被告人否认指控的犯罪事实，案件疑难、复杂或对适用法律有重大争议或者其他不宜适用速裁程序审理的情形的，应当按照公诉案件或者自诉案件的第一审普通程序重新审理。

第七节 判决、裁定和决定

判决、裁定和决定，是人民法院在审理案件中或审理结束后，根据事实和法律，解决案件实体问题和诉讼程序问题，对当事人及其他诉讼参与人所作的具有拘束力的结论。

一、判决

判决是法院就案件的实体问题所作的决定。我国刑事案件的判决，是人民法院经过法庭审理，根据已经查明的事实、证据和有关的法律规定，就被告人是否犯罪、应否处以刑罚和处以什么刑罚的问题所作的一种结论。从程序上说，它标志着案件审理的结束。从内容上说，它解决的是案件的实体事项，所以是实体裁判。

判决是人民法院行使国家审判权和执行国家法律的具体结果。人民法院的刑事判决，是惩罚犯罪、保护人民、维护社会主义法治的有力武器，对于教育公民遵守法律有着巨大作用，判决一经发生法律效力，就具有强制性，如果当事人拒绝执行，执行机关有权强制执行。我国《刑法》规定，拒不执行人民法院已经发生法律效力的判决和裁定，是犯罪行为，应处3年以下有期徒刑、拘役或者罚金。已发生法律效力的判决，具有一定的稳定性，其他任何机关、团体、企业、事业单位和个人，都无权加以变更或撤销，即使是判决在认定事实或者适用法律上确有错误的，也只能由人民法院按照《刑事诉讼法》规定的审判监督程序对案件重新审判后，才能予以变更或者撤销。

二、裁定

裁定是人民法院在审理过程中对有关诉讼程序和部分实体问题所作的一种处理决定。

裁定和判决虽然都是人民法院在审判过程中处理案件的一种形式，但它们之间是有区别的，具体如下：

（1）判决解决案件的实体问题，裁定既可以解决实体问题，也可以解决程序问题，如减刑或假释的裁定，驳回自诉的裁定，以及当事人耽误期限，人民法院对其提出的继续进行应当在期满以前完成的诉讼活动的申请是否准许的裁定。

（2）在一个案件中，能够成立并被执行的判决只有一个，而发生法律效力的裁定可以有若干个。

（3）判决必须用书面形式表现出来，而裁定既可用书面形式，又可用口头形式表现出来。法律允许裁定以口头宣告后记入笔录即可，而无须专门写成裁定书。

（4）法定上诉期不同。不服第一审刑事判决的上诉或抗诉期为10日，而不服第一审裁定的上诉或抗诉期为5日。

裁定书是裁定的书面形式。裁定书的格式、写法和署名与判决书的基本相同，只是内容比较简单。裁定书也是一种重要的法律文书，在制作时从内容到形式，都必须符合法律的要求。

三、决定

决定也是法院裁判的一种形式，用于解决诉讼程序问题。例如，审判人员的回避问题，由人民法院院长决定；对当事人和辩护人提出的通知新证人到庭、调取新物证的申请，应由法庭作出是否同意的决定。人民法院的决定一经作出，立即生效，不准上诉或抗诉。决定可以是口头的，也可以是书面的。口头决定应记录在卷，书面决定应制作决定书。

重要名词术语

第一审程序、公诉案件的第一审普通程序、自诉案件的第一审程序、简易程序、速裁程序、法庭调查、法庭辩论、被告人最后陈述、评议、宣判、判决、裁定、决定

思考题

1. 简述第一审程序的概念和意义。
2. 简述公诉案件第一审普通程序的庭前审查程序。
3. 简述法庭审理的程序。
4. 简述延期审理及其适用情况。
5. 简述自诉案件的范围。
6. 什么是简易程序？其适用范围如何？
7. 什么是速裁程序？其适用条件是什么？
8. 简述判决、裁定和决定的主要区别。

典型案例分析

基本案情[1]

某区人民检察院以被告人李某犯抢劫罪，向法院提起公诉。李某辩称其无抢劫故意，不构成犯罪。

法院经审理查明：李某于 2011 年 6 月 5 日 3 时许，在某区工人体育场西门 A 酒吧门前，酒后无故对被害人郭某进行殴打，并将上前劝阻的刘某的 iPhone4 手机 1 部（价值人民币 5000 元）拿走。后李某被抓获归案，赃物已追缴并发还被害人。

法院认为，李某法治观念淡薄，酒后无故滋事，强拿硬要他人财物，情节严重，其行为妨害了社会管理秩序，已构成寻衅滋事罪，依法应予惩处。某区人民检察院指控李某犯罪的事实清楚，证据确实、充分，但指控李某犯抢劫罪罪名不当。经查，在案证据证实李某系酒后无故对郭某进行殴打，因担心上来劝架的刘某通过手机找人报复，遂将其手机拿走，其行为符合寻衅滋事罪的构成要件，应当以寻衅滋事罪追究刑事责任，故对公诉机关的相关指控，依法应予纠正。根据《刑法》第 293 条第 3 项、第 61 条、第 67 条第 3 款之规定，某区人民法院以被告人李某犯寻衅滋事罪，判处有期徒刑 1 年。

宣判后，被告人在法定期限内没有上诉，检察机关没有提出抗诉，判决已发生法律效力。

主要问题

法院依法审理后变更公诉机关指控罪名的，在程序上如何处理？

裁判理由

本案中，公诉机关指控的罪名与法院依法审理后宣判认定的罪名不一致，这种情况在审判实践中并不少见。对于法院有无权力变更起诉认定的罪名，理论界存在不同观点。一种观点认为，法院改变罪名认定违背了法院中立、“不告不理”等现代诉讼原则，应予否定；另一种观点认为，法院依法享有审判权，罪名确定是审判权的有机组成

---

〔1〕 参见中华人民共和国最高人民法院刑事审判第一、二、三、四、五庭主办：《刑事审判参考》（总第 87 集），法律出版社 2013 年版，第 60—66 页。

部分，因此法院有权变更公诉机关指控的罪名。我们认为，法院变更公诉机关指控的罪名，有充足的法理和法律依据，但应当遵循一定的原则和相应程序。

（一）法院依法审理后认为公诉机关指控的事实清楚但罪名不当的，可以变更罪名

侦查、起诉、审判由不同机关负责，是刑事诉讼程序的基本分工，控审分离、不告不理，是现代刑事诉讼的基本理念。一般认为，不告不理原则有几项基本要求：一是未经起诉，法院不得实施任何形式的法庭审理活动；二是法院审判的范围应当限于公诉机关指控的范围，而不得审理和判决任何未经起诉的行为，从而最大限度地确保法院的中立性、被动性和超然性。换言之，公诉机关的指控范围对法院的审判活动起到限定作用。法院在审理过程中发现被告人还有其他犯罪事实或者公诉机关还有未指控的犯罪嫌疑人的，可以建议检察机关补充或者变更起诉，而不能直接改变起诉内容进行审理。

有观点认为，为了严格遵循不告不理的原则，法院的审理和判决不仅不能超越起诉书指控的被告人和事实，还应当受到公诉机关对被告人行为所作的法律评价的限制。换言之，法院只能判定公诉机关指控的罪名是否成立，如果指控的罪名不成立，就应当判决被告人无罪。我们认为，这种观点是对刑事诉讼不告不理等基本原则的误读，也不符合刑事司法实践需要。起诉书对犯罪事实的法律评价及所援引的条文，只具有辅助确定审判范围的作用，对法院不具有约束力，对案件事实的法律评价属于法院的职权，法院可以依职权径行变更罪名，包括由轻罪名改为重罪名。反之，如果认为法院仅能针对起诉书指控的罪名是否成立进行评价，而不能变更罪名，那么意味着，法院要么按照公诉机关错误的指控罪名进行认定，要么宣告被告人无罪，再由公诉机关变更起诉罪名，重新进行审理后，予以定罪。这种处理方式容易造成程序空转、诉讼拖延，增加当事人诉累和诉讼成本，为司法实践所不取。

还有观点认为，法院可以变更起诉罪名，但只能将较重的罪名改成较轻的罪名；反之，则应当受到限制。

根据《刑事诉讼法》第 200 条第 1 项的规定，只要案件事实清楚，证据确实、充分，被告人的行为符合刑法分则确定的某一犯罪构成，法院就有权力也有义务依法作出有罪判决。最高人民法院 1998 年出台的《关于执行〈中华人民共和国刑事诉讼法〉若干问题的解释》（以下简称《1998 年解释》）第 176 条第 2 项对起诉指控的事实清楚，证据确实、充分，指控罪名与人民法院审理认定的罪名不一致的案件，明确规定应当作出有罪判决。2012 年和 2021 年出台的最高人民法院《解释》均对《1998 年解释》的上述规定予以确认，由此体现出在变更起诉罪名问题上，立法和司法解释均持肯定立场，变更罪名不仅包括将重罪变更为轻罪，还包括将轻罪变更为重罪。

关于是否应当变更指控罪名的问题，其他国家的一些做法值得借鉴。相对而言，大陆法系国家对法院变更公诉指控罪名的要求较为宽松。例如，德国《刑事诉讼法典》第 155 条规定：“（一）法院的调查与裁判，只能延伸到起诉书中写明的行为和诉讼指控的人员。（二）在此界限内，法官有权力和义务自行主动，尤其在刑法的适用上，法院不受提出的申请之约束。”英美法系国家实行较为严格的罪状制度，即审理活动限定在起诉指控的范围之内，变更起诉罪名原则上是不允许的，但也存在一些例外。如果变更的

罪名可以包含在指控的罪名之内，两者存在包容关系，就可以变更罪名认定等。

本案中，被告人李某酒后无故对被害人郭某进行殴打，又拿走上来劝架的刘某的手机，从形式上看，符合抢劫罪中以暴力手段劫取他人财物的特征。但是，从实质上分析，根据刘某的证言、郭某的陈述和李某的供述，李某殴打郭某时与刘某并无冲突，后因刘某上前劝架，李某担心刘某通过手机打电话找人报复，遂拿走刘某手机。因此，现有证据不足以证实李某实施暴力行为是为了劫取他人财物，李某的行为更符合寻衅滋事犯罪中“随意殴打他人，强拿硬要财物”的行为特征，法院对公诉机关指控李某犯罪的事实予以确认，即判决认定的事实并未超出公诉指控的范围，仅对指控事实的法律评价即罪名认定予以变更，是正当的，也具有充足的法律依据。

（二）法院变更公诉机关指控的罪名应当遵循一定的原则和相应程序

法院有权变更公诉机关指控的罪名，但应当遵循一定的原则，即拟认定的新罪名所依据的事实与公诉机关指控的事实须具有同一性，简言之，即必须是同一被告人和同一犯罪行为。是否认定为同一犯罪行为，应当以构成要件为判断标准，只有足以体现新罪名构成要件要素的主要事实与公诉机关指控事实大体一致或者前者能为后者所涵盖的，法院才能变更罪名。否则，经审理后发现新的应当追究刑事责任的被告人或者指控事实之外的其他犯罪事实，则应当视具体情况，由公诉机关通过变更或者追加起诉的方式加以解决。

对于变更公诉机关指控的罪名应该遵循何种程序，法律和司法解释均没有明确规定。在审判实践中，法院经过庭审后，如果认为起诉罪名不准确，通常不再另行开庭组织控辩双方就可能判处的新罪名进行辩论，而只是以口头通知方式告知控辩双方，有时连口头通知也没有，这种做法的确存在一些弊端，主要是在控辩双方皆不知晓的情况下，单方面变更起诉罪名，缺乏庭审调查与辩论作为基础，使得与案件结局有直接利害关系的控辩双方无法有针对性地参与诉讼，尤其是剥夺了被告人针对新罪名的辩护权，有违控审分离、不告不理、依法保障被告人辩护权等诉讼原则之嫌，因此受到一定质疑。在那些允许法官变更指控罪名的国家，为了避免被告人的辩护权在变更过程中受到侵害，通常都会对法官变更指控罪名的行为设置一定的程序性限制，以此保障被告人的防御权，这种做法具有一定的借鉴意义。例如，德国《刑事诉讼法典》第 256 条规定：“如果先前未曾特别对被告人告知法律观点已变更，并且给予他辩护的机会的，对被告人不允许根据不同于法院准予起诉所依据的刑法作判决。”法国《刑事诉讼法》对变更起诉问题亦有类似的程序性限制规定，即在审理中发现案件事实的法律评价与起诉指控不一致，审判长应当提出一个或者若干个辅助问题，方便辩护方行使辩护权。

为规范法院变更起诉罪名的程序，2021 年最高人民法院《解释》第 295 条第 3 款规定，变更指控罪名的，人民法院应当在判决前听取控辩双方的意见，保障被告人、辩护人充分行使辩护权。必要时，可以再次开庭，组织控辩双方围绕被告人的行为构成何罪及如何量刑进行辩论。在今后的审判实践中，对于需要变更公诉机关指控罪名的，不论是将指控的轻罪改为重罪，还是重罪改为轻罪，法院都必须履行告知义务，听取控辩双方的意见，给予被告方充分的提前准备辩护的时间；在被告人明确提出请求的情况下，法院可以暂时中断法庭审判，以便被告人、辩护人为辩护作好充分准备；已经结束庭审，在宣判前出现上述情形的，必要时应当重新开庭审理。

在具体操作程序上，我们提供如下建议，以供参考：

1. 听取控辩双方意见的情形及方式。在今后的司法审判中，只要人民法院变更罪名的，都应当听取控辩双方的意见，必要时，重新开庭。然而，如何听取控辩双方的意见，即采取何种听取方式，值得进一步研究。我们认为，可以根据具体情况，分别处理。如果在法庭调查、辩论或者最后陈述阶段，审判人员认为已经查明的事实构成的犯罪与公诉机关指控的罪名可能不同的，可就法律适用提出辅助性问题，表明本案定罪问题存在争议，可能会变更罪名，并当庭询问控辩双方的意见。如果在庭审结束后审判人员认为需要变更罪名的，可以采取书面方式听取控辩双方的意见，以口头方式听取的，可就听取意见的情况制作笔录并附卷。

2. 如何把握应当重新开庭的尺度。法院变更公诉机关指控罪名的程序设置，要兼顾保障被告人辩护权与诉讼效率、诉讼经济的原则。是否确有必要重新开庭，由审判人员自由裁量，原则上以是否涉及犯罪事实变更为判断标准，以足以保障被告人的知情权、辩护权为限，不必过分追求形式上是否重新开庭：在具体把握上，一般应当考虑如下因素：（1）变更罪名是否涉及对公诉机关指控的罪名所依据的犯罪事实的变更，如果涉及，应当开庭审理。法庭审理后发现新的应当追究刑事责任的被告人或者指控事实之外的其他犯罪事实的，应当通过公诉机关变更或者追加起诉的方式加以解决。这一点没有争议，实践中容易产生认识分歧的主要有两种情形：第一种情形是，变更罪名需要查证新的事实、证据。例如，公诉机关指控被告人犯挪用资金罪，庭审结束后，法院认为有一定的在案证据反映被告人具有非法占有目的，并且掌握了部分新证据或者证据线索，可能需要变更为职务侵占罪，在该情形下就有必要重新开庭，就事实和罪名变更问题组织法庭调查、质证和辩论。第二种情形是，如果法院拟变更认定的罪名不是根据起诉书指控的主要事实得出，而是根据与指控的主要事实有关联的案件起因、作案动机等次要事实进行变更的，那么在该情形下，即使次要事实在起诉书中有所反映，原则上也应当开庭审理。例如，公诉机关指控被告人曾收受贿赂（案发前已主动退还，根据有关规定及本案情节，受贿罪可免除处罚）枉法裁判，以枉法裁判罪进行起诉，受贿这一事实情节尽管在起诉书中有部分记载，却只是证明被告人实施枉法裁判行为的起因和动机，而不是证明其枉法裁判的直接事实依据。如果法院经审理后，认为起诉书指控的事实成立，被告人应当构成受贿罪，那么，虽然受贿事实与民事枉法裁判事实有交叉、关联关系，但毕竟又相对独立，当公诉机关指控中涉及的次要事实成为拟变更罪名的主要事实依据的，为了尊重公诉机关的指控意见和充分保障被告人的辩护权，应当重新开庭审理，组织控辩双方围绕新罪名进行辩论。当然，如果罪名之间本身即存在牵连、吸收或者法条竞合关系，起诉书已对全部涉案事实作了十分明确的记载，指控事实没有主次之分，庭审中对可能涉及的拟变更的新罪名的相关事实证据也进行了充分质证、辩论，法院只是在上述罪名之间选择适用何种罪名的问题上与公诉机关意见不一致，那么，也可不再重新开庭。

（2）变更罪名对被告人辩护权的影响程度。对于重罪指控，法院拟改判轻罪的，如果被告人、辩护人已经发表罪轻或者无罪的辩护意见，鉴于其辩护权已经得到了保障，故一般情况下无须再次开庭审理。对于公诉机关的轻罪指控，法院拟改判重罪的，应当充分保障被告人对于重罪罪名的辩护权利，审判人员应当认真听取控辩双方尤其是辩方的意见；控辩双方意见分歧较大的，可以重新开庭，围绕罪名变更问题进行审理、辩论。

本案中，公诉机关指控被告人李某犯抢劫罪，法院经开庭审理后认为，根据公诉机关指控的事实，李某的行为构成寻衅滋事罪，鉴于法院认定的事实依据与指控事实具有同一性，只是对案件事实的法律评价发生了变化，且是有利于被告人的变更，不影响被告人辩护权的行使，故法院在听取控辩双方意见的基础上，可以依法直接变更罪名。需要指出的是，对于变更罪名的，在法律适用方面，除了应当援引变更后的罪名的相关刑法条文，还应当援引刑事诉讼法和相关司法解释的规定，使变更起诉于法有据。

第十六章　第二审程序

【内容提示】

第二审程序又称上诉审程序，是第二审人民法院根据上诉人的上诉或者人民检察院的抗诉，就第一审人民法院尚未发生法律效力的判决或裁定认定的事实和适用的法律进行审理时所应当遵循的步骤和方式、方法。它是刑事诉讼中一个独立的诉讼阶段。第二审程序的任务是：第二审人民法院对第一审人民法院作出的判决或裁定所认定的事实是否清楚，证据是否确实、充分，适用法律是否正确，诉讼程序是否合法，进行全面审查和审理，并依法作出判决或裁定，以维持正确的一审判决和裁定，纠正错误的一审判决和裁定。第二审程序应当注重保障当事人的上诉权，严格贯彻全面审查及上诉不加刑原则。

第一节　概述

一、两审终审制

（一）两审终审制的概念

我国《刑事诉讼法》第10条规定："人民法院审判案件，实行两审终审制。"所谓两审终审制，在我国刑事诉讼中是指一个案件至多经过相邻的两级人民法院审判，普通审判程序即告终结的制度，对第二审人民法院作出的终审判决、裁定，当事人等不得再提出上诉，人民检察院不得按照上诉审程序提出抗诉。

我国人民法院的设置分为四级，即最高人民法院、高级人民法院、中级人民法院和基层人民法院。下级人民法院的审判工作要受上级人民法院的监督，二者之间是一种审级监督的关系。

根据两审终审制的要求，地方各级人民法院按照第一审程序对案件审理后所作的判决、裁定，尚不能立即发生法律效力。只有在法定期限内，有上诉权的人没有提起上诉，同级人民检察院也没有提出抗诉，第一审法院所作出的判决、裁定才发生法律效力。在法定的期限内，如果有上诉权的人提起了上诉，或者同级人民检察院提出了抗诉，上一级人民法院应当对该案件再进行审判。上一级人民法院审理第二审案件作出的判决、裁定，都是终审判决、裁定，立即发生法律效力。经过这样两级法院对案件进行审判后，该案的审判即行终结，故我国的两审终审制又称四级两审终审制。

（二）两审终审制的特殊和例外情况

两审终审制作为一项基本的审判制度，也存在特殊情况和例外情况。

1. 特殊情况

由于是否提起上诉是当事人的权利，再加上死刑复核程序的设置，因而在刑事诉讼进行过程中，有些案件实际并不需要经过两审就发生法律效力，而有些案件即使经过两审终审也不能立即发生法律效力、交付执行。对此，特说明如下。

（1）合法的上诉或抗诉是开始第二审程序必须具备的前提，如果不存在这个前提，即在法定期限内，有上诉权或抗诉权的人或机关没有提起上诉或提出抗诉，那么地方各级法院就第一审案件所作出的一审裁判，应直接发生法律效力，交付执行，而不应再实行两审终审。这与两审终审原则并不矛盾，只不过是有上诉权或抗诉权的人或机关根据自己的意志，自愿地选择放弃行使该项权利。

（2）两审终审是就刑事诉讼中的普通程序而言的，对死刑案件这类特殊案件，还必须依法经过死刑复核的特殊诉讼程序后，始发生法律效力。但它们同样属于两审终审，因为最高人民法院、高级人民法院对这类案件的复核，并不属于一个审级，有上诉权或抗诉权的人或机关不能对这类案件的二审裁判提起上诉或提出抗诉。此外，依据最高人民法院《解释》第 414 条的规定，在法定刑以下判处刑罚的案件，判决要经过上一级人民法院复核，并层报最高人民法院核准后方能生效。

2. 例外情况

两审终审制的唯一例外是最高人民法院审理的案件为一审终审，即两审终审制只适用于地方各级人民法院审判的第一审案件，而不适用于最高人民法院审判的案件。因为最高人民法院是我国的最高审判机关，经它审判的一切案件，宣判后判决、裁定均立即生效，所以不存在按照上诉审程序提起上诉、提出抗诉的问题。

各国的上诉制度，因审级制度的不同有如下划分：一类是采三审终审制的国家，如德国、法国、日本等。在三审终审制国家，通常一审、二审为事实审，三审为法律审。另一类是采两审终审制的国家，如俄罗斯等，当事人不服第一审法院的判决，只有一次上诉的权利，上诉不分事实审和法律审。美国的情况比较特殊，法院组织实行双轨制，联邦法院系统和州法院系统基本上实行两审制，以上诉一次为原则。事实审只限一审法院，上诉法院只审理适用法律是否有错误的问题。二次上诉是例外，少数案件经过严格的批准手续，涉及联邦法律问题的，才能再向联邦最高法院提起上诉。

我国不采三审终审制，而实行两审终审制，是充分考虑了我们的国情和司法实际需要的：

（1）我国幅员辽阔，人口众多，实行两审终审制，可以防止诉讼拖延，保证准确、及时地打击犯罪，节省司法资源，便利公民诉讼。

（2）我国上下级人民法院之间是审级监督关系，二审法院通过审判上诉、抗诉案件，可以使错误的一审判决、裁定，在尚未发生法律效力之时，得到及时的纠正；上级法院可以通过二审了解下级法院的审判工作情况，指导下级法院改进审判工作，保证案件审理的公平、公开、公正。

（3）我国刑事诉讼中有较完备的级别管辖制度、审查起诉制度，对死刑案件还设有死刑复核程序，能够确保办案的质量。即使极少数刑事案件的判决、裁定可能出现错误，也可以通过审判监督程序予以纠正。

二、第二审程序的概念和特点

第二审程序又称上诉审程序，是第二审人民法院根据上诉人的上诉或者人民检察院的抗诉，就第一审人民法院尚未发生法律效力的判决或裁定所认定的事实和适用的法律进行审理时，所应当遵循的步骤和方式、方法。它是刑事诉讼中一个独立的诉讼阶段。

正确理解上述概念，要注意以下三点：

（1）不能简单地认为第二审程序就是对同一案件进行第二次审理的程序。因为对同一案件的第二次审理可能是第二审程序，也可能是第一审程序，甚至可能是审判监督程序。比如上一级法院认为下级法院审理、裁判了应该由它作为第一审法院审理的案件，有权依法撤销原裁判、变更管辖，将该案收归自己作第一审裁判。变更管辖后的审理，从审理次数说是第二次，但从审判程序上说仍是第一审程序。

（2）第二审程序并不是审理刑事案件的必经程序。一个案件是否经过第二审程序，关键在于被告人等或者人民检察院是否依法提起了上诉或抗诉。提起上诉或抗诉的，该案就应由上一级人民法院依第二审程序再次审理，否则就不产生第二审程序。

（3）除基层人民法院以外的各级人民法院，都可以成为上级人民法院。因此，中级人民法院、高级人民法院和最高人民法院对它的下一级法院来说，都是第二审人民法院，对于不服下一级法院第一审判决或裁定而提出上诉或抗诉的，都要适用第二审程序审理、裁判。

（4）不是所有的第一审裁定均可以被提起上诉，对此存在不同认识，通常认为，准许撤回起诉、终止审理等裁定可能对被告人的实体权利造成影响，应当允许上诉。

三、第二审程序的任务和意义

第二审程序的任务是：第二审人民法院对第一审人民法院作出的判决或裁定所认定的事实是否清楚，证据是否确实、充分，适用法律是否正确，诉讼程序是否合法，进行全面审查和审理，重点解决事实、法律争议，并依法作出判决或裁定，以维持正确的一审判决和裁定，纠正错误的一审判决和裁定。

第二审程序的意义是多方面的，主要体现如下：

（1）通过第二审程序，维护一审法院的正确裁判。有的被告人存在侥幸心理，对第一审法院正确的裁判提起上诉。第二审人民法院通过第二审审理，进一步揭露和证实犯罪，依法驳回被告人的无理上诉，从而维护了第一审的正确判决或裁定。

（2）通过第二审程序，纠正一审法院的错误裁判，准确地惩罚犯罪分子，保护被告人的合法权益。有时由于某种客观原因，或者审判人员认识上的片面性，或者工作上的疏忽，裁判可能发生错误。无论是误将有罪判无罪、重罪判轻罪，还是误将无罪判有罪、轻罪判重罪，都违背了“以事实为根据，以法律为准绳”的诉讼原则，都必然损害国家和人民的利益。第二审程序可以及时纠正第一审法院的错误裁判，保证生效判决的正确性。这样做既有利于准确地惩罚犯罪分子，保护被害人的人身权利和其他权益，又能使无罪的人免受刑罚处罚，有效地保护被告人的合法权益。

（3）有利于上级人民法院监督和指导下级人民法院的审判工作，保证办案质量。第二审程序是上级人民法院对下级人民法院审判工作实行监督的有效方法。上级人民法院通过撤销、变更下级法院所作的错误裁判，指出下级法院审判工作中存在的问题和缺点；通过维护下级法院的正确判决，肯定下级人民法院审判工作中的正确方面。这有利于下级人民法院总结经验教训，改进审判工作，提高办案质量，保证人民法院审判权的正确行使。

第二节　第二审程序的提起

一、提起第二审程序的主体

依据我国《刑事诉讼法》第 227 条的规定，有权提起上诉的人员是被告人、自诉人和他们的法定代理人，以及经被告人同意的辩护人、近亲属，还有附带民事诉讼的当事人及其法定代理人。有权提出抗诉的机关是地方各级人民检察院。

上诉制度是确保人民法院既能及时、正确地惩罚犯罪，又能保护无辜、维护被告人合法权益的重要制度。由于各类上诉人在刑事诉讼中所处的地位不同，《刑事诉讼法》对他们的上诉权限也作了不同的规定。

（1）自诉人、被告人在诉讼活动中，分别处于原告或者被告一方，人民法院审理该案件所作出的判决、裁定，与他们都有切身、直接的利害关系，所以法律规定他们有独立的上诉权，只要他们之中有人依法提起上诉，就引起第二审程序。

（2）法定代理人作为未成年人或者精神病人（无行为能力人或者限制行为能力人）这类不能进行正常诉讼活动的自诉人、被告人的合法权益的维护者，法律赋予他们以独立的上诉权，他们提起的上诉，即使被告人、自诉人不同意，也是有效的。

（3）被告人的辩护人和近亲属不具有独立的上诉权，而是有条件地享有上诉权。此即被告人的辩护人和近亲属，只有在征得被告人同意后，才可以提起上诉。被告人的辩护人和近亲属不完全了解被告人的犯罪情节，而且法院判决又不直接涉及他们的人身权利和民主权利，所以法律没有赋予他们独立的上诉权利，而以取得被告人同意作为提起上诉的条件。

（4）附带民事诉讼的当事人和他们的法定代理人享有部分的上诉权，他们可以对判决、裁定中的附带民事诉讼部分提起上诉。附带民事诉讼的当事人及其法定代理人对附带民事诉讼部分提起的上诉，不能涉及判决、裁定中的刑事部分，而且，这种上诉并不影响刑事判决、裁定在上诉期满后发生法律效力和交付执行。

为了保证被告人行使上诉权，我国《刑事诉讼法》第 227 条第 3 款明确规定："对被告人的上诉权，不得以任何借口加以剥夺。"上诉权是被告人依法享有的重要诉讼权利之一，保护被告人的上诉权，有利于司法机关公正执法，有利于提高办案质量，有利于维护被告人的合法权益。所以，法律规定，不得以任何借口、方式剥夺、侵犯或限制被告人的上诉权。

依据最高人民法院《解释》第 383 条的规定，上诉人在上诉期满后要求撤回上诉的，第二审人民法院应当审查。经审查，认为原判认定事实和适用法律正确，量刑适当的，应当裁定准许；认为原判确有错误的，应当不予准许，继续按照上诉案件审理。被判处死刑立即执行的被告人提出上诉，在第二审开庭后、宣告裁判前申请撤回上诉的，应当不予准许，继续按照上诉案件审理。

我国《刑事诉讼法》第 228 条规定："地方各级人民检察院认为本级人民法院第一审的判决、裁定确有错误的时候，应当向上一级人民法院提出抗诉。"人民检察院是国家的法律监督机关，对于人民法院的审判活动是否合法，应当实施监督。不论是对被告人有利还是对被告人不利的错误判决、裁定，人民检察院都应当提出抗诉。

二、被害人向人民检察院申请抗诉

公诉案件中的被害人及其法定代理人虽然具有当事人的诉讼地位，但是法律并未赋予其上诉的权利，而是给予其请求抗诉的权利。依据我国《刑事诉讼法》第 229 条的规定，被害人及其法定代理人不服地方各级人民法院第一审的判决的，自收到判决书后 5 日以内，有权请求人民检察院提出抗诉。人民检察院应当立即对请求人的资格、请求的时间和理由进行审查，并自收到请求后 5 日以内作出是否抗诉的决定，并且答复请求人。

三、上诉、抗诉的理由

我国《刑事诉讼法》对于提出上诉的理由没有规定任何限制，因此，上诉人在法定期限内提出上诉，不论是否附带理由，理由是否充分，均应允许。依据我国《刑事诉讼法》第 228 条的规定，人民检察院只在有充分的根据认定原判决、裁定"确有错误"时，才能提出抗诉。在实践中，上诉或抗诉的理由，归纳起来有以下几点：（1）判决、裁定在认定事实上有错误，或者缺乏确实、充分的证据；（2）判决、裁定在适用法律、定罪量刑上有错误；（3）违反诉讼程序，使当事人依法享有的诉讼权利受到侵犯，可能影响判决、裁定的正确性。

上述 3 项理由的具体情况很多。上诉人或人民检察院不仅可以在上诉状或抗诉书中提出上诉、抗诉的根据和理由，而且在提出上诉或抗诉后，甚至在二审法院审理过程中，仍可作补充阐述或提出新的根据和理由，第二审法院对此不应加以限制。

四、上诉、抗诉的期限

对地方各级人民法院第一审判决、裁定的上诉或者抗诉，应当在法定的上诉或抗诉期限内提出。我国《刑事诉讼法》第 230 条规定：不服判决的上诉和抗诉的期限为 10 日，不服裁定的上诉和抗诉的期限为 5 日，从接到判决书、裁定书的第二日起算。

法律规定上诉、抗诉期限，一方面是为了让上诉人、人民检察院有一定的时间充分考虑是否提出上诉、抗诉和准备上诉、抗诉的材料，以保障他们行使上诉权、抗诉权；另一方面也是为了保证上级人民法院能够迅速地审判上诉、抗诉案件，使确有错误的判决、裁定能及时得到纠正，以免拖延诉讼。对附带民事诉讼判决或者裁定的上诉、抗诉期限，应当按照刑事部分的上诉、抗诉期限确定。附带民事部分另行审判的，上诉期限也应当按照《刑事诉讼法》规定的期限执行。

五、上诉、抗诉的方式和程序

上诉一般应用书状提出，上诉人书写上诉状确有困难的，可以口头提出上诉。第一审人民法院应当根据其所陈述的理由和请求制作笔录，在上诉人阅读或者向他宣读后，上诉人应当签名或者盖章。用上诉状提出上诉的，一般应当有上诉状正本及副本。上诉状内容应当包括：第一审判决书、裁定书的文号和上诉人收到的时间；第一审法院的名称；上诉的请求和理由；提出上诉的时间。被告人的辩护人、近亲属经被告人同意提出上诉的，还应当写明提出上诉的人与被告人的关系，并应当以被告人作为上诉人。

依据我国《刑事诉讼法》第 231 条及最高人民法院《解释》第 381、382 条的规定，上诉人上诉可以通过原审人民法院提出，也可以直接向第二审人民法院提出。通过原审人民法院提出上诉的，原审人民法院应当审查上诉是否符合法律规定。符合法律规定的，应当在上诉期满后 3 日以内将上诉状连同案卷、证据移送上一级人民法院，同时将上诉状副本送交同级人民检察院和对方当事人。上诉人直接向第二审人民法院提出上诉的，第二审人民法院应当在收到上诉状后 3 日以内将上诉状交第一审人民法院。第一审人民法院应当审查上诉是否符合法律规定。符合法律规定的，应当在接到上诉状后 3 日以内将上诉状连同案卷、证据移送上一级人民法院，同时将上诉状副本送交同级人民检察院和对方当事人。

对于提出抗诉的方式，我国《刑事诉讼法》第 232 条及最高人民法院《解释》第 384、385 条作了规定，即地方各级人民检察院认为同级人民法院第一审判决、裁定确有错误而决定抗诉时，必须制作抗诉书。抗诉书应通过原审人民法院提交，同时还应抄送上一级人民检察院。原审人民法院接到抗诉书后，应在抗诉期满后 3 日以内将抗诉书连同案卷、证据移送上一级人民法院，并将抗诉书副本送交当事人。人民检察院在抗诉期限内要求撤回抗诉的，人民法院应当准许；在抗诉期满后要求撤回抗诉的，第二审人民法院可以裁定准许，但认为原判存在将无罪判有罪、轻罪重判等情形的，应当不予准许，继续审理。上级人民检察院接到下级人民检察院抄送的抗诉书后，应就抗诉的理由和根据进行认真审核。如果上级人民检察院认为抗诉不当，向第二审人民法院要求撤回抗诉的，适用前述规定。

第三节　第二审程序的审判

一、对上诉、抗诉案件的审查

第二审人民法院对第一审人民法院移送上诉、抗诉的案卷、证据，应当审查是否包括下列内容：（1）移送上（抗）诉案件函；（2）上诉状或者抗诉书；（3）第一审判决书、裁定书8份（每增加1名被告人增加1份）及其电子文本；（4）全部案卷和证据，包括案件审理报告和其他应当移送的材料。如果上述材料齐备，第二审人民法院应当收案；材料不齐备或不符合规定的，应当通知第一审人民法院及时补充。

二、全面审查和重在解决事实法律争议的原则

我国《刑事诉讼法》第233条规定："第二审人民法院应当就第一审判决认定的事实和适用法律进行全面审查，不受上诉或者抗诉范围的限制。共同犯罪的案件只有部分被告人上诉的，应当对全案进行审查，一并处理。"党的十八届四中全会审议通过的《中共中央关于全面推进依法治国若干重大问题的决定》明确提出，"二审重在解决事实法律争议"。这就是我国第二审人民法院全面审查和重在解决事实法律争议的原则。第二审人民法院对案件全面审查，就是指不仅要对上诉或者抗诉所提出的内容进行审理，而且要对上诉或者抗诉没有提出而为第一审判决所认定的事实、适用的法律，以及审判活动是否遵守了诉讼程序进行审理；对共同犯罪案件，只有部分被告人提出上诉，或者自诉人只对部分被告人的判决提出上诉，或者人民检察院只对部分被告人的判决提出抗诉的，第二审人民法院应当对全案进行审查，一并处理。在共同犯罪案件中，第二审人民法院不仅要审理提出上诉的被告人的部分，也要审理未提出上诉的被告人的部分。上诉的被告人死亡，其他被告人并没有上诉的，第二审人民法院应当对死亡的被告人终止审理。但是，有证据证明被告人无罪，经缺席审理确认无罪的，应当判决宣告被告人无罪。第二审人民法院仍应当对案件进行全面审查，对其他同案被告人作出判决或裁定；对附带民事诉讼部分提出上诉的，不仅要审理附带民事诉讼部分，也要审理刑事诉讼部分，以正确确定民事责任。第二审人民法院重在解决案件的事实法律争议，就是要求二审法院在审理时明确案件争议点，对有争议的事实认定或者法律适用问题，应当严格审查，深入分析，强化说理，定分止争；对于无争议的事实认定或者法律适用问题且不涉及冤假错案的，可以简化审理程序，经当庭确认后，直接记录在案。

依据最高人民法院《解释》第391条的规定，对上诉、抗诉案件的全面审查应当着力于以下内容：（1）第一审判决认定的事实是否清楚，证据是否确实、充分；（2）第一审判决适用法律是否正确，量刑是否适当；（3）在调查、侦查、审查起诉、第一审程序中，有无违反法定程序的情形；（4）上诉、抗诉是否提出新的事实、证据；（5）被告人的供述和辩解情况；（6）辩护人的辩护意见及采纳情况；（7）附带民事部分的判决、裁定是否合法、适当；（8）对涉案财物的处理是否正确；（9）第一审人民法院合议庭、审

判委员会讨论的意见。

第二审人民法院在全面审查的基础上，对案件要作出全面处理，即通盘考虑上诉、抗诉的理由是否充分，第一审判决、裁定是否正确，程序是否合法，从而使上诉状或抗诉书已指出的和未指出的，涉及已上诉或未上诉的被告人的错误判决、裁定都得到纠正。

总之，全面审查的原则，充分体现了我国《刑事诉讼法》“以事实为根据，以法律为准绳”的基本原则和对人民高度负责的精神；重在解决事实法律争议的原则，体现出二审程序强调矛盾化解的功能，符合司法特点，是对全面审查原则的必要补充。

三、对第二审案件的审判方式和程序

我国《刑事诉讼法》第234条第1、2款规定：“第二审人民法院对于下列案件，应当组成合议庭，开庭审理：（一）被告人、自诉人及其法定代理人对第一审认定的事实、证据提出异议，可能影响定罪量刑的上诉案件；（二）被告人被判处死刑的上诉案件；（三）人民检察院抗诉的案件；（四）其他应当开庭审理的案件。第二审人民法院决定不开庭审理的，应当讯问被告人，听取其他当事人、辩护人、诉讼代理人的意见。”

最高人民法院《解释》第393条第2款规定，“被判处死刑的被告人没有上诉，同案的其他被告人上诉的案件，第二审人民法院应当开庭审理”。上述条款表明，我国第二审案件的审判方式有开庭审理与不开庭审理两种，即对于部分上诉案件、全部抗诉案件及其他应当开庭的案件，应当以开庭审理的方式进行，对于其他案件，可以不开庭审理，但须遵循法定的程序。

（一）开庭审理的方式

开庭审理，是指第二审人民法院在合议庭的主持下，由检察人员和诉讼参与人参加，通过法庭调查和辩论、评议、宣判的方式审理案件。适用开庭审理的案件主要有三类：一是需要开庭审理的上诉案件；二是人民检察院依法提起抗诉的案件；三是其他应当开庭审理的案件。

第二审人民法院开庭审理，由于是在一审程序的基础上进行的，所以《刑事诉讼法》第242条规定，除已有专门规定的以外，第二审程序参照第一审程序的规定进行。但是，第二审程序又不完全等同于第一审程序，还有其自身的一些特点，因而第二审人民法院在开庭审理上诉或者抗诉案件时，除参照第一审程序的规定外，还应当依照下列程序进行。

（1）开庭审理第二审公诉案件，应当在决定开庭审理后及时通知人民检察院查阅案卷。人民检察院应当在1个月以内查阅完毕，做好出庭准备。自通知后的第2日起，人民检察院查阅案卷的时间不计入审理期限。

（2）开庭审理上诉、抗诉的公诉案件，应当通知同级人民检察院派员出庭。抗诉案件，人民检察院接到开庭通知后不派员出庭，且未说明原因的，人民法院可以裁定按人民检察院撤回抗诉处理。

（3）第二审期间，被告人除自行辩护外，还可以继续委托第一审辩护人或者另行委托辩护人辩护。共同犯罪案件，只有部分被告人提出上诉，或者自诉人只对部分被告人的判决提出上诉，或者人民检察院只对部分被告人的判决提出抗诉的，其他同案被告人也可以委托辩护人辩护。

（4）法庭调查阶段，审判人员宣读第一审判决书、裁定书后，上诉案件由上诉人或者辩护人先宣读上诉状或者陈述上诉理由，抗诉案件由检察员先宣读抗诉书；既有上诉又有抗诉的案件，先由检察员宣读抗诉书，再由上诉人或者辩护人宣读上诉状或者陈述上诉理由。

（5）法庭辩论阶段，上诉案件先由上诉人、辩护人发言，后由检察员、诉讼代理人发言；抗诉案件先由检察员、诉讼代理人发言，后由被告人、辩护人发言；既有上诉又有抗诉的案件，先由检察员、诉讼代理人发言，后由上诉人、辩护人发言。

（6）辩论终结后，上诉人（被告人）有权进行最后陈述，然后由合议庭评议，作出裁判。

另外，开庭审理上诉、抗诉案件，可以重点围绕对第一审判决、裁定有争议的问题或者有疑问的部分进行。根据案件情况，可以按照下列方式审理。

（1）宣读第一审判决书，可以只宣读案由、主要事实、证据名称和判决主文等。

（2）法庭调查应当重点围绕对第一审判决提出异议的事实、证据以及提交的新的证据等进行；对没有异议的事实、证据和情节，可以直接确认。

（3）对同案审理案件中未上诉的被告人，未被申请出庭或者人民法院认为没有必要到庭的，可以不再传唤到庭。

（4）被告人犯有数罪的案件，对其中事实清楚且无异议的犯罪，可以不在庭审时审理。

同案审理的案件，未提出上诉、人民检察院也未对其判决提出抗诉的被告人要求出庭的，应当准许。出庭的被告人可以参加法庭调查和辩论。

开庭审理可以当庭核实证据，充分听取诉讼双方的意见，便于合议庭全面弄清案件事实真相，通盘考虑定罪量刑，确保审判质量，因此，第二审法院应尽量采用开庭审理的方式。依据《刑事诉讼法》第 234 条第 3 款的规定，二审法院开庭审理上诉、抗诉案件，既可以在第二审人民法院所在地进行，也可以到案件发生地或者原审人民法院所在地进行。该规定充分考虑到我国地域辽阔，一些边远地区交通不便，有的一审、二审法院相距甚远等实际情况，从方便诉讼参与人参加诉讼，有利于正确、及时地处理案件的目的出发，作出了变通、灵活处理。

（二）不开庭审理的方式

不开庭审理的方式，就是指第二审人民法院的合议庭依照法律规定决定不开庭审理，经过阅卷，讯问被告人，听取其他当事人、辩护人、诉讼代理人的意见后，作出判决或裁定的审理方式。采用此种方式，有利于提高二审法院的办案效率，节省司法资源。

采用不公开审理方式的案件，应当遵循下列程序。

（1）依据《刑事诉讼法》第 183 条第 4 款规定，由审判员 3—5 人组成合议庭。

（2）合议庭成员共同阅卷，并制作阅卷笔录，必要时应当提交书面阅卷意见。阅卷的目的是全面了解案件事实、情节和相关证据，以便查明案件事实是否清楚，证据是否确实、充分，一审适用法律是否正确，定罪量刑是否适当，诉讼程序是否合法。

（3）讯问被告人。合议庭通过直接讯问和听取被告人对一审判决或裁定的意见，以及对案件事实的供述和辩解，注意分析被告人前后供述、辩解中的矛盾点和疑点，运用事实和证据，核查被告人的口供。

（4）听取诉讼参与人的意见。合议庭要认真听取案中其他当事人、辩护人、诉讼代理人的意见。这既包括案件事实和证据方面的意见，也包括一审法院对被告人定罪量刑方面的意见。

（5）经合议庭评议，可根据案件事实作出相应的处理决定。

四、对第二审案件的处理

（一）对上诉、抗诉案件的处理

依据我国《刑事诉讼法》第236、238条的规定，第二审法院对不服第一审判决的上诉、抗诉案件进行审理后，应按下列情形分别作出处理。

（1）原判决认定事实正确，证据确实、充分，适用法律正确，量刑适当的，应当裁定驳回上诉或抗诉，维持原判。

（2）原判决认定事实没有错误，但适用法律有错误或者量刑不当的，例如混淆了罪与非罪的界限，认定犯罪性质不准、罪名不当，量刑畸轻、畸重，重罪轻判或者轻罪重判等，第二审法院应当撤销原判，重新判决，并在判决中阐明改判的根据和理由。

（3）原判决认定事实不清楚或者证据不足的，可由二审法院查清事实后改判，也可以裁定撤销原判，发回原审人民法院重新审判。但需注意的是，原审人民法院对因此种情况被发回重新审判的案件作出判决后，被告人提起上诉或者人民检察院提出抗诉的，第二审人民法院应当依法作出判决或者裁定，不得再发回原审人民法院重新审判。也就是说，此种情况下的发回重审以一次为限。

（4）发现一审法院有下列违反法律规定的诉讼程序的情形之一的，应当裁定撤销原判，发回原审人民法院重新审判：第一，违反法律有关公开审判的规定的；第二，违反回避制度的；第三，剥夺或者限制了当事人的法定诉讼权利，可能影响公正审判的；第四，审判组织的组成不合法的；第五，其他违反法律规定的诉讼程序，可能影响公正审判的。根据以上规定，第二审人民法院发现一审法院有违反公开审判规定、违反回避制度、审判组织组成不合法的情形时，应直接裁定撤销原判，发回原审人民法院重新审判。因为公开审判原则、回避制度、审判组织的组成均是我国《刑事诉讼法》中最基本的诉讼原则和制度，违反这些基本原则与制度，势必影响案件的公正审理。但一审法院有剥夺或限制当事人法定诉讼权利或其他违反法律规定的诉讼程序的情形时，并不一定影响案件的公正审判。因此，二审法院还须进一步判断上述违法情形是否影响公正审判，换言之，二审法院只有在以上第三、第五所列违法情形与影响公正审判的可能性同时存在，且两者之间存在因果联系的前提下，才应当裁定撤销原判，发回重审。

发回原审人民法院重新审判的案件，应当另行组成合议庭，按第一审程序进行审理，对其判决、裁定仍可上诉或抗诉。

（5）最高人民法院《解释》第25条规定，第二审人民法院在审理过程中，发现被告人还有其他犯罪没有判决的，参照前条规定处理。第二审人民法院决定并案审理的，应当发回第一审人民法院，由第一审人民法院作出处理。

第二审人民法院作出的判决或者裁定，除死刑案件与在法定刑以下判处刑罚的案件外，均是终审的判决和裁定，自宣告之日起发生法律效力，上诉人及其法定代理人等不得再行上诉，人民检察院也不得再按二审程序提出抗诉。第二审人民法院可以自行宣告裁判，也可以委托原审人民法院代为宣告。

（二）对附带民事诉讼案件的处理

第二审人民法院对刑事附带民事案件的处理，应当根据上诉、抗诉的具体情况进行区分。

（1）第二审人民法院审理附带民事上诉案件，如果发现刑事和附带民事部分均有错误需依法改判，应当一并审理，一并改判。

（2）第二审人民法院审理的刑事上诉、抗诉案件，附带民事诉讼部分已经发生法律效力的，如果发现第一审判决或者裁定中的附带民事部分确有错误，应当对附带民事部分依照审判监督程序予以纠正。

（3）第二审人民法院审理附带民事上诉案件，刑事部分已经发生法律效力的，如果发现第一审判决或者裁定中的刑事部分确有错误，应当依照审判监督程序对刑事部分进行再审，并将附带民事部分与刑事部分一并审理。第一审判决的刑事部分并无不当的，只需就附带民事部分作出处理。

（4）第二审期间，第一审附带民事诉讼原告人增加独立的诉讼请求或者第一审附带民事诉讼被告人提出反诉的，第二审人民法院可以根据自愿、合法的原则进行调解；调解不成的，告知当事人另行起诉。

（三）对自诉案件的处理

对一审法院判决后当事人不服提出上诉的刑事自诉案件，第二审人民法院在必要时可以在二审程序中对诉讼的双方进行调解，当事人也可以自行和解。调解结案的，二审法院应当制作调解书，原判决、裁定视为自动撤销；当事人自行和解的，第二审人民法院应当进行审查，确属自愿的，应当裁定准许。第二审人民法院认为系强迫、威胁，非属自愿的，不予准许。第二审人民法院裁定准许撤回自诉的，应当撤销第一审判决或者裁定。在第二审程序中，当事人提出反诉的，第二审人民法院应当告知其另行起诉。

五、第二审案件的审判期限

依据《刑事诉讼法》第243、241条的规定，第二审人民法院受理上诉、抗诉案件，应当在2个月以内审结。对于可能判处死刑的案件或者附带民事诉讼的案件；交通十分不便的边远地区的重大复杂案件；重大的犯罪集团案件；流窜作案的重大复杂案件；犯罪涉及面广，取证困难的重大复杂案件，经省、自治区、直辖市高级人民法院批准或决定，可以延长 2 个月一次，因特殊情况还需要延长的，报请最高人民法院批准。最高人民法院受理上诉、抗诉案件的审理期限，由最高人民法院决定。对第二审人民法院发回原审人民法院重新审判的案件，原审人民法院从收到发回的案件之日起，重新计算审理期限。

第四节　上诉不加刑原则

一、上诉不加刑原则的概念和意义

（一）上诉不加刑原则的概念

我国的上诉不加刑原则，是指第二审人民法院审判被告人一方上诉的案件，不得以任何理由对被告人的刑罚作出实质不利的改判的一项审判原则。我国《刑事诉讼法》第 237 条第 1 款规定：第二审人民法院审理被告人或者他的法定代理人、辩护人、近亲属上诉的案件，不得加重被告人的刑罚。第二审人民法院发回原审人民法院重新审判的案件，除有新的犯罪事实、人民检察院补充起诉的以外，原审人民法院也不得加重被告人的刑罚。这是我国上诉不加刑原则在法律上的具体体现。法律规定的这一上诉不加刑原则的具体含义如下：

（1）上诉是被告人的合法权利，不论上诉理由是否得当，都不能以被告人不服判决或态度不好为由在二审判决中加重原判刑罚。

（2）仅有被告人一方上诉的案件，二审法院审理后确认应按《刑事诉讼法》第 236 条第 1 款第 2 项进行改判时，即使原判量刑畸轻，也不得加重被告人的刑罚。同时，二审法院也不能借口事实不清、证据不足而将仅仅是量刑过轻的案件发回重审，指令一审法院加重被告人的刑罚。必须依法改判的，应当在第二审判决、裁定生效后，依照审判监督程序重新审判。

（3）仅有被告人一方上诉的案件，二审法院审理后，确需按《刑事诉讼法》第 236 条第 1 款第 3 项规定直接改判或发回原审法院重审的，改判不得加重被告人的刑罚，发回重审后，除有新的犯罪事实且人民检察院补充起诉的以外，原审人民法院也不得加重被告人的刑罚。而且，即便检察院对这样的判决再度抗诉，第二审人民法院也不得改判重于原审人民法院第一次判处的刑罚。

上诉不加刑，并不是指在任何情况下第二审法院都不得加重被告人的刑罚。《刑事诉讼法》第 237 条第 2 款规定："人民检察院提出抗诉或者自诉人提出上诉的，不受前款规定的限制。"这就是说，人民检察院提出抗诉的案件或自诉人提出上诉的案件，如果第一审判决确属过轻的，第二审人民法院可以改判，加重被告人的刑罚。

（二）上诉不加刑原则的意义

（1）有利于保障被告人依法行使上诉权。我国《宪法》规定："被告人有权获得辩护。"

上诉不加刑原则，正是被告人在审判阶段行使辩护权的重要保障。被告人一方上诉的目的，是申明被告人无罪或者罪轻，要求上级法院纠正他们认为的原审法院判决的错误，宣告无罪或者从轻定罪量刑。如果他们提出上诉后，二审法院不仅没有宣告无罪或减刑，反而加重了刑罚，则必然增加被告人一方上诉的思想顾虑，甚至在一审法院判决确有错误的情况下也不敢上诉。这样，在客观上就会限制被告人行使上诉权，也使确有错误的一审判决不能得到及时的纠正。实行上诉不加刑原则，可以消除被告人的顾虑，使他按照自己的意志依法行使法律赋予他的上诉权利。

（2）有利于维护上诉制度，保证人民法院正确行使审判权。上诉不加刑原则，可以消除被告人的思想顾虑，使其大胆申述上诉理由，保证上诉制度的切实执行。这样，就有利于二审法院全面审查一审判决是否存在错误，维持正确的判决，纠正错误的判决，保证国家审判权的正确行使。

（3）有利于促使人民检察院履行审判监督职责。人民检察院是国家的法律监督机关，由于法律确立了上诉不加刑的原则，这就要求人民检察院认真履行审判监督、依法抗诉的职责。

二、上诉不加刑原则的适用问题

依据最高人民法院《解释》第 401 条的规定，审理被告人或者其法定代理人、辩护人、近亲属提出上诉的案件，不得加重被告人的刑罚，并应当执行下列规定。

（1）同案审理的案件，只有部分被告人上诉的，既不得加重上诉人的刑罚，也不得加重其他同案被告人的刑罚。

（2）原判事实清楚，证据确实、充分，只是认定的罪名不当的，可以改变罪名，但不得加重刑罚或者对刑罚执行产生不利影响。例如，依据《刑法》第 81 条第 2 款规定，对因故意杀人、强奸、抢劫、绑架、放火、爆炸等罪被判处 10 年以上有期徒刑、无期徒刑的犯罪分子，不得假释。因此，如果改变罪名可能给被告人的刑罚执行带来不利的，就不得改变罪名。

（3）原判决的罪数不当的，可以改变罪数，并调整刑罚，但不得加重决定执行的刑罚或者对刑罚执行产生不利影响。上诉不加刑的关键是指不能使上诉人遭致不利的刑罚，如果二审决定执行的刑罚没有加重或者对刑罚执行也不产生不利影响，那么增加或减少罪数，甚至仅加重数罪中某个罪的刑罚，并不违反上诉不加刑原则。

（4）原判对被告人宣告缓刑的，不得撤销缓刑或者延长缓刑考验期。

（5）原判没有宣告职业禁止、禁止令的，不得增加宣告；原判宣告职业禁止、禁止令的，不得增加内容、延长期限。

（6）原判对被告人判处死刑缓期执行没有限制减刑、决定终身监禁的，不得限制减刑、决定终身监禁。

（7）原判事实清楚，证据确实、充分，但判处的刑罚不当、应当适用附加刑而没有适用的，不得直接加重刑罚、适用附加刑。原判判处刑罚畸轻，必须依法改判的，应当在第二审判决、裁定生效后，依照审判监督程序重新审判。

人民检察院提出抗诉或者自诉人提出上诉的案件，不受上诉不加刑原则的限制。但是，人民检察院只对部分被告人的判决提出抗诉，或者自诉人只对部分被告人的判决提出上诉的，第二审人民法院不得对其他同案被告人加重刑罚。如果自诉案件的自诉人和被告人同时提出上诉，可以参照公诉案件中被告人上诉、人民检察院也同时提出抗诉的案件的处理原则处理。无论自诉案件中的被告人是否提出上诉，只要自诉人提出了上诉，二审法院都可以根据案件的实际情况，依法改判，既可减轻被告人的刑罚，也可以加重被告人的刑罚，还可以维持原判。

第五节　对涉案财物的处理

依据我国《刑事诉讼法》第 245 条第 1 款的规定，公安机关、人民检察院和人民法院对查封、扣押、冻结的犯罪嫌疑人、被告人的财物及其孳息，应当妥善保管，以供核查，并制作清单，随案移送。任何单位和个人不得挪用或者自行处理。这些规定有利于公安、司法机关公正执法，准确、及时地打击犯罪，保护被害人的合法权益。

查封、扣押、冻结涉案财物，应当为犯罪嫌疑人、被告人及其所扶养的亲属保留必需的生活费用和物品，减少对涉案单位正常办公、生产、经营等活动的影响。经查明确实与案件无关的，应当在 3 日以内予以解除、退还。对于权属明确的被害人的合法财产，返还不损害其他被害人或者利害关系人的利益、不影响诉讼正常进行的，查封、扣押、冻结机关应当及时返还，但需经拍照、鉴定、估价，并在案卷中注明返还的理由，将原物照片、清单和被害人的领取手续入卷备查。权属不明的，应当在人民法院判决、裁定生效后，按比例返还被害人，但已获退赔的部分应予扣除。

对于作为证据使用的实物，包括作为物证的货币、有价证券等，应当依诉讼进程随案移送；开庭审判时，向法庭出示、质证后，交付法庭。休庭或者闭庭时办理证据交接手续，清点、核对无误的，由经手人在清单上分别签字后予以封存。对因上诉、抗诉引起第二审程序的，第一审人民法院应当将上述证据移送第二审人民法院并办理证据交接手续。第二审人民法院开庭审理的，由第二审人民法院提供给控辩双方出示。

对于实物没有随案移送的，如大宗、不便搬运的物品，或者易腐烂、霉变、不易保管的物品，以及违禁品、危险品等，人民法院受理或者审理案件时，应当审查是否随案移送查封、扣押清单，并附原物照片和封存手续，注明存放地点；未随案移送的实物需要鉴定、估价的，人民法院还应该审查是否附有鉴定、估价意见。对于易损毁、灭失、变质等不宜长期保存的物品，易贬值的汽车、船艇等物品，或者市场价格波动大的债券、股票、基金份额等财产，有效期即将届满的汇票、本票、支票等，经权利人同意或申请，并经人民法院院长批准后，可以依法、公开、公平先行处置，所得款项由人民法院保管。

人民法院作出的判决，应当对查封、扣押、冻结的财物及其孳息作出处理。人民法院作出的判决生效以后，有关机关应当根据判决对查封、扣押、冻结的财物及其孳息进行处理。对查封、扣押、冻结的赃款赃物及其孳息，除依法返还被害人的以外，一律上缴国库。查封、扣押、冻结的财物属于被告人合法所有的，应当在赔偿被害人损失、执行财产刑后，及时返还被告人。司法工作人员贪污、挪用或者私自处理查封、扣押、冻结的财物及其孳息的，依法追究刑事责任；不构成犯罪的，给予处分；导致国家赔偿的，应当依法向有关责任人员追偿。

六机关《规定》进一步对涉案财产的处理作出明确规定。对于依照《刑法》规定应当追缴的违法所得及其他涉案财产，除依法返还被害人的财物以及依法销毁的违禁品外，必须一律上缴国库。查封、扣押的涉案财产，依法不移送的，待人民法院作出生效判决、裁定后，由人民法院通知查封、扣押机关上缴国库，查封、扣押机关应当向人民法院送交执行回单；冻结在金融机构的违法所得及其他涉案财产，待人民法院作出生效判决、裁定后，由人民法院通知有关金融机构上缴国库，有关金融机构应当向人民法院送交执行回单。

《刑事诉讼法》第144条第1款规定："人民检察院、公安机关根据侦查犯罪的需要，可以依照规定查询、冻结犯罪嫌疑人的存款、汇款、债券、股票、基金份额等财产。"根据上述规定，人民检察院、公安机关不能扣划存款、汇款、债券、股票、基金份额等财产。犯罪嫌疑人、被告人死亡，依照《刑法》规定应当追缴其违法所得及其他涉案财产的，适用《刑事诉讼法》第五编第四章规定的程序，由人民检察院向人民法院提出没收违法所得的申请。犯罪嫌疑人、被告人死亡，现有证据证明存在违法所得及其他涉案财产应当予以没收的，公安机关、人民检察院可以进行调查。公安机关、人民检察院进行调查，可以依法进行查封、扣押、查询、冻结。人民法院在审理案件过程中，被告人死亡的，应当裁定终止审理；被告人脱逃的，应当裁定中止审理。人民检察院可以依法另行向人民法院提出没收违法所得的申请。对于人民法院依法作出的没收违法所得的裁定，犯罪嫌疑人、被告人的近亲属和其他利害关系人或者人民检察院可以在5日以内提出上诉、抗诉。

重要名词术语

两审终审、上诉、抗诉、全面审查、开庭审理、不开庭审理、上诉不加刑

思考题

1. 什么是第二审程序？
2. 有权提起上诉、抗诉的人员和机关有哪些？
3. 如何正确理解全面审理原则？
4. 如何正确理解和适用上诉不加刑原则？

典型案例分析

基本案情[1]

被告人曾某平2010年9月22日因涉嫌犯贩卖、运输毒品罪被逮捕（其他同案被告人略）。某市人民检察院以被告人曾某平等人犯贩卖、运输毒品罪，向某市中级人民法院提起公诉。某市中级人民法院经审理查明：被告人曾某平、吴某某系夫妻关系。2010年，曾某平、吴某某多次向杨某某、申某某出售毒品甲基苯丙胺片剂（俗称“麻古”）。付某某负责为曾某平、吴某某运输毒品。曾某某为他人窝藏毒品。具体如下：

1. 2010年8月9日，被告人曾某平、吴某某向他人出售甲基苯丙胺片剂，交由付某某运输。付某某将毒品从某市运至某县牛滩镇交给买家后，将收取的2万元毒资存入吴某某银行账户。8月14日，付某某携带甲基苯丙胺片剂乘坐大巴车前往某市，在高速公路某服务区被公安机关抓获。公安机关当场从其挎包内查获甲基苯丙胺片剂3000颗，净重274.61克。

2. 2010年8月15日20时许，杨某某以贩卖为目的从被告人曾某平处购买毒品甲基苯丙胺片剂，二人在曾某平驾驶的车辆上完成交易后，被公安机关抓获。公安机关当场在该车烟灰缸位置查获毒资人民币（以下币种同）2万元，从杨某某身上查获甲基苯丙胺片剂1009颗，净重90.81克。

3. 2010年间，申某某多次在被告人曾某平、吴某某处购买甲基苯丙胺片剂贩卖。同年8月初，申某某向曾某平、吴某某购买甲基苯丙胺片剂后，贩卖给熊某250颗。8月17日，申某某在某市某区东门口一美发店被公安机关抓获，公安机关在其随身携带的提包内查获甲基苯丙胺（冰毒）7包，净重10.65克，甲基苯丙胺片剂4袋，净重2.63克。

4. 2010年8月15日21时40分许，公安机关对被告人曾某平、吴某某位于某市某区美领居二期三号楼37号的租住房进行搜查，吴某某在公安人员进入房间搜查前，将家中所藏毒品“麻古”从阳台处扔出。经搜查，公安机关在该租住房中查获现金58万元和电子秤、银行卡等物，在该房阳台下负一楼雨棚上发现一个浅蓝色“劲某体育”包装袋，内有甲基苯丙胺片剂2300颗，净重203.5克。

5. 2010年8月24日，公安机关从曾某某位于某省某县马岭镇盘田村三社43号的住所内，查获甲基苯丙胺片剂363.59克。

6. 2010年9月17日，公安机关从被告人曾某平、吴某某在某市某区堰塘湾23号楼4楼20号的租住房内查获甲基苯丙胺片剂16000颗，净重1461.3克。

某市中级人民法院认为，被告人曾某平违反毒品管理规定，明知是毒品而贩卖，并指使他人运输，其行为已构成贩卖、运输毒品罪。公诉机关指控付某某运输274.61克甲基苯丙胺片剂系受曾某平夫妇安排的证据不足；指控曾某某处查获的363.59克甲基苯丙胺片剂系曾某平委托曾某某保管的证据不足，不予认定。曾某平贩卖毒品（含甲基苯丙胺、甲基苯丙胺片剂）1768.89克及甲基苯丙胺片剂250颗，运输甲基苯丙胺片剂约

---

〔1〕 参见中华人民共和国最高人民法院刑事审判第一、二、三、四、五庭主办：《刑事审判参考》（总第105集），法律出版社2016年版，第98—102页。

800 颗。在贩卖、运输共同犯罪中，曾某平系主犯。曾某平多次贩卖、运输毒品，且数量大，依法应当严惩。据此，依照《刑法》第 347 条、第 25 条第 1 款、第 26 条第 1 款、第 48 条、第 57 条第 1 款、第 59 条、第 64 条之规定，以贩卖、运输毒品罪判处被告人曾某平死刑，剥夺政治权利终身，并处没收个人全部财产。

一审宣判后，被告人曾某平提出上诉。上诉理由如下：（1）原判认定其与杨某某有毒品交易的事实不成立；（2）原判认定两处租住房内查获的毒品是其用于贩卖的毒品的事实错误；（3）原判量刑过重，请求从轻处罚。其辩护人提出，本案存在犯意引诱的可能。

某省高级人民法院经审理确认，原判认定从申某某处查获的 10.65 克甲基苯丙胺系被告人曾某平、吴某某贩卖给申某某的证据不足；原公诉机关指控付某某运输 274.61 克甲基苯丙胺片剂系受曾某平夫妇安排的事实成立，原判未予认定，应予纠正；原公诉机关指控曾某某处查获的 363.59 克甲基苯丙胺片剂系曾某平委托曾某某保管的事实成立，原判未予认定，应予纠正。曾某平及其辩护人所提辩解理由和辩护意见不能成立，不予采纳。原判认定被告人曾某平犯贩卖、运输毒品罪的主要犯罪事实清楚，定罪准确，量刑适当，审判程序合法。据此，依照《刑法》第 347 条第 1 款、第 2 款第 1 项、第 7 款，第 25 条第 1 款，第 26 条第 1 款、第 4 款，第 48 条，第 57 条第 1 款，第 59 条，第 64 条和《刑事诉讼法》第 55 条、第 236 条第 1 款第 1 项之规定，判决维持原审对被告人曾某平的定罪量刑，并依法报请最高人民法院核准。

最高人民法院经审理认为，被告人曾某平违反国家毒品管理规定，明知是毒品而伙同他人予以贩卖，还雇用他人运输毒品，其行为已构成贩卖、运输毒品罪。曾某平在共同犯罪中起组织、指挥作用，系罪责最为严重的主犯。曾某平多次贩卖毒品，贩卖毒品数量大，社会危害极大，所犯罪行极其严重，应依法惩处。第二审判决认定曾某平安排付某某运输甲基苯丙胺片剂 274.61 克、委托曾某某保管甲基苯丙胺片剂 363.59 克的事实错误，应予纠正。第一审判决、第二审判决认定曾某平伙同他人贩卖、运输 1852.74 克甲基苯丙胺片剂的事实清楚，证据确实、充分，定罪准确，量刑适当。审判程序合法。依照《刑事诉讼法》第 246 条、第 250 条和最高人民法院《解释》第 429 条第 2 项的规定，以贩卖、运输毒品罪判决核准被告人曾某平死刑。

主要问题

在上诉案件中，对于公诉机关指控但一审没有认定的犯罪事实，二审能否审理并予以认定？

裁判理由

司法实践中，对于一些涉及多起犯罪事实的案件，一审法院经审理后认为，公诉机关指控的部分犯罪事实清楚，证据确实、充分，但也有部分犯罪事实不清楚或者证据不足，进而依法认定达到法定证明标准的部分犯罪事实，对未达到法定证明标准的部分犯罪事实不予认定。此种情况下，如果被告人提起上诉，公诉机关未提起抗诉，二审法院是否需要审查一审法院未予认定的部分犯罪事实，进而能否追加认定该部分犯罪事实，值得研究。

该问题涉及二审程序的审理原则和审查范围。许多国家的二审都实行法律审，并且实行有限审理，即主要限定为对上诉理由的审理。根据我国《刑事诉讼法》第 233 条第

1 款的规定，二审人民法院应当就一审判决认定的事实和适用法律进行全面审查，不受上诉或者抗诉范围的限制。可见，我国刑事二审程序实行全面审理原则，且不是单纯的法律审，而是一并审理事实问题和法律问题。尽管如此，并不意味着二审程序的审查范围毫无边界，法律其实已经对此作出了适当的限制，即二审应当对“一审判决认定的事实和适用法律”进行审查。进一步来讲，对于一审判决没有认定的部分犯罪事实（抗诉案件除外），二审法院无须（或者不应当）进行审查，更不能追加认定该部分犯罪事实。

将二审程序的审理范围限定于“一审判决认定的事实和适用法律”，符合二审程序的功能定位和相应的诉讼原则。

从二审程序的功能定位来看，因被告人上诉而启动的二审程序，主要功能是为被告人提供法律救济。实践中，被告人对一审判决认定的事实或者适用法律不服，可以依法提出上诉，请求二审法院对相关问题进行审理，以期获得有利于己方的裁判。对于因被告人上诉而启动的二审案件，如果二审法院审查一审未予认定的部分犯罪事实，进而追加认定该部分犯罪事实，不仅未能为被告人提供法律救济，反而作出不利于被告人的认定，这显然与二审程序的法律救济功能相悖。

同时，为确保被告人的上诉权，刑事诉讼法确立了上诉不加刑的基本原则，规定二审人民法院审理被告人或者他的法定代理人、辩护人、近亲属上诉的案件，不得加重被告人的刑罚。据此，对于被告人一方上诉的案件，二审法院追加认定一审未予认定的部分不利于被告人的犯罪事实，即使最终并未加重被告人的刑罚，这种做法也有违上诉不加刑原则的基本精神。

此外，对于一审法院未予认定的部分犯罪事实，检察机关并未提出抗诉，就表明检察机关对此并无异议。此种情况下，对于原本不属于二审审查范围的事项，二审法院基于不告不理原则的基本精神，不应当主动审查并追加认定。

本案中，公诉机关指控被告人曾某平实施多起贩卖、运输毒品事实，一审法院认定其中两起犯罪事实证据不足。具体如下：其一，公诉机关指控，2010 年 8 月 14 日早上，付某某受曾某平、吴某某指使，在某市驿通车站乘坐大巴车将 274.61 克甲基苯丙胺片剂运往某市。一审法院认为，认定曾某平、吴某某指使付某某运输该宗毒品的证据不足，不能确定该宗毒品为曾某平夫妇所有，据此笼统认定付某某是为他人运输毒品。其二，公诉机关指控 2010 年 8 月 24 日，从曾某某住处查获的甲基苯丙胺片剂 363.59 克，是曾某平交由曾某某保管的。一审法院认为，认定曾某平委托曾某某保管该宗毒品的证据不足，不能确定该宗毒品是曾某平委托保管，据此笼统认定在曾某某住处查获该宗毒品的犯罪事实。二审法院认为，一审应当认定该两起犯罪事实系曾某平实施，进而对曾某平追加认定该两起犯罪事实，这种做法不符合法律规定的要求。最高人民法院在死刑复核过程中，依法对该两起犯罪事实不予认定，并对事实作出改判，是妥当的。

有意见认为，对类似案件，二审法院经审查认为，现有证据足以认定一审未予认定相关的犯罪事实，可以启动审判监督程序。我们倾向于认为，尽管我国法律并未明确规定一事不再理原则，但对于一审未予认定的犯罪事实，在被告人提出上诉且检察机关未提出抗诉的情况下，也不宜启动审判监督程序。

第十七章　死刑复核程序

【内容提示】

死刑复核程序是享有死刑复核权的法院对判处被告人死刑的案件进行审查核准时所采用的一种特别审判程序。它可以有效地保证死刑判决的正确性，防止错杀，有利于控制死刑的适用。死刑复核程序是从作出死刑判决、裁定的法院上报复核开始的。最高人民法院对死刑案件拥有核准权。不同类型的死刑案件在报请复核的程序上既有相同之处，又有不同的地方。死刑复核要坚持依照法定程序逐级上报、一案一报的原则。要严把死刑复核关，确保死刑复核案件的质量。

第一节　死刑复核程序的概念和意义

一、死刑复核程序的概念

死刑是剥夺犯罪人生命的刑罚方法。我国法律一方面把死刑当作惩罚犯罪、保护人民的有力武器，另一方面奉行慎用死刑的方针，从实体法上严格控制死刑的适用范围，从程序法上对判处被告人死刑（包括死缓）的案件，在普通审判程序之外，规定了一个特别的审查核准程序——死刑复核程序。

死刑复核程序是指最高人民法院或高级人民法院（含中国人民解放军军事法院）对判处被告人死刑（包括死刑缓期执行）的案件进行审查核准的一种特别审判程序。依据我国《刑事诉讼法》的规定，死刑复核程序与其他审判程序相比，有以下特点。

（1）死刑复核程序审理的对象，仅是按照其他审判程序审结的判处被告人死刑的案件。按其他审判程序审结的、判处被告人死刑的案件，包括：①第一审判处被告人死刑，过了上诉、抗诉期限，被告人没有上诉、人民检察院没有抗诉的案件；②第二审人民法院判处被告人死刑的案件；③依审判监督程序审结的判处被告人死刑的案件。这些案件，都是裁判尚未发生法律效力的案件。

（2）死刑复核程序有特定的任务。它的任务是，有复核权或核准权的人民法院，对报请复核的判决或裁定，在认定事实和适用法律上是否正确进行全面审查，依法作出是否核准死刑的决定。因此，有复核权的人民法院在对案件进行复核时，必须完成两项最基本的任务：一是全面审查死刑判决或裁定，确定该判决或裁定认定的事实是否清楚，证据是否确实、充分，罪名的认定是否正确，判处死刑是否适当；二是对本案作出是否核准死刑的裁定，制作相应的法律文书。

（3）死刑复核程序是由作出死刑判决、裁定的法院主动报请而引起的。第一审程序是由人民检察院提起公诉或被害人及其法定代理人、近亲属的自诉引起的；第二审程序是由当事人及其法定代理人的上诉或人民检察院的抗诉而引起的；审判监督程序则是由原裁判法院院长提交审判委员会讨论决定，或由其上级的人民法院提审、指令再审，上级人民检察院提出抗诉而引起的。

（4）死刑复核的法院只能是最高人民法院或高级人民法院。对判处被告人死刑缓期二年执行的案件，高级人民法院有核准权，可以审核批准中级人民法院作出的判决。判处被告人死刑立即执行的案件中，高级人民法院对中级人民法院的报请复核没有最终核准权。即使高级人民法院同意中级人民法院的死刑立即执行判决，仍要报请最高人民法院核准；如果高级人民法院不同意中级人民法院的死刑立即执行的判决，高级人民法院可以依照第二审程序提审或者发回重新审判。

（5）死刑复核程序是死刑案件的终审程序。按照两审终审原则，一般刑事案件，一审人民法院判决后，在法定的上诉、抗诉期限内，当事人及其法定代理人不上诉，人民检察院不抗诉，或提出上诉或抗诉后，第二审人民法院经过审判，其所作出的判决或裁定即发生法律效力。但死刑案件除最高人民法院判处的死刑和死缓案件以及高级人民法院判处的死缓案件外，经过两级人民法院的普通程序审理后并不生效，还必须经过有核准权的人民法院复核，才能生效。因此，对死刑案件来说，死刑复核程序是其必经的终审程序。

二、死刑复核程序的意义

死刑复核程序是我国刑事诉讼中的特别审判程序。虽然涉及的案件数量不多，但它对于保证死刑案件的审判质量，严惩极少数罪大恶极的犯罪分子，保障公民的合法权益，维护社会主义法治，具有重要意义。

（1）死刑复核程序可以保证死刑判决的正确性，防止错杀，保护公民人身权利。死刑是一种同严重犯罪行为作斗争的有力武器，运用得当，就可以严厉打击犯罪分子的嚣张气焰，平息民愤，伸张正义，巩固国家政权，稳定社会秩序；适用不当，就会伤害无辜，造成无可挽回的损失。所以，人民法院在适用死刑时，必须严格防止错杀，保证每个被判处死刑的人，都是罪大恶极、非杀不可的人。死刑复核程序由于是专门以死刑判决、裁定为复核对象的程序，可以全面审查死刑判决、裁定在认定事实和适用法律上是否正确，及时发现和纠正死刑判决和裁定的错误，因而能够防范无辜者被错杀和避免罪不当死的罪犯被执行死刑。

（2）死刑复核程序有利于控制死刑的适用，有利于贯彻少杀方针。我们党和国家在适用死刑上，从来都是采取极其慎重的态度，提倡和坚持“少杀、慎杀”。我国《刑事诉讼法》规定的死刑复核程序，对于那些被判处死刑立即执行，但还不是非杀不可的犯罪分子而言，可以使法院对其作出的判决得到改正，这有利于缩小死刑的适用范围，使那些可杀可不杀的犯罪分子获得重新做人的机会。对于那些罪该处死，但还不是必须立即执行死刑的犯罪分子，应当判处死刑缓期二年执行，实行劳动改造，给予其最后的悔罪机会。

第二节 判处死刑立即执行案件的复核程序

一、行使死刑核准权的人民法院

我国《刑事诉讼法》第 246 条规定："死刑由最高人民法院核准。"同时，《人民法院组织法》第 17 条也规定："死刑除依法由最高人民法院判决的以外，应当报请最高人民法院核准。"上述规定说明，我国对死刑案件核准权的行使限制较严，死刑由最高人民法院判决或者核准，最高人民法院拥有死刑核准权。

但是，死刑核准权的归属在我国有一个历史发展变化的过程。这些变化的依据主要是当时的历史背景以及社会治安形势，但同时反映了我们对待死刑以及对待人权的态度和立场。

1979 年通过的《刑事诉讼法》第 144 条规定："死刑由最高人民法院核准。"该法首次以基本法律的形式肯定了死刑核准权的行使主体为最高人民法院。但是，鉴于当时的社会治安形势较为严峻，1980 年 2 月 12 日召开的第五届全国人民代表大会常务委员会第十三次会议，决定在 1980 年内，对现行的杀人、强奸、抢劫、放火等犯有严重罪行应当判处死刑的案件，最高人民法院可以授权省、自治区、直辖市高级人民法院核准。紧接着，1981 年 6 月，第五届全国人民代表大会常务委员会第十九次会议通过了《关于死刑案件核准问题的决定》，规定除反革命和贪污等判处死刑的案件由最高人民法院核准外，在 1981—1983 年内对犯有杀人、抢劫、强奸、爆炸、放火、投毒、决水和破坏交通、电力等设备的罪行，由高级人民法院终审判处死刑的，或者由中级人民法院一审判处死刑，被告人不上诉，经高级人民法院核准的，以及高级人民法院一审判决死刑，被告人不上诉的，都不必报最高人民法院核准。而后又于 1983 年修改《人民法院组织法》第 13 条，规定："死刑案件除由最高人民法院判决的以外，应当报请最高人民法院核准。杀人、强奸、抢劫、爆炸以及其他严重危害公共安全和社会治安判处死刑的案件的核准权，最高人民法院在必要的时候，得授权省、自治区、直辖市的高级人民法院行使。"据此，最高人民法院在 1983 年 9 月 7 日发布了《关于授权高级人民法院核准部分死刑案件的通知》，将上述几类案件的死刑核准权授予各省、自治区、直辖市的高级人民法院和解放军军事法院行使。此外，1991—1997 年，最高人民法院还分别授权云南省、广东省、广西壮族自治区、甘肃省、四川省、贵州省的高级人民法院行使对部分毒品案件的死刑核准权，即除最高人民法院判决的和涉外的毒品犯罪死刑案件外，这几个省的高级人民法院依授权分别享有对其管辖范围内非涉外的毒品犯罪死刑案件的核准权。

这种授权，即最高人民法院在必要的时候下放死刑核准权的做法客观上有利于迅速惩罚犯罪，特别是罪行极其严重的犯罪分子，但是这种授权也带来一个不容忽视的问题，备受学术界的质疑。依据我国《刑事诉讼法》的规定，死刑案件由中级以上的人民法院作为一审法院。对于那些由高级人民法院行使核准权的死刑案件来说，高级人民法院可能集二审审判权和死刑核准权，或者一审审判权和死刑核准权于一身，这很容易使死刑复核程序名存实亡，难以起到应有的作用。

进入 21 世纪后，随着人权保护意识的加强，我国刑法学界在逐步减少和废除死刑领域取得了一些可喜的研究成果，与此相适应，刑事诉讼理论界和司法实务部门也对死刑复核程序的性质、作用等展开了积极的探讨。从 2005 年开始，最高人民法院着手准备死刑核准权的收回。2006 年 10 月 31 日，第十届全国人民代表大会常务委员会第二十四次会议通过《关于修改〈中华人民共和国人民法院组织法〉的决定》，将《人民法院组织法》原第 13 条修改为第 12 条（2018 年 10 月 26 日修订后改为第 17 条）："死刑除依法由最高人民法院判决的以外，应当报请最高人民法院核准。"这一规定将死刑复核权下放的最后法律依据予以废止。与此相适应，最高人民法院通过了《关于统一行使死刑案件核准权有关问题的决定》，该规定自 2007 年 1 月 1 日起正式实施，这标志着死刑核准权完全收归最高人民法院。

二、死刑立即执行案件的报请复核

中级人民法院判处死刑的第一审案件，被告人不上诉、人民检察院不抗诉的，在上诉、抗诉期满后 10 日内，应将全部案卷报送高级人民法院复核。高级人民法院经复核同意判处死刑的，应当在作出裁定后 10 日内报请最高人民法院核准。高级人民法院经过复核，认为原判决认定的某一个具体事实或者引用的法律条款存在瑕疵，但是判处被告人死刑并无不当的，可以在纠正后作出核准的判决、裁定。不同意判处死刑的，应当依照第二审程序提审或者发回重新审判。高级人民法院提审改判的判决均为终审判决，被告人不能上诉，人民检察院也不能按二审程序进行抗诉。提审后仍然判处死刑的，还须报请最高人民法院核准。中级人民法院重新审判的判决仍为第一审判决，允许上诉和抗诉，重新审判后仍然判处死刑，被告人不上诉、人民检察院不抗诉的，还要按照复核程序逐级报请高级人民法院、最高人民法院复核。中级人民法院判处死刑的第一审案件，被告人上诉或者人民检察院抗诉，高级人民法院裁定维持死刑判决的，应当在作出裁定后 10 日内报请最高人民法院核准。

中级人民法院报请最高人民法院核准的死刑案件，先由高级人民法院审核，既可以及时发现和纠正中级人民法院所作的错误的死刑判决，保证办案质量，也有利于减少最高人民法院的工作量。

遇有判处死刑、无期徒刑的共同犯罪案件，下级人民法院在上报复核时，适用"共同犯罪的案件，只有部分被告人上诉的，应对全案审查，一并处理"的原则，应全案上报最高人民法院核准。

三、报请复核的基本要求

依据我国《刑事诉讼法》及相关司法解释的规定，报请复核死刑（死刑缓期 2 年执行）案件，必须符合以下要求。

1. 报请复核的前提是死刑案件犯罪事实清楚，证据确实、充分，适用法律正确，诉讼文书齐备。不具备上述条件的，人民法院就不能对被告人判处死刑，当然也不能报请有死刑核准权的人民法院复核。

2. 坚持一案一报。所谓一案一报，就是审结一起死刑案件，就要单独将其报请复核，不能将 2 个或 2 个以上的死刑案件交叉在一起报请复核，更不能等凑齐一批死刑案件后，再报请复核。坚持一案一报原则，体现了死刑复核的严肃性和及时性，同时有利于保证死刑复核的质量。

3. 报请复核时，应当报送的材料包括报请复核的报告，第一、二审裁判文书，案件综合报告各 5 份以及全部案卷、证据。案件综合报告，第一、二审裁判文书和审理报告应当附送电子文本；同案审理的案件，应当报送全案案卷和证据。曾经发回重新审判的案件，原第一、二审案卷应当一并报送。具体内容如下：

（1）报请复核死刑、死刑缓期执行的报告，应当写明案由、简要案情、审理过程和判决结果。

（2）死刑（死刑缓期二年执行）案件综合报告应当包括以下主要内容：①被告人、被害人的基本情况。被告人有前科或者曾受过行政处罚、处分的，应当写明。②案件的由来和审理经过。案件曾经发回重新审判的，应当写明发回重新审判的原因、时间、案号等。③案件侦破情况。通过技术调查、技术侦查措施抓获被告人、侦破案件，以及与自首、立功认定有关的情况，应当写明。④第一审审理情况。包括控辩双方意见，第一审认定的犯罪事实，合议庭和审判委员会意见。⑤第二审审理或者高级人民法院复核情况。包括上诉理由、人民检察院的意见，第二审审理或者高级人民法院复核认定的事实，证据采信情况及理由，控辩双方意见及采纳情况。⑥需要说明的问题。包括共同犯罪案件中另案处理的同案犯的处理情况，案件有无重大社会影响，以及当事人的反应等情况。⑦处理意见。写明合议庭和审判委员会的意见。

四、审查核准程序

（一）审查核准的组织和方式

依据我国《刑事诉讼法》第 249 条的规定，人民法院复核死刑（含死刑缓期二年执行）案件，应当由审判员 3 人组成合议庭进行。合议庭的成员不仅应当有丰富的法律知识和司法实践经验，而且要坚持回避的原则。曾经参加过本案的侦查、起诉、辩护及审判工作的人员，均不得参加合议庭。

《刑事诉讼法》及最高人民法院《解释》对人民法院复核死刑案件应当采用的方式也作出了明确规定。依据《刑事诉讼法》第 251 条及最高人民法院《解释》第 434 条、第 435 条的规定，最高人民法院复核死刑案件，应当讯问被告人；辩护律师要求当面反映意见的，最高人民法院有关合议庭应当在办公场所听取其意见，并制作笔录；辩护律师提出书面意见的，应当附卷。在复核死刑案件过程中，最高人民检察院可以向最高人民法院提出意见。对于最高人民检察院提出的意见，最高人民法院应当审查，并将采纳情况及理由反馈最高人民检察院。另外，最高人民法院应当将死刑复核结果通报最高人民检察院。

另外，阅卷也是非常重要的死刑复核方式。所谓阅卷，就是查阅报请复核法院报送的所有法律文书、诉讼材料及证据。阅卷时，首先，应审查诉讼文书、各种证据及死刑案件综合报告等材料是否齐全；其次，要逐一分析它们是否真实以及是否符合法律的要求；最后，要将死刑案件综合报告与各类诉讼文书、证据作对比分析，审查它们之间有无矛盾。通过审阅全案卷宗材料，最高人民法院和高级人民法院可以发现死刑复核案件审理过程中存在的事实或法律错误，确保死刑案件准确认定事实，正确适用法律。

（二）审查的内容

人民法院复核死刑（含死刑缓期二年执行）案件，应当全面审查以下内容。

（1）必须查明被告人犯罪时的年龄和其他个人情况：①犯罪的时候不满 18 周岁的人，不适用死刑；②审判的时候怀孕的妇女，不适用死刑立即执行，也不能判处死刑缓期二年执行；③审判的时候已满 75 周岁的人，一般不适用死刑；④必须查清被告人有无刑事责任能力。

（2）原判认定的事实是否清楚，证据是否确实、充分。

（3）犯罪情节、后果及危害程度，衡量该犯罪是否达到了罪大恶极的程度。

（4）原判适用法律是否正确，是否必须判处死刑，是否必须立即执行。

（5）有无法定、酌定从重、从轻或者减轻处罚情节。

（6）诉讼程序是否合法。

（7）应当审查的其他情况。

复核死刑、死刑缓期执行案件，应当重视审查被告人及其辩护人的辩解、辩护意见。

（三）死刑案件复核后的处理

依据《刑事诉讼法》第 250 条的规定，最高人民法院复核死刑案件，应当作出核准或者不核准死刑的裁定。对于不核准死刑的，最高人民法院可以发回重新审判或者予以改判。具体来看，应当按照下列情形分别处理。

（1）原判认定事实和适用法律正确、量刑适当、诉讼程序合法的，应当裁定核准。

（2）原判认定的某一具体事实或者引用的法律条款等存在瑕疵，但判处被告人死刑并无不当的，可以在纠正后作出核准的判决、裁定。

（3）原判事实不清、证据不足的，应当裁定不予核准，并撤销原判，发回重新审判。

（4）复核期间出现新的影响定罪量刑的事实、证据的，应当裁定不予核准，并撤销原判，发回重新审判。

（5）原判认定事实正确、证据充分，但依法不应当判处死刑的，应当裁定不予核准，并撤销原判，发回重新审判；根据案件情况，必要时，也可以依法改判。

（6）原审违反法定诉讼程序，可能影响公正审判的，应当裁定不予核准，并撤销原判，发回重新审判。

最高人民法院裁定不予核准死刑的，根据案件具体情况，可以发回第二审人民法院或者第一审人民法院重新审判。对最高人民法院发回第二审人民法院重新审判的案件，第二审人民法院一般不得发回第一审人民法院重新审判。第一审人民法院重新审判的，应当开庭审理。第二审人民法院重新审判的，可以直接改判；必须通过开庭查清事实、核实证据或者纠正原审程序违法的，应当开庭审理。

高级人民法院依照复核程序审理后报请最高人民法院核准死刑，最高人民法院裁定不予核准，发回高级人民法院重新审判的，高级人民法院可以依照第二审程序提审或者发回重新审判。

最高人民法院裁定不予核准死刑，发回重新审判的案件，除上面所列举的第4、5项两种情况外，原审人民法院应当另行组成合议庭进行审理。

第三节　判处死刑缓期二年执行案件的复核程序

一、对死缓案件行使复核权的人民法院

我国《刑事诉讼法》第248条规定："中级人民法院判处死刑缓期二年执行的案件，由高级人民法院核准。"这一规定说明，对判处死刑缓期二年执行案件（以下简称"死缓案件"）行使核准权的，是各省、自治区、直辖市的高级人民法院和解放军军事法院。

在新中国历史上，关于由哪一级法院对死缓案件行使核准权有不同的规定。1957年7月15日全国人民代表大会通过的一个决议，曾规定死缓案件的核准权由最高人民法院行使。实践证明，由最高人民法院核准死缓案件没有必要。理由是：第一，对被告人判处死刑缓期二年执行的案件，虽然也属于死刑案件的范围，但由于不立即执行死刑，即使判决、裁定有错误，也有时间纠正，因而不具有判处死刑立即执行案件的紧迫性。从司法实践情况来看，绝大多数被判处死缓的犯罪分子，缓刑期满后决定执行死刑的，也须再经过同判处死刑立即执行一样的核准程序，因此死缓案件不必由最高人民法院核准。第二，最高人民法院是国家最高审判机关，担负着制定、发布司法解释、死刑复核、监督全国法院的审判工作等多种职能，再把死缓案件交最高人民法院复核，会增加最高人民法院的工作量，不利于最高人民法院开展其他工作。

依据我国《刑事诉讼法》的规定，高级人民法院复核的，是中级人民法院审结的判处被告人死缓的案件。对于中级人民法院判决被告人死缓，被告人上诉或人民检察院提起抗诉，由高级人民法院进行第二审审判的案件，是否再经过一次死缓复核程序，法律未作出规定，实践中一般不再复核。

二、复核死缓案件的程序

复核死缓案件与复核死刑案件的程序基本一致，一般是由报请复核和复核两个阶段组成。

（一）报请复核

中级人民法院判处死刑缓期二年执行的第一审案件可以分为两种情况：一是被告人不上诉、人民检察院不抗诉的，在上诉、抗诉期满后，应当报送高级人民法院核准。二是被告人提出上诉或者人民检察院提出抗诉的，高级人民法院应当按照第二审程序予以处理。高级人民法院第二审同意判处死刑缓期二年执行的，作出维持原判的裁定；不同意判处死刑缓期二年执行的，直接改判或者发回重新审判。中级人民法院判处死刑的第一审案件，高级人民法院第二审或者复核提审后所作的改判为死刑缓期二年执行的判决的，该判决即为终审判决。

此外，中级人民法院在报送死缓案件时，也应提供报请复核的报告，第一、二审裁判文书，死缓案件综合报告各 5 份，以及全部案卷、证据，一并送交高级人民法院。第一、二审裁判文书和综合报告应当附送电子文本。报请复核时，要坚持一案一报原则，不能多案一报。

在司法实践中的有些共同犯罪案件中，有的被告人被判处死缓，有的被告人被判处无期徒刑或其他刑罚（不包括死刑立即执行），那么，在报请复核时，是将全案上报，还是仅将有关被判处死缓的被告人的材料上报？本书认为，为了保证高级人民法院全面复核案件，确保死缓判决的准确无误，应将全案卷宗材料、全部证据一并上报，不能有所保留。

（二）复核

高级人民法院在复核死缓案件时，应当由审判员 3 人组成合议庭进行，对死缓案件进行全面审查。复核的基本内容、方式、方法与复核死刑立即执行案件的基本上相同。需要特别注意的是，高级人民法院复核死缓案件，也应当讯问被告人。

（三）复核后对案件的处理

高级人民法院对死缓案件复核后，应当依不同情况，对案件作出以下处理。

（1）原判认定事实和适用法律正确、量刑适当、诉讼程序合法的，应当裁定核准。

（2）原判认定的某一具体事实或者引用的法律条款等存在瑕疵，但判处被告人死刑缓期执行并无不当的，可以在纠正后作出核准的判决、裁定。

（3）原判认定事实正确，但适用法律有错误，或者量刑过重的，应当改判。

（4）原判事实不清、证据不足的，可以裁定不予核准，并撤销原判，发回重新审判，或者依法改判。

（5）复核期间出现新的影响定罪量刑的事实、证据的，可以裁定不予核准，并撤销原判，发回重新审判，或者依照最高人民法院《解释》第 271 条的规定审理后依法改判。

（6）原审违反法定诉讼程序，可能影响公正审判的，应当裁定不予核准，并撤销原判，发回重新审判。

另外，高级人民法院复核死缓案件，不得加重被告人的刑罚。

重要名词术语

死刑、死刑复核、死刑复核程序、核准权、死刑案件、死缓案件、报请复核

思考题

1. 试述死刑复核程序的概念、任务和意义。
2. 最高人民法院和高级人民法院分别对哪类案件拥有死刑（死缓）核准权？
3. 对判处死刑立即执行的案件应当怎样进行复核？
4. 对判处死刑缓期二年执行的案件应当怎样进行复核？

典型案例分析

基本案情[1]

被告人王某 1991 年 9 月因犯拐卖人口罪被判处有期徒刑 4 年；2001 年 12 月 12 日因犯绑架罪被判处有期徒刑 10 年，剥夺政治权利 2 年，并处罚金人民币 1500 元，2009 年 2 月 26 日刑满释放。因涉嫌犯抢劫罪于 2013 年 5 月 4 日被逮捕。

被告人徐某因涉嫌犯抢劫罪于 2013 年 7 月 3 日被逮捕。

某省某市人民检察院以被告人王某、徐某犯抢劫罪，同案被告人杜某犯掩饰隐瞒犯罪所得罪，向某市中级人民法院提起公诉。

被告人王某、徐某对指控的事实及罪名未作辩解。王某的辩护人提出，王某在抢劫作案中所起作用较小，认罪态度好，请求对其从轻处罚。徐某的辩护人提出，徐某所起作用小于王某，认罪态度好。

某省某市中级人民法院经公开审理查明：

（1）2012 年 12 月，被告人王某、徐某因经济拮据，商议抢劫租住于某省某市龙门镇北庄村的被害人侯某某。同月的一天晚上，2 人以嫖娼为由进入侯某某住处，将侯某某捆绑、堵嘴后劫持到王某租住房并向侯某某索要钱财。侯某某被劫持 3 天后，称有 8000 元存折存放于其住处。2 人获得存折及密码后将侯某某勒死，并将其尸体抛至一地窖内。后 2 人持侯某某身份证到银行从侯某某的存折中支取 8000 元并平分。

（2）2013 年 1 月，被告人王某、徐某又商议抢劫与王某相识的被害人袁某。同月 19 日晚，王某、徐某与袁某在王某住处吃饭时，王某向袁某的杯内偷放安眠药。袁某昏睡后，二人将其捆绑。徐某持刀威逼袁某并索要 10 万元，遭拒后 2 人对袁某进行殴打，逼问出袁某的存折存放位置及密码。王某找到袁某的存折后用该存折向其本人的账户转账 80000 元。

---

〔1〕 参见中华人民共和国最高人民法院刑事审判第一、二、三、四、五庭主办：《刑事审判参考》（总第 114 集），法律出版社 2019 年版，第 78—82 页。

（3）2013年春节后，被告人王某、徐某共谋抢劫托徐某帮忙寻找房源的被害人樊某。同年3月4日11时许，徐某以购房为由将樊某骗至住处，王某假扮卖房人试探樊某，二人确认樊某有钱后将其捆绑。樊某拒绝交钱后徐某以樊某醉酒为由将樊某的妻子刘某骗至住处捆绑起来。王某、徐某通过逼问樊某获得樊某的存单、身份证、户口本和存单密码后，用电线勒死樊某、刘某，将尸体埋在徐某租住院内事先挖好的坑中。王某、徐某持抢得的存单、身份证多次支取存款共计90000余元，赃款2人均分。徐某还向连襟杜某（被法院以掩饰隐瞒犯罪所得罪判处有期徒刑2年）谎称其有偷来的存单，要杜某帮忙取款并许诺给杜某好处费。后杜某持徐某通过他人制作的假身份证从樊某的存单中支取10000元，杜某分得1000元。

某市中级人民法院认为，被告人王某、徐某使用暴力劫持他人后劫取财产并杀死被害人，其行为均构成抢劫罪。王某、徐某共同预谋，多次抢劫他人财物，数额巨大，且致3人死亡，情节恶劣，后果极其严重。2人在抢劫犯罪中行为积极主动，均系主犯，王某又系累犯，应依法从严惩处。据此，依照《刑法》第263条第4、5项，第65条第1款，第25条第1款，第26条第1款、第4款，第57条第1款的规定，以抢劫罪判处王某、徐某死刑，剥夺政治权利终身，并处没收个人全部财产。

一审宣判时，被告人王某、徐某口头提出上诉；同案被告人杜某在法定期限内提交上诉状，上诉期满后又提出撤诉。某省高级人民法院依法裁定准予杜某撤回上诉，并按复核程序审理了本案。

某省高级人民法院复核认为，原判定罪及适用法律正确，量刑适当，审判程序合法，裁定同意某市中级人民法院剥被告人王某、徐某均以抢劫罪判处死刑，剥夺政治权利终身，并处没收个人全部财产的刑事判决，并依法报请最高人民法院核准。

最高人民法院经复核认为，某省高级人民法院在审理本案过程中，未依法按照二审程序进行审理，剥夺了被告人的上诉权，侵犯了被告人的辩护权，严重违反法定诉讼程序，可能影响公正审判。依照《刑事诉讼法》第246、250条和最高人民法院《解释》第429条第6项、第430条第1款的规定，裁定不核准并撤销某省高级人民法院同意原审对被告人王某、徐某以抢劫罪判处死刑，剥夺政治权利终身，并处没收个人全部财产的刑事裁定，发回某省高级人民法院重新审判。

主要问题

在死刑复核程序中发现二审法院剥夺被告人上诉权的，应如何处理？

裁判理由

最高人民法院在复核本案时发现，一审法院宣判时被告人王某、徐某均表示提出上诉，宣判笔录明确记录了两人的上诉要求，但某省高级人民法院却以复核程序审理了本案，并报请最高人民法院核准。对高级人民法院以复核程序审理被告人口头提出上诉案件的，在最高人民法院死刑复核阶段应如何处理，形成两种意见。第一种意见认为，高级人民法院未依法适用二审程序公开开庭审理，剥夺了被告人的上诉权，侵犯了被告人的辩护权，严重违反法定诉讼程序，可能影响公正审判，依法应发回重审。第二种意见认为，某省高级人民法院虽未按照二审程序公开开庭审理，但提讯了王某、徐某，充分听取了2人的意见，并为2人指定了辩护人，保障了辩护权的充分行使，并不影响案件的公正审判，不必发回重审，依法可核准死刑。我们同意第一种意见，具体理由如下：

（一）被告人在法定期限内口头提出上诉的，应视为有效上诉

《刑事诉讼法》第227条第1款规定："被告人、自诉人和他们的法定代理人，不服地方各级人民法院第一审的判决、裁定，有权用书状或者口头向上一级人民法院上诉……"同时，该条第3款规定："对被告人的上诉权，不得以任何借口加以剥夺"。据此，被告人以书面或口头形式提出的上诉，均属于有效上诉表示，应当受到刑事诉讼法的严格保护。被告人的上诉权是刑事诉讼中的基本诉讼权利，不得以任何形式和借口予以剥夺。最高人民法院《解释》第379条第1款规定："人民法院受理的上诉案件，一般应当有上诉状正本及副本。"此处规定"一般"应当有上诉状正本及副本，是出于更全面地了解和掌握被告人的上诉理由而作出的原则性规定，并不是否定被告人口头上诉的法律效力。

本案中，一审宣判时被告人王某、徐某均明确表示上诉并被记录在案，同案被告人杜某表示不上诉（后提交了上诉状）。但此后一审法院根据仅收到杜某上诉状的情况认为只有杜某提出上诉，制作案件移交材料后将案件上报至二审法院，二审法院亦因未收到王某、徐某提交的上诉状而认为两人未提出上诉，并在裁定准许杜某撤诉后直接以复核程序审理了本案。这种做法的错误在于，法院对被告人在法定期限内提出的口头上诉未予重视，单纯以是否提交上诉状作为认定被告人是否上诉的依据（王某、徐某均称口头提出上诉后又通过看守所提交了上诉状，但法院未收到），忽视了口头上诉的法律效力。综上，王某、徐某在一审宣判时已提出有效上诉，其后不论2人有无提交书面上诉状，均不影响两人提出上诉的法律效力。作为一审的上一级法院，在审理工作中应当重视审查被告人有无上诉情况。

（二）死刑上诉案件未开庭审理的，属于严重违反法定诉讼程序，可能影响公正审判，应依法发回重审

《刑事诉讼法》第234条第1款规定："第二审人民法院对于下列案件，应当组成合议庭，开庭审理……（二）被告人被判处死刑的上诉案件……"最高人民法院《解释》第393条第1款进一步明确了"被告人被判处死刑的上诉案件"应当开庭审理。有意见认为，本案中某省高级人民法院提讯了一审被判处死刑的被告人王某、徐某，听取了2人意见，并为2人指定了辩护人，听取了辩护人意见，虽未开庭审理，但充分保障了被告人的诉讼权利。中级人民法院、高级人民法院认定王某、徐某犯抢劫罪的事实清楚，证据确实、充分，对2人均应判处死刑。因此，虽然某省高级人民法院未适用二审程序公开开庭审理违反法定诉讼程序，但实质上并不影响公正审判，依法可予核准。

法院认为，在一审法院判处被告人王某、徐某死刑，两人均明确提出上诉的情况下，某省高级人民法院适用复核程序审理本案，不但剥夺了被告人申请回避的权利、当庭举证质证及辩护的权利，而且导致同级检察机关不能参与案件的二审程序，指控犯罪、监督审判的职能缺失，属于严重违反法定诉讼程序。开庭审理是刑事诉讼法规定的基本原则，是审判公正的制度保障，是法律的刚性规定，其目的是最大限度地保障被告

人辩护权的充分行使，保障人权，彰显程序正义，确保实体公正。如果仅以实体公正为宗旨，完全抛开程序正义的要求，既不符合注重程序正义、充分保障人权的现代刑事司法理念，也可能为案件的实体处理埋下隐患。因此，对于依法应当开庭审理的案件未开庭审理的，原则上应认定此种做法“可能影响公正审判”，这也是刑事诉讼法规定二审开庭审理制度的应有之意，特别是对死刑案件，更要坚持最高标准、最严要求。

综上，最高人民法院认为某省高级人民法院适用复核程序审理了本应开庭审理的死刑案件，严重违反法定诉讼程序，可能影响公正审判，据此裁定不核准二被告人死刑，并撤销原判，发回某省高级人民法院重新审判。

值得注意的是，本案是一起性质十分恶劣的抢劫杀人案件，在政策上应当依法予以严惩，故本案发回重审纠正程序违法后，高级人民法院仍可以再次报请最高人民法院核准死刑。

第十八章 审判监督程序

【内容提示】

审判监督程序，又称再审程序，是指人民法院、人民检察院发现已经发生法律效力的刑事判决、裁定在认定事实或适用法律上确有错误时，依法提起并对案件进行重新审判的一项特殊审判程序。它的目的在于纠正已经生效的错误判决或裁定，准确惩罚犯罪，保障无辜的人不受刑事追究。审判监督程序是审判监督的一个重要方式，是为纠正已生效的错误裁判而提起的一种特殊程序，与第一审程序、第二审程序、死刑复核程序有明显区别。提起审判监督程序的主体是：（1）已经发生法律效力的判决、裁定的原审人民法院院长和审判委员会；（2）最高人民法院；（3）上级人民法院；（4）最高人民检察院；（5）上级人民检察院。

人民法院按照审判监督程序重新审判案件，由原审人民法院审理的，应当另行组成合议庭进行。如果原来是第一审案件，应当依照第一审程序进行审判，所作的判决、裁定可以上诉、抗诉；如果原来是第二审案件或者是上级人民法院提审的案件，应当依照第二审程序进行审判，所作的判决、裁定是终审的判决、裁定。

第一节 审判监督程序的概念、特点和意义

一、审判监督程序的概念

审判监督程序，又称再审程序，是指人民法院、人民检察院发现已发生法律效力的刑事判决、裁定在认定事实、适用法律或审判程序上确有错误时，依法提起并对案件进行重新审判的一项特别审判程序。之所以称为特别审判程序，是因为按照裁判安定性的原理，一旦裁判生效即产生一事不再理的效力，对原先生效的裁判所涉及的同一被告人的同一犯罪事实就不应再予以追究或争执。但是，生效裁判未必没有错误，如果一概不允许救济，未免会让《刑事诉讼法》第 2 条所规定的“准确、及时地查明犯罪事实，正确应用法律，惩罚犯罪分子，保障无罪的人不受刑事追究”的基本任务最终落空。因此，刑事诉讼法特别设计出审判监督程序，例外地排除生效裁判的既判力，以防范和纠正冤假错案，维护司法公正。可见，审判监督程序并非每一案件的必经程序，而是在一定条

件下才能采用的特殊程序，专门用于纠正确有错误的生效判决、裁定。

值得注意的是，审判监督与审判监督程序是两个不能混淆的概念。审判监督是指监督者（主要是指人民检察院）对刑事审判活动及司法裁判是否符合法定程序和法定标准从旁查看，发现并督促纠正违反诉讼程序及诉讼标准的诉讼行为和司法裁判，保证刑事审判权依法正确行使的一系列专门活动的总称。与作为特别救济程序的审判监督程序相比，二者有以下区别：（1）范畴类别不同。审判监督贯穿审判的各个阶段，而审判监督程序只是裁判生效以后的特别救济程序。（2）启动主体不同。审判监督的启动主体主要是人民检察院，也可以是社会舆论和公众，而审判监督程序的启动主体是作出生效裁判的各级人民法院院长和审判委员会、最高人民检察院和上级人民检察院、最高人民法院和上级人民法院。（3）对象不同。审判监督并不限于针对生效裁判，也可以针对未生效的裁判与诉讼行为，既可以针对案件本身，亦可以针对审判作风或法院行政及其他与审判有关的问题。而审判监督程序只能是针对生效的裁判。（4）方式不同。审判监督既可以通过抗诉，也可以通过出庭支持公诉、提出纠正意见、检察建议等方式完成。而审判监督程序往往需要人民检察院以提出抗诉或者人民法院以决定再审、决定提审或指令再审等方式启动。可见，如果是针对生效裁判的审判监督，检察机关通过提起抗诉可以启动审判监督程序。但是如果是针对未生效的裁判或其他审判事项的审判监督，则可能导致二审等程序启动，而与审判监督程序无关。简而言之，任何案件都可能存在审判监督，但未必存在审判监督程序。

审判监督程序在我国理论上也被称为再审程序[1]，作为再审程序之一部分的再审与重审是初学者极易混同的概念。重审也称重新审判，即案件按照对应审级的诉讼程序从头到尾再来一次审判。可见再审肯定是一种重审，但重审与再审还是有以下区别：（1）所处的诉讼阶段不尽一致。再审是审判监督程序的一部分，但重新审判未必发生在审判监督程序，也可以是二审程序、死刑复核程序、缺席审判程序的处理方式。（2）两者的程序有时不尽一致。理论上而言，重审意味着对审判准备、证据调查、法庭辩论、最后陈述等诉讼行为重新为之。通常情况下，再审案件必须从头到尾重新审判，此时重审就是再审的内容。但在被告人死亡或者自诉人死亡、丧失诉讼能力的例外情形下，再审就并非意味着彻底的重审。（3）次数限制不同。依据《刑事诉讼法》第 236 条第 2 款，对于二审法院因为事实不清、证据不足发回重审的案件作出判决后，又经上诉或抗诉的，第二审法院不得再次发回原审人民法院重新审判。可见二审阶段因事实原因发回的重审有次数限制。但再审目前并无启动次数的严格限制。（4）审限不同。重审的期限一般与之前作出判决的法院所对应审级的诉讼期限一致，例如经二审发回第一审法院重审的案件，审理期限即为一审期限；再如经高级人民法院二审维持死刑的判决却经最高人民法院不予核准，发回到高级人民法院重审的期限，与二审期限一致。但是，《刑事诉讼法》第 258 条第 1 款对再审（重新审判）的期限有明确的规定，即作出再审决定之日起 3 个月以内审结，

---

〔1〕这一概念往往给初学者造成混淆。实际上，无论是指定再审还是决定再审，都只是再审程序中的一部分而已，除此之外，再审程序的启动方式、再审以后的处理都是完整再审程序的组成部分。

需要延长的不得超过6个月。

从设置审判监督程序的目的来讲，审判监督程序的任务是纠正确有错误的生效的判决、裁定，做到实事求是，不枉不纵，罚当其罪，保障当事人的正当权益，维护法律的统一、正确实施，最终实现刑事诉讼惩罚犯罪、保障人权的根本目的。党的十八大以来，坚决维护社会公平正义，依法纠正冤假错案是全面依法治国实践的重要成果。

二、审判监督程序的特点

审判监督程序作为刑事诉讼的一项特殊审判程序，既不同于第二审程序，也不同于死刑复核程序，与这两种程序比较，审判监督程序有如下特点。

（一）审理对象为已生效的判决、裁定

审判监督程序的审理对象必须是已经发生法律效力的判决、裁定，包括已经执行完毕的判决、裁定。对于没有生效的判决与裁定，则通过二审程序、死刑复核程序等救济。究竟怎样的判决与裁定才能被称为生效的判决与裁定？这要区分两种情况：（1）对于一审的判决与裁定，依据《刑事诉讼法》第230条，接到判决书第2日起10日内，接到裁定书第2日起5日内没有上诉或抗诉的，一审判决与裁定生效。可见一审的判决与裁定必须经过送达，才有可能计算上诉与抗诉期限，没有送达而仅仅宣告的一审判决与裁定不能视为生效。（2）对于终审[1]的判决与裁定，则应从裁判宣告之日起生效。

（二）提起程序的主体特定

《刑事诉讼法》第254条将提起审判监督程序的权力赋予特定的机关和人员。依照法律规定，有权提起审判监督程序的人员和机关是各级人民法院院长和审判委员会，最高人民法院、上级人民法院，最高人民检察院、上级人民检察院。但依据《刑事诉讼法》第227条的规定，二审程序中的上诉可以由被告人、自诉人和他们的法定代理人，或经被告人同意的近亲属、辩护人提起；依据《刑事诉讼法》第228条的规定，依二审程序提出抗诉的机关仅限于与作出一审判决的人民法院同级的人民检察院。依据《刑事诉讼法》第247条的规定，死刑复核程序则是由下级人民法院将判处被告人死刑的案件主动报请高级人民法院复核，报请最高人民法院核准。

（三）提起程序的理由是生效判决、裁定确有错误

由于再审是既判力的例外，为了避免随意破坏程序的安定性与司法权威，提起审判监督程序的前提是，已生效的判决、裁定具备法定的再审原因，即认定事实、适用法律、审判程序上确有错误。二审程序则没有这样的条件限制。无论其是否有理由或理由是否充分，只要有权上诉的人或机关在法定期间内对第一审判决、裁定不服，就可以上诉或抗诉，且必然引起第二审程序。

（四）提起程序无时间限制

《刑事诉讼法》及最高人民法院《解释》对提起审判监督程序没有规定明确的期间限制。一般而言，在任何时候皆可依法提起审判监督程序。二审程序有严格的时间期

〔1〕 注意终审未必是二审，也有可能是死刑复核程序、在法定刑以下判处刑罚的核准程序等。

限。提起第二审上诉、抗诉的期限，判决为10日、裁定为5日，超过法定的期限，一审判决、裁定即发生法律效力，不会引起第二审程序。

（五）负责再审案件的法院不特定

依照审判监督程序进行再审的法院，既可以是原审的第一审人民法院或第二审人民法院，亦可以是提审案件的最高人民法院、上级人民法院以及由它们指令再审的原审人民法院以外的下级人民法院。按第二审程序审理案件的，只限于第一审人民法院的上一级人民法院。依照死刑复核程序规定有权进行复核的只有最高人民法院和高级人民法院。

（六）再审量刑要受到限制

依据最高人民法院《解释》第469条的规定，除人民检察院抗诉的以外，再审原则上不得加重原审被告人刑罚。

（七）再审的判决、裁定的效力取决于再审人民法院的审级

如果原来是第一审案件，应当依照第一审程序进行审判，所作的判决、裁定可以上诉、抗诉；如果原来是第二审案件，或者是上级人民法院提审的案件，应当依照第二审程序进行审判，所作的判决、裁定是终审判决、裁定。

三、审判监督程序的意义

在习近平法治思想中，公正司法具有基础性的地位。何谓公正司法？习近平总书记指出："所谓公正司法，就是受到侵害的权利一定会得到保护和救济，违法犯罪活动一定要受到制裁和惩罚。如果人民群众通过司法程序不能保证自己的合法权利，那司法就没有公信力，人民群众也不会相信司法。"〔1〕党的十八大以来，司法机关坚持实事求是、有错必究的原则，通过刑事审判监督程序依法纠正了浙江张氏叔侄案、河南李怀亮案、内蒙古呼格吉勒图案等一批重大冤假错案，提振了全社会对人权司法保障的信心。习近平总书记强调："要努力让人民群众在每一个司法案件中感受到公平正义，决不能让不公正的审判伤害人民群众感情、损害人民群众权益。"〔2〕这实际上概括出了中国社会对司法公正的更高期待。

刑事诉讼中审判监督程序的设立、发展和完善是我国一贯倡导的"实事求是，依法纠错"的刑事政策和习近平法治思想在刑事诉讼中的充分体现，对于满足人民群众对公平正义的期待，提高司法公信力有非常重要的意义，主要表现在以下几个方面。

（一）审判监督程序是贯彻"实事求是，依法纠错"方针、准确适用刑法的程序保障

党的十八届四中全会提出，一审重在解决事实认定和法律适用，二审重在解决事实法律争议、实现二审终审，再审重在解决依法纠错、维护裁判权威。人民法院代表国家

〔1〕习近平：《在十八届中央政治局第四次集体学习时的讲话》，载中共中央文献研究室编：《习近平关于全面依法治国论述摘编》，中央文献出版社2015年版，第67页。

〔2〕习近平：《论坚持全面依法治国》，中央文献出版社2020年版，第205页。

行使审判权，作出的判决与裁定一经生效必须坚决执行，不能轻易改变。然而，刑事案件情况错综复杂。受主、客观因素的影响，难以做到每一个案件在认定事实、适用法律或审判程序上都不发生错误，在已发生法律效力的案件中，仍可能有少数判决、裁定确有错误。对此，必须予以纠正，不能知错不改。

所谓依法纠错，即只有当生效裁判存在依照法律应当纠正的错误时，才可以启动再审程序。纠错的同时也要维护法的确定性原则。审判监督程序不像一审程序、二审程序那样属于普通程序，在世界各国的审级制度中，其都是作为“特别救济程序”或“非常救济程序”存在的，在我国也不例外。对于那些只认死理而罔顾法律规定的当事人，只能以疏导的方式来做耐心细致的解释，“司法工作也是做群众工作”，解开当事人的“心结”，达到案件真正了结的效果。应该将纠正司法错误和维护司法权威以及节约诉讼成本三者有机统一起来。

（二）审判监督程序是上级人民法院对下级人民法院、人民检察院对人民法院审判工作依法实行监督的重要方式和有效措施

我国人民法院上下级之间的关系不是领导关系，而是监督关系，人民法院依法独立审判，上级人民法院对下级人民法院的审判工作不能直接下达命令，指示下级人民法院就某一案件应如何处理。法律规定审判监督程序，使最高人民法院和其他上级人民法院有权按照审判监督程序提审或者指令下级人民法院再审，纠正错误判决、裁定，这样有利于原审人民法院或重新审理的其他人民法院从中总结经验教训，改进审判作风和方法，提高办案质量。最高人民检察院和其他上级人民检察院发现人民法院已生效判决、裁定确有错误，按照审判监督程序提出抗诉，行使审判监督权，可保证法律的统一正确实施。

第二节 审判监督程序的提起

一、提起审判监督程序的材料来源

提起审判监督程序的材料来源，是指对已发生法律效力的判决、裁定发现有错误而提出有关证据及其资料等的渠道、来路。依据《刑事诉讼法》的规定和司法实践，这些材料来源主要有以下几类。

（一）当事人及其法定代理人、近亲属的申诉

《刑事诉讼法》第252条规定：“当事人及其法定代理人、近亲属，对已经发生法律效力的判决、裁定，可以向人民法院或者人民检察院提出申诉，但是不能停止判决、裁定的执行。”这一规定表明，当事人等对人民法院的生效裁判认为有错误的，可以向司法机关提出申诉，这既是法律赋予他们的权利，也是提起审判监督程序的主要材料来源，还是使确有错误的裁判得以纠正的重要途径。

（二）各级人民代表大会代表提出的纠正错案的议案

人大代表与人民群众有着密切联系，在视察工作和调查访问过程中，能够了解到群众对人民法院判决、裁定正确与否的意见。在召开人民代表大会期间，各级人大代表可以有针对性地提出议案。因此，这也是提起审判监督程序的重要材料来源。各级人民法院对人大代表提出的议案，应当进行认真审查，并将处理结果报告权力机关。

（三）人民群众的来信来访

人民群众的来信来访虽然不同于《刑事诉讼法》所规定的当事人提出的申诉，但是根据《宪法》第 41 条第 1 款的规定，公民对于任何国家机关及其工作人员，有提出批评和建议的权利；对于违法失职行为，有申诉、控告与检举的权利。因此，来信来访是一种宪法权利的行使。这里说的来信来访，不是泛指人民群众对诉讼和非诉讼问题的一般反映，也不同于群众向党政机关反映情况和提出要求，而是他们对已生效的裁判认为有错误而提出的材料和意见。这些材料和意见，同样是提起审判监督程序的重要材料来源，是人民群众监督司法工作的重要方式。所以最高人民法院《解释》第 451 条第 2 款规定，如果案外人认为生效裁判侵害其合法权益，也可以申诉，人民法院应当审查处理。同理，人民检察院对人民群众的来信来访也应当重视，并进行认真审查及处理。

（四）公安司法机关通过办案或者复查案件发现错案

公安司法机关在办案过程中，经常发生“办一案破一片”或“办此案发现彼案”的情况，这既是发现犯罪案件、抓获犯罪人的重要途径，同时也是纠正错案的重要渠道。特别是公安司法机关为了保证办案质量，在定期或不定期主动自查、互查或依上级批示进行总结检查、复查过程中，发现错案也是有的。因此，公安司法机关通过办案、复查案件发现的错案，也是提起审判监督程序的重要材料来源。

（五）机关、团体、企业、事业单位和新闻媒体等对生效裁判反映的意见

党政领导部门、各级党的纪检组织、国家监察机关等，在社会调查和履行职责中，发现生效裁判可能有错误，向有关司法机关所作的建议复查案件的文件及材料等，都是提起审判监督程序的材料来源。其他团体、单位、媒体等在履行职务中发现有错误的生效裁判，并以法律意见书等形式向司法机关提出意见，当然也是提起再审的重要材料来源。对以上各种材料、意见等，司法机关都应予以充分重视，及时查处。

二、申诉及其审查处理

（一）申诉的概念

我国《刑事诉讼法》中所使用的申诉有两种意义：一种是依据《刑事诉讼法》第 180、181、282 条的规定，犯罪嫌疑人、被害人对于人民检察院不起诉决定不服提出的申诉；另一种是指当事人及其法定代理人、近亲属，对人民法院的生效裁判不服，以书状或口头形式向人民法院或者人民检察院提出该裁判确有错误并要求重新处理的行为。本章所讲的申诉指后一种，即再审申诉。

申诉与上诉不同，上诉是上诉人在刑事诉讼过程中，针对一审法院尚未发生法律效力的判决、裁定，在法定的上诉期限内提起诉讼的活动。它们在行为性质、诉讼程序、

法律效力及后果等方面均有严格区别。

（1）对象不同：申诉的对象是生效裁判，上诉的对象是未生效的一审判决与裁定。

（2）主体范围不同：申诉人包括所有当事人及其法定代理人、近亲属，也包括案外人。但上诉的主体并没有公诉案件的被害人及其法定代理人、近亲属，也没有案外人。被告人的近亲属一般也只有在被告人同意或者已经死亡的前提下才能代为上诉。申诉可以委托律师代为进行。申诉阶段的律师不称作辩护人，应该称为诉讼代理人。

（3）受理机关不同：受理申诉的机关包括原审人民法院与上级人民法院，也包括以上各级人民法院所对应的人民检察院；但上诉的受理机关只能是一审人民法院或其上一级人民法院。

（4）程序不同：上诉行为可以直接引起二审程序的启动，但申诉并不能直接启动审判监督程序。只有当有关人民法院、人民检察院对申诉审查后，认为申诉成立，原裁判确有错误而作出有关决定时，才能启动审判监督程序。

（5）法律效果不同：上诉必然引起第二审程序并阻断一审裁判的生效与执行；申诉并不能阻断或停止生效裁判的执行。即使申诉理由成立，法院按照审判监督程序重新审判时，也可以不中止原裁判的执行。

（6）期限要求不同：我国现行法律对申诉没有规定期限；但对判决、裁定的上诉，规定了明确的期限。

（二）申诉的效力

《刑事诉讼法》第252条明确规定，当事人等提出申诉，但不能停止对原裁判的执行。之所以如此规定，一方面是因为要保持生效裁判的稳定性、严肃性，不能轻易改判；另一方面是因为这些案件情况复杂，而且时过境迁（如刑罚正在执行或已执行完毕），审查原判是否正确，很不容易，仅凭一纸申诉就判断原判确有错误是不可能的。所以，在正式启动审判监督程序之前，不能停止对生效裁判的执行。

（三）申诉的提出、受理与审查处理

1. 申诉的提出与受理

当事人及其法定代理人、近亲属既可以向人民法院提出申诉，也可以向人民检察院提出申诉。由于受理和审查的方法大体相同，故以下仅阐述向人民法院申诉的程序。

（1）提出申诉。依据最高人民法院《解释》第452条的规定，申诉人应该向人民法院提供以下材料：①申诉状，应当写明当事人的基本情况、联系方式以及申诉的事实与理由。②原一、二审判决书、裁定书等法律文书，经过人民法院复查或者再审的，应当附有驳回申诉通知书、再审决定书、再审判决书或裁定书。③其他相关材料。以有新的证据证明原裁判认定的事实确有错误为由申诉的，应当同时附有相关证据材料；申请人民法院调查取证的，应当附有相关线索或者材料。申诉符合上述规定的，人民法院应当出具收到申诉材料的回执。申诉不符合前述规定的，人民法院应当告知申诉人补充材料。申诉不符合前述规定又无故拒绝补充的，人民法院不予审查。

（2）申诉的受理。人民法院对于申诉，原则上都应当予以接受。人民法院收到申诉以后，首先应进行是否符合申诉受理条件的审查，然后再进行有无再审理由的实质审查。

2. 申诉的审查

《刑事诉讼法》对于各级人民法院、人民检察院如何审查申诉没有作出明确规定。依据最高人民法院《解释》第 453 条的规定，受理、审查申诉一般由终审人民法院进行。但是，第二审人民法院裁定准许撤回上诉的案件，申诉人对于第一审判决提出申诉的，可以由第一审人民法院审查处理。如果未经终审人民法院审查处理而直接向上一级法院申诉的，上一级法院可以告知申诉人向终审人民法院提出申诉，也可以直接交终审人民法院审查处理，对于疑难、复杂、重大案件也可以直接审查处理；对经终审人民法院审查处理后仍坚持申诉的，上一级法院应当受理。对未经终审人民法院及其上一级人民法院审查处理，直接向上级人民法院申诉的，上级人民法院应当告知申诉人向下级人民法院提出。

最高人民法院或者上级人民法院可以指定终审人民法院以外的人民法院对申诉进行审查。被指定的人民法院审查后，应当制作审查报告，提出处理意见，层报最高人民法院或上级人民法院审查处理。

人民法院受理申诉后，应该在 3 个月以内作出决定，至迟不得超过 6 个月。因为疑难、复杂、重大或者其他特殊原因需要延长审查期限的，参照最高人民法院《解释》第 210 条关于延长审理期限的规定处理。

依据最高人民法院《解释》第 457 条的规定，申诉符合以下理由的，人民法院应当启动审判监督程序重新审判。

（1）有新的证据证明原判决、裁定认定的事实确有错误，可能影响定罪量刑的。什么是“新的证据”？最高人民法院在总结审判经验的基础上，在《解释》第 458 条中明确规定具有下列情形之一，可能改变原判决、裁定据以定罪量刑的事实的证据，应当认定为《刑事诉讼法》第 253 条第 1 项规定的“新的证据”：第一，原判决、裁定生效后新发现的证据；第二，原判决、裁定生效前已经发现，但未予收集的证据；第三，原判决、裁定生效前已经收集，但未经质证的证据；第四，原判决、裁定所依据的鉴定意见，勘验、检查等笔录被改变或者否定的；第五，原判决、裁定所依据的被告人供述、证人证言等证据发生变化，影响定罪量刑，且有合理理由的。值得注意的是，如果证人证言、被告人供述虽有变化，但不影响定罪量刑的，或者翻证、翻供没有合理理由，则不应该视为出现了新证据而启动再审。（2）据以定罪量刑的证据不确实、不充分，依法应当排除的。（3）证明案件事实的主要证据之间存在矛盾的。（4）主要事实依据被依法变更或者撤销的。（5）认定罪名错误的。（6）量刑明显不当的。（7）对违法所得或者其他涉案财物的处理确有明显错误的。（8）违反法律关于溯及力规定的。（9）违反法定诉讼程序，可能影响公正裁判的。（10）审判人员在审理该案件时有贪污受贿、徇私舞弊、枉法裁判行为的。

人民法院经过审查，对于不具有上述情形的申诉，应当说服申诉人撤回申诉；对仍然坚持申诉的，应当书面通知驳回。申诉人对驳回申诉不服的，可以向上一级人民法院申诉。上一级人民法院经审查认为申诉不符合以上情形的，应当说服申诉人撤回申诉；

对仍然坚持申诉的，应当驳回或通知不予重新审判。

三、提起审判监督程序的主体

依据《刑事诉讼法》第 252、254 条的规定，有权申请提出申诉的主体是当事人及其法定代理人、近亲属；有权提起审判监督程序的主体则是各级人民法院院长及审判委员会、最高人民法院和上级人民法院、最高人民检察院和上级人民检察院。

（一）各级人民法院院长及审判委员会

依据《刑事诉讼法》第 254 条第 1 款以及最高人民法院《解释》第 460 条的规定，各级人民法院院长对本院已经发生法律效力的判决和裁定，如果发现在认定事实或适用法律上确有错误，应当提交审判委员会讨论决定是否再审。

对此，必须明确以下几点：

（1）对本院已经发生法律效力的判决、裁定提起审判监督程序的权力，应由院长和审判委员会共同行使，即院长负责提交审判委员会处理，由审判委员会讨论决定是否对案件进行重新审理。院长本人不能自行决定对案件的处理。

（2）审判委员会对院长提交讨论的本院生效判决、裁定，讨论后决定再审的案件，应当另行组成合议庭。

（3）各级人民法院院长及审判委员会提起审判监督程序的对象，只能是本院生效的判决、裁定，不能是上级或其他人民法院生效的判决、裁定。

（4）各级人民法院院长，对依照审判监督程序重新审结的案件，如果发现仍确有错误，可以提交审判委员会处理，也可以送请上一级人民法院依照审判监督程序处理。

（二）最高人民法院和上级人民法院

《刑事诉讼法》第 254 条第 2 款规定："最高人民法院对各级人民法院已经发生法律效力的判决和裁定，上级人民法院对下级人民法院已经发生法律效力的判决和裁定，如果发现确有错误，有权提审或者指令下级人民法院再审。"这一规定表明，最高人民法院对于各级人民法院已经发生法律效力的判决、裁定，如果发现确有错误，有权提起审判监督程序。其他人民法院则只能对其所属的下级人民法院行使审判监督权，发现下级人民法院已经发生法律效力的判决、裁定确有错误时，有权提起审判监督程序。

最高人民法院、上级人民法院认为下级人民法院已经发生法律效力的判决、裁定确有错误，应调卷审查。由院长或其指定的审判人员负责审查。经审查认为原判决、裁定并无错误，应以上级人民法院名义将审查结果通知下级人民法院；如果认为确有错误，应由院长提交审判委员会讨论决定。审判委员会经过讨论后，根据不同情况分别作出处理。

《刑事诉讼法》和最高人民法院《解释》考虑到案件回到原审人民法院以后，难以确保再审的权威性与公正性，对需要重新审判的案件，要求上级人民法院一般指令原审人民法院以外的下级人民法院再审。但是，如果原审人民法院审理更有利于查明案件事实，纠正错误的，也可以指令原审人民法院审理。如果属于原判决认定事实正确但适用法律错误，或者案件重大、复杂、疑难，或有不宜再由原审人民法院审理的情形的，上级人民法院也可提审该案。这主要考虑到审判监督程序的一项重要功能就是保障法律统一适用，上级人民法院对下级人民法院在审判工作中适用法律情况有义务实行监督。

提审或指令下级人民法院再审应制作决定书。下级人民法院收到最高人民法院或上级人民法院的提审或指令再审决定书后，必须将案件依法移送或组成合议庭重新审理，无须由审判委员会对此再作讨论。

（三）最高人民检察院和上级人民检察院

《刑事诉讼法》第 254 条第 3 款规定："最高人民检察院对各级人民法院已经发生法律效力的判决和裁定，上级人民检察院对下级人民法院已经发生法律效力的判决和裁定，如果发现确有错误，有权按照审判监督程序向同级人民法院提出抗诉。"这一规定表明，最高人民检察院和上级人民检察院是提起审判监督程序的主体。人民检察院是国家的法律监督机关，对人民法院已经发生法律效力的判决、裁定，如果发现确有错误，有权按照审判监督程序提出抗诉，这是人民检察院行使审判监督权的重要方面。

依照法律规定，只有最高人民检察院和上级人民检察院才有权对下级人民法院已经发生法律效力的判决、裁定提出抗诉。抗诉一般由上级人民检察院向它的同级人民法院提出或者指示与作出原判决、裁定的人民法院相应的上一级人民检察院提出抗诉。[1]

地方各级人民检察院发现同级人民法院已经发生法律效力的判决、裁定确有错误时，无权向同级人民法院提出抗诉，也无权直接向上一级人民法院提出抗诉，而只能向上一级人民检察院报告，要求上一级人民检察院向其同级人民法院提出抗诉。当然，在司法实践中，地方各级人民检察院发现同级人民法院已经发生法律效力的判决、裁定确有错误但又不符合审判监督程序理由时，可向同级人民法院提出检察建议，要求重审。这种检察建议不具备抗诉的法律效力，但对人民法院及时发现和纠正错误的判决、裁定，具有积极作用。

对于人民检察院抗诉的案件，接受抗诉的人民法院应当制作再审决定书，组成合议庭重新审理。对于原判决事实不清楚或证据不足的，可以指令下级人民法院再审。对于人民检察院依照审判监督程序提起抗诉的案件，人民法院不能裁定驳回。

最高人民检察院有权对最高人民法院生效的判决、裁定，依法提出抗诉。最高人民法院对于最高人民检察院提出的抗诉，应当接受，作出相应处理。

四、提起审判监督程序的理由

我国《刑事诉讼法》第 254 条第 1 款对提起审判监督程序的理由作了原则性规定，

---

〔1〕 依据 2017 年 10 月颁布的《人民检察院刑事申诉案件异地审查规定（试行）》，为了杜绝检察机关在当地监督纠正工作中遇到的阻力和干扰，最高人民检察院发现省级人民检察院管辖的刑事申诉案件原处理决定、判决、裁定有错误可能，且具有下列情形之一的，经检察长或者检察委员会决定，可以指令由其他省级人民检察院进行审查：（1）应当受理不予受理或受理后经督促仍拖延办理的；（2）办案中遇到较大阻力，可能影响案件公正处理的；（3）因存在回避等法定事由，当事人认为管辖地省级人民检察院不能依法公正办理的；（4）申诉人长期申诉上访，可能影响案件公正处理的；（5）其他不宜由管辖地省级人民检察院办理的情形。反之，如果省级人民检察院认为所办理的刑事申诉案件需要异地审查的，也可以提请最高人民检察院指令异地审查。申诉人也可以向省级人民检察院或最高人民检察院申请异地审查。

即以“在认定事实上或者在适用法律上确有错误”为理由，至于如何确定“确有错误”，法律未作具体规定。根据诉讼理论、原则，结合司法实践进行分析，“确有错误”主要表现为如下方面。

（一）认定事实确有错误的

在认定事实上确有错误主要是指原判决、裁定认定的主要事实或重大情节不清楚或失实。主要有以下几种情况：（1）原判决、裁定认定的主要事实有明显错误，与实际情况不符。（2）原判决、裁定认定的主要事实或重大情节不清；案内的证据不确实、不充分，主要证据之间存在矛盾，不足以证明主要犯罪事实或重大情节。（3）在证据不确定、不充分的情况下，据以认定的事实明显错误。（4）发现足以证明原判决、裁定认定的事实错误的新证据、新事实，如发现原判决、裁定依据的证据是伪造的等。（5）发现原判决、裁定所依据的证据属于应当被排除的。此外，原判决、裁定的主要事实依据被依法变更或者撤销的，也是提起审判监督程序的理由。

（二）适用法律确有错误的

原判决、裁定适用法律确有错误，主要表现为适用法律不当、定性定罪错误和量刑畸轻畸重。适用法律不当是指错用了法律、法规，错引用了法律条款，或者定罪量刑违反了政策原则、违反了法律关于溯及力的规定等情况。定性定罪错误是指混淆了罪与非罪、此罪与彼罪以及一罪与数罪的界限。量刑畸轻畸重是指原判决的刑罚超出了法定的量刑幅度。有两种情况：一是高于法定的量刑幅度；二是低于法定的量刑幅度。理解量刑畸轻畸重要注意以下几方面。

（1）量刑畸轻畸重不是一般的量刑失当。前者超出了法定的量刑幅度，后者则没有超出法定的量刑幅度，只是在量刑幅度以内偏轻偏重，这不应作为提起审判监督程序的理由。

（2）一审法院量刑过轻，二审法院鉴于只有被告人上诉，依据上诉不加刑原则作出维持一审判决的裁定，依据最高人民法院《解释》第469条的规定，人民法院对此一般不能通过提起审判监督程序加重对被告人的刑罚。因为，审判监督程序的对象应当是确有错误的已经发生法律效力的判决、裁定。二审人民法院根据上诉不加刑原则所作的维持原判决的裁定，在法律上应该认为是正确的。

（三）严重违反法律规定的刑事诉讼程序，可能影响判决、裁定公正审判的

适用法律错误，不仅指适用实体法错误，也包括适用程序法错误。依据《刑事诉讼法》第238条规定的违反法律规定的诉讼程序“应当裁定撤销原判，发回原审人民法院重新审判”的精神，在裁判生效后发现违反法定程序的情况，理所当然应按照审判监督程序重新审判，如没有依法组成合议庭或合议庭成员不符合法定条件；非法剥夺了被告人的辩护权；依法应当回避的审判人员参加了审判；申诉人有证据证明审判人员在审理该案件的时候，有贪污受贿、徇私舞弊、枉法裁判行为等。原审严重违反诉讼程序可作为提起审判监督程序的理由，不仅是为了纠正错误的判决、裁定，同时也是严肃执法、加强法治的需要。

五、提起审判监督程序的方式

依照《刑事诉讼法》第254条的规定，提起审判监督程序的方式是再审、提审或抗诉。

再审，包括决定再审和指令再审，是指原审人民法院根据本院审判委员会作出的对原审判决、裁定提起审判监督程序的决定，或上级人民法院要求本院对案件进行再审的指令，另行组成合议庭，对案件进行重新审理。值得注意的是，对于指令再审的案件，《刑事诉讼法》第255条确立了原审以外的下级人民法院审理为原则，以原审人民法院审理为例外的管辖原则。

提审是指原审人民法院的上级人民法院经过审查，发现原审人民法院已经发生法律效力的判决、裁定确有错误，需要提起审判监督程序的，直接组成合议庭，调取原审案卷和材料，对案件进行审理。提审和再审都是人民法院对判决、裁定已生效的案件进行重新审理的活动。提审和再审之间的区别在于，前者是由原审人民法院的上级人民法院进行的，后者是由原审人民法院或上级人民法院指令的原审以外的人民法院进行的。

审判监督程序中的抗诉是指最高人民检察院对各级人民法院、上级人民检察院对下级人民法院已生效的判决、裁定，发现确有错误，提请同级人民法院重新审理的一种审判监督行为。对于人民检察院抗诉的案件，接受抗诉的人民法院应当制作再审决定书，组成合议庭重新审理，对于原判决事实不清或证据不足的，亦可以指令下级人民法院再审。

依据我国《刑事诉讼法》及司法实践，上级人民法院对需要提起审判监督程序的案件，在决定是由本院提审还是指令原审或原审以外的下级人民法院再审时，往往考虑以下几个方面的因素。

（1）再审案件如果需要对原判决、裁定的事实、证据进行全面审理时，一般以下级人民法院重新审理为宜。但是人民检察院或上级人民法院在启动审判监督程序时，确实存在对原审人民法院“不信任”的问题，尤其当事人反应比较强烈，社会关注度高的案件，通过原审以外的下级人民法院在没有预断的情况下进行审理，更有利于作出客观公正的判决。所以指定原审人民法院以外的下级人民法院再审是呼应这种程序正义心理的管辖原则。

（2）如果案件发现了新的证据，并且指令其他人民法院再审很有可能超过指令再审的法定期限的，指定原审人民法院审理将更加合适。如果原审人民法院是终审人民法院，必要时，还可以再经由原审人民法院发回给原先一审的人民法院重审，以保障当事人的上诉权。原属第一审审结的案件按照第一审程序重新审理；原属第二审审结的案件按照第二审程序审理，所作出的判决、裁定是终审判决、裁定。

（3）重大、疑难、复杂案件可由上级人民法院提审。重大、疑难、复杂案件，有的情况复杂、涉及面广，原审人民法院重审难以解决问题；有的影响重大，影响范围大大超过原审人民法院管辖区域，上级人民法院提审较为适宜。

（4）适用法律错误或严重违反诉讼程序的案件以上级人民法院提审为宜。

第三节　依照审判监督程序对案件的重新审判

一、重新审判的方式和程序

（一）重新审判的方式

依据《刑事诉讼法》以及相关司法解释的规定，审判方式有两种：开庭审理和不开庭审理。不开庭审理在学理上可分为书面审理和调查讯问式审理。

1. 开庭审理

开庭审理是指审判人员直接调查核实事实和证据，传唤当事人，通知证人、鉴定人、辩护人、公诉人到庭，经法庭调查和辩论后进行评议和宣判，这与一审程序的审理方式基本相同。从目前情况看，它适用于以下几种再审案件：（1）依照第一审程序审理的；（2）虽然依照第二审程序审理，但需要对事实或者证据进行调查的；（3）人民检察院按照审判监督程序提出抗诉的；（4）可能对原审被告人（原审上诉人）加重刑罚的；（5）有其他应当开庭审理情形的。

2. 书面审理

书面审理是指再审法院不传唤原案当事人，不通知原案证人等诉讼参与人到庭，不进行法庭调查和辩论，只根据原案卷材料及申诉材料和意见，由合议庭直接评议后作出裁判的审理方式。这种方式简便易行，但对案情的认定具有一定的局限性，不能称之为完整的重新审判。

书面审理方式一般适用于：（1）原判决、裁定认定事实清楚，证据确实、充分，但适用法律错误，量刑明显不当的；（2）1979 年《刑事诉讼法》施行以前裁判的；（3）原审自诉人已经死亡或者丧失刑事责任能力的；（4）原审被告人（原审上诉人）在交通十分不便的边远地区监狱服刑，提押到庭确有困难的，但人民检察院提出抗诉的，人民法院应征得人民检察院的同意；（5）人民法院按照审判监督程序决定再审，并将开庭时间与地点在开庭前 7 天通知了人民检察院，人民检察院却经两次通知不派员出庭的；（6）原审被告人因为患有重病无法出庭的或者已经死亡的，依据《刑事诉讼法》第 296、297 条和最高人民法院《解释》第 466 条，人民法院可以缺席审判。但对于究竟是否开庭审理，却没有明确规定。目前，司法实践中一般采用书面审理并充分听取申诉人及其诉讼代理人、检察机关意见的方式。

3. 调查讯问式审理

采用这种方式审理案件，首先，应当讯问被裁判人，听取他们提出的申辩意见，同时将讯问被裁判人与调查新事实、收集新证据、审查原判决或裁定、询问有关诉讼参与人等方法有机结合起来。其次，应听取人民检察院对原判决、裁定的看法以及如何纠正错误裁判的意见，必要时，应当通知检察院派员旁听合议庭对案件的评议。最后，在审理过程中，应认真听取诉讼代理人或辩护人的意见。

（二）重新审判的程序

依据《刑事诉讼法》第256条的规定，再审案件的程序一般根据原审结案件的审级来确定，原来是第一审案件的，按照第一审程序进行审理，所作的判决、裁定，当事人可以上诉，检察院亦可以抗诉。如果在按照第一审程序审理的过程中，发现原审被告人还有其他犯罪的，一般应当并案审理，但分案审理更为合适的，可以分案审理。原来是第二审案件或是上级人民法院提审的案件的，按照第二审程序进行审理，所作的判决、裁定是终审判决、裁定，不得上诉或抗诉。

对人民检察院提出抗诉的案件，受理抗诉的人民法院决定提审的，应按第二审程序进行审判，所作的判决、裁定是终审的判决、裁定。

人民法院审理申诉人申诉的再审案件，申诉人在再审期间撤回申诉的，可以裁定准许；但认为原判确有错误的，应当不予准许，继续按照再审案件审理。申诉人经依法通知无正当理由拒不到庭，或者未经法庭许可中途退庭的，可以裁定按撤回申诉处理，但申诉人不是原审当事人的除外。

人民检察院抗诉的再审案件，人民检察院在开庭审理前撤回抗诉的，应当裁定准许；人民检察院接到出庭通知后不派员出庭，且未说明原因的，可以裁定按撤回抗诉处理，并通知诉讼参与人。

二、再审中强制措施的适用

由于我国的再审程序并不限于有利于被告人的再审，也包括不利于被告人的再审，因而司法实践中，被提起审判监督抗诉的个人在面临重新审判并有可能被加重刑罚之时，不乏逃避抗诉审查和审判的现象。依据最高人民法院的《解释》，人民法院接到人民检察院再审抗诉书后，在最终无法找到原审被告人（原审上诉人）的情况下，应将案卷退回人民检察院。如果人民法院的判决、裁定确有错误却因为原审被告人（原审上诉人）脱逃而不能得到纠正，刑事审判监督制度就会完全落空。因此，《刑事诉讼法》第257条第1款规定："人民法院决定再审的案件，需要对被告人采取强制措施的，由人民法院依法决定；人民检察院提出抗诉的再审案件，需要对被告人采取强制措施的，由人民检察院依法决定。"理解该条文要注意以下几点。

（1）只有在原审判决、裁定可能存在错误，而原审被告人具有外逃抗拒审查或严重妨碍证据核查情形时才能对其适用强制措施。

（2）再审不同于侦查，无所谓针对现行犯或重大嫌疑分子适用拘留的情形。发现原审被告人可能具有外逃倾向时，应经法定程序采用其他强制措施，不应由公安机关对原审被告人拘留，再报检察院批捕。

（3）若原审被告人被采取逮捕羁押的强制措施后，人民检察院或人民法院最终又没有提起审判监督抗诉或案件经再审宣布原审被告人无罪的，作出逮捕决定的机关应按《国家赔偿法》承担赔偿责任。

三、重新审判后的处理

人民法院依照审判监督程序审理案件，应根据案件的不同情况，分别处理。

（1）原判决、裁定认定事实和适用法律正确、量刑适当的，应当裁定驳回申诉或抗诉，维持原判决、裁定。

（2）原判决、裁定定罪准确、量刑适当，但在认定事实、适用法律方面有瑕疵的，应当裁定纠正并维持原判决、裁定。

在上述两种情形中，如果被告人死亡的，应当裁定终止审理。

（3）原判决、裁定认定事实没有错误，但适用法律错误或者量刑不当，应当撤销原判决、裁定，依法改判；依据最高人民法院《解释》第607条，如果此时被告人已经死亡的，可以缺席审理。有证据证明被告人无罪，经缺席审理确认被告人无罪的，应当判决宣告被告人无罪；虽然构成犯罪，但原判量刑畸重的，应当依法作出判决。

（4）依照第二审程序审理的案件，原判决、裁定事实不清或者证据不足的，可以在查清事实后改判，也可以裁定撤销原判，发回原审人民法院重新审判。具体而言，原判决事实不清或证据不足，经审理事实已经查清的，应当根据查清的事实依法裁判；事实仍无法查清，证据不足，不能认定被告人有罪的，应当撤销原判决、裁定，判决宣告被告人无罪。须注意此种情形下，依照审判监督程序的二审裁判方式与通常的二审裁判方式的区别，后者还可以发回原审人民法院审理一次，仅当再次上诉或抗诉以后，才不得发回。

对于依照审判监督程序重新审判案件后，能否加重被告人的刑罚问题，理论界争论较大。再审可分为有利于被告人的再审和不利于被告人的再审。对于有利于被告人的再审，法律可不对再审的提起进行限制；对于不利于被告人的再审，法律应当有严格的条件和程序限制，应当取消法院主动提出的对被告人不利的再审的规定。最高人民法院《解释》第469条规定：除人民检察院抗诉的以外，再审一般不得加重原审被告人的刑罚。再审改判被宣告无罪并依法享有申请国家赔偿权利的当事人，宣判时合议庭应当告知其该判决发生法律效力后即有申请国家赔偿的权利。

为了提高审判监督程序的工作效率，保障有关当事人的合法权益，防止案件久拖不决，《刑事诉讼法》第258条对审判监督程序案件的审理期限作了明确规定：人民法院按照审判监督程序重新审判的案件，应当在作出提审、再审决定之日起3个月以内审结，需要延长期限的，不得超过6个月。接受抗诉的人民法院按照审判监督程序审判抗诉的案件，审理期限适用前款规定；对需要指令下级人民法院再审的，应当自接受抗诉之日起1个月内作出决定，下级人民法院审理案件的期限适用前款规定。

重要名词术语

审判监督程序、审判监督、审判监督程序的抗诉、提审、申诉

思考题

1. 什么是审判监督程序?
2. 提起审判监督程序应具备什么条件?
3. 简述审判监督程序与二审程序的异同。
4. 审判监督程序与死刑复核程序有何异同?
5. 审判监督程序的抗诉与第二审程序的抗诉有何区别?

典型案例分析

佘某因涉嫌“杀妻”被某市中级人民法院一审判处死刑，佘某不服提出上诉。后该案被省高级人民法院二审撤销原判，发回重审后，经市、县两级有关部门多次协调，改由某县人民法院一审判处有期徒刑 15 年，佘某不服提出上诉，某市中级人民法院于 1998 年 9 月 22 日裁定驳回上诉，维持原判（此为终审裁定）。2005 年 3 月 4 日，佘某的“亡妻”复活。某市中级人民法院于 3 月 29 日召开院党组会，启动再审程序，重组合议庭对该案进行审查，紧急撤销原一审判决和终审裁定，发回某县人民法院重新审判。某县人民法院于 4 月 13 日对佘某宣告无罪。

请结合本章内容回答：此案在诉讼程序上有何错误？为什么？

第十九章　执行

【内容提示】

执行是指法定执行机关依据国家强制力而将人民法院已经发生法律效力的判决、裁定付诸实施的活动。执行是我国刑事诉讼的最后阶段，是刑事诉讼的重要内容，但执行阶段的活动多数并非诉讼活动。按照执行内容不同可将执行分为：死刑立即执行判决的执行；死刑缓期二年执行判决的执行、无期徒刑的执行、有期徒刑的执行、拘役的执行；有期徒刑缓刑的执行、拘役缓刑的执行、管制的执行；剥夺政治权利的执行；罚金、没收财产的执行；无罪判决或免除刑罚的执行。在生效判决、裁定交付执行或执行过程中，若出现了新的情况，就可能依法变更执行内容或方法。人民检察院对执行刑罚是否合法实行监督，如果发现执行机关执行刑罚活动有违法情况的，有权通知执行机关纠正。

第一节　执行概述

执行是指依靠国家强制力，由法定执行机关将人民法院已经发生法律效力的判决、裁定付诸实施的活动。刑事诉讼中的执行程序是指司法机关及其他国家机关将已发生法律效力的判决、裁定所确定的内容付诸实施以及解决实施过程中出现的特定问题应遵循的步骤和采取的方法。执行是我国刑事诉讼的最后阶段，它包括两个方面的内容：一方面，将生效判决、裁定所确定的内容付诸实施而进行的活动；另一方面，解决执行过程中的刑罚变更等问题所开展的活动。

刑事执行具有以下四个特征。

一、合法性

执行是一种刑事司法活动，直接关系到公民人身权利和财产权利的保护以及刑事诉讼目的的实现。因此，执行必须受到严格的限制，这种严格的限制就是执行必须由法定的国家机关依据人民法院已经作出的生效裁判进行。对于尚未发生法律效力的裁判，一律不得交付执行。交付执行时，必须做到法律文书齐全；变更执行时，必须按规定报请人民法院裁定，不得随意变更。

二、及时性

判决、裁定一旦发生法律效力就必须立即执行，任何人不得以任何理由拖延执行的时间，这是刑事诉讼效率原则的要求。无故拖延生效判决、裁定的执行，就会失去法律的严肃性，也可能失去执行的机会，公民的合法权益就会受到不该有的损害。

三、强制性

执行以国家强制力为后盾，对一切国家机关、社会组织和社会成员都有拘束力，特别是对犯罪人，无论其是否同意，判决都要予以执行。如果抗拒执行人民法院已经发生法律效力的判决、裁定，就会受到法律的制裁。《刑法》第 313 条规定："对人民法院的判决、裁定有能力执行而拒不执行，情节严重的，处 3 年以下有期徒刑、拘役或者罚金；……"

四、遵守特定原则

在执行中应遵循的原则有：

（一）法治原则

罪犯只承受判决中明确的刑罚，不得再承受任何其他刑罚。罪犯在权利受到侵害时有权寻求法律保护，执行机关应给予服刑者陈述意见的机会。近年来，监外执行、减刑和假释环节产生的腐败事件频发。对此，应当规范刑事执行环节，确保其公正性、严肃性，加强对执行权力的监督，预防可能存在的司法腐败，防止云南"孙某果案"这样的罪犯通过监外执行、减刑、假释等方式规避法律制裁的情况再度发生。

（二）人道原则

在刑事执行中，要尊重罪犯的人格，给予其必要的生活用品、适当的劳动报酬和休息日，保护其身心健康，保证服刑者生病、怀孕、哺育或生活不能自理时能够得到治疗、检查和照顾。

（三）自食其力原则

在执行中，应强制罪犯劳动，使其养成劳动习惯，学会一定谋生技能，做到自食其力，以减轻社会负担，并减少其再犯罪的可能。

（四）重返社会原则

在执行中要启发、培养罪犯的自尊心、责任感，使其能逐步适应社会生活，能重新被自己的亲人、家庭所接受，不致被抛弃而继续危害社会。

第二节 各种判决、裁定的执行程序

一、判处死刑立即执行裁判的执行

死刑是剥夺犯罪分子生命的最严厉的一种刑罚，无论是判处还是执行死刑，都必须十分慎重。为了防止错杀，避免造成无法弥补的错误，《刑事诉讼法》对死刑立即执行判决的执行程序作了特别周密、严谨的规定。

（一）签发执行死刑命令

我国《刑事诉讼法》第 261 条第 1 款规定："最高人民法院判处和核准的死刑立即执行的判决，应当由最高人民法院院长签发执行死刑的命令。"执行死刑命令应按统一的样式填写，然后由院长签名，并加盖法院印章。可见签发执行死刑命令是死刑立即执行判决发生执行效力的附加条件，这是死刑立即执行判决不同于其他判决的一个显著特征。

（二）执行死刑主体

依据《刑事诉讼法》和有关司法解释，负责执行死刑命令的是第一审的中级人民法院或者死缓罪犯的服刑地中级人民法院。这是考虑到死刑案件的被告人往往被羁押在第一审法院的所在地或者辖区之内，第一审法院对案情和证据有全面、系统的了解，对执行过程中可能出现的停止执行情形能进行及时、有效的审查。

最高人民法院的执行死刑命令，由高级人民法院交付第一审人民法院执行。死缓期间犯罪的，无论是故意犯罪，还是过失犯罪，均应由罪犯服刑地的中级人民法院依法审判，所作的判决可以上诉、抗诉。如果确系故意犯罪，情节恶劣，应当执行死刑的，在判决、裁定发生效力后，应当报最高人民法院依法核准或裁定执行死刑。下级人民法院接到执行死刑命令后，应当在 7 日以内执行。公安机关应当根据人民法院执行死刑的命令，将罪犯交由人民法院执行。人民检察院是执行死刑的监督机关。被判处死刑的罪犯在被执行死刑时，第一审人民法院，即负责执行的人民法院的同级人民检察院应派员临场监督。

（三）执行死刑的具体程序和要求

1. 告知罪犯有权会见近亲属

第一审人民法院在执行死刑前，应当告知罪犯有权会见其近亲属。罪犯申请会见并提供具体联系方式的，人民法院应当通知其近亲属。确实无法与罪犯近亲属取得联系，或者其近亲属拒绝会见的，应当告知罪犯。罪犯申请会见近亲属以外的亲友，经人民法院审查，确有正当理由的，在确保安全的情况下可以准许。会见一般在罪犯羁押场所进行。会见情况应当记录在案，附卷存档。

2. 提前通知人民检察院

第一审人民法院在执行死刑 3 日前，应通知同级人民检察院派员临场监督。

3. 选择执行地点、方法

死刑应当采用枪决或注射等方法执行。有条件采用注射方法执行的，应当采取注射方法，但应该在指定的刑场或羁押场所内执行。采用枪决、注射以外的其他方法执行死刑的，应事先层报最高人民法院批准。

4. 验明正身和讯问有无遗言、信札

验明正身就是对准备交付执行死刑的罪犯，查验其是否是该判决确定的被执行的人。验明正身的方法就是讯问、查证准备交付执行死刑的罪犯的姓名、性别、年龄、籍贯、住所、所犯罪行、何时被捕、何时被判决等。验明正身是死刑判决执行的必经程序。遗言是罪犯执行死刑前留下的口头信息。信札是指有关信件。对死刑罪犯的遗言、信札，指挥执行的审判人员都应详细记录和妥善保管。执行前，如果发现可能有错误的，应当暂停执行，立即层报最高人民法院裁定。

5. 验证死亡、上报执行情况

执行死刑完毕，应当由法医验明罪犯确实死亡后，由在场书记员写成笔录，交付执行的人民法院应当将执行死刑情况（包括执行死刑前后照片）及时逐级上报最高人民法院。

6. 办理执行死刑后的有关事宜

执行死刑后，负责执行的人民法院应当办理以下事宜：（1）对死刑罪犯的遗书、遗言，应当及时进行审查，涉及财产继承、债务清偿、家事嘱托等内容的，将遗书、遗言笔录交给家属，同时复制存卷备查；涉及案件线索等问题的，应抄送有关机关。（2）通知罪犯家属限期领取罪犯尸体；有火化条件的，通知领取骨灰。过期不领的，由人民法院通知有关单位处理。对于死刑罪犯的尸体或骨灰的处理情况，应当记录在卷。（3）对外国人执行死刑后，通知该外国人所在国的驻华使领馆的程序和时限，依照有关规定办理。

值得注意的是，执行死刑应当公布，但禁止采取游街、示众或其他有辱罪犯的行为，这是为了避免死刑执行附加羞辱刑的效果。

二、判处死刑缓期二年执行、无期徒刑、有期徒刑和拘役判决的执行

依据《刑事诉讼法》第 264 条第 2 款的规定以及最高人民法院《解释》第 511 条的规定，将被判处死刑缓期 2 年执行、无期徒刑、有期徒刑、拘役的罪犯交付执行的机关是第一审人民法院。明确交付执行的人民法院，可以防止一、二审法院及核准法院之间在交付执行问题上相互推诿，有利于及时交付执行。

对于被判处死刑缓期 2 年执行、无期徒刑、有期徒刑和拘役的罪犯，在交付执行刑罚的时候正在押的，应该由第一审人民法院将有关的法律文书送达公安机关、监狱或其他执行机关。如果裁判生效以前没有在押的罪犯需要收监执行刑罚的，受送达的公安机关应该先抓捕罪犯，并送交看守所羁押，然后再按照前述在押犯的规定办理执行手续。同案审理的部分被告人被判处死刑，对未被判处死刑的同案被告人需要羁押执行刑罚的，应该按上述程序，及时交付执行。但如果同案被告人实施了有关死刑之罪的，则应该在复核讯问了被判处死刑的被告人后交付执行。

依据《刑事诉讼法》第 264 条第 2、3 款的规定，对于被判处死刑缓期 2 年执行、

无期徒刑、余刑在3个月以上的有期徒刑之成年罪犯，应当送交监狱执行；[1]对于被判处有期徒刑的罪犯，在交付执行刑罚前，剩余刑期在3个月以下的，由看守所代为执行；对于被判处拘役的罪犯，由公安机关执行；对于在执行刑罚时没有成年的罪犯，应该在未成年犯管教所执行。依据特别规定优于一般规定的原则，即便是剩余刑期在3个月以下的未成年罪犯，也不能由看守所执行。

执行机关在接收罪犯时，有收押审查权。收押审查的内容包括：（1）审查判决书、裁定书是否已发生法律效力；（2）审查法律文书是否齐全、是否有错，即审查应当送交的人民检察院起诉书副本、人民法院的判决书、裁定书、执行通知书、结案登记表是否齐全、正确；（3）审查罪犯是否患有严重疾病需要保外就医，是否怀孕或正在哺乳自己的婴儿，是否属于生活不能自理适用暂予监外执行不致危害社会的情形。依据我国《刑事诉讼法》第265条之规定，对被判处有期徒刑或者拘役的罪犯，具有上述第（3）种情况的，可以不予收监。对被判处无期徒刑的罪犯，当有怀孕或正在哺乳自己婴儿的情况时，可以暂不收监，并书面说明理由，退回交付执行的人民法院审查是否暂予监外执行。人民法院经审查认为监狱对罪犯暂不收监不符合《刑事诉讼法》第265条的规定的，应当决定将罪犯交付监狱收监执行，并将收监执行决定书分别送达负责执行的公安机关和监狱。

交付执行的期限。依据《刑事诉讼法》《监狱法》以及相关司法解释的规定，交付执行的人民法院应当在判决书生效后10日内将执行通知书等有关的必备法律文书送达看守所。公安机关对于被判处死刑缓期2年执行、无期徒刑、有期徒刑的罪犯，应该自收到执行通知书等有关法律文书之日起1个月内，将罪犯送监狱或其他执行机关执行；对于被判处拘役的罪犯，公安机关在收到以上有关法律文书之后，应当立即执行。

依据《刑事诉讼法》第264条第4款和《监狱法》第20条之规定，罪犯收监以后，刑罚执行机关应该通知罪犯家属。通知书应当自收监之日起5日内发出，告知罪犯姓名、刑期及执行的地址等。

监狱、看守所等执行机关应当将罪犯分管分押，按照惩罚与改造相结合、教育和劳动相结合的原则对罪犯予以改造。执行机关应当依法对罪犯进行法治、思想、文化、职业技术等方面的教育。凡有劳动能力的罪犯都应该参加劳动。罪犯的劳动时间与报酬，按照国家有关规定执行。对于未成年罪犯，则以教育改造为主，执行机关应该积极配合国家、社会与学校，保障未成年人接受义务教育的必要条件。

刑罚执行机关对于罪犯在服刑期间死亡、脱逃2个月尚未捕回以及捕回的变动情况，应当书面通知交付执行的人民法院以及担负监所检察任务的人民检察院。

有期徒刑与拘役的刑期，从判决执行之日起计算。判决前被先行羁押的，羁押1日折抵刑期1日，被指定居所监视居住的，监视居住2日折抵刑期1日。

被判处有期徒刑、拘役的罪犯，执行期满，由执行机关发给释放证明书。公安机关

---

〔1〕依据《反有组织犯罪法》第35条的规定，黑社会性质组织的组织者、领导者或者恶势力组织的首要分子被判处10年以上有期徒刑、无期徒刑、死刑缓期2年执行的，应当跨省、自治区、直辖市异地执行刑罚。

凭释放证明书，给刑满释放人员办理户籍登记，当地人民政府应妥善处理，帮助其就业。有组织犯罪的罪犯刑满释放后，司法行政机关应当会同有关部门落实安置帮教等必要措施，促进其顺利融入社会。依据《刑法》有关规定，因利用职业便利实施犯罪，或者实施违背职业要求的特定义务的犯罪被判处刑罚的，人民法院可以根据犯罪情况和预防再犯罪的需要，禁止其自刑罚执行完毕之日或者假释之日起从事相关职业3—5年。违反上述从业禁止要求的人员，由公安机关处罚。

三、管制、宣告缓刑（含禁止令）的执行

（一）社区矫正执行方式

依照《刑法》规定，被判处管制、宣告缓刑的罪犯应该实行社区矫正，而不由公安机关执行、考察与监督。[1]我国《刑事诉讼法》第269条规定："对被判处管制、宣告缓刑、假释或者暂予监外执行的罪犯，依法实行社区矫正，由社区矫正机构负责执行。"这意味着社区矫正作为一项刑罚执行制度被法律正式确立下来。

所谓社区矫正，是指将符合一定条件的罪犯置于社区内，由县级司法行政机关社区矫正机构在社会工作者和志愿者的参与下，在有关部门、基层公民组织、服刑人员所在单位、就读学校、家庭成员或监护人、保护人的协助下，在判决、裁定或决定确定的期限内，矫正其犯罪心理和行为恶习，并促使其顺利回归社会的非监禁刑罚执行活动。

（二）执行主体

依据2016年颁布的《关于进一步加强社区矫正工作衔接配合管理的意见》及《社区矫正法》，县级司法行政机关既是对犯罪嫌疑人、被告人或罪犯拟适用以及提请适用社区矫正的调查评估机关，又是社区矫正的执行机关，负责社区矫正的监督管理、教育帮助工作。具体日常矫正工作由其所在县级社区矫正机关承担。

由司法行政机关负责社区矫正执行的意义在于：

（1）社区矫正是刑罚执行的一部分，交由司法行政机关负责执行符合侦查权、起诉权、审判权与执行权之间分工负责、互相配合、相互制约的原则；

（2）我国的司法行政机关本身就具备律师管理、法律援助、普法宣传、安置帮扶等职能，赋予其社区矫正职能有利于多种资源合理配置，调动各方力量推进社区矫正；

（3）司法行政机关管理的监狱是监禁刑的执行机关，由司法行政机关负责社区矫正的执行，有利于服刑人员不间断的、可持续的教育改造，取得较好的矫正效果；

（4）由司法行政机关负责社区矫正执行，也符合国际社会的普遍做法。比如，日本的社区矫正工作由法务部下的保护局负责；英国的社区矫正工作由司法部下设的全国犯罪人管理局负责。

（三）交付执行的程序

人民法院在宣判管制、宣告缓刑时，应书面告知罪犯到居住地县级司法行政机关报

---

〔1〕 依据2015年8月颁布的《刑法修正案（九）》，数罪中有判处有期徒刑和管制，或者拘役和管制的，有期徒刑、拘役执行完毕后，管制仍须执行。

到的时间期限以及逾期报到的后果，并通知罪犯居住地的县级司法行政机关。在判决、裁定生效后3个工作日内送达判决书、裁定书和执行通知书等法律文书，同时抄送罪犯居住地的县级人民检察院和公安机关。县级司法行政机关收到上述文书以后，应于3个工作日内送达回执。

被判处管制、宣告缓刑的社区服刑人员，应该在判决书发生效力之日起10日内，到居住地的县级司法行政机关报到并办理登记手续。如果人民法院、公安机关或司法行政机关在社区服刑人员衔接接受工作中脱节，或者社区服刑人员逃避监管，或发现社区矫正人员没有按照规定时间报到的，构成漏管，应该由居住地社区矫正机构及时组织查找，并由居住地县级司法行政机关通报有关的人民法院、公安机关、监狱、人民检察院。如果社区服刑人员前来报到时，居住地县级司法行政机关尚未收到法律文书，或法律文书不齐全的，可以先记录在案，并通知人民法院、监狱或看守所在5日内送达或补齐法律文书。

县级司法行政机关应该告知来报到并办理登记手续的社区服刑人员，3日内到指定的司法所接受社区矫正。司法所接收服刑人员以后，应该及时向其宣告判决书、裁判书、执行通知书等法律文书的主要内容；社区矫正期限；矫正人员应该遵守的规定，包括法院所宣告禁止令在内的被禁止的事项以及违反的法律后果；社区矫正人员所享有的权利和被限制行使的权利。司法所应该为矫正人员确定专门的矫正小组。该小组由司法所工作人员担任组长，社会工作者和志愿者、有关部门、罪犯所在单位、学校以及家庭成员等担任组员。社区矫正对象为女性的，应该要配备女性组员。矫正小组根据社区服刑人员的刑罚种类、犯罪情况、悔罪表现、个性特征和生活环境等情况进行综合评估，制定矫正方案，并根据矫正方案的实施效果，适当予以调整。被判处管制、宣告缓刑的社区服刑人员应该定期向司法所报告遵纪守法、接受监督管理、参加教育学习、社区服务和社会活动的情况。

如果社区服刑人员在社区矫正期间，脱离居住地社区矫正机构的监督管理下落不明，或者虽能查找到下落但拒绝接受监督管理的，属于脱管。此时，居住地社区矫正机构应该及时采取联系本人、其家属亲友，走访有关单位和人员等方式组织追查，做好记录，并由县级司法行政机关视情况依法给予警告、提请治安管理处罚、提请撤销缓刑、撤销假释或者对暂予监外执行的提请收监执行。

依据《刑法》第39条第1款的规定，被判处管制的罪犯在社区矫正期间，必须遵守法律、行政法规，服从监督；未经执行机关批准，不得行使言论、出版、集会、结社、游行、示威自由的权利；按照执行机关规定报告自己的活动情况；遵守执行机关关于会客的规定；离开所居住的市、县或者迁居，必须报经执行机关批准。依据《刑法》第38条第2款的规定，人民法院还可以禁止罪犯在社区矫正期间从事特定活动，进入特定区域、场所，接触特定人员。确需进入特定区域或场所的，应当经过县级司法行政机关批准，并告知人民检察院。违反禁止令要求的，由司法所所在地公安机关依照《治安管理处罚法》处罚。

被判处管制的社区矫正期限，自判决执行之日起计算。判决执行之日指县级司法行政机关办理社区矫正登记之日。判决执行前先行羁押的，羁押 1 日折抵刑期 2 日，先行指定居所监视居住的，监视居住 1 日折抵刑期 1 日。

管制期满，司法所应组织解除社区矫正宣告，宣布执行期满，解除管制。宣告由司法所工作人员主持，按照规定程序公开进行。

被宣告缓刑的罪犯，在缓刑考验期内必须遵守的义务，除没有行使言论、出版等权利的法定限制外，其他内容与被管制罪犯基本一致。

缓刑考验期间内，如果没有再犯新罪或漏罪，没有判决等应当撤销缓刑的情形，缓刑考验期满，由司法所工作人员主持，公开宣告考验期满，原判刑罚不再执行。被宣告缓刑的罪犯有下列情形之一的，应撤销缓刑：

（1）在缓刑考验期限内犯有新罪的；

（2）发现判决宣告以前还有其他罪没有判决的；

（3）违反禁止令，情节严重的；

（4）无正当理由不按规定时间报到或接受社区矫正期间脱离监管超过 1 个月的；

（5）违反监督管理规定受到治安管理处罚，仍不改正的；

（6）受到社区矫正机构 2 次警告而不改正的；

（7）其他违反规定，情节严重的情形。

有第（1）、（2）种情形的，审判新罪或漏罪的人民法院应在判决时，对原判决宣告的缓刑予以撤销，并把前罪和后罪所判处的刑罚，在总和刑期以下决定执行刑期。[1] 有第（3）、（4）、（5）、（6）、（7）种情形的，由执行机构建议原作出缓刑、假释判决、裁定的人民法院裁定撤销缓刑、假释，执行原判刑罚。

缓刑考验期从判决确定之日起计算。判决确定前先行羁押或指定居所监视居住的，都不能折抵缓刑考验期。如果又犯新罪或发现未被判处的漏罪，则撤销缓刑，判处实刑，这种情况下已执行的缓刑考验期也不能折抵刑期，但是判决执行前先行羁押或指定居所监视居住的日期，应予折抵刑期。

四、剥夺政治权利的执行

依据《刑事诉讼法》第 270 条的规定，对被单独判处剥夺政治权利的罪犯，由罪犯居住地的县级公安机关执行。人民法院应该在判决、裁定生效 10 日内，将判决书、裁定书和执行通知书等法律文书送达罪犯居住地公安机关，并抄送罪犯居住地人民法院。

罪犯居住地公安机关派出所在执行时，应按照人民法院的判决，向罪犯所在单位或居住地群众宣布犯罪事实、剥夺政治权利的期限和应当遵守的规定。要求罪犯服从监督，不得行使被剥夺的选举权和被选举权及言论、出版、集会、结社等项权利。如果附加剥夺政治权利的效力适用于主刑执行期间，剥夺政治权利应由主刑执行机关执行。执行机关对于罪犯未被剥夺的权利，不能妨碍其行使。

剥夺政治权利执行期满，由公安机关书面通知本人及其所在单位、居住地基层

---

〔1〕 即便原来是上级人民法院判决宣告缓刑的，审判新罪的下级人民法院也可以撤销原判宣告的缓刑。

组织。

五、刑事裁判涉财产部分以及附带民事裁判的执行

刑事裁判涉财产部分是指：（1）罚金、没收财产；（2）追缴、责令退赔违法所得；（3）处置随案移送的赃款赃物；（4）没收随案移送的供犯罪所用本人财物；（5）其他应由人民法院执行的涉财产的判决事项。

（一）执行主体

依据《刑事诉讼法》第271、272条以及相关司法解释的规定，刑事裁判涉财产部分以及附带民事裁判应由人民法院执行的，应该由第一审人民法院负责执行的机构执行。执行财产在外地的，第一审人民法院可以委托财产所在地同级人民法院执行。

（二）执行方式

罚金应该在判决规定的时间内一次或分期缴纳。期满无故不缴纳或者未足额缴纳的，人民法院应当强制缴纳。在任何时候，纵使主刑已经执行完毕，一旦发现被告人有可供执行的财产，都可以随时予以追缴。犯罪人因同一事实而被处以行政罚款的，可以折抵罚金。但如果因不能抗拒的灾祸导致缴纳确有困难的，罪犯可以向人民法院申请减少或免除。人民法院在查证属实后，可以根据其困难的大小，裁定减少或免除原判决的罚金。被执行人申请延期缴纳、酌情减少或免除罚金的，应当提交相关证明材料。人民法院在收到材料以后一个月内审查，根据是否符合条件，依法作出准许或驳回的裁定。判处没收财产刑的，应当在判决生效后立即执行。

执行罚金刑或没收财产刑，应该参照被执行人所在地政府公布的上年度当地居民最低生活费标准，保留被执行人及其所扶养的家属的生活必需费用。

（三）执行标的

执行标的为被判处财产刑的被执行人的合法所有的财产，其中包括扣押、冻结机关拟返还给罪犯的财物。

被判处罚金或者没收财产，同时又承担刑事附带民事赔偿责任的被执行人，其财产不足以支付的，应该按照下列顺序执行：（1）人身损害赔偿中的医疗费用；（2）退赔被害人的损失；（3）其他民事债务；（4）罚金；（5）没收财产。债权人对执行标的依法享有优先受偿权，其主张优先受偿的，人民法院应该在确保第（1）项的医疗费用受偿以后，予以支持。

（四）执行中止

具有下列情形之一的，人民法院应当裁定中止执行。中止执行的原因消除后，再恢复执行：（1）执行标的物系人民法院或者仲裁机构正在审理的案件的争议标的物，需等待该案件审理完毕确定权属的；（2）案外人认为执行行为违反法律规定或者案外人对执行标的提出书面异议的。

（五）执行终结

具有下列情形之一的，人民法院应当裁定终结执行：（1）据以执行的刑事判决、裁定被撤销的；（2）被执行人死亡或者被执行死刑，且无财产可供执行的；（3）被判处罚

金的单位终止，且无财产可供执行的；（4）因遭遇不可抗拒的灾祸而被免除罚金的；（5）其他应当终结执行的情形。裁定终止执行后，发现被执行人财产有被隐匿、转移等情形的，应当追缴。

六、无罪判决和免除刑罚的执行

依据《刑事诉讼法》的规定，人民法院判决（无论是第一审还是第二审判决）被告人无罪或免除刑罚的，如果被告人在押，在宣判后应当立即释放。由人民法院将无罪或免除刑事处罚的判决书连同执行通知书送交公安机关，公安机关接到上述法律文书后应该立即办理释放手续。即使自诉人上诉或人民检察院抗诉，也应将被告人立即释放。如果第二审人民法院判处被告刑罚，则在判决宣布后再予执行。

应当注意，在无罪或免除刑罚判决未生效之前，释放被押被告人，不属于执行范畴，而属于撤销强制措施范畴。

人民法院还应该协同有关单位做好善后工作，及时恢复无罪公民的自由、名誉。如果该无罪公民依《国家赔偿法》提出赔偿，人民法院应及时予以处理。对于被免除刑罚的被告人，人民法院可根据案件的不同情况，予以训诫或责令具结悔过、赔礼道歉、赔偿损失或建议有关部门予以处分。

第三节　执行的变更与其他处理

一、死刑执行和死刑缓期二年执行的变更

（一）死刑执行的停止与暂停

死刑执行的停止，是指下级人民法院在接到最高人民法院执行死刑命令后，在执行以前，发现可能有错误或其他依法不能执行死刑的情形时，应当中断死刑之执行，并立即报告最高人民法院，由其作出裁定的制度。

1. 停止执行死刑的原因

《刑事诉讼法》第 262 条规定了停止执行死刑的几种情形：（1）执行前发现判决可能有错误的。依据最高人民法院《解释》第 500 条的规定，下级人民法院在接到执行死刑命令后、执行前，发现下列情形之一，应当暂停执行，立即将请求停止执行死刑的报告和相关材料层报最高人民法院，具体包括：罪犯可能有其他犯罪的；共同犯罪的其他犯罪嫌疑人到案，可能影响罪犯量刑的；共同犯罪的其他罪犯被暂停或者停止执行死刑，可能影响罪犯量刑的；罪犯揭发重大犯罪事实或者有其他重大立功表现，可能需要改判的；罪犯怀孕的；判决、裁定可能有影响定罪量刑的其他错误等 6 种情形。（2）在执行前罪犯揭发重大犯罪事实或者有其他重大立功表现，可能需要改判的。（3）罪犯正在怀孕的。

由于死刑核准权由最高人民法院行使，执行死刑命令由最高人民法院院长签发，所以决定不执行死刑的权力自然应该属于最高人民法院。依据最高人民法院《解释》第500条第1款的规定，如果第一审人民法院发现有法定情形，依法不能执行死刑时，只能暂停执行死刑，并立即将停止执行死刑报告以及相关材料层报最高人民法院审批，以决定是否执行死刑。

在最高人民法院复核期间以及执行死刑命令签发后、执行前，死刑罪犯的家属或者辩护人等如果发现死刑罪犯存在需要停止执行死刑情形的，实践中经常会直接向最高人民法院提出请求。最高人民法院《解释》第501、502条明确规定，如果最高人民法院发现有停止执行死刑情形出现的，应当立即裁定停止执行，并将有关材料移交下级人民法院。下级人民法院会同有关部门调查核实后，应当及时将调查结果和意见层报最高人民法院审核。

停止执行后需要报送的相关材料，是指全部案卷材料还是只包括相关的部分材料，应视具体情况而定。对于因出现相对容易查实的情形而报请停止执行死刑的案件，比如罪犯属于在犯罪的时候不满18周岁的人、属于在审判的时候怀孕的妇女以及罪犯揭发重大犯罪事实或者有其他重大立功表现的，无须报送全部案件材料，只报送与停止执行死刑相关的材料即可。而对于那些因原判认定的事实和证据可能存在错误而报请停止执行死刑的案件，则需要对案件进行全面审查，因此第一审人民法院必须将全部案卷材料逐级报送最高人民法院。

2. 停止执行

最高人民法院接到下级人民法院的停止执行报告以及相关材料后，原则上由最高人民法院作出核准死刑裁判的原合议庭负责审查。这并不会与审判中的回避规定[1]相冲突，因为停止执行不是审判程序，导致死刑停止执行的很多情形，比如发现漏罪、漏犯，罪犯正在怀孕或罪犯在判决后有重大立功表现等，并不涉及原判决的事实认定与法律适用，由原合议庭审查通常不会影响公正处理，而且还有利于节省司法资源。当然，如果停止执行的原因涉及事实与法律上的错误，由原合议庭审理会影响司法公正的或者存在人事更迭的，应该依法另组合议庭负责审查。

根据最高人民法院《关于适用停止执行死刑程序有关问题的规定》，最高人民法院经审查，认为不影响罪犯定罪量刑的，应当裁定下级人民法院继续执行死刑；认为可能影响罪犯定罪量刑的，应当裁定下级人民法院停止执行死刑。下级人民法院接到停止执行死刑裁定后，应当会同有关部门调查核实，并及时将调查结果和意见层报最高人民法院审核。最高人民法院经过审核以后，依照下列情况分别处理：（1）罪犯正在怀孕的，依法予以改判。（2）确认罪犯还有依法应当追诉的其他犯罪的，应当裁定不予核准死刑，撤销原判，发回重审。（3）原裁判有错误，或者罪犯有重大立功表现需要依法改判的，裁定不予核准死刑，撤销原判，发回重新审判。（4）确认原裁判没有错误，或者罪犯没

〔1〕 2011年6月10日公布的最高人民法院《关于审判人员在诉讼活动中执行回避制度若干问题的规定》第3条规定："凡在一个审判程序中参与过本案审判工作的审判人员，不得再参与该案其他程序的审判。"

有重大立功表现，或者重大立功表现不影响原裁判执行的，应当裁定继续执行原核准死刑的裁判，并由最高人民法院院长重新签发执行死刑的命令。

死刑执行的暂停，是指执行死刑的人民法院在执行现场，发现可能有错误时，暂时停止死刑执行并报最高人民法院裁定的制度。这里说的"发现可能有错误"，包括死刑判决、裁定可能有错误；死刑执行对象可能有错误；继续执行死刑可能有错误等3种情况。

死刑执行暂停后的程序，同死刑执行停止后的程序相同。

（二）死刑缓期二年执行的变更

依据《刑法》第50条、《刑法修正案（九）》第2条和《刑事诉讼法》第261条以及相关司法解释的规定，被判处死刑缓期2年执行的罪犯，根据其在死刑缓期执行期间的表现，死缓判决可作3种变更。

1. 死缓减为无期徒刑或有期徒刑

死缓犯在缓刑执行期间，如果没有故意犯罪，2年期满以后，减为无期徒刑。死缓犯在死刑缓期执行期间，如果确有重大立功表现，2年期满以后，减为25年有期徒刑。

减为25年有期徒刑要求具备的条件，是有重大立功表现。重大立功表现一般是指：揭发检举监内外犯罪分子的重大破坏活动，经查证属实；制止其他罪犯逃跑、行凶、破坏等犯罪活动；在生产中有发明创造、重大技术革新或发现，对国家建设或生产做出突出贡献；消灭灾害或重大事故，使国家免受严重损失；在日常生产、生活中舍己救人等。值得注意的是，只有一般立功表现没有重大立功表现的，不具备《刑法》规定的条件，不能减为有期徒刑。

根据《刑事诉讼法》《监狱法》等有关规定，死缓犯减刑的管辖法院，是罪犯服刑地的高级人民法院。审理死缓犯减刑案件的程序是：在缓刑2年期满时，死缓犯所在的监狱提出书面减刑建议，报省、自治区、直辖市监狱管理机关审核同意后，报请高级人民法院裁定，后者收到减刑建议书以后应该在1个月内作出裁定。高级人民法院组成合议庭，对申报材料进行审查后，认为应当减刑的，裁定减刑，并将减刑裁定书副本同时抄送原判人民法院及人民检察院。死刑缓期执行期满减为有期徒刑的，刑期自死刑缓期执行期满之日的第2日起计算。

2. 对死缓犯执行死刑

被判处死刑缓期执行的犯罪人，如果在死刑缓期执行期间故意犯罪，情节恶劣的，报请最高人民法院核准执行死刑。2015年制定的《刑法修正案（九）》，在缓刑考验期内故意犯罪的基础之上，增加了情节恶劣的要件，体现了死刑的审慎精神，抬高了死刑执行的门槛。对故意犯罪不执行死刑的，负责审理故意犯罪的服刑地中级人民法院在判决后不再报高级人民法院核准，死刑缓期执行的期间重新计算，并层报最高人民法院备案。备案不影响判决、裁定的生效和执行。最高人民法院经备案审查，认为原判不予执行死刑错误，确须改判的，应当依照审判监督程序予以纠正。

对死缓犯执行死刑的程序是：对死刑缓期执行期间实施的犯罪，由人民检察院提起公诉，服刑地中级人民法院依法审判，所作的判决可以上诉、抗诉。认定构成故意犯罪的判决、裁定发生法律效力后，具备“情节恶劣”的条件时，报请最高人民法院核准死刑。核准后，交罪犯服刑地的中级人民法院执行。

3. 需要注意的几个问题

死刑缓刑期间重新计算。死刑缓期执行期间故意犯罪，又没有被执行死刑的，则死刑缓期执行期间重新计算，并报最高人民法院备案。

死刑缓期 2 年执行期满后，在尚未裁定减刑之前，罪犯又犯罪的，不能视为在死刑缓期执行期间犯罪。对这种罪犯，应先依照《刑法》《刑事诉讼法》《监狱法》的规定予以减刑，然后对其所犯新罪另行起诉、审判，作出判决，再按照数罪并罚的规定，决定应执行的刑罚。对新罪判处死刑的，才能执行死刑。

对于死缓犯在缓期 2 年执行期间故意犯罪，只要经查证确属情节恶劣的，可及时对其执行死刑，不必也不应等到死刑缓期执行期满。

二、暂予监外执行

暂予监外执行是指对被判处有期徒刑、拘役或无期徒刑的罪犯，在某些法定情形出现时，暂时不采取在监狱或看守所执行原判刑罚的一种变通执行方法。暂予监外执行的条件消失后，罪犯仍会被收监执行，它只是对执行监禁刑的暂时变更。

（一）暂予监外执行的对象与条件

依据《刑事诉讼法》第 265 条的规定，暂予监外执行的适用对象，是被判处或者被减为有期徒刑、拘役和无期徒刑的罪犯。其中，被判处无期徒刑的罪犯适用暂予监外执行的条件与被判处有期徒刑、拘役的罪犯不同。

被判处有期徒刑、拘役或者已经被减为有期徒刑的罪犯，有下列情形之一的，可以暂予监外执行。

（1）罪犯有严重疾病需要保外就医或者属于生活不能自理的，适用暂予监外执行不至于发生社会危险性。被判处 10 年以上有期徒刑且符合本条件的罪犯，应该执行原判刑期 1/3 以上才可以适用暂予监外执行。如果原先被判处死刑缓期 2 年执行或无期徒刑的罪犯，之后被减为有期徒刑的，也可以基于保外就医或生活不能自理而被暂予监外执行，但是，累犯以及故意杀人、强奸、抢劫、绑架、放火、爆炸、投放危险物质或有组织的暴力性犯罪的罪犯，应该在减为有期徒刑后又执行有期徒刑 7 年以上，方可以适用暂予监外执行。未成年罪犯、65 岁以上的罪犯、残疾人罪犯，适用以上执行期限的规定可以适度从宽。[1]

（2）怀孕或正在哺乳自己婴儿的妇女。怀孕或正在哺乳自己婴儿的妇女如被监禁，对胎儿或婴儿的生长发育极为不利，会给社会造成负面影响。因此，对怀孕或哺乳自己婴儿的女罪犯可以暂予监外执行。

---

〔1〕 根据最高人民法院、最高人民检察院、公安部、司法部、国家卫生计生委共同制定的《暂予监外执行规定》第 7 条第 3 款，对患有该规定所附《保外就医严重疾病范围》的严重疾病，短期内有生命危险的罪犯，可以不受此处执行期限的限制。所谓“短期内有生命危险”，是指罪犯所患疾病病情危重，有临床生命体征改变，并经临床诊断和评估后确有短期内发生死亡可能的情形。

被判处无期徒刑的罪犯，只有在怀孕或正在哺乳自己婴儿的情形下，才可以暂予监外执行。

对于罪犯的病情诊断与妊娠检查应当在省级人民政府指定的医院进行。病情诊断由两名具有副高以上专业技术职称的医师负责，妊娠检查由两名具有中级以上专业技术职称的医师负责。对罪犯生活不能自理情况的鉴别，则由监狱、看守所组织有医疗专业人员参加的鉴别小组进行。罪犯被送交监狱执行刑罚前，人民法院决定暂予监外执行的，组织诊断工作由人民法院负责。

（二）暂予监外执行的决定机关

有权决定或批准暂予监外执行的机关，是人民法院、监狱管理部门或公安机关。交付执行前，罪犯具备暂予监外执行条件的，由交付执行的人民法院直接决定，并制作暂予监外执行决定书。人民法院在作出暂予监外执行决定以前，应该征求人民检察院的意见。正在监狱服刑且符合暂予监外执行条件的罪犯，由监狱审查同意后报请省级以上监狱管理机关批准；正在看守所服刑且符合暂予监外执行条件的罪犯，由看守所审查同意后报请设区的市一级以上公安机关批准。对有关职务犯罪罪犯适用暂予监外执行的，还应当依照有关规定逐案报请备案审查。

（三）暂予监外执行的社区矫正执行方式

依据《刑事诉讼法》第 269 条之规定，被决定暂予监外执行的罪犯，依法实行社区矫正。人民法院决定监外执行的，由看守所或执行取保候审、监视居住的公安机关自收到决定之日起 10 日内将罪犯移交社区矫正机构。决定或批准暂予监外执行的机关，应当制作暂予监外执行决定书或批准书，载明罪犯基本情况、判决确定的罪名和刑罚、决定暂予监外执行的原因、依据等内容。

对于暂予监外执行的罪犯，由罪犯居住地县级司法行政机关负责监督管理和教育帮助。罪犯在多个地方居住的，可以确定其经常居住地为执行地；罪犯的居住地或经常居住地无法确定的或者不适宜执行社区矫正的，应该根据有利于罪犯接受矫正，更好地融入社会的原则，确定执行地。

被暂予监外执行的人员必须遵守法律、行政法规，服从监督；未经县级司法行政机关批准，不得离开所居住的市、县或者变更居住的县（市、区、旗）；定期向司法所报告自己的遵纪守法、接受监督管理、参加教育学习、社区服务和社会活动情况。罪犯在暂予监外执行期间死亡的，县级司法行政机关应自发现之日起 5 日内书面通知决定、批准机关，并通报居住地县级人民检察院。暂予监外执行期间刑期届满的，由监狱或看守所依法为其办理刑满释放手续。

（四）暂予监外执行的收监

社区矫正期间，被暂予监外执行的人员如果严重违反社区矫正管理规定，或者不符合监外执行条件或者暂予监外执行情形消失的，县级司法行政机关应该向决定、批准暂予监外执行的机关提出收监执行建议书并附上相关证明材料，由后者收到材料之后 15 日内依法作出决定。

为了避免错误收监，体现权力制约，对于由人民法院决定暂予监外执行的罪犯，必须经人民法院审查确认后，作出收监的决定。人民法院在收到社区矫正机构的收监执行建议书后30日以内作出决定。收监决定书一经作成，立即生效。人民法院应该将收监的法律文书送达社区矫正机构或公安机关，并抄送人民检察院。由公安机关负责将罪犯交付执行。决定收监执行时，剩余刑期3个月以下的，交由看守所收监执行；剩余刑期3个月以上的，则由居住地公安机关交由监狱收监执行。监狱管理机关决定对罪犯收监执行的，由原服刑地或接受其档案的监狱，到羁押地将罪犯收监执行。公安机关决定收监执行的，则由居住地看守所收监执行。被决定收监执行的罪犯在逃的，县级司法行政机关应该通知居住地公安机关予以追捕。

不符合暂予监外执行条件且通过贿赂等非法手段被暂予监外执行的罪犯，监外执行的期间不计入刑期。罪犯在暂予监外执行期间脱逃的，脱逃的期间不计入执行刑期。

三、减刑和假释

减刑和假释是我国刑罚执行中的重要制度，充分体现了惩罚与教育改造相结合和“给出路”的刑事政策。正确适用减刑和假释，对于鼓励犯罪分子积极改造、悔过自新以及稳定监所秩序、实现刑罚目的都有重要意义。

（一）减刑

减刑是指被判处管制、拘役、有期徒刑和无期徒刑的罪犯在执行期内确有悔改或立功表现的，可以依法减轻其原判刑罚的一种制度。减刑既可以是减少原判刑期，也可以将原判较重的刑种改为较轻的刑种。但是，减刑以后实际执行的刑期，判处管制、拘役及有期徒刑的，不得少于原判刑期的1/2；判处无期徒刑的，不能少于10年。无期徒刑减为有期徒刑后的刑期，从裁定减刑之日起计算，已执行的刑期，不计入减刑后的刑期之内；而其他刑罚的刑期，原判刑期已执行部分，则应计入减刑后的刑期。死缓减为无期徒刑或有期徒刑，也是一种广义上的减刑，但它是一种特殊形式的减刑，与其他刑罚的减刑，在适用对象、条件及适用时间的限制等方面均有不同。

《刑事诉讼法》第273条第2款规定：“被判处管制、拘役、有期徒刑或者无期徒刑的罪犯，在执行期间确有悔改或者立功表现，应当依法予以减刑、假释的时候，由执行机关提出建议书，报请人民法院审核裁定。”这一规定，不仅明确了适用减刑、假释的条件，也明确了减刑、假释的程序。

依据最高人民法院《解释》第534条以及相关司法解释的规定，由于原判刑罚的不同，减刑案件的管辖法院也不同。

（1）对被判处死刑缓期执行的罪犯的减刑，由罪犯服刑地的高级人民法院在收到同级监狱管理机关审核同意的减刑建议书后1个月以内作出裁定。

（2）对被判处无期徒刑罪犯的减刑，由监狱或未成年犯管教所提出书面意见，经省、自治区、直辖市司法厅（局）监狱管理部门审核同意后，报服刑地的高级人民法院裁定。高级人民法院自接到减刑建议书之日起1个月内依法裁定，案情复杂或情况特殊的，可以延长1个月。

（3）对原判为有期徒刑和被减为有期徒刑的罪犯的减刑，由监狱或未成年犯管教所提出书面意见，报请服刑地中级人民法院裁定；中级人民法院自接到减刑建议书之日起1个月内依法裁定；案情复杂或情况特殊的，可以延长1个月。

（4）对原判拘役、管制的减刑，由县级司法行政机关提出减刑建议书并附相关证明材料，分别再经市一级公安机关和地市级司法行政机关审核同意后，报请服刑地和社区矫正居住地中级人民法院裁定。人民法院自收到减刑建议书之日起1个月内依法裁定。

社区矫正对象的减刑由社区矫正执行地的中级以上人民法院在收到社区矫正机构减刑建议书后30日以内作出裁定。

（二）假释

假释是指对被判处有期徒刑和无期徒刑的罪犯在执行一定刑罚以后，其确有悔改表现且不致再危害社会的，将其附条件地予以提前释放的制度。

1. 假释的对象

依据《刑法》第81条的规定，假释的对象只能是被判处有期徒刑和无期徒刑的罪犯，不包括被判处拘役的罪犯。因为拘役的期限较短，不需要适用假释。但是，对累犯以及因故意杀人、爆炸、抢劫、强奸、绑架、放火、投放危险物质或者有组织的暴力性犯罪被判处10年以上有期徒刑、无期徒刑的犯罪分子，不得假释。因为这些罪犯犯罪性质严重，人身危险性大，放在社会上不易防止他们再危害社会，所以对他们不能假释。

2. 假释案件的管辖

对假释案件的管辖与减刑案件基本相同，即对被判处无期徒刑罪犯的假释，由罪犯服刑地的高级人民法院根据省、自治区、直辖市监狱管理机关审核同意的监狱假释建议书裁定；对被判处有期徒刑（包括死缓、无期徒刑减为有期徒刑）的罪犯的假释，由罪犯服刑地中级人民法院根据执行机关提出的假释建议书裁定。

（三）对减刑、假释的审理及其期限

人民法院受理减刑、假释案件，应当审查下列内容：（1）减刑、假释建议书。（2）原审人民法院的裁判文书、执行通知书、历次减刑裁定书的复印件。（3）罪犯确有悔改或者立功、重大立功表现的具体事实的书面证明材料。（4）罪犯评审鉴定表、奖惩审批表等。（5）罪犯假释后对居住社区影响的调查评估报告。（6）刑事裁判涉财产部分、附带民事裁判的执行、履行情况。审理减刑、假释案件，对罪犯积极履行刑事裁判涉财产部分、附带民事裁判确定义务的，可以认定有悔罪表现，在减刑、假释时从宽掌握；确有履行能力而不履行或部分履行的，则要从严掌握。（7）其他根据案件审理需要应予移送的材料。人民检察院对报请减刑、假释案件提出意见的，应当一并移送受理减刑、假释案件的人民法院。

由于准予假释的罪犯依法必须实施社区矫正，因此，报请假释应当附有社区矫正机构或基层组织关于罪犯假释后对居住社区影响的调查评估报告。人民检察院对于报请减刑、假释案件提出检察意见的，执行机关应当一并移送。经审查，上述材料齐备的，应当立案；材料不齐备的，应当通知执行机关3日内补送，逾期未补的，不予立案。人民法院应该在立案后5日内公示执行机关报请减刑、假释的建议书等材料。

人民法院审理减刑、假释案件，应当依法组成合议庭进行。合议庭由审判员或审判员与陪审员共同组成。可以采取开庭审理或书面审理方式。但下列案件应当公开审理：(1)因为罪犯有重大立功表现报请减刑的；(2)报请减刑的起始时间、间隔时间或减刑幅度不符合一般规定的；(3)被提请减刑、假释罪犯是职务犯罪罪犯，组织、领导、参加、包庇、纵容黑社会性质组织罪犯，破坏金融管理秩序犯或金融诈骗罪犯的；(4)社会影响重大或社会关注度高的；(5)公示期间收到不同意见的；(6)人民检察院提出异议的；(7)有必要开庭审理的其他案件。开庭审理的案件应该在罪犯刑罚执行场所或人民法院确定的场所进行，也可以根据情况，采取视频方式进行。审理的人民法院应该通知人民检察院、执行机关以及被报请减刑、假释的罪犯参加庭审。根据需要，法院也可以通知相关证人、鉴定人、异议人、翻译人员等到庭参加。

经法庭审理，如果被报请的罪犯不符合法定的减刑、假释条件的，应当作出不予减刑、假释裁定。如果具备法定条件的，依法作出准予减刑、假释的裁定。如果被报请减刑罪犯虽然符合法律所规定的减刑条件，但执行机关报请的减刑幅度不当，人民法院可以对减刑幅度进行相应调整后作出予以减刑的裁定。在作出减刑、假释裁定前，执行机关书面申请撤回减刑、假释建议的，是否准许，由人民法院裁定。

作出减刑、假释裁定后，人民法院应该在7日内将裁定书送达执行机关、同级人民检察院和罪犯本人。作出假释裁定的，还应当送达县级司法行政机关以便执行社区矫正。减刑、假释裁定不准当事人上诉，一经宣告，立即生效。对于被宣告假释的罪犯，执行机关应当立即释放，并发给假释证明，书面告知其到居住地县级司法行政机关报到。

（四）对假释裁定的执行及处理

依据《刑法》第85条和《刑事诉讼法》第269条的规定，对被假释的罪犯，在假释考验期内，依法实行社区矫正。社区矫正的程序、执行机构与前述管制、暂予监外执行基本相同，在此不再赘述。

对于被宣告假释的犯罪分子，在考验期内，依照《刑法》规定，没有犯新罪和发现有遗漏罪行的，考验期满，则认为原判刑罚执行完毕，并公开宣告，无须办理释放手续。同时应该由司法所组织社区矫正解除宣告。如果罪犯在假释考验期内犯新罪的，应当撤销假释，实行数罪并罚，对决定执行的刑罚收监执行。如果罪犯在假释考验期内，有违反法律、行政法规或者国务院公安部门有关假释的监督管理规定的行为，尚未构成犯罪的，应当依法定程序撤销假释，收监执行未执行完毕的刑罚。

四、对新罪、漏罪的追究程序

新罪是指罪犯在服刑期间实施的触犯《刑法》并应当追究刑事责任的行为。漏罪是指罪犯在服刑过程中被发现的在判决宣告以前实施的尚未被追究的罪行。对于罪犯在服刑过程中，无论是又犯新罪，还是发现有漏罪，都应当依法予以追究。

依据《刑事诉讼法》第273条的规定，对服刑罪犯又犯新罪或者发现漏罪的，应当区分不同的情况，予以追究。

（1）对于在监狱、未成年犯管教所服刑的罪犯，发现犯新罪或漏罪的，由执行机关进行侦查，侦查终结后，移送人民检察院审查决定，向有管辖权的人民法院提起公诉。

（2）对于在看守所服刑的罪犯，发现有漏罪或又犯新罪的，由负责执行的公安机关立案侦查，侦查终结后移送当地人民检察院，根据管辖的有关规定，向人民法院提起公诉。

（3）对于被宣告缓刑、假释、暂予监外执行的罪犯，以及被判处管制的罪犯，发现有漏罪或又犯新罪的，由犯罪地公安机关立案侦查。侦查机关应该在对罪犯采取强制措施之后 24 小时内，通知罪犯居住地社区矫正机构。

（4）对服刑罪犯脱逃后又犯罪的，如果其新罪是监狱在捕获罪犯后发现的，由监狱侦查终结后移送人民检察院起诉；如果其新罪是公安机关在捕获罪犯后发现的，由公安机关侦查终结后移送人民检察院起诉。

人民法院对人民检察院提起公诉的新罪、漏罪审理后作出的生效判决书，除送达罪犯外，还应将副本送达原审人民法院、人民检察院和执行机关。

五、发现错判和对申诉的处理

《刑事诉讼法》第 275 条规定："监狱和其他执行机关在刑罚执行中，如果认为判决有错误或者罪犯提出申诉，应当转请人民检察院或者原判人民法院处理。"依照该规定，执行机关如认为原判决或裁定确有错误的，应提出具体意见并附调查材料，报送主管司法行政机关。经主管司法行政机关审查同意后，转请原起诉的人民检察院、原审人民法院或原起诉的人民检察院的上级人民检察院、原审法院的上级人民法院，按照审判监督程序处理。人民检察院或人民法院应当自收到监狱或其他执行机关提请处理意见书之日起 6 个月内，将处理结果通知监狱或其他执行机关。监狱和其他执行机关对于罪犯提出的申诉应当转送，不得扣压。罪犯的申诉材料已明确要求人民检察院或人民法院处理的，可按其要求转递；如无明确要求，则由监狱等执行机关根据案件情况向人民法院或人民检察院转递。人民法院或人民检察院收到执行机关材料和意见或罪犯的申诉后，应当进行认真审查。如认为原判决或裁定在认定事实或适用法律上确有错误，应按审判监督程序予以纠正，如认为原裁判正确，应及时答复执行机关或申诉人。

第四节　人民检察院对执行的监督

人民检察院是国家的法律监督机关，有权对各种判决的执行情况进行监督。对各种判决执行的监督是刑事执行法律监督的一部分，其目的在于确保刑事执行活动正确、合法，维护罪犯的合法权益。人民检察院对各种判决、裁定执行监督的主要内容如下。

一、对执行死刑的监督

《刑事诉讼法》第 263 条第 1 款规定："人民法院在交付执行死刑前，应当通知同级人民检察院派员临场监督。”根据相关司法解释，第一审人民法院应该在交付执行 3 日以前通知同级人民检察院派员临场监督。临场监督执行死刑的检察人员应当依法监督执行死刑的场所、方法和执行死刑的活动是否合法。在执行死刑前，发现有下列情形之一的，应当建议人民法院停止执行：（1）被执行人并非应执行死刑的罪犯的；（2）罪犯犯罪时不满 18 周岁或者审判时已满 75 周岁，依法不应当适用死刑的；（3）判决可能有错误的；（4）在执行前罪犯检举揭发重大犯罪事实或者有其他重大立功表现，可能需要改判的；（5）罪犯正在怀孕的。

在执行死刑中发现有其他严重违法情况的，也应及时提出纠正意见。

在执行死刑过程中，根据需要，人民检察院临场监督人员可以进行拍照、摄像；执行死刑后，人民检察院临场监督人员应检查罪犯是否确已死亡，并填写死刑临场监督笔录，签字后入卷归档。

二、对暂予监外执行的监督

现行《刑事诉讼法》对暂予监外执行除规定事后监督以外，还增加规定了事前监督机制。《刑事诉讼法》第 266 条规定：“监狱、看守所提出暂予监外执行的书面意见的，应当将书面意见的副本抄送人民检察院。人民检察院可以向决定或者批准机关提出书面意见。”人民检察院接到书面意见副本以后，应该结合驻监检察室平日所掌握的罪犯病情、平时就医情况、平时改造表现等，审查罪犯的疾病伤残鉴定意见以及呈报手续是否齐全，认为必要时，可以自行组织或要求人民法院、监狱、看守所对罪犯重新组织进行诊断、检查或鉴别。如果发现执行机关将不符合条件的罪犯报请暂予监外执行的，应该在 10 日内向决定或批准机关提出书面检察意见，同时也可以向监狱、看守所提出书面纠正意见。

《刑事诉讼法》第 267 条规定：决定或者批准暂予监外执行的机关应当将暂予监外执行决定抄送人民检察院。人民检察院认为暂予监外执行不当的，应当自接到通知之日起 1 个月以内将书面意见送交决定或者批准暂予监外执行的机关，决定或者批准暂予监外执行的机关接到人民检察院的书面意见后，应当立即对该决定进行重新核查。这是一道事后补救式监督程序。

人民检察院接到法院或其他批准机关暂予监外执行的决定或批准之后，应该进行审查。必要时可以向罪犯所在单位与有关人员进行调查，也可以向有关机关调阅有关资料。经审查认为暂予监外执行不符合规定的，应当自接到通知之日起 1 个月内，将书面纠正意见呈报批准或决定暂予监外执行的机关的同级人民检察院，由其送交批准或决定暂予监外执行的机关。人民检察院送交纠正意见以后，应当监督有关机关立即对批准或决定暂予监外执行的结果进行核查，并监督其重新核查结果是否符合法律规定。对经核查不符合法律规定的，应当依法提出纠正意见。

三、对减刑、假释的监督

《刑事诉讼法》第 273 条第 2 款规定：被判处管制、拘役、有期徒刑或者无期徒刑的罪犯，在执行期间确有悔改或者立功表现，应当依法予以减刑、假释的时候，由执行机关提出建议书，报请人民法院审核裁定，并将建议书副本抄送人民检察院。人民检察院发现罪犯符合减刑、假释条件，但是执行机关未提请减刑、假释的，可以建议执行机关提请。人民检察院收到减刑、假释案件材料后应该及时逐案审查和调查核实相关情形。人民检察院发现建议不当或者违反法定程序的，应该自收到材料 10 日内向审理减刑、假释的人民法院提出书面意见；同时将建议书副本抄送执行机关。人民法院开庭审理减刑、假释案件的，人民检察院应当指派检察人员出庭发表检察意见，并对庭审是否合法进行监督，从而构筑减刑、假释程序同步监督机制。

除同步监督之外，《刑事诉讼法》第 274 条还规定了减刑、假释裁定的事后监督机制。人民检察院应当在接到减刑、假释裁定书副本后及时进行审查。经审查，人民检察院认为人民法院减刑、假释裁定不当的，应当在收到裁定书副本后 20 天内，向作出减刑、假释裁定的人民法院提出书面纠正意见。人民检察院提出纠正意见以后，应当监督人民法院在收到纠正意见以后 1 个月内，重新组成合议庭进行审理并作出最终裁定。人民检察院如果发现已经生效的减刑、假释裁定确有错误的，应当向人民法院提出书面纠正意见，提请人民法院按照审判监督程序，依法另行组成合议庭重新审理并作出裁定。

四、对执行机关执行刑罚活动的监督

《刑事诉讼法》第 276 条规定："人民检察院对执行机关执行刑罚的活动是否合法实行监督。如果发现有违法的情况，应当通知执行机关纠正。"这是《刑事诉讼法》关于人民检察院对执行机关执行刑罚活动进行监督的原则性规定。这里所说的人民检察院对执行机关执行刑罚活动的监督，是指除有专门规定以外的执行刑罚活动的监督。这些监督包括：（1）对判处无罪、免除刑罚处罚的罪犯是否立即释放。（2）人民法院交付执行的判决与裁定是否已经发生效力，交付执行的手续、程序、执行机关是否合法；监狱或其他刑罚执行机关接收罪犯的活动是否合法。（3）对判处死刑缓期二年执行的罪犯，考验期满是否依法及时予以减刑。（4）对于被判处管制、宣告缓刑、假释、暂予监外执行的罪犯是否进行了社区矫正，社区矫正执行机关是否依法进行考察、监督与教育。（5）财产刑的执行是否合法，罚没物是否依法处理。（6）对于服刑中的罪犯又犯新罪或者发现了漏罪的，是否依法进行了追究。（7）对于服刑罪犯的申诉是否及时转达，并作出正确处理。（8）监狱、未成年犯管教所、看守所的执行活动是否符合《刑事诉讼法》《监狱法》与《看守所条例》等法律、法规，是否存在虐待被监管人员的情形，是否保障罪犯依法享有的各项权利，是否有利于罪犯的改造，对于刑满释放人员是否按期释放等。

人民检察院如果在以上监督活动过程中发现有违法情况的，应当通知执行机关纠正。对于情节较轻的违法行为，检察人员可以口头方式向违法人员或执行机关负责人提出纠正意见，并及时向监所检察部门负责人汇报；对于比较严重的违法行为，应报请检察长批准，向有关执行机关发出纠正违法通知书；情节严重构成犯罪的，应当依法追究有关人员的刑事责任。

人民检察院发出纠正违法通知书后，应该检查执行机关的回复落实情况；没有回复

的，应当督促有关机关回复。纠正违法情况应该及时向上一级人民检察院报告，并抄报执行机关的上级主管机关。上级人民检察院认为下级人民检察院意见正确的，应与同级执行机关共同督促下级执行机关纠正；上级人民检察院如果认为下级人民检察院纠正违法意见有错误的，应当通知下级人民检察院撤销纠正违法通知书，并通知同级执行机关。

重要名词术语

执行主体、有期徒刑、暂予监外执行、执行变更

思考题

1. 简述执行的概念。
2. 简述判处死刑立即执行判决的执行程序。
3. 简述停止执行死刑与暂停执行死刑的区别。
4. 简述判处死缓、无期徒刑、有期徒刑或拘役的判决的执行。
5. 简述对暂予监外执行的监督。
6. 简述执行的变更及其程序。
7. 简述可适用暂予监外执行的几种情况。

典型案例分析

李某为一农村妇女，32岁，丈夫张某长期在外打工，家中仅其一人做农活。邻居一男青年王某见其孤身一人，生活不容易，便经常在农忙时间帮助李某干活。久而久之，李某对王某心存感恩，对其有所依恋，不久两人便发生了婚外情。张某在外地得知后，急忙赶回家中处理此事。李某与王某迫于压力都同意不再来往，但其实两人私下勾结，对张某下了慢性毒药。几个月后，张某头脑反应迟钝，走路不稳。又过了几个月，张某突发疾病死亡。村民们怀疑是李某与王某所为，故报案。公安机关经鉴定认为两人具有投毒嫌疑，即立案侦查，后起诉至法院。法院认定李某故意杀人罪成立，并判处死刑，缓期二年执行。在交付执行后，李某的父母以李某家庭困难、老母病重、女儿年幼等为由，申请将李某暂予监外执行。

请结合本章的内容回答：

法院是否应当同意这一申请？为什么？

第二十章　未成年人刑事案件诉讼程序

【内容提示】

未成年人犯罪，是国际社会普遍存在和关注的一个较为严重的问题。未成年人的生理和心智发育都尚未成熟，缺乏足够的人生阅历、社会经验和自我保护意识，对外界和自身的认知和判断仍十分有限，因此，世界各国都致力于对未成年人给予更多的关注，制定专门的实体法和程序法，旨在一方面加强对未成年人尤其是未成年被害人的保护，另一方面惩治、教育并挽救犯罪的未成年人。自 1899 年美国伊利诺伊州《少年法庭法》问世以来，世界各国陆续颁布了许多针对未成年人犯罪的特别程序法。在国际司法准则方面，从最早于 1959 年 11 月通过的联合国《儿童权利宣言》开始，联合国等国际组织先后颁布了一系列宣言、公约、规则和准则。我国在 20 世纪 80 年代初开始对未成年人刑事案件的诉讼程序进行探索，从 1984 年国内第一个专门审理未成年人刑事案件的少年法庭在上海成立，到 1991 年《未成年人保护法》通过并颁布，此后一系列有关的司法解释和规范性文件相继发布，标志着我国在办理未成年人刑事案件上有了专门的法律依据。

基于未成年人这一群体的特殊性和未成年人刑事案件的特殊性，未成年人刑事案件诉讼程序在整个刑事诉讼程序中具有鲜明的特色。在 2012 年《刑事诉讼法》修改以前，我国法律关于未成年人刑事案件诉讼程序的规定，散见于《刑事诉讼法》各个章节以及各项法律法规当中，2012 年《刑事诉讼法》修改将有关未成年人刑事案件诉讼程序的规定汇统到一起，并将该程序作为一种特别程序以专章形式加以规定。这也是我国《刑事诉讼法》不断进步和完善的重要体现之一。

我国现行《刑事诉讼法》第 277 条和《未成年人保护法》第 113 条都规定了对未成年被追诉人实行教育、感化、挽救的方针，坚持教育为主、惩罚为辅的原则。这也是办理未成年人刑事案件的出发点和落脚点。办理未成年人刑事案件，应当遵循以下 5 项基本原则：教育为主、惩罚为辅的原则，全面调查的原则，分案处理的原则、不公开审理的原则和对未成年被害人特殊保护的原则。未成年人刑事案件诉讼程序的基本制度主要包括：合适成年人到场制度、强制法律援助辩护制度、社会调查制度、附条件不起诉制度和犯罪记录封存制度。这既是司法实践中需要遵循的行为准则，也是理论界和实务界进行未成年人犯罪刑事程序研究的主要问题。

未成年人刑事案件的具体诉讼程序包括了立案、侦查、起诉、审判和执行程序。近年来，随着《未成年人保护法》和《预防未成年人犯罪法》的修订，未成年人司法体制机制不断改革发展，理论界和实务界都更加注重和探索对未成年人的全面、综合司法保护。

第一节　未成年人刑事案件诉讼程序的概念、特点和规范依据

一、未成年人刑事案件诉讼程序的概念和特点

（一）未成年人刑事案件诉讼程序的概念

结合我国《刑法》[1]和《未成年人保护法》的规定，刑事法意义上的未成年人，是指已满 12 周岁未满 18 周岁的公民。未成年人刑事案件，是指未成年人实施的触犯《刑法》的案件。未成年人刑事案件诉讼程序，是指遵循《刑事诉讼法》和相关法律法规的规定，公安机关、人民检察院和人民法院等国家专门机关对未成年人刑事案件采取立案、侦查、起诉、审判和执行等诉讼过程中，基于未成年人的特点及未成年人犯罪的特殊性，所采用的特定方式与特殊步骤。

（二）未成年人刑事案件诉讼程序的特点

未成年人的生理和心智的发育都尚未成熟，缺乏足够的人生阅历、社会经验和自我保护意识，缺乏一定的辨别是非和自我管控的能力，对外界和自我的认知和判断仍存在较大的局限性，易受外界环境和人、事物的影响，因此，未成年人犯罪具有鲜明的特征。同时，未成年人可塑性强，社会化或再社会化的可能性大，因此，未成年人刑事案件诉讼程序需与未成年人犯罪特点相适应。

第一，未成年人刑事案件诉讼程序结合未成年人在生理和心智发育不成熟的客观实际，对未成年人的诉讼权利予以特别保护。在诉讼活动中，考虑到未成年犯罪嫌疑人、被告人的理解能力偏弱，《刑事诉讼法》规定了法律援助制度，使他们在侦查、起诉和审判阶段有权获得法律援助，帮助其更加有效地行使诉讼权利。此外，《刑事诉讼法》确立的合适成年人到场制度，令未成年犯罪嫌疑人、被告人的法定代理人和其他相关人员能够参与诉讼程序，强化对未成年人合法权益的保护力度。

第二，未成年人刑事案件诉讼程序结合未成年人身心发育不成熟、情绪不够稳定、内心脆弱敏感等特点，安排专门的办案机构和专业人员负责未成年人刑事案件。《刑事诉讼法》第 277 条第 2 款规定，人民法院、人民检察院和公安机关办理未成年人刑事案件，应当由熟悉未成年人身心特点的审判人员、检察人员、侦查人员承办。目前，人民法院、人民检察院和公安机关业已建立专门针对未成年人的办案机构或部门，如少年法

---

〔1〕 近年来，未成年人犯罪总体呈上升趋势，尤其是恶性犯罪案件比例上升，对被害人和社会造成严重影响。立法机关顺应社会发展和未成年人犯罪形势的变化，于 2020 年 12 月通过的《刑法修正案（十一）》中将刑事责任年龄从 14 岁降至 12 岁，规定已满 12 周岁不满 14 周岁的人犯故意杀人、故意伤害罪，致人死亡或者以特别残忍手段致人重伤造成严重残疾，情节恶劣，经最高人民检察院核准追诉的，应当负刑事责任。

庭、未成年人检察部等，并配备专职人员办理未成年人刑事案件。未成年人刑事案件应当由熟悉未成年人身心特点，善于做未成年人思想教育工作，具有一定办案经验的人员办理。近年来，学界和司法实践部门开始重视心理学在未成年人司法工作中的应用。

第三，未成年人刑事案件诉讼程序注重对未成年人的教育、挽救、改造，采用轻缓的刑事手段和诉讼程序以促使未成年犯罪人早日回归社会。未成年人欠缺足够的规范意识和自我管控能力而容易走向犯罪。未成年人的犯罪动机通常比较简单，犯罪行为具有较大的盲目性，自身可塑性较强，易于接受教育矫治。因此，对未成年人刑事案件的处理多采用轻缓的办理方式，和从宽处理的原则。例如，对未成年犯罪嫌疑人严格限制适用羁押性强制措施，与成年人分别关押、分别管理；适用附条件不起诉制度；采用不公开审理的方式；对被判处 5 年有期徒刑以下刑罚的，适用犯罪记录封存制度；等等。

二、未成年人刑事案件诉讼程序的规范依据

自 1899 年美国伊利诺伊州《少年法庭法》问世以来，世界各国陆续颁布了许多针对未成年人犯罪的特别程序法。在国际司法准则方面，从最早于 1959 年 11 月通过的《联合国儿童权利宣言》开始，联合国等国际组织先后颁布了一系列宣言、公约、规则和准则。我国在 20 世纪 80 年代初开始对未成年人刑事案件的诉讼程序进行探索，1985 年党中央提出“抓紧制定有关保护青少年的法律”，1991 年《未成年人保护法》（已于 2006 年 12 月 29 日、2012 年 10 月 26 日、2020 年 10 月 17 日完成 3 次修改）通过并颁布；1996 年《刑事诉讼法》修改后，相关司法解释和规范性文件对未成年人刑事诉讼程序也作出了一些规定；1999 年《预防未成年人犯罪法》（已于 2012 年 10 月 26 日、2020 年 12 月 26 日完成 2 次修改）通过，此后，国家司法机关会同有关部门出台了一系列有关未成年人刑事案件办理的司法解释或规范性文件，标志着我国在办理未成年人刑事案件上具有专门的规范依据。2012 年《刑事诉讼法》对“未成年人刑事案件诉讼程序”设立专章进行规定，更加促进了公安司法机关和各地有关部门推进未成年人司法体制机制的改革发展。近年来，随着《未成年人保护法》和《预防未成年人犯罪法》的修订，以及有关未成年人保护的其他法律如《家庭教育促进法》等的相继出台，未成年人相关立法取得了长足的进步。此外，民事和行政法律方面与未成年人刑事司法相衔接的内容亦是未成年人刑事诉讼程序的规范依据。

（一）《刑事诉讼法》

基于未成年人这一群体的特殊性和未成年人刑事案件的特殊性，未成年人刑事案件诉讼程序在整个刑事诉讼程序中具有鲜明的特色。因此，2012 年《刑事诉讼法》将原来散见于《刑事诉讼法》各个章节以及各项法律法规中有关未成年人刑事案件诉讼程序的规定汇统到一起，以专章形式加以规定。

该章共 11 个条文，主要包含以下几个方面的内容：其一，明确规定了未成年人刑事案件诉讼程序的办案方针和原则；其二，完善了未成年人刑事法律援助制度；其三，规定了未成年人社会调查制度；其四，规定了对未成年人严格适用逮捕措施以及分案处理与分别关押、分别管理、分别教育制度；其五，增设了合适成年人到场制度；其六，

规定了未成年人附条件不起诉制度；其七，明确了未成年人刑事案件不公开审理的原则及例外；其八，规定了未成年人犯罪记录封存制度。

（二）《未成年人保护法》和《预防未成年人犯罪法》

《未成年人保护法》和《预防未成年人犯罪法》俗称“两法”，是我国在未成年人保护领域标志性的两部法律。《未成年人保护法》第七章“司法保护”中对于办理未成年人刑事案件作了较为详细的规定。《预防未成年人犯罪法》则有更多关于未成年人刑事诉讼程序的内容。如第五章“对重新犯罪的预防”规定了分案处理、社区矫正、犯罪记录封存等制度和程序。“两法”对于办理未成年人刑事案件，落实《刑事诉讼法》相关制度，保护未成年人身心健康，有效预防和减少未成年人犯罪，保障未成年人的合法权益，具有十分重要的指导意义。

（三）相关司法解释和规范性法律文件

（1）最高人民法院《解释》对审理未成年人刑事案件应遵循的特有原则、审判组织、少年法庭的受案范围以及开庭准备、审判程序等进行了详细规定，是各级人民法院办理未成年人刑事案件的重要依据。作为对《刑事诉讼法》《刑法》和最高人民法院《解释》的必要补充，最高人民法院于 2005 年 12 月 12 日通过了《关于审理未成年人刑事案件具体应用法律若干问题的解释》，就正确审理未成年人刑事案件具体应用法律若干问题作出解释。

（2）最高人民检察院《规则》对未成年人刑事案件中的审查逮捕、附条件不起诉、社会调查报告以及犯罪记录封存等制度作了详细的规定，是各级人民检察院办理未成年人刑事案件的重要依据。作为对《刑事诉讼法》和最高人民检察院《规则》的重要补充，《人民检察院办理未成年人刑事案件的规定》对办理未成年人刑事案件的审查批准逮捕、审查起诉与出庭支持公诉、不起诉和附条件不起诉、法律监督及申诉检察等问题作出更加具体的规定。为适应 2012 年《刑事诉讼法》对未成年人刑事诉讼程序的修改，最高人民检察院于 2012 年 10 月发布《关于进一步加强未成年人刑事检察工作的决定》，该《决定》对于办理未成年人刑事案件的特殊方针、原则，专业化队伍建设，特别制度建设，以及未成年人犯罪社会化帮教预防体系建设等作了进一步规定。

（3）公安部《规定》中对公安机关办理未成年人刑事案件的程序等内容作了详细规定。公安部于 1995 年 10 月颁布的《公安机关办理未成年人违法犯罪案件的规定》，目前仍旧是公安机关办理未成年人刑事案件的重要依据之一。

（4）2010 年 8 月，由中共中央社会治安综合治理委员会预防青少年违法犯罪工作领导小组、最高人民法院、最高人民检察院、公安部、司法部、共青团中央联合出台的《关于进一步建立和完善办理未成年人刑事案件配套工作体系的若干意见》，对于加强对涉案未成年人合法权益的保护，建立、巩固和完善办理未成年人刑事案件专门机构以及加强公安机关、人民检察院、人民法院、司法行政机关的协调与配合等内容作出进一步规定。

（四）国际司法准则

联合国等国际组织通过了一系列法律文件，其中涉及对未成年人刑事案件的诉讼程序的特别规定，包括但不限于1959年11月20日通过的《联合国儿童权利宣言》，1985年11月29日通过的《联合国少年司法最低限度标准规则》，1989年11月20日通过的《儿童权利公约》，1990年12月14日通过的《联合国保护被剥夺自由少年规则》，1990年12月14日通过的《联合国预防少年犯罪准则》等。这些国际少年司法准则对我国未成年人刑事案件诉讼程序的不断发展起到启示借鉴的作用。我国也正积极通过完善相关立法等方式，逐步对已经签署和加入的公约予以体现。

第二节　未成年人刑事案件诉讼程序的基本原则与制度

《刑事诉讼法》第277条第1款规定："对犯罪的未成年人实行教育、感化、挽救的方针，坚持教育为主、惩罚为辅的原则。"未成年人是国家的未来，民族的希望，关系着党和国家的前途命运。党和国家有义务也有责任关怀、爱护和教育未成年人，这其中当然也包括违法犯罪的未成年人。"教育、感化、挽救"，是在办理未成年人刑事案件的全过程中都必须把握的基本方针。围绕这一方针，公安司法机关办理未成年人刑事案件，都必须注重增强未成年人的法治观念，帮助其认识错误、认罪悔罪、改过自新，对一些问题还应当从未成年人的身心健康出发进行干预、加强引导，促使他们能够更好地回归社会、融入社会。在这一总体方针的指引下，未成年人刑事诉讼程序需要坚持五项基本原则。

一、未成年人刑事案件诉讼程序的基本原则

未成年人刑事案件诉讼程序的基本原则是指人民法院、人民检察院和公安机关在办理未成年人刑事案件过程中应当遵循的基本准则。主要包括：

（一）教育为主、惩罚为辅原则

根据《刑事诉讼法》第277条第1款的规定，立法对犯罪的未成年人明确了教育为主、惩罚为辅的原则。这一原则要求公安司法机关的工作人员在办理未成年人刑事案件时，应注意把握教育与惩罚的关系，即要将教育工作放在首要的位置，惩罚应当作为次要的辅助措施服务于教育、感化、挽救的目的。《刑事诉讼法》第280条有关严格限制逮捕的规定和第282条规定的附条件不起诉制度，正是贯彻对未成年人坚持"教育为主、惩罚为辅原则"的切实体现。《刑事诉讼法》第280条第1款规定："对未成年犯罪嫌疑人、被告人应当严格限制适用逮捕措施。人民检察院审查批准逮捕和人民法院决定逮捕，应当讯问未成年犯罪嫌疑人、被告人，听取辩护律师的意见"；第282条第1款规定："对于未成年人涉嫌刑法分则第四章、第五章、第六章规定的犯罪，可能判处一年有期徒刑以下刑罚，符合起诉条件，但有悔罪表现的，人民检察院可以作出附条件不起诉的决定。"此外，办案部门应当结合未成年人刑事案件的实际情况，开展针对未成年人及其监护人等的法治宣传教育工作。

同时，教育为主、惩罚为辅的原则不代表原则上不对犯罪的未成年人加以惩罚。未成年人触犯了《刑法》，依法对其予以惩处，既是罪责刑相适应原则的体现，也能够在更广泛的社会层面对未成年人起到法治教育的作用。过轻的处罚如若不能使犯罪的未成年人深刻认识到自己行为的性质和危害后果，甚至未来还将再次危害社会，则也不利于“教育、感化、挽救”方针的全面准确落实。

《刑事诉讼法》还特别赋予未成年犯罪嫌疑人、被告人一系列特殊的诉讼权利。《刑事诉讼法》第 277 条第 2 款规定，人民法院、人民检察院和公安机关办理未成年人刑事案件，应当保障未成年人行使其诉讼权利。公安司法机关应在诉讼的各个阶段和环节明确告知未成年人享有的诉讼权利，并有义务保障未成年人各项诉讼权利的实现；应由熟悉未成年人身心特点的审判人员、检察人员、侦查人员承办案件，以适应未成年人权利保护的需要。同时，未成年犯罪嫌疑人、被告人还依法享有获得法律援助、合适成年人到场、不公开审理及犯罪记录封存等权利。

（二）全面调查原则

全面调查原则是指公安司法机关在办理未成年人刑事案件时，不仅要查明案件本身的情况，还应当认真调查未成年犯罪嫌疑人、被告人的家庭背景、生活环境、教育经历、个人性格特征等与案件处理相关的各类信息和情况，必要时应当对当事人的心理健康状况进行测评。全面调查原则源于《联合国少年司法最低限度标准规则》（即《北京规则》）第 16 条，即“所有案件，除涉及轻微违法行为的案件外，在主管当局作出判决前的最后处理之前，应对少年生活的背景和环境或犯罪的条件进行适当的调查，以便主管当局对案件作出明智的判决”。

全面调查原则在我国未成年人刑事案件诉讼程序中主要体现为：其一，既要关注犯罪行为，也要关注未成年人自身的个体特征，尤其是关系到其社会化和再社会化的那部分特征；其二，对未成年人刑事案件在立案、侦查、起诉、审判、执行的各个阶段，都要贯彻全面调查原则。

（三）分案处理原则

分案处理原则是指将未成年人刑事案件与成年人刑事案件分别进行处理，对未成年人和成年人分别关押、分案审理、分别执行。《刑事诉讼法》第 280 条第 2 款规定：“对被拘留、逮捕和执行刑罚的未成年人与成年人应当分别关押、分别管理、分别教育。”从最大程度上避免或减少未成年人可能受到的来自成年犯罪嫌疑人、被告人的不良影响，尽可能地实现对未成年人的教育和改造。

（四）不公开审理原则

不公开审理原则主要是指人民法院在审理未成年人刑事案件时，不对社会公开，不允许群众旁听，不接受记者采访。根据《刑事诉讼法》第 285 条的规定，审判的时候被告人不满 18 周岁的案件，不公开审理；经未成年被告人及其法定代理人同意，未成年被告人所在学校和未成年人保护组织可以派代表到场。此外，不公开审理原则的内涵还包括相关涉罪信息的不公开。最高人民法院《解释》第 559 条规定：“审理涉及未成年人的刑事案件，不得向外界披露未成年人的姓名、住所、照片以及可能推断出未成年人身份的其他资料。查阅、摘抄、复制的案卷材料，涉及未成年人的，不得公开和传播。”在当今的网络时代，这一原则有利于最大化地保护未成年人，使其免受来自社会的各种压力，更好地回归社会。

（五）对未成年被害人的特殊保护原则

未成年被害人的权益保障也是未成年人刑事案件诉讼程序的重要内容，尤其是对于遭受性侵、虐待或者暴力伤害的未成年被害人及其家庭，公安司法机关应加强与政府有关部门、人民团体、社会组织等的配合，实施必要的经济救助、法律援助、心理干预、物理空间保护等救助保护措施，贯彻好对未成年被害人的特殊保护原则。

二、未成年人刑事案件诉讼程序的基本制度

未成年人刑事案件诉讼程序的基本制度，是指人民法院、人民检察院和公安机关在办理未成年人刑事案件时所应当遵循的具体法律规则，主要包括：

（一）合适成年人到场制度

《刑事诉讼法》第 281 条第 1 款规定：“对于未成年人刑事案件，在讯问和审判的时候，应当通知未成年犯罪嫌疑人、被告人的法定代理人到场。无法通知、法定代理人不能到场或者法定代理人是共犯的，也可以通知未成年犯罪嫌疑人、被告人的其他成年亲属，所在学校、单位、居住地基层组织或者未成年人保护组织的代表到场，并将有关情况记录在案。”该项制度旨在通过令合适的成年人到场，以实现对刑事诉讼程序的监督，有利于预防未成年人权利受到侵犯的情况发生，切实保障未成年人的诉讼权利和其他合法权益。

1. 合适成年人到场的场合是法定的

讯问和审判未成年犯罪嫌疑人、被告人时应当通知其法定代理人或其他合适成年人到场。未成年犯罪嫌疑人认罪认罚的，应当在法定代理人、辩护人在场的情况下签署认罪认罚具结书。法定代理人无法到场的，其他合适成年人可以行使到场权、知情权、异议权等。

2. 合适成年人的范围是法定的

包括（1）法定代理人；（2）未成年犯罪嫌疑人、被告人、被害人、证人的其他成年亲属；（3）其他合适成年人，即所在学校、单位、居住地基层组织或者未成年人保护组织的代表。其中，法定代理人是第一顺序的合适成年人，只有在无法通知、法定代理人不能到场或者法定代理人是共犯的情况下，才可以通知其他合适成年人到场。通知法定代理人以外的其他人员到场的，应当将法定代理人不能到场的原因、相关人员到场的具体情况等信息在讯问笔录、询问笔录、法庭审理笔录等文件中予以记载和说明。

3. 合适成年人的诉讼权利是法定的

《刑事诉讼法》第 281 条第 1、2 款规定：到场的法定代理人可以代为行使未成年犯罪嫌疑人、被告人的诉讼权利；到场的法定代理人或者其他人员认为办案人员在讯问、审判中侵犯未成年人合法权益的，可以提出意见；讯问笔录、法庭笔录应当交给到场的法定代理人或者其他人员阅读或者向他宣读。值得注意的是，审判未成年人刑事案件，

在未成年被告人最后陈述后，法定代理人可以进行补充陈述。

法律规定该制度也适用于询问未成年被害人、证人的情形。

（二）强制法律援助辩护制度

《刑事诉讼法》第 278 条规定：“未成年犯罪嫌疑人、被告人没有委托辩护人的，人民法院、人民检察院、公安机关应当通知法律援助机构指派律师为其提供辩护。”2022 年开始实施的《法律援助法》第 25 条对于未成年人作了同样的规定。可见，在对待未成年人刑事案件中没有委托律师辩护的问题上，国家采取了强制法律援助辩护的方式，以实现对未成年犯罪嫌疑人、被告人诉讼权利的保障。首先，在刑事诉讼的全过程都要贯彻强制法律援助辩护的原则；其次，对未成年犯罪嫌疑人、被告人的刑事法律援助是无条件的，即只要他们没有委托辩护人，办案机关就应当通知法律援助机构指派律师为其提供辩护，不论其经济是否困难、涉嫌的犯罪是否严重，等等。最后，公安司法机关应当通知法律援助机构来指派律师提供辩护。法律援助机构通常设有专门的律师库，在指派专门律师方面具有丰富的经验，有利于为未成年犯罪嫌疑人、被告人指派更加适合的、有相关办案经验的辩护律师提供法律援助。辩护律师需要通过各种方式对未成年人的犯罪情况、心理状况、家庭背景、成长经历等进行充分的调查、了解，进行有效辩护。

此外，根据最高人民法院《解释》第 572、311 条的规定，未成年被告人或者其法定代理人当庭拒绝辩护人辩护，要求另行委托辩护人或者指派律师的，合议庭应当准许。被告人拒绝辩护人辩护后，没有辩护人的，应当宣布休庭；仍有辩护人的，庭审可以继续。重新开庭后，未成年被告人或者其法定代理人再次当庭拒绝辩护人辩护的，不予准许。重新开庭时被告人已满 18 周岁的，可以准许，但不得再另行委托辩护人或者要求另行指派律师，而应由其自行辩护。也就是说，未成年人刑事案件的强制法律援助制度还体现在，当未成年被告人拒绝为其指派的辩护律师时，原则上必须保障其有辩护人为其辩护；除非“重新开庭时”其已满 18 周岁。

（三）社会调查制度

我国《刑事诉讼法》、最高人民法院《解释》、最高人民检察院《规则》及《办理未成年人刑事案件的规定》等法律法规，对社会调查制度的主体、内容和作用等作出了明确规定，形成了较为完整的制度体系。社会调查制度，是指在办理未成年人刑事案件时，由法定调查主体对未成年犯罪嫌疑人、被告人的成长经历、犯罪原因、监护教育等情况进行全面调查并形成社会调查报告的制度。在办理未成年人刑事案件时进行充分的社会调查，了解未成年犯罪嫌疑人、被告人的生活背景并分析其犯罪成因，可以有针对性地开展教育、挽救工作，纠正其错误思想，矫治其不良行为习惯。

1. 社会调查主体

《刑事诉讼法》第 279 条规定：“公安机关、人民检察院、人民法院办理未成年人刑事案件，根据情况可以对未成年犯罪嫌疑人、被告人的成长经历、犯罪原因、监护教育等情况进行调查。”结合最高人民法院《解释》第 568 条第 2 款、最高人民检察院《规则》第 461 条第 2 款和公安部《规定》第 322 条的规定，在我国，对未成年人刑事案件进行社会调查的主体呈现出多样性特征，既可以是人民法院、人民检察院、公安机关，也可以是由三机关委托的县级司法行政机关社区矫正机构、共青团组织以及其他社会团体组织等其他机构或组织；三机关可以单独调查，也可以联合其他组织协助调查。开展社会调查应当尊重和保护未成年人隐私，不得向不知情人员泄露未成年犯罪嫌疑人、被告人的涉案信息。

2. 社会调查内容

最高人民法院《解释》第 568 条、最高人民检察院《关于进一步加强未成年人刑事检察工作的决定》第 13 条、公安部《规定》第 322 条以及《关于进一步建立和完善办理未成年人刑事案件配套工作体系的若干意见》等对社会调查的内容作了较为明确的规定。社会调查的内容主要包括：未成年犯罪嫌疑人、被告人的性格特点、家庭情况、社会交往、成长经历、犯罪原因、犯罪后态度、是否具备有效监护条件或者社会帮教措施等。

3. 社会调查报告

相关法律规范对社会调查报告作了具体规定，如公安部《规定》第 322 条第 1 款规定："公安机关办理未成年人刑事案件，根据情况可以对未成年犯罪嫌疑人的成长经历、犯罪原因、监护教育等情况进行调查并制作调查报告。"通过社会调查形成的调查报告在刑事诉讼各个阶段都发挥着重要的作用，重点体现在：其一，在侦查阶段，社会调查报告是公安机关决定是否提请批捕和移送审查起诉，以及人民检察院审查逮捕时考察未成年犯罪嫌疑人是否具有社会危险性、判断其是否具有逮捕必要性的重要参考。其二，在审查起诉阶段，社会调查报告是人民检察院决定提起公诉与否以及适用何种不起诉制度的重要参考。其三，在审判阶段，社会调查报告是人民法院对未成年人被告人量刑、决定是否对其判处非监禁刑或是否免予刑罚的重要依据。其四，在刑罚执行阶段，社会调查报告是回访、教育和矫治未成年犯罪人的重要参考，辅助社区矫正机构对未成年罪犯进行针对性、个别化的教育矫治。

（四）附条件不起诉制度

《刑事诉讼法》第 282—284 条规定了对未成年犯罪嫌疑人的附条件不起诉制度。附条件不起诉制度是指，检察机关对于可能判处 1 年有期徒刑以下刑罚的罪行较轻的未成年犯罪嫌疑人，虽符合起诉的条件，但根据其悔罪表现，认为没有立即追诉的必要，决定暂时不予提起公诉，并予以监督考察，要求其在一定的期限内履行一定的义务，根据其考验期内的表现再行决定提起公诉或者不起诉的制度。

1. 附条件不起诉制度的适用条件

《刑事诉讼法》第 282 条第 1 款规定了对未成年犯罪嫌疑人适用附条件不起诉制度的案件范围和情形："对于未成年人涉嫌刑法分则第四章、第五章、第六章规定的犯罪，可能判处一年有期徒刑以下刑罚，符合起诉条件，但有悔罪表现的，人民检察院可以作出附条件不起诉的决定。人民检察院在作出附条件不起诉的决定以前，应当听取公安机关、被害人的意见。"由此可见，适用附条件不起诉制度必须同时满足 5 项条件：（1）须是未成年人涉嫌犯罪的刑事案件；（2）须是涉嫌刑法分则第四章、第五章、第六章规定的犯罪；（3）须是可能判处一年有期徒刑以下刑罚的案件；（4）须符合犯罪事实已经查清、证据确实充分，依法应当追究刑事责任的起诉条件；（5）未成年犯罪嫌疑人须有悔罪表现，须认识到自己的错误并向被害人赔礼道歉、赔偿损失以求得谅解。

2. 附条件不起诉的决定程序

人民检察院在作出附条件不起诉决定之前，应当讯问未成年人犯罪嫌疑人，听取公安机关、被害人及其法定代理人、未成年人犯罪嫌疑人的法定代理人、辩护人的意见，并制作笔录附卷。听取意见是必经的法定程序，但公安机关和被害人的意见对人民检察院是否作出附条件不起诉决定，没有约束力。人民检察院需要充分听取各方意见，也要独立判断、全面衡量案情，从最有利于保护未成年犯罪嫌疑人的角度妥善作出决定。人民检察院应当当面向未成年犯罪嫌疑人及其法定代理人宣布附条件不起诉决定，告知考验期限、考验期内应当遵守的规定，以及违反规定应负的法律责任，并制作笔录附卷。

3. 附条件不起诉的异议程序

《刑事诉讼法》第 282 条第 2 款规定："对附条件不起诉的决定，公安机关要求复议、提请复核或者被害人申诉的，适用本法第 179 条、第 180 条的规定。"人民检察院应当制作附条件不起诉决定书，并在 3 日内送达公安机关、被害人或者其近亲属及其诉讼代理人、未成年犯罪嫌疑人及其法定代理人、辩护人。关于附条件不起诉异议程序的规定，既保障了公安机关和被害人对人民检察院附条件不起诉的监督制约，又保障了未成年犯罪嫌疑人享有经依法审判被认定无罪的权利。附条件不起诉制度设立的初衷，是为了给犯罪较轻的未成年人一个改过自新的机会，以便其将来更好地回归社会，是对未成年人的教育、感化、挽救方针的贯彻执行。被害人对人民检察院作出的附条件不起诉决定或不起诉决定，只能通过向上一级人民检察院申诉的方式，而不能向人民法院起诉。否则，会导致两机关处理决定不一致，影响司法公信力，也打击人民检察院开展附条件不起诉工作的积极性。

4. 对被附条件不起诉的未成年犯罪嫌疑人的考察

（1）考察主体

《刑事诉讼法》第 283 条第 1 款、最高人民检察院《规则》第 474 条规定，在附条件不起诉的考验期内，由人民检察院对被附条件不起诉的未成年犯罪嫌疑人进行监督考察。人民检察院应当要求未成年犯罪嫌疑人的监护人对未成年犯罪嫌疑人加强管教，配合人民检察院做好监督考察工作。人民检察院可以会同未成年犯罪嫌疑人的监护人、所在学校、单位、居住地的村民委员会、居民委员会、未成年人保护组织等的有关人员，定期对未成年犯罪嫌疑人进行考察、教育，实施跟踪帮教。由此可见，附条件不起诉的监督考察机关为人民检察院，未成年犯罪嫌疑人的监护人应当予以配合。未成年犯罪嫌疑人所在学校、单位、居住地的村民委员会、居民委员会、未成年人保护组织等的有关人员应当予以协助。

（2）考察期限

《刑事诉讼法》第 283 条第 2 款规定："附条件不起诉的考验期为六个月以上一年以下，从人民检察院作出附条件不起诉的决定之日起计算。"值得一提的是，附条件不起诉决定是不起诉制度的一种。人民检察院在作出附条件不起诉决定后，在押的被不起诉人应当立即释放。

（3）考察的具体事项

《刑事诉讼法》第283条第3款对考察的具体事项作出了明确的规定，即被附条件不起诉的未成年犯罪嫌疑人，应当遵守下列规定：其一，遵守法律法规，服从监督；其二，按照考察机关的规定报告自己的活动情况；其三，离开所居住的市、县或者迁居，应当报经考察机关批准；其四，按照考察机关的要求接受矫治和教育。此外，最高人民检察院《规则》第476条规定，人民检察院可以要求被附条件不起诉的未成年犯罪嫌疑人接受以下矫治和教育：完成戒瘾治疗、心理辅导或者其他适当的处遇措施；向社区或者公益团体提供公益劳动；不得进入特定场所，与特定的人员会见或者通信，从事特定的活动；向被害人赔偿损失、赔礼道歉等；接受相关教育；遵守其他保护被害人安全以及预防再犯的禁止性规定。

5. 附条件不起诉的法律后果

《刑事诉讼法》第284条规定："被附条件不起诉的未成年犯罪嫌疑人，在考验期内有下列情形之一的，人民检察院应当撤销附条件不起诉的决定，提起公诉：（一）实施新的犯罪或者发现决定附条件不起诉以前还有其他犯罪需要追诉的；（二）违反治安管理规定或者考察机关有关附条件不起诉的监督管理规定，情节严重的。被附条件不起诉的未成年犯罪嫌疑人，在考验期内没有上述情形，考验期满的，人民检察院应当作出不起诉的决定。"

（五）犯罪记录封存制度

《刑事诉讼法》第286条规定："犯罪的时候不满十八周岁，被判处五年有期徒刑以下刑罚的，应当对相关犯罪记录予以封存。犯罪记录被封存的，不得向任何单位和个人提供，但司法机关为办案需要或者有关单位根据国家规定进行查询的除外。依法进行查询的单位，应当对被封存的犯罪记录的情况予以保密。"2012年通过的最高人民法院《解释》第490条第2款规定了这一制度的溯及力，即2012年12月31日之前审结的案件符合犯罪记录封存条件的，对相关犯罪记录也应当封存。

犯罪记录，俗称"前科"，指的是记录在案的曾经被宣告犯有罪行或被判处刑罚的事实。犯罪记录封存制度是2012年《刑事诉讼法》修改后确立的制度，对于未成年犯罪人来说，犯罪记录封存能够保障他们享有一个正常的学习、生活环境，有助于其身心健康发展，进而更好地回归社会。之所以设置"被判处五年有期徒刑以下刑罚"的条件，主要是考虑到对于未成年人犯罪不能一概而论，应当根据其主观恶性和社会危害性的不同予以区别对待，尤其在未成年人犯罪低龄化和恶性化加重的当今，对前科封存制度设置一定的门槛，也能够对严重的未成年人犯罪起到教育、警示和威慑的作用。

犯罪记录封存制度具有明确的法律效力。办案机关对于记载有未成年人犯罪信息的各种材料应予保密，不得向任何单位及个人披露。最高人民检察院《规则》第483条规定："人民检察院应当将拟封存的未成年人犯罪记录、案卷等相关材料装订成册，加密保存，不予公开，并建立专门的未成年人犯罪档案库，执行严格的保管制度。"同时，《刑法》第100条规定了“前科报告义务”及其例外情形，即“依法受过刑事处罚的人，在入伍、就业的时候，应当如实向有关单位报告自己曾受过刑事处罚，不得隐瞒。犯罪的时候不满十八周岁被判处五年有期徒刑以下刑罚的人，免除前款规定的报告义务”。也就是说，未成年人（犯罪时不满18周岁）的前科报告义务被免除。

犯罪记录封存不等于犯罪记录消灭，有关部门在法律规定的例外情况下仍可进行查询，具体而言：其一，司法机关基于办案需要，通常是指司法机关为更加准确地认定案件事实及行为人的人身危险性，需要查询未成年人犯罪记录的情况；其二，有关单位根据国家法律、法规、规章等的规定有必要对犯罪记录进行查询，如根据现行的《公务员法》《律师法》等规定，曾受过刑事处罚的人不得或在一定期限内不得从事公务员、律师等特定职业。有观点指出，入学、入伍和就业不应当属于可以依法查询的范围之列。否则，不但《预防未成年人犯罪法》第58条的规定将被架空，《刑事诉讼法》设立犯罪记录封存制度的目的也将化为泡影。[1]司法机关或者有关单位申请查询封存的犯罪记录的，应当向封存犯罪记录的公安机关、人民检察院、人民法院提出申请，并提供查询的理由和依据。对查询申请，办案机关应当及时作出是否同意的决定。依法进行查询的单位，应当对被封存的犯罪记录的情况予以保密。经查询获取的信息只能用于特定事项、特定范围。此外，犯罪记录存在解除封存的情形：被封存犯罪记录的未成年人如果实施新的犯罪或发现漏罪，且新罪、漏罪与封存记录之罪数罪并罚后被决定执行5年有期徒刑以上刑罚的，则应当对其犯罪记录解除封存。

第三节　未成年人刑事案件的具体诉讼程序

一、立案程序特点

（一）注重审查未成年犯罪嫌疑人的年龄

根据《刑法》《刑事诉讼法》和公安部《规定》，公安机关办理未成年人刑事案件时应当重点查清未成年犯罪嫌疑人实施犯罪行为时是否已满12周岁、14周岁、16周岁、18周岁的临界年龄。

（二）注重审查未成年人是否被教唆

未成年人自身生理、心理的特点使其容易成为被教唆的对象。在立案时，查证未成年人是否被教唆犯罪，既有助于正确处理未成年人的刑事责任，又有助于发现其他犯罪事实，对教唆犯进行刑事追诉。

（三）扩大了立案审查的范围

为贯彻教育、感化、挽救的方针，对于认定案情有帮助和价值的各类事实材料都属

[1] 参见孙长永主编：《刑事诉讼法学》（第四版），法律出版社2019年版，第458页。

于查证的范围。审查案件材料后，认为符合立案条件的，予以立案；认为不符合立案条件，情节轻微，危害不大，不构成犯罪或者不需要刑事处罚的，不予立案，并将案件材料转交有关部门审查处理。

二、侦查程序特点

（一）侦查内容趋于全面

根据《刑事诉讼法》第 279 条和公安部《规定》第 322 条的规定，公安机关办理未成年人刑事案件，根据情况可以对未成年犯罪嫌疑人的成长经历、犯罪原因、监护教育等情况进行调查。如前所述，未成年人刑事诉讼贯彻全面调查原则，对未成年犯罪嫌疑人进行社会调查，不仅要查明未成年犯罪嫌疑人涉嫌案件的事实情况，还要了解未成年犯罪嫌疑人本身以及与其犯罪、案件处理和监护教育等有关的信息。

（二）侦查方式更加和缓

根据《刑事诉讼法》第 281 条的规定，除非涉嫌犯罪的未成年人的法定代理人无法通知、不能到场或者是共犯，在讯问未成年犯罪嫌疑人时都应当通知其法定代理人到场。基于未成年人身心发育尚未成熟的现实特点，对未成年犯罪嫌疑人的传唤，多数情况下可通过其父母或其他法定代理人间接传唤，而尽量少使用直接传唤。在讯问未成年犯罪嫌疑人时，尽量选择其熟悉的场合或地点。公安部《规定》第 324 条规定："讯问未成年犯罪嫌疑人应当采取适合未成年人的方式，耐心细致地听取其供述或者辩解，认真审核、查证与案件有关的证据和线索，并针对其思想顾虑、恐惧心理、抵触情绪进行疏导和教育。讯问女性未成年犯罪嫌疑人，应当有女工作人员在场。"

（三）强制措施的适用受到严格限制

《刑事诉讼法》第 280 条第 1 款规定："对未成年犯罪嫌疑人、被告人应当严格限制适用逮捕措施。人民检察院审查批准逮捕和人民法院决定逮捕，应当讯问未成年犯罪嫌疑人、被告人，听取辩护律师的意见。"据此，讯问未成年犯罪嫌疑人，听取辩护律师的意见，是审查批捕的必经程序。

公安部《规定》第 327、328 条规定，对未成年犯罪嫌疑人应当严格限制和尽量减少使用逮捕措施。未成年犯罪嫌疑人被拘留、逮捕后服从管理，依法变更强制措施不致发生社会危险性，能够保证诉讼正常进行的，公安机关应当依法及时变更强制措施；人民检察院批准逮捕的案件，公安机关当将变更强制措施情况及时通知人民检察院。对被羁押的未成年人应当与成年人分别关押、分别管理、分别教育，并根据其生理和心理特点在生活和学习方面给予照顾。

三、起诉程序特点

（一）注重案件进展情况同步

《人民检察院办理未成年人刑事案件的规定》第 10 条规定，人民检察院办理未成年人刑事案件，可以应犯罪嫌疑人家属、被害人及其家属的要求，告知其审查起诉的进展情况，并对有关情况予以说明和解释。这一规定有利于犯罪嫌疑人的权利保障，同时也有助于防止诉讼的拖延。

（二）注重亲情感化

《未成年人刑事检察工作指引（试行）》第54条规定，人民检察院对于具备下列条件之一，且未成年犯罪嫌疑人的法定代理人、近亲属等与本案无牵连的，经公安机关同意，可以安排在押的未成年犯罪嫌疑人与其法定代理人、近亲属等进行会见：（1）案件事实已基本查清，主要证据确实、充分，安排会见、通话不会影响诉讼活动正常进行的；（2）未成年犯罪嫌疑人有认罪、悔罪表现，或者虽尚未认罪、悔罪，但通过会见有可能促使其转化，或者通过会见有利于社会、家庭稳定的；（3）未成年犯罪嫌疑人的法定代理人、近亲属对其犯罪原因、社会危害性以及后果有一定的认识，并能配合司法机关进行教育的；（4）其他可以安排会见的情形。"亲情会见"制度旨在使未成年犯罪嫌疑人的法定代理人、近亲属协助办案机关做好对未成年犯罪嫌疑人的感化和挽救工作。

（三）注重适用不起诉制度

检察机关在未成年人刑事案件中，注重根据不同情况适用不同的不起诉制度。具体体现在：第一，不起诉听证会不公开进行。《未成年人刑事检察工作指引（试行）》第177、188条规定，人民检察院对于社会影响较大或者争议较大的案件，在作出相对不起诉、附条件不起诉决定前，可以邀请侦查人员、未成年犯罪嫌疑人及其法定代理人、合适成年人、辩护人、被害人及其法定代理人、诉讼代理人、社会调查员、帮教人员等，召开不起诉听证会，充分听取各方的意见和理由，并制作听证笔录，由参与人员签字确认。不起诉听证会应当不公开进行。人民检察院应当告知参与人员不得泄露涉案信息，注意保护未成年人的隐私。第二，不起诉制度适用的把握。根据《未成年人刑事检察工作指引（试行）》第184条的规定，人民检察院对于既可以附条件不起诉也可以起诉的未成年犯罪嫌疑人，应当优先适用附条件不起诉；对于既可以相对不起诉也可以附条件不起诉的未成年犯罪嫌疑人，应当优先适用相对不起诉。第三，不起诉宣布教育仪式。《未成年人刑事检察工作指引（试行）》第179、201条规定，对于决定不起诉的案件，人民检察院应当举行不起诉宣布教育仪式，向被不起诉的未成年人及其法定代理人宣布不起诉决定书，阐明不起诉的理由和法律依据，并结合社会调查等情况，围绕犯罪行为对被害人、被不起诉的未成年人及其家庭、社会等造成的危害，导致犯罪行为发生的原因及应当吸取的教训等，对被不起诉的未成年人开展必要的教育。如果侦查人员、合适成年人、辩护人、帮教人员等参加有利于教育被不起诉的未成年人的，可以邀请他们参加，但要严格控制参与人员范围并告知其负有保密义务。未成年犯罪嫌疑人没有犯罪事实，或者证据不足以证实其存在犯罪事实而作出不起诉决定的，不举行上述宣布教育仪式。

（四）注重采取分案起诉方式

根据分案处理的原则，依《人民检察院办理未成年人刑事案件的规定》第51条，人民检察院审查未成年人与成年人共同犯罪案件，一般应当将未成年人与成年人分案起诉。但是具有下列情形一的，可以不分案起诉：（1）未成年人系犯罪集团的组织者或者其他共同犯罪中的主犯的；（2）案件重大、疑难、复杂，分案起诉可能妨碍案件审理的；（3）涉及刑事附带民事诉讼，分案起诉妨碍附带民事诉讼部分审理的；（4）具有其他不宜分案起诉情形的。人民检察院对未成年人与成年人共同犯罪案件分别提起公诉后，在诉讼过程中出现不宜分案起诉情形的，可以及时建议人民法院并案审理。

（五）注重发挥检察机关量刑建议权

人民检察院在提起公诉时，应根据未成年被告人被指控的犯罪事实及社会调查报告等材料，依据最高人民法院、最高人民检察院发布的《关于常见犯罪的量刑指导意见（试行）》，向人民法院提出量刑建议。符合相关规定的，应当向人民法院提出适用缓刑的量刑建议。《人民检察院办理未成年人刑事案件的规定》第 59 条规定了依法可能判处拘役、3 年以下有期徒刑，有悔罪表现，宣告缓刑对所居住社区没有重大不良影响，具备有效监护条件或者社会帮教措施、适用缓刑确实不致再危害社会的未成年被告人，人民检察院应当建议人民法院适用缓刑的几种情形：（1）犯罪情节较轻，未造成严重后果的；（2）主观恶性不大的初犯或者胁从犯、从犯；（3）被害人同意和解或者被害人有明显过错的；（4）其他可以适用缓刑的情节。

四、审判程序特点

（一）庭前准备

1. 为未成年人切实提供法律援助

落实强制法律援助辩护制度。审判时不满 18 周岁的未成年被告人没有委托辩护人的，人民法院应当通知法律援助机构指派律师为其提供辩护；未成年被害人及其法定代理人因经济困难或者其他原因没有委托诉讼代理人的，人民法院应当帮助其申请法律援助。

2. 落实合适成年人到场制度

《刑事诉讼法》规定了应当通知未成年被告人的法定代理人出庭。法定代理人无法出庭或者确实不适宜出庭的，也可以通知未成年被告人的其他成年亲属，所在学校、单位、居住地基层组织、未成年人保护组织的代表到场。被告人实施被指控的犯罪时不满 18 周岁，开庭时已满 18 周岁但不满 20 周岁的，人民法院开庭时，一般应当通知其近亲属到庭。经法庭同意，近亲属可以发表意见。近亲属无法通知、不能到场或者是共犯的，应当记录在案。

3. 落实社会调查报告制度

对人民检察院移送的关于未成年被告人性格特点、家庭情况、社会交往、成长经历、犯罪原因、犯罪前后的表现、监护教育等情况的调查报告，以及辩护人提交的反映未成年被告人上述情况的书面材料，法庭应当接受。必要时，人民法院可以委托社区矫正机构、共青团、社会组织等对未成年被告人的上述情况进行调查，或者自行调查。

4. 进行专业的心理干预

人民法院根据情况，可以对未成年被告人、被害人、证人进行心理疏导；经未成年被告人及其法定代理人同意，也可以对未成年被告人进行心理测评。

5. 发挥亲情感化作用

开庭前和休庭时，法庭根据情况，可以安排未成年被告人与其法定代理人或者《刑事诉讼法》第 281 条第 1 款规定的其他成年亲属、代表会见。

（二）审理程序

1. 不公开审理

开庭审理时被告人不满 18 周岁的案件，一律不公开审理。经未成年被告人及其法定代理人同意，未成年被告人所在学校和未成年人保护组织可以派代表到场。到场代表的人数和范围，由法庭决定。到场代表经法庭同意，可以参与对未成年被告人的法庭教育工作。对依法公开审理，但可能需要封存犯罪记录的案件，不得组织人员旁听。

2. 设立专门审理未成年人案件的审判庭

自 1984 年上海市长宁区法院建立第一个专门审理未成年人刑事案件的合议庭，近 40 年来，少年法庭已成为法院的重要审判机构，为保护未成年人合法权益、预防未成年人犯罪做出了积极贡献。进入新时代，随着经济社会的快速发展，未成年人的成长环境发生巨大变化，为应对新的机遇与挑战，在全面落实修订后的《未成年人保护法》《预防未成年人犯罪法》的基础上，2021 年 1 月，最高人民法院制定了《关于加强新时代未成年人审判工作的意见》，将与未成年人权益保护和犯罪预防关系密切的涉及未成年人的刑事、民事及行政诉讼案件纳入少年法庭受案范围，各地法院积极探索未成年人审判庭刑事、民事、行政案件“三审合一”归口审理机制，充实未成年人审判工作力量，加强未成年人审判组织建设，配备专门的员额法官；同时建立独立的司法统计指标体系和考核机制。

3. 运用适合未成年人特点的方式进行审理

第一，专设席位及禁用戒具。人民法院应当在辩护台靠近旁听区一侧为未成年被告人的法定代理人或者《刑事诉讼法》第 281 条第 1 款规定的其他成年亲属、代表设置席位。在法庭上不得对未成年被告人使用戒具，但被告人人身危险性大，可能妨碍庭审活动的除外。必须使用戒具的，在现实危险消除后，应当立即停止使用。第二，审理未成年人案件要选择适合的态度、风格和语言。未成年被告人在法庭上可以坐着接受法庭调查、讯问，审判人员应当注意未成年被告人的智力发育程度和心理状态，要态度严肃、和蔼，用语准确、通俗易懂。休庭时，可以允许法定代理人或者其他成年亲属、教师等人员会见被告人。第三，少年法庭的审判人员必须有女性。根据最高人民法院《关于办理少年刑事案件的若干规定（试行）》第 4 条第 4 款规定：“少年法庭的审判人员中应当有女审判员或者女人民陪审员。”

4. 注重对被害人和证人的必要保护

确有必要通知未成年被害人、证人出庭作证的，人民法院应当根据案件情况采取相应的保护措施。有条件的可以采取视频等方式对其陈述、证言进行质证。

（三）判决程序

1. 公开宣判

根据最高人民法院《解释》第 578 条的规定，对未成年人刑事案件，宣告判决应当公开进行。对依法应当封存犯罪记录的案件，宣判时，不得组织人员旁听；有旁听人员的，应当告知其不得传播案件信息。

2. 法庭教育

根据最高人民法院《解释》第576条的规定，法庭辩论结束后，法庭可以根据未成年人的生理、心理特点和案件情况，对未成年被告人进行法治教育；判决未成年被告人有罪的，宣判后，应当对未成年被告人进行法治教育。对未成年被告人进行教育，其法定代理人以外的成年亲属或者教师、辅导员等参与有利于感化、挽救未成年人的，人民法院应当邀请其参加有关活动；简易程序也适用上述规定。

3. 从宽处罚

其一，不适用死刑，谨慎适用无期徒刑。根据《刑法》第49条的规定，犯罪的时候不满18周岁的人，不适用死刑。结合最高人民法院早期发布的《关于审理未成年人刑事案件具体应用法律若干问题的解释》第13条的规定，未成年人犯罪只有罪行极其严重的，才可以适用无期徒刑。对已满12周岁不满16周岁的人犯罪一般不判处无期徒刑。这些规定体现了对未成年人尽量挽救和提供一切可能的机会令其改过自新的基本精神。其二，科刑也应当从轻或者减轻处罚。根据《刑法》《未成年人保护法》的规定，对犯罪的未成年人应当依法从轻、减轻或者免除处罚。结合相关司法解释，这一规定既适用于主刑，也适用于附加刑。此外，有些国家如德国法上还设有对未成年人适用缓刑的特殊制度规定，如少年刑罚缓刑、少年刑罚缓科以及余刑缓刑制度等。我国法律目前尚未确立对未成年人适用缓刑的有关特别规定，但是参考司法实践和域外国家的相关经验，在符合缓刑适用条件的情形下，应当依法对未成年人适用缓刑。

五、执行程序特点

最高人民法院《解释》第580条规定，将未成年罪犯送监执行刑罚或者送交社区矫正时，人民法院应当将有关未成年罪犯的调查报告及其在案件审理中的表现材料，连同有关法律文书，一并送达执行机关。少年法庭可以通过多种形式与未成年犯管教所等未成年罪犯服刑场所建立联系，了解未成年罪犯的改造情况，定期回访，做好帮教、改造工作。

对未成年人执行刑罚应注意以下四个方面的问题：其一，与成年犯分别关押，避免受到不良影响。其二，重视思想改造、知识教育和劳动技能训练，使未成年人更好地回归社会。根据我国修订后的《预防未成年人犯罪法》第54条的规定，未成年犯管教所、社区矫正机构应当对未成年罪犯、未成年社区矫正对象加强法治教育，并根据实际情况对其进行职业教育。通过刑罚的执行，一是使其从思想上弃恶扬善，积极面向未来。二是使其参加生产劳动，培养生产技能，强化社会生存能力。三是发动社会各界的力量。在发挥执行机关主导作用的同时，积极发动社会组织及未成年罪犯家庭的作用，使未成年罪犯感受到来自社会、社区和家庭的温暖，便于其早日回归社会。四是封存相关犯罪记录，具体参照本章第二节的有关内容。

重要名词术语

未成年人刑事案件诉讼程序、合适成年人、附条件不起诉

思考题

1. 试论犯罪记录封存制度。
2. 试论附条件不起诉的适用条件。
3. 简述合适成年人到场制度的意义。
4. 如何理解未成年人刑事案件诉讼程序确立的各项基本原则？

典型案例分析

案例一[1]

被不起诉人张三（作案时16周岁）用水果刀挟持另一同学李四（17周岁），要求在场人员帮助寻找“情敌”王五。当日下午，张三所持水果刀被教练员夺下，被赶来的公安民警当场抓获归案。后张三因涉嫌绑架罪被公安机关刑事拘留。检察机关认为本案非法性目的不明显，未造成严重后果，被害人也出具谅解书要求司法机关不追究张三刑事责任，加上张三系刚满16周岁的未成年人等情节，依法对张三作出不批准逮捕的决定，并作出附条件不起诉决定，考验期为7个月，并安排在观护基地接受帮教。同年3月下旬，观护课程结束，检察机关安排张三回到其亲戚家中，并委托青少年社工继续对其进行社会帮教。同年7月，由于张三在帮教期间遵守各项规定且表现良好，检察机关决定缩短考验期10天，并最终作出不起诉决定。

问题：

1. 本案是否符合附条件不起诉的适用条件？被害人、被告人对附条件不起诉制度有异议应当如何处理？

2. 未成年人案件逮捕条件有何特殊性？应当如何把握？本案是否应当逮捕？

3. 本案考察期限、方式是否合理？

案例二[2]

2017年3月15日，甲（作案时17周岁）与乙（男，作案时14周岁）因琐事在电话中发生口角，相约至某广场斗殴。甲纠集十余名未成年人，乙纠集8名未成年人前往约架地点。上午8时许，双方所乘车辆行至某城市主干道红绿灯路口时，甲等人对乙一行人一辆车上的4人进行殴打，未造成人员伤亡。

---

〔1〕最高人民检察院法律政策研究室编写：《未成年人权利保护指导性案例实务指引》，中国检察出版社2019年版，第156页。

〔2〕最高人民检察院指导案例（检例第107号），甲等人聚众斗殴案。

公安机关以甲涉嫌聚众斗殴罪将该案移送检察机关审查起诉。检察机关审查后认为：甲涉嫌聚众斗殴罪，可能判处1年有期徒刑以下刑罚，但未造成严重后果，且案发时其不满18周岁，归案后如实供述犯罪事实，具有悔罪表现，因此认定甲符合附条件不起诉条件，于2017年7月21日依法对其作出附条件不起诉决定，考验期6个月。

考察期间，甲无故迟到、旷工，还出入酒吧、夜店等娱乐场所。为此，检察机关及时调整强化帮教措施。然而，在经过检察机关多次训诫及心理疏导后，甲仍擅自离开工作的酒店，并明确表示拒绝接受帮教。检察机关全面评估甲考验期表现，认为其在考验期内，多次夜不归宿，经常在凌晨出入酒吧、夜店、KTV等娱乐场所；与他人结伴为涉嫌寻衅滋事犯罪的人员助威；多次醉酒，上班迟到、旷工；未向检察机关和酒店负责人报告，擅自离开帮教单位，经劝说仍拒绝上班。同时，甲的法定代理人也未如实报告甲日常表现，在检察机关调查核实时，帮助甲欺瞒。因此，检察机关认定甲违反考察机关附条件不起诉的监督管理规定，情节严重。2018年1月15日，检察机关依法撤销甲的附条件不起诉决定，并依法提起公诉，法院以被告人甲犯聚众斗殴罪判处有期徒刑八个月。

问题：

1. 本案是否符合撤销附条件不起诉的事由？如何把握“违反考察机关监督管理规定”？

2. 未成年人审判程序有何特殊性要求？

第二十一章　当事人和解的公诉案件诉讼程序

【内容提示】

2012年《刑事诉讼法》修改新增了当事人和解的公诉案件诉讼程序，简称刑事和解程序或公诉案件刑事和解。长期以来，公诉被认为是司法机关代表国家执行法律追诉犯罪的活动。被害人的诉讼地位和精神物质方面的损失的补偿未得到应有的重视。刑事和解程序是在创新社会管理、维护和谐社会的司法实践中，在公诉案件中加强对被害人保护的一种尝试。在追诉犯罪的前提下，允许犯罪嫌疑人、被告人真诚悔罪，通过向被害人赔偿损失、赔礼道歉的方式获得被害人的谅解，被害人自愿与被追诉人和解的，可以对被追诉人从宽处理，同时也使被害人在精神上得到抚慰，经济上得到赔偿，从而最大限度地化解矛盾，修复被犯罪破坏的社会关系，实现社会和谐稳定，取得政治效果、社会效果、法律效果的有机统一。由此，在2012年《刑事诉讼法》修改的时候，立法机关综合各方意见并吸收司法实践中的有益做法，规定了公诉案件的和解程序。[1]全国人大法工委所作的法律释义强调，考虑到公诉案件的国家追诉性质和刑法的严肃性，防止出现以罚代刑或者放纵一些严重犯罪等新的不公正，对建立这一新的诉讼制度应审慎把握。[2]因此，《刑事诉讼法》对这一程序的规定较为原则，通过3个条文就公诉案件当事人和解的适用条件、案件范围、和解协议的达成及其法律效果作了规定。此后，最高人民法院《解释》、最高人民检察院《规则》、公安部《规定》对刑事和解程序的具体适用作了细化规定。本章主要对刑事和解制度的确立背景、刑事和解程序的具体内容进行详细介绍，重点需要掌握以下几方面内容：第一，刑事和解程序的概念；第二，刑事和解程序的意义；第三，刑事和解的适用范围、审查内容和法律后果。

第一节　当事人和解的公诉案件诉讼程序概述

刑事和解是我国刑事诉讼制度和司法实践发展到一定阶段的产物，体现了“恢复性

---

〔1〕参见全国人大常委会法制工作委员会刑法室编：《〈关于修改中华人民共和国刑事诉讼法的决定〉条文说明、立法理由及相关规定》，北京大学出版社2012年版，第340页。

〔2〕郎胜主编：《中华人民共和国刑事诉讼法释义》，法律出版社2012年版，第605页。

司法”在维护社会稳定、化解社会矛盾和修复社会关系方面的重要作用。

一、当事人和解的公诉案件诉讼程序的概念

刑事诉讼程序中的“和解”，实际上包括了刑事自诉案件的和解、附带民事诉讼案件的和解以及2012年《刑事诉讼法》新增的刑事公诉案件的和解。1996年《刑事诉讼法》及相关司法解释中均有关于刑事自诉案件以及附带民事诉讼案件和解的规定，但刑事公诉案件的和解并不被当时的法律所允许。本章所述之“刑事和解”，即现行《刑事诉讼法》第五编“特别程序”第二章规定的刑事和解程序，专指当事人和解的公诉案件诉讼程序。一般认为，刑事和解对于有效化解矛盾、提高纠纷解决的满意程度具有重要意义，符合构建与维护和谐社会的要求。

理解当事人和解的公诉案件诉讼程序，可以进一步厘清公诉案件的和解与自诉案件的和解的适用边界，主要有三个方面：首先，和解主体在诉讼中的地位不同。自诉案件的和解是起诉方与被诉方之间进行的协商；而公诉案件的和解是被诉方作为诉讼参与人与被害人之间进行的协商，而非与追诉主体即人民检察院之间进行的协商。其次，和解协议的内容不同。自诉案件的和解协议不仅包括赔偿损失、赔礼道歉等内容，还可涉及诉讼的进程，起诉方可以处置诉讼权利；而公诉案件的和解协议仅包括赔偿损失、赔礼道歉等获得被害人谅解的相关内容，不能涉及定罪量刑的处置，也无权决定诉讼的进程。最后，和解协议的法律效果不同。自诉案件的起诉方可以依据自诉案件的和解协议决定撤回起诉，终止诉讼；而公诉案件的和解协议仅是诉讼各个阶段从宽处理的依据，人民检察院如果据此作出不起诉决定，也必须要符合《刑事诉讼法》对不起诉的有关规定。[1]

二、当事人和解的公诉案件诉讼程序的意义

第一，刑事和解程序为被追诉人获得从宽处罚提供了法律途径。《刑事诉讼法》第290条规定，对于达成和解协议的案件，公安机关可以向人民检察院提出从宽处理的建议。人民检察院可以向人民法院提出从宽处罚的建议；对于犯罪情节轻微，不需要判处刑罚的，可以作出不起诉的决定。人民法院可以依法对被告人从宽处罚。最高人民法院《解释》和最高人民检察院《规则》进一步作了详细规定。此外，刑事和解可以作为人民法院不予受理附带民事诉讼的依据。最高人民法院《解释》第594条规定，双方当事人在侦查、审查起诉期间已经达成和解协议并全部履行，被害人或者其法定代理人、近亲属又提起附带民事诉讼的，人民法院不予受理，但有证据证明和解违反自愿、合法原则的除外。

第二，刑事和解程序的设置是加强对被害人保护的一种制度创新。在公众眼中，公诉案件的办理是司法机关代表国家实施法律、追诉犯罪的诉讼活动，在此过程中，被害

---

〔1〕 参见全国人大常委会法制工作委员会刑法室编:《〈关于修改中华人民共和国刑事诉讼法的决定〉条文说明、立法理由及相关规定》，北京大学出版社2012年版，第339页。

人的诉讼地位未受到应有重视，被害人在物质、精神等方面的损失很难得到补偿。近年来，在创新社会管理，推进和谐社会建设的司法实践当中，有些地方的司法机关在公诉案件中尝试加强对被害人的保护，在国家追诉犯罪的前提下，通过促使犯罪嫌疑人、被告人真诚悔罪，向被害人赔偿损失、赔礼道歉等方式获得被害人的谅解，进而被害人自愿与之达成和解，这不仅落实了宽严相济刑事司法政策之宽缓的一面，也在一定程度上保障了被害人获得经济赔偿和得到精神抚慰的权利，进而最大限度地化解社会矛盾，修复社会关系，有助于维护社会的和谐稳定。

第三，刑事和解是对双方当事人都有约束力的制度。达成和解协议的双方当事人应当自觉履行和解协议书的内容。最高人民法院《解释》和最高人民检察院《规则》规定，犯罪嫌疑人、被告人负有及时履行和解协议约定赔偿损失内容的义务，且须在人民检察院、人民法院作出从宽处理决定之前完成，例外情形下可分期履行。值得注意的是，一旦和解协议履行完毕，除非符合特殊的法定情形，当事人原则上不得反悔。最高人民检察院《规则》第 504 条规定了和解协议书无效的情形：犯罪嫌疑人或者其亲友等以暴力、威胁、欺骗或者其他非法方法强迫、引诱被害人和解，或者在协议履行完毕之后威胁、报复被害人的，应当认定和解协议无效；已经作出不批准逮捕或者不起诉决定的，人民检察院根据案件情况可以撤销原决定，对犯罪嫌疑人批准逮捕或者提起公诉。

第二节　当事人和解的公诉案件的具体诉讼程序

一、刑事和解的案件范围

根据《刑事诉讼法》第 288 条的规定，以下两大类案件可以适用刑事和解：

（一）因民间纠纷引起，涉嫌《刑法》分则第四章、第五章规定的犯罪案件，可能判处 3 年有期徒刑以下刑罚的

第一，民间纠纷是指公民之间因财产、人身等问题引发的纠纷，既包括因婚姻家庭、邻里纠纷等民间矛盾激化引发的案件，也包括因口角、泄愤等偶发性矛盾引发的案件。公安部《规定》第 334 条列举了 6 种不属于因民间纠纷引起的犯罪案件的情形，包括雇凶伤害他人的、涉及黑社会性质组织犯罪的、涉及寻衅滋事的、涉及聚众斗殴的、多次故意伤害他人身体的和其他不宜和解的情形。第二，必须是因民间纠纷引起的，涉嫌案由是《刑法》分则第四章规定的侵犯公民人身权利、民主权利罪和第五章规定的侵犯财产罪，无论是故意犯罪还是过失犯罪，可能判处 3 年有期徒刑以下刑罚的，双方当事人均可以和解。这样的规定是考虑到这类相对比较轻微的犯罪所侵犯的客体是公民的人身权利、民主权利、财产权利，尚未涉及国家利益、公共利益，允许公民有一定的处分权，有利于修复破损的社会关系。

（二）除渎职犯罪以外的可能判处7年有期徒刑以下刑罚的过失犯罪案件

第一，过失犯罪案件是指《刑法》分则中规定的除第九章渎职罪以外的可能判处7年有期徒刑以下刑罚的过失犯罪案件。这样规定是考虑到过失犯罪的行为人主观恶性较小，可以给予其悔过自新、获得从宽处理的机会。同时，为了保障被害人的合法权益并有利于对犯罪嫌疑人的教育改造，也应当允许此类案件适用刑事和解。第二，将渎职犯罪排除在刑事和解的适用范围之外，主要是基于其特殊的犯罪客体所决定的。渎职罪中的过失犯表现为国家机关工作人员滥用职权、玩忽职守、严重不负责任等行为，是构成犯罪的要件之一；渎职罪的犯罪客体主要是国家机关的正常管理活动，其侵害的直接对象是国家利益而非公民个人的人身权利、民主权利或财产权利，对国家机关工作人员履行职责应当有更高的要求，因此，规定渎职犯罪案件不在刑事和解的范围内。〔1〕

二、刑事和解的适用条件

根据《刑事诉讼法》第288条的规定，可以适用刑事和解的公诉案件还应当具备以下四个方面的条件。

（一）犯罪嫌疑人、被告人必须真诚悔罪

随着国家治理能力的不断提升，“恢复性司法”理念在司法实践中不断生根发芽，刑罚的目的已经从最初的报应性惩罚向重教育改造转变。在此背景下推进刑事和解制度，最受关注的问题便是如何避免该制度异化为对犯罪嫌疑人、被告人“以罚代刑”或者当事人通过“花钱买刑”以获得从宽处罚，以致忽视对社会关系的真正修复，忽视对犯罪嫌疑人、被告人的教育改造，甚至在对其进行从宽处理后再犯罪，造成更严重的危害后果和极其恶劣的社会影响。由此，刑事和解制度必须要重点关注犯罪嫌疑人、被告人真诚悔罪的态度，即犯罪嫌疑人、被告人出于自己的意愿，发自内心地意识到自己的行为给被害人带来了伤害，对自己的犯罪行为真诚悔过，诚恳地希望得到被害人谅解的态度。因此，刑事和解程序适用的首要条件便是看到犯罪嫌疑人、被告人真诚悔罪。

（二）必须获得被害人的谅解

犯罪嫌疑人、被告人通过赔偿损失、赔礼道歉的方式，弥补被害人因犯罪行为遭受的物质损失和精神伤害，从而获得被害人的谅解。这里规定的“谅解”，是指犯罪嫌疑人、被告人通过各种方式向被害人致以真诚的悔罪，使得被害人体察并同情其处境，包括其可能面临的刑事处罚之状况，进而原谅其错误。这是适用刑事和解程序的关键条件。

（三）被害人系自愿和解

将被害人自愿和解作为公诉案件当事人和解的条件之一，是为防止被害人在受到暴力、胁迫等情况下违背自己的意愿同意和解，进而影响和解的公正性。这里的“自愿和解”是指，被害人不受外力干扰，在谅解了犯罪嫌疑人、被告人的基础上，出于自己的

---

〔1〕参见全国人大常委会法制工作委员会刑法室编：《〈关于修改中华人民共和国刑事诉讼法的决定〉条文说明、立法理由及相关规定》，北京大学出版社2012年版，第339页。

意志与犯罪嫌疑人、被告人和解。为保障被害人和解的自愿性，《刑事诉讼法》第 289 条规定了人民法院、人民检察院和公安机关应当对于和解的自愿性进行审查。

（四）不存在犯罪嫌疑人、被告人在 5 年以内曾经故意犯罪的情形

对犯罪嫌疑人、被告人的从宽处理，不但要以其真诚悔罪和获得被害人谅解为前提，也要考虑到其犯罪的主观恶性和社会危险性。如果犯罪嫌疑人、被告人在 5 年以内有过故意犯罪，说明其主观恶性较大，不但不能对其考虑从宽处理，还有可能从重处理。这里的“5 年以内”是指，犯前罪的时间距离犯后罪的时间不超过 5 年。前罪是故意犯罪的，无论后罪是故意犯罪还是过失犯罪，都不能适用刑事和解制度；前罪是过失犯罪的，若满足本条规定的其他条件，当事人之间仍然可以进行和解。[1]

三、刑事和解的法律后果

根据《刑事诉讼法》第 290 条等相关司法解释的规定，刑事和解的法律后果表现在以下三个方面。

（一）司法机关根据和解协议作出与诉讼阶段相应的处理决定

其一，双方当事人在侦查阶段达成和解协议的，公安机关可以向人民检察院提出从宽处理建议。其二，在公安机关提请批准逮捕阶段，双方当事人达成和解协议的，人民检察院可以作为有无社会危险性或者社会危险性大小的因素予以考虑，经审查认为不需要逮捕的，可以作出不批准逮捕的决定。其三，在审查起诉阶段，双方当事人达成和解协议的，人民检察院可以作为是否需要判处刑罚或者免除刑罚的因素予以考虑。符合法律规定的不起诉条件的，可以决定不起诉。对于依法应当提起公诉的，人民检察院可以向人民法院提出从宽处罚的量刑建议。其四，对达成和解协议的案件，人民法院可以对被告人从宽处罚；符合非监禁刑适用条件的，应当适用非监禁刑；判处法定最低刑仍然过重的，可减轻处罚；综合全案认为犯罪情节轻微不需要判处刑罚的，可以免除刑罚。达成和解协议的，裁判文书应当作出叙述，并援引《刑事诉讼法》的相关条文。[2]

总之，赋予和解协议一定的法律后果，能够促使犯罪嫌疑人、被告人真诚悔罪，改过自新；同时，又不致影响对犯罪的追诉和惩治，避免依和解协议免除处罚而放纵犯罪。

（二）和解协议的履行对于公安司法机关处理决定的影响

第一，履行的时间和方式。根据最高人民法院《解释》第 593 条和最高人民检察院《规则》第 499 条的规定，和解协议约定的赔偿损失内容应当在协议签署后即时履行。同时，最高人民检察院《规则》还规定，确实难以一次性履行的，在提供有效担保并且被害人同意的情况下，也可以分期履行。

第二，和解协议履行完毕和部分履行的法律后果。根据最高人民法院《解释》第

〔1〕参见全国人大常委会法制工作委员会刑法室编：《〈关于修改中华人民共和国刑事诉讼法的决定〉条文说明、立法理由及相关规定》，北京大学出版社 2012 年版，第 338—339 页。

〔2〕参见《刑事诉讼法学》编写组编：《刑事诉讼法学》（第四版），高等教育出版社 2022 年版，第 406 页。

594、595 条的规定，双方当事人在侦查、审查起诉期间已经达成和解协议并全部履行，被害人或者其法定代理人、近亲属又提起附带民事诉讼的，人民法院不予受理，但有证据证明和解违反自愿、合法原则的除外。被害人或者其法定代理人、近亲属提起附带民事诉讼后，双方愿意和解，但被告人不能即时履行全部赔偿义务的，人民法院应当制作附带民事调解书。这就意味着如果被告人只进行了部分赔偿，被害方仍然可以提起刑事附带民事诉讼，法院应当受理。受理后双方愿意和解，只是不能即时履行全部赔偿义务的，法院可以主持调解，并制作附带民事调解书。

第三，没有履行和解协议的法律后果。根据最高人民检察院《规则》第 503 条第 1 款的规定，人民检察院拟对当事人达成和解的公诉案件作出不起诉决定的，应当听取双方当事人对和解的意见，并且查明犯罪嫌疑人是否已经切实履行和解协议、不能即时履行的是否已经提供有效担保，将其作为是否决定不起诉的因素予以考虑。由此可见，当事人未履行和解协议，不必然导致检察机关作出起诉的决定，但应当作为是否作出不起诉决定的考虑因素。

（三）当事人反悔对司法机关处理决定的影响

根据当事人反悔的时间点是在作出不起诉决定之前或者之后，法律后果分为两种：最高人民检察院《规则》第 503 条第 2、3 款规定，当事人在不起诉决定作出之前反悔的，可以另行达成和解。不能另行达成和解的，人民检察院应当依法作出起诉或者不起诉决定。当事人在不起诉决定作出之后反悔的，人民检察院不撤销原决定，但有证据证明和解违反自愿、合法原则的除外。最高人民法院《解释》第 593 条第 2 款规定，和解协议已经全部履行，当事人反悔的，人民法院不予支持，但有证据证明和解违反自愿、合法原则的除外。

重要名词术语

刑事和解、真诚悔罪、获得谅解、自愿和解、民间纠纷、和解协议、从宽处理

思考题

1. 简述公诉案件刑事和解的适用条件和案件范围。
2. 简述公诉案件刑事和解的法律后果。
3. 如何避免刑事和解制度在司法实践运行过程中出现“花钱买刑”问题？

典型案例分析

基本案情[1]

被告人黄某，2003 年 9 月 17 日因犯绑架罪被判处有期徒刑 3 年，经减刑于 2005 年

〔1〕 参见中华人民共和国最高人民法院刑事审判第一、二、三、四、五庭主办：《刑事审判参考》（总第 108 集），法律出版社 2017 年版，第 77—83 页。

12 月 25 日刑满释放。2013 年 7 月 19 日因涉嫌犯诈骗罪被逮捕。

某区人民检察院以被告人黄某犯诈骗罪，向某区人民法院提起公诉。被告人黄某对公诉机关的指控无异议，表示认罪。

某区人民法院经公开审理查明：2011 年 5 月，被告人黄某谎称能够帮助被害人练某办理户口迁移事宜，以收取手续费为由骗取练某人民币 20000 元，后提供了一张假的户口迁移商调函（某区劳动管理服务中心核查后确认该商调函并非该中心开具，属虚假）给练某。2012 年 12 月，黄某对练某谎称可以低价买到海关罚没车，骗取练某人民币 55000 元，后向练某提供了一张假的机动车销售统一发票（某区国税局核查后确认没有该发票的入库信息）。由于户口迁移和购买海关罚没车辆事宜均未办成，练某于 2013 年 1 月 8 日报警。2013 年 6 月 13 日，黄某被抓获归案。

2014 年 1 月 2 日，黄某的父亲与被害人练某达成协议，约定由前者代为退赔 40000 元，其中 25000 元当日交付，余款在 2016 年 6 月前分 3 期付清。被害人对被告人予以谅解，并请求法院对被告人免于刑事处罚。

某区人民法院认为，被告人黄某以非法占有为目的，诈骗他人财物，数额巨大，其行为已构成诈骗罪。鉴于黄某认罪态度较好，依法可以从轻处罚。黄某积极赔偿，并获得被害人谅解，可以减轻处罚。依照《刑法》第 266 条、第 67 条第 3 款、第 52 条、第 53 条，最高人民法院《解释》第 596 条之规定，判决被告人黄某犯诈骗罪，判处有期徒刑 1 年 10 个月，并处罚金人民币 2000 元。

一审宣判后，黄某没有上诉，但某区人民检察院提出抗诉。抗诉意见认为：（1）原审判决量刑不当。黄某有犯罪前科，诈骗数额巨大，庭审后部分赔偿被害人并获得谅解，可以酌情从轻处罚，应当在 3 年以上有期徒刑量刑。在被告人没有法定减轻处罚情节的情况下，一审法院对黄某减轻处罚明显不当。（2）原审判决适用法律错误。最高人民法院《解释》只是对刑事诉讼相关程序进行解释，一审法院根据该解释第 505 条直接减轻处罚错误。减轻处罚也没有报最高人民法院核准。建议二审法院予以纠正。某市人民检察院支持抗诉。

某市中级人民法院经审理认为，原审被告人黄某以非法占有为目的，虚构事实，隐瞒真相，诈骗他人财物，数额较大，其行为已构成诈骗罪。黄某归案后认罪态度较好，有一定悔罪表现，依法可以从轻处罚。黄某通过近亲属与被害人达成退赔协议，并获得被害人谅解，可以从轻处罚。黄某曾因犯绑架罪被判处刑罚，在量刑时予以考虑。本案双方达成退赔协议，但并未即时履行，因此不符合“当事人和解的公诉案件诉讼程序”的规定，原审判决适用最高人民法院《解释》第 596 条属法律适用错误。原审判决认为“被告人积极赔偿，并获得被害人谅解可以减轻处罚”，于法无据，予以纠正。但《最高人民法院、最高人民检察院关于办理诈骗刑事案件具体应用法律若干问题的解释》规定，诈骗公私财物价值 3 万—10 万元以上的，应当认定为《刑法》第 266 条规定的“数额巨大”。从有利于被告人出发，本案诈骗数额宜认定为数额较大，依法应当判处 3 年以下有期徒刑、拘役或者管制，并处或者单处罚金。原审判决定罪准确，证据确实充分，综合全案犯罪的事实、性质、情节和社会危害程度，原审判决量刑尚属适当，可予以维持。经审判委员会讨论决定，依照《刑事诉讼法》第 236 条第 1 款第 1 项之规定，裁定如下：驳回抗诉，维持原判。

主要问题：

司法实务中如何把握刑事和解制度的适用？

裁判理由

本案在审理过程中，对于被告人黄某的行为构成诈骗罪没有不同意见，但对于黄某父亲与被害人练某达成赔偿协议的情况下如何量刑，存在 3 种不同意见：

第一种意见，即一审法院的判决认为，黄某的亲属代为赔偿被害人，并获得被害人谅解，根据最高人民法院《解释》第 596 条的规定，本案属于达成和解协议的案件，可以减轻处罚。

第二种意见，即两级检察机关认为最高人民法院，《解释》只是对刑事诉讼相关程序进行解释，不能根据最高人民法院《解释》第 596 条直接对被告人减轻处罚。如要在法定刑以下减轻处罚，须报最高人民法院核准。

第三种意见，即二审法院判决认为，黄某父亲虽然与被害人达成赔偿协议，并获得被害人谅解，但赔偿协议并未即时履行，不符合“当事人和解的公诉案件诉讼程序”的规定，不能适用最高人民法院《解释》的规定减轻处罚。

法院同意第三种意见。

2012 年 3 月修订后的《刑事诉讼法》增设了“当事人和解的公诉案件诉讼程序”，规定了当事人和解的案件范围和量刑处理原则，标志着刑事和解制度在我国刑事立法中的正式确立。所谓刑事和解，是指“在刑事诉讼程序运行过程中，被害人和加害人（即被告人或犯罪嫌疑人）以认罪、赔偿、道歉等方式达成谅解以后，国家专门机关不再追究加害人刑事责任或者对其从轻处罚的一种案件处理方式，即被害人和加害人达成一种协议和谅解，促使国家机关不再追究刑事责任或者处罚的制度”[1]。由于刑事诉讼法对刑事和解制度仅有 3 条原则规定，并未规定刑事和解制度在司法实践中的具体适用程序和条件，为充分发挥刑事和解程序功能，有效化解社会矛盾，同时规范法律适用，防止出现“花钱买刑”等损害司法公正的问题，最高人民法院《解释》对和解程序的具体适用进一步作出了较为全面的规定。在司法实践中要正确适用刑事和解制度，须明确以下三方面问题：

1. 刑事和解制度适用的范围

根据 2018 年《刑事诉讼法》第 288 条的规定，刑事和解程序适用的案件范围是：（1）因民间纠纷引起，涉嫌《刑法》分则第四、五章规定的犯罪案件，可能判处 3 年有期徒刑以下刑罚的；（2）除渎职犯罪以外的可能判处 7 年有期徒刑以下刑罚的过失犯罪案件。但是犯罪嫌疑人、被告人在 5 年以内曾经故意犯罪的，不适用该程序。《刑法》分则第四、五章规定的犯罪案件是指侵犯公民人身权利、民主权利罪类和侵犯财产罪类

---

〔1〕 曾粤兴、李霞：《刑事和解与刑法基本原则的关系——兼及刑事和解的价值取向》，载《法学杂志》2009 年第 9 期。

的犯罪案件，常见的如故意伤害罪、侮辱罪、诽谤罪等，以及盗窃罪、抢夺罪、侵占罪等。

《刑事诉讼法》就公诉案件刑事和解的适用范围还附加了“因民间纠纷引起”这一前提。何为民间纠纷，商务印书馆出版的《现代汉语词典》对“民间”的注释为：人民中间的，非官方的。据此，民间纠纷就是人民中间的纠纷。由于司法解释没有对“民间纠纷”明确界定，如本案是诈骗犯罪，是否属于该程序的适用范围也存在争议。在这方面，有些规范性文件的规定可供参考，如 1990 年 4 月 19 日司法部发布的《民间纠纷处理办法》第 3 条规定：“基层人民政府处理民间纠纷的范围，为《人民调解委员会组织条例》规定的民间纠纷，即公民之间有关人身、财产权益和其他日常生活中发生的纠纷。”1990 年 5 月 25 日广东省人民政府颁布的《广东省人民调解委员会组织细则》第 9 条规定：“人民调解委员会的任务是：（一）调解婚姻、继承、赡养、抚养、扶养、家庭、房屋宅基地、债务、生产经营、邻里、赔偿及其他民间纠纷……”据此，我们认为，“民间纠纷”应当包括婚姻、继承、赡养、抚养、扶养、家庭、房屋宅基地、债务、生产经营、邻里、赔偿等事务上的纠纷。具体案件是否适用刑事和解，需要实务中采取开放的态度灵活掌握，或许这也是司法解释没有明确列举或概括界定“民间纠纷”的本意。

2. 适用刑事和解需要遵循的原则

一是自愿原则。刑事和解意味着在刑事审判活动中引入当事人自治自主的诉讼民主因素，有利于化解社会矛盾，稳定社会秩序。刑事诉讼法未明确人民法院能否主持双方当事人协商以达成和解协议。鉴于当前国情，刑事案件的加害方和被害方往往缺乏有效沟通的渠道，且有些还处于敌意的对立状态，缺乏互信，如没有审判人员释法明理，从中调和，双方当事人很难自行和解。因此，2021 年最高人民法院《解释》第 587 条第 1 款的规定，“对符合刑事诉讼法第二百八十八条规定的公诉案件，事实清楚、证据充分的，人民法院应当告知当事人可以自行和解；当事人提出申请的，人民法院可以主持双方当事人协商以达成和解。”根据前述规定，因当事人申请人民法院才启动刑事和解程序，人民法院只是应当事人申请主持协商，从和解程序的启动到和解协议的拟订以及和解协议的执行均应以当事人意愿为主导，贯彻了当事人一定程度的意思自治的自愿原则。

二是即时全面履行原则。司法实践中，对于刑事和解协议中的赔偿损失内容，协议能否延期履行、分期履行等问题，存在认识分歧。我们认为，刑事和解是重要的量刑情节，如允许延期履行、分期履行和解协议约定的赔偿损失内容，将会使人民法院对被告人的从宽处罚建立在尚不确定的事实基础上，一旦被告人获得从宽处罚后，拒不履行或者不全部履行赔偿义务，受上诉不加刑原则所限，二审法院不能加重其刑罚。同时，由于是当事人之间达成的和解协议，也无法强制执行，这无疑会损害裁判权威，也会使被害方的合法权益难以得到切实保障。鉴于此，最高人民法院《解释》第 593 条明确规定，和解协议约定的赔偿内容应当在协议签署后即时履行。最高人民法院《解释》不允许即时结清当场履行完毕之外的其他履行方式，主要顾虑的是如果达成的只是留尾巴的和解协议，往往很可能在宣告从轻处罚的判决之后衍生出其他类似强制执行、被害人方反悔乃至闹访的问题，从而损害刑事和解制度的价值。

三是禁止反悔原则。刑事和解协议签署后能否反悔，在司法实践和理论界认识分歧均较大。最高人民法院《解释》第 593 条第 2 款及第 594 条明确规定：其一，和解协议已经全部履行，当事人反悔的，人民法院不予支持，但有证据证明和解违反自愿、合法原则的除外。最高人民法院《解释》的上述规定体现了法律、司法解释鼓励、倡导诚信原则，只要和解协议已经全部履行，原则上就不得反悔。其二，双方当事人在侦查、审查起诉期间已经达成和解协议并全部履行，被害人或者其法定代理人、近亲属又提起附带民事诉讼的，人民法院不予受理，但有证据证明和解违反自愿合法原则的除外。

3. 适用刑事和解的法律效果

本案在审理中，两级检察机关均认为，最高人民法院《解释》是针对《刑事诉讼法》作出，而《刑事诉讼法》属于程序法，因此最高人民法院《解释》只能针对刑事诉讼相关程序进行解释，不能根据最高人民法院《解释》第 596 条直接对被告人减轻处罚。如要在法定刑以下减轻处罚，须报最高人民法院核准。我们认为，我国在刑事诉讼法当中确立刑事和解制度，可以说是在程序法中嵌入了实体规范，体现了该次《刑事诉讼法》修订的立法创新。因此《刑事诉讼法》虽然是程序法，但其对刑事和解制度的规定，特别是第 288 条对刑事和解案件范围的规定，第 290 条对刑事和解案件公检法处理原则的规定，均具有实体上的意义。《刑事诉讼法》第 290 条明确规定，对于达成和解协议的案件，人民法院可以依法对被告人从宽处罚。从宽处罚的意思，可体现为从轻、减轻、免除处罚。最高人民法院《解释》第 596 条正是对该条规定的具体化，该条关于刑事和解案件的从轻处罚、减轻处罚、免除刑事处罚的规定，均属于《刑事诉讼法》第 290 条“从宽处罚”的范畴，因此，对于符合第 290 条规定的刑事和解案件，人民法院可以直接判决减轻处罚乃至免刑，无须再按照法定刑以下量刑程序报最高人民法院核准，两级检察机关的意见并不符合法律规定。

本案中虽然被告人与被害人之间形式上达成了和解协议，但如前所述，和解协议约定的赔偿损失内容，被告人应当在协议签署后即时履行，才能认定为“达成和解协议”，进而适用刑事和解的处罚原则。该即时履行原则要求全部即时履行，而不是分期、延期履行，由于本案被告人一方并没有全部即时履行赔偿义务，这种情况下，根据最高人民法院《解释》第 595 条的规定，被害人或者其法定代理人近亲属提起附带民事诉讼后，双方愿意和解，但被告人不能即时履行全部赔偿义务的，人民法院应当制作附带民事调解书。故本案中的赔偿协议只能作为附带民事赔偿情节予以考虑，而不能视为达成刑事和解。因此，原审判决适用相关司法解释以和解为由对被告人黄某减轻处罚是不当的。

值得注意的是，本案在二审期间，最高人民法院、最高人民检察院对诈骗犯罪的量刑数额标准作出了调整。按照本案一审期间诈骗罪的量刑数额标准，5 万—50 万元区间属于诈骗数额巨大，依法应当判处 3 年以上 10 年以下有期徒刑，并处罚金。但 2011 年 4 月 8 日起施行的《最高人民法院、最高人民检察院关于办理诈骗刑事案件具体应用法律若干问题的解释》（以下简称《诈骗解释》）规定：“诈骗公私财物价值三千元至一万元以上、三万元至十万元以上、五十万元以上的，应当分别认定为刑法第二百六十六条规定的‘数额较大’‘数额巨大’‘数额特别巨大’。”各省、自治区、直辖市高级人民法院、人民检察院可以结合本地区经济社会发展状况，在前款规定的数额幅度内，共同研究确定本地区执行的具体数额标准，报最高人民法院、最高人民检察院备案。

在本案二审阶段，某省高级人民法院、省人民检察院尚未在《诈骗解释》规定的量刑数额幅度内正式确定在本地区适用的具体数额标准。二审法院本着有利于被告人的原则，同时参考以往经验，以司法解释所确定的量刑数额幅度的上限为标准，确定 10 万元以上为诈骗犯罪数额巨大的起点最为可能，因此，本案诈骗金额 75000 元认定为“数额较大”更为合适。据此，二审法院认定对被告人黄某以诈骗罪在 3 年以下量刑仍旧是合适的。

综上，二审法院认定本案不符合“当事人和解的公诉案件诉讼程序”的规定，对被告人不应减轻处罚，而应从轻处罚，被告人黄某诈骗数额属“数额较大”，据此维持一审法院对被告人黄某以诈骗罪判处有期徒刑 1 年 10 个月，并处罚金人民币 2000 元的判决，是适当的。

第二十二章　缺席审判程序

【内容提示】

我国刑事案件中的对人诉讼原本不能缺席审判。2018年《刑事诉讼法》在第五编增加一章作为第三章“缺席审判程序”，含第291—297条共7个条文。该章规定，对于贪污贿赂犯罪案件，以及需要及时进行审判，经最高人民检察院核准的严重危害国家安全犯罪、恐怖活动犯罪案件，犯罪嫌疑人、被告人在境外，监察机关、公安机关移送起诉，人民检察院认为犯罪事实已经查清，证据确实、充分，依法应当追究刑事责任的，可以适用缺席审判程序。同时，《刑事诉讼法》对该类缺席审判程序的管辖、送达、辩护、上诉和抗诉、重新审理以及被告人重病、死亡情形下缺席审判的适用也作出相应的规定。

第一节　刑事缺席审判概述

一、缺席审判的概念

缺席审判程序是指被告人因潜逃、严重疾病、死亡等原因不能到庭接受审判的特定刑事案件，人民法院在被告人缺席的情况下，根据人民检察院的起诉对案件进行审理，依法追究被告人刑事责任的特殊审判程序。

有学者认为，刑事缺席审判是指在特定的刑事案件中对不在场的刑事被告人所进行的特殊审判，以解决其刑事责任问题。其含义包括特定的刑事案件、被告人在整个审判中不在场、适用特殊程序进行审判。[1]

有学者指出，在学理上，缺席审判程序可作两种截然不同的理解：第一种是在被告人不参与的情况下提起的刑事诉讼，第二种是在没有听取被告人陈述的情况下作出有罪判决，但被告人可以通过上诉以获得参与审判的权利。这两种理解差别极大，前者的根本特征在于被告人不参与刑事程序，后者则仅是未听取陈述，又称为“未经听取意见的

〔1〕参见王敏远：《刑事缺席审判制度探讨》，载《法学杂志》2018年第8期。

判决”。我国刑事诉讼法意义上的缺席审判程序属于前者。[1]

2016年欧盟《关于强化无罪推定的某些方面和强化刑事程序中参加审判权利的指令》认为，被追诉人参加诉讼的权利不是绝对的，当满足一定条件时，被追诉人应当有可能放弃参加诉讼，并允许欧盟各成员国建立缺席审判程序，规定被追诉人适时地知晓相关诉讼的存在以及不出庭的后果是缺席审判的前提条件之一。[2]

2014年，意大利颁布《在狱外监禁性刑罚和刑罚制度改革问题上对政府的授权以及关于通过交付考验而中止程序和针对查无下落者中止程序的规定》第67号法律对传统刑事缺席审判制度进行改造，将“知晓已对其提起的诉讼程序”规定为缺席审判的基本条件，并将下落不明人员排除在缺席审判适用范围之外。[3]

有学者认为，类型化分析是刑事缺席审判领域的一种重要研究方法。根据案件严重程度，分为轻罪案件的缺席审判和严重犯罪案件的缺席审判；根据缺席的时点，分为自始缺席和中途缺席；根据被告人是否自愿，分为自愿缺席和非自愿缺席；根据国家刑事司法要求被告人到庭参加审判的权利与被告人出庭参加审判的权利之间的张力关系，可以将当前各国适用刑事缺席审判的情况分为审判障碍型缺席审判和非审判障碍型缺席审判。审判障碍的情形主要包括脱逃、出庭受阻、重病等。审判障碍的制度应包括中止审理或缺席审判。非审判障碍型缺席审判，是因为在某些案件中往往是轻罪案件，对被告人在场不做必须之要求，审判活动中被告人可以在场，也可以不在场，以被告人自愿明确表示不参加庭审为条件启动缺席审判。[4]

二、缺席审判的案件类型

依据《刑事诉讼法》第291、296、297条之规定，刑事诉讼主要有三种类型的缺席审判，一是贪污贿赂等案件中被追诉人在境外，经送达传票和起诉书副本，其未按要求归案的；二是被告人虽死亡但有证据证明其无罪的；三是因被告人患严重疾病无法出庭，中止审理超过6个月，其本人及其法定代理人、近亲属申请或者同意在被告人缺席的情况下恢复审理的。[5]

三种案件类型出于三种不同的目的，第一种缺席审判，即对外逃贪官的缺席审判，属于典型的旨在追究逃避审判的人的刑事责任的缺席审判，而对被告人死亡但有证据证明其无罪的，旨在为冤屈的被告人平冤昭雪；至于对因病而中止审理超过6个月的被告人的缺席审判，虽然旨在追究其刑事责任，但显然并不属于对逃避审判者所进行的缺席审判。其中第二类案件又有两种类型，一是《刑事诉讼法》第16条规定的被告人在

---

〔1〕参见施鹏鹏:《缺席审判程序的进步与局限——以境外追逃追赃为视角》，载《法学杂志》2019年第6期。

〔2〕Directive (EU) 2016/343 of the European Parliament and of the Council of 9 March 2016 on the strengthening of certain aspects of the presumption of innocence and of the right to be present at the trial in criminal proceeding.

〔3〕参见黄风、齐建萍:《监察机关参与刑事缺席审判法律问题探析》，载《湖南科技大学学报（社会科学版）》2019年第4期。

〔4〕参见初殿清:《刑事缺席审判的分类与制度结构》，载《人民法院报》2019年1月24日，第6版。

〔5〕参见王敏远:《刑事缺席审判制度探讨》，载《法学杂志》2018年第8期。

审判阶段死亡但有证据证明被告人无罪的，二是被告人自然死亡或者被执行死刑后，适用审判监督程序洗冤的案件。“刑事缺席审判所针对的主要是逃避审判者。”[1]从外逃人员缺席审判的适用条件看，“犯罪嫌疑人、被告人在境外”不仅指有可信的证据证明犯罪嫌疑人、被告人已经在境外，而且指犯罪嫌疑人、被告人未死亡。[2]最高人民检察院《规则》第505条第4款要求人民检察院提起公诉的，应当向人民法院提交被告人已出境的证据。

三、设置缺席审判的意义

全国人大常委会法制工作委员会主任在第十三届人大常委会第二次会议上对《草案》所作的说明指出，增设刑事缺席审判制度主要针对的是外逃贪官，即增设缺席审判是基于高度重视反腐败和国际追逃追赃的需要。

有学者指出，外逃贪官的缺席审判制度的实际效果也应予以进一步分析。经缺席审判而作出的有罪判决在追逃方面的作用有限，我国与其他国家签订的引渡条约中，对缺席审判大都持疑虑态度，因此，其实际效果很可疑。[3]

有学者指出，实践中境外追逃追赃的主要障碍是犯罪嫌疑人、被告人没抓捕归案或者不能确保到案，确立刑事缺席审判，不仅有利于境外追赃，也对追究重大腐败犯罪的刑事责任具有现实意义。[4]

有学者指出：“缺席审判追逃追赃功能之实现，主要通过两种方式：一是程序设置本身的震慑功能。缺席审判彰显了国家依法有贪必惩的坚定决心，设置该程序既有助于打消拟外逃贪腐分子通过潜逃境外躲避制裁的侥幸心理，防止贪腐分子外逃，又有助于敦促已外逃人员尽早主动归案，争取宽大处理。二是通过国际刑事司法协助实现追逃或惩罚犯罪。一方面，依据法院缺席审判的有罪判决，通过刑事司法协助，引渡或遣返外逃人员实现追逃；另一方面，通过外国承认与执行判决中确立的财产刑或涉案财产处理方式，实现追赃。欲通过国际刑事司法协助方式实现追逃追赃，则要求程序设计之初给予国际刑事法制通行规则以特别关注。”[5]

四、缺席审判的理论基础

有学者提出：“与缺席审判制度直接冲突的是被告人的庭审在场权，庭审在场权作为被告人获得辩护权实现的基础，具有一定的基本权意义，原则上不得加以限制。但是，庭审在场权并非不可放弃。事实上，出于价值判断与利益权衡的考虑，在特定范围内允许被告人放弃出庭权是合理的，而建立在出庭权放弃基础上的缺席审判制度也因此

〔1〕王敏远：《刑事缺席审判制度探讨》，载《法学杂志》2018年第8期。

〔2〕参见周长军：《外逃人员缺席审判适用条件的法教义学分析》，载《法学杂志》2019年第8期。

〔3〕参见王敏远：《刑事缺席审判制度探讨》，载《法学杂志》2018年第8期。

〔4〕樊崇义：《腐败犯罪缺席审判程序的立法观察》，载《人民法治》2018年第13期。

〔5〕黄风、齐建萍：《监察机关参与刑事缺席审判法律问题探析》，载《湖南科技大学学报（社会科学版）》2019年第4期。

获得了法理上的正当性。”[1]“刑事缺席审判制度的理论基础在于控诉原则、起诉法定原则以及对被告人庭审在场权的合理限制。”[2]控诉原则是指，“人民检察院专属性地具有审查起诉权，人民法院专属性地享有审判权，在检察机关的起诉书指明犯罪事实时，接受起诉书并有管辖权的法院应进行审理。”[3]人民检察院认为嫌疑人的犯罪事实已经查清，证据确实充分，依法应当追究刑事责任的，应当作出起诉决定，按照审判管辖的规定，向人民法院提起公诉。“该条文创设了我国刑事诉讼中的起诉法定原则，起诉的标准被规定为‘犯罪事实已经查清，证据确实、充分，依法应当追究刑事责任’”[4]。

有学者认为，被告人不出庭并不一定导致不利的后果，认为实际上在我国大部分案件的审判中，“被告人是否到案，是否有口供，是否出席法庭受审，都不会对审判结果发生影响”[5]。

第二节　缺席审判程序的适用及其完善

有学者认为缺席审判是有天然缺陷的制度，需要完善，指出，“审判时被告人到场的意义，在现代刑事诉讼中包含两个方面：从审判者的角度而言，审判时被告人到场是被告人应当履行的义务，为此，可以强制其出庭受审；从被告人的角度来说，根据联合国人权公约的规定，被告人出席法庭审判是被告人的权利，不能剥夺。刑事诉讼中的被告人的诉讼权利、诉讼行为已成为现代刑事诉讼进程的重要推动力，审判的内容也需要以其诉讼权利的行使（包括积极参与法庭调查、法庭辩论等）为依据。因此，审判时被告人到场，不论是作为义务还是作为权利，都十分重要，而其缺席则意味着将使审判面临严重的缺陷。由此可见，相对于‘在席审判’，被告人缺席这个特点决定了，刑事诉讼中的缺席审判是天然有缺陷的审判制度。”[6]

有学者认为，缺席审判程序作为刑事诉讼的“例外程序”一直倍受诟病，原因是该程序剥夺了被告人的诸多诉讼权利，与正当程序的发展潮流背道而驰。大多数国家对缺席审判程序持消极或限制的观点。中国的缺席审判程序除这一与生俱来的局限外，还存在诉讼权利保护不力、救济机制不完善、与没收程序的衔接不明确等弊端。[7]

---

〔1〕陈卫东：《论中国特色刑事缺席审判制度》，载《中国刑事法杂志》2018年第3期。

〔2〕陈卫东：《论中国特色刑事缺席审判制度》，载《中国刑事法杂志》2018年第3期。

〔3〕陈卫东：《论中国特色刑事缺席审判制度》，载《中国刑事法杂志》2018年第3期。

〔4〕陈卫东：《论中国特色刑事缺席审判制度》，载《中国刑事法杂志》2018年第3期。

〔5〕田圣斌、麻爱民：《我国公诉案件缺席审判制度探析》，载《法学评论》2008年第4期。

〔6〕王敏远：《刑事缺席审判制度探讨》，载《法学杂志》2018年第8期。

〔7〕参见施鹏鹏：《缺席审判程序的进步与局限——以境外追逃追赃为视角》，载《法学杂志》2019年第6期。

一、严格限制范围

有学者认为，应严格限制对潜逃的被告人适用缺席审判，主要基于两个原因："其一，旨在追究逃避审判的被告人的刑事责任的缺席审判是有天然缺陷的审判制度，被告人在普通刑事审判中的权利因缺席而缺失且难以完全弥补，这对公正审判将造成现实的威胁。因此，若非迫不得已绝不应适用。其二，缺席审判在实践中易对刑事诉讼的基本原理、基本原则、基本制度形成冲击，甚至损害，因此，应当严格限制适用。"〔1〕被告人出席庭审权作为现代人权制度的重要内容被国际法和各国国内立法广泛认可。联合国《公民权利和政治权利国际公约》第 14 条第 3 款（丁）项将被告人出庭受审规定为司法机关对其进行刑事指控的最低限度保证。

二、协调与违法所得没收程序之间的关系

有学者分析认为，外逃人员缺席审判与犯罪嫌疑人、被告人逃匿、死亡案件违法所得没收程序并非完全的包容关系。外逃人员缺席审判有着独立的诉讼结构和审判程序，后两种缺席审判系普通程序处置审判障碍时的诉讼措施，实为普通程序的一个环节，这两类缺席审判的管辖、审判组织以及被告人诉讼权利的保障主要应遵循普通审判程序的相关规定。〔2〕

有学者认为："缺席审判程序与违法所得没收程序无法相互替代；缺席审判的提起并非当然地涵盖违法所得没收申请的提出，法院作出无罪判决时不可附带作出违法所得的没收，缺席审判程序停顿状态下也不可独自开展违法所得没收程序；在被告人死亡的情形下追缴违法所得，只能启动违法所得没收程序。"〔3〕

有学者认为："若贪污贿赂、恐怖活动犯罪中的嫌疑人、被告人身在境外，对于缺席审判程序与违法所得没收程序的法条竞合的情况，可根据案件证据情况适时在两种程序之间进行转换，以实现程序设置的目的。"〔4〕

有学者认为，在程序启动问题上，刑事缺席审判的提起可以当然地涵盖违法所得没收申请的提出，因为刑事缺席审判是综合性审判，在审理定罪量刑问题的同时"并对违法所得及其他涉案财产作出处理"，况且，相对于特别没收程序的启动条件，提起刑事缺席审判的条件更加明确和严格，提起刑事缺席审判的较高标准自然吸收了启动特别没收程序的较低标准。据此，在缺席审判程序停顿状态下可以独自开展违法所得没收程序；经过缺席审理，法院难以作出定罪判决时，可以同时裁定没收违法所得，不需要另行依照新修正的《刑事诉讼法》第 298 条的规定提出申请，而只需要注意保持对物之诉的相应特点，完成没收申请公告程序即可。〔5〕

---

〔1〕 王敏远：《刑事缺席审判制度探讨》，载《法学杂志》2018 年第 8 期。

〔2〕 参见董坤：《论外逃人员缺席审判的三重关系》，载《法学杂志》2019 年第 8 期。

〔3〕 周长军：《外逃人员缺席审判适用条件的法教义学分析》，载《法学杂志》2019 年第 8 期。

〔4〕 甄贞、杨静：《缺席审判程序解读、适用预期及完善建议》，载《法学杂志》2019 年第 4 期。

〔5〕 参见黄风：《刑事缺席审判与特别没收程序关系辨析》，载《法律适用》2018 年第 23 期。

三、最低保障标准

有学者提出最低保障标准说，认为对外逃人员应当坚持刑事诉讼的最低保障标准，把知晓相关刑事诉讼情况确定为基本条件和启动缺席审判程序的前提条件，在潜逃的犯罪嫌疑人、被告人查无下落或者完全不可能向其发出诉讼通知的情况下，检察机关不应向法院提起公诉。应当充分估计通过刑事司法协助向处于境外的犯罪嫌疑人、被告人送达传唤通知的法律困难，可以考虑先行向上述人员送达比较中性的告知文书；适当前移为上述人员指派辩护律师的程序，以便通过律师设法完成缺席审判所要求的诉讼通知。相关立法应当注意在引渡问题上对受到缺席审判者的特殊法律保障，如果我国在引渡合作中作出了有关承诺，对于被引渡人也应当进行重新审判。对于接受“劝返”自愿回国投案的已受缺席审判者，在重新审理时仍然可以对其适用我国《刑法》关于自首的规定。[1]

有学者认为，适用缺席审判程序，需要证明被告人主动放弃出庭审判权，或者明确规定一定事实存在时推定被告人弃权，如聘任了辩护人或者有证据证明其本人收到了出庭通知。[2]

四、正当程序与权利保障

刑事诉讼的缺席审判只是犯罪嫌疑人、被告人缺席，不包括作为起诉方的检察机关，被告人出庭接受审判是被告人的权利，在审判中行使的其他权利如质证辩论权，是公平审判权的一部分，保障缺席审判程序中的被告人的这些权利至关重要。

有学者认为，被告人的缺席可能导致司法机关无法查清案件事实，缺席判决在程序正当性上尚存争议，可能导致依据缺席判决的引渡和遣返请求被拒绝，通过缺席审判所作出的判决若得不到执行，会损及司法的公信力。我国《刑事诉讼法》及其司法解释应当协调好违法所得没收程序和刑事缺席审判程序的关系，完善被告人缺席案件的审查起诉、审理程序、送达制度，实现对缺席被告人的有效辩护，保障被告人缺席案件的程序和实体的正当性。[3]

有学者提出，第一，应完善正当诉讼程序的设计，基本程序规则应包括：管辖的确定、文书送达、监察机关侦查与移送审查起诉、提起公诉与程序启动、开庭审理与裁判范围、撤销缺席判决与重新审理；第二，应充分保障被告人的诉讼权利，主要包括辩护制度，辩护人应出庭行使辩护权；法院应将判决书送达被告人及其近亲属和辩护人；法院应告知被告人有权对裁判提出异议，归案被告人提出异议的应采取对席审判的方式重新审理；被告人未归案的，法院裁判时应对违法所得及其他涉案财产作出处理。[4]

有学者认为，评价一国的刑事缺席审判制度，必须一并考虑该国律师辩护制度的实

---

〔1〕参见黄风:《对外逃人员缺席审判需注意的法律问题》，载《法治研究》2018 年第 4 期。

〔2〕参见施鹏鹏:《缺席审判程序的进步与局限——以境外追逃追赃为视角》，载《法学杂志》2019 年第 6 期。

〔3〕参见杨雄:《对外逃贪官的缺席审判研究》，载《中国刑事法杂志》2019 年第 1 期。

〔4〕参见樊崇义:《腐败犯罪缺席审判程序的立法观察》，载《人民法治》2018 年第 13 期。

质发展程度，因为准对席效果保障是审判障碍型缺席审判制度结构的基本方面。在律师辩护制度尚不发达和成熟的情况下，不宜在缺席审判领域做过多尝试。[1]

五、准确处理监察机关参与缺席审判

有学者提出监察机关参与刑事缺席审判的问题，认为外逃人员刑事缺席审判是典型的涉外法律制度，站在国际刑事司法合作的高度，为成功追逃，应充分考量法院域外送达传票成功率，宜明确监察机关锁定外逃人员住址方可缺席移送起送。在追赃中，监察机关应该立足违法所得没收程序和缺席审判程序适用案件类型、适用条件、境外文书送达以及证明标准等方面的差异，权衡利弊得失，作出合理的程序抉择。缺席审判情况下的引渡合作常附加必须重新审理或给予重新审理机会等强制条件，事实上产生了先追后判效果，缺席审判宜作为监察机关追逃"备而不用"程序。[2]先追后判更具有现实可能性，在追逃程序中，遣返为移民法行政程序，较引渡更便捷，境外缉捕是最直接的手段，比劝返高效。在发达国家主要以劝返、遣返追逃手段为主，在亚非国家主要采取缉捕手段，在加勒比海地区综合运用劝返和缉捕手段。[3]

关于监察机关应承担锁定送达地址义务，《刑事诉讼法》第 292 条规定："人民法院应当通过有关国际条约规定的或者外交途径提出的司法协助方式，或者被告人所在地法律允许的其他方式，将传票和人民检察院的起诉书副本送达被告人。传票和起诉书副本送达后，被告人未按要求到案的，人民法院应当开庭审理，依法作出判决，并对违法所得及其他涉案财产作出处理"。有学者指出，法院若通过国际司法协助途径进行送达则不仅需要知道外逃人员潜逃国还需要有明确的受送达人地址，地址不详难以保证送达成功，将直接影响外逃人员的审判知情权。2018 年 10 月 26 日通过的《国际刑事司法协助法》第 21 条规定，向外国请求送达文书的，请求书应当载明送达的地址，类似规定也为我国签订的多部双边刑事司法协助条约所确认。如，我国与新西兰、澳大利亚、日本、意大利等国签订的关于外逃人员潜逃的刑事司法协助条约中，均要求送达文书的刑事司法协助请求在必要和可能的范围内，应当包含受送达人的住址、所在地或居住地。诚然，法院可以在刑事司法协助请求中同时提出查找人员和送达文书双重请求，但国际刑事司法协助是一项耗时耗力的巨大法律工程，请求可获执行度不仅取决于请求本身合法性还受制于被请求国的司法、执法力量以及执行请求的难易程度，受送达人地址不详或查无此人极易成为送达不能的理由，一旦送达不能，则不能满足《刑事诉讼法》规定的"传票和起诉书副本送达后，被告人未按要求到案"这一法院缺席开庭审理的前提条件，将直接导致已经动用大量监察、司法资源启动的缺席审判程序夭折。为避免资源浪费，检察机关提起公诉时，应该明确被告人的住址，以提高法院域外文书送达成功率。

---

〔1〕 参见初殿清:《刑事缺席审判的分类与制度结构》，载《人民法院报》2019 年 1 月 24 日，第 6 版。

〔2〕 参见黄风、齐建萍:《监察机关参与刑事缺席审判法律问题探析》，载《湖南科技大学学报（社会科学版）》2019 年第 4 期。

〔3〕 参见黄风、齐建萍:《监察机关参与刑事缺席审判法律问题探析》，载《湖南科技大学学报（社会科学版）》2019 年第 4 期。

国家监察委员会负责组织协调反腐败国际追逃追赃和防逃工作，监察机关能够通过“外交、移民、警务等渠道查询外逃人员在途经地和藏匿地的出入境记录、所持证件等情况，通过国际刑警组织红色通报、大数据分析、人像比对、查询、监控跨境资金流动”等途径锁定外逃人员潜逃地址，故宜将锁定外逃人员地址规定为监察机关的义务。[1]

应当明确监察委员会只有在锁定外逃人员住址的情况下才能缺席移送起诉，排除对住址不详或在境外已经死亡的被调查人启动以缺席审判为目的的监察调查。从而最大限度保障外逃人员程序知情权，促使主动归案的角度，可以进一步考虑明确监察机关缺席移送起诉时的告知义务，确保外逃人员通过一定途径知悉被监察机关缺席移送起诉的事实。[2]

六、拓展追赃追逃的多元渠道

有学者认为，由于缺席审判程序存在天然局限，需要拓宽多元追赃追逃渠道。构建达成共识的国际合作框架是实现有效协作的基础，例如，《联合国反腐败公约》《联合国打击跨国有组织犯罪公约》《联合国禁止非法贩运麻醉药品和精神药物公约》以及欧洲委员会《关于洗钱和调查、扣押与没收犯罪收益公约》等为各国涉外资产的调查及追缴机制设定了极为广泛的国际合作框架。其中，在国际刑事司法合作方面，目前各国主要是通过建立国际协作的追逃追赃组织、加入公约、完善区域间司法合作等形式来实现的。[3]

重要名词术语

缺席审判、在场权、外逃贪官的缺席审判、被告人死亡的缺席审判

思考题

1. 请简述缺席审判的理论基础。
2. 请简述缺席审判程序与违法所得没收程序之间的区别联系。

典型案例分析

2022年1月17日，河南省某市中级人民法院公开宣判外逃的河南省L市委原书记、Y（集团）有限公司原董事长程某贪污一案，对被告人程某以贪污罪判处有期徒刑十二年，并处罚金人民币五十万元；追缴程某贪污犯罪所得依法予以返还。

---

〔1〕 参见黄风、齐建萍：《监察机关参与刑事缺席审判法律问题探析》，载《湖南科技大学学报（社会科学版）》2019年第4期。

〔2〕 参见黄风、齐建萍：《监察机关参与刑事缺席审判法律问题探析》，载《湖南科技大学学报（社会科学版）》2019年第4期。

〔3〕 参见施鹏鹏：《缺席审判程序的进步与局限——以境外追逃追赃为视角》，载《法学杂志》2019年第6期。

法院经审理查明，2000 年 12 月 7 日至 2000 年 12 月 15 日，被告人程某利用担任 Y（集团）有限公司董事长的职务便利，以在新西兰设立分公司为由，先后 3 次指使财务人员将公款转入其名下支票账户及其在新西兰开设的个人账户，非法占有公款港元、新西兰元、美元折合人民币共计 308.88 万余元。程某于 2001 年 2 月 7 日逃往境外。

本案是我国适用刑事缺席审判程序审理的第一起外逃被告人贪污案。程某在境外滞留不归，其近亲属代为委托两名辩护人为其出庭辩护。某市中级人民法院在审理过程中依法充分保障了被告人程某的各项诉讼权利。某市中级人民法院认为，被告人程某的行为构成贪污罪，数额特别巨大，应依法惩处。程某逃匿境外逾 20 年，拒不到案接受审判，拒不退缴赃款，应予从重处罚。法庭遂作出上述缺席判决。

本案中被告人程某从 2001 年开始长期藏匿境外，至今未能回国归案，其实施的贪污罪行，符合缺席审判程序适用条件。法院依法审理程某案，查明程某实施贪污的犯罪事实，作出有罪判决，为进一步追缴赃款提供了法律依据，同时对其他外逃贪腐人员形成强有力的法律威慑。

第二十三章　犯罪嫌疑人、被告人逃匿、死亡案件违法所得的没收程序

【内容提示】

犯罪嫌疑人、被告人逃匿、死亡案件违法所得的没收程序简称违法所得没收程序，是2012年《刑事诉讼法》修订时为了回应司法实践的需要而增设的特别程序。随着科技的发展、全球化进程的推进，跨国犯罪、跨国资产转移等国际性因素频频在重大犯罪中出现，这些客观条件的变化为犯罪人逃匿、隐藏资产创造了条件，加大了打击犯罪的难度。为此，《刑事诉讼法》增设违法所得没收程序，以解决实践中出现的难题。《刑事诉讼法》第298条至第301条规定了违法所得没收程序的适用条件、人民检察院提出申请时的证明责任、人民法院受理此类案件的审查和处理、一审和二审审理程序、裁判方式、审理期限、裁定生效后异议的处理等。首先，在适用条件方面，适用违法所得没收程序应当具备四个条件，包括案件范围、事实条件、有追缴需要、提出没收违法所得申请的程序要件等。其次，为了防止公民的合法财产权益受到不法侵害，人民检察院在提出没收违法所得申请时，应当承担相应的证明责任。再次，为了防止相关财产转移或流失，法院在必要的时候对于没有采取保全措施而申请没收的财产可以采取保全措施。最后，《刑事诉讼法》还规定了没收程序的管辖、公告、利害关系人的参与、审理方式、权利救济、程序转换、国家赔偿等程序条款。

第一节　违法所得没收程序概述

一、违法所得没收程序的概念与意义

（一）违法所得没收程序的概念和特点

违法所得没收程序是指对于贪污贿赂犯罪、恐怖活动犯罪等重大犯罪案件，犯罪嫌疑人、被告人逃匿，在通缉一年后不能到案，或者犯罪嫌疑人、被告人死亡，依照刑法规定应当追缴其违法所得及其他涉案财产的，人民检察院可以向人民法院提出没收违法所得的申请，追缴犯罪嫌疑人、被告人违法所得及其他涉案财产的特有方式、方法与步骤。

违法所得没收程序具有以下特点：

第一，对物性。违法所得没收程序是为了解决犯罪利用之物或犯罪所得之物的保管和归属问题，不以定罪为前提，是一种对物诉讼，以物为诉讼对象，而不是以人为诉讼对象。对物诉讼源自罗马法，奉行“哪里有权利哪里有救济”的原则，将诉讼分为对人诉讼、对物诉讼和混合诉讼，其中对物诉讼将物作为法律关系主体。现代英国、美国、澳大利亚、南非等国仍接受对物诉讼，诉讼前提是物仍存在、财产未灭失，物处于法院管辖权下，判决的赔偿内容以物的价值为限等。现代对物诉讼还具有程序价值，是在占有人失踪的案件中通过对物诉讼可迫使其出庭应诉。[1]

第二，独立性。违法所得没收程序独立于传统刑事诉讼程序，关注重心从处罚犯罪人转向对不法资产的处置，无论对人诉讼能否启动，违法所得没收程序都可以单独启动。

第三，普遍性。犯罪资产的追回是各国司法的重要议题。对特定案件中犯罪嫌疑人、被告人逃匿、死亡情形下的违法所得予以没收，是国际公约的普遍要求，也是世界上许多国家的通常做法。违法所得没收程序符合我国加入的有关国际公约，如2000年《打击跨国有组织犯罪公约》、2003年《联合国反腐败公约》的有关规定。《联合国反腐败公约》第54条明文要求，各成员国依据本国法律采取必要措施，以便在因为犯罪人死亡、潜逃或者缺席而无法对其起诉的情形或者其他有关情形下，能够不经过刑事定罪而没收这类财产。

第四，可挽回性。违法所得没收程序涉及犯罪嫌疑人、被告人的财产性权利，并非人身权利与民主权利，因此更易于挽回救济。当没收裁定出现错误时，仍可通过审判监督程序和执行回转程序赔偿犯罪嫌疑人、被告人和利害关系人的物质损失。

（二）违法所得没收程序的意义

首先，违法所得没收程序有利于实现社会公平正义。在当前司法实践中，贪污贿赂犯罪、恐怖活动犯罪案件以及其他经济类犯罪案件中，犯罪嫌疑人、被告人长期逃匿、死亡的，作为其犯罪所得的巨额财产无法追缴，造成国家和人民群众的巨额经济损失。违法所得没收程序能够挽回这类案件中的巨额经济损失，使任何人不能从其违法犯罪中获益。

其次，有利于发挥刑法预防犯罪的功能。在我国司法实践中，诸如贪污腐败犯罪、恐怖活动犯罪等案件，犯罪嫌疑人在实施犯罪行为后，往往将违法所得和涉案财产转移境外或通过其他方式转移、隐藏，这些犯罪嫌疑人如果长期逃匿或死亡，不仅无法对其犯罪行为进行相应的制裁，也无法挽回其犯罪行为所造成的经济损失。在恐怖犯罪案件中，如不及时没收与犯罪相关的财物，就无法有效防止有关犯罪行为的继续发生。[2]当犯罪人逃匿或死亡，其利益相关方得到保全，其近亲属以及其他第三人也得以保留犯罪人违法所得的巨额财产。通过违法所得没收程序对违法所得予以追缴，不仅使犯罪人及

---

〔1〕参见向明华：《对物诉讼与我国的船舶扣押法律制度》，载《河北法学》2006年第4期。

〔2〕参见王敏远等：《刑事诉讼法修改后的司法解释研究》，中国法制出版社2016年版，第293—294页。

其利益关联人无法获得非法的经济利益，还可以向违法犯罪势力示警，发挥刑法一般预防与特别预防的作用。

最后，有利于开展追缴境外犯罪资产的国际司法协助。实践中对于外逃的贪官，我国请求他国提供司法协助时，外方往往会索要相关的法律文书。对此，早在 2002 年就有学者建议，应当允许人民检察院以及政府执法机关，例如公安机关、海关、税务机关等，根据已掌握的证据材料，请求人民法院对属于犯罪所得或收益的财物予以没收，即使有关犯罪嫌疑人尚未查清，或者在逃、失踪、死亡，或者对有关人员没有提起刑事诉讼。[1]当前我国《国际刑事司法协助法》第 48 条第 4 项规定，向外国请求没收、返还违法所得及其他涉案财物的，请求书及所附材料应有相关法律文书的副本。可见，追缴境外犯罪资产的重要前提是必须经裁判确定特定资产属于犯罪所得，以生效裁判作为开展国际司法协助的根据。

二、违法所得没收程序的性质

对于违法所得没收程序的性质，有多种不同的观点，主要有民事程序性质说和有保安处分属性的刑事程序性质说。

（一）民事程序性质说

认为违法所得没收程序属于民事程序的观点，通常从诉讼标的和比较法的视角进行论述。如有观点认为，在程序法理上，区别刑事诉讼程序与民事诉讼程序的依据或标准，关键在于诉讼标的而非由哪部法律规定，要看到诉讼程序所要解决纠纷的性质不同：违法所得没收程序并不直接处理行为人的刑事责任，而仅仅是确认涉案财物的权利归属，因此，其本质上仍然是一种财产性质的纠纷，与民事诉讼程序的标的具有同质性，类属于民事诉讼中的确权之诉。从比较法的角度看，在具有代表性的主要法治国家的立法或相关国际公约中，没收程序又被称为“民事没收”，之所以在用语上称为“民事没收”而区别于“刑事没收”，主要就是因为该程序仅仅处理涉案财物的权利归属，而不过问和追究财物获取人或者持有人的刑事法律责任。[2]

类似的观点还认为在诉讼对象上民事没收是一种对物不对人的制裁措施，它所针对的是一类特殊的财物，即犯罪收益。民事没收可以在没有刑事案件的情况下没收财产，即便被告人已经死亡或者在逃，甚至即便还不知晓谁实施了违法行为。没收程序的开展不以定罪为前提条件。刑事诉讼法新增的违法所得没收程序与英美法系国家的民事没收程序有共同之处，即它们的诉讼对象为物而非人，由此决定了违法所得没收程序的证明标准和性质应是民事性的。[3]

（二）刑事程序性质说

认为违法所得没收程序属于刑事诉讼程序的学者通常从没收程序的实体依据、运行

---

〔1〕 参见黄风:《关于追缴犯罪所得的国际司法合作问题研究》，载《政治与法律》2002 年第 5 期。

〔2〕 参见万毅:《独立没收程序的证据法难题及其破解》，载《法学》2012 年第 4 期。

〔3〕 参见黄风:《论对犯罪收益的民事没收》，载《法学家》2009 年第 4 期。

特征以及当事人的权利保护等方面展开论述。

有学者认为违法所得没收程序的规定具有刑事没收的性质，首先，在与普通刑事诉讼程序的关系上，违法所得没收程序始终与之存在紧密的联系。在目标指向上，违法所得没收程序指向的是犯罪而非一般的民事违法。在处理措施的属性上，违法所得没收存在一定的惩罚性，而非仅仅是补偿性。其次，违法所得没收程序是以适用保安处分措施为目的的特殊刑事诉讼程序，特殊之处在于它不以追究犯罪嫌疑人、被告人的刑事责任为目的，而是以处理犯罪嫌疑人、被告人的违法所得和其他涉案财产为目的。它不以适用刑罚为目的，而是以适用保安处分措施为目的。[1]

第二节 违法所得没收程序的适用与救济及其完善

一、违法所得没收程序适用的案件范围

《刑事诉讼法》第298条第1款规定："对于贪污贿赂犯罪、恐怖活动犯罪等重大犯罪案件，犯罪嫌疑人、被告人逃匿，在通缉一年后不能到案，或者犯罪嫌疑人、被告人死亡，依照刑法规定应当追缴其违法所得及其他涉案财产的，人民检察院可以向人民法院提出没收违法所得的申请。"本款除了明确列举"贪污贿赂犯罪、恐怖活动犯罪"这两类案件外，还规定了兜底性的"等重大犯罪案件"，对于"重大犯罪案件"包括哪些案件，学界曾有两种不同的观点。

（一）严格限制说

权威解释认为，实践中应当注意，违法所得的没收程序在适用时应仅限于贪污贿赂犯罪、恐怖活动犯罪，不宜扩大适用到其他重大犯罪案件，在总结经验以后再研究是否需要扩大适用范围。[2]检察机关认可这一观点，认为将违法所得没收程序的适用范围限制在较小的范围内，主要是为了避免以下风险，一是由于缺少辩护和对抗，有发生错案的风险；二是未出庭辩护就被没收财产，有大面积侵犯公民权利的风险；三是特别程序普遍化会额外增加程序成本，且发现错误后返还、赔偿的纠错成本也较高；四是在逃的犯罪嫌疑人、被告人自动投案或者被抓获的，应终止审理，这就增加了程序空转的风险。[3]

（二）有限扩张说

更多的观点认为，没收程序的案件范围应当有限制地扩张。

有观点认为应在贪污贿赂案件和恐怖活动案件之外，对扩大适用的案件类型予以列

---

〔1〕参见朱孝清：《违法所得没收程序的几个问题》，载《人民检察》2014年第15期。

〔2〕参见郎胜主编：《〈中华人民共和国刑事诉讼法〉修改与适用》，新华出版社2012年版，第485—486页。

〔3〕参见孙谦主编：《〈人民检察院刑事诉讼规则〉（试行）理解与适用》，中国检察出版社2012年版，第356页。

举，明确其适用范围，保持其谦抑性和明确性。如有学者认为我国目前对以下类型的犯罪存在适用违法所得没收程序的现实需要：(1)严重危害公共安全的犯罪；(2)毒品犯罪；(3)贪污贿赂犯罪；(4)有组织犯罪，包括恐怖组织、黑社会性质组织和其他给公众安全造成严重威胁的团伙犯罪；(5)严重损害公众生命健康的《刑法》分则第六章规定的犯罪。与此同时，为满足法律明确性要求，上述犯罪类型需要还原为《刑法》分则规定的具体犯罪，以个罪或类罪的方式在《刑事诉讼法》中加以规定，而且，应当删去"等重大犯罪"的兜底条款。[1]

有观点认为，在重视正当程序保障的前提下，有必要进一步扩展违法所得没收程序的适用范围。[2]有研究认为，违法所得没收程序的案件适用范围应不仅仅限于贪污贿赂犯罪、恐怖活动犯罪这两类犯罪中的重大犯罪案件，而应把犯罪严重性与这两类犯罪相当的某些重大犯罪案件包括在内。根据《联合国反腐败公约》的要求和我国现实的需要，应通过对法条中"等"字的解释，把洗钱犯罪的所有上游犯罪都包括在内，即除贪污贿赂犯罪、恐怖活动犯罪外，把毒品犯罪、黑社会性质的组织犯罪、走私犯罪、破坏金融监管秩序犯罪、金融诈骗犯罪也纳入适用的案件范围，对这些犯罪中的重大犯罪案件，符合条件的，依法启动违法所得没收程序。[3]

（三）扩大适用说

有观点认为应扩张没收程序的适用范围，从立法目的上来说，所有"重大犯罪案件"都可适用违法所得没收程序，只要有需要追缴、没收的涉案财物，立法没有必要从案件性质与逃匿时间两方面限制适用范围。[4]有相似观点认为，遵循法律增设该特别程序的精神，对照贪污贿赂和恐怖活动两种犯罪，适用违法所得没收程序的其他案件应符合两个条件：一是该案有应当追缴的违法所得及其他涉案财产；二是属于重大犯罪案件，其性质与贪污贿赂犯罪和恐怖活动犯罪严重程度相当。这些案件包括危害国家安全罪，颠覆政权的犯罪，走私罪，金融诈骗罪，走私、贩卖、运输、制造毒品罪，组织、强迫、引诱、容留、介绍卖淫罪，等等。[5]

有学者进一步认为，理论上应当追缴违法所得的犯罪形态很广，不仅仅限于贪污贿赂犯罪和恐怖活动犯罪，因此主张建立一个具有普遍适用性质的犯罪违法所得没收程序，而不是仅限于这两类案件更为合理。[6]

（四）扩大解释

2012年《刑事诉讼法》修订后，在相关司法解释的制定过程中，经过审慎的研究，

---

〔1〕参见汪建成：《论特定案件违法所得没收程序的建立和完善》，载《国家检察官学院学报》2012年第1期。

〔2〕参见戴长林：《依法规范刑事案件涉案财物处理程序》，载《中国法律评论》2014年第2期。

〔3〕参见朱孝清：《违法所得没收程序的几个问题》，载《人民检察》2014第15期。

〔4〕参见吴光升：《我国违法所得没收程序的若干检讨——基于2012年〈刑事诉讼法〉相关规定的分析》，载《浙江工商大学学报》2012年第3期。

〔5〕参见陈光中主编：《〈中华人民共和国刑事诉讼法〉修改条文释义与点评》，人民法院出版社2012年版，第428页。

〔6〕参见汪建成：《刑事诉讼特别程序的建立与完善》，载《中国社会科学报》2011年9月27日，第A08版。

司法机关最终采用了扩大解释的方案，对违法所得没收程序的适用范围从三个方面进行界定。

1. 划定罪名的范围

依据2017年最高人民法院、最高人民检察院《关于适用犯罪嫌疑人、被告人逃匿、死亡案件违法所得没收程序若干问题的规定》，罪名具体范围包括：《刑法》分则第八章贪污贿赂罪的所有罪名、恐怖活动犯罪以及危害国家安全犯罪、走私、洗钱、金融诈骗、黑社会性质的组织犯罪、毒品犯罪案件。同时，基于电信诈骗、网络诈骗案件中，犯罪嫌疑人、被告人通过犯罪获得的财物数额普遍巨大，但多数难以通过普通刑事程序加以追回，因此将其包括在内。[1]

2. 界定其他重大犯罪案件的范围

最高人民法院《解释》第610条对“其他重大犯罪案件”做了规定，在省、自治区、直辖市或者全国范围内具有较大影响的犯罪案件，或者犯罪嫌疑人、被告人逃匿境外的犯罪案件，属于重大犯罪案件。该条沿袭了2017年最高人民法院、最高人民检察院《关于适用犯罪嫌疑人、被告人逃匿、死亡案件违法所得没收程序若干问题的规定》第2条的规定，将省以上“重大影响”与“逃匿境外”的案件均列为“重大犯罪案件”。

3. 被告人死亡案件的特殊规定

最高人民检察院《规则》第512条、最高人民法院《解释》第611条、最高人民法院、最高人民检察院《关于适用犯罪嫌疑人、被告人逃匿、死亡案件违法所得没收程序若干问题的规定》第4条规定，犯罪嫌疑人、被告人死亡，依照刑法规定应当追缴其违法所得及其他涉案财产的，人民检察院可以向人民法院提出没收违法所得的申请。可见，犯罪嫌疑人、被告人死亡的案件，可以适用违法所得没收程序，不受罪名、重大犯罪案件等条件的限制。

二、违法所得没收案件的证明

《刑事诉讼法》第298条第3款规定：“没收违法所得的申请应当提供与犯罪事实、违法所得相关的证据材料，并列明财产的种类、数量、所在地及查封、扣押、冻结的情况。”关于违法所得没收案件的证明，理论上存在争议。

（一）证明标准

学界对于证明标准的观点主要有四种：民事诉讼的优势证据证明标准、刑事诉讼排除合理怀疑的标准、高于民事诉讼低于刑事诉讼的中间证明标准、区分不同的证明对象或证明主体的二元或多元证明标准。

1. 优势证明标准说

对于违法所得没收程序性质的判断，往往会影响没收程序的证明规则。有论者从比较法角度指出，从国外情况看，采取的证明标准与违法所得没收程序的性质有关。譬如英国、美国、澳大利亚对违法所得的追缴适用民事没收制度，因此适用优势证据的证明

〔1〕参见林维：《关于违法所得没收程序的适用范围》，载《人民法院报》2017年1月8日，第002版。

标准；而加拿大、新加坡等国家对追缴违法所得适用独立的没收程序时，则采用刑事诉讼的证明标准。〔1〕

持民事诉讼优势证据证明标准的学者认为：从法解释上来说，排除合理怀疑只能适用于认定被告人有罪或处以刑罚的待证事项。而违法所得没收程序所处理的仅是涉案财物的权利归属问题，不能适用排除合理怀疑的证明标准。从程序法理上来说，违法所得没收程序的性质属于民事诉讼程序，而非刑事诉讼程序，当然应当适用民事诉讼的优势证据证明标准。〔2〕

2. 排除合理怀疑说

主张违法所得没收程序具有刑事诉讼程序性质的学者通常认为，违法所得没收程序要接受刑事诉讼基本原则的规范和约束，其证明规则应以刑事诉讼为依据，证明标准要达到排除合理怀疑的程度。因此在违法所得没收程序中，仍应由人民检察院承担举证责任，公诉人既应当提出证据证明被没收的财物是涉案财物，又要证明所没收的财物与犯罪行为之间存在实质联系，证据应确实、充分且达到排除合理怀疑的程度。这样才能符合程序正义的基本要求，防止判决前财产没收程序的滥用，更好地保障犯罪嫌疑人和被告人的财产权利。〔3〕

有学者主张应当类比我国《刑事诉讼法》有关证明标准的规定，没收违法所得或其他涉案财产也应当达到“事实清楚，证据确实、充分”的程度。〔4〕有论者指出在最高人民法院《解释》起草过程中经过研究认为，违法所得没收程序是《刑事诉讼法》规定的特殊程序，以犯罪事实的存在为前提，且与犯罪嫌疑人、被告人在案的情形一样起着对犯罪的预防作用，所以我国的违法所得没收程序应当采取刑事案件的证明标准。〔5〕

3. 中间证明标准说

持中间证明标准的学者从理论上分析，违法所得没收程序中的证明标准应当高于民事证明标准而略低于刑事证明中的定罪标准，以符合违法所得没收程序的保安处分或者中间程序性质。〔6〕

由于《刑事诉讼法》对违法所得没收程序的规定较为原则，为了破解该程序适用的困境，最高人民法院、最高人民检察院《关于适用犯罪嫌疑人、被告人逃匿、死亡案件违法所得没收程序若干问题的规定》第 17 条第 1 款明确规定，“申请没收的财产具有高度可能属于违法所得及其他涉案财产的，应当认定为本规定第十六条规定的‘申请没收的财产属于违法所得及其他涉案财产’”。对于其所确立的证明标准，有学者认为采用了

〔1〕参见江必新主编：《最高人民法院刑事诉讼法司法解释理解与适用》（下），人民法院出版社 2015 年版，第 1325 页。

〔2〕参见万毅：《独立没收程序的证据法难题及其破解》，载《法学》2012 年第 4 期。

〔3〕参见陈卫东：《构建中国特色刑事特别程序》，载《中国法学》2011 年第 6 期。

〔4〕参见王敏远等：《刑事诉讼法修改后的司法解释研究》，中国法制出版社 2016 年版，第 299 页。

〔5〕参见江必新主编：《最高人民法院刑事诉讼法司法解释理解与适用》（下），人民法院出版社 2015 年版，第 1325—1326 页。

〔6〕参见时延安：《违法所得没收条款的刑事法解释》，载《法学》2015 年第 11 期。

高于优势证据低于排除合理怀疑的高度盖然性证明标准。[1]

4. 二元及多元证明标准说

持二元证明标准的学者认为人民检察院对犯罪嫌疑人、被告人构成犯罪的证明，应适用刑事诉讼的“案件事实清楚，证据确实、充分”的标准；对财物系犯罪违法所得及其他涉案财物的证明，利害关系人的抗辩，应适用民事诉讼的“优势证据”标准。[2]

也有学者认为人民检察院在违法所得没收程序中的证明标准应该高于优势证据标准，但无须达到刑事证明标准的程度，以明显优势较为恰当；利害关系人处于相对弱势地位，以优势证据作为其证明标准比较恰当。[3]

有学者从宪法规范的角度来分析违法所得没收程序，根据没收对象来源的不同区分惩罚性没收和非惩罚性没收。来源合法但用于犯罪的个人财产的没收应适用排除合理怀疑标准，来源于犯罪的财产或违禁品的没收是非惩罚性的应适用优势证据证明标准。[4]

（二）证明对象

《刑事诉讼法》第 298 条第 1 款明确规定，只有犯罪嫌疑人、被告人逃匿后被通缉一年仍然不能到案或者死亡的，才能适用违法所得没收程序。而且，最高人民法院、最高人民检察院《关于适用犯罪嫌疑人、被告人逃匿、死亡案件违法所得没收程序若干问题的规定》第 3 条与第 5 条对于何为“逃匿”、何为“通缉”均作了明确规定，这是违法所得没收应当证明的程序法事实。存在争议的主要是哪些实体法事实属于违法所得没收的证明对象。[5]

有观点认为，违法所得没收程序的证明对象包括两个：一是犯罪嫌疑人、被告人确有已被追诉的犯罪行为事实；二是申请没收的财物与该犯罪行为之间存在实质联系。人民检察院只需要出示程序性证据，如立案决定书、撤销案件决定书、起诉书、不起诉决定书等，无需出示犯罪嫌疑人、被告人的行为构成犯罪的实体证据，法院不得针对其行为是否构成犯罪进行实质审理。而所谓财物与犯罪行为存在实质联系是指财物属于犯罪行为的犯罪工具或违法所得。[6]对于上述观点，有学者提出不同看法，认为行为构成犯罪是财产系违法所得或其他涉案财产的前提，属于违法所得没收的证明对象，而且应当是法庭调查的重点事项，主张仅需从程序上证明行为构成犯罪的观点不仅与司法解释的规定不符，而且不恰当地弱化了人民检察院的证明责任；只是因犯罪嫌疑人、被告人未出庭、没收案件也不以解决刑事责任为直接目的，故而不能在裁判文书中作有罪宣

---

〔1〕 参见黄风：《关于特别没收程序最新司法解释的几点解读》，载《人民法院报》2017 年 1 月 6 日，第 002 版；又见胡志风：《刑事缺席审判中的证明标准》，载《国家检察官学院学报》2018 年第 3 期。

〔2〕 参见朱孝清：《违法所得没收程序的几个问题》，载《人民检察》2014 年第 15 期；又见戴长林：《依法规范刑事案件涉案财物处理程序》，载《中国法律评论》2014 年第 2 期。

〔3〕 参见毛兴勤：《构建证明标准的背景与思路：以违法所得没收程序为中心》，载《法学论坛》2013 年第 2 期。

〔4〕 参见孙煜华：《涉案财产没收程序如何才能经受宪法拷问》，载《法学》2012 年第 6 期。

〔5〕 参见吴光升、南漪：《违法所得没收程序证明问题研究》，载《中国刑事法杂志》2018 年第 2 期。

〔6〕 参见万毅：《独立没收程序的证据法难题及其破解》，载《法学》2012 年第 4 期。

告。〔1〕

有观点则主张区分违法所得没收程序的性质来确定证明对象，对于惩罚性没收，即犯罪工具没收，需要证明犯罪嫌疑人、被告人的行为符合犯罪的各个构成要件，拟没收财物属于该犯罪行为的犯罪工具；对于非惩罚性没收，即违法所得与违禁品没收，需要证明犯罪嫌疑人、被告人存在因为犯罪被追诉的程序事实，拟没收财物属于该行为的收益或违禁品。〔2〕

还有观点持类似看法，认为对于我国的违法所得没收需要证明哪些实体法事实，应当根据没收对象来确定。对于犯罪工具没收，证明对象包括：一是拟没收财物的所有人实施了犯罪行为；二是拟没收财物属于犯罪工具；三是拟没收财物属于行为人所有的财物；四是没收该财物与犯罪行为的严重性等具有相当性。对于违法所得没收，证明对象包括：一是被告人实施了犯罪事实；二是拟没收财物属于犯罪行为的收益。对于违禁品没收，则需要证明拟没收财物属于一种违禁品。另外，如果利害关系人对拟没收财物主张权利的，则还需要证明权利主张所依据的事实是否存在。〔3〕

（三）举证责任

从《刑事诉讼法》的规定来看，有关违法所得没收程序证明责任的分配并不是很明确。

1. 检察官的举证责任

《刑事诉讼法》第 298 条规定：“人民检察院可以向人民法院提出没收违法所得的申请……没收违法所得的申请应当提供与犯罪事实、违法所得相关的证据材料，并列明财产的种类、数量、所在地及查封、扣押、冻结的情况。”根据该规定，是否存在犯罪事实、争议财物是否属于可没收的涉案财物，应当由人民检察院承担证明责任。

2. 利害关系人的举证责任

最高人民法院、最高人民检察院《关于适用犯罪嫌疑人、被告人逃匿、死亡案件违法所得没收程序若干问题的规定》第 13 条第 1 款规定：“利害关系人申请参加诉讼的，应当在公告期间内提出，并提供与犯罪嫌疑人、被告人关系的证明材料或者证明其可以对违法所得及其他涉案财产主张权利的证据材料。”第 15 条第 3 款规定，利害关系人及其诉讼代理人“对申请没收的财产主张权利的，应当出示相关证据”。可见，利害关系人就财物主张权利时，需承担一定的举证责任。利害关系人在对没收申请提出抗辩，主张对涉案财物拥有合法权利的情形下也应当承担举证责任，若利害关系人无法尽到举证责任，也将承担诉讼上的不利后果。有观点认为，利害关系人因与申请没收财产的处理存在利害关系而参加诉讼，为自己争取利益，并非嫌疑人、被告人的“代言人”，更不是涉嫌犯罪行为的实施者，不能也不应当知道涉案财产的合法性来源情况。不应要求利害关系人承担涉案财物合法性的证明责任。利害关系人仅对被申请没收财产提出的权利

---

〔1〕参见邵劭：《特别没收程序的理论和适用问题探析》，载《法商研究》2014 年第 4 期。

〔2〕参见孙煜华：《涉案财产没收程序如何才能经受宪法拷问》，载《法学》2012 年第 6 期。

〔3〕参见吴光升、南漪：《违法所得没收程序证明问题研究》，载《中国刑事法杂志》2018 年第 2 期。

主张，负有举证责任。[1]

关于利害关系人与检察官各自举证责任之间的关系，有学者认为，为防止利害关系人随意提出主张而增加控方的证明负担，应要求利害关系人提供相关证据，但这种提供证据的行为并非承担证明责任的表现，最多只能是主观证明责任，或者是提供证据的责任，客观证明责任或说服责任始终应当由控方承担。[2]

还有学者认为，违法所得没收的证明责任应当由人民检察院与利害关系人分担：人民检察院应当就有关财产与违法犯罪事实之间是否存在联系，或者有关财产的来源、用途或持有是否合法承担证明责任；利害关系人应当就其不知晓或者根据具体情形不能认为其知晓有关财产来源于违法犯罪活动，并且在接受有关财产的转让时支付了合理对价，或者有关权利是在犯罪嫌疑人、被告人被指控的犯罪行为发生之前取得或设定的事实承担证明责任。[3]

3. 关于举证责任倒置

有学者认为，为了应对实践中可能出现的检察官举证不力的司法难题，可以考虑借鉴域外法治国家和国际公约的做法，在发现大量来源不明的可疑财产时，实行违法所得推定制度，将证明该财产系合法所得的证明责任转移由被告人承担，从而减轻检方的举证难度。[4]

另有学者认为特定的犯罪可以适用举证责任倒置：违法所得没收应当区分惩罚性没收与非惩罚性没收。对于作为惩罚性没收的犯罪工具没收，应当由人民检察院承担举证责任。对于作为非惩罚性没收的违法所得没收与违禁品没收，一般由人民检察院承担举证责任，但对于跨国实施的、组织化程度高且伴有洗钱行为的犯罪，可以申请法院实行举证责任倒置，由被追诉一方承担证明违法所得与被控犯罪行为之间不存在实质联系的责任。[5]

三、利害关系人的权利保障

为了保障案外人的合法权益，《刑事诉讼法》第 299 条规定利害关系人有权申请参加诉讼，有权委托诉讼代理人。违法所得没收程序中的利害关系人包括两种：一种是犯罪嫌疑人、被告人的近亲属，一种是其他利害关系人。最高人民法院《解释》第 616 条将其他利害关系人进一步明确为“对申请没收的财产主张权利的自然人和单位”。近亲属参加诉讼的前提条件是应当向司法机关提供其与犯罪嫌疑人、被告人关系的证明材料；其他利害关系人应当提供证明其对违法所得及其他涉案财产主张权利的证据材料。为了保障利害关系人充分、有效参与诉讼，相关司法解释主要作出以下规定。

---

〔1〕 参见陈卫东、李响：《论违法所得没收特别程序中的利害关系人》，载《政法论坛》2015 年第 1 期。

〔2〕 参见邵劭：《特别没收程序的理论和适用问题探析》，载《法商研究》2014 年第 4 期。

〔3〕 参见黄风：《特别刑事没收证明规则比较研究》，载《比较法研究》2014 年第 3 期。

〔4〕 参见万毅：《独立没收程序的证据法难题及其破解》，载《法学》2012 年第 4 期。

〔5〕 参见孙煜华：《涉案没收程序如何才能经受宪法拷问》，载《法学》2012 年第 6 期；又见陈雷：《论我国违法所得特别没收程序》，载《法治研究》2012 年第 5 期。

一是保障利害关系人参加诉讼。这主要包括公告程序和通知参加诉讼。最高人民法院《解释》第615条第2、3款规定，人民法院已经掌握境内利害关系人联系方式的，应当直接送达含有公告内容的通知；直接送达有困难的，可以委托代为送达、邮寄送达。经受送达人同意的，可以采用传真、电子邮件等能够确认其收悉的方式告知公告内容，并记录在案。人民法院已经掌握境外犯罪嫌疑人、被告人、利害关系人联系方式，经受送达人同意的，可以采用传真、电子邮件等能够确认其收悉的方式告知公告内容，并记录在案；受送达人未表示同意，或者人民法院未掌握境外犯罪嫌疑人、被告人、利害关系人联系方式，其所在国、地区的主管机关明确提出应当向受送达人送达含有公告内容的通知的，人民法院可以决定是否送达。有论者指出，利害关系人非因为自己的过失没有在公告期间确认权利，也没有参与审判，如果其能提供相应证明，应允许其参与二审程序。[1]对此，最高人民法院《解释》第624条规定，利害关系人非因故意或者重大过失在第一审期间未参加诉讼，在第二审期间申请参加诉讼的，人民法院应当准许，并撤销原裁定，发回原审人民法院重新审判。

二是利害关系人申请参加或者委托诉讼代理人参加诉讼的，应当开庭审理。没有利害关系人申请参加诉讼的，或者利害关系人及其诉讼代理人无正当理由拒不到庭的，可以不开庭审理。最高人民法院《解释》第619条第2款对此作出相关规定。

三是赋予利害关系人上诉的权利。利害关系人可以在5日内对裁定提起上诉。有论者认为，第二审案件一般可以不开庭审理，但少数情况下可以开庭审理，如对人民检察院抗诉的案件和有重大社会影响的案件，宜开庭审理。[2]

四是对于不属于应当追缴的财产应及时处理。这与利害关系人权利的实现密切相关。依据《刑事诉讼法》第300条第1款的规定，人民法院经审理，对不属于应当追缴的财产的，应当裁定驳回申请，解除查封、扣押、冻结措施。

五是对于没收利害关系人财产确有错误的，应当予以返还、赔偿。有学者指出，如果利害关系人在裁定生效之后才发现自己的权利因没收受到损失，应允许其对没收裁定提出申诉。[3]

除此以外，还有学者指出改革现有地域管辖制度，加强对利害关系人财产的保护，认为如果涉案财产主要集中在犯罪地或犯罪嫌疑人、被告人居住地之外或者涉案财产为不动产时，应考虑可由财产所在地的法院管辖。[4]

四、违法所得没收案件的终止审理

《刑事诉讼法》第301条和最高人民法院《解释》第625条都规定了终止审理。在审理申请没收违法所得的案件过程中，在逃的犯罪嫌疑人、被告人到案的，人民法院应

---

〔1〕参见张军、陈卫东主编：《刑事诉讼法新制度讲义》，人民法院出版社2012年版，第402页。

〔2〕参见江必新主编：《最高人民法院刑事诉讼法司法解释理解与适用》（下），人民法院出版社2015年版，第1328页。

〔3〕参见张军、陈卫东主编：《刑事诉讼法新制度讲义》，人民法院出版社2012年版，第402页。

〔4〕参见王敏远等：《刑事诉讼法修改后的司法解释研究》，中国法制出版社2016年版，第297页。

当裁定终止审理。人民检察院向原受理申请的人民法院提起公诉的，可以由同一审判组织审理。

对于在审理申请没收违法所得的案件过程中，在逃的嫌疑人、被告人到案的，意味着单独启动违法所得没收程序的条件已不复存在，人民法院应当裁定终止审理。终止审理意味着已经结案。如果人民检察院对被告人提起公诉的，属于新的案件，法院受理后，适用普通刑事程序，既要追究被告人的刑事责任，也要对其违法所得的财产依法作出处理。[1]在条件具备的前提下，将对人的案件和对物的案件一并进行，不仅有利于节约司法资源，而且还有利于维护裁判的权威性。[2]

此外，最高人民法院《解释》第625条规定，人民检察院向原受理申请的人民法院提起公诉的，可以由同一审判组织审理。这里的“同一审判组织”既包括一审法院的审判组织，也包括二审法院的审判组织，这主要是考虑，同一审判组织对案件情况已经较为了解，由其继续审理，可以提高诉讼效率。[3]

五、违法所得没收裁定生效后的异议程序和国家赔偿

《刑事诉讼法》第301条第2款规定：“没收犯罪嫌疑人、被告人财产确有错误的，应当予以返还、赔偿。”对此，最高人民法院《解释》规定了两种救济途径。

第一种是赋予被告人到案后提出异议权。最高人民法院《解释》第628条第1款规定，没收违法所得裁定生效后，犯罪嫌疑人、被告人到案并对没收裁定提出异议，人民检察院向原作出裁定的人民法院提起公诉的，可以由同一审判组织审理。人民法院经审理，应当区分不同情形分别处理：对于原裁定正确的，予以维持，不再对涉案财产作出判决；对于原裁定确有错误的，应当撤销原裁定，并在判决中对有关涉案财产一并作出处理。

第二种是按照审判监督程序再审。按照最高人民法院《解释》第628条第3款的规定，人民法院生效的没收裁定确有错误的，除与被告人刑事责任一并审理并撤销没收裁定的情况以外，应当依照审判监督程序予以纠正。有论者列举了两种情况：一是案外人确实因不可归责于本人的事由没有看到法院公告，未能参加诉讼的，不宜对其民事权利予以剥夺，因此可以允许其在诉讼时效内申请再审；二是利害关系人虽然参加了诉讼，但法院作出裁定之后出现了新证据，证明原没收裁定认定的事实确有错误的，也应允许利害关系人通过审判监督程序予以纠正。[4]

---

〔1〕参见江必新主编：《最高人民法院刑事诉讼法司法解释理解与适用》（下），人民法院出版社2015年版，第1329页。

〔2〕参见王敏远等：《刑事诉讼法修改后的司法解释研究》，中国法制出版社2016年版，第294页。

〔3〕参见江必新主编：《最高人民法院刑事诉讼法司法解释理解与适用》（下），人民法院出版社2015年版，第1329页。

〔4〕参见江必新主编：《最高人民法院刑事诉讼法司法解释理解与适用》（下），人民法院出版社2015年版，第1332页。

六、违法所得没收程序与缺席审判程序的关系与衔接

关于缺席审判程序和违法所得没收程序之间的关系，主流观点有两种：一种是认为违法所得没收程序与缺席审判程序存在竞合关系；另一种是认为违法所得没收程序和缺席审判程序在某些情况下是难以兼容的，需要保持各自的独立性。

（一）竞合关系说

有学者认为缺席审判程序和没收程序之间存在法条竞合的关系，缺席审判程序本身即附带具有处置涉案财物的功能，完全可以覆盖、涵括违法所得没收程序的功能。〔1〕

（二）彼此独立说

有学者认为违法所得没收程序和缺席审判程序二者之间相互独立，在程序性质上和适用条件上均有所不同。违法所得没收相对于缺席审判更易审理和执行，当犯罪嫌疑人、被告人逃匿境外的状态尚未确定，外逃人员处于或可能进入引渡或遣返审查程序，向境外被告人送达诉讼文书或与之联系遇到障碍，涉案财产已被转移到境外并且需要借助国际合作加以追缴，或者缺席审判进程可能旷日持久并且涉案财物不宜长期封存或扣押时，应当先行采用违法所得没收程序。两程序合并采用情况下仍需保持各自独立性，即缺席审判停顿的情况下，缺席审判没有作出有罪判决或者缺席审判完成后新发现违法所得仍可以单独适用违法所得没收程序。〔2〕

重要名词术语

违法所得、违法所得没收程序、利害关系人、证明标准、异议程序

思考题

1. 请思考违法所得没收程序的理论基础。
2. 请讨论违法所得没收程序中的利害关系人如何切实保护其合法权益。
3. 请讨论违法所得没收程序中的证明标准问题。
4. 请讨论违法所得没收裁定生效后的救济途径。

典型案例分析

基本案情〔3〕

某省某市人民检察院于 2016 年 12 月 2 日以犯罪嫌疑人任某涉嫌实施受贿、贪污、

---

〔1〕 参见万毅：《刑事缺席审判制度立法技术三题——以〈中华人民共和国刑事诉讼法（修正草案）〉为中心》，载《中国刑事法杂志》2018 年第 3 期。

〔2〕 参见黄风：《刑事缺席审判与特别没收程序关系辨析》，载《法律适用》2018 年第 23 期。

〔3〕 参见中华人民共和国最高人民法院刑事审判第一、二、三、四、五庭主办：《刑事审判参考》（总第 112 集），法律出版社 2018 年版，第 116—130 页。

巨额财产来源不明犯罪，向某市中级人民法院提出没收违法所得申请。

遵照最高人民法院的指定管辖决定，某市中级人民法院依照《最高人民法院、最高人民检察院关于适用犯罪嫌疑人、被告人逃匿、死亡案件违法所得没收程序若干问题的规定》（以下简称《违法所得没收规定》）第 9、14 条之规定，组成合议庭，分别在立案审查阶段和开庭审理阶段，就本案犯罪事实、申请没收的财产与犯罪事实关联性事实进行审理。经审查，有证据证明任某实施了受贿、贪污、巨额财产来源不明犯罪，符合立案受理条件，遂于 2016 年 12 月 9 日立案受理，并于同月 17 日发布公告。公告期间内，利害关系人任某甲、任某乙、袁某申请参加诉讼。某市中级人民法院于 2017 年 6 月 21 日公开开庭审理了本案，利害关系人任某乙、袁某到庭参加诉讼，任某甲因身体原因未到庭。经立案审查查明和公开开庭审理查明的事实分别如下：

（一）立案审查查明的事实

1. 实施受贿犯罪事实

2001—2013 年，犯罪嫌疑人任某利用担任某安集团董事长、总经理，某环能公司董事长，某省人民政府副省长等职务上的便利，为洪某职务晋升及其亲属到某安集团工作提供帮助，2011—2013 年，先后 3 次收受洪某现金人民币共计 15 万元；为肖某职务晋升、调整提供帮助，2007—2009 年，先后 3 次收受肖某现金共计 15 万元；2007 年，指使下属郭某向某环能公司常村煤矿矿长王某乙索要 15 万元用于贿选；2010 年，指使郭某分别向某环能公司常村煤矿矿长王某乙、某环能公司王庄煤矿矿长肖某索要 30 万元、25 万元用于贿选；2011 年，要求某集团报销其个人及亲属旅游、疗养费用 123.505549 万元。以上共计 223.505549 万元。

2. 实施贪污犯罪事实

2006—2007 年，犯罪嫌疑人任某利用担任某安集团董事长、某环能公司董事长职务上的便利，通过其时任秘书毛某指使某安集团驻北京办事处主任申某、驻太原办事处主任张某为其贿选购买礼品，安排餐饮、住宿，并将相关费用共计 44.16738 万元在某环能公司报销。

3. 实施巨额财产来源不明犯罪事实

检察机关冻结犯罪嫌疑人任某及其亲属任某甲、任某乙、袁某名下的银行存款本金人民币 1859.059088 万元、港币 18.063768 万元、美元 54.947599 万元、欧元 8.140057 万元；扣押现金人民币 312.38 万元、港币 24.992 万元、美元 49.496 万元、欧元 13.2675 万元、加元 1 万元、英镑 100 镑；扣押珠宝、玉石 45 件，黄金制品 53 件，字画 22 幅，手表 11 块，纪念币、手机、相机、电脑 16 件，银行卡、存单存折 194 张，资料类物品 8 件。截至案发，任某及其亲属名下财产和支出共计折合人民币 3000 余万元，另有珠宝、玉石、黄金制品、字画、手表等物品。任某在纪检监察部门调查期间未对上述财产和支出来源作出说明。扣除任某夫妇合法收入、任某部分受贿所得（贪污、部分受贿所得直接消费）以及任某亲属能够说明来源的财产，尚有本外币存款、现金折合人民币 2000 余万元及物品 100 余件，任某亲属在侦查、审查起诉阶段均不能说明来源。

（二）公开开庭审理查明的事实

1．扣押、冻结财产中，有 30 万元属于犯罪嫌疑人任某实施受贿犯罪所得

2007—2009 年，任某先后 3 次在其家中收受肖某现金共计 15 万元；2011—2013 年任某先后 3 次在其家中及医院病房收受洪某现金共计 15 万元。上述钱款已转变、转化为现扣押、冻结在案的任某及其亲属名下财产。

2．扣押、冻结财产中，不包含犯罪嫌疑人任某实施受贿犯罪所得 193.505549 万元、实施贪污犯罪所得 44.16738 万元

2007、2010 年，任某先后实施受贿犯罪所得共计 70 万元．均被直接用于任某贿选支出；2011 年，任某实施受贿犯罪所得 123.505549 万元，被直接用于任某及其亲属外出旅游、疗养支出；2006—2007 年，任某实施贪污犯罪所得 44.16738 万元，被直接用于购买礼品后用于贿选。以上共计 237.672929 万元，与扣押、冻结在案财产未发生混同。

3．扣押、冻结财产中，有人民币 1265.562708 万元、部分外币以及物品 135 件属于犯罪嫌疑人任某实施巨额财产来源不明犯罪所得

任某在接受纪检监察部门调查期间，未对其本人及其亲属名下财产来源作出说明。审理期间，作为利害关系人参与诉讼的任某亲属均对任某实施巨额财产来源不明犯罪所得相应部分财产，即扣押、冻结在案的任某及其亲属名下的人民币 1265.562708 万元、港币 42.975768 万元、美元 104.294699 万元、欧元 21.320057 万元、加元 1 万元以及物品 135 件，不能说明来源。

某市中级人民法院认为，本案有证据证明犯罪嫌疑人任某实施了受贿、贪污、巨额财产来源不明犯罪；检察机关申请没收的财产中，有 30 万元属于任某实施受贿犯罪所得，有人民币 1265.562708 万元及部分外币、物品属于任某实施巨额财产来源不明犯罪所得，依法应当没收；上述违法所得存入银行部分产生的孳息，依法应当一并没收。任某实施受贿犯罪所得 193.505549 万元、实施贪污犯罪所得 44.16738 万元，均被直接用于贿选和旅游、疗养支出，未与扣押、冻结在案的财产发生混同，检察机关申请没收的财产中不包含该部分违法所得，故对相应没收申请不予支持。某市中级人民法院依照《刑法》第 382 条第 1 款、第 385 条第 1 款、第 395 条第 1 款，《刑事诉讼法》第 298 条第 1 款、第 300 条第 1 款以及《违法所得没收规定》第 1 条第 1 款第 1、2 项，第 6 条，第 16 条，第 17 条之规定，裁定没收任某实施受贿犯罪所得人民币 30 万元、实施巨额财产来源不明犯罪所得人民币 1265.562708 万元、港币 42.975768 万元、美元 104.294699 万元、欧元 21.320057 万元、加元 1 万元及孳息，以及珠宝、玉石、黄金制品、字画、手表等物品 135 件，上缴国库；驳回检察机关所提没收任某实施受贿、贪污犯罪所得 237.672929 万元的申请。一审宣判判决后，利害关系人均未提出上诉，检察机关亦未提出抗诉，本案违法所得没收裁定已生效。

主要问题

1．如何认定犯罪嫌疑人实施犯罪的事实？

2．如何认定申请没收的财产属于违法所得？

3．如何在犯罪嫌疑人死亡案件中认定巨额财产来源不明？

4．如何公示催告犯罪嫌疑人近亲属及其他利害关系人行使权利？

5．能否等价没收直接用于消费支出而未与扣押、冻结在案财产发生混同的违法所得？

裁判理由

（一）如何认定犯罪嫌疑人实施犯罪的事实

对犯罪嫌疑人实施犯罪事实的认定是适用违法所得没收程序的前提。在具体案件中，对犯罪嫌疑人实施犯罪事实的认定问题，可以分解为两个层面：一是制度设计层面，即在哪一阶段由什么主体进行认定；二是实体认定层面，即如何明确认定实施犯罪的证明标准。

1．程序设计：应当组成合议庭在立案受理阶段审查认定

（1）立案受理阶段对实施犯罪事实进行审查认定的原因

《违法所得没收规定》第 9 条第 1 项将人民法院立案受理没收违法所得申请案件的条件明确为“属于没收违法所得申请受案范围和本院管辖，且材料齐全、有证据证明有犯罪事实”。由上述规定可知，与普通刑事案件立案受理阶段仅进行形式审查不同，没收违法所得申请案件在立案受理阶段除了形式审查还涉及实体内容审查，即还要对犯罪嫌疑人是否实施犯罪的事实、证据进行实体审查。虽然没收违法所得申请案件最终无须定罪，但违法所得没收程序在适用上具有罪名限制，加上不同的犯罪基本构成事实也不同，故在审查认定实施犯罪的事实部分，应当认定具体实施了何种犯罪。

将犯罪事实部分的审查认定提前至立案受理阶段，是《违法所得没收规定》对既有诉讼制度的最大突破。这种制度设计，最直接的动因在于解决因犯罪嫌疑人不在案导致开庭审理存在的各种难题，同时将实施犯罪事实的审查关口前移，客观上提高了没收违法所得申请案件的立案受理门槛，有利于尽早发现查封、扣押、冻结是否存在错误，能够在一定程度上避免对当事人合法财产侵害的不当扩大。在没收违法所得申请案件中，如果在开庭审理阶段对实施犯罪的事实进行审查认定，一般会面临以下难题：[1]

一是开庭前的难题。开庭前，是否将检察机关移送法院的刑事部分证据提供给利害关系人及诉讼代理人？如不提供便构成证据突袭，不利于利害关系人诉讼权利的保障，如提供则可能会妨碍正在进行或者即将进行的刑事侦查。违法所得没收程序专门适用于犯罪嫌疑人、被告人逃匿、死亡的案件，因犯罪嫌疑人、被告人未到案，刑事部分可能正在侦查或者将来需要进一步侦查。如将刑事部分的证据提供给利害关系人及其诉讼代理人，则容易让逃匿在外的犯罪嫌疑人、被告人掌握侦查情况。即使是犯罪嫌疑人、被告人死亡，也可能存在同案犯逃匿的情况，一旦将刑事部分的证据提供给利害关系人及其诉讼代理人，对正在进行或者将来进行的侦查极为不利。当然，在有的犯罪嫌疑人、被告人死亡案件中，既不存在犯罪嫌疑人、被告人反侦查的情况，也不存在同案犯的情况，在开庭审理阶段审查犯罪事实部分似不存在上述障碍。然而，没收违法所得申请案

〔1〕 参见裴显鼎、王晓东、刘晓虎：《〈关于犯罪嫌疑人、被告人逃匿、死亡案件适用违法所得没收程序若干问题的规定〉的理解与适用》，载《人民司法（应用）》2017 年第 16 期。

件作为一类案件，应当适用统一程式，如果因为个案特殊情况改变诉讼程式，则将会造成违法所得没收程序适用的司法混乱。

二是开庭审理过程中的难题。不利于侦查仅是开庭前的难题，在立案受理阶段进行事实审查还有为避免开庭审理难题的考虑：一方面，证明犯罪事实的证据是否全部出示，以及是否允许参与诉讼的利害关系人、诉讼代理人就证明犯罪事实的证据进行质证存在难题，如出庭的检察人员在庭审过程中不宣读、出示证明犯罪事实的证据；或者虽然宣读、出示，但不允许诉讼参与人提出意见，则对犯罪事实的审理完全流于形式，对查明相关案情起不到实际作用。另一方面，在部分案件中，犯罪嫌疑人、被告人所在国可能将允许犯罪嫌疑人、被告人的诉讼代理人参与诉讼作为协助执行我国法院裁定的条件，在此种情况下，如果诉讼代理人就犯罪事实部分提出异议，则其身份与辩护人几乎无异，这样的做法不仅违背了特别程序的本意，而且审判的社会效果也不好。

（2）由审判业务庭组成合议庭进行审查认定的原因

对于普通刑事案件的立案受理，一般由立案庭进行形式审查，然而没收违法所得申请案件涉及事实内容的实体审查，且在犯罪嫌疑人、被告人逃匿案件中，审查认定的是重大犯罪事实（只有重大犯罪才适用违法所得没收程序），故由合议庭审查更为妥当。虽然在犯罪嫌疑人、被告人死亡的案件中，违法所得没收程序的适用没有重大犯罪的条件限制，但此类案件，不像逃匿案件那样，一旦裁定错误，犯罪嫌疑人、被告人可以通过归案审理得到救济，因此应当审慎把握犯罪事实的认定，由合议庭进行审查更为妥当。在此前提下，由于实施犯罪事实的认定与申请没收的财产是否属于违法所得及其他涉案财产的认定一脉相承，特别是在巨额财产来源不明犯罪事实中，两者内容有很多交叉重合，故由负责审判的合议庭在立案受理阶段对犯罪嫌疑人、被告人实施犯罪的事实进行审查，既有利于合议庭综合把握案件事实，又能节约司法资源。

本案中，某市中级人民法院在立案审查期间组成合议庭，对本案犯罪嫌疑人任某实施犯罪的事实和证据进行了全面审查，在此基础上，认定了犯罪嫌疑人任某实施受贿、贪污、巨额财产来源不明犯罪的事实，切实把好立案审查关，为接下来的开庭审理工作打下了坚实基础。

2．证明标准：适用“有证据证明有犯罪事实”的证明标准

（1）适用“有证据证明有犯罪事实”证明标准的考虑

由于没收违法所得申请案件中犯罪嫌疑人、被告人未到案，缺少犯罪嫌疑人、被告人供述等直接证据，一般对实施犯罪事实的证明难以符合普通刑事案件证明标准的要求。加上此类案件认定犯罪嫌疑人、被告人实施犯罪事实系为确认申请没收的财产是否属于违法所得，而不涉及定罪处罚，故没有必要适用普通刑事案件证据的证明标准。据此，《违法所得没收规定》第 10 条参考域外一些国家的法律制度，从司法实际出发，对“有证据证明有犯罪事实”的证明标准作出明确。根据该条的规定，同时具备以下情形，应当认定为“有证据证明有犯罪事实”：一是有证据证明发生了犯罪事实；二是有证据证明该犯罪事实是犯罪嫌疑人、被告人实施的；三是证明犯罪嫌疑人、被告人实施犯罪行为的证据真实、合法。上述证明标准借鉴了 2012 年《人民检察院刑事诉讼规则（试

行）》第 139 条第 2 款有关逮捕条件的规定，第 1、2 项是关于证据关联性的规定，第 3 项是关于证据客观性、合法性的规定。

（2）严格依照降低的证据证明标准对实施犯罪行为准确定性

相比排除合理怀疑标准，“有证据证明有犯罪事实”的证明标准在证明力度和要求上均有所降低，但降低证明标准，并不意味着对实施犯罪事实的认定以及对行为的定性可以模糊、含混。“有证据证明有犯罪事实”是没收违法所得申请案件进入审判的前置条件，也是认定违法所得及其他涉案财产的前提基础，对犯罪事实认定不清、定性不准，可能直接导致申请没收的财产处理不当，直接关涉到违法所得没收程序能否依法适用。因此，在立案受理阶段，人民法院应当严格按照“有证据证明有犯罪事实”的证明标准对有关实施犯罪的事实进行审查并准确定性，把好证据关、事实关、定性关，防止“带病”起诉。

本案中，某市中级人民法院经立案审查查明，没收违法所得申请书所载关于犯罪嫌疑人任某指使郭某通过肖某套取公款 25 万元，实施贪污犯罪的事实和定性有误。实际经过是，任某指使郭某向肖某索要 25 万元用于贿选，但对肖某是否套取公款并不知情，也未实际参与。合议庭适用“有证据证明有犯罪事实”证明标准，严格根据证明内容，对任某实施的该起犯罪事实和定性进行了更正，将定性由贪污改为受贿。对事实和行为定性的更正有时直接影响到涉案财产的处理：本案如认定任某实施了受贿犯罪，其违法所得应当没收，上缴国库；如认定任某实施了贪污犯罪，其违法所得应当返还被害单位。本案后因查明任某实施上述受贿犯罪所得的 25 万元被其直接用于贿选支出，未与扣押、冻结在案的财产发生混同，由于此类案件不能对在案合法财产进行等价没收，故某市中级人民法院裁定驳回了检察机关的相关没收申请。

（二）如何认定申请没收的财产属于违法所得

如何准确区分违法所得及其他涉案财产与犯罪嫌疑人、被告人、利害关系人的合法财产，是没收违法所得申请案件审理的关键。为确保审慎查明申请没收的财产的产权属性，《违法所得没收规定》分别在程序设计和认定标准上作了明确规定。

1. 程序设计：开庭审理阶段审查

由于有关刑事部分的事实和证据已在立案阶段审查，没收违法所得申请案件审理过程中应仅就申请没收的财产是否属于违法所得及其他涉案财产进行审理。

根据《违法所得没收规定》第 14 条，没收违法所得申请案件按照有无利害关系人、诉讼代理人参加诉讼，可分为开庭审理和不开庭审理两种方式：一是对于有利害关系人申请参加或委托诉讼代理人参加诉讼的，应当开庭审理；二是对于无利害关系人参加诉讼的，不开庭审理。对于利害关系人及其诉讼代理人无正当理由拒不到庭，且无其他利害关系人和其他诉讼代理人参加诉讼的，相当于无利害关系人参加诉讼，可以不开庭审理。

对于开庭审理的案件，出庭的检察人员应仅就申请没收的财产属于违法所得及其他涉案财产的事实出示、宣读证据。由于出庭的检察人员不对刑事部分证据进行出示、宣读，利害关系人及其诉讼代理人自然无法对有关犯罪事实及证据提出异议，其仅可以就申请没收的财产属于违法所得及其他涉案财产等相关事实及证据提出意见。考虑到没收违法所得申请案件中犯罪嫌疑人、被告人完全有可能将来被缉拿归案或者主动到案而适用普通刑事诉讼程序，此类案件的法庭调查应尽可能不妨碍正在进行或者即将进行的刑事侦查。对于确有必要出示，但可能妨碍刑事侦查的证据，法庭调查应当不公开进行。

本案中，犯罪嫌疑人任某的近亲属作为利害关系人申请参加诉讼，某市中级人民法院公开开庭审理了本案。庭审过程中，出庭的检察人员、利害关系人围绕申请没收的财产是否属于违法所得及其他涉案财产进行了举证、质证和法庭辩论，利害关系人还发表了最后意见。对于任某实施受贿、贪污、巨额财产来源不明犯罪事实以及相关证据，未在庭审中进行调查和辩论。

2．证明标准：申请没收财产高度可能属于违法所得及其他涉案财产

（1）违法所得及其他涉案财产的范围

要审查认定申请没收的财产是否属于违法所得及其他涉案财产，首先应把握违法所得及其他涉案财产的范围。违法所得及其他涉案财产可进一步区分为“违法所得”和“其他涉案财产”两部分。

①违法所得的范围

根据《违法所得没收规定》第6条，通过实施犯罪直接或者间接产生、获得的任何财产，应当认定为“违法所得”；违法所得已经全部或部分转变、转化为其他财产的，转变、转化后的财产应当视为“违法所得”；来自违法所得转变、转化后的财产收益，或者来自已经与违法所得相混合财产中违法所得相应部分的收益，应当视为“违法所得”。

本案中，犯罪嫌疑人任某实施犯罪所得钱款与其家庭合法财产混合，大部分被存入银行账户以及用于购买理财产品，因此产生收益中来自违法所得相应的部分，应当视为“违法所得”，某市中级人民法院据此裁定予以没收。

②其他涉案财产的范围

《刑事诉讼法》、最高人民法院《解释》、《违法所得没收规定》均未对“其他涉案财产”的范围作出明确界定，对“其他涉案财产”的范围，可参照《刑法》的相关规定确定。《刑法》第64条规定，犯罪分子违法所得的一切财物，应当予以追缴或者责令退赔；对被害人的合法财产，应当及时返还；违禁品和供犯罪所用的本人财物，应当予以没收。参照该规定，与犯罪具有关联的财产被分为“违法所得”和“违禁品和供犯罪所用的本人财物”并列的两类，其中“违禁品和供犯罪所用的本人财物”与违法所得没收程序中“其他涉案财产”相互对应。本案未涉及对其他涉案财产的认定及没收。

（2）具有高度可能的盖然性证据证明标准

《刑事诉讼法》第300条规定，对经查证属于违法所得及其他涉案财产，除依法返还被害人的以外，应当裁定予以没收。该规定仅概括性地对违法所得没收程序的处理结果作出规定，而对于“查证属于违法所得及其他涉案财产”应采用何种证明标准则未予明确。

有观点认为，违法所得没收程序中，应当坚持适用与普通刑事案件同一的证明标

准，检察机关提出证明申请没收的财产是违法所得及其他涉案财产的证据应当确实充分，达到排除合理怀疑的程度，才能有效防止该程序被滥用，更好地保障犯罪嫌疑人、被告人的财产权利。[1]《违法所得没收规定》第17条第1款明确了高度盖然性证明标准，主要基于以下考虑：[2]一是符合立法原意和司法实践需求。由于没收违法所得申请案件中犯罪嫌疑人、被告人逃匿、死亡，在证据收集方面一般比普通案件难度更大，如果坚持遵循“事实清楚，证据确实、充分”的证明标准，则大部分没收违法所得申请案件都只能裁定驳回申请，这种结果必然会导致检察机关申请没收的积极性大大降低，最终意味着将刑事诉讼法增设的违法所得没收程序束之高阁，严重背离了立法初衷。二是符合违法所得没收程序的本质特征。违法所得没收程序本质上是对财产权属的确认之诉，这一本质特征决定了其证明标准与普通刑事诉讼程序相比可以有所降低。同时，高度盖然性证据证明标准既适用于检察机关没收违法所得的申请，也适用于利害关系人对申请没收的财产主张权利。这种证明标准上的平衡，可以有效避免因为单向适用高度盖然性证据证明标准损害犯罪嫌疑人、被告人、利害关系人合法财产权利。三是借鉴吸收部分国外相关理论研究成果和实践经验。不定罪没收制度最早发源英国，后在美国、加拿大、澳大利亚、新西兰等英美法系国家得到推广完善。上述国家对于申请没收的财产与犯罪事实的关联性均采用优势证据证明标准。国外多年的理论研究和实践证明，优势证据证明标准对于不定罪没收制度既具有必要性又具有可行性，为我国违法所得没收程序中适用优势证据证明标准提供了借鉴和参考。高度盖然性证据证明标准，在优势证据证明标准基础上，进一步要求证据优势必须达到高度盖然的程度，更加体现了我国司法机关在违法所得及其他涉案财产认定上的审慎和严谨态度。

值得强调的是，“具有高度可能”是《违法所得没收规定》为认定申请没收的财产属于违法所得及其他涉案财产设定的最低证明标准。在具体案件中，检察机关就申请没收的财产与违法所得及其他涉案财产的关联性收集的证据可能已达到排除合理怀疑的标准，远远高于盖然性证据证明标准。本案中，某市中级人民法院对申请没收的财产属于违法所得及其他涉案财产的认定基本达到了排除合理怀疑的标准，确保了事实认定准确。

（三）如何在犯罪嫌疑人死亡案件中认定实施巨额财产来源不明犯罪

有观点认为，认定巨额财产来源不明罪一个必不可少的环节是犯罪嫌疑人、被告人对财产来源作出说明，而在犯罪嫌疑人、被告人逃匿、死亡案件中，特别是在犯罪嫌疑人、被告人死亡案件中，犯罪嫌疑人、被告人没有说明财产来源的机会，因此，此类案件无法达到巨额财产来源不明罪的认定标准，巨额财产来源不明罪不宜适用违法所得没收程序。

我们认为，《违法所得没收规定》第1条明确将巨额财产来源不明罪列入违法所得

---

〔1〕参见陈卫东：《构建中国特色刑事特别程序》，载《中国法学》2011年第6期。

〔2〕参见裴显鼎、王晓东、刘晓虎：《〈关于犯罪嫌疑人、被告人逃匿、死亡案件适用违法所得没收程序若干问题的规定〉的理解与适用》，载《人民司法（应用）》2017年第16期。

没收程序适用罪名，符合刑事诉讼法增设违法所得没收程序的立法本意，且不会因此导致违法所得范围任意扩大，对犯罪嫌疑人、被告人以及利害关系人的合法财产权利造成侵害。法院只要在立案阶段查明有证据证明犯罪嫌疑人、被告人实施了巨额财产来源不明犯罪，审理阶段如没有利害关系人对申请没收的相应财产主张权利，或者虽然主张权利但未提供相关证据，或提供的证据没有达到优势证据证明标准，即可以认定相应财产属于巨额财产来源不明违法所得及其他涉案财产，裁定予以没收。主要理由如下：

1．犯罪嫌疑人、被告人未到案作出说明一般不会影响巨额财产来源不明基本事实的认定。如果在案物证、书证、证人证言等证据足以证明"国家工作人员的财产、支出明显超过合法收入，差额巨大"，那么犯罪嫌疑人、被告人没有到案说明来源一般不会影响巨额财产来源不明犯罪的认定。因为此种情形下，犯罪嫌疑人、被告人即使到案对财产、支出明显超过合法收入作出说明，也基本上是进一步交代财产具体来源于贪污还是受贿，而非说明财产来源合法收入，否则证明明显超过合法收入的相关证据就不充分。

2．违法所得没收程序的本质特征决定了巨额财产来源不明犯罪事实证明标准有所降低。巨额财产来源不明违法所得的认定本质上系对明显超过合法收入的财产权属的确认，不涉及对犯罪嫌疑人、被告人的定罪处罚，对巨额财产来源不明犯罪事实的证明标准，可以比照普通刑事案件有所降低。特别是在犯罪嫌疑人、被告人逃匿案件中，犯罪嫌疑人、被告人到案后还可以按照普通刑事诉讼程序重新进行审理。因此，降低证明标准未必最终对犯罪嫌疑人、被告人的合法财产权利造成不当侵害，即使造成不当侵害，也可以有相应的救济机制矫正。

3．利害关系人对申请没收的财产主张权利可以起到补充说明财产来源的作用。虽然巨额财产来源不明犯罪事实系在立案受理阶段认定的，但这一阶段认定的犯罪事实不要求巨额财产来源不明的数额十分准确，可以综合物证、书证、证人证言，包括犯罪嫌疑人、被告人的近亲属的证言认定。鉴于巨额财产来源不明数额直接涉及违法所得及其他涉案财产的认定，可以在开庭审理过程中通过对证据示证、质证进一步查证。犯罪嫌疑人、被告人的近亲属以及其他利害关系人可以申请参加诉讼，对申请没收的财产（包括巨额财产来源不明）主张权利。查明数额有误的，可以对具体数额进行调整。《违法所得没收规定》第 17 条第 2 款进一步明确，对于申请没收巨额财产来源不明犯罪案件的违法所得，没有利害关系人主张权利，或者虽然主张权利但提供的证据没有达到相应证明标准的，申请没收的财产视为属于违法所得及其他涉案财产。

本案中，法院经立案审查查明，有证据证明犯罪嫌疑人任某财产、支出明显超过合法收入，差额巨大，犯罪嫌疑人任某在接受纪检监察部门调查期间，未对其本人及亲属名下财产和支出的来源情况作出说明，利害关系人仅对部分物品及冻结的个别账户资金说明来源，据此认定了任某实施了巨额财产来源不明犯罪事实。在开庭审理过程中，利害关系人任某乙对在案冻结的其名下账户存款 1.1 万美元主张权利，提出该款系其父母给其出国留学费用结余部分，因相关留学费用已计入任某家庭重大支出，故该留学费用不应再作为任某财产重复冻结。法院根据庭审查明的证据，经对该账户存款时间、金额等情况与任某乙留学期间出入境情况的契合程度等方面综合分析，采用高度盖然性证明标准，认为该账户内冻结资金高度可能是任某给任某乙留学费用结余，并据此在统计任某家庭支出中核减了对应金额，调整了巨额财产来源不明数额。此外，利害关系人未对申请没收的任某实施巨额财产来源不明犯罪所得其他财产主张权利，或者虽然主张权利但提供的相关证据没有达到相应证明标准，法院据此对任某实施巨额财产来源不明犯罪所得进行了认定，并裁定予以没收。

关于对任某乙所提留学费用结余部分应当如何核减问题，曾有观点认为，任某乙接受任某给予的留学费用后即取得该款所有权，该款结余部分亦应属任某乙的个人财产，且该笔留学费用统计在任某家庭重大支出中，在认定任某实施巨额财产来源不明犯罪所得财产时已作考虑，故对该笔留学费用结余资金应当解除冻结。我们认为，本案现有证据证明该账户资金流向明确，能够认定相关账户资金系任某给予任某乙留学费用的结余，故该笔钱款属于任某现有财产，不应解除冻结，相应金额应在统计任某家庭支出中予以扣减。某市中级人民法院据此对利害关系人任某乙所提主张的评判意见及处理方式是正确的。

（四）如何公示催告犯罪嫌疑人近亲属及其他利害关系人行使权利

《违法所得没收规定》通过明确公告发布时间、方式及内容，最大限度地使利害关系人能够知晓没收违法所得申请事项。发布公告是没收违法所得申请案件审理的必经程序。公告除了对犯罪嫌疑人、被告人具有告知的功能外，还有发现利害关系人，以及公示催告利害关系人申请参加诉讼的功能。

为最大限度地确保公告内容为当事人知晓，在传统公告方式的基础上，《违法所得没收规定》对公告发布及张贴明确了具体要求：没收违法所得申请案件立案后，应当在15日内在全国公开发行的报纸、信息网络等媒体和最高人民法院的官方网站刊登、发布公告；必要时，公告可以在犯罪地、犯罪嫌疑人、被告人居住地或者被申请没收财产所在地张贴。同时，为进一步确认受送达人知悉公告内容，确保其诉讼权利得到充分保护，《违法所得没收规定》明确，对于已经掌握境内利害关系人联系方式的，应当直接送达；直接送达有困难的，可以委托送达、邮寄送达；经受送达人同意，可以采取传真、电子邮件等能够确认其收悉的方式告知其公告内容，并记录在案。

本案中，某市中级人民法院于2016年12月6日决定对本案立案受理，同年12月17日，在《人民法院报》及最高人民法院官方网站发布了公告，并将公告内容分别直接送达给利害关系人任某甲、任某乙以及袁某。由于本案在发布公告时《违法所得没收规定》还没有颁布实施，公告内容如严格按照《违法所得没收规定》标准要求，仍有可进一步完善之处。但从发布公告时间、方式以及送达情况来看，起到了公示催告利害关系人的作用，能够体现对利害关系人合法权利的充分保护。

（五）能否等价没收直接用于消费支出而未与扣押、冻结在案财产发生混同的违法所得

根据《刑事诉讼法》第300条的规定，人民法院经审理，对经查证属于违法所得及其他涉案财产，除依法返还被害人的以外，应当裁定予以没收；对不属于应当追缴的财

产的，应当裁定驳回申请，解除查封、扣押、冻结措施。该规定与《刑法》第64条的规定不同，对不属于应当追缴的财产仅规定了“应当裁定驳回申请，解除查封、扣押、冻结措施”，而未规定“责令退赔”的处理办法。本案中，法院经公开开庭审理查明，检察机关申请没收的犯罪嫌疑人任某受贿、贪污违法所得中，有230余万元系任某为特定用途索要、套取，相关款项均被直接用于支付贿选及旅游、疗养费用。对于该230余万元是否应裁定没收，有观点认为，由于钱款属于种类物，任某收受钱款即直接转化为其个人财产，其贿选等支出费用亦应系其总资产中支出，现在案扣押、冻结款物价值远超过任某合法收入与犯罪所得总和，故其上述受贿、贪污犯罪所得230余万元，具有高度可能包含于在案扣押、冻结钱款中，依法应予没收。

我们认为，对该230余万元不能裁定没收。本案现有证据足以证明任某上述实施受贿、贪污犯罪所得230余万元被直接用于贿选以及旅游、疗养费用支出，未与任某家庭财产混同，亦未包含在检察机关查封、扣押、冻结财产之中，任某收受、套取的相关钱款用途特定、流向明确，该钱款并未与任某其他财产发生混同，依照相关法律及司法解释规定，不能对任某合法财产等价没收。某市中级人民法院据此驳回检察机关相应没收申请的处理是正确的。本案系《违法所得没收规定》颁布实施后宣判的第一起因犯罪嫌疑人死亡而适用违法所得没收程序的省级干部职务犯罪案件，体现了党和国家依法惩治腐败和对赃款、赃物一追到底的坚定决心和鲜明态度，对腐败犯罪分子“牺牲一人，幸福全家”的潜在心理造成有力震慑。同时，本案立案审查、发布公告、开庭审理以及各类裁判文书制作都是全新的司法实践活动，对违法所得没收制度的发展以及同类案件审判具有重要参考和借鉴价值。

第二十四章　依法不负刑事责任的精神病人的强制医疗程序

【内容提示】

2012年刑事诉讼法修正案新增了"依法不负刑事责任的精神病人的强制医疗程序"，内容包括强制医疗程序的适用对象、审理程序、法律援助、救济程序以及法律监督等。强制医疗程序的设置体现了对有暴力行为的精神病人的关怀和保护，同时也避免他们继续危害社会。该项制度的确立致力于有效解决实践中类似被精神病、假冒精神病人逃避刑事处罚、把精神病强制医疗作为收容审查替代品、家属无力看管精神病人而将其长期非法拘禁、无人看管的精神病人继续危害社会等问题。

第一节　强制医疗程序概述

强制医疗程序，是指对于实施暴力行为，危害公共安全或者严重危害公民人身安全，经法定程序鉴定属于依法不负刑事责任的精神病人，有继续危害社会可能的，由人民法院决定采取强制医疗措施的特别诉讼程序。该制度具有以下特点。

第一，强制医疗的适用对象具有特殊性。《刑事诉讼法》第302条以及《刑法》第18条第1款都明确规定，强制医疗的对象是经法定程序鉴定确认的，实施了危害公共安全或者严重危害公民人身安全的暴力行为，虽然依法不负刑事责任但有可能继续危害社会的精神病人。由此可见，强制医疗的适用对象局限于具有暴力倾向且有社会危险性的完全不负刑事责任能力的精神病人。犯罪时精神正常的间歇性精神病人，尚未完全丧失辨认或者控制自己行为能力的精神病人以及单纯患有一般心理疾病的犯罪分子，都不属于强制医疗的对象。

第二，强制医疗是一种保安处分措施，不是对精神病人的刑罚。精神病人由于疾病的影响失去对自己行为的认识能力和控制能力，因此精神病人不具备刑事责任能力，其危害行为不构成犯罪，不应适用刑罚惩罚。强制医疗是一种为了维护社会安全与公共利益，同时充分保障精神病人的合法利益而采取的保安处分措施。虽然在进行强制医疗过程中，出于治疗的需要也会对精神病人的人身自由进行一定的限制，但这种限制不是针对精神病人的自由所采取的惩罚措施，而是为了配合治疗的实施和保卫社会安全的需要。

第三，强制医疗具有强制性。强制医疗措施的具体实施与自愿性住院治疗不同，不以本人及监护人的同意为要件，具有明显的强制性特征。因为强制医疗措施不仅是对精神病人的医疗救治，还涉及避免精神病人继续危害公共安全或者公民人身安全的规制需要，所以对这类精神病人的处置不能完全遵循医疗自愿原则。同时，强制医疗也不是一项行政法上的强制措施，不能准用《精神卫生法》中有关非自愿住院治疗的行政化决定程序。

第四，强制医疗具有司法性。由于强制医疗的强制性以及对精神病人人身自由的限制，有可能产生对精神病人合法权利的影响，因此，强制医疗必须以“诉讼”形式由中立的司法机关审查、决定并适用。强制医疗程序要求由人民检察院向人民法院提出申请，人民法院经审查后决定是否适用，其目的不在于审理精神病人刑事责任是否成立，而是审查并决定是否对精神病人实施强制医疗。只有人民法院有权决定适用强制医疗，其他任何机关、社会团体和个人都无权决定。在此过程中，应明确司法审查原则从而保障精神病人的合法权利，避免实务中以往存在的“被精神病”现象，根除强制医疗程序刑罚化的痼疾，规范司法精神病的认定和强制医疗的实施。

第五，强制医疗具有保卫社会安全和保障精神病人健康利益的双重目的，但保卫社会安全的目的处于优位。强制医疗制度的目的具有双重性，不仅为了保障精神病人自身的健康利益和人身自由，也为了维护社会利益和保卫社会安全，是一项关乎个人权益与社会安全两大基本价值的保安处分制度。部分精神病人有较大的人身危险性，如果不对其采取一定的强制性约束、治疗措施，会对社会治安和公众安全造成极大的威胁。因此，依据《刑事诉讼法》第 302 条的规定，应对已经实施危害公共安全或严重危害公民人身安全的行为，并有继续危害社会可能的精神病人强制住院治疗，以实现保卫社会安全的主要目的。

第二节　强制医疗程序的适用与救济

一、强制医疗程序的适用范围及条件

依据《刑事诉讼法》第 302 条的规定，实施暴力行为，危害公共安全或者严重危害公民人身安全，经法定程序鉴定依法不负刑事责任的精神病人，有继续危害社会可能的，可以予以强制医疗。据此对强制医疗程序的适用范围可以从以下几个方面予以讨论。

（一）行为条件

1. 须有暴力行为。行为人必须实施了暴力行为，所谓暴力行为，是指使用武力危害公民人身安全或者危及公共安全。如果行为人实施了非暴力行为，依法不得适用强制医疗程序。

2. 暴力行为达到犯罪程度。最高人民法院《解释》第 630 条要求社会危害性已经达到犯罪程度。在此问题上，刑事诉讼法修正案草案曾规定“精神病人实施暴力危害公共安全或者致人死亡、重伤”，而修正案改为“严重危害公民人身安全”，表明不要求有死亡或者重伤后果，但是如果行为人仅致人轻微伤、依法不构成犯罪，显然也不符合强制医疗程序的适用条件。[1]权威解释指出，所谓严重危害公民人身安全，一般是指杀人、伤害、强奸、绑架等严重侵害公民生命、健康权的行为。[2]

（二）主体条件

只有经法定程序鉴定为依法不负刑事责任的精神病人，才是适用强制医疗程序的适格主体。对此，需要把握的问题主要有以下三个方面。

一是准确把握关于不负刑事责任的精神病人的实体法规定。依据《刑法》第 18 条第 1 款的规定，精神病人在不能辨认或者不能控制自己行为的时候造成的危害结果，依法不负刑事责任。对于间歇性精神病人在精神正常的时候犯罪，或者尚未完全丧失辨认或者控制自己行为能力的精神病人犯罪的，应当负刑事责任，不属于依法不负刑事责任的精神病人。[3]对于实施犯罪后患有精神病不适宜接受庭审的，可以中止审理进行治疗，等待恢复正常后再接受庭审承担刑事责任。

二是行为人是否属于依法不负刑事责任的精神病人须经法定程序鉴定。根据《刑事诉讼法》和关于司法鉴定管理问题的决定规定，对精神病人的鉴定应当由符合条件的鉴定机构和鉴定人按照法律规定的程序进行鉴定。鉴定人进行鉴定后，应当写出鉴定意见，并且签名。[4]

三是应认真对待我国精神病鉴定。这方面的问题主要有：其一，关于精神病鉴定的启动权和委托权仍然由公安司法机关行使，犯罪嫌疑人、被告人及其辩护人无权启动精神病鉴定程序；如果不服公安司法机关委托鉴定的鉴定意见，犯罪嫌疑人、被告人及其辩护人只能提出重新鉴定、补充鉴定的申请；他们既无权启动新的鉴定，也无权委托鉴定机构。其二，实践中犯罪嫌疑人、被告人多被采取拘留、逮捕等强制措施丧失人身自由，辩方无法就其是否有精神病自行委托鉴定，其所提交的关于犯罪嫌疑人、被告人有精神病的其他证据材料多不被采纳。实践中就辩方是否享有精神病鉴定启动权和委托权曾在有重大影响的案件中发生过激烈争议，如邱兴华案等。其三，精神病鉴定意见只能就案件中需要运用专门知识的问题作出判断，不能就法律问题作出评价。实践中，我国的精神病鉴定意见一般也包括关于被鉴定人责任能力的评定。精神病鉴定意见虽然属于专家的专业意见，但法官不能盲目相信，而是应当对鉴定意见进行严格的审查，并结合

---

〔1〕 参见江必新主编：《最高人民法院刑事诉讼法司法解释理解与适用》（下），人民法院出版社 2015 年版，第 1335 页。

〔2〕 参见郎胜主编：《中华人民共和国刑事诉讼法修改与适用》，新华出版社 2012 年版，第 494 页。

〔3〕 参见郎胜主编：《中华人民共和国刑事诉讼法修改与适用》，新华出版社 2012 年版，第 494 页。

〔4〕 参见郎胜主编：《中华人民共和国刑事诉讼法修改与适用》，新华出版社 2012 年版，第 494 页。

案内其他证据进行认定。[1]

（三）人身危险性条件

行为人有人身危险，有继续危害社会的可能的，才能适用强制医疗程序。对于实施暴力行为的精神病人，如果其不再具有继续危害社会或者他人的可能性的，应当责令其家属或者监护人严加看管和医疗，而不能放任不管。[2]

依据《刑事诉讼法》的规定，只有同时符合以上三个条件的案件，才能适用强制医疗程序。

二、临时的保护性约束措施

《刑事诉讼法》第 303 条第 3 款规定，对实施暴力行为的精神病人，在人民法院决定强制医疗前，公安机关可以采取临时的保护性约束措施。这种措施是非正式的、较短时间的，在性质上并非处罚措施，而是为了保障精神病人和社会公众安全而采取的具有保护作用的控制和约束措施，在必要的时候还应当进行一定的治疗。对于精神病人不适合采用《刑事诉讼法》规定的拘留、逮捕等强制措施，避免给精神病人带来更大的精神伤害和痛苦。[3]

采用临时的保护性约束措施应当具备以下几个条件：一是行为人必须是实施暴力行为的精神病人，应当是精神病人既可以是已经经过鉴定确认的，也可以是正在进行鉴定之中的。二是必须在人民法院作出强制医疗决定前采取这种措施；如果人民法院作出不予强制医疗决定，就不能继续采取保护性约束措施，而是应当按照《刑事诉讼法》的规定采取强制措施或者立即释放。三是由公安机关执行。[4]

关于公安机关采取保护性约束措施的具体程序，依据公安部《规定》第 344、345 条的规定，公安机关采取临时的保护性约束措施须经县级以上公安机关负责人批准，必要时，可以将其送精神病医院接受治疗。公安机关对精神病人采取临时的保护性约束措施时，应当对精神病人严加看管，并注意约束的方式、方法和力度，以避免和防止危害他人和精神病人的自身安全为限度。对于精神病人已没有继续危害社会可能，解除约束后不致发生社会危险性的，公安机关应当及时解除保护性约束措施。

有研究认为，临时的保护性约束措施虽具有保护性的功能，但同样涉及对人身自由的限制和剥夺，其严厉程度与羁押性强制措施相近。紧急情况下，公安机关可以采取临时的保护性约束措施，但在该情况消失后，应当由另外一个相对中立的机关对该措施进行审查。从我国目前的司法体制看，该措施交由检察机关审查比较合适。另外，对临时的保护性约束措施的时间也应当做出具体的规定，否则，有可能导致行为人的人身自由

〔1〕参见江必新主编：《最高人民法院刑事诉讼法司法解释理解与适用》（下），人民法院出版社 2015 年版，第 1336—1337 页。

〔2〕参见郎胜主编：《中华人民共和国刑事诉讼法修改与适用》，新华出版社 2012 年版，第 494 页。

〔3〕参见郎胜主编：《中华人民共和国刑事诉讼法修改与适用》，新华出版社 2012 年版，第 497 页。

〔4〕参见郎胜主编：《中华人民共和国刑事诉讼法修改与适用》，新华出版社 2012 年版，第 497 页。

长期被不合理地限制、剥夺。[1]

该项研究同时建议，临时的保护性约束措施与刑事拘留的目的以及适用情形类似，公安机关自行决定采取临时的保护性约束措施期限应当类比拘留的期限，并在3天内报请检察机关决定是否继续采取该约束措施。报请时应当提交有鉴定资质的医疗机构出具的医学诊断。诊断时间不应计入公安机关在紧急情况下采取的临时的保护性约束措施期间。对于公安机关报请检察机关决定是否继续采取临时的保护性约束措施的申请，可比照审查批准逮捕的期限，检察机关应当在7天内决定。[2]此外，对于相关利害关系人的诉讼权利、约束行为人人身的场所等重要事项，也需要相关规定进一步予以明确。建议赋予相关利害关系人向上一级公安机关或者同级人民检察院申请复议的权利，同时应对临时的保护性约束措施的场所作出禁止性规定，不可以将其送往看守所、监视居住的指定居所等适用强制措施的场所进行看管。[3]

三、强制医疗案件的法律援助

《刑事诉讼法》第304条规定，人民法院审理强制医疗案件，应当通知被申请人或者被告人的法定代理人到场。被申请人或者被告人没有委托诉讼代理人的，人民法院应当通知法律援助机构指派律师为其提供法律帮助。

强制医疗案件的审理对象是不负刑事责任的精神病人，其不具备诉讼行为能力，无法维护自身的权利和利益。《刑事诉讼法》规定其有获得法律援助的权利，体现了对弱势群体的关照与特殊保护。[4]有论者指出实践中人民法院要注意审查被申请人或者被告人是否已经委托诉讼代理人，如发现其并未委托诉讼代理人的，要及时通知法律援助机构指派律师为其提供法律援助。[5]

有学者认为，公安机关和检察机关在侦查阶段和审查起诉阶段发现犯罪嫌疑人符合强制医疗条件的，也应当通知法律援助机构指派律师为其提供辩护。依据《刑事诉讼法》第35条第2款的规定，对于尚未完全丧失辨认或者控制自己行为能力的精神病人，即限制刑事责任能力精神病人，在侦查、审查起诉和审判阶段，如果其没有委托辩护人的，公安司法机关应当提供法律援助。《刑事诉讼法》第304条虽然对公安机关和检察机关审查的阶段的法律援助问题并没有提及，但按照比例原则，无刑事责任能力的精神病人更应获得这两个阶段的法律援助。[6]

《刑事诉讼法》并未明确强制医疗案件中参与诉讼的法律援助律师的法律地位，对

---

〔1〕 参见王敏远等著：《刑事诉讼法修改后的司法解释研究》，中国法制出版社2016年版，第304页。

〔2〕 参见王敏远等著：《刑事诉讼法修改后的司法解释研究》，中国法制出版社2016年版，第305页。

〔3〕 参见王敏远等著：《刑事诉讼法修改后的司法解释研究》，中国法制出版社2016年版，第305页。

〔4〕 参见卞建林主编：《中国人民共和国刑事诉讼法最新解读》，中国人民公安大学出版社2012年版，第355页。

〔5〕 参见江必新主编：《最高人民法院刑事诉讼法司法解释理解与适用》（下），人民法院出版社2015年版，第1345页。

〔6〕 参见王敏远等著：《刑事诉讼法修改后的司法解释研究》，中国法制出版社2016年版，第306页。

此，最高人民法院《解释》第634条明确规定其法律地位为诉讼代理人，为被申请人或者被告人提供法律帮助。

四、强制医疗程序的启动与审理

（一）强制医疗程序的启动

1. 侦查阶段的启动。公安机关在侦查阶段如果发现犯罪嫌疑人可能是精神病人，经法定程序鉴定确认犯罪嫌疑人是精神病人，且在不能辨认或者控制自己行为的时候造成危害结果的，应当撤销刑事案件，写出强制医疗意见书，然后移送人民检察院。“强制医疗意见书”是指公安机关发现精神病人符合强制医疗条件而移送人民检察院处理的法律文书，应当写明需要强制医疗的精神病人的基本情况、案件认定的犯罪事实的情况、鉴定意见情况、处理意见及其理由、法律依据等。[1]

2. 审查起诉阶段的启动。在审查起诉阶段，人民检察院发现公安机关移送的刑事案件犯罪嫌疑人可能是精神病人的，经审查、鉴定，发现符合强制医疗条件的，应当向人民法院提出强制医疗的申请。

3. 审判阶段的启动。在第一审程序中，人民法院可以依职权启动强制医疗程序。人民法院在审理案件过程中发现被告人符合强制医疗条件的，可以作出强制医疗的决定。需要注意的是，赋予人民法院依职权启动强制医疗程序，是从节省司法资源、提高诉讼效率等角度作出的规定。但是必须按照法律规定的强制医疗程序对案件进行办理，充分保障精神病人的合法权益，避免强制医疗被滥用。[2]

（二）强制医疗程序的审理

1. 管辖

强制医疗程序只能由基层人民检察院向实施暴力行为所在地或被申请人居住地的人民法院提出申请，由人民法院决定。

2. 审理前准备

人民法院受理强制医疗的申请后，应当组成合议庭，开庭审理。但是，被申请人、被告人的法定代理人请求不开庭审理，并经人民法院审查同意的除外。

人民法院审理强制医疗案件，应当通知被申请人或者被告人的法定代理人到场；被申请人或者被告人的法定代理人经通知未到场的，可以通知被申请人或者被告人的其他近亲属到场。被申请人或者被告人没有委托诉讼代理人的，人民法院应当通知法律援助机构指派律师为其提供法律帮助。

审理强制医疗案件，应当会见被申请人，听取被害人及其法定代理人的意见。

3. 开庭审理程序

（1）审判长宣布法庭调查开始后，先由检察员宣读申请书，后由被申请人的法定代

---

〔1〕 参见郎胜主编：《中华人民共和国刑事诉讼法修改与适用》，新华出版社2012年版，第496页。

〔2〕 参见江必新主编：《最高人民法院刑事诉讼法司法解释理解与适用》（下），人民法院出版社2015年版，第1355页。

理人、诉讼代理人发表意见。

（2）法庭依次就被申请人是否实施了危害公共安全或者严重危害公民人身安全的暴力行为、是否属于依法不负刑事责任精神病人、是否有继续危害社会的可能进行调查；调查时，先由检察员出示证据，后由被申请人的法定代理人、诉讼代理人出示证据，并进行质证；必要时，可以通知鉴定人出庭对鉴定意见作出说明。

（3）法庭辩论阶段，先由检察员发言，后由被申请人的法定代理人、诉讼代理人发言并进行辩论。

（4）被申请人要求出庭，人民法院经审查其身体和精神状态，认为可以出庭的，应当准许。出庭的被申请人，在法庭调查、辩论阶段，可以发表意见。

（5）检察员宣读申请书后，被申请人的法定代理人、诉讼代理人无异议的，法庭调查可以简化。

4. 处理结果

人民法院审理强制医疗案件可以作出如下处理：

（1）人民法院经审理，对于被申请人或者被告人符合强制医疗条件的，应当在1个月内作出强制医疗的决定。

（2）被申请人属于依法不负刑事责任的精神病人，但不符合强制医疗条件的，应当作出驳回强制医疗申请的决定；被申请人已经造成危害结果的，应当同时责令其家属或者监护人严加看管和医疗。

（3）被申请人具有完全或者部分刑事责任能力，依法应当追究刑事责任的，应当作出驳回强制医疗申请的决定，并退回人民检察院依法处理。

（三）程序转换

第一审人民法院在审理案件过程中发现被告人可能符合强制医疗条件的，应当依照法定程序对被告人进行法医精神病鉴定。经鉴定，被告人属于依法不负刑事责任的精神病人的，应当适用强制医疗程序对案件进行审理。审理后，对被告人符合强制医疗条件的，应当判决宣告被告人不负刑事责任，同时作出对被告人强制医疗的决定。若被告人属于依法不负刑事责任的精神病人，但不符合强制医疗条件的，应当判决宣告被告人无罪或者不负刑事责任；被告人已经造成危害结果的，应当同时责令其家属或者监护人严加看管和医疗。如果被告人具有完全或者部分刑事责任能力，依法应当追究刑事责任的，应当依照普通程序继续审理。

第二审人民法院在审理刑事案件过程中，发现被告人可能符合强制医疗条件的，可以依照强制医疗程序对案件作出处理，也可以裁定发回原审人民法院重新审判。

对于被告人不负刑事责任的判决，人民检察院有权抗诉，检察院抗诉的案件，应当适用第二审程序审理，而不采用通常适用于强制医疗程序的复议程序。

五、强制医疗决定的复议与监督

被人民法院决定强制医疗的人，享有一定的救济权利，并在条件符合时可以解除强制医疗。

（一）当事人方的复议权

依据《刑事诉讼法》第305条和最高人民法院《解释》第642条的规定，被决定强制医疗的人、被害人及其法定代理人、近亲属对强制医疗决定不服的，可以自收到决定书第2日起5日以内向上一级人民法院申请复议，复议期间不停止决定的执行。

复议的权利在性质上并非上诉权，复议程序也并非上诉程序。依据《刑事诉讼法》的规定，强制医疗案件的审理实行一审终审制。对此，有学者认为，应当赋予被申请人或者被告人上诉权，以充分保障被申请人或者被告人的合法权利。[1]

关于复议程序的审理和决定，最高人民法院《解释》第643条作出规定，对不服强制医疗决定的复议申请，上一级人民法院应当组成合议庭审理，并在一个月内，按照下列情形分别作出复议决定：1. 被决定强制医疗的人符合强制医疗条件的，应当驳回复议申请，维持原决定；2. 被决定强制医疗的人不符合强制医疗条件的，应当撤销原决定；3. 原审违反法定诉讼程序，可能影响公正审判的，应当撤销原决定，发回原审人民法院重新审判。

（二）强制医疗决定的检察监督

人民检察院对于强制医疗决定没有复议权，但享有检察监督权。最高人民检察院《规则》第547条规定，人民检察院认为人民法院作出的强制医疗决定或者驳回强制医疗申请的决定，具有“据以作出决定的事实不清或者确有错误的；据以作出决定的证据不确实、不充分的；据以作出决定的证据依法应当予以排除的；据以作出决定的主要证据之间存在矛盾的；有确实、充分的证据证明应当决定强制医疗而予以驳回的，或者不应当决定强制医疗而决定强制医疗的；审理过程中严重违反法定诉讼程序，可能影响公正审理和决定的”等6种情形之一的，应当在收到决定书副本后20日以内向人民法院提出纠正意见。最高人民法院《解释》第648条规定，人民检察院认为强制医疗决定不当，在收到决定书后20日以内提出书面纠正意见的，人民法院应当另行组成合议庭审理，并在1个月以内作出决定。

此外，人民检察院对于执行中发现强制医疗决定确有错误的，也有权进行监督。最高人民检察院《规则》第652条规定：“人民检察院在强制医疗执行监督中发现被强制医疗的人不符合强制医疗条件或者需要依法追究刑事责任，人民法院作出的强制医疗决定可能错误的，应当在五日以内将有关材料转交作出强制医疗决定的人民法院的同级人民检察院。收到材料的人民检察院负责捕诉的部门应当在二十日以内进行审查，并将审查情况和处理意见反馈负责强制医疗执行监督的人民检察院。”

六、强制医疗案件的定期诊断评估与解除

（一）诊断评估与解除申请

《刑事诉讼法》第306条规定：“强制医疗机构应当定期对被强制医疗的人进行诊断评估。对于已不具有人身危险性，不需要继续强制医疗的，应当及时提出解除意见，报

---

〔1〕 参见李娜玲：《刑事强制医疗程序的法律思考》，载《人民司法·应用》2012年第1期，第66页。

决定强制医疗的人民法院批准。被强制医疗的人及其近亲属有权申请解除强制医疗。”该条主要规定了三个方面的内容。

一是强制医疗机构要对被强制医疗的人进行定期的诊断评估。在对被强制医疗的人进行必要治疗的同时，应当根据其病情，定期组织专业医师对其进行检查评定，确认其精神卫生状况。有学者认为应对诊断评估的时间间隔、具体期限等加以明确，建议定期诊断评估至少 6 个月进行一次。如果医疗机构认为有必要的可以不受此期限的限制。〔1〕

二是强制医疗机构对符合条件的人提出解除意见须报请作出强制医疗决定的人民法院批准。对于经过评估认为已经具有辨认或者控制自己行为的能力，不会再危害公共安全或者他人的人身安全，不具有人身危险性，没有继续强制医疗必要的人，强制医疗机构应向法院提出解除意见。

三是被强制医疗的人及其近亲属有解除强制医疗申请权。最高人民法院《解释》第 645 条规定：“被强制医疗的人及其近亲属申请解除强制医疗的，应当向决定强制医疗的人民法院提出。被强制医疗的人及其近亲属提出的解除强制医疗申请被人民法院驳回，六个月后再次提出申请的，人民法院应当受理。解除强制医疗申请被人民法院驳回，六个月后再次提出申请的，人民法院应当受理。”如果被强制医疗的人或其近亲属认为不应当被强制医疗，或者经过强制医疗已经被治愈，符合解除强制医疗的条件，有权向强制医疗机构申请，要求其进行诊断评估，提出解除意见，报请决定强制医疗的人民法院批准，也有权直接向决定强制医疗的人民法院提出解除强制医疗的申请。〔2〕

（二）解除强制医疗的审查程序及其检察监督

最高人民法院《解释》第 647 条对解除强制医疗的审查程序作出了明确规定，“强制医疗机构提出解除强制医疗意见，或者被强制医疗的人及其近亲属申请解除强制医疗的，人民法院应当组成合议庭进行审查，并在一个月以内，按照下列情形分别处理：（一）被强制医疗的人已不具有人身危险性，不需要继续强制医疗的，应当作出解除强制医疗的决定，并可责令被强制医疗的人的家属严加看管和医疗；（二）被强制医疗的人仍具有人身危险性，需要继续强制医疗的，应当作出继续强制医疗的决定。对前款规定的案件，必要时，人民法院可以开庭审理，通知人民检察院派员出庭。人民法院应当在作出决定后五日以内，将决定书送达强制医疗机构、申请解除强制医疗的人、被决定强制医疗的人和人民检察院。决定解除强制医疗的，应当通知强制医疗机构在收到决定书的当日解除强制医疗。”

对于人民法院作出的解除强制医疗的决定，人民检察院有权进行检察监督，认为决定不当的，有权在收到决定书后 20 日内提出书面纠正意见，人民法院应当另行组成合议庭审理，并在 1 个月内作出决定。

---

〔1〕 参见王敏远等著：《刑事诉讼法修改后的司法解释研究》，中国法制出版社 2016 年版，第 309 页以下。

〔2〕 参见郎胜主编：《中华人民共和国刑事诉讼法修改与适用》，新华出版社 2012 年版，第 501 页。

重要名词术语

强制医疗、精神病人、刑事责任能力、保护性约束措施、定期诊断评估、解除强制医疗

思考题

1. 请思考强制医疗程序中的强制医疗机构。
2. 请思考强制医疗程序和一般刑事诉讼程序的转换。
3. 请思考强制医疗程序中的鉴定程序。
4. 请思考强制医疗程序中被强制医疗人的权利救济。

典型案例分析

基本案情〔1〕

申请机关某省某市某区人民检察院。

被申请人荣某，2011 年 8 月 10 日因涉嫌犯故意杀人罪被刑事拘留，2011 年 8 月 31 日被释放，交由监护人严加看管；2012 年 12 月 4 日因涉嫌犯故意杀人罪被刑事拘留。法定代理人薛某芳，系被申请人荣某的母亲。

某区检察院认为，被申请人荣某实施暴力行为，严重危害公民人身安全，经法定程序鉴定为依法不负刑事责任的精神病人，继续危害社会的可能性极大，依照《刑事诉讼法》第 303 条第 2 款的规定，提请对荣某强制医疗。

被申请人的法定代理人薛某芳认为，荣某不符合法定强制医疗的条件，不同意对荣某强制医疗。

某市某区人民经审理查明：2011 年 6 月，东某公司与被申请人荣某签订的劳动合同到期，东某公司根据相关规定没有与其续签劳动合同，荣某遂对公司办公室副主任张某、工会主席牛某产生怨恨。2011 年 7 月 1 日 13 时，东某公司在召开大会时，荣某携带尖刀冲向大会主席台责问牛某，现场工作人员将荣某制止，后经东某公司有关人员批评教育，交由其家属带回看管。当晚，荣某来到某市公安局某派出所，将派出所窗户玻璃砸碎，并要求民警对其拘留。经派出所民警批评教育后，再次将荣某交由其家属带回看管。2011 年 8 月 4 日 13 时 5 分，荣某持斧子窜至东某公司办公楼张某所在的办公室内，用携带的斧子砍张某头部。张某奋力抵抗，导致右前臂被砍伤，经鉴定为轻微伤。后荣某被在场的工作人员制止扭送公安机关。2011 年 8 月 10 日，某分局以荣某涉嫌犯故意杀人罪将其刑事拘留，并委托某市第一专科医院司法鉴定所对荣某进行精神病鉴定。经鉴定：荣某案发时受疾病影响，辨认及自控能力削弱；躁狂状态；为限定刑事责任能力。荣某母亲薛某芳对鉴定不服，申请重新鉴定。某公安分局遂于同月 15 日委托

---

〔1〕 参见中华人民共和国最高人民法院刑事审判第一、二、三、四、五庭主办：《刑事审判参考》（总第 93 集），法律出版社 2014 年版，第 102—109 页。

某省公安司法精神病鉴定中心对荣某重新鉴定。经鉴定：荣某受疾病影响，作案时实质性辨认能力丧失；荣某患有精神分裂症，无刑事责任能力。2011 年 8 月 31 日，荣某被释放，交由监护人严加看管。2012 年 2 月 3 日 16 时 50 分，荣某携带两把斧子再次窜入东某公司，在东某公司九号路由西向东出厂的路上尾随张某，用携带的斧子向张某头部砍数下，将张某的头部、面部砍伤，后经鉴定为轻微伤。2011 年 12 月 6 日，某公安分局委托某省公安司法精神病鉴定中心对荣某进行精神病司法鉴定，鉴定意见为荣某心境障碍，无刑事责任能力。

法院认为，被申请人荣某因公司未与其续签劳动合同而对被害人不满，两次携带凶器实施故意杀人行为，因被害人反抗及其他人员及时制止而未遂，其行为构成故意杀人。经司法鉴定，荣某系无刑事责任能力人，依法不负刑事责任。但其行为严重危害公民人身安全，并且存在继续危害他人人身安全及危害社会的可能性。依照《刑事诉讼法》第 302 条之规定，2013 年 2 月 21 日法院决定对被申请人荣某强制医疗。

申请复议人薛某芳以被申请人荣某实施的两次暴力行为结果都是轻微伤，没有达到犯罪程度，不符合强制医疗条件，且目前不具有人身危险性为由，不同意对荣某强制医疗，并提出复议申请。其诉讼代理人提出，荣某实施的暴力行为后果不严重，没有证据证实荣某有继续危害社会的可能，荣某母亲有监护能力，请求撤销原强制医疗决定。

某市检察院提出如下出庭意见：被申请人荣某实施了危害他人人身安全的暴力行为，经鉴定荣某实施暴力行为时患有精神疾病，不负刑事责任。荣某始终在患病状态下，两次对他人实施人身攻击：有社会危害性，建议法院维持强制医疗决定。

某市中级人民法院复议认定的事实和证据与一审认定的事实和证据一致。法院认为，被申请人荣某两次持斧实施暴力行为，严重危害公民人身安全，经法定程序鉴定属于依法不负刑事责任的精神病人，有继续危害社会的可能。原决定法院根据检察机关的申请决定对荣某强制医疗，符合法律规定。据此，2013 年 8 月 27 日，法院依照最高人民法院《解释》第 537 条第 1 项（为现行第 643 条第 1 项）之规定，驳回申请，维持原决定。

主要问题

如何理解和把握强制医疗的实质性条件？

裁判理由

在本案审理过程中，对被申请人荣某是否符合强制医疗条件，形成两种意见。

第一种意见认为，荣某符合强制医疗条件。具体理由是：荣某经法定程序鉴定系依法不负刑事责任的精神病人，其在两年内多次实施暴力行为，在病情康复前有继续危害社会的可能。荣某的行为虽未造成严重的危害后果，但从其持刀、持斧子实施暴力的行为看，其行为符合犯罪未遂的构成要件，该暴力行为达到了犯罪程度。第二种意见认为，被申请人荣某不符合强制医疗条件。具体理由是：荣某经法定程序鉴定系依法不负刑事责任的精神病人，其在两年内多次实施暴力行为，在病情康复前有继续危害社会的可能。但是，根据最高人民法院《解释》的规定，对被申请人强制医疗还需被申请人实施的暴力行为的社会危害性已经达到犯罪程度。根据刑法的规定，精神病人实施行为的社会危害性是否达到犯罪程度，应当依据其所造成的危害结果进行认定。本案中，荣某对张某实施的两次暴力行为，均致张某轻微伤，其实施的冲闹会场及砸派出所玻璃的行为，亦未造成严重后果，即荣某实施的暴力行为造成的危害结果未达到刑法规定的犯罪程度。

我们同意前一种意见，被申请人荣某符合强制医疗的条件，应当对荣某强制医疗。理由如下：

2012 年《刑事诉讼法》在修订时，增设了“依法不负刑事责任的精神病人的强制医疗程序”（以下简称强制医疗程序），主要是基于三个方面的考虑：一是保护人民群众生命财产安全免受精神病人侵害和使精神病人得到妥善处置的需要。在社会转型期，诱发精神疾病的因素增多，导致当前我国精神疾病患者人数不断攀升。近年来，精神疾病患者行凶杀人的报道不断见诸报端，已经严重威胁人民群众的生命财产安全。精神疾病不仅是卫生问题，已越来越成为一个较为严重的社会问题。因此，刑事诉讼法规定了强制医疗程序，对实施暴力行为，危害公共安全或者严重危害公民人身安全并有继续危害社会可能的精神病人进行强制医疗。二是落实刑法相关规定的需要。1997 年《刑法》第 18 条第 1 款规定：“精神病人在不能辨认或者不能控制自己行为的时候造成危害结果，经法定程序鉴定确认的，不负刑事责任，但是应当责令他的家属或者监护人严加看管和医疗；在必要的时候，由政府强制医疗。”但是，刑法只规定了在“必要的时候”对造成危害结果的精神病人实施强制医疗，没有规定强制医疗的条件和程序，较为笼统。刑事诉讼法作为程序法，是刑法执行的保障法，因此，这次修订增加规定了强制医疗程序。三是保障公民人身权利不受非法侵害的需要。强制医疗程序涉及对公民人身的限制，对公民予以强制医疗必须遵循严格的法律程序。刑事诉讼法设置了强制医疗的程序，将强制医疗纳入严格的司法审查程序中，并规定了有效的救济程序，就是为了有效保障公民的合法权益。综上，为落实刑法中对精神病人强制医疗的规定，《刑事诉讼法》第 302 条规定：“实施暴力行为，危害公共安全或者严重危害公民人身安全，经法定程序鉴定依法不负刑事责任的精神病人，有继续危害社会可能的，可以予以强制治疗。”刑事诉讼法的这一规定，确定了适用强制医疗程序所需具备的 3 个条件。在司法实践中，当前对如何理解和适用刑事诉讼法规定的强制医疗所必须具备的 3 个条件存在不同认识，有必要加强研究分析，以准确而又更加充分发挥“强制医疗程序”的功能。

（一）精神病人实施暴力行为，危害公共安全或者严重危害公民人身安全

根据刑事诉讼法的规定，只有实施了暴力行为，危害公共安全或者严重危害公民人身安全的精神病人才可以适用强制医疗。这样的规定，一方面体现了与刑法规定相适应。《刑法》第 18 条第 1 款规定，只有精神病人的行为造成危害结果，才能在必要时予以强制医疗。另一方面体现了慎重原则。强制医疗是限制公民人身权利和自由的较为严厉的预防性措施，适用起来需要特别慎重。因此，刑事诉讼法以行为人实施了“危害公共安全或者严重危害公民人身安全”的“暴力行为”作为适用强制医疗的必备条件之一。由于刑事诉讼法的规定原则性较强，如何理解刑事诉讼法规定的“危害公共安全或者严重危害公民人身安全”，在实践中存在一定争议。对这一条件的理解，我们认为，可以

借助于刑事诉讼法这一规定的起草背景进行分析。刑事诉讼法修正案草案曾将“精神病人实施暴力行为危害公共安全或者致人死亡、重伤”规定为强制医疗的适用条件，后来将“致人死亡、重伤”修改为“严重危害公民人身安全”。这一变化表明，适用强制医疗，并不要求一定有致人死亡、重伤的后果。多次实施暴力行为，造成多次轻伤的；实施放火行为，虽未造成人员伤亡，但造成公私财产重大损失的；使用刀具、斧头等杀伤力巨大的工具实施严重暴力行为，被害人只是侥幸避免伤亡的等，也符合强制医疗的条件。当然，如行为人只是偶尔实施轻微暴力行为，无论从工具、手段等看，只是造成他人轻微伤，不可能造成致人重伤、死亡的，即依法不可能构成犯罪的，则不属于严重危害公民人身安全的情形，不应适用强制医疗。基于这一分析，我们认为，在认定被申请人的行为是否达到犯罪的程度时，既不能简单以是否达到重伤、死亡后果进行判断，也不能简单认为凡是仅造成轻微伤后果的都属于没有达到犯罪程度，而应当从一个正常具备刑事责任能力的人实施相应的行为是否应当承担刑事责任的层面进行分析、判断。

本案中，在认定荣某的行为是否达到犯罪程度时，应当按照正常人的标准，结合主、客观要件进行分析评价。从被害人张某的陈述以及荣某实施的行为（持刀、斧等足以致命的凶器，砍击头面部等足以致命的部位）分析，荣某两次持足以致人死亡的斧子砍击被害人的头面部，虽然伤害结果只是轻微伤，但其所用工具、砍击部位足以证明其行为性质属于故意杀人，已严重危害他人人身安全，其行为已经达到犯罪的程度。张某所受伤害仅为轻微伤，不是因为荣某下手不狠，也不是因为荣某没有致张某重伤、死亡的目的，而是与张某奋力抵抗、拼命呼救有关，有一点侥幸的成分。因此，荣某的行为，无论是从主观目的还是从客观行为、后果、因果关系分析，均达到了犯罪程度。

（二）行为人必须是经法定程序鉴定依法不负刑事责任的精神病人

具有完全刑事责任能力的人或者犯罪时精神正常的间歇性精神病人实施危害行为的，应当依法追究其刑事责任。只有经法定程序鉴定，实施危害行为时不能辨认或者控制自己行为的精神病人，不具有刑事责任能力的，才可以适用强制医疗程序。证实精神病人是否负刑事责任的鉴定应当严格依法进行。根据全国人大常委会《关于司法鉴定管理问题的决定》以及司法部下发的《司法鉴定程序通则》的规定，对精神病鉴定等法医类鉴定应当委托列入省级人民政府司法行政部门编制的名册中的鉴定机构，并由2名或者2名以上无利害关系的鉴定人共同进行鉴定。根据最高人民法院、最高人民检察院、公安部、司法部、卫生部联合印发的《精神疾病司法鉴定暂行规定》，精神病鉴定意见中通常会有被告人是否具有完全刑事责任能力的结论。精神病鉴定意见虽然是专家给出的“结论”，但就其法律性质来说，该“结论”仍然只是一种意见，法官不能盲目相信，应当对鉴定意见是否科学、客观进行审查后，作出是否采纳鉴定意见的决定。审查的重点主要有鉴定人是否合格，鉴定的材料是否全面、充分、可靠。特别是司法实践中会出现补充鉴定或者重新鉴定的问题，对此应当明确的是，法院是争议的最终裁决者，拥有对鉴定意见的证明价值进行审查判断的最终权力。法官应当重视审查鉴定意见本身的科学性和真实性，并结合全案证据综合评估鉴定意见的证明价值。

就本案而言，荣某在公安机关共做了3次精神病司法鉴定。第一次系2011年8月

10 日某公安分局委托某市第一专科医院司法鉴定所对荣某进行的精神病鉴定。这次鉴定认定：荣某案发时受疾病影响，辨认及自控能力削弱；躁狂状态；为限定刑事责任能力。因荣某母亲薛某芳对鉴定不服，申请重新鉴定，同年 8 月 15 日某公安分局委托某省公安司法精神病鉴定中心重新鉴定。这次鉴定认定：荣某受疾病影响作案时实质性辨认能力丧失，荣某精神分裂——目前为疾病期；无刑事责任能力。第三次鉴定系在荣某第二次伤害张某后，2012 年 12 月 25 日某公安分局委托某省公安司法精神病鉴定中心对荣某进行鉴定。该次鉴定认定：荣某符合心境障碍诊断标准，并伴有精神病性症状，案发时受精神病症状的影响，辨控能力丧失；无刑事责任能力。

上述三份鉴定意见，第一份与后两份结论不同。由于鉴定意见之间没有上下级之分，效力没有高低之分。采用哪份鉴定意见，应当由法官在科学判断后依法认定。因此，法院采纳第二次、第三次的鉴定意见而不采纳第一次鉴定意见，是刑事诉讼法赋予的法定职权。法院根据案件实际情况，对荣某在数次暴力行为中的表现、暴力后的精神状态、暴力的原因等方面进行综合分析后，认定荣某系无刑事责任能力人的结论更符合客观事实，更具有科学性。

（三）有继续危害社会的可能

“有继续危害社会可能”是强制医疗适用的必备条件之一。强制医疗的目的并不是对实施暴力行为的被强制医疗人进行惩戒和制裁，而是对被强制医疗人采取保护性措施，并给予其必要的治疗，使其尽快解除痛苦，恢复健康，同时避免继续危害社会。因此，如果精神病人虽然实施了暴力行为，但不再具有继续危害社会可能的，如已经严重残疾等，丧失了继续危害社会的能力，就不必对其强制医疗。如果精神病人实施暴力行为后，由其监护人或者单位将其送医治疗，精神病人的病情得到有效控制，从而不具有继续危害社会可能的，也没有必要进行强制医疗。

本案中，被申请人荣某属于“有继续危害社会可能”。具体理由如下：（1）从荣某所患的精神病情分析本身来看，荣某属于精神病人，需要及时治疗。根据鉴定意见，荣某符合心境障碍诊断标准，并伴有精神病性症状，案发时受精神病症状的影响，辨控能力丧失；荣某心境障碍，无刑事责任能力。而心境障碍，是以显著而持久的情感或者心境改变为主要特征的疾病。临床主要表现为愤怒，情感的高涨与低落，甚至是冲动报复，以过度的自我保护机制应对社会，无法正确认知自己的行为，可伴有精神病症状。如幻觉、妄想。多数患者有反复发作的倾向。（2）从荣某实施暴力的起因、过程、行为特征，其起因是未签订劳动合同，今后这一起因仍然存在，因此这个问题不可能得到解决。另外从行为过程、行为特征看，其行为针对的对象不是物，而是人，尤其是两次针对特定的人。（3）从被申请人有无接受医疗的条件分析，其家庭监护条件较差，荣某母亲薛某芳 57 岁，荣某生父荣某玉 59 岁，二人均已退休，且薛某芳有焦虑症、抑郁症。因此，荣某家庭没有看管、治疗的条件和能力。

综上，荣某符合《刑事诉讼法》第 302 条所规定的 3 个条件，应当决定对其予以强制医疗。

后 记

刑事诉讼法学是一门理论性与实践性很强的学科，也是我国法学专业本科生、研究生必修的专业课程之一。坚持《关于加强新时代法学教育和法学理论研究的意见》的思想精神，《刑事诉讼法学教程》以刑事诉讼法学的理念原则、制度规则为基础，结合2018年《刑事诉讼法》、2018年《监察法》、2019年《人民检察院刑事诉讼规则》、2020年《公安机关办理刑事案件程序规定》、2021年最高人民法院《关于适用〈中华人民共和国刑事诉讼法〉的解释》等法律法规进行总结和阐释，旨在为高校法学专业本科生、研究生掌握刑事诉讼法学的理论要旨、规范体系、制度发展提供帮助。

作为“新时代法学教育丛书”系列教材的核心教材之一，本书主要由中国社会科学院大学诉讼法学教研室从事刑事诉讼法学教学和研究的学者老师合作完成，西南政法大学王彪副教授也参与了本书的撰写工作。董坤研究员增加了一些章节的典型案例，并负责全书的统稿。全书共24章，按章节顺序，具体分工如下：

董 坤：绪论、第六、九、十章；

马 可：第一、二、七、十一章；

孙 远：第三、四、五、十三章；

刘晨琦：第八、十二、二十、二十一章；

王 彪：第十四章；

程 捷：第十五、十六、十七、十八、十九章；

祁建建：第二十二、二十三、二十四章。

本书能够顺利完成，要感谢参与撰写的各位学者老师和编辑的辛勤付出，也要感谢中国社会科学院法学研究所和中国社会科学院大学法学院的支持与帮助，以及刑事诉讼法学界同人的宝贵意见和建议。当然，由于能力水平有限，加之时间紧张，本书难免有错漏不足之处，恳请广大读者批评指正。

编者

2024年6月26日